1812

A marcha fatal de Napoleão rumo a Moscou

ADAM ZAMOYSKI

1812

A marcha fatal de Napoleão rumo a Moscou

Tradução de
ANDREA GOTTLIEB

Revisão técnica de
MAURÍCIO PARADA

3ª edição

EDITORA RECORD
RIO DE JANEIRO • SÃO PAULO
2024

CIP-BRASIL. CATALOGAÇÃO NA FONTE
SINDICATO NACIONAL DOS EDITORES DE LIVROS, RJ

Zamoyski, Adam
Z28m 1812: a marcha fatal de Napoleão rumo a Moscou / Adam Zamoyski;
3. ed. [tradução de Andrea Gottlieb Oliveira]. – 3. ed. – Rio de Janeiro: Record, 2024.

Tradução de: Moscow 1812 : Napoleon's fatal march
ISBN 978-85-01-08248-0

1. Napoleão I, Imperador dos franceses, 1769-1821 – Liderança militar. 2. Guerras napoleônicas, 1800-1815 – Campanhas – Rússia. 3. França – História militar – 1789- 1815. 4. Rússia – História militar – 1801-1917. I. Título. II. Título: 1812: a marcha fatal de Napoleão rumo a Moscou.

CDD: 940.274
12-2821 CDU: 94(44)

Título original em inglês:
MOSCOW 1812: NAPOLEON'S FATAL MARCH

Texto revisado segundo o novo Acordo Ortográfico da Língua Portuguesa.

Direitos exclusivos de publicação em língua portuguesa para o Brasil
adquiridos pela
EDITORA RECORD LTDA.
Rua Argentina 171 – 20921-380 Rio de Janeiro, RJ – Tel.: 2585-2000
que se reserva a propriedade literária desta tradução

Impresso no Brasil

ISBN 978-85-01-08248-0

Atendimento direto ao leitor:
sac@record.com.br

Sumário

Lista de Mapas

Glossário Seleto de Nomes de Lugares no Antigo Território Polonês do Império Russo

Babinovitse: Babinowicze (polonês), atualmente Babinavičy (Bielorrússia)
Berezina: Berezyna (polonês), atualmente Bjarezina (Bielorrússia)
Beshenkoviche: Bieszenkowicze (polonês), atualmente Bešankovičy (Bielorrússia)
Bobr: Bóbr (polonês), atualmente Bobr (Bielorrússia)
Borisov: Borysów (polonês), atualmente Barysau (Bielorrússia)
Brest: Brześć (polonês), atualmente Brèst (Bielorrússia)
Dnieper: Dniepr (polonês), atualmente Dnjapro (Bielorrússia)
Drissa: Dryssa (polonês), atualmente Verhnjadzvinsk (Bielorrússia)
Dubrovna: Dubrowna (polonês), atualmente Dubrovno (Bielorrússia)
Dunaburg: Dźwińsk (polonês), atualmente Daugavpils (Letônia)
Glubokoie: Głębokie (polonês), atualmente Glybokae (Bielorrússia)
Grodno: Grodno (polonês), Grodna (Bielorrússia)
Kobryn: Kobryń (polonês), atualmente Kobryn (Bielorrússia)
Kovno: Kowno (polonês), atualmente Kaunas (Lituânia)
Ladi: Lady (polonês), atualmente Liadi (Bielorrússia)
Loshnitsa: Łosznica (polonês), atualmente Lošnica (Bielorrússia)
Miedniki: Miedniki (polonês), atualmente Medininkai (Lituânia)
Minsk: Mińsk (polonês), atualmente Minsk (Bielorrússia)
Mogilev: Mohylów (polonês), atualmente Magilev (Bielorrússia)
Molodechno: Mołodeczno (polonês), atualmente Maladzečna (Bielorrússia)
Mstislav: Mścisław (polonês), atualmente Mscislav (Bielorrússia)
Niemen (rio): Niemen (polonês), atualmente Nemunas (Lituânia)

Nieshviezh: Nieśwież (polonês), atualmente Njasviž (Bielorrússia)
Orsha: Orsza (polonês), atualmente Orša (Bielorrússia)
Oshmiana: Oszmiana (polonês), atualmente Ašmjany (Bielorrússia)
Ostrovno: Ostrowno (polonês), atualmente Astrovna (Bielorrússia)
Pleshchenitse: Pleszczenice (polonês), atualmente Plescanicy (Bielorrússia)
Polotsk: Połock (polonês), atualmente Polack (Bielorrússia)
Ponary: Ponary (polonês), Panarai (Lituânia)
Shvienchiany: Święciany (polonês), atualmente Svencionys (Lituânia)
Smorgonie: Smorgonie (polonês), atualmente Smarhon' (Bielorrússia)
Studzienka: Studzienka (polonês), atualmente Studenka (Bielorrússia)
Tolochin: Tołoczyn (polonês), atualmente Talačyn (Bielorrússia)
Troki: Troki (polonês), atualmente Trakai (Lituânia)
Vesselovo: Weselowo (polonês), Veselovo (Bielorrússia)
Vilia: Wilja (polonês), atualmente Neris (Lituânia)
Vilna: Wilno (polonês), atualmente Vilnius (Lituânia)
Vitebsk: Witebsk (polonês), atualmente Vicebsk (Bielorrússia)
Volkovisk: Wołkowyski (polonês), atualmente Vavkavysk (Bielorrússia)
Zakrent: Zakręt (polonês)
Ziembin: Ziembin (polonês), atualmente Zembin (Bielorrússia)

Nota introdutória

A invasão da Rússia por Napoleão em 1812 foi um dos episódios mais dramáticos da história europeia — um evento de proporções épicas, gravado profundamente na imaginação popular. Ao introduzir o tema deste livro, entretanto, este autor tem como intenção despertar o leitor para a realidade que aqui será narrada. O título do livro provavelmente suscitou-lhe memórias de *Guerra e paz*, de Tolstoi, a escala da tragédia, ou meramente uma imagem mental da neve em meio à qual se deu o drama napoleônico. A essas primeiras ideias, por outro lado, seguiu-se certamente uma admissão da total ignorância do que de fato aconteceu e por quê. As razões para essa defasagem curiosa são fascinantes por si sós.

Nenhuma outra campanha na história foi utilizada para fins tão evidentemente políticos. Desde o início os estudos sobre o assunto têm sido guiados unicamente por uma compulsão por interpretar e justificar que não admite objetividade, enquanto o volume desses trabalhos — mais de 5 mil livros e o dobro de artigos publicados na Rússia somente nos primeiros cem anos após 1812 — ajudou apenas a tornar a questão mais turva ainda.[1]

No entanto, isso era de se esperar, considerando o que estava envolvido. Havia grandes reputações em jogo — a exemplo da de Napoleão, da do tsar Alexandre e da do marechal de campo Kutuzov, para citar apenas as mais óbvias. Era também necessário fazer todo o episódio ter algum sentido, visto que essa guerra — sem precedentes na história da Europa tanto em escala quanto em horror — não é fácil de avaliar em termos militares. A confusão estava presente em cada ação. Ambos os lados declaravam-se vitoriosos em cada combate. E, se os franceses perderam a campanha, dificilmente se pode dizer que os russos a tenham ganhado. Ao mesmo tempo, ambos os lados procederam com uma selvageria que nenhuma das duas nações desejaria contemplar.

Na França, as primeiras tentativas de se produzir um estudo equilibrado depararam-se com fatores políticos: o regime que substituiu Napoleão logo depois dos eventos requeria que tudo relacionado a ele fosse representado da forma mais negativa. A censura também exerceu seu papel nas análises russas, por razões mais complexas. Os eventos de 1812 e suas consequências levantaram questões sobre a própria natureza do Estado russo e de seu povo, e, como o historiador Orlando Figes colocou de forma muito feliz, "a busca pela nacionalidade russa que se deu no século XIX teve início entre os soldados rasos de 1812".[2]

Tal busca era por natureza subversiva para o sistema tsarista, e levou, em primeiro lugar, ao levante de dezembro de 1825. Ela foi perseguida, através de rumos divergentes, tanto por aqueles que almejavam uma Rússia mais moderna, integrada às tendências predominantes na civilização ocidental, quanto pelos eslavófilos, que rejeitavam o Ocidente e tudo que ele representava, tendo como objetivo um caminho verdadeiramente "russo". Os eventos de 1812 foram usados por ambos os lados para dar suporte aos seus argumentos, rapidamente ganhando um status mitológico e tornando-se cada vez mais distorcidos em resultado disso. Esse dualismo apenas se tornou mais complexo com o advento do marxismo.

Os primeiros historiadores franceses a escreverem sobre 1812 ou eram hostis a Napoleão ou tinham por motivação o desejo de se integrarem ao regime pós-napoleônico, pondo toda a culpa no demônio Bonaparte. Contudo, a maioria dos escritores franceses que abordaram os eventos da campanha, fossem participantes ou historiadores acadêmicos retrógrados, seguiu um caminho mais calculado e, de forma geral, extremamente similar. Se, por um lado, demonstravam um certo grau de constrangimento diante do empreendimento aparentemente tão imperialista e do sofrimento que a França impingira ao povo russo, sem mencionar aos seus próprios soldados e aos de seus aliados, por outro lado eles tentaram redimir a reputação de Napoleão e a honra do Exército francês com uma representação generosa da bravura dos soldados russos e da natureza implacável do clima russo. Eles também se agarraram ao consolo conferido pela imaginação romântica das décadas de 1820 e 1830, que transformou a imagem de um desastre sórdido em uma visão de grandeza em meio à adversidade.

Nas últimas décadas do século XIX, a distância e a crescente cordialidade entre as duas nações possibilitaram que os historiadores franceses abordassem o assunto de forma mais objetiva. O centenário do evento, que se deu pouco antes da Grande Guerra e num momento em que as duas nações eram aliadas, viu a publicação de diversos documentos originais, com a cooperação entre as comissões históricas dos Estados-Maiores da França e da Rússia. Os historiadores franceses, todavia, continuaram mostrando uma certa relutância em lidar com a guerra, e produziram estudos sobre o assunto em geral nada satisfatórios.

O primeiro registro russo dos eventos, feito por um coronel do Estado-Maior geral, foi produzido com tanto ardor que foi publicado em Boston, em inglês, apenas um ano depois. Tratava-se, sem dúvida, de uma forma de propaganda, que tinha como intuito sedimentar o caminho para o futuro papel que a Rússia exerceria nas relações europeias, mas que, de fato, refletia as percepções de grande parte da sociedade russa. A narrativa descrevia Alexandre como um catalisador que promovia a união entre uma galante nobreza patriótica e um campesinato leal no desejo de defender a Fé, o Tsar e a Pátria.

Dmitri Petrovich Buturlin, um participante que escreveu o primeiro registro detalhado da guerra, adicionou dois novos elementos: a ideia de que a Rússia era a vítima inocente da agressão; e a imagem de Kutuzov como o irreprochável herói russo — simples, mas sábio. A.I. Mikhailovsky-Danilevsky, cuja narrativa de quatro volumes foi publicada em 1839, descrevia Alexandre como o farol que despertava tanto as forças físicas quanto as espirituais do povo russo para a defesa da pátria. Foi ele o primeiro a denominar a guerra "*Otechest-vennaia Voina*" — "Guerra Patriótica". A maior parte do trabalho de ambos estava fundamentada na visão de que havia sido o Todo-Poderoso, agindo através do tsar e do povo russo, que vencera o mal. Assim sendo, eles consideravam totalmente irrelevantes as alegações dos franceses de que haviam sido derrotados não pelos russos, mas pelo inverno da Rússia.

Tendo como cenário essa interpretação fundamentalmente espiritual, Tolstoi começou a desenvolver, no verão de 1863, seu romance *Guerra e paz*, no qual adicionaria aos eventos seu próprio polimento marcadamente pessoal.

Tolstoi havia sido um entusiasta do programa de reformas liberais iniciado pelo tsar Alexandre II quando este assumiu o trono em 1855. Ele havia, inclusive, tentado antecipá-lo oferecendo aos servos de sua propriedade um trato que os libertaria de suas obrigações e lhes conferiria a terra onde trabalhavam. Os servos, contudo, suspeitaram de suas intenções, e rejeitaram a oferta. Em vez de levar Tolstoi a voltar-se contra os camponeses, o incidente ajudou a demovê-lo do liberalismo em geral. Ele abraçou a visão eslavófila de que os liberais haviam destruído a Rússia com a imposição de ideias estrangeiras e instituições estranhas ao caráter russo. Ele também reagiu contra a onda de constrangimento promovida pelos intelectuais que haviam transformado a derrota recente na Guerra da Crimeia em um paradigma do atraso da Rússia. Em sua descrição dos eventos de 1812, Tolstoi apresenta uma metáfora da penetração da Rússia pelas influências estrangeiras: Napoleão é o arauto de uma ordem "alienígena", apoiada por indivíduos "contaminados" do cortejo de Alexandre, mas rejeitada pela nação russa. Ainda assim, não se trata de uma glorificação do povo russo — o herói do romance de Tolstoi é um campesinato deferente guiado pela baixa nobreza, que, diferentemente dos aristocratas afrancesados, permaneceu fiel aos valores russos. No entanto, a obra de Tolstoi não é totalmente uma fantasia, e o autor fez bem seu trabalho.

A primeira frase de *Guerra e paz* expressa o ultraje à conduta francesa de 1799 em Gênova e em Lucca, enquanto na página seguinte um dos protagonistas afirma que a Rússia seria "a salvadora da Europa". Com essa abertura, Tolstoi definitivamente rejeita a noção da invasão francesa de 1812 como um ato de agressão gratuita: para ele estava claro que esta se tratou meramente de uma parte da longa luta entre a França e a Rússia pela hegemonia na Europa. De qualquer forma, levaria algum tempo até que um historiador russo mencionasse isso.

A segunda metade do século XIX viu a publicação de vários diários, memórias e cartas de personagens dos eventos; de documentos do Estado-Maior com números referentes a tropas e disposições; e de documentos, ordens e cartas oficiais. Também trouxe à tona muitos estudos úteis de aspectos específicos da campanha de batalhas individuais e de reações sociais aos eventos.

A geração seguinte de historiadores russos a lidar com o assunto em algum nível de profundidade foi influenciada pelos trabalhos de Marx e Engels, e adotou uma visão mais pragmática. É verdade que Aleksandr Nikolaevich Popov, escrevendo em 1912, deu uma descrição idealizada de Kutuzov e da "sociedade russa", mas seu contemporâneo mais realista Vladimir Ivanovich Kharkievich, por outro lado, admitiu que Kutuzov cometera erros, e rejeitou a imagem da Rússia como uma vítima inocente. Konstantin Adamovich Voensky seguiu uma linha similar, e associou as derrotas militares russas de 1812 às deficiências da constituição e da estrutura social do país. Alguns outros historiadores produziram estudos sobre aspectos específicos, nos quais apresentavam evidências de uma reação por parte da sociedade russa menos gloriosa do que havia sido representada até então, e confirmavam que a logística e o clima haviam sido em grande parte responsáveis pelo resultado.

Provavelmente o mais rigoroso de sua geração de historiadores, bem como o que teve a reação mais vigorosa contra a antiga devoção, foi Mikhail Nikolaevich Pokrovsky. De acordo com ele, o Estado tsarista estava decidido a estender a hegemonia russa para além de suas fronteiras a fim de garantir a sobrevivência de um sistema essencialmente feudal no país. Ele chegou ao ponto de afirmar que a invasão da Rússia por Napoleão havia sido um "ato necessário de autodefesa". Pokrovsky também foi bastante crítico em relação a Kutuzov e outros generais russos. Ele enfatizou o papel do clima na derrota dos franceses e menosprezou o papel da "sociedade russa", questionando o mito dos camponeses patriotas. Aqueles que de fato resistiram ao invasor o fizeram, de acordo com ele, em defesa de suas galinhas e gansos, e não da pátria.[3]

Esse ponto de vista era endossado por Lenin, e dominou as duas primeiras décadas do domínio soviético. Durante esse período, a guerra não foi referida como "Guerra Patriótica", visto que havia sido desencadeada apenas pelos respectivos interesses econômicos do imperialismo russo e da burguesia francesa. O Exército russo empreendera uma defesa caótica do país precisamente porque era comandado por nobres, e o temor do governo em relação ao armamento dos camponeses impediu o desenvolvimento de uma guerrilha contra os franceses.

Por sugestão de Stalin, uma decisão do Comitê Central recomendou em 16 de maio de 1934 uma nova abordagem para o estudo da História, com o propósito de mobilizar as massas. Não estava ainda claro, entretanto, como isso afetaria a representação dos eventos de 1812. Escrevendo em 1936, o historiador Evgenii Viktorovich Tarle afirmou que o povo russo não havia tido papel algum na guerra, rejeitando evidências de uma guerrilha de camponeses como nada mais que o oportuno assassinato de soldados retardatários franceses. No ano seguinte, ele publicou um relato da guerra no qual dizia praticamente o oposto — representando o fato como um triunfo do patriótico povo russo. Depois de algumas discussões entremeadas por "rasgação de seda" na linguagem dos dialetos marxistas, resgatou-se o termo "Guerra Patriótica", embora dessa vez ele viesse realmente entre aspas. Tarle também admitiu a possibilidade de o clima ter mesmo sido um fator determinante na derrota dos franceses, mas foi posteriormente acusado de revender as ideias do que um escritor denominou "os contrarrevolucionários trotskistas-budkharinistas inimigos do povo" e "as invenções mentirosas de autores estrangeiros" — até mesmo o registro do grande teórico militar Karl von Clausewitz, que participou da campanha no lado russo, foi desprezado como "mentiras".

Tarle adotou um ponto de vista espiritual tradicional dos eventos, representando a vitória francesa em Borodino como "uma vitória moral" para os russos e a guerra propriamente dita como uma amostra do que de melhor aconteceria na história russa ao longo das décadas seguintes. Ele também elevou a imagem de Kutuzov, representando-o como um tipo de emanação metafísica do povo russo, seu verdadeiro líder em todos os sentidos.[4] Mas foi seu colega, P.A. Zhilin, quem estabeleceu a conexão mais óbvia entre Kutuzov e Stalin, descrevendo ambos como salvadores da pátria.

A invasão da Rússia por Hitler em 1941 e o duelo de titãs que se seguiu deram mais consistência a essa conexão, e os eventos de 1812 provaram-se uma fonte fantástica de material de propaganda. A "Guerra Patriótica de 1812", como seria dali em diante conhecida, passou a ser vista como um ensaio geral para o que se tornou a "Grande Guerra Patriótica". O livro de Tarle foi traduzido e amplamente publicado no Ocidente a fim de servir como base para a alegação de que uma Rússia pacífica havia sido atacada sem razão — engenhosamente encobrindo o fato constrangedor de que, assim como em 1812, a Rússia havia sido não apenas um aliado, mas um cúmplice do outro lado até o rompimento das hostilidades —, mas que seu povo e os grandes líderes, que se lançavam do seio da pátria, eram invencíveis.

Durante um curto período após a morte de Stalin em 1953, alguma objetividade finalmente teve lugar na historiografia russa, dando origem a alguns estudos sólidos sobre o cenário econômico, político e diplomático, as preparações militares e outros aspectos. Contudo, a ascensão ao poder de Brezhnev pôs fim a isso. Historiadores como L.G. Beskrovny divulgavam a antiga panaceia patriótica e repetiam despudoradamente as mentiras óbvias. Os números franceses eram frequentemente elevados, enquanto os das forças russas eram reduzidos. A personalidade de Kutuzov assumiu vida própria. O príncipe amante da luxúria foi transformado em um tipo de líder camponês que estava, de uma forma um tanto misteriosa, "em conflito" com o tsar e o sistema. Cada erro sério cometido por ele era representado como um ato de astúcia, embora seu efeito não estivesse definido, e cada falha na ação, como uma tática estratégica brilhante.

Esse tipo de interpretação permaneceu incontestado até o final da década de 1980, quando uma nova geração de historiadores — entre eles A.A. Abalikhin, V.G. Sirotkin, S.V. Shvedov, Oleg Sokolov e N.A. Troitsky —

conferiu uma dose sem precedentes de frescor e honestidade ao assunto. Contudo, provavelmente levará ainda algum tempo para que uma síntese satisfatória ganhe forma.

O punhado de historiadores do Ocidente que já escreveram sobre o tema fez pouco uso das fontes originais russas disponíveis, confiando, em vez disso, nos trabalhos de seus colegas russos. Não é de surpreender que eles tenham aceitado os fatos e os números encontrados nesses trabalhos. A surpresa encontra-se, por outro lado, no fato de esses historiadores terem aceitado algumas das interpretações e sorvido, ainda que inconscientemente, uma dose de seu ingrediente emocional e político.

Praticamente todo o material documental existente acerca dos eventos políticos e militares tratados por este livro já foi publicado e está disponível há décadas. Seria interessante, e provavelmente valeria a pena, investigar outros âmbitos do tema, tais como a questão de que impacto o episódio teve sobre as estruturas do Estado russo, sua economia e as atitudes para com a autoridade. É possível que seja também proveitoso voltar aos originais manuscritos de algumas fontes escritas, particularmente das que foram traduzidas do francês para o russo. Contudo, é bastante improvável que novos documentos de qualquer significância venham ainda a surgir, ou que uma pesquisa mais detalhada em qualquer campo secundário traga novas evidências sobre as causas da guerra, sua conduta, os números envolvidos, a extensão das perdas ou qualquer outro aspecto vital.

O terreno, portanto, já foi criteriosamente preparado, e, agora que as paixões nacionalistas e as obrigações políticas se desvaneceram, a tarefa de escrever sobre os eventos de 1812 representa uma possibilidade menos ameaçadora. No entanto, trata-se ainda de uma tarefa formidável, já que não estamos abordando qualquer guerra, mas o clímax de um longo conflito entre Napoleão e Alexandre, entre a França e a Rússia, tendo de um lado a herança ideológica do Iluminismo europeu e da Revolução Francesa, e de outro a combinação reacionária entre o cristianismo, o monarquismo e o tradicionalismo. Essa guerra envolveu toda a Europa, de forma que suas repercussões tiveram um amplo alcance, bem como uma longa duração. Sua escala não tinha precedentes, e levantou uma série de questões até então desconhecidas na história militar. Foi também a primeira guerra moderna, na qual todo o povo russo foi forçado por seu governo a tomar parte, e o sentimento popular tornou-se um elemento de estratégia militar. É impossível isolar qualquer um desses elementos dos outros, visto que o conflito dificilmente será compreendido se não estivermos conscientes da profundidade e da amplitude das questões envolvidas.

Seriam necessários anos para fazer justiça a um tema dessa importância, e um livro ao menos duas vezes maior que este — que não tem, de forma alguma, a intenção de ser um trabalho definitivo. Este livro não tem o intuito de apresentar um registro completo das operações militares, que envolveram dúzias de combates e se deram em uma vasta área. Tampouco almeja ser mais do que um estudo sobre o relacionamento diplomático entre a França e a Rússia. O principal objetivo deste autor ao escrever esta obra é narrar uma história extraordinária, sobre a qual muitos já ouviram falar, mas a respeito da qual poucos possuem algum conhecimento real. Ele tentou colocá-la em seu contexto mais amplo e tocar sua significância mais profunda. Acima de tudo, todavia, este autor tentou transmitir o significado que esses eventos tiveram para os envolvidos em todos os níveis — pois que esta é *par excellence* uma história humana, de arrogância e vingança, de triunfo e catástrofe, de glória e sordidez, de alegria e sofrimento.

Assim, o autor decidiu fazer uso principalmente de registros de participantes, dos quais existe um número considerável. Há muitas variações entre eles, em termos tanto de precisão quanto de qualidade literária: alguns são cartas ou diários originais; outros são memórias escritas a partir de diários; memórias escritas a partir de recordações, algumas após um ou dois anos, outras depois de décadas; registros baseados na experiência pessoal e na documentação; e, finalmente, histórias regulares escritas por participantes, alguns dos quais ocuparam posições decisivas, e outros que tomaram parte apenas como testemunhas. Esses fatores foram levados em conta quando da utilização dos registros, de forma que se procurou evitar basear-se demais, por exemplo, no amplamente citado Ségur, que não era uma figura central, mas que escreveu como se tivesse sido, e que desenvolveu sua narrativa com grandes pretensões literárias; procurou-se também evitar, por outro lado, seu principal crítico, Gourgaud, que não estava tão bem colocado a ponto de saber o que estava acontecendo como sugere, e cuja narrativa é em grande parte dedicada à sua deferência exaltada por Napoleão.

Também a escolha das ilustrações aqui presentes foi guiada pelo mesmo desejo de reproduzir a experiência humana, e nisso o autor teve a sorte de contar com outro aspecto único da guerra de 1812. Esta foi a única campanha anterior à era da fotografia a ser registrada graficamente por vários participantes, alguns dos quais eram artistas distintos. Levaria meio século — até a Guerra de Secessão — para que as realidades da guerra fossem transmitidas através de imagens tão vívidas. Em vista disso, decidiu-se dispensar o grande conjunto de cenas de batalha pomposas e sem significado que costumam adornar esse tipo de obra, concentrando-se, em vez disso, em apresentar algo que se aproximasse mais de um registro fotográfico da vida na campanha. Afora alguns retratos dos protagonistas principais, quase todas as imagens foram desenhadas ou pintadas por participantes, fosse no ato da própria cena ou pela recordação, e as poucas exceções foram executadas sob a direção dos participantes.

Ao sentir a necessidade quando de uma citação ou relato de um fato, foram apresentadas referências a outros registros originais que lhes conferem evidência. Contudo, a fim de não extrapolar a quantidade de números de referência em cada página, preferiu-se reunir várias citações ou uma série de fatos interligados contidos em um mesmo parágrafo sob o mesmo número. As traduções são todas do autor, exceto nos casos em que o livro só estava disponível em outra tradução e no de traduções do alemão, no qual ele pôde contar com a ajuda de outras pessoas.

Existem vários métodos para transliterar palavras e nomes russos — nenhum dos quais é, ao menos do ponto de vista deste autor, completamente satisfatório. Isso se dá principalmente pelo fato de que todo novo esquema necessariamente torna inválidas palavras já familiares baseadas em métodos anteriores. O autor decidiu, portanto, seguir seu próprio instinto e aquilo que acreditava ser bom-senso. Ele está ciente, por outro lado, de que os especialistas poderão considerar isso irritante.

Os nomes russos foram transliterados tal como são pronunciados — de forma que se optou, por exemplo, por Yermolov em vez de Ermolov — ou nas formas há décadas conhecidas no Ocidente —, usando-se Tolstoi em lugar de Tol'stoi e Galitzine em vez de Golitsuin. Pelas mesmas razões, o "sky" foi utilizado em lugar do "skii" no final dos nomes russos. Optou-se, por outro lado, pelas formas universalmente aceitas na bibliografia, já que é assim que os nomes costumam aparecer nos catálogos, ao menos na maioria das bibliotecas. Nos casos de participantes de outras nacionalidades que serviram no Exército russo, optou-se pela forma original de seus nomes, já que não parece haver uma razão para transformar Wittgenstein em Vitgenshtain, Czaplic em Chaplits, ou Clausewitz em Klausevits. Fizeram-se exceções para os casos de Baggovut (Baggehuffwudt, em sueco) e Miloradovich (Miloradovič, em sérvio) por razões puramente pragmáticas.

Talvez a questão mais difícil seja a dos nomes de lugares. A ação da campanha desdobrou-se sobre territórios que recentemente passaram de um domínio para outro, e em alguns casos até retornaram ao domínio anterior, encontrando-se atualmente em países inteiramente diferentes. Optou-se pelos nomes alemães para os que costumavam fazer parte da Prússia Oriental, pelos nomes russos para territórios da Rússia além de Smolensk (exceto nos casos de São Petersburgo e Moscou), pelas formas polonesas para lugares no grão-ducado de Varsóvia, e pela transliteração polonesa para o território que era polonês nas décadas anteriores a 1812. O autor decidiu adotar essas formas pelo fato de elas terem sido usadas nos registros franceses — embora escritas de maneira curiosa. As formas russas desses nomes diferem muito pouco das polonesas, enquanto as atuais formas lituanas ou bielorrussas seriam confusas — no início do livro há um glossário desses nomes com suas formas atuais, para propósito de identificação. Uma exceção foi feita quanto à capital da Lituânia: a maioria dos franceses utilizava a forma Wilna, os russos a denominavam Vilna, enquanto Wilno — a forma adotada pelos poloneses — soa inadequada, particularmente quando transliterada para Vilno, de forma que a opção adotada foi Vilna. Por razões similares, optou-se pela forma russa Glubokoie à polonesa Głębokie, cuja transliteração seria Gwembokie. O autor fez as melhores escolhas.

Todas as datas são apresentadas no estilo atual, de acordo com o calendário gregoriano.

Agradecimentos aos professores Isabel de Madariaga, Janet Hartley, Lindsey Hughes, Dominic Lieven e Alexander Martin, por seus conselhos e sua assistência; a Mirja Kraemer e Andrea Ostermeier, por terem lido vários textos em alemão para o autor, bem como a Galina Babkova pela velocidade e eficiência com as quais localizou, copiou e despachou tudo que foi solicitado das bibliotecas da Rússia; ao doutor Dobrosława Platt, a Laurence Kelly, Artemis Beevor e Jean de Fouquières, por sua ajuda na busca por ilustrações. Shervie Price foi, mais uma vez, um árduo leitor e crítico valioso do material impresso, e Robert Lacey foi um editor excepcionalmente meticuloso e sensível. Trevor Mason merece uma medalha pela paciência nos mapas e diagramas.

Agradecimentos também ao embaixador Stefan Meller, por sua assistência durante a viagem do autor ao palco das operações, e a Mikołaj Radziwiłł, por ter sido um motorista tão bom nas ruas da Rússia, Lituânia e Bielorrússia, bem como uma excelente companhia em Vilnius, Orša e Smolensk, no campo de batalha de Borodino e às margens do Beresina.

Acima de tudo, obrigado à minha esposa Emma, por tudo.

1

César

Ao primeiro tiro de canhão disparado das armas dispostas em frente ao Palácio dos Inválidos, na manhã de 20 de março de 1811, um silêncio profundo abateu-se sobre Paris. Carroças e carruagens pararam, assim como os pedestres. As pessoas apareceram nas janelas, as crianças nas escolas tiraram os olhos dos livros. Todos começaram a contar os disparos que se sucediam um após o outro de forma ritmada. Nos estábulos da Escola Militar, a cavalaria da Guarda tratava os cavalos.

"De repente, o som de uma arma disparada nos Inválidos parou cada braço, interrompeu cada movimento; escovas e almofaças ficaram suspensas no ar", de acordo com um jovem *chasseur*. "No meio dessa multidão de homens e cavalos, você poderia ter ouvido um rato se mover."[1]

Conforme a notícia de que a imperatriz havia entrado em trabalho de parto se espalhara na noite anterior, vários *patrons* haviam dado o dia seguinte de folga aos seus trabalhadores, de forma que estes pululavam com expectativa nas ruas em volta do Palácio das Tulherias. A *Bourse* de Paris interrompera os trabalhos naquela manhã, e as únicas transações financeiras que tinham lugar eram as apostas no sexo da criança. A expectativa, contudo, era grande também entre aqueles que não tinham nada a ganhar ou perder com isso. "Seria difícil imaginar com que ansiedade os primeiros tiros de canhão foram contados", relembrar-se-ia uma testemunha; todos sabiam que 21 tiros anunciariam o nascimento de uma menina, e que cem anunciariam o de um menino. "Um silêncio profundo reinou até o 21º, mas quando o 22º foi disparado, houve uma explosão de congratulações e aplausos que soaram simultaneamente em cada parte de Paris."[2]

O povo enlouqueceu. Estranhos se abraçavam e gritavam "*Vive l'Empereur!*", e outros dançavam nas ruas enquanto os 78 tiros restantes estrondavam como num rompimento de represa.

"Nunca, nem nas melhores festividades, Paris exibiu a imagem de um júbilo tão generalizado", observou outra testemunha. "Havia celebração em todos os lugares."[3]

Um balão subiu, levando rumo ao céu a famosa balonista Madame Blanchard, com centenas de folhetos impressos anunciando a notícia feliz, que ela espalhou por todo o interior. Mensageiros partiam em todas as direções com a notícia. Naquela noite houve fogos e a capital foi iluminada com velas nas janelas de cada humilde mansarda. Teatros exibiram apresentações especiais, tipógrafos passaram rapidamente a produzir imagens sentimentais do bebê sobre nuvens celestiais, com coroas e loureiros flutuando sobre ele, e poetas puseram mãos à obra na produção de odes comemorativas.

"Mas o que ninguém nunca será capaz de descrever adequadamente", escreveu o jovem conde de Ségur, "é a intoxicação selvagem da onda de regozijo público que se deu quando o 22º tiro de canhão anunciou para a França o nascimento de um herdeiro direto para Napoleão e para o império!"[4]

A imperatriz Marie-Louise, então com 20 anos, sentira as primeiras dores por volta das 7 horas da noite anterior. O doutor Antoine Dubois, *premier accoucheur* do império, estava ao dispor. Logo se reuniram a ele o doutor Corvisart, o primeiro médico, o doutor Bourdier, o médico ordinário da imperatriz, e o cirurgião de Napoleão, doutor Yvan. O imperador, sua mãe e irmãs, além das várias damas de companhia da imperatriz, faziam parte do grupo de 22 pessoas que a acompanhavam, fosse em seu quarto ou no cômodo vizinho.

Além deles, os salões das Tulherias estavam tomados por cerca de duzentos oficiais e dignitários, que haviam sido convocados assim que a imperatriz entrou em trabalho de parto, e circulavam atabalhoadamente usando trajes de corte completos. De tempos em tempos, uma das damas de companhia de serviço vinha para lhes dar um relatório do progresso. Após algumas horas, pequenas mesas foram trazidas e eles foram servidos com uma sopa leve e frango com arroz acompanhado por Chambertin. Todavia, os ânimos se desvaneceram: estava claro que as coisas não estavam fáceis no quarto da imperatriz. Por volta das 5 horas da manhã, o grande marechal do império veio para informar-lhes que as dores haviam cessado e a imperatriz adormecera. Ele lhes disse que podiam ir para casa, mas que deveriam permanecer de prontidão. Alguns foram, enquanto muitos dos exaustos cortesãos se acomodaram como puderam em bancos e improvisaram colchões com tapetes dobrados, deitando-se em seguida com todo o seu ornamento para tirar um cochilo.

Napoleão esteve com Marie-Louise durante todo o tempo, conversando com ela e confortando-a com toda a solicitude de um nervoso futuro pai. Quando ela adormeceu, Dubois sugeriu que ele descansasse um pouco. Mas Napoleão não conseguiria dormir. Sua forma preferida de relaxamento era deitar em uma banheira cheia de água muito quente, o que ele acreditava ser uma cura para a maioria dos males, fosse um resfriado ou uma prisão de ventre — do que ele sofria regularmente. E foi isso que ele fez naquele momento.

Ele ainda não havia se comprazido por muito tempo na água quente quando Dubois subiu correndo a escada secreta que ia do seu apartamento ao quarto da imperatriz. As dores haviam recomeçado, e o médico estava preocupado, já que o bebê não estava na posição certa. Napoleão perguntou-lhe se havia algum perigo. Dubois balançou a cabeça afirmativamente, expressando sua consternação por a imperatriz estar sofrendo tal complicação. "Esqueça que ela é a imperatriz, e trate-a como trataria a esposa de qualquer comerciante da *rue* Saint Denis", "interrompeu-o Napoleão, acrescentando: "E aconteça o que acontecer, salve a mãe!"

Ele saiu da banheira, vestiu-se apressadamente e desceu para se juntar aos médicos na cabeceira de sua esposa.

A imperatriz gritou ao ver Dubois tirar o fórceps, mas Napoleão a acalmou, segurando sua mão e acariciando-a enquanto a condessa de Montesquiou e o doutor Corvisart seguravam-na para mantê-la parada. Os pés do bebê saíram primeiro, e Dubois teve trabalho para liberar a cabeça. Depois de muito puxar e de muitas palavras de consolo, por volta das 6 horas da manhã, ela deu à luz. O bebê parecia sem vida. Dubois o pôs de lado e juntou-se aos outros para cuidar da mãe, que parecia correr perigo. Mas Corvisart pegou a criança e começou a friccionar seu corpo intensamente. Depois de cerca de sete minutos, ele reviveu, e o doutor entregou-o à condessa de Montesquiou, com o comentário de que era um menino. Napoleão, ao certificar-se de que Marie-Louise estava fora de perigo, tomou o bebê nos braços e, irrompendo na sala adjacente, onde os oficiais superiores do império estavam reunidos esperando o pior, exclamou: "Contemplem o rei de Roma! Duzentos tiros de canhão!"

Contudo, quando sua cunhada, a rainha Hortense, veio parabenizá-lo um momento depois, ele retorquiu: "Eu não posso sentir felicidade; a pobre mulher sofreu demais!"[5]

O imperador estava sendo sincero. Eles estavam casados havia apenas um ano, e o casamento arranjado tornara-se rapidamente um relacionamento de amor intenso. Uma dos 13 filhos do imperador austríaco Francisco II, Marie-Louise era a favorita de seu pai, sua "*adorable poupée*". Ela havia crescido em meio ao ódio por Napoleão e acostumara-se a chamá-lo "o corso", "o usurpador", "Átila" ou "o Anticristo". Entretanto, quando a diplomacia precisou dela, Marie-Louise curvou-se à vontade do pai. Ao provar dos prazeres da cama marital, porém, ela não pôde conter seu arrebatamento pelo imperador. Napoleão, que se sentia excitado pela ideia de ter em sua cama "uma filha de César", como se referia a ela, e uma mulher que tinha a metade de sua idade, apaixonou-se completamente, e seu casamento transformou-se em um idílio para a classe média.

Naquela noite, enquanto a capital celebrava, a criança foi batizada de acordo com os rituais milenares da família real francesa. No dia seguinte, Napoleão ofereceu uma grande recepção, sentado no trono imperial, para receber as congratulações formais. Depois disso, toda a corte acompanhou-o para ver o recém-nascido, que estava deitado em um soberbo berço de prata dourada, presente da cidade de Paris. O berço havia sido projetado pelo artista Pierre Prudhon e exibia a Glória segurando uma coroa triunfal e uma jovem águia alçando voo em direção a uma estrela brilhante que simbolizava Napoleão. Os chanceleres da Legião de Honra e da Cruz de Ferro fixaram as insígnias de ambas as ordens nos colchões sobre os quais o bebê dormia. O pintor François Gérard começou a pintar um retrato.

Houve homenagens de todos os tipos nos dias seguintes, e todas as cidades através do país juntavam-se a Paris na celebração assim que a notícia as alcançava, cada uma enviando uma delegação para apresentar suas congratulações. O mesmo processo repetiu-se quando a notícia chegou às partes mais distantes do império e a outros países. Embora fossem perfeitamente previsíveis sob as circunstâncias presentes, havia bem mais de que a obrigação de lealdade nessas manifestações — para a maioria dos franceses o nascimento de um menino anunciava um período não apenas de paz e estabilidade, mas de muito mais.

A França estivera em guerra, praticamente sem interrupções, durante os últimos 19 anos. O país havia sido atacado em 1792 por uma coalizão formada pela Prússia e a Áustria. Ao longo dos anos seguintes, juntaram-se à coalizão a Inglaterra, a Espanha, a Rússia e outras potências menores, todas decididas a derrotar a França revolucionária e a restituir o poder à dinastia dos Bourbons. Não se tratava de uma guerra por território, mas de um conflito ideológico sobre a futura ordem da Europa. Atrocidades à parte, a França revolucionária havia difundido todos os ideais do Iluminismo, e sua própria existência era vista pelas potências monárquicas como uma ameaça. A França fizera amplo uso dessa arma em sua defesa, exportando a revolução e subvertendo províncias de seus inimigos, passando gradualmente do papel de vítima ao papel de agressora, embora sempre lutando pela sobrevivência. A França revolucionária não foi, entretanto, capaz de obter uma paz durável, já que praticamente nenhuma potência na Europa se conformaria com a sobrevivência do regime republicano, sentindo a necessidade de destruí-lo.

A tomada do poder em Paris pelo general Bonaparte em novembro de 1799 deveria ter quebrado esse círculo vicioso de medo e agressão. Ele conteve os demagogos, fechou a caixa de Pandora aberta pela Revolução e pôs ordem na bagunça. Sendo filho do Iluminismo, mas ao mesmo tempo um déspota, ele mobilizou as energias da França e dirigiu-as à construção de um Estado ordenado, próspero e poderoso, o "*état policé*" com que os *philosophes* do Iluminismo haviam sonhado. Napoleão seguia os passos de governantes como Frederico, o Grande, da Prússia, Catarina, a Grande, da Rússia e José II da Áustria, que introduziram reformas sociais e econômicas ao mesmo tempo que fortaleciam a estrutura do Estado, sendo universalmente admirados por isso. Contudo, para seus sucessores, Bonaparte era nada mais que um novo-rico grotesco, um fruto maligno da diabólica revolução.

Por volta de 1801, em seguida a uma série de vitórias retumbantes, Bonaparte foi capaz de forçar o estabelecimento da paz a todos os países do continente europeu. A segurança da França foi garantida pela expansão das fronteiras e pela criação de uma série de repúblicas teoricamente autônomas no norte da Itália, na Suíça e na Holanda, que eram na verdade províncias francesas. Em março de 1802, Bonaparte conseguiu até mesmo firmar a Paz de Amiens com a Inglaterra. Essa situação, no entanto, não tinha muitas chances de durar.

Para a Inglaterra, a hegemonia da França na Europa era intolerável. Para a França, a superioridade da Inglaterra no mar era uma ameaça constante. A realização dos planos da França para Malta, o Egito e a Índia era improvável, mas não deixava de ser também um terrível pesadelo para a Inglaterra. Por outro lado, a habilidade desta de usar aliados no continente europeu para fazer guerras por procuração era uma fonte de ansiedade constante para a França. Os dois países retomaram as hostilidades em maio de 1803.

Durante o ano seguinte, Bonaparte reviveu a oposição ao seu governo através de toda a Europa. Em março de 1804, ele ordenou que o jovem Bourbon duque d'Enghien fosse capturado no estado de Baden, perto das fronteiras da França, e trazido para Paris. Ele estava convencido de que o duque estava envolvido em uma conspiração para derrubá-lo e restaurar a monarquia, executando-o após um julgamento sumário. Essa violação de todas as leis e princípios aceitos chocou a Europa, confirmando a opinião daqueles que viam na pessoa de Bonaparte o demônio encarnado e reforçando a noção da necessidade de uma guerra de vida ou morte entre a ordem santa personificada pelo *ancien régime* e as forças do mal representadas pela França revolucionária.

A França, de fato, já não exportava revolução. Ela se tornara pouco mais de que um veículo para as ambições de Bonaparte, que dois meses depois se autoproclamaria imperador da França sob o título de Napoleão I. Aquilo no que consistiam exatamente essas ambições, no entanto, tem dividido e deixado perplexos historiadores ao longo de dois séculos, visto que Napoleão nunca era coerente em nada. Seus discursos servem somente para ilustrar alguns de seus pensamentos e sentimentos, e suas ações eram frequentemente inconstantes e contraditórias. Ele era inteligente e pragmático, mas ainda assim permitia-se realizar as fantasias mais absurdas; ele era a figura do perfeito oportunista, mas podia ser apanhado traindo seus próprios princípios; ele era um grande cínico, mas ainda assim perseguia sonhos românticos. Napoleão não possuía nenhuma grande ideia ou projeto.

Ele era em grande parte guiado por nada mais complexo de que a cobiça pelo poder e pela dominação sobre os outros. Acrescia-se a essa cobiça um conjunto frequentemente infantil de reações a qualquer tipo de frustração. Não possuindo nenhum senso de justiça ou sentimento de respeito pelos desejos dos outros, ele entendia quaisquer objeções a suas ações como rebeliões gratuitas, e respondia com uma veemência desproporcional. Em vez de ignorar pequenos empecilhos ou simplesmente ultrapassar obstáculos, ele reagia com arrogância e violência, o que frequentemente o envolvia em colisões frontais desnecessárias que custavam caro.

Ele era também guiado por um senso curioso de predestinação, uma noção autoincutida do tipo que afeta rapazes educados na literatura romântica (suas leituras favoritas haviam sido os poemas de Ossian e *Os sofrimentos do jovem Werther*), o qual Napoleão passara a acreditar viver nele. "Há algum homem cego o bastante para não ver", declarou ele durante a campanha no Egito em 1798, "que o destino dirige todas as minhas operações?"[6] Napoleão era também um grande admirador das peças de Corneille, e há razões para se acreditar que ele via a si mesmo como o personagem de uma grande tragédia nos moldes cornelianos.

Essa sensação de predestinação levá-lo-ia a agir repetidamente contra seus melhores julgamentos em busca de sonhos nebulosos. Para ele, seus triunfos na Itália, sucedidos pelas vitórias espetaculares em Austerlitz e Jena, apenas confirmavam essa fantasia, que acabou absorvida pelas suas tropas. "Era o clímax da intoxicação de nossa alegre e orgulhosa exaltação", escreveu um jovem oficial após o triunfo de Napoleão sobre a Prússia. "Uma das unidades de nosso Exército autoproclamou-se a 'Décima Legião do Novo César'!, outra exigiu que Napoleão dali em diante fosse conhecido como 'O Imperador do Ocidente!'"[7]

Mas Napoleão também era o governante da França, e, como tal, era inevitavelmente guiado pelas mesmas forças políticas, culturais e psicológicas que haviam ditado as políticas de governantes anteriores tais como Francisco I e Luís XIV, os quais haviam se empenhado para estabelecer a hegemonia da França na Europa a fim de alcançar uma segurança duradoura.

A França sempre procurara impor um equilíbrio na Europa Central que evitasse uma mobilização maior de forças alemãs contra ela, e alcançara isso com o Tratado da Vestfália em 1648, através do qual ela e a Áustria, juntamente a outras potências, haviam estabelecido uma série de limitações e contrapesos. Esse sistema havia sido derrubado na segunda metade do século XVIII pela ascensão do poder prussiano e a emersão da Rússia como protagonista nos assuntos europeus, o que se manifestou de forma crítica nas substanciais transferências de poder na Alemanha, na divisão e extinção da Polônia e na corrida pelo controle dos Bálcãs. Em vista disso, era bastante natural que Napoleão buscasse reafirmar os interesses da França, e ao fazer isso ele estava perseguindo tanto a visão tradicional de uma Europa "francesa" quanto sua ambição pessoal. Esta era uma visão que aparentemente tinha a História ao seu lado.

No século XVIII, a França tornara-se o centro da Europa no que diz respeito à cultura e ao pensamento político. Sua superioridade nessas esferas foi consolidada pela revolução, cuja mensagem fundamental e ideias eram admiradas e aceitas pelas elites através de todo o continente. As classes políticas e militares francesas viam-se como "*la Grande Nation*", a primeira nação na Europa a ter se emancipado, e consideravam-se portadoras da missão de transmitir para outros povos os benefícios que haviam alcançado. Essa foi a era do Neoclassicismo, e eles começaram a ver a França como a próxima Roma, a fonte que irradiaria essa nova civilização ideológica, a capital do mundo moderno.

Napoleão não estava imune aos entusiasmos da idade. Como o indivíduo mais poderoso desde os dias dos Césares, ele lançou decretos ordenando a limpeza do Tibre e do Forum Romanum, além da preservação de seus monumentos. Logo depois do nascimento do rei de Roma, ele pôs em ação planos para a construção de um Palácio Imperial no Capitólio. Contudo, ele também pretendia construir um para o Papa em Paris, argumentando que este deveria mudar-se para lá, assim como São Pedro havia se mudado da Terra Santa para Roma.[8]

Ainda em meados da década de 1790, os Exércitos Revolucionários Franceses começaram a trazer para Paris não apenas objetos de valor e obras de arte, mas também bibliotecas, instrumentos científicos e arquivos inteiros. Esse episódio épico de pilhagem não era produto apenas da mera ambição. A ideia era que tudo que houvesse sido mais útil para o desenvolvimento da civilização deveria ser concentrado no coração do império, e não permitir esse benefício a apenas alguns nas províncias mais afastadas. "O Império Francês deve tornar-se a metrópole de todos os domínios", disse Napoleão uma vez a um amigo. "Eu quero forçar cada rei na Europa a construir um grande palácio para seu uso em Paris. Quando um imperador da França for coroado, esses reis deverão vir para Paris, e deverão adornar a imponente cerimônia com sua presença e saudá-la com sua homenagem." Não se tratava da França "*über alles*". "A sociedade europeia precisa de uma regeneração" afirmou Napoleão em uma conversa em 1805. "Deve haver uma potência superior que domine todas as outras, com autoridade bastante para forçá-las a viver em harmonia entre si, e a França é a mais bem colocada para esse propósito."

Ele era, como muitos tiranos, utópico em suas ambições.

"Nós devemos ter um sistema legal europeu, uma corte de apelação europeia, uma moeda comum, os mesmos pesos e medidas, as mesmas leis", disse Napoleão uma vez a Joseph Fouché. "Eu devo fazer de todos os povos da Europa um único povo, e de Paris a capital do mundo."[9]

A reivindicação da França pela herança da Roma Imperial aparentemente obteve validação quando, em 1810, Napoleão casou-se com Marie-Louise, filha do último imperador do Sacro Império Romano-germânico, Francisco II. Seu sogro, agora imperador da Áustria sob o título de Francisco I, parecia concordar com essa transferência de poder. Quando Napoleão produziu um herdeiro, Francisco cedeu à criança o título de rei de Roma, que tradicionalmente havia pertencido ao filho do imperador do Sacro Império Romano-germânico.

A posição da França no continente era então de um poder sem precedentes; sua cultura política e o novo sistema foram impostos através de vastos territórios da Europa. Para o francês comum, entretanto, isso interessava menos de que os benefícios que o imperador havia trazido para casa na última década. Todos os ganhos mais positivos da revolução haviam sido salvaguardados, mas foi a garantia da ordem, da prosperidade e da estabilidade que produziu uma amnésia, senão um perdão geral, que permitiu aos mais divididos pelos conflitos da revolução deixarem para trás os aspectos mais desagradáveis do passado. A sobrevivência dessa nova ordem dependeria não apenas da habilidade de Napoleão para defendê-la, mas também da sua capacidade de garantir sua continuação com a eliminação da possibilidade de uma restituição do poder aos Bourbons. O retorno dos Bourbons não implicaria somente o retorno do *ancien régime*, mas também traria consigo a possibilidade de uma série de acertos de contas.

No que dizia respeito a isso, o nascimento do rei de Roma era um evento crucial. A maioria dos súditos de Napoleão acreditava que seu governante, que recentemente completara quarenta anos de idade, estaria dali em diante inclinado a passar mais tempo com a família de que com os Exércitos, que Napoleão, o Grande, seria, quando a hora chegasse, sucedido por Napoleão II, e que o resto da Europa aceitaria que os Bourbons haviam sido relegados à História. Foi por isso que eles se regozijaram. "O povo previa sinceramente um período de muita paz; a ideia de uma guerra e de ocupações daquele tipo já não era considerada realista", escreveu o chefe de polícia de Napoleão, general Savary, acrescentando que a criança parecia representar para todos a garantia da estabilidade política.[10]

Napoleão alegrava-se basicamente pelas mesmas razões.

"Agora tem início a melhor época do meu reinado", exclamou. Ele sempre estivera totalmente consciente de que um homem que toma o trono jamais pode ficar totalmente confiante, e de que ele só poderia alcançar a efetividade de seu título se fosse apoiado pelo princípio da dinastia.

"Com o nascimento do meu filho, há um futuro no meu destino", disse ele a um de seus representantes diplomáticos. "Eu estou agora estabelecendo a fundação de uma legitimidade. Impérios são criados pela espada e conservados pela hereditariedade."[11]

Contudo, ele ainda não estava pronto para depor as armas. Napoleão conseguira destruir a unidade do propósito que alimentara as coalizões

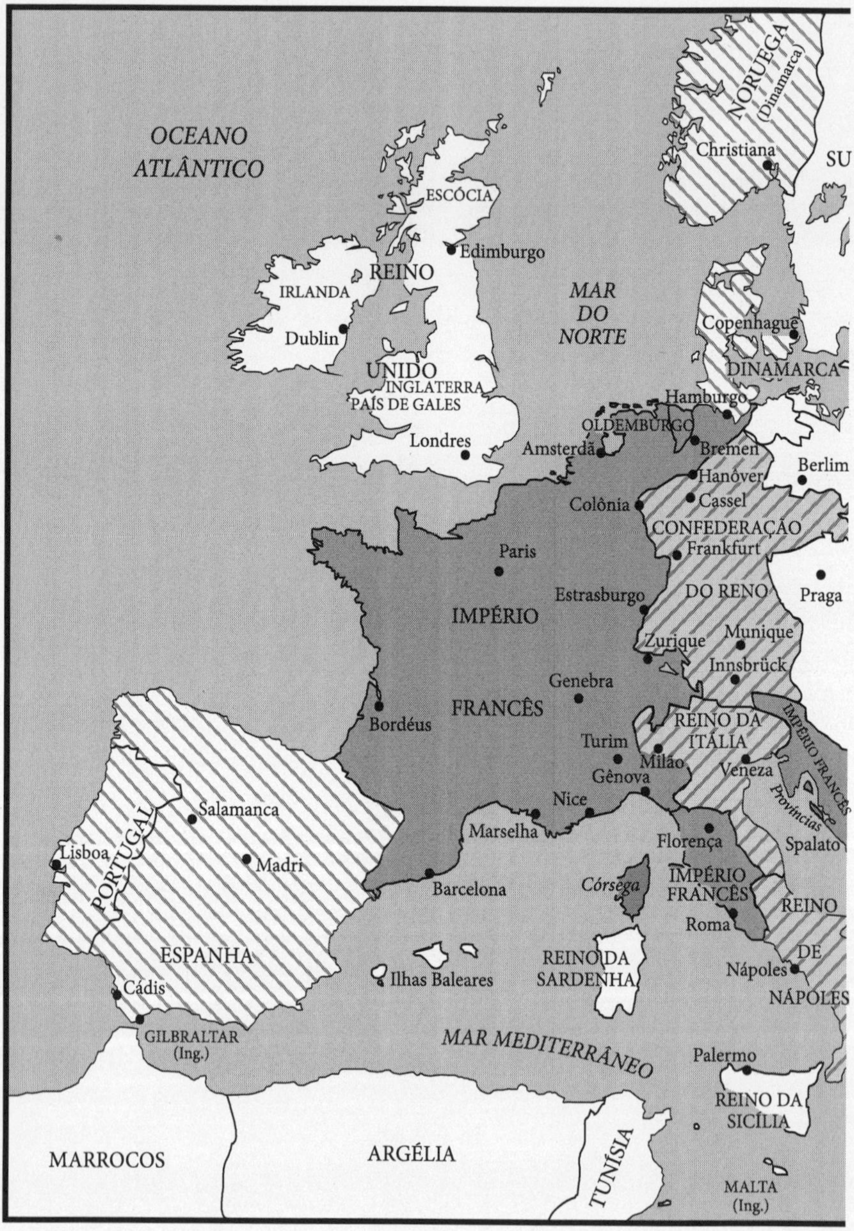
OCEANO ATLÂNTICO
ESCÓCIA
Edimburgo
IRLANDA
Dublin
REINO UNIDO
INGLATERRA
PAÍS DE GALES
Londres
MAR DO NORTE
NORUEGA (Dinamarca)
Christiana
SU
Copenhague
DINAMARCA
Hamburgo
OLDEMBURGO
Bremen
Amsterdã
Hanôver
Berlim
Cassel
Colônia
CONFEDERAÇÃO DO RENO
Frankfurt
Paris
Praga
Estrasburgo
IMPÉRIO FRANCÊS
Zurique
Munique
Innsbrück
Genebra
Bordéus
REINO DA ITÁLIA
IMPÉRIO FRANCÊS
Turim
Milão
Veneza
Gênova
Províncias
Nice
Marselha
Florença
Spalato
Salamanca
Lisboa
Madri
PORTUGAL
Barcelona
Córsega
IMPÉRIO FRANCÊS
Roma
REINO DE NÁPOLES
ESPANHA
REINO DA SARDENHA
Nápoles
Cádis
Ilhas Baleares
GILBRALTAR (Ing.)
MAR MEDITERRÂNEO
Palermo
REINO DA SICÍLIA
MARROCOS
ARGÉLIA
TUNÍSIA
MALTA (Ing.)

A EUROPA EM 1811
ÉCIA
São Petersburgo
Estocolmo
Níjni Novgorod
Riga
Moscou
Mar Báltico
Tilsit
Smolensk
Königsberg
Vilna
Danzig
Friedlândia
Minsk
IMPÉRIO RUSSO
GRÃO-DUCADO DE VARSÓVIA
Poznań
Varsóvia
Kiev
Cracóvia
Austerlitz
IMPÉRIO AUSTRÍACO
Viena
Peste
Buda
HUNGRIA
MOLDÁVIA
Odessa
TRANSILVÂNIA
Brassó
VALÁQUIA
Belgrado
Bucareste
Ruschuk
MONTENEGRO
da Ilíria
Sófia
Constantinopla
IMPÉRIO OTOMANO
Corfu
Atenas
Ilhas Jônicas (Ing.)
Creta
Legenda
Império Francês
Estados satélites da França
Aliados da França

contra a França durante tanto tempo. A Áustria, a Rússia e a Prússia estavam agora tão prontas para lutar umas contra as outras quanto para lutar contra a França — a repugnância original ao "novo-rico corso" havia em grande parte evaporado, seu título imperial havia sido reconhecido através do continente, o pretendente bourbon Luís XVIII começava a parecer um anacronismo. Ainda assim, Napoleão estava absolutamente ciente de que continuava vulnerável, já que nada havia sido fixado definitivamente.

Ao longo da década anterior, ele transformara a França em um império que incluía toda a Bélgica, a Holanda e a costa do mar do Norte até Hamburgo, a Renânia, toda a Suíça, o Piemonte, a Ligúria, a Toscana, os Estados Pontifícios, a Ilíria e a Catalunha, além de governar diretamente mais de 45 milhões de pessoas. O Império Francês estava cercado por vários estados dependentes — o reino da Vestfália, os reinos da Saxônia, Bavária, Württemberg e de outros estados agrupados na Confederação do Reno, o Grão-Ducado de Varsóvia, os reinos da Itália, de Nápoles e da Espanha — que eram governados pelos irmãos de Napoleão, por seus parentes ou por aliados devotados. A única parte de seu vasto império que permanecia em um estado de intranquilidade era a Espanha, onde uma oposição armada ao seu irmão, rei José, era apoiada pelo Exército Inglês. Este não era por si próprio um grande problema, e podia ser tratado por uma operação concentrada sob sua própria direção.

O real problema que Napoleão enfrentava era como alcançar algum tipo de finalidade e integrar todas as suas conquistas em um sistema que garantisse sua posição e a de seus sucessores. Enquanto outros o consideravam um megalomaníaco decidido a conquistar tudo, ele via suas guerras como defensivas, direcionadas à garantia da segurança da França e da sua própria.

"Para deixar meu trono para meus herdeiros", disse ele a um de seus camareiros, "eu terei que ser o mestre de todas as capitais da Europa!"

Nas instruções escritas para um de seus enviados diplomáticos, ele explicava que, embora a França estivesse no auge de seu poder, "se ela não puder fixar a constituição política da Europa agora, amanhã ela poderá perder todas as vantagens de sua posição e fracassar em seus projetos".[12]

Contudo, um acordo final que assegurasse seus ganhos para o futuro continuava escapando-lhe das mãos, em parte porque ele expandia cada vez mais seu escopo para que fosse abrangente, e, além disso, porque a guerra era o seu meio: ele não podia enxergar outra forma de alcançar seus objetivos. Era por isso que todos os tratados que ele firmara até então eram não mais que tréguas, e todos os seus acordos permaneciam fluidos, esperando pelo ilusório acordo de paz final. O império era uma obra em andamento.

Quando seu filho nasceu, Napoleão tinha 42 anos. Ele tinha pouco mais de 1,57 m de altura, o que era uma baixa estatura mesmo para os padrões da época, mas possuía uma estrutura corporal proporcional.

"Sua tez nunca foi dotada de muita cor; as bochechas eram de um branco fosco, o que lhe conferia uma face totalmente pálida, mas não do tipo de palidez característica de uma pessoa doente", escreveu seu secretário, o barão Fain. "O cabelo castanho tinha um corte curto e ficava rente à cabeça. Sua cabeça era redonda, sua testa era larga e alta; os olhos eram de um azul-acinzentado, dotados de um olhar gentil. Ele tinha um belo nariz, uma boca graciosa e dentes bonitos."

Mas ele começara a ganhar peso. Seu corpo ganhou volume, seu pescoço, que já era curto por natureza, engrossou, e ele desenvolveu uma barriga. Os mais próximos a ele notaram que seus olhos já não eram tão penetrantes. Ele passou a falar mais devagar e a levar mais tempo para tomar decisões. Seus fenomenais poderes de concentração diminuíram, e aqueles que haviam se acostumado às suas explosões de fúria surpreenderam-se ao ver que ele se tornava cada vez mais pensativo e hesitante. Algo se desvanecia na força vital dessa criatura prometeica. Sugestões convincentes têm sido dadas de que sua hipófise começou a falhar quando ele alcançou a idade de quarenta anos, causando-lhe uma distrofia adiposo-genital, que tem como sintomas o ganho de peso e a perda de energia.[13]

É impossível dizer se o próprio Napoleão estava ciente de qualquer declínio. Seus inimigos certamente notaram que suas vitórias já não eram tão retumbantes quanto haviam sido, e ele deve ter percebido isso também. Mesmo que aquele não fosse ainda o crepúsculo de sua vida, o fim de sua carreira ativa não podia estar distante, de forma que as batalhas finais teriam de ser travadas logo, e um acordo permanente estabelecido num futuro próximo.

O principal obstáculo para esse acordo era a Inglaterra, com a qual a França se tornara presa a um duelo autoperpetuador. Com o controle dos mares, a Inglaterra podia enfraquecer o comércio francês e apoiar a resistência em qualquer parte do continente europeu, como já fazia na Espanha. Depois da aniquilação de sua frota em Trafalgar, em 1805, Napoleão já não podia contemplar o confronto com a marinha britânica numa batalha. Ele decidira, portanto, arruiná-la economicamente com o fechamento de todo o continente para o comércio com ela.

A ideia não era nova. Uma das crenças fundamentais da França era a de que a riqueza da Inglaterra não se originara a partir dela própria, mas de suas colônias, que lhe forneciam mercadorias que ela podia vender para a Europa com uma grande margem de lucro. Cada conflito entre a Inglaterra e a França ao longo do século anterior incluíra uma guerra alfandegária, e tanto o governo revolucionário quanto o Diretório haviam herdado essa tradição. Como a inveja do comércio da Inglaterra era generalizada, atrapalhá-lo era uma política popular, e Napoleão deu continuidade à tradição, fixando tarifas cada vez mais altas e por fim banindo todo o comércio inglês do continente.

Na teoria, a política francesa estava determinada a promover uma dificuldade econômica na Inglaterra que minaria o apoio para os seus esforços de guerra. Os Whigs, então na oposição, haviam sido simpatizantes da revolução na França, e opunham-se a uma guerra contra ela, muitos admirando a própria pessoa de Napoleão. Embora fossem a minoria, seus clamores pela paz com a França poderiam ter triunfado se o comércio britânico realmente tivesse começado a sofrer. Todavia, no final das contas, a França provavelmente sofreu mais do que a Inglaterra, e o Bloqueio Continental de Napoleão, como ele mesmo o chamava, não pôde ser impingido a todo o continente. O contrabando e a corrupção frustravam-no mesmo nos portos franceses, enquanto alguns dos Estados dependentes e aliados da França muito mal o reforçavam.

Pior do que isso, ele impôs grandes dificuldades às populações de Estados subalternos e aliados. A região que a França mais precisava controlar era a sua própria área. A Alemanha sofria intensamente com o custo do Bloqueio, e os descontentes políticos tornavam-se cada vez mais numerosos. Embora a maioria dos soberanos alemães estivesse fortemente ligada à causa francesa, o estado de espírito de seu povo poderia fazê-los pensar duas vezes e procurar uma possível alternativa. Tal situação poderia tornar-se uma realidade se o poder francês fosse desafiado, mas havia apenas duas potências capazes disso — a Inglaterra, que não tinha condições de estabelecer uma base de operações eficiente no continente europeu, e a Rússia, que era aliada da França.

Entretanto, a Rússia não era uma aliada satisfeita, e ninguém sabia mais do que Napoleão que se ela viesse a desafiar sua autoridade ele nunca poderia estabelecer negociações com a Inglaterra, e toda a Alemanha seria desestabilizada. A Rússia era, portanto, a chave da questão, e teria de ser trazida de volta para o seu lado antes que qualquer acordo final pudesse ser alcançado. O que ele não foi capaz de ver é que já era tarde demais para isso, e que, mesmo que a sociedade francesa almejasse uma era dourada de paz, a Rússia começava a ver a guerra com a França como inevitável, e até mesmo desejável, enquanto seu governante dava asas aos seus próprios sonhos para o renascimento da Europa.

2

Alexandre

Quando Catarina, a Grande, ascendeu ao trono, exatamente meio século antes de 1812, a Rússia era uma nação de pouca importância fora da área imediata da Europa Oriental. Pedro, o Grande, havia feito muito para modernizar seu reino, e colocou-o no mapa com a construção de uma bela capital em São Petersburgo. Em 1721, ele até concedeu a si mesmo o título de imperador. Contudo, ele foi sucedido por uma série de monarcas ineficazes, a maioria dos quais provinda de revoluções palacianas vergonhosas. Embora temidos por seus súditos, eles eram em geral desprezados pelos outros governantes da Europa, nenhum dos quais reconhecia o título imperial que Pedro havia assumido.

Catarina mudou tudo isso. Ela trabalhou duro para organizar o Estado, envolveu-se nos assuntos europeus e deu início a uma política externa agressiva que, ao longo dos 50 anos seguintes, incorporaria aos seus domínios toda a Finlândia, o território que é atualmente a Estônia, a Letônia, a Lituânia, a Bielorrússia e a Ucrânia, a maior parte da Polônia, a Crimeia, parte do que é atualmente a Romênia, o Kuban, a Geórgia, Kabardia, Azerbaijão, partes da Sibéria, Chukchi e Kamchatka, assim como parte do Alasca e uma colônia militar ao norte de São Francisco. Além de aumentar o tamanho e a população da Rússia, essa política levou as suas fronteiras 600 quilômetros para dentro da Europa e incluiu seus governantes nos assuntos europeus. Por volta de 1799, os Exércitos russos estavam operando na Suíça e na Itália. Em um memorando para o sucessor de Catarina, Paulo I, o chanceler russo Fyodor Vasilievich Rostopchin escreveu: "A Rússia, tanto por sua posição quanto por seus recursos inesgotáveis, é e deve ser a primeira potência no mundo."[1]

ISLÂNDIA
ILHAS FEROÉ
OCEANO ATLÂNTICO
NORUEGA (Dinamarca)
ESCÓCIA
Edimburgo
MAR DO NORTE
IRLANDA
Dublin
GRÃ-BRETANHA
INGLATERRA
PAÍS DE GALES
Londres
Copenhague
DINAMARCA
Hamburgo
PRÚSSIA
Amsterdã
Hanôver
Berlim
Colônia
Frankfurt
Paris
SAXÔNIA
Praga
Estrasburgo
BAVÁRIA
FRANÇA
Munique
Viena
Innsbrück
Bordéus
Genebra
ÁUSTRIA
Turim
Milão
Veneza
Gênova
Nice
Marselha
Zara
PORTUGAL
Lisboa
Madri
Barcelona
Florença
Spalato
Córsega
ESPANHA
Roma
REINO DE NÁPOLES E DA SÍCILIA
Ilhas Baleares
SARDENHA
Nápoles
Cádis
MAR MEDITERRÂNEO
GILBRATAR (Ing.)
Orã
Argel
Palermo

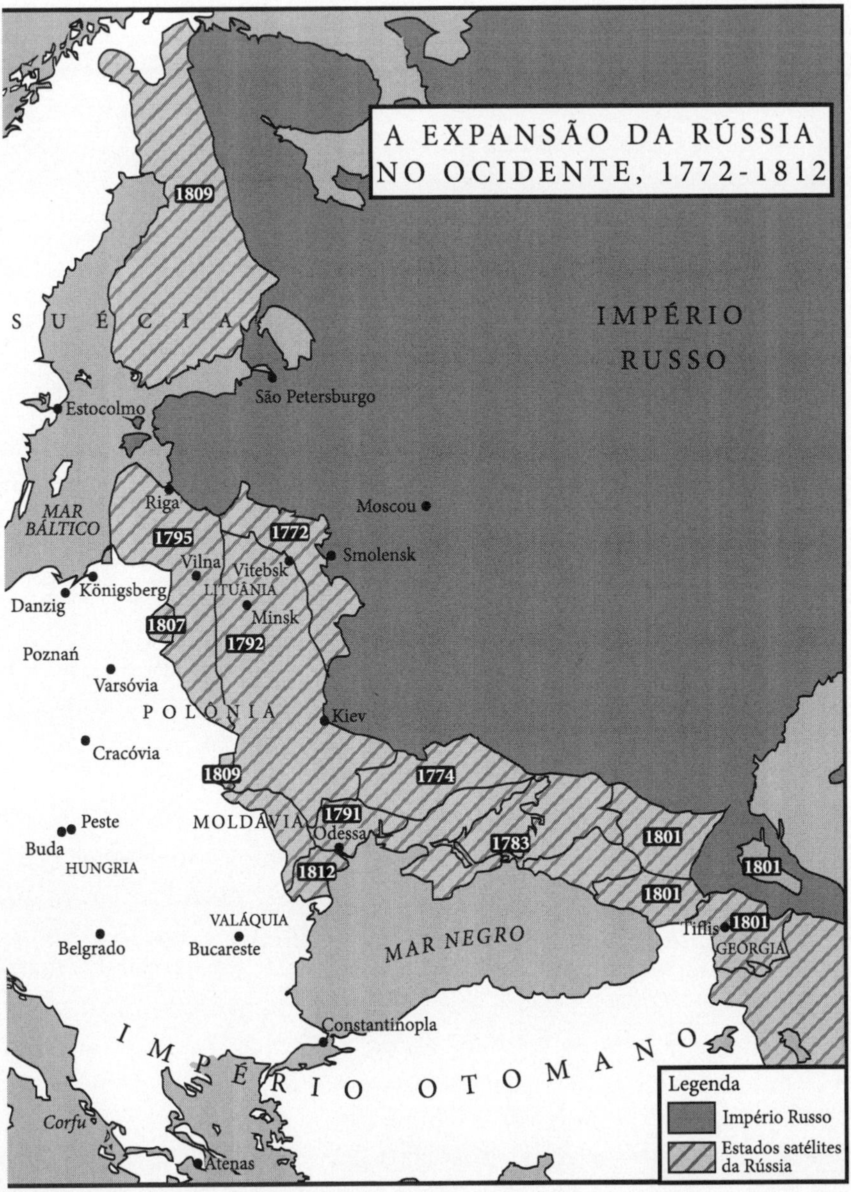
A EXPANSÃO DA RÚSSIA
NO OCIDENTE, 1772-1812
IMPÉRIO
RUSSO
SUÉCIA
São Petersburgo
Estocolmo
MAR
BÁLTICO
Riga
Moscou
1809
1795
1772
Smolensk
Vilna
Vitebsk
LITUÂNIA
Königsberg
Danzig
Minsk
1807
1792
Poznań
Varsóvia
POLÔNIA
Kiev
Cracóvia
1809
1774
Peste
Buda
HUNGRIA
MOLDÁVIA
1791
Odessa
1783
1801
1812
1801
1801
VALÁQUIA
Tiflis
1801
GEÓRGIA
Belgrado
Bucareste
MAR NEGRO
Constantinopla
IMPÉRIO OTOMANO
Corfu
Atenas
Legenda
Império Russo
Estados satélites da Rússia

Era um objetivo constante da política russa estender esse poder através dos Bálcãs, da Turquia otomana, e até o Mediterrâneo.

Muitos na Europa estavam preocupados com essa aparentemente inexorável marcha progressiva do poder russo. Comentava-se sobre a possibilidade de ela devorar as tribos asiáticas, e surgiu o temor, particularmente depois da divisão da Polônia em 1772, de que a Rússia pudesse subjugar toda a Europa, tal como os bárbaros haviam feito com a Roma antiga. "A Polônia não foi nada mais do que um café da manhã... Qual será o jantar?", perguntava-se Edmund Burke, expressando os temores de muitos.[2]

Os diplomatas estavam perplexos diante da tenacidade e crueldade da política externa da Rússia: ela não jogava segundo as mesmas regras que os outros seguiam. O que poucos admiravam era o quanto a Rússia se via como um caso especial.

Quando Ivã IV, popularmente conhecido como o Terrível, foi coroado na catedral Uspensky, no Kremlin, em 1547, ele assumiu o título de tsar (César) e reivindicou o legado de Bizâncio.

"Ivã reclamava não apenas a soberania, a independência de outros poderes", nas palavras de Geoffrey Hosking, "mas a verdadeira superioridade de seu reino como a monarquia cristã universal sobre todos os outros na face da Terra."[3]

Ele usou o direito sobre o legado de Bizâncio e passou a figurar entre os imperadores romanos. Seus sucessores e os servidores públicos deles permaneceram fiéis a esse legado e à missão que impunha. Não foi à toa que Catarina deu aos seus dois netos mais velhos os nomes de Alexandre e Constantino.

A França mantivera tradicionalmente um conjunto de aliados no Oriente — Suécia, Polônia e a Turquia otomana — com o propósito de conter a então dominante ameaça do poder da Casa de Habsburgo na Europa Central. Quando a Rússia começou a estender seus domínios, ela passou a depender dessa "*barrière de l'est*" para se defender contra a nova ameaça que surgia no Oriente. Contudo, no final do século XVIII, a Suécia declinara como potência, a Polônia deixara de existir e a Turquia havia sido excluída da Crimeia e da Moldávia, e estava em um estado de decadência política. A França teria que procurar outros aliados.

Em 1801, o general Bonaparte, então primeiro cônsul, decidiu firmar uma aliança com a própria Rússia. Quando, durante as negociações para a troca de prisioneiros, os ingleses e os austríacos recusaram-se a aceitar 7 mil de seus aliados russos aprisionados pela França na Suíça em troca de prisioneiros franceses sob seu domínio, Bonaparte ofereceu-os gratuitamente ao tsar Paulo. Ele até mesmo ofereceu vesti-los e armá-los. Paulo, que até então sentira apenas aversão à França revolucionária, foi como que desarmado por esse gesto cavalheiresco, assim como ficou aborrecido com a falta de generosidade de seus aliados austríacos e ingleses. Bonaparte, que sabia o quanto os russos desejavam um porto no Mediterrâneo, ofereceu, em seguida, a Paulo a ilha de Malta — que, de qualquer forma, estava prestes a ser tomada pelos ingleses. A essa altura, ele teria até mesmo contemplado conceder Constantinopla à Rússia a fim de obter seu apoio contra a Inglaterra. Ele estava a ponto de obtê-lo quando, na noite de 23 para 24 de março, um grupo de generais e oficiais da corte invadiu os aposentos de Paulo no Palácio Mikhailovsky, em São Petersburgo, e o assassinou.[4]

Paulo encontrava-se mentalmente doente e emocionalmente instável, senão louco de fato, e sua morte foi recebida na Rússia com um sentimento aberto de alívio. Nas primeiras semanas de seu reinado, sempre que seu filho e sucessor Alexandre aparecia em público, ele era cercado pelo povo e tinha suas mãos e roupas beijadas. Mais tarde, Pushkin escreveria sobre "o magnífico amanhecer dos dias de Alexandre". Todavia, embora se sobressaia entre os monarcas da época pela natureza generosa, o espírito desprovido do sentimento de vingança e a aversão à injustiça e à crueldade, Alexandre também é caracterizado por sérios problemas psicológicos.

Embora não fosse desprovido de inteligência, ele sofria de uma inabilidade para refletir sobre as consequências de suas palavras e ações. Isso não teria tido tanta importância se não fosse pela educação que sua avó, Catarina, a Grande, havia lhe dado. Ela era uma déspota que não aceitava ideias liberais dentro ou sequer nas proximidades de seus domínios. Além dos matemáticos e dos padres, ela contratou o *philosophe* suíço republicano Frédéric César de la Harpe para ser tutor do neto. O menino foi submetido a um regime de educação moral que consistia no estudo de histórias de superação tiradas das escrituras, da história e da mitologia, assim como um cânone completo da moralidade do Iluminismo secular. Mal podia se esperar que sua mente limitada fosse capaz de comparar os preceitos religiosos aos profanos, ou adaptar-se à realidade despótica dos conceitos radicais pregados por La Harpe.

"Esse garotinho é um emaranhado de contradições", comentou Catarina, com um tanto de dissimulação, depois de alguns anos desse regime.[5]

Os principais defeitos de Alexandre — vaidade, fraqueza e preguiça — também não teriam feito muita diferença se não fosse pela educação moral a que ele foi submetido, a qual o levou à crença de que tinha deveres que estavam muito além da sua capacidade. Ele tinha que registrar em cadernos, "arquivos da vergonha", cada falha, cada episódio de mau comportamento, cada perda de controle ou falta de diligência para com o estudo.

"Eu sou um preguiçoso, entregue à irresponsabilidade, incapaz de fazer uso do verdadeiro pensamento, discurso e ação", escreveu o menino de 12 anos de idade em 19 de julho de 1789. "O egoísmo é um dos meus defeitos, e a vaidade é sua razão principal; é fácil ver aonde eles me levarão se eu lhes der a chance de se desenvolverem", escreveu ele em 27 de agosto.[6]

Essa autoflagelação contínua só agravaria uma sensação inata de incapacidade.

Quando sucedeu seu pai no trono na idade de 23 anos, Alexandre era um jovem dotado de um charme notável, com um forte desejo de tornar o mundo melhor. No entanto, enquanto lutava para cumprir com o que achava que esperavam dele, Alexandre era corroído por um terrível câncer moral. Os assassinos de seu pai naturalmente o haviam feito tomar parte em seus planos, já que fora com o objetivo de colocá-lo no trono que eles haviam decidido agir. Ele alegaria que os havia feito jurar que não matariam Paulo, mas ainda assim foi cúmplice naquele crime de parricídio. Ele dificilmente poderia penalizá-los, de forma que eles prosseguiram com suas funções na corte e postos no Exército. Alexandre, por sua vez, foi atormentado pelo resto da vida pela culpa por ter participado, embora passivamente, do assassinato.

Alexandre era, de fato, um poço de contradições. Ele afirmava desprezar os princípios da monarquia hereditária, e hesitou diante da necessidade de assumir o poder. "Meu plano é me estabelecer com minha esposa às margens do Reno, onde viverei pacificamente uma vida reservada, encontrando a felicidade na companhia dos amigos e no estudo da natureza", confidenciou a um amigo quando tinha 19 anos.

Todavia, ele logo se desencantou com a esposa e com a ideia de levar uma vida privada e tranquila. Alexandre também costumava falar sem parar sobre as constituições liberais que introduziria, mas assim que assumiu o poder passou a se irritar quando qualquer um tentava dar palpites sobre como as coisas deveriam ser feitas, além de ofender-se abertamente quando os privilégios e direitos que ele próprio concedera eram invocados.[7]

Alexandre queria conferir um princípio de profissionalismo ao governo do Império Russo através da introdução de estruturas institucionais. Ele reconheceu o serviço público, estabelecendo como requisito para assumir cargos mais elevados um nível universitário ou um exame escrito — o que não lhe rendeu muita simpatia por parte da nobreza. Ele estabeleceu Ministérios e um Conselho de Estado, que deveriam auxiliá-lo no governo do país. O que o teria deixado realmente satisfeito seria a introdução de algo semelhante ao sistema que Bonaparte estava criando na França — um governo autoritário mobilizando toda a nação de forma eficiente em uma linha racional e liberal. Contudo, isso requereria a libertação dos servos e a reforma completa de toda a estrutura social da Rússia, o que ele não tinha a coragem necessária para empreender.

Absorvido como estava pelas reformas internas, Alexandre dava pouca atenção à política externa. Ele ficou, no entanto, chocado com o sequestro e o assassinato judicial do duque d'Enghien por Bonaparte, e uniu-se a todos os governantes da Europa em uma condenação robusta ao ato, que ofendia cada fibra de sua natureza cavalheiresca. Além disso, ele sentiu-se pessoalmente ultrajado, visto que o duque de Baden, em cujo território Enghien havia sido capturado, era seu sogro, e condenou Bonaparte com palavras grandiloquentes. Entretanto, ele se arrependeria por isso. A resposta da França consistiu em relembrar ao mundo que os assassinos de Paulo nunca haviam sido punidos, mas, na verdade, tinham altos cargos na corte de seu filho, questionando o direito de Alexandre de apontar o dedo para qualquer um, em vista do papel que ele tivera no assassinato de seu próprio pai. Alexandre ficou desolado, e odiou Bonaparte por isso. Quando este assumiu o título de imperador alguns meses depois, o ódio de Alexandre tornou-se uma fúria indignada, e o agora possuidor do título inventado por Pedro, o Grande, passava a denunciar sua usurpação pelo novo-rico corso.

Alexandre acreditava que a Europa estava passando por uma crise, tanto moral quanto política, e escreveu ao primeiro-ministro inglês William Pitt sugerindo uma reorganização do continente numa liga de Estados liberais alicerçados sobre os direitos sagrados da humanidade. Pitt não estava interessado no projeto, mas estimulou Alexandre, permitindo-lhe sonhar ainda mais alto, e, em 1805, conseguiu fazê-lo juntar-se à terceira coalizão contra Napoleão: a Áustria e a Rússia atacariam a França, e a Inglaterra arcaria com os custos.

A Rússia não tinha razões para travar uma guerra contra a França, já que nenhum de seus interesses estava sendo ameaçado e, além disso, a França era a referência cultural da Rússia. A sociedade russa estava dividida quanto à questão. Enquanto a maioria considerava Napoleão um ser maligno que deveria ser destruído, havia também muitos que pensavam o contrário. O ex-chanceler, conde Rostopchin, era ruidoso em suas críticas, afirmando que a Rússia estava sendo usada pela Inglaterra; seu futuro sucessor, conde Nikolai Rumiantsev, considerava a França uma aliada natural da Rússia. Napoleão tinha muitos admiradores na Rússia, particularmente entre os jovens — alguns dos quais beberiam à sua saúde mesmo depois que a guerra começou.[8]

Contudo, Alexandre passara a ver a questão como parte de uma outra mais ampla e de caráter moral. Ele assumira o papel de um cavaleiro defensor da tradição monárquica cristã contra o ataque da nova barbárie representada por Napoleão. Havia também o fator da rivalidade, já que Alexandre ansiava por destacar-se no campo de batalha. Ele herdara o amor do pai por desfiles e pelas minúcias da vida militar — estava sempre checando detalhes dos uniformes e acompanhando os exercícios, e acreditava que o lugar de um tsar era à frente de suas tropas. Assim, ele insistiu em ir à guerra pessoalmente, embora tenha confiado o comando integral de seus Exércitos ao único general experiente disponível: Mikhail Ilarionovich Kutuzov, então com 58 anos de idade.

A primeira ação militar de que Kutuzov participara havia sido contra os insurgentes poloneses, tendo posteriormente se destacado em várias campanhas contra a Turquia. Em 1773, na Crimeia, ele foi baleado na cabeça e teve rompidos os músculos do olho direito, que passou a ficar sempre caído, conferindo-lhe uma aparência grotesca; finalmente, ele perdeu a visão nesse olho. Kutuzov era o governador militar de São Petersburgo quando o tsar Paulo foi assassinado, portanto sabia algo sobre o que acontecera. Essa não era a única razão pela qual Alexandre o temia e ressentia-se dele, de forma que o tsar demitiu-o e exilou-o em sua casa de campo. Ali, Kutuzov aliviava o tédio e suas dores reumáticas com a bebida e com qualquer consolo sexual que o campo pudesse oferecer ao seu notório apetite. E foi ali, no verão de 1805, que ele repentinamente recebeu ordens para assumir o comando do Exército e unir forças com os austríacos.

Como o Exército não estava pronto, Kutuzov partiu com uma guarda avançada para reforçar o general austríaco Mack. Napoleão agiu com rapidez e cercou Mack, forçando-o a se render em Ulm enquanto Kutuzov ainda estava a caminho. Muito inferior em número, o Exército de Kutuzov teve de retroceder e se juntar ao Exército russo principal, conduzido por Alexandre, e ao restante das forças austríacas, comandadas pelo imperador Francisco.

Napoleão nunca vira nenhuma razão para uma guerra entre a França e a Rússia, e estava convencido de que Alexandre havia sido manipulado pela Inglaterra a juntar-se à coalizão. Assim, ele enviou o general Savary para falar com o tsar e sugerir que os dois governantes se encontrassem para acertar suas diferenças amigavelmente. Alexandre, contudo, apresentou uma arrogante declinação, a qual tornaria memorável ao dirigir-se "ao chefe do governo francês", já que não podia tolerar reconhecer o título imperial de Napoleão.

Kutuzov queria retroceder mais, mas Alexandre estava determinado a lutar, e obrigou-o a combater em Austerlitz, a 2 de dezembro. Tal qual um subalterno brincando de ser comandante, Alexandre rejeitou as sugestões de Kutuzov e o fez adotar o plano desenvolvido por um dos generais austríacos. No dia da batalha, ele deu ordens e implicou com Kutuzov pela vagareza do posicionamento de suas tropas, para depois assistir em choque à derrota das forças aliadas. Forçado a fugir do campo de batalha, Alexandre sentiu-se humilhado.

"Ele se sentiu mais duramente derrotado em Austerlitz do que seu Exército", de acordo com o diplomata francês Joseph de Maistre.[9]

O tsar agora se ressentia mais ainda de Kutuzov, e demitiu-o do comando, dando-lhe o posto inferior de governador de Kiev.

A Áustria implorou pela paz, mas a guerra continuou, com a Prússia juntando-se à coalizão. O rei Frederico Guilherme III, então com 35 anos de idade, mantivera-se imparcial, até que sua bela e ardente esposa Louise finalmente o convenceu a posicionar-se contra Napoleão. Bastou, todavia, uma rápida campanha em outubro de 1806 para que seu renomado Exército fosse derrotado em Jena e Auerstädt, forçando-o a fugir para Berlim, na época sua capital. Napoleão entrou na cidade e passou a perseguir Frederico Guilherme, que se refugiou na Prússia Oriental, perto do Exército russo, agora sob o comando do general Lev Bennigsen.

Alexandre demonstrou uma notável determinação na adversidade. Ele levantou mais tropas e em 1807 convocou uma milícia de camponeses. Mas era necessário tomar certas precauções a fim de garantir que esses servos permanecessem leais a um sistema que os mantinha escravizados. As notícias dos acontecimentos revolucionários que haviam tido lugar na França ao longo dos últimos 15 anos espalhavam-se lentamente entre os camponeses sem instrução da Europa Central e Oriental. Contudo, essa lentidão também fez com que as notícias, ao chegarem, se misturassem a lendas locais e até mesmo a crenças religiosas milenares, resultando na transformação da figura de Napoleão em uma série de heróis folclóricos míticos, conferindo-lhe os atributos dignos não somente de um libertador, como também de um messias. As autoridades russas estavam bastante cientes disso, de forma que se preparavam à medida que os Exércitos Franceses se aproximavam das fronteiras do império.

Durante uma visita a um alto oficial em 1806, o escritor Sergei Glinka ficou intrigado ao ver um funcionário público com uma cópia do Apocalipse. Havia uma longa tradição na Rússia de associar o inimigo ao Anticristo a fim de inspirar o espírito de luta nos soldados, e agora as autoridades haviam tido a ideia de relacionar Napoleão aos anjos do abismo, Abadom e Apoliom. Em novembro de 1806, o Santo Sínodo da Igreja Ortodoxa Russa lançou uma condenação enérgica contra Napoleão, acusando-o de se apropriar do papel e do título de messias e de conspirar com judeus e outros povos malignos contra a fé cristã. O clero também ressaltou o fato de que, quando no Egito, Napoleão havia declarado seu respeito pelo Islã — deve-se lembrar que já havia algum tempo os russos encontravam-se em um estado quase permanente de guerra, que viam como um tipo de cruzada, contra tártaros e turcos muçulmanos. Além disso, os soldados rasos e os camponeses foram levados a acreditar que Napoleão fazia parte de um tipo de liga de demônios do inferno.[10]

Todavia, a cruzada contra ele durou pouco. Em janeiro de 1807, Bennigsen perdeu 25 mil homens em uma batalha feroz em Eylau, e foi derrotado em junho por Napoleão em Friedlândia. Alexandre estava diante de uma decisão difícil. Ele podia retroceder e tentar se recompor, para o que seria necessário deixar o inimigo penetrar em seu império, ou se entender com Napoleão. Seu Exército estava com o salário atrasado, mal alimentado e mal equipado, e o território pelo qual ele teria de passar ao se retirar — que tinha sido tomado da Polônia havia apenas dez anos — estava cheio de guerrilheiros em potencial.

No dia 24 de junho de 1807, Alexandre enviou o general Lobanov-Rostovsky ao quartel-general de Napoleão em Tilsit, no rio Niemen, com uma mensagem pessoal afirmando que teria muito prazer não apenas em estabelecer a paz, mas também em firmar uma aliança com ele.

"Um sistema inteiramente novo deve substituir o que tem estado em voga até agora, e estou convencido de que alcançaremos facilmente um entendimento com o imperador Napoleão, contanto que nós dois nos encontremos sem intermediários", escreveu o tsar.[11]

As negociações tiveram início no dia seguinte. Um pavilhão coberto por uma tenda foi construído para esse propósito sobre uma balsa ancorada no meio do Niemen. Alexandre usava seu uniforme mais encantador, determinado a ganhar a simpatia de Napoleão e livrar-se da situação desesperadora em que se encontrava. Napoleão, por sua vez, queria seduzir Alexandre para quebrar a coalizão de uma vez por todas, e com isso ganhar também um poderoso peão para a sua guerra contra a Inglaterra.

Alexandre podia ser dotado de um grande charme, mas Napoleão era o melhor manipulador entre os homens. Ele bajulou Alexandre abertamente, tratando-o como um igual. Também aproveitou a oportunidade para abalar a relação do tsar com seu aliado prussiano. Não foi permitido a Frederico Guilherme III subir a bordo da balsa, e no dia em que as negociações tiveram início ele podia ser visto assistindo na margem russa, chegando a certa altura a avançar com seu cavalo até que a água alcançasse o peito do animal, como se tentasse escutar alguma coisa. No dia seguinte, Napoleão cedeu e permitiu que Alexandre lhe apresentasse Frederico Guilherme, mas foi seco com este, não o convidando para o jantar que ofereceria ao tsar naquela noite. Ele disse repetidamente a Alexandre que só havia permitido até então que o pobre rei permanecesse em seu trono em consideração à vontade do tsar. Por mais que possa ter se sentido ofendido ou chocado diante de tal insulto a um irmão monarca, Alexandre não pôde deixar de se sentir lisonjeado pela diferença que Napoleão fazia entre os status dos dois.

Enquanto os ministros das Relações Exteriores de ambos os Estados negociavam para o estabelecimento dos tratados propriamente ditos, Napoleão e Alexandre assistiam a desfiles, faziam caminhadas e passeios e cavalgavam; eles sentavam-se após o jantar e conversavam noite adentro. Napoleão ocasionalmente soltava frases afirmando que a fronteira da Rússia realmente deveria ficar no Vístula, sobre uma possível divisão da Turquia entre os dois, sobre eles resolverem juntos todos os problemas da Europa. Ele estimulava em Alexandre sonhos de transformar o mundo; abria mapas da Europa e da Áustria diante do tsar e os dois passavam a especular sobre soluções ideais para os problemas do mundo através de uma reorganização territorial monumental. Napoleão contava-lhe sobre como havia modernizado a França, dando a Alexandre a impressão de que ele também poderia fazer grandes realizações, de que toda a autoflagelação a que ele havia sido obrigado a se submeter anteriormente por seu tutor finalmente seria vingada por meio de algum ato magnífico.[12]

Enquanto crescia, Alexandre aprendeu com sua família a odiar Napoleão e tudo que ele representava. No dia do primeiro encontro dos dois na balsa, sua irmã Catarina escreveu para ele acusando veementemente Napoleão de ser um mentiroso e um monstro, insistindo que Alexandre não fizesse nenhum negócio com ele. Contudo, não há dúvidas de que as lisonjas do conquistador da Europa, por mais monstruoso que fosse, funcionaram como mágica. Para Alexandre — tão inseguro de si, consciente de suas fraquezas, criado para considerar-se um fracassado — ser tratado como um igual por um homem que havia alcançado tanto, cujo nome fazia a Europa estremecer, era algo inebriante. Ele provavelmente se sentia como um subalterno que era convidado a sentar-se à mesa com o general mais bem-sucedido da história.

"Apenas me imagine passando meus dias com Bonaparte, falando por horas completamente a sós com ele!", escreveu ele de volta a Catarina. "Eu lhe pergunto, isso não parece um sonho?"[13]

Ademais, se por um lado Napoleão iniciou essa relação com uma atitude completamente cínica, ele também parece ter se encantado com o charme infantil de Alexandre, apreciando o tempo que passava com ele como uma relação com um irmão mais novo. Eles também se deixaram levar, de certa forma, pelo caráter épico dos eventos: seu encontro sobre uma balsa, assistidos por dois grandes Exércitos em seus melhores uniformes a cada margem; os banquetes em que os dois homens mais poderosos da Europa bebiam um à saúde do outro e se abraçavam, prometendo construir um mundo melhor; os granadeiros de ambos os Exércitos bebendo juntos à saúde dos imperadores do Oriente e do Ocidente. É verdade que as cenas tocantes entre os dois — tal quando Napoleão, após ter pedido aos russos que indicassem seu oficial prático mais bravo, fixou a ordem da Legião de Honra em seu peito, tendo Alexandre retribuído com a Cruz de São Jorge — faziam parte de uma grande encenação; tratava-se, contudo, de um espetáculo grandioso, e os atores são notórios por se deixarem levar por sua própria atuação.[14]

Pelos tratados assinados a 7 de julho, depois de três semanas desse exibicionismo, a Rússia cedia as ilhas Jônicas à França, e recebia em troca uma pequena porção da Polônia. Ela concordava em retirar suas tropas dos principados do Danúbio, enquanto a França negociaria um acordo com a Turquia em seu benefício. Mais importante, ela se aliava à França na guerra contra a Inglaterra, prometendo, caso ela não estabelecesse rapidamente um acordo de paz com a França até o final do ano, fechar seus portos para o país.

Ficou claro que o perdedor em Tilsit havia sido a Prússia. Frederico Guilherme recebeu apenas o direito de manter seu trono, em consideração aos desejos de Alexandre. Ele teve de abrir mão da maior parte do território que a Prússia havia tomado da Polônia nas décadas anteriores a fim de pagar à França uma indenização vultosa por ter entrado em guerra contra ela, além de reduzir seu Exército a uma força simbólica para poder acomodar guarnições francesas através de todo o seu reino. Com o território polonês que tomou da Prússia, Napoleão formou o grão-ducado de Varsóvia, um novo estado satélite da França.

Considerando que ele foi obrigado a suplicar pela paz, Tilsit foi um grande triunfo para Alexandre, visto que ele conseguiu escapar de ser tratado como um derrotado. Por outro lado, um olhar mais atento sobre o Tratado revelava que não se tratava de um acordo de paz, mas do início de uma nova guerra e do estabelecimento de uma nova parceria, que comprometia mais a Rússia de que a França. Todas as excitantes conversas noturnas não passaram de vapor pairando no ar; a Rússia, entretanto, comprometeu-se a travar uma guerra econômica contra a Inglaterra. Além disso, se a ocupação do território prussiano por tropas francesas implicava humilhação e despesas para a Prússia, era evidente para todos, exceto para os mais ingênuos, que as tropas estavam ali para manter a Rússia sob controle e para guardar o recém-fundado grão-ducado de Varsóvia. Só isso já representava um desafio aberto à Rússia. Apesar de pequeno, o grão-ducado de Varsóvia era um núcleo em potencial para a ressurreição do estado polonês, que havia sido varrido do mapa havia apenas uma década, e um pedaço do que na época formava toda a zona ocidental do Império Russo.

Apesar do que quer que tenha conseguido salvar, Alexandre não teve de esperar muito para descobrir que não havia, no que dizia respeito a seus súditos, salvado sua honra ou a da Rússia. Sua irmã Catarina denominou o tratado uma guinada humilhante, e sua mãe recusou-se a abraçá-lo quando ele chegou a São Petersburgo. A corte, que já o desaprovara por ele ter deixado a popular imperatriz Elizabeth pela amante, Maria Antonovna Naryshkina, sentiu-se traída. A aristocracia conservadora opunha-se a qualquer tipo de negociação com o desprezado "novo-rico" e via o Tratado como um ato desleal. Muitos achavam que Alexandre havia sido feito de bobo por Napoleão. O dramaturgo Vladislav Aleksandrovich Ozerov escreveu *Dmitry Donskoi*, uma peça cujos heróis históricos, aplaudidos freneticamente por casas cheias, faziam Alexandre parecer completamente ineficaz.

Embora o Exército russo houvesse sido derrotado por Napoleão, os oficiais mais jovens haviam sido acometidos por um novo sentimento de confiança e tecido sonhos de lutar pela vitória final, de forma que se sentiram traídos. Os soldados não conseguiam compreender por que seu tsar de uma hora para outra estava abraçando como a um aliado o homem que lhe haviam dito ser o Anticristo. Uma vigorosa campanha de difamação contra a conduta de Alexandre foi iniciada pelo general Wilson, um conselheiro inglês que anteriormente havia atuado ao lado do Exército russo. Em todos os lugares ouviam-se rumores de conspirações para depor ou assassinar o tsar.

"Tome cuidado, *Sire*! O senhor acabará como seu pai!", avisou-lhe um de seus cortesãos.

Dado que tantas revoluções palacianas haviam tido lugar no século anterior, muitas pessoas acreditavam que os cortesãos insatisfeitos acabariam por fazer uso desse "remédio asiático", como um diplomata as denominava.

"Eu vi esse príncipe entrar na catedral precedido pelos assassinos de seu avô, cercado pelos assassinos de seu pai, e seguido, sem dúvida, pelos seus próprios", escreveu um *émigré* francês depois de assistir à coroação de Alexandre.

Esses temores eram provavelmente um tanto exagerados, mas a possibilidade não podia ser ignorada.[15]

As coisas apenas pioraram quando, não tendo a Inglaterra firmado um acordo de paz com a França, a Rússia teve de honrar sua promessa e declarar guerra ao país. Isso ia de encontro a todos os preceitos naturais da Rússia, e revelou as verdadeiras implicações e consequências do Acordo de Tilsit.

"A aliança da Rússia com Vossa Majestade, e particularmente a guerra contra a Inglaterra, contraria a forma natural de pensar neste país", reportou o embaixador de Napoleão em São Petersburgo em dezembro. "Pode-se dizer que é como uma mudança total de religião."[16]

Alexandre teve dificuldade de encontrar ministros em quem pudesse confiar para pôr o programa em ação. O único que era sinceramente a favor da aliança com a França era o conde Nikolai Rumiantsev, que se tornou ministro das Relações Exteriores.

É difícil saber o que Alexandre de fato pensava a respeito de Napoleão e do acordo alcançado em Tilsit, já que ele estava aprendendo a ser cada vez mais reservado e dissimulado. Exteriormente, no entanto, ele tinha de aparentar fidelidade ao Tratado e à amizade com o imperador da França. Sentindo-se rejeitado pela sociedade, Alexandre se isolava cada vez mais, e, enquanto tentava se tornar indiferente à opinião pública, curava seu orgulho ferido e fortalecia suas tênues convicções por meio do que havia restado de sua estranha educação espiritual.

Ironicamente, o tratado assinado em Tilsit também significou o primeiro passo para a derrocada de Napoleão. Aparentemente, ele quebrara a coalizão e estabelecera o grão-ducado de Varsóvia como um posto de fronteira avançado, uma peça disfarçada no tabuleiro de xadrez diplomático que poderia ser usada contra todos os seus inimigos em potencial, ou ainda trocada por alguma coisa. O grão-ducado era como um barril de pólvora estabelecido sobre um dos baluartes da posição da Rússia na Europa Central, além de uma ameaça à Áustria. O Tratado neutralizara a Prússia e deixara uma forte presença militar francesa na área pronta para intervir ao menor sinal de problemas. Acima de tudo, era uma afronta à Inglaterra, cuja marinha mercante teve a entrada proibida em mais portos ainda, e que não poderia mais encontrar aliados no continente europeu. Napoleão sentia que se aproximava o momento em que a Inglaterra seria obrigada a negociar com ele. Pouco depois de ter assinado o Tratado, ele voltou sua atenção para o isolamento da Inglaterra da Península Ibérica, e em novembro de 1807 as tropas francesas invadiram Lisboa.

O fator crucial do Tratado de Tilsit era que ele deveria produzir uma aliança, uma verdadeira *entente,* entre os dois imperadores. Ainda assim, Napoleão não sabia como tratar aliados: ele estava habituado a lidar com vassalos. Além disso, essa aliança constituía algo que particularmente não era natural. Ela dissipava o projeto original da Rússia de expansão contínua à custa da Turquia, lançava uma incógnita em sua possessão sobre a Polônia e forçava-a a penalizar-se com uma guerra econômica contra a Inglaterra. Os russos, que não davam a mínima à honra de seu país, sentiriam as consequências no bolso. O país havia sido submetido a uma relação desigual e sem amor com a França, e logo foi acometido pelo ressentimento da esposa infeliz. Mais cedo ou mais tarde, essa esposa se tornaria infiel, e Napoleão teria de travar outra guerra contra ela para pô-la novamente na linha. Era mais fácil derrotar e despojar países do que forçá-los a cumprir ordens.

Napoleão fizera da Rússia a pedra angular de sua estratégia. "As relações mundiais serão decididas ali... A paz geral será fundada em Petersburgo", disse ele a um agente especial que enviou para lá depois de Tilsit.[17]

Para essa missão crucial, ele escolheu um de seus oficiais mais confiáveis: o general Armand de Caulaincourt, mestre da cavalaria. Caulaincourt tinha apenas 34 anos de idade, mas havia percorrido uma longa estrada. Jovem descendente de uma velha família nobre da Picardia, ele havia passado parte de sua infância na corte de Versalhes, o que o tornava mais aceitável para os partidários do *ancien régime*. Ele conhecia a Rússia e já havia sido enviado a São Petersburgo por Napoleão para negociar com Paulo. Dessa vez, ele recebeu a ordem de manter o relacionamento especial que surgira entre Napoleão e Alexandre, o "espírito de Tilsit", vivo sob qualquer circunstância.

Como embaixador extraordinário de Napoleão, Caulaincourt aparecia em público ao lado de Alexandre, sentava à mesa do tsar e gozava de uma posição que o destacava do resto do corpo diplomático na capital russa. Ele não poupava gastos com bailes e jantares, e, se no início a sociedade russa o evitava, ele logo seduziu até os mais inflexíveis. A fim de produzir a mesma situação na capital francesa, Napoleão comprou a residência de seu cunhado Murat em Paris — com móveis, prataria, roupas de cama e todo o resto — por uma soma astronômica para que o embaixador de Alexandre, conde Tolstoi, pudesse se estabelecer com conforto ao chegar.[18] Entretanto, Tolstoi permaneceu impassível, quase incapaz de esconder o desprezo e a aversão que tinha por Napoleão. Seu sucessor, o príncipe Aleksandr Borisovich Kurakin, uma caricatura do riquíssimo e esbanjador nobre russo, apelidado "*le prince diamant*", foi pouco mais condescendente.

Sentindo que a atmosfera se tornava cada vez mais gelada, Napoleão decidiu seduzir Alexandre com um novo agrado. Em uma longa carta escrita em 2 de fevereiro de 1808, ele apresentou ao tsar um plano grandioso para um ataque conjunto à Inglaterra na Índia, sugerindo a possibilidade do estabelecimento de um Império no Oriente. Tratava-se de uma ideia antiga. Já em 1797 o general Bonaparte declarara que a melhor forma de destruir a Inglaterra seria isolá-la da Índia, e, quando foi para o Egito em maio de 1798, trouxe de volta consigo mapas de Bengala e do industão. Ele escreveu a Tippoo Sahib, sultão de Mysore e que na época estava em guerra com a Inglaterra, prometendo ir em seu auxílio.

"Eu estava cheio de sonhos, e via os meios pelos quais poderia realizar tudo com o que havia sonhado", confessou ele dois anos depois. "Eu me via fundando uma religião, marchando em direção à Ásia, montado sobre um elefante, tendo em minha cabeça um turbante e em minhas mãos o novo Corão, que eu teria composto para satisfazer minhas necessidades. Em meus empreendimentos, eu combinaria as experiências dos dois mundos, explorando para o meu próprio lucro o teatro de toda a história, atacando o poder da Inglaterra na Índia e, por meio da conquista, renovando o contato com a velha Europa. O tempo que passei no Egito foi o mais belo de toda a minha vida, pois foi o mais repleto de ideais."

Ele sentia que o Oriente oferecia um palco majestoso para a encenação de seu destino.

"Não sobrou nada para ser alcançado na Europa depois dos dois últimos séculos", declarou ele dois anos depois. Só no Oriente é possível empreender um trabalho em grande escala.

Teria sido melhor para Napoleão seguir o exemplo de Alexandre, o Grande, do que o de Carlos Magno.[19]

Em 1801 ele propusera a ideia de uma marcha conjunta sobre a Índia a Paulo — que chegou a dar início ao envio de tropas em direção ao Cáucaso como uma prévia — e tocou novamente no assunto em Tilsit. As circunstâncias eram agora convidativas. O governante da Pérsia, xá Fath Ali, cuja recente tomada de Cabul e Kandahar havia posicionado Exércitos persas mais próximo aos postos avançados da Inglaterra na Índia, tinha uma grande admiração por Napoleão e queria armas e oficiais franceses para modernizar seus Exércitos. Ele enviara um embaixador, que chegou ao quartel-general de Napoleão no início de 1807, e em maio um tratado de aliança havia sido assinado entre os dois. O general Gardane foi enviado à Pérsia como embaixador com uma missão militar composta por 70 homens e instruções para pesquisar possíveis rotas para a Índia e mapear pontos de parada convenientes. Ele escolheu uma rota através de Bagdá, Herat, Cabul e Peshawar.[20]

"Se um exército de 50 mil homens, russos, franceses, e talvez até em parte austríacos, partisse de Constantinopla numa incursão à Ásia, não precisaria passar do Eufrates para estremecer as bases da Inglaterra e fazê-la cair aos pés do continente", escreveu Napoleão para Alexandre em 2 de fevereiro de 1808.

Caulaincourt percebeu que, ao ler a carta, a expressão do tsar mudou, demonstrando ânimo.

— Essa é a língua de Tilsit — exclamou Alexandre.

Ele ficou empolgado diante da grandeza do conceito e parecia ávido por participar.[21] Contudo, não se falaria sobre o Oriente no próximo encontro dos dois, alguns meses depois, pois naquele momento Napoleão precisava de seu aliado para outro propósito.

Uma revolta havia irrompido contra o domínio francês em Madri a 2 de maio de 1808, e, embora tivesse sido duramente esmagada, a insurreição se espalhara através de toda a Espanha. Um golpe atingira o prestígio militar francês em 21 de julho, quando uma tropa de cerca de 20 mil homens sob o comando do general Dupont foi extirpada pelo Exército espanhol e obrigada a se render em Bailén. Exatamente um mês depois, o general Junot foi derrotado pelos ingleses em Vimiero, Portugal. Napoleão concluiu que deveria partir para a Espanha e conduzir as operações pessoalmente, mas suspeitava que, no momento em que estivesse ocupado do outro lado dos Pireneus, a Áustria aproveitaria a oportunidade para travar uma guerra contra ele. Assim, ele precisava se certificar de que seu aliado russo lhe daria cobertura.

Os dois imperadores concordaram em se encontrar em Erfürt, na Turíngia. Eles chegaram à cidade no dia 27 de setembro de 1808 e passaram as duas semanas seguintes na companhia um do outro. Alexandre vivenciou o espetáculo de Napoleão como mestre da Europa, cercado pelos reis da Vestfália, Württemberg, Bavária e Saxônia, além do duque de Weimar e uma dúzia de outros príncipes soberanos, todos lhe fazendo reverência. Ele assistiu a montagens fantásticas de clássicos de Corneille, Racine e Voltaire, encenadas pelos melhores atores de Paris e apresentadas especialmente para a ocasião. Entre as atrizes estavam algumas das mais célebres beldades, as quais Napoleão aparentemente tentava introduzir aos aposentos de Alexandre. Napoleão fazia suas tropas desfilarem diante do tsar, passava horas conversando com ele sobre reformas administrativas, novas construções, artes e tudo o que ele sabia ser do interesse de Alexandre. Ele o levou para visitar o campo de batalha de Jena, e à colina de onde havia comandado a ação, onde fez uma narrativa dramática da batalha. Depois disso, eles se sentaram para um jantar de acampamento, como se estivessem em campanha. Alexandre aparentava estar bastante impressionado. Certa noite, ao ouvir o trecho "A amizade de um grande homem é um presente dos deuses" na apresentação de *Oedipe*, de Voltaire, Alexandre levantou-se de seu assento e tomou ostentosamente a mão de Napoleão, provocando os aplausos de toda a plateia.[22] A verdade é que tudo não passava de dissimulação.

Quando Alexandre anunciou sua intenção de ir a Erfürt, a maior parte de seu cortejo implorou-lhe que não fosse, conhecendo como conhecia sua fraqueza e temendo que ele fosse forçado a entrar em um novo acordo. Havia também um temor latente de que ele não retornasse: apenas alguns meses atrás, Napoleão convidara o rei espanhol Carlos IV e seu filho para um encontro em Baiona, tendo-os prontamente deposto e aprisionado. Esses temores são de melhor forma expressos em uma longa carta escrita pela mãe do tsar quando ele se preparava para partir. Em um tom comedido que não deixa de denunciar um sentimento de desespero, ela lhe implorava que não fosse, afirmando que seu encontro com Napoleão insultaria a dignidade de todos os russos, fazendo-o perder sua confiança. "Alexandre, a segurança do trono é frágil quando ele não está estabelecido sobre aquele sentimento forte", escreveu ela. "Não desaponte seu povo em tudo que ele considera mais sagrado e querido na sua pessoa augusta; reconheça seu amor na ansiedade em que ele se encontra e não vá voluntariamente inclinar sua testa adornada com a mais bela coroa diante do ídolo da fortuna, um ídolo detestado pela humanidade presente e futura; afaste-se da beira do precipício!" Ela voltava continuamente ao seu verdadeiro temor: "Alexandre, em nome de Deus, evite a sua queda; a estima de um povo é facilmente perdida, mas não tão facilmente recuperada; você a perderá se for a esse encontro, e perderá seu império, e destruirá sua família."

A resposta de Alexandre foi calma, equilibrada e maquiavélica em sua perspicácia. Ele jogava um balde de água fria sobre o entusiasmo despertado por Bailén e Vimiero, apontando que elas eram insignificantes, e que Napoleão era forte o bastante para conquistar a Espanha e derrotar a Rússia, mesmo se a Áustria viesse no auxílio desta. O único curso de ação viável era trabalhar pela mobilização do poder da Rússia e esperar pacientemente pelo momento em que esse poder, junto ao da Áustria, seria capaz de resistir de forma decisiva.

"Mas apenas no mais profundo silêncio seremos capazes de trabalhar para alcançar esse objetivo, e não nos gabando de nossos armamentos e preparativos em público, ou denunciando abertamente a ele, a quem desejamos desafiar," explicava ele.

Ele observava que a França sempre preferiria uma aliança com a Rússia a uma situação de conflito, e que isso significava que Napoleão não lhe faria mal algum nem se colocaria contra a Rússia se ela não o provocasse. Ele temia que a Áustria pudesse ser tentada a travar uma guerra cedo demais, selando assim a própria ruína e adiando por anos o momento em que os dois países poderiam enfrentar Napoleão efetivamente. Alexandre acreditava que indo a Erfürt e aparentando estar pronto para apoiar a França contra ela poderia fazer a Áustria pensar duas vezes antes de dar início a um ataque que estava fadado ao fracasso.

"Se o encontro não tivesse outro resultado que não evitar uma calamidade tão lamentável, compensaria com juros todo o aborrecimento que envolve", concluiu.

À sua irmã Catarina ele deu uma resposta mais sucinta.

"Napoleão pensa que eu sou apenas um tolo", escreveu, "mas aquele que ri por último ri melhor."[23]

Napoleão não poderia sequer suspeitar desses pensamentos, mas ficou atônito diante da desagradável mudança que se dera em Alexandre. Ele achou-o mais controlado e irritantemente imperturbável. Suas reuniões foram muito diferentes daquelas que haviam tido lugar em Tilsit — a ponto de certo dia Napoleão ficar tão agastado pela discussão que tirou o chapéu da cabeça, jogou-o no chão e pisou nele.[24]

Alexandre fora a Erfürt tendo em vista obter alguma vantagem ou concessão que pudesse justificar sua aparente sujeição a Napoleão para os céticos na Rússia. Este, no entanto, não viera com um espírito generoso. Ele dissuadiu Alexandre dos planos de expansão em direção a Constantinopla, pois havia chegado à conclusão de que qualquer divisão do Império Otomano beneficiaria bem mais a Rússia de que a França. Ele permitiu que Alexandre ficasse com a Moldávia e a Valáquia, e que tomasse a Finlândia da Suécia; concordou em retirar as tropas francesas do grão-ducado de Varsóvia e em dar início à evacuação das guarnições que se encontravam na Prússia; mas as concessões obtidas por Alexandre ficaram por aí. Este não contestou abertamente a base da aliança, e manteve o papel de aliado fiel em relação à ameaça austríaca.

"Os dois imperadores partiram relativamente satisfeitos com seus acordos; contudo, no fundo, estavam insatisfeitos um com o outro", nas palavras de Caulaincourt.[25]

Pensando ter garantido um bom apoio da parte de Alexandre, Napoleão voltou sua atenção para a Espanha, para onde partiu em novembro. No dia 4 de dezembro, ele estava em Madri, e de lá passou a restaurar a paz em todo o país. Tal como havia previsto, bastou ele virar as costas para que a Áustria aproveitasse a oportunidade e, em abril de 1809, invadisse o território de suas aliadas Bavária e Saxônia.

Napoleão atravessou novamente os Pireneus e marchou para defendê-las. Em 21 de maio, ele confrontou o Exército austríaco em Essling. A batalha representou uma pequena derrota para Napoleão, mas isso foi o bastante para reduzir a aura de invencibilidade que havia em torno dele e para dar esperanças a todos os seus inimigos. Em 6 de julho, ele venceu a batalha decisiva de Wagram, e impôs um tratado à Áustria. Contudo, ele não estava nem um pouco satisfeito. Alexandre, cuja ajuda ele havia pedido assim que tomara conhecimento do ataque austríaco, demorara a responder, e seu Exército levara uma eternidade para chegar ao palco das operações. Quando este de fato chegou, deu início à execução de uma série de minuetos militares a fim de se esquivar às tropas austríacas até que a guerra chegasse ao fim. O método foi tão bem sucedido que o Exército sofreu apenas uma baixa durante toda a campanha.

Napoleão tomara Alexandre por persuadido, e agora pagava o preço. Ele teria, a partir dali, de fazer mais uma tentativa de trazer o aliado de volta para o seu lado, e começou a considerar as concessões que poderia fazer-lhe. Entretanto, ele não tinha ideia do quanto Alexandre se afastara da sua influência. Napoleão certamente também não sabia que seu próprio ministro das Relações Exteriores, Talleyrand, tivera conversas secretas com o tsar em Erfürt.

"A salvação da Europa depende de você, e você só conseguirá alcançá-la se apoiar Napoleão", afirmaria Talleyrand ter dito a Alexandre.

O que ele provavelmente não sabia era que o tsar já se considerava envolvido em uma competição pessoal com Napoleão. Em vez de adquirir um aliado útil, Napoleão colaborara para a criação de um rival formidável, que já tinha planos não apenas para derrotá-lo, mas para suplantá-lo.

"Não há espaço bastante para nós dois na Europa", escrevera Alexandre a sua irmã Catarina antes de partir para Erfürt. "Mais cedo ou mais tarde, um de nós terá de bater em retirada."[26]

3

O espírito da Europa

O fato de Alexandre ter podido passar a ver a si mesmo como um contrapeso ou mesmo uma alternativa para Napoleão no cenário internacional é uma prova eloquente da bagunça que o imperador da França havia feito em suas relações com as outras nações da Europa, e em particular com as alemãs.

Já havia muito tempo que a França era a influência intelectual e cultural dominante no continente, e por volta do final do século XVIII progressistas e liberais de todas as nações haviam sorvido os frutos do Iluminismo. A queda da Bastilha em 14 de julho de 1789 — seguida pela abolição dos privilégios, a declaração dos Direitos do Homem, a introdução de um governo representativo e outras medidas do tipo — provocara um grande entusiasmo entre as classes esclarecidas em todos os lugares da Europa. Até mesmo os liberais moderados viam a França revolucionária como o catalisador que promoveria a transformação do velho mundo em um mais justo, e, assim, mais civilizado e pacífico.

Os horrores da revolução decepcionaram muitos, e outros se sentiram ofendidos pelo comportamento arrogante da França em relação às áreas — tais como a Holanda e a Suíça — capturadas na luta militar contra as coalizões formadas contra ela. Os franceses, contudo, haviam se convencido de que estavam empreendendo uma missão de progresso, levando a felicidade a outras nações. De uma forma mais pragmática, Napoleão costumava afirmar que "o que é bom para os franceses é bom para todos". Liberais em todas as partes apegavam-se à concepção de que um processo de transformação e regeneração humana tivera início, e de que as perdas eram apenas um mal inevitável. Aqueles que sofriam opressões de nações estrangeiras ou por parte da nobreza continuaram a contemplar o exemplo da França com ansiedade — e justificadamente.

Inúmeras fronteiras políticas atravessavam grande parte da Europa no final do século XVIII, e a maioria dos acordos constitucionais entre elas fazia parte do legado de tentativas medievais de criar um Império Pan-europeu. A Alemanha estava dividida em mais de trezentas unidades políticas diferentes, governadas por eleitores, arcebispos, abades, duques, landgraves, marqueses, câmaras municipais, condes e cavaleiros imperiais. O território que atualmente constitui a Bélgica pertencia à Casa de Habsburgo e era governado de Viena; a Itália estava dividida em 11 estados, a maioria dos quais governada pelos Habsburgos austríacos ou pelos Bourbons franceses ou espanhóis; o Sacro Império Romano-germânico tinha sua população composta por tchecos, húngaros e meia dúzia de outras nacionalidades; a Polônia, finalmente, estava dividida em três partes, e era governada de Berlim, Viena e São Petersburgo.

Sempre que o Exército francês passava através dessas áreas, perturbava uma venerável coleção de leis e regulamentos arcaicos, privilégios e prerrogativas, direitos e deveres, libertando ou despertando uma variedade de aspirações contidas ou adormecidas ao longo do processo. E sempre que a França incorporava um território, ele era organizado segundo a linha do pensamento iluminista francês. Governantes eram destronados, instituições eclesiásticas eram abolidas, guetos eram abertos, direitos de corporações de ofício, privilégios sociais e outras restrições eram extintos, servos e escravos eram libertos. Embora esse processo fosse frequentemente acompanhado por uma exploração cínica do território — com a justificativa de que era pela causa francesa — e uma pilhagem vergonhosa, o efeito geral era sempre positivo do ponto de vista liberal. Como resultado, uma parte significativa — e em alguns casos até a maioria — das populações politicamente esclarecidas de países como a Bélgica, os Países Baixos, a Suíça, a Itália, a Polônia, e até mesmo a Espanha, colocava-se ao lado dos franceses e contra aqueles que buscavam restaurar o *ancien régime*, mesmo quando se ressentiam do domínio francês e desprezavam os saques das tropas francesas — especialmente na Alemanha.

O Sacro Império Romano-germânico, fundado por Carlos Magno havia mil anos, incluía quase todos os territórios habitados por povos que falavam alemão. Contudo, ele não os unia nem os representava. A divisão absurda do território em centenas de unidades políticas inibia a vida cultural, econômica, e também a política. O pensamento alemão do século XVIII não era nacionalista, e sim cosmopolita, mas, não obstante, a maioria dos alemães esclarecidos ansiava por uma pátria mais coesa.

Entre 1801 e 1806, após as vitórias sobre a Áustria e a Prússia, Napoleão transformou completamente o clima político, social e econômico nos territórios alemães. Ele secularizou estados eclesiásticos e aboliu o status de cidades imperiais, revogou instituições anacrônicas e resquícios dos direitos góticos, efetivamente demolindo o império e emancipando grandes segmentos da população ao longo do processo. Em 1806, depois de derrotar o imperador Francisco em Ulm e Austerlitz, ele forçou-o a abdicar e dissolver o Sacro Império Romano-germânico. Em um processo conhecido como "mediatização", centenas de pequenos reinados foram varridos do mapa à medida que condes imperiais e cavaleiros perdiam suas terras, que foram unificadas em 36 estados de tamanhos variados, formando a Confederação do Reno. Com eles se foram todas as fronteiras incoerentes e restrições mesquinhas que haviam tornado a vida naqueles lugares tão difícil. Substituíram-nas instituições moldadas segundo o padrão francês.

O fim das práticas feudais impulsionou a agricultura; a abolição das guildas e de outras restrições encorajou a indústria e o comércio; a remoção de impostos e fronteiras abriu o caminho para o mercado. Ao confisco das propriedades da Igreja, seguiram-se a construção de escolas e o desenvolvimento das universidades. Não é de surpreender que todas essas medidas tenham tornado Napoleão popular entre as classes médias, os pequenos comerciantes, os camponeses, os artesãos e os judeus, bem como conquistado a simpatia de intelectuais progressistas, estudantes e escritores. Johan Wilhelm Gleim, um poeta mais acostumado a cantar as glórias de Frederico, o Grande, escreveu uma ode a Napoleão; Friedrich Hölderlin também o imortalizou em verso, e Beethoven dedicou a ele sua sinfonia *Heroica*.

Embora muitos tenham se desapontado com sua decisão de tomar a coroa imperial, alguns tendo até se sentido traídos pelo ato, os intelectuais alemães continuaram fascinados por Napoleão, a quem viam como uma figura nos moldes de Alexandre, o Grande. Alguns esperavam que ele restaurasse o Império Alemão, tal como um novo Carlos Magno. Para outros, ele parecia mais um tipo de avatar. O jovem Heinrich Heine imaginou Cristo entrando em Jerusalém no Domingo de Ramos ao ver Napoleão entrar em sua cidade natal, Düsseldorf. Georg Wilhelm Friedrich Hegel deu-lhe a famosa alcunha de "o espírito do mundo montado a cavalo".

No entanto, o momento que se seguiu às vitórias de Jena e Auerstädt — quando Napoleão destruiu o Exército da Prússia e abalou o coração do Estado prussiano — constituiria um tipo de divisor de águas. Os prussianos sentiram-se chocados e insultados pelas vitórias francesas, mas ao mesmo tempo viram-nas como uma prova da superioridade da França e de sua cultura política. Quando Napoleão entrou em Berlim, foi saudado por multidões que, de acordo com um oficial francês, mostravam tanto entusiasmo quanto aquelas que o haviam recebido em Paris após seu retorno triunfante de Austerlitz no ano anterior.

"Um sentimento indescritível, uma mistura de dor, admiração e curiosidade, agitava as multidões, que forçavam caminho para acompanhá-lo enquanto ele passava", nas palavras de uma testemunha ocular.[1]

Ao longo das semanas seguintes, Napoleão conquistaria tanto os corações quanto a admiração dos berlinenses.

Contudo, ele tratou a Prússia e seu rei pior do que havia tratado qualquer país conquistado anteriormente. Em Tilsit, ele humilhou Frederico Guilherme publicamente ao se recusar a negociar com ele e tratar a rainha Louise — que foi pessoalmente defender a causa de seu país — com um galanteio insultante. Napoleão não se deu ao trabalho de negociar; em lugar disso, simplesmente convocou o ministro prussiano conde Goltz para deixá-lo a par de suas intenções. Ele disse ao ministro que pensara em dar o trono da Prússia a seu próprio irmão Jérôme, mas, em consideração ao tsar Alexandre, que lhe implorara para poupar Frederico Guilherme, havia generosamente decidido permitir que ele o conservasse. Por outro lado, Napoleão reduziu-lhe o reino significativamente, tirando-lhe a maior parte do território que a Prússia tomara da Polônia, de forma que o número de seus súditos — que subira para 9.744.000 — foi reduzido para 4.938.000. Napoleão não estava aberto a discussões, e Frederico Guilherme teve de se submeter.[2]

Depois disso, ele escreveu para o imperador em 3 de agosto de 1807 implorando-lhe que aceitasse a Prússia como aliada da França, dirigindo-se a ele como "o maior homem do nosso século". Napoleão ignorou o pedido. A razão pela qual ele não queria se onerar com tal aliança era que ele pretendia espoliar o país. No Tratado, ele lograra a Prússia ao se comprometer a retirar suas tropas com a condição de que todas as indenizações estabelecidas fossem pagas: o montante das indenizações nunca foi fixado, e, enquanto grandes quantidades de dinheiro eram transferidas do tesouro prussiano para os cofres franceses, tropas que consistiam em cerca de 150 mil homens continuavam a viver à custa da Prússia, não hesitando em tomar tudo de que precisassem. Na prática, as autoridades militares francesas supervisionavam a administração, enquanto a economia caía em queda livre. O Exército prussiano havia sido reduzido a 42 mil homens, e consequentemente centenas de milhares de soldados dispensados vagavam pela região mendigando para sobreviverem.[3]

Napoleão chegou a considerar dissolver completamente a Prússia. O reino só emergira como uma grande potência havia sessenta anos — como resultado de uma derrota da França —, mas era eficaz e extenso, e talvez um dia fosse capaz de incorporar todo o território alemão, o que ele queria evitar a todo custo. Todavia, embora continuasse explorando e humilhando o país de todas as formas, ele não conseguiu extingui-lo. Na verdade, o tratamento dispensado por Napoleão à Prússia é apenas parte do erro que ele cometeu no tratamento da questão alemã, pelo qual seus sucessores ainda estariam pagando em 1940.

Se Frederico Guilherme tinha todas as razões para sentir-se prejudicado, a maioria dos outros governantes da Alemanha, reunidos pela Confederação do Reno, tinha muito o que agradecer a Napoleão. Em primeiro lugar, eles foram libertos da cruel autoridade dos Habsburgos. Embora estivessem agora submetidos a Napoleão por uma série de alianças, seu poder fora ampliado dentro de seus próprios reinos. Muitos haviam sido promovidos, e a maioria ganhara território, tornando-se efetivamente soberanos com seus próprios Exércitos.

O landgrave Ludwig de Hesse-Darmstädt viu o tamanho do seu feudo aumentar consideravelmente e tornou-se um grão-duque; o pequeno landgraviato de Baden também se tornou um grão-ducado, e seu governante, Frederico Carlos, casou o neto de bom grado com a enteada de Napoleão, Stephanie de Beauharnais. O eleitor da Saxônia teve seu reino ampliado e convertido em um estado monárquico. A Bavária também foi ampliada e transformada em um estado monárquico, e em 1809 o rei Maximiliano I adquiriu mais território, o que tornou seu reino maior que a Prússia. Württemberg, que fora um mero ducado, era ampliado a cada vitória napoleônica, e seu eleitor Frederico foi promovido ao posto de rei em 1806, além de ter tido a imensa felicidade de ver sua filha casar-se com o irmão de Napoleão, Jérôme.

O próprio Jérôme governava o reino da Vestfália, estabelecido por Napoleão no coração da Alemanha de Carlos Magno, com capital em Cassel, e expandido novamente em 1810 para incluir Hanôver, Bremen e parte da costa do mar do Norte.

"O que o povo da Alemanha deseja impacientemente é que indivíduos que não são nobres, mas possuem talentos, tenham direitos iguais à sua consideração e a empregos, que todos os tipos de servidão e todos os elos intermediários entre o soberano e as pessoas da classe mais baixa sejam inteiramente abolidos", escreveu Napoleão para Jérôme quando este assumiu o trono da Vestfália. "Os benefícios do *Code Napoléon*, a transparência da administração e o sistema legal serão as características que distinguirão sua monarquia. E se eu puder ser sincero com você, a verdade é que eu conto mais com o efeito dessas características para a expansão e a consolidação da sua monarquia do que com as maiores vitórias. Seu povo deve gozar uma liberdade, uma igualdade e um bem-estar desconhecidos por outros povos da Alemanha", prosseguia ele, deixando claro que tanto a segurança do seu trono quanto a da França seriam mais eficientemente garantidas com esses grandes benefícios que ela podia conceder do que por meio de qualquer quantidade de Exércitos ou fortificações.[4]

Alguns dos outros governantes seguiram o exemplo francês e adotaram o *Code Napoléon* — o rei Maximiliano da Bavária chegou até mesmo a produzir uma constituição. A maioria deles, entretanto, introduziu apenas as leis francesas que lhes davam mais poder sobre seus súditos, abolindo, ao longo do processo, uma série de instituições e privilégios que haviam sido obtidos com esforço. Contudo, fossem eles liberais iluministas ou déspotas autoritários como o rei de Württemberg, a qualidade de vida de seus súditos estava imensamente melhor do que antes de terem ouvido falar de Bonaparte.

Os motivos de descontentamento começaram, porém, a se acumular. Os oponentes mais ruidosos do novo sistema obviamente faziam parte da horda de condes e cavaleiros imperiais que haviam perdido suas propriedades e seus privilégios. Indivíduos mais liberais sentiram-se desapontados quando as mudanças instituídas por Napoleão não foram até onde desejavam. As antigas cidades livres e alguns dos bispados, que haviam sido o coração do patriotismo alemão, foram concedidos a um ou outro governante entre os favorecidos por Napoleão. Além de sua independência, eles perderam algumas das suas liberdades. Muitos se sentiram decepcionados pelo fato de as antigas oligarquias aristocráticas não terem sido substituídas por repúblicas, e alguns teriam gostado de ver a criação de um grande estado alemão.

A arbitrariedade das disposições de Napoleão, com uma província sendo indiscriminadamente transferida de um estado para outro, não poderia deixar de fazer os alemães de todas as classes se sentirem insultados. O francês tornou-se a língua oficial em algumas áreas. Oficiais franceses foram nomeados para os principais cargos, e os postos mais elevados dos Exércitos de vários soberanos também eram reservados para os franceses. Os vultosos saques oficiais constituíam também grandes insultos. As imposições militares dos franceses e o bloqueio continental — que acabaram por estimular a extração de carvão e as indústrias de aço na Alemanha — tornaram-se causas de reclamações diárias entre as classes que eram defensoras naturais das mudanças introduzidas por Napoleão.

Fatores culturais também eram relevantes. Cosmopolitas e influenciáveis pelo exterior, fossem católicos ou protestantes, os alemães em geral eram muito devotos, considerando chocante o ateísmo da França revolucionária e napoleônica. Em círculos luteranos, a fita da Legião de Honra era frequentemente referida como "a marca da Besta". Napoleão era mais popular entre os alemães católicos, mas isso só durou até junho de 1809, quando ele depôs o papa e o aprisionou em Savona, condenando-se a ser excomungado pelo pontífice. Os alemães também conservavam um sentimento milenar de "singularidade", vendo-se como "verdadeiros" e "puros", em contraste com os franceses, a quem consideravam essencialmente frívolos e artificiais — quando não de fato falsos e corruptos.[5]

Não demorou muito para que esses sentimentos começassem a ter consequências práticas. A derrota catastrófica de 1806 levara a Prússia a embarcar em um extenso programa de reforma e modernização. Os responsáveis por promovê-la perceberam que uma verdadeira revolução seria necessária, tanto no Exército — o soldado foi transformado de um alistado motivado inteiramente pela disciplina cruel do século XVIII em um profissional inspirado pelo amor ao seu país — quanto na sociedade como um todo — um decreto expedido em 1807 deu fim aos resquícios do feudalismo e emancipou os camponeses.

Tratava-se de uma revolução que vinha de cima, promovida, nas palavras do ministro de Frederico Guilherme, conde Karl August von Hardenberg, "através da sabedoria daqueles que possuem a autoridade", e não pelo impulso popular. Seria também uma revolução espiritual.

Um de seus principais arquitetos, o barão vom Stein, um cavaleiro mediatizado, desejava "o redespertar do espírito coletivo, do senso cívico, da devoção ao país, do sentimento de honra e independência nacional, de maneira que um espírito estimulante e criativo substituísse o formalismo superficial de um aparato mecânico".[6]

O processo foi amplamente promovido por nacionalistas alemães de outras partes do país. O barão vom Stein era de Nassau; o conde Hardenberg era de Hanôver, assim como o general Gerhard Johann Scharnhorst; Gebhart Blücher era de Mecklemburgo; August Gneisenau era da Saxônia. Eles eram inspirados pelo exemplo da França revolucionária em sua determinação para infundir um espírito nacionalista em todos os âmbitos do Exército e da administração. Contudo, suas reformas não eram exatamente destinadas à emancipação das pessoas, mas a torná-las servos eficientes e entusiásticos do estado. Muitos deles acreditavam que somente uma Prússia forte seria capaz de libertar e unir os territórios alemães e de, a partir daí, desafiar a supremacia cultural e política da França. Uma ferramenta poderosa nesse processo seria a educação, e Wilhem von Humboldt foi encarregado de um programa de reformas do sistema que culminou na fundação da Universidade de Berlim em 1810.

No nível popular, a ânsia pela busca de uma regeneração através da purificação manifestou-se na formação da *Tungendbund*, ou Liga da Virtude, por um grupo de jovens oficiais em Berlim. Seus objetivos, em princípio, não eram políticos, consistindo no autoaperfeiçoamento através da educação e da avaliação moral; mas, como isso incluía o desenvolvimento de uma consciência nacional e o encorajamento do amor pela pátria, na prática eles acabaram sendo-o, e a um nível bastante profundo. A sociedade nunca excedeu a casa de poucas centenas, e tudo que eles faziam era sentar e falar de insurreição, guerrilha, guerra e vingança. Contudo, faz parte da natureza das sociedades secretas parecerem mais poderosas e ameaçadoras de que realmente são, e a *Tugendbund* teve um impacto simbólico profundo.

Ela também serviu de inspiração e foco para indivíduos insatisfeitos em outras partes da Alemanha. A impotência da nação alemã diante da arrogância dos franceses acabou por fazer-se sentir quando o Bloqueio Continental tornou-se oneroso. O orgulho ferido transformou-se numa terrível determinação na mente de vários patriotas alemães, os quais obtiveram seu primeiro encorajamento com as notícias recebidas de Bailén no verão de 1808.

"Os eventos na Espanha tiveram um grande efeito e mostram o que pode ser feito por uma nação dotada de força e coragem", escreveu Stein a um amigo.[7]

Napoleão estava bastante consciente do novo espírito que despertava na Alemanha. Ele não estava particularmente preocupado, mas, ainda assim, durante sua estada em Erfürt e Weimar na época do encontro com Alexandre em 1808, esforçou-se — embora sem qualquer método — por angariar alguma popularidade, convidando professores da universidade de Jena para almoçarem. Ele condecorou Goethe com a ordem da Legião de Honra e trouxe o poeta Christoph Martin Wieland para Weimar, tendo passado mais de duas horas discutindo literatura alemã com ele durante um baile, sob o olhar de um círculo de convidados impressionados. Depois disso, ele foi até Goethe e iniciou uma conversa. Tal evento foi comentado no jornal da corte com as palavras: "O herói desta era deu então uma prova de sua ligação com a nação da qual é protetor, e da estima pela sua língua e literatura, que são a força de seu vínculo nacional."

Todavia, no dia seguinte, ele visitou o campo de batalha de Jena, onde fez os alemães construírem um pequeno templo para comemorar sua vitória sobre eles.[8]

Em 1802, o filósofo alemão Friedrich Schlegel havia ido a Paris com a intenção de fundar um instituto de educação internacional nessa nova Roma. Ele agora estava prestando mais atenção à Alemanha. Goethe, que usava sua ordem da Legião de Honra com orgulho e costumava se referir a Napoleão como "meu imperador", começava também a reclamar do estado vergonhoso de submissão no qual a Alemanha havia sido posta à força. O filósofo Johann Gottlieb Fichte, o escritor Ernst Moritz Arndt e o teólogo Friedrich Daniel Schleiermacher estavam entre aqueles que exigiam um renascimento nacional alemão e a rejeição da hegemonia francesa. Muitos dos que haviam visto Napoleão como um libertador agora o consideravam não mais que um opressor.

Em 1806, houve uma explosão previsível de sentimento nacional na Áustria após sua derrota por Napoleão, com jornais e panfletos convocando uma frente alemã unida contra os franceses. O desejo natural da Áustria de vingar a derrota humilhante e reobter algumas de suas perdas havia sido poderosamente reforçado por vários condes e cavaleiros mediatizados descontentes, pelos nobres despojados do norte da Itália e particularmente do Piemonte e pelos vários patriotas alemães da Confederação do Reno que haviam se refugiado no país e, em muitos casos, passado a servi-lo. Em janeiro de 1808, o imperador Francisco casou-se pela terceira vez. Sua noiva, Maria Ludovica de Habsburgo, era a terceira filha do capitão-general da Lombardia, que havia sido deposto por Napoleão — e essa não era a única razão que ela tinha para odiar a França.

O novo governo administrado pelo conde Philip Stadion, nomeado por Francisco em 1808, deu início aos preparativos para um confronto com a França, instituindo, entre outras coisas, uma milícia nacional, a *Landwehr*. Stadion deixou claro que essa guerra de vingança seria uma guerra nacional, uma guerra alemã, destinada a expulsar de uma vez por todas a França e sua influência da Europa Central. Enquanto Maria Ludovica e uma poetisa e entusiasta da educação física de nome Caroline Pichler reinventaram uma suposta forma tradicional alemã de se vestir (o *Tracht*), o historiador Johannes von Müller, o publicista Friedrich von Gentz e outros deram base aos argumentos anti-França com fatos. Eles deram grande destaque ao que viam como a luta do povo espanhol contra o domínio estrangeiro, colocando-a como um exemplo que os alemães deveriam seguir. Autores de todos os tipos eram convidados a quartéis-generais, onde lhes pediam que usassem suas canetas no apoio à causa nacional, enquanto editores de periódicos recebiam ordens de publicar poemas e artigos patrióticos, sob pena de terem suas publicações fechadas. Espontaneamente, o poeta e dramaturgo Heinrich von Kleist publicou *Die Hermannschacht*, um apelo poético aos alemães e austríacos para se erguerem contra os franceses e punirem os "traidores" partidários de Napoleão.[9]

Em abril de 1809, julgando que Napoleão estivesse preso na Espanha, a Áustria invadiu a Bavária e deu início a uma guerra pela "libertação" da Alemanha.

"Nós lutamos para reivindicar a independência da monarquia austríaca, para devolver à Alemanha a independência e a honra nacional que lhe pertencem", declarou Stadion em seu manifesto.

O comandante arquiduque Carlos lançou uma proclamação escrita por Friedrich Schlegel a respeito do caráter pangermânico da guerra, descrevendo-a como uma oportunidade para a redenção e a regeneração da nação.[10]

Essa convocação não passou despercebida. Um oficial prussiano, Frederick Charles de Katt, tentou tomar Magdeburgo com um grupo de guerrilheiros, mas fracassou e foi forçado a refugiar-se na Boêmia austríaca. O coronel Dornberg — um hessiano a serviço da guarda real do rei Jérôme que estivera conspirando com Stein, Gneisenau e Scharnhorst — pretendia sequestrar Jérôme e convocar a população a armar-se. No entanto, ele conseguiu levantar apenas oitocentos homens e foi facilmente derrotado. Essa era uma má notícia para o major Schill, um oficial prussiano que se destacara em 1806-1807 por sua firme defesa de Kolberg. Em 28 de abril de 1809, ele marchou para fora de Berlim com seu regimento, dizendo a seus homens que invadiria a Vestfália e expulsaria os franceses da Alemanha. Ele esperava juntar-se a Dornberg, que àquela altura já deveria ter sequestrado Jérôme. Contudo, não demorou muito para que Schill se visse diante de forças superiores e fosse obrigado a bater em retirada para a costa báltica, onde esperou em vão por reforços marítimos da Inglaterra até ser morto em combate no dia 31 de maio.

A resposta mais séria veio do Tirol, onde o ressentimento aos franceses era muito mais profundo. A região havia sido tradicionalmente governada pela Casa de Habsburgo, que tinha um grande respeito pela tradição e idiossincrasias locais. A Bavária, para a qual o Tirol foi transferido por Napoleão em 1806, por outro lado, exercia uma administração mais centralizada. A população local sofreu com a instituição de impostos mais altos e com a obrigatoriedade do alistamento. O clero paroquiano não aprovou a secularização que se dava na Bavária, aumentando o número de descontentes. Em janeiro de 1809, Andreas Hofer e um punhado de outros tiroleses foram para Viena a fim de prepararem uma insurreição para coincidir com a invasão da Bavária pela Áustria. Em 9 de abril, os faróis foram acesos no momento em que o Tirol se rebelou. Uma unidade bávara de duzentos homens foi forçada a se render, e as tropas austríacas ocuparam Innsbrück. No entanto, não demorou muito para que estas fossem expulsas pelos franceses comandados pelo marechal Lefèbvre.

Em 21 e 22 de maio, Napoleão lutou as batalhas de Aspern-Essling contra os austríacos comandados pelo arquiduque Carlos. Embora esses embates tenham tecnicamente acabado com uma vitória francesa, eles repercutiram na Europa como uma derrota. Napoleão sofreu uma perda pessoal com a morte do marechal Lannes, e teve de trazer Lefèbvre de volta ao Exército principal. Isso permitiu que a revolta no Tirol irrompesse com um vigor renovado, sob o slogan de "Deus e o imperador", enquanto inimigos de Napoleão por toda a Europa esfregavam as mãos satisfeitos com o que pensavam ser uma nova Espanha.

Foi nesse momento que o duque de Brunswick-Oels entrou em cena. Seu pai havia sido derrotado de forma humilhante em Auerstädt em 1806, o que o fazia cultivar um ódio eterno pelos franceses. Ele havia ido para Viena, onde obtivera subsídios para recrutar uma "Liga da Vingança", formada por 20 mil homens, com a qual pretendia libertar o Norte da Alemanha. Nesse momento, ele havia partido, derrotado os saxônios em Zittau, tomado Dresden em 11 de junho e Leipzig dez dias depois. No dia 21 de julho, ele prosseguiu sua marcha, atravessando Brunswick e Hanôver. Porém, o duque encontrou pouco entusiasmo, sendo finalmente forçado a fugir em um navio de guerra inglês pelo Báltico.

Enquanto isso, Napoleão vencera uma batalha conclusiva em Wagram, e a Áustria havia sido forçada a assinar o Tratado de Viena, que a reduziu a uma condição de impotência. Sua imagem como uma libertadora em potencial da Alemanha foi destruída, e ela teve de se submeter humildemente ao sistema napoleônico. Francisco só pôde ficar muito satisfeito ao conceder a mão de sua filha favorita ao ogro corso como tributo, e o casamento foi comemorado por seu povo como um acontecimento feliz.

O fracasso da Áustria deveu-se em grande parte à sua inabilidade de obter o apoio da Rússia e, acima de tudo, de convencer a Prússia a entrar na guerra contra a França. Os conspiradores pangermânicos haviam se empenhado para esse propósito, e Viena estivera em um íntimo contato com Stein, Hardenberg, Scharnhorst e os outros reformadores prussianos, que estavam fazendo de tudo para convencer Frederico Guilherme a declarar guerra. O pusilânime rei prussiano, todavia, estava apreensivo. Ele temia os franceses, e tinha medo de dar início a uma guerra "nacional" que poderia acabar lhe custando o próprio trono. Foi só quando Schill entrou na Vestfália e a opinião popular encontrava-se tomada por entusiasmo que ele pensou na possibilidade de perder o trono se não agisse e considerou entrar na guerra.

Uma das condições do Tratado de Viena era que Francisco banisse todos os *émigrés* franceses, além dos piemonteses e alemães de outros estados que haviam se estabelecido ou passado a servir à Áustria. Um número considerável deles, entre os quais Karl von Grolmann — um oficial prussiano que viera para lutar pela Áustria —, agora se dirigia para a Espanha, onde poderiam dar continuação à sua cruzada contra a França napoleônica. Muitos outros partiram para São Petersburgo, atravessando um caminho que já havia sido percorrido por vários dos patriotas alemães que haviam ido para a Prússia na esperança de que ela se tornasse a grande vitoriosa da Alemanha. Com tanto a Prússia quanto a Áustria desacreditadas, Alexandre começava a parecer a única alternativa restante. Ele ainda era aliado de Napoleão, e agira como tal ao enviar um Exército para ameaçar a Áustria durante a guerra recente. Entretanto, ele fizera apenas o mínimo que lhe era exigido. Estimulados por doses generosas de pensamentos desejosos, muitos dos que se opunham a Napoleão e à hegemonia francesa haviam começado a ver em Alexandre o anjo tutelar de sua própria causa particular.

Uma das primeiras pessoas a se encantarem por Alexandre, ao conhecê-lo em 1805, foi a rainha de Frederico Guilherme, Louise, que o via como "um herói de Schiller caído na Terra".

"Em você, a perfeição se materializa", escreveu ela para ele, "só quem o conhece pode reconhecer a perfeição."

O sentimento não deixou de ser correspondido, o que provavelmente serviu de razão para que a Prússia fosse salva da extinção em Tilsit. Contudo, havia pouco mais que Alexandre pudesse fazer por ela e o marido. Em janeiro de 1809, ele os convidou a irem a São Petersburgo, onde receberam honras e comemorações, o que foi um forte sinal de Alexandre para os inimigos de Napoleão na Europa. A estima mútua entre Alexandre e Louise apenas cresceu. Ao tomar conhecimento da morte da rainha na Prússia em julho de 1810, Alexandre viu-a como uma vítima da opressão bárbara de Napoleão, e reagiu com uma indignação cheia de bravura.

"Eu lhe juro que vingarei a morte dela e asseguro que seu assassino pagará pelo crime que cometeu", ele supostamente teria dito ao ministro prussiano em São Petersburgo.[11]

Alexandre também era visto como um salvador em potencial por outros monarcas e nobres que haviam sido humilhados e despojados — entre eles os reis da França, da Sardenha, das duas Sicílias, da Espanha, o grão-mestre da Ordem de Malta, um grupo de alemães depostos, assim como hordas de franceses, piemonteses, espanhóis e outros *émigrés*.

Isso também não impediu que alguns grupos, ao olharem para o tsar, se opusessem, de forma mais ou menos violenta, ao retorno do *ancien régime*. Muitos dos alemães que puseram suas esperanças em Alexandre eram republicanos ou ao menos nacionalistas liberais em conflito com a monarquia prussiana. O mesmo valia para *Tugendbunders* e até mesmo membros da maçonaria. Entre os espanhóis e italianos que também depositaram suas esperanças no tsar havia liberais que logo seriam postos a ferros por seus próprios monarcas.

Outros membros do clube eram os oponentes liberais franceses de Napoleão, tais como Benjamin Constant e Madame de Staël — que, embora apoiassem a maioria das conquistas da Revolução Francesa, odiavam-no por suas tendências despóticas e pela arrogância cultural com a qual ele tratava a Europa. O romance best seller *Corinne*, de Madame de Staël, publicado em 1807, era uma crítica muito mal velada às atitudes francesas para com a Itália, enquanto seu estudo da literatura alemã, *De l'Allemagne*, era tão crítico que as primeiras cópias foram apreendidas por ordem de Napoleão.

Seu comportamento e suas políticas pouco a pouco faziam Napoleão perder o domínio que tivera nos primeiros anos sobre os corações e as mentes, enquanto uma grande *internationale* de pessoas unidas unicamente pelo ódio por ele se formava através de toda a Europa. Até mesmo Wellington começava a ver e representar sua guerra contra Napoleão na Espanha como parte de um tipo de cruzada moral.[12]

Nada disso tinha quaisquer consequências imediatas, e a posição de Napoleão na Europa continuava suprema. Ele controlava seu vasto império através de uma rede de lealdade formada principalmente por seus irmãos coroados. Ele estabelecera em toda a Europa uma nova aristocracia internacional que lhe era grata — uma gratidão conservada pela concessão de feudos que ficavam disponíveis com a mediatização do Sacro Império Romano-germânico ou pela conquista. Por volta de 1812, o catálogo imperial anual listava quatro príncipes, trinta duques, quase quatrocentos condes e mais de mil barões, sem incluir os títulos que Napoleão concedera aos membros de sua própria família.

Deve-se também levar em conta que ele tinha vários aliados naturais devotados por interesses próprios de um tipo ou outro. O temor de Frederico Guilherme e Hardenberg em relação à revolta social que poderia resultar de qualquer renascimento nacional era mais forte do que seu ressentimento por Napoleão. Outros na Alemanha e na Europa como um todo temiam a marcha progressiva da expansão da Rússia, acreditando que o enfraquecimento da influência francesa promoveria a sua hegemonia, e desconfiavam das intenções de Alexandre.[13]

De qualquer forma, os espiões de Napoleão mantinham os olhos abertos tanto para possíveis subversivos em toda a Alemanha quanto para o apoio que recebiam da Rússia. No verão de 1810, ele começou a irritar-se com o número de russos que visitavam as cortes e capitais europeias tentando incitar o povo contra a França. Em Viena, o ex-embaixador conde Razumovsky, a *salonière* princesa Bagration e o antigo inimigo corso de Napoleão, Pozzo di Borgo — agora usando um uniforme russo —, mantinham uma verdadeira rede de propaganda entre si. Outros reuniam opositores nos balneários da Alemanha. Ele pediu a Alexandre que os convocasse a todos a retornarem para a Rússia, mas recebeu apenas uma satisfação evasiva.

Em novembro de 1810, o sucessor de Talleyrand como ministro das Relações Exteriores, Jean-Baptiste de Champagny, relatou a Napoleão que uma "grande revolução" se formava na Alemanha, alimentada pelo ódio nacional em relação à França. Ela se tornava mais forte à medida que a tensão entre a França e a Rússia crescia e o Bloqueio Continental se mostrava mais oneroso. Embora costumasse menosprezar as ameaças, Napoleão começava a levar a situação na Alemanha mais a sério, e declarou sua intenção de "cortar pela raiz o espírito nacional alemão". A única forma pela qual ele poderia fazer isso, entretanto, seria arrancando sua principal fonte de nutrientes — a Rússia.[14]

4

A guinada para a guerra

Em Erfürt, Napoleão havia repentinamente perguntado a Caulaincourt o que ele achava que Alexandre pensaria de uma união dinástica entre os dois impérios. Ele fez a pergunta sem aparentar dar muita importância à questão, mas a levantou novamente duas vezes. Isso não surpreendia Caulaincourt: desde que Napoleão assumira a coroa imperial, surgira a questão da necessidade de um herdeiro, e, visto que a imperatriz Josefina não tinha mais idade para engravidar, passara-se a considerar a possibilidade de um divórcio. Em Tilsit, houve comentários de que Napoleão poderia casar-se com uma das irmãs do tsar para consolidar a nova *entente* entre os dois.

Alexandre tinha duas irmãs solteiras: a grã-duquesa Catarina — uma mulher sedutora, inteligente e tida em alta conta — e a grã-duquesa Anna, de apenas 14 anos. Antes de ser assassinado, o pai delas havia lançado uma *ukaz* especial conferindo à sua consorte, agora a imperatriz regente, poder absoluto para decidir com quem suas filhas se casariam. Ela detestava Napoleão, e, em 1808, seguramente alarmada pelos comentários, rapidamente encontrou um marido para Catarina. Pouco depois de Alexandre ter retornado de Erfürt, a grã-duquesa estava casada com o príncipe George, de Holstein-Oldenburgo.

Isso não preocupou Napoleão, que, de qualquer forma, estava considerando casar-se com a irmã mais nova. Ele não tinha pressa, e queria manter a opção em aberto. Isso se ajustava aos planos de Alexandre, pois permitia que este demonstrasse entusiasmo pela ideia do casamento, sabendo que não precisaria se comprometer por alguns anos ainda.

Contudo, conforme a aliança começava a exibir algumas fendas, Napoleão decidiu fechá-las com uma união dinástica. No final de novembro de 1809, ele instruiu Caulaincourt a abordar Alexandre com o pedido da mão de sua irmã em casamento. A reação de Alexandre foi positiva, mas ele não deu uma resposta definitiva. Passado algum tempo, Caulaincourt pressionou-o por essa resposta, e ele pediu duas semanas para considerar a questão e obter a aprovação da mãe. No final desse prazo, ele pediu mais dez dias; depois disso, outra semana. No início de fevereiro de 1810, ele ainda protelava, alegando que sua mãe se opusera, com o argumento de que Anna era muito jovem. Napoleão, sentindo-se insultado pela falta de entusiasmo demonstrada por Alexandre e começando a suspeitar de que ele nunca concordaria de fato com a união, decidiu evitar a humilhação de uma recusa e voltou-se para a Áustria.

Ele havia sondado vagamente a corte austríaca em relação à questão no ano anterior, de forma que podia agora agir com mais rapidez. Depois de ler os despachos de Caulaincourt descrevendo a resposta negativa de Alexandre na manhã de 6 de fevereiro, ele convocou o príncipe Karl von Schwarzenberg, embaixador austríaco em Paris, e exigiu uma resposta definitiva imediatamente. Schwarzenberg não queria deixar passar o que pensava ser uma oportunidade histórica, e, indo além do que seus poderes lhe permitiam, deu a Napoleão a resposta que este queria. O emissário de Napoleão que levou a notícia da mudança nos planos para Alexandre cruzou no caminho com o emissário do tsar que trazia a carta em que ele recusava definitivamente a oferta do imperador francês, explicando que sua mãe afirmara que não haveria chance de casar Anna pelo menos antes de dois anos.

Ao tomar conhecimento do noivado entre Napoleão e Marie-Louise, Alexandre supôs que ele estivera negociando ao mesmo tempo com ele e com a Áustria, e sentiu-se ofendido pela aparente duplicidade. É quase certo que Napoleão teria preferido casar-se com a grã-duquesa Anna, já que a união teria tido uma enorme repercussão como o casamento simbólico entre o Ocidente e o Oriente, reunindo as duas metades do Império Romano. No entanto, a realização do casamento entre o imperador francês e Marie-Louise, que atraiu a atenção da Europa com sua pompa e *éclat*, fez Alexandre parecer ridículo perante seu próprio povo. Ele defendera firmemente sua *entente* com Napoleão diante de uma oposição quase universal do país apenas para acabar na posição de rejeitado. Além disso, os preparativos para a festa de casamento que seria realizada em Paris aparentavam uma ameaça mais séria.

No banquete do casamento, o chanceler austríaco, conde Metternich, que representava seu mestre imperial, levantou-se e ergueu sua taça com as palavras "ao rei de Roma!". Com isso, ele não apenas expressava a esperança de que Napoleão produzisse um herdeiro como cedia o antigo título imperial à Casa de Bonaparte. Observando de São Petersburgo, parecia que a França e a Áustria estavam estabelecendo uma aliança mais forte ainda do que o relacionamento especial forjado em Tilsit. Um sinal desagradável da mudança na opinião pública deu-se quando um empréstimo que Alexandre estava tentando obter em Paris para a Rússia a fim de levantar fundos extremamente necessários não encontrou financiadores. Além disso, a nova situação tinha outras implicações.[1]

Quando Alexandre foi abordado quanto ao casamento de sua irmã, ele deixara implícito que, como condição para o acordo, exigiria o estabelecimento de uma convenção eliminando quaisquer possibilidades de uma restauração do Reino da Polônia. Napoleão respondera positivamente, feliz por trocar a Polônia por Ana. Agora, todavia, Alexandre perdera seu principal trunfo para a negociação dessa questão de importância crucial.

A criação do grão-ducado de Varsóvia por Napoleão em 1807 representara o primeiro conflito real de interesses entre a França e a Rússia, visto que essa nova unidade política levantava inevitavelmente a possibilidade de uma restauração do reino da Polônia. Tal restauração acarretaria a perda de algumas das, senão de todas, aquisições que a Rússia havia feito à custa das divisões da Polônia — uma área de 463 mil quilômetros quadrados com uma população de aproximadamente 7 milhões de pessoas.

A criação do grão-ducado de Varsóvia reavivara também o fantasma de outra ameaça à Rússia através da introdução do *Code Napoléon*. Ele transformou as relações sociais e levaria à emancipação total dos camponeses. Os proprietários de terras da Rússia — de cuja população 95% eram servos — não poderiam olhar tal vizinho com tranquilidade.

Os poloneses, fossem cidadãos do grão-ducado ou não, certamente o viam como o núcleo de um reino da Polônia restaurado, o que despertou muitos sonhos e conspirações em províncias ainda sob o domínio russo ou austríaco. Quando a Áustria entrou em guerra com a França em 1809, um dos seus Exércitos tomara Varsóvia, mas depois foi obrigado a se retirar, perseguido pelos poloneses, que marcharam até a Galícia, uma parte da Polônia que havia sido incorporada pela Áustria.

No acordo de paz, Napoleão permitira que os poloneses incorporassem uma pequena parte do território liberto ao grão-ducado de Varsóvia. Isso alarmou os austríacos — que temiam que, mais cedo ou mais tarde, tivessem de abrir mão do restante do território — e irritou os poloneses, que acharam que deveriam ter permissão para tomar toda a área que haviam libertado.

Além disso, eles se sentiram ultrajados por Napoleão ter cedido uma parte do território à Rússia como uma forma de adoçá-la.

Contudo, os russos não estavam tranquilos. Caulaincourt relatou que todos em São Petersburgo, do tsar para baixo, estavam inflexíveis na opinião de que nenhuma parte da Galícia deveria ser adicionada ao grão-ducado, já que isso abriria um precedente perigoso.

"Todas as notícias provenientes de Moscou e das províncias confirmam que essa agitação é universal; é necessário preparar-se para lutar e morrer, dizem eles, em vez de sofrer com a reunificação entre a Galícia e o grão-ducado", escreveu ele.

Ademais, a questão transcendia a lealdade ao tsar, em quem muitos não confiavam.*

"Não há qualquer restrição sobre as alegações sendo feitas contra o imperador Alexandre; há discussões abertas sobre assassiná-lo", reportou Caulaincourt. "Eu nunca vi mentes tão agitadas desde a minha chegada a Petersburgo."[2]

Napoleão nunca teve intenção alguma de restaurar a Polônia — todas as suas declarações contrárias são posteriores, quando ele tentava manter os poloneses ao seu lado ou arrancar argumentos para sua autodefesa do nada. Dessa forma, ele propôs a Alexandre que eles assinassem uma convenção conjunta comprometendo-se a não encorajar os poloneses em seus sonhos, e, como um sinal desse desencorajamento, enviou as melhores unidades do Exército do grão-ducado, a Legião do Vístula, para lutar na Espanha.

Alexandre, contudo, produziu o projeto de uma convenção que removeria as palavras "Polônia" e "poloneses" de todas as correspondências oficiais, baniria o uso de condecorações polonesas e proibiria o de emblemas poloneses no grão-ducado. Ele queria que Napoleão desse sua palavra de que nunca permitiria a restauração da Polônia e de que travaria uma guerra contra os poloneses se eles tentassem empreendê-la. Napoleão respondeu que poderia declarar sua oposição a tal renascimento, mas que não iria, nem poderia, comprometer-se a impedi-lo. A convenção sugerida pela Rússia era absurda, já que exigia que a França assumisse compromissos que ela não estava em posição de cumprir. Ele apontou que poderia ter restabelecido a Polônia se quisesse em 1807 ou quando acrescentou todo o território da

*Se por um lado muitos supunham que a criação por Napoleão do grão-ducado fora em grande parte influenciada pela paixão por sua amante Maria Walewska, por outro, na Rússia, muitos agora suspeitavam que a amante de Alexandre, Maria Antonovna Naryshkina, também polonesa, exercesse uma influência similar.

Galícia ao grão-ducado em 1809, mas não o havia feito porque não tinha intenções de fazê-lo. Ainda assim, dezenas de centenas de poloneses haviam lutado lealmente ao lado dos franceses ao longo de uma década, motivados por suas esperanças por uma pátria livre e pela simpatia da França à sua causa. A assinatura do texto sugerido pela Rússia "comprometeria a honra e a dignidade da França", como Napoleão colocou para Champagny.[3]

Alexandre continuou insistindo pela assinatura de seu projeto em lugar do mais geral proposto por Napoleão. Esperando pressionar o imperador a concordar, Alexandre passou a sugerir que poderia não achar tão fácil manter o bloqueio contra a Inglaterra se não tivesse o apoio sincero dele. Todavia, sua insistência cada vez mais cheia de urgência em relação à convenção, assim como as suspeitas que ele expressava, revelava o quão pouco ele confiava em Napoleão, o qual começou a se perguntar o que havia por trás de tudo.

"É impossível compreender que objetivo a Rússia pode ter em mente ao recusar uma versão que lhe confere tudo que ela quer em favor de uma que é categórica, irregular, contrária à prudência comum e à qual, finalmente, o imperador não pode se comprometer sem se desonrar", escreveu para Champagny em 24 de abril de 1810.[4]

No dia 30 de junho, quando Champagny trouxe uma comunicação de São Petersburgo com uma lista de reclamações e a renovação da exigência pela assinatura do projeto russo da convenção, Napoleão perdeu a calma. Ele convocou o embaixador russo em Paris, príncipe Kurakin.

"O que a Rússia pretende usando essa linguagem?", inquiriu. "Ela quer guerra? Por que essas reclamações contínuas? Por que essa suspeita insultante? Se eu quisesse restaurar a Polônia, eu teria dito e não teria retirado minhas tropas da Alemanha. A Rússia está tentando me preparar para a sua deserção? Eu entrarei em guerra contra ela no dia em que ela fizer as pazes com a Inglaterra."

Depois disso, ele ditou uma carta para Caulaincourt, que estava em São Petersburgo, dizendo-lhe que, se a Rússia começasse a chantageá-lo e a usar a questão polonesa como uma desculpa para buscar uma reconciliação com a Inglaterra, haveria uma guerra.[5]

Foi a primeira vez que Napoleão mencionou a possibilidade de uma guerra, e foi num comentário feito no calor do momento. A última coisa que ele desejava era uma guerra com a Rússia. Esta, por outro lado, procurava cada vez mais por uma. A sociedade russa sempre fora hostil à aliança com a França, e essa atitude apenas se tornara mais forte ao longo dos anos. As razões eram mais culturais e psicológicas do que estratégicas.

A Rússia possuía uma sociedade jovem, cujas classes mais altas consistiam em uma rica mistura social e étnica. Na corte, na administração e no Exército as famílias boiardas conviviam lado a lado com uma nova aristocracia cujas origens se encontravam na instabilidade política e na cultura do elitismo do século anterior — que produzira famílias aristocráticas grandiosas, tais como a dos Razumovzkys e a dos Orlovs — a apenas duas gerações das alas domésticas e das casernas. Além disso, as conquistas e incorporações de novos territórios haviam acrescentado à sociedade barões germano-bálticos, nobres poloneses, príncipes georgianos e balcânicos, enquanto a demanda por profissionais atraíra imigrantes de várias regiões. Era uma sociedade volátil, muito dinâmica, mas que também sofria com a insegurança cultural.

Ao longo dos cem anos anteriores, os russos das classes superiores haviam sorvido muito da cultura francesa. Para eles, mais do que para qualquer outra sociedade europeia, a França era a fonte da civilização. A nobreza era instruída por tutores franceses sobre a literatura francesa, e falava em francês entre si.* Poucos deles falavam russo melhor do que o necessário para dar ordens aos criados. Os livros franceses eram tão lidos em Moscou e São Petersburgo quanto em Paris, e a fluência em francês era uma exigência para qualquer um que desejasse ter uma carreira no Exército ou na administração. O único oficial superior no Exército russo de 1812 que não falava francês fluentemente era o general Miloradovich, de origem sérvia, e Alexandre orgulhava-se do fato de seu francês ser melhor do que o de Napoleão.[6]

A base desse francocentrismo era uma grande colônia de professores, artistas, músicos, alfaiates, costureiros, marceneiros, joalheiros, professores de dança, cabeleireiros, cozinheiros e criados, alguns cujos pais ou avós haviam se estabelecido na Rússia e dado origem a dinastias. Desde o início da revolução na França, juntaram-se a eles milhares de emigrantes franceses, alguns da mais alta aristocracia, e muitos dos quais passaram a servir no Exército russo.**

Conhecer o francês significava muito mais de que uma habilidade linguística: implicava familiaridade com a literatura dos últimos cem anos e com as ideias do Iluminismo, assim como com todas as mais recentes novidades pseudoespirituais e ocultas. A maçonaria se espalhara através

*É verdade que alguns professores de universidades russas usavam o alemão ou o latim.

**De acordo com algumas fontes, obviamente quase apócrifas, até mesmo o capitão Bonaparte inscreveu-se para um posto no Exército russo em 1795.

das camadas mais altas da sociedade russa, e suas vertentes mais espirituais, tais como o martinismo,* eram abraçadas com entusiasmo. O próprio Alexandre possuía relações íntimas com vários maçons, e até fundou uma loja maçônica integrada por ele, Rodion Kochelev — um seguidor de Saint-Martin e Swedenborg — e Aleksandr Nikolaevich Galitzine — a quem também apontara como procurador do Santo Sínodo.

Essa situação aparentemente paradoxal era o sintoma de uma doença mais grave, dado que a dependência da cultura francesa e a ligação visceral aos valores tradicionais ortodoxos tinham uma convivência problemática. Além disso, enquanto havia um domínio da cultura francesa — com a sociedade falando francês, vestindo-se como os franceses e imitando-os em tudo —, existia em paralelo um ressentimento em relação à França. A revolução aumentara esse ressentimento, e os eventos de 1805-1807 haviam-no transformado em um tipo de movimento nacional.

Para a maioria dos jovens oficiais, o serviço militar significava pouco mais que desfiles — todo o treino era reservado aos suboficiais, de forma que tudo que eles tinham que fazer era liderar seus homens — e festividades da corte. O resto do tempo era dedicado aos jogos, às bebidas e ao romance. Eles recebiam pouquíssimos treinos e instruções militares.

"Nós não tínhamos senso algum de moralidade, uma concepção inteiramente falsa da honra, muito pouco de qualquer educação verdadeira, e, em quase todos os casos, um excesso de humor que eu só posso qualificar como depravado", escreveu o príncipe Sergei Volkonsky, um oficial subalterno dos Chevaliergardes.[7]

Eles marcharam para a guerra em 1805 como se partissem para uma caçada. Alguns, tal como o príncipe Andrei, de Tolstoy, sonhavam imitar Napoleão. Foram derrotados em Austerlitz, em Pułtusk, e em duas outras batalhas menores no ano seguinte; em 1807, perderam a batalha sangrenta de Eylau, e foram finalmente vencidos em Friedlândia.

A maioria dos oficiais russos recebeu essas derrotas muito mal. A campanha fora uma experiência tranquila, e eles haviam começado a amadurecer. Até mesmo os mais acomodados dos depravados aristocratas sentiram uma chama de patriotismo queimar dentro de si, e o valor de seus soldados despertou um novo respeito por esses servos uniformizados. Eles se sentiram humilhados diante da aparente facilidade com que os franceses

*Os martinistas eram seguidores do filósofo iluminista e místico Louis Claude de Saint-Martin, cujos obscuros manuscritos tiveram uma influência surpreendentemente ampla.

podiam derrotá-los, por mais que se esforçassem, e ao ressentimento que tinham em relação à França acresceu-se um complexo de inferioridade que aparece em tudo que escreveram sobre o assunto. O tenente Denis Davidov e seus colegas oficiais ficaram ultrajados quando o conde Louis de Périgord, o portador de uma carta do marechal Berthier para o general Bennigsen, não retirou seu *kolpak* de pele ao ser conduzido à presença do general. Eles viram tal atitude como um insulto à honra da Rússia, e desenvolveram uma determinação tenaz de lutar até finalmente ganharem uma batalha contra a França, de forma que não puderam deixar de considerar a Paz de Tilsit algo semelhante a uma traição.[8]

O orgulho ferido desses oficiais era refletido na sensação de humilhação exibida pelos grupos de nobres que retornavam para casa. Uma vez tendo embarcado na busca pelo status de grande potência, as nações começam a desenvolver uma perspectiva curiosa em relação ao que representa uma ameaça à sua própria existência, e os russos rapidamente alcançavam os franceses no que dizia respeito a esse sentimento.

"Nossa terra era livre, mas o ar tornara-se mais pesado, nós andávamos livremente, mas não podíamos respirar", queixou-se Nikolai Grech depois de Tilsit. "O ódio pelos franceses cresceu rapidamente."

Havia, contudo, mais do que apenas ódio. Originava-se ali um senso de missão. A xenofobia das regiões mais afastadas combinou-se à paranoia antimaçônica e aos primeiros indícios do Romantismo para criar uma convicção de que a Rússia era de alguma forma diferente dos outros países europeus, mais viva espiritualmente, e que deveria rejeitar a cultura dominante (i.e., francesa) da Europa e seguir seu próprio caminho.[9]

Houve uma enxurrada de panfletos, com argumentos apaixonados, semirreligiosos, profundamente antifranceses, defendendo o retorno aos valores russos, e em 1808 Sergei Glinka fundou um novo periódico, o *Russkii Viestnik,* que deveria ser "puramente russo" e se oporia à filosofia traiçoeira do Ocidente com os costumes e virtudes da velha Rússia, uma cultura fantasiada de inocência idílica. Os defensores da língua russa juntaram-se à luta, e um clube de discussão, o *Biesieda,* foi fundado por um grupo que incluía o poeta Gavril Romanovich Derzhavin para combater as influências estrangeiras na literatura. Os patriotas denunciavam a contratação de tutores e arrumadeiras franceses como "galomania", e o almirante aposentado Aleksandr Semionovich Shishkov passou a instar que as crianças fossem educadas segundo a tradição russa. A irmã de Alexandre, Catarina — cujo marido alemão George de Oldemburgo recebera o cargo de governador de Tver, Yaroslavl e Novgorod —, de alguma forma conseguiu se tornar a *belle idéale* de alguns dos mais fervorosos defensores da cultura russa. Entre eles estavam o ex-chanceler conde Fyodor Rostopchin e o historiador Nikolai Karamzin, que costumava se referir a ela como “a semideusa de Tver”.[10]

Nessas circunstâncias, a criação por Napoleão do grão-ducado de Varsóvia teve o efeito de um lenço vermelho acenado para um touro. É verdade que a Rússia obteve uma fatia do território polonês com a operação, mas a questão não era apenas territorial. Os tradicionalistas ortodoxos russos tendiam a considerar os católicos e, evidentemente, os poloneses ocidentais as maçãs podres dentro do cesto eslavo. Agora, os habitantes poloneses das províncias ocidentais da Rússia, alguns dos quais haviam se tornado súditos do tsar apenas cerca de 12 anos antes, representavam uma ameaça em potencial, podendo formar uma espécie de quinta-coluna da corrupção dentro do Império Russo.

Essa forma de pensar deu origem a uma convicção paranoica, difundida por Sergei Glinka e outros, de que a França, sob a liderança satânica de Napoleão, estava decidida a subjugar a Rússia, e que tanto Tilsit quanto qualquer paz estabelecida com ela representariam nada mais que uma trégua adiando o dia terrível em que suas intenções se tornariam realidade. Essa paranoia apenas se intensificou quando, no final de maio de 1810, os suecos elegeram o marechal e parente de Napoleão, Jean Baptiste Bernadotte, príncipe de Ponte-Corvo, para a posição de herdeiro do trono e governador *de facto* da Suécia.

Com sua colônia na Pomerânia, a Suécia ainda dominava mais da metade de todo o litoral do Mar Báltico. Ela perdera a Finlândia para a Rússia em 1809, e uma crise constitucional resultara na derrubada de Gustavo IV em favor de Carlos XIII. O novo rei era senil e não tinha filhos, de forma que em sua busca por um sucessor os suecos pediram ajuda a Napoleão. Ele não quis envolver-se nos assuntos internos da Suécia, e, no final, eles escolheram um homem que acreditavam passível de ter sido nomeado pelo imperador, considerando-o estar de acordo com sua vontade. Esse equívoco teria consequências graves.

Bernadotte era um velho colega de Napoleão. Quando os dois eram não mais que oficiais ambiciosos, ele sucedeu, e possivelmente até suplantou, o futuro imperador nos afetos da adorável Désirée Clary, com quem se casou em seguida. A irmã de Désirée, Julie, casara-se com o irmão de Napoleão, José, o que poderia ter produzido uma família feliz — mas não foi o que aconteceu. Bernadotte invejava a subida meteórica de seu colega. Embora tivesse ficado feliz em aceitar o posto de marechal da França e o título de príncipe que ele lhe concedeu, Bernadotte usava a desaprovação da adoção por Napoleão da púrpura imperial e da sua busca por conquistas para mascarar seu ressentimento. Napoleão, por sua vez, tinha uma opinião negativa de Bernadotte, e uma vez declarou que teria atirado nele em três ocasiões se não fosse pelo laço de parentesco entre eles.[11]

Quando ele se tornou herdeiro do trono da Suécia, Napoleão percebeu que Bernadotte dificilmente se mostraria cooperativo, mas ainda assim presumiu que ele se comportaria como um francês e como um sueco. A Suécia era tradicionalmente uma aliada íntima da França, enquanto a Rússia e a Prússia sempre haviam sido seus inimigos naturais. No ano anterior, a Rússia invadira-a e forçara-a a ceder a Finlândia depois de uma longa guerra. Os sentimentos amigáveis da Suécia pela França foram, de certa forma, abalados pela tensão causada pelo Bloqueio Continental, mas sua longa linha costeira permitia que os suecos o violassem e dessem continuidade ao comércio com a Inglaterra, enquanto sua colônia pomerana, na costa setentrional da Alemanha, permitia-lhes lucrar também com o mercado alemão.

Os russos só podiam ver a combinação entre a criação do grão-ducado de Varsóvia, o casamento de Napoleão com a filha do imperador da Áustria e os eventos recentes que haviam tido lugar na Suécia como a formação de um cerco agressivo, e a eleição de Bernadotte foi recebida com alvoroço.

Todos esses sentimentos acresciam-se à mágoa produzida pelas dificuldades econômicas causadas pelo Bloqueio Continental, que se tornara uma espécie de leilão com tarifa regulada. A Inglaterra reagira ao decreto feito em Berlim por Napoleão proibindo os navios ingleses de aportarem em qualquer porto controlado por ele, com a declaração de que qualquer navio que comercializasse com algum desses portos estava sujeito a ser confiscado pela Marinha Real. Comerciantes franceses, espanhóis, holandeses e alemães tentavam contornar o decreto usando navios americanos, que eram neutros, para carregarem seus produtos. Contudo, a Inglaterra declarou que nenhum navio poderia ser considerado neutro se estivesse carregando produtos para troca entre portos hostis entre si. A fim de contornar esse decreto, antes de levarem suas cargas para um porto europeu, os navios americanos levavam-nas para um porto americano, descarregavam-nas e recarregavam-nas, para então seguirem viagem. A Inglaterra recusou-se a aceitar a legalidade desse método, e Napoleão retaliou a decisão em dezembro de 1807 com a declaração de que qualquer navio que aportasse em um porto inglês ou pagasse impostos ingleses estaria automaticamente sujeito a ser capturado. Em 1º de março de 1809, os Estados Unidos fecharam seus portos tanto para os navios ingleses quanto para os franceses, mas Napoleão conseguiu alcançar um acordo com os americanos em detrimento da Inglaterra, o que acabaria por desencadear a explosão de hostilidades entre a Inglaterra e os Estados Unidos em 1812.

A Rússia possuía um nível de produção industrial insuficiente, dependendo das importações para a obtenção de uma variedade de itens consumidos diariamente. Estes agora tinham que ser contrabandeados por meio da Suécia ou através de portos menores na costa báltica da Rússia. Suas exportações — madeira, grãos, cânhamo etc. — eram volumosas e difíceis de contrabandear. O rublo russo sofreu uma queda de cerca de 25% em relação à maioria das moedas europeias, o que aumentou os preços dos produtos importados de forma exorbitante. Entre 1807 e 1811, o preço do café mais que dobrou, o preço do açúcar tornou-se mais que três vezes mais caro, e o preço de uma garrafa de champanhe pulou de 3,75 para 12 rublos. A nobreza russa tinha de pagar caro não apenas pelo champanhe, mas por tudo que não produzia em casa, e não conseguia mais encontrar mercado para os produtos de suas propriedades rurais.[12]

Esse coquetel de orgulho ferido e dificuldades financeiras fomentava uma crítica cada vez mais violenta à política de Alexandre e de seu secretário de Estado, Mikhail Mikhailovich Speransky — que era, na prática, o primeiro-ministro. Speransky era filho de um padre, um homem muito capaz com uma origem social humilde, ascético e destituído de qualquer ambição social ou financeira. Um radical de coração, ele acreditava que a autocracia era incompatível com os preceitos da lei, e teria preferido empreender uma ampla reforma na estrutura do estado. Contudo, ele aceitava as limitações impostas por sua posição, e se concentrava na modernização da administração. Logo depois de sua nomeação em 1807, ele promulgou uma reforma do sistema legal (que nunca foi posta em prática) das finanças do estado e da administração. A nobreza, que via nele um inimigo, fazia de tudo para minar sua posição. Logo, começaram a circular rumores de que Speransky era um maçom revolucionário secretamente aliado a Napoleão e que pretendia desestruturar todo o sistema social.

O tsar da Rússia era teoricamente um autocrata inquestionável; todavia, seu relacionamento com o povo era complexo e ambivalente. Seu poder possuía uma base mística, sagrada, já que ele era tanto o pontífice de seus súditos quanto o representante de Deus na Terra. Isso impunha aos seus súditos fortes laços de obediência para com ele. Entretanto, o povo sentia que Alexandre havia traído seu propósito divinamente ordenado, tornando-se algo pior do que um mau tsar: um demônio que deveria ser destruído. No âmbito secular, sua posição era tão ambígua quanto no âmbito religioso. O próprio fato de todo o poder estar concentrado nele significava que Alexandre não tinha meios pelos quais impor sua vontade. Curiosamente, ele dependia, portanto, da boa vontade da nobreza, que compunha o Exército e todos os órgãos do estado, e, consequentemente, representava a opinião pública. Esta, por sua vez, estava agora fortemente voltada contra Alexandre e suas políticas em quase todos os pontos. Ele era visto por muitos como a vergonha da Rússia, e começava a perceber que a única forma de reconquistar seu respeito seria pela guerra. A conquista da Finlândia ajudara um pouco, mas não fora o bastante.

Em 26 de dezembro de 1809, enquanto assegurava a Napoleão que faria tudo para possibilitar o casamento entre ele e sua irmã Anna e implorava-lhe que enterrasse para sempre a questão polonesa, Alexandre convocou o príncipe Adam Czartoryski — um amigo íntimo e proeminente patriota polonês que, havia dez anos, elaborara um projeto para a restauração do reino da Polônia sob a proteção da Rússia. O tsar disse-lhe que gostaria agora de pôr o plano em prática através da "libertação" do grão-ducado de Varsóvia e de sua reunião às províncias polonesas atualmente sob domínio russo, e pediu a Czartoryski que sondasse os poloneses sobre a possibilidade. O príncipe não precisava investigar muito; ele sabia que o plano só teria funcionado em 1805 ou 1809, durante a guerra de Napoleão contra a Áustria. De qualquer forma, ele foi a Varsóvia e procurou o homem que se tornaria a personagem chave do plano — o príncipe Józef Poniatowski, marechal do Exército do grão-ducado e sobrinho do último rei da Polônia. Como esperado, Poniatowski rejeitou a proposta da Rússia.[13]

Czartoryski relatou pessoalmente o resultado de sua tentativa a Alexandre em abril de 1810. Ele apontou que muitos poloneses haviam tomado conhecimento das negociações do tsar com Napoleão para impedir a restauração da Polônia, e que isso dificilmente inspiraria confiança. Alexandre, contudo, manteve a opinião de que os poloneses poderiam ser persuadidos.

"Nós estamos em abril, então poderíamos começar dentro de nove meses", concluiu.[14]

Caulaincourt percebeu, durante o inverno de 1809-1810, que Alexandre estava cada vez menos receptivo às políticas francesas, e, na primavera de 1810, a amizade que ele cultivara com o tsar entrara em conflito com seu papel de embaixador. Ele começou a sugerir a Napoleão que gostaria de retornar. Napoleão, entretanto, não dava atenção aos seus avisos nem aos seus desejos.

Ele se convencera de que a Inglaterra estava sofrendo economicamente e que mais alguns meses provavelmente a fariam negociar. Assim, adotou uma atitude mais agressiva em relação à aplicação do Bloqueio Continental. Suas correspondências estão cheias de instruções detalhadas para os governadores e administradores das áreas costeiras sob seu controle quanto aos navios e produtos cuja entrada em seus portos deveria ser proibida ou permitida. Ele também sugeria fontes alternativas para os produtos em falta e explicava o princípio por trás de sua política, encorajando-os a reforçá-la com rigor.

Para piorar a situação, Napoleão decidiu excluir parte da costa francesa do sistema em detrimento das outras regiões. Ele decidiu seguir o exemplo dos contrabandistas e autorizou um grupo de comerciantes a importar produtos da Inglaterra — e em troca esses comerciantes pagariam um valor substancial aos seus cofres. Esses produtos eram, então, exportados por vias terrestres, muitos através da Rússia. Tal atitude não deixou a Alexandre outra opção senão desobedecer ao sistema abertamente. No dia 31 de dezembro de 1810, ele lançou um *ukaz* abrindo os portos russos aos navios americanos e, ao mesmo tempo, impondo pesados impostos sobre os produtos manufaturados (franceses) importados por terra pela Rússia. Logo os produtos ingleses chegavam aos montes à Alemanha pela Rússia. O Bloqueio Continental já não tinha efeito algum, mas ainda assim Napoleão recusava-se a aceitar o fato.

"O Bloqueio Continental tomou conta da mente dele; ele está mais dedicado a esse bloqueio do que nunca", observou seu secretário, barão Fain, no início de 1811, "talvez dedicado demais!"[15]

Em sua determinação de controlar todos os portos de importação, Napoleão tomou os portos hanseáticos. Em janeiro de 1811, ele fez o mesmo com o ducado de Oldemburgo, cujo governante era cunhado de Alexandre. É verdade que ele lhe ofereceu outra província alemã em compensação, mas a oferta foi rejeitada. Alexandre sentiu-se ultrajado e pessoalmente insultado — um suposto aliado passara a destronar membros da sua família, o que reforçava o ponto de vista, amplamente aceito na Rússia, de que Tilsit não era uma aliança, mas uma sujeição. Ele sentiu que tinha de agir, ao menos para assegurar sua posição em casa.

"O sangue deve correr novamente", disse ele à sua irmã Catarina.[16]

Em 6 de janeiro de 1811, ele escreveu mais uma vez a Czartoryski pedindo-lhe para tentar persuadir os poloneses a aceitá-lo como seu libertador e restaurador. Seu ministro da Guerra, general Barclay de Tolly, já formulava planos para entrar no grão-ducado de Varsóvia e em seguida ir para a Prússia a fim de reunir-se às tropas prussianas.* Em uma segunda carta para Czartoryski, Alexandre apresenta detalhes sobre as tropas que já havia reunido na fronteira para apoiar a operação: 106.500 homens na linha de frente, apoiados por uma segunda força regular de 134 mil, e um terceiro Exército de 44 mil, estes complementados por 80 mil recrutas que já haviam concluído os treinos. Essas tropas poderiam, caso necessário, ser complementadas por algumas subdivisões do Exército que lutava contra os turcos na Moldávia.

"Não há dúvida de que Napoleão tentará provocar a Rússia a romper a aliança com ele, esperando que eu cometa o erro de ser o agressor", explicava. "Seria, de fato, um erro diante das atuais circunstâncias, e estou determinado a não cometê-lo; mas tudo seria diferente se os poloneses se unissem a mim. Reforçado pelos 50 mil homens com quem poderei contar dentre eles, pelos 50 mil prussianos que seguramente se juntarão a mim e pela revolução moral que indubitavelmente se dará na Europa, eu estaria em posição de alcançar o Oder sem correr o risco de uma derrota."[17]

A movimentação das tropas de Alexandre dificilmente poderia ser mantida em segredo, e por volta do verão de 1811 discutia-se em toda a Rússia sobre os acontecimentos que estavam por vir. A agitação por ele causada na Polônia, assim como a sondagem que seus diplomatas estavam fazendo em Viena e Berlim, também não era segredo. Isso levou alguns a concluírem que ele estava, na verdade, blefando. Contudo, se já pretendia ou não atacar a essa altura, o fato é que Alexandre dera um passo que levaria inevitavelmente a um confronto armado.[18]

Napoleão não podia deixar de levar a ameaça a sério. Ele já havia sido alertado por Poniatowski sobre a concentração de tropas russas ao longo da fronteira do grão-ducado no outono de 1810, e estava desesperadamente consciente da fraqueza de suas tropas na área. Napoleão instruiu imediatamente os comandantes na região a retirarem unidades vulneráveis e a abastecerem depósitos para evitar um ataque surpresa, além

---

*Em fevereiro, um plano similar foi apresentado pelo general Bennigsen, enquanto os generais Bagration, Württemberg, d'Allonville e Saint Priest também contribuíram com os seus.

de ter designado uma posição de retirada ao longo do Vístula enquanto reforçava suas tropas na Polônia e na Alemanha.

Ele começou também a bombardear o marechal Davout, que estava no comando das tropas francesas na região norte da Alemanha, com cartas dizendo-lhe para guarnecer pontos estratégicos e preparar seus homens para a guerra. No dia 3 de janeiro de 1811, ele deu início ao reagrupamento de suas tropas com o objetivo de fortalecer a linha de frente.

"Eu considerei a guerra declarada", afirmaria ele posteriormente.

A maioria das pessoas na França também achava que era apenas uma questão de tempo.

"Fala-se muito de guerra aqui; mais cedo ou mais tarde chegaríamos a esse ponto, e agora parece uma hora propícia", um oficial dos *Chevau-Légers* da Guarda Imperial escreveu de um posto de treinamento de recrutas em Chantilly para sua irmã em 9 de abril de 1811.[19]

Ao mesmo tempo, Napoleão fazia tudo que podia para evitar um conflito. Em fevereiro, ele instruiu Caulaincourt a pedir uma entrevista com Alexandre e seu ministro das Relações Exteriores, Rumiantsev, para garantir que desejava a continuação da aliança e, a não ser que ele se aliasse à Inglaterra, que ele nunca declararia guerra à Rússia. Em abril, ele repetiu as mesmas instruções para o general marquês Jacques Law de Lauriston, o novo embaixador que enviaria para São Petersburgo a fim de substituir Caulaincourt, que finalmente fora convocado a retornar. Napoleão também aproveitava todas as oportunidades para dizer a Kurakin e a qualquer personagem russo de importância que passasse por Paris que queria paz e amizade com seu país.

"Não tenho o menor desejo de declarar guerra à Rússia", declarou ao príncipe Shuvalov durante um encontro em Saint Cloud, em maio de 1811. "Seria um crime da minha parte, já que eu estaria declarando guerra sem um propósito, e, graças a Deus, ainda não perdi a minha cabeça, não sou louco."

Ao coronel Aleksandr Ivanovich Chernyshev, um ajudante de ordens confiável que o tsar enviara a Paris duas vezes com cartas para Napoleão, ele afirmara repetidamente que não tinha intenção alguma de se desgastar ou aos seus soldados pela Polônia, e que "ele formalmente declarava e jurava por tudo que considerava mais sagrado no mundo que o restabelecimento daquele reino era a *última* coisa que ele queria".[20]

No entanto, Alexandre não podia deixar o problema polonês de lado tão facilmente. Quando percebeu que não poderia contar com os poloneses para derrubar Napoleão, ele voltou à ideia de consolidar sua relação com ele à custa da questão polonesa. Rumiantsev propôs a Caulaincourt, pouco antes de este deixar a Rússia, que eles colocassem o ducado de Oldemburgo e o grão-ducado de Varsóvia num saco, sacudissem e vissem o que caía. O que ele estava sugerindo era que Napoleão indenizasse seu tio por casamento pela perda de Oldemburgo com uma parte do grão-ducado. Napoleão deu uma resposta encolerizada à proposta, recusando-se a considerá-la — embora tenha, a certa altura, contemplado a ideia de dar o trono do reino da Polônia restaurado ao irmão de Alexandre, Constantino, como solução.[21]

Quando a carruagem de viagem de Caulaincourt entrou em Paris na manhã de 5 de junho de 1811, ela foi direto para Saint Cloud, onde Napoleão estava passando uma temporada. Poucos minutos depois de ela entrar no pátio, Caulaincourt foi conduzido à presença de Napoleão, com quem passou as sete horas seguintes. Sua descrição da conferência, redigida na noite do mesmo dia, fornece uma visão esclarecedora do pensamento de Napoleão nesse momento crucial.[22]

Caulaincourt disse a Napoleão que, em sua opinião, Alexandre desejava a paz, mas que, apesar disso, não se podia esperar que ele submetesse seu povo às dificuldades impostas pelo Bloqueio Continental, além do que o tsar precisava ser reassegurado quanto à questão da Polônia. Ele também alertou Napoleão sobre Alexandre não ser mais o jovem flexível de Tilsit, acrescentando que ele não se deixaria ser intimidado; Alexandre dissera-lhe que, se a guerra fosse inevitável, ele continuaria lutando, se necessário no coração da Rússia, e nunca assinaria um acordo de paz ditado para ele em sua capital, como haviam feito o imperador Francisco e o rei Frederico Guilherme. Napoleão menosprezou o aviso, afirmando que Alexandre era "falso e fraco", e sugeriu que Caulaincourt havia se deixado levar por ele.

No entanto, suspeitava das intenções do tsar, acreditando que Alexandre só estava esperando que ele virasse as costas para atacar o grão-ducado de Varsóvia. Ele afirmou repetidamente que não era Luís XV — referindo-se à débil reação da França à divisão de sua aliada, a Polônia, pela Rússia no século XVIII. A conversa prosseguiu em círculos, com Napoleão pedindo ansiosamente a opinião de Caulaincourt apenas para rejeitá-la logo em seguida. De fato, é provável que ele estivesse certo em pensar que Caulaincourt havia sido levado a acreditar nas intenções pacíficas de Alexandre; mas, ainda assim, Napoleão não podia ter dispensado completamente seus argumentos.

Uma das declarações do tsar pareceu, porém, causar uma impressão profunda em Napoleão, conforme relatado por Caulaincourt:

"Se o destino decidir ficar contra mim no campo de batalha", afirmara Alexandre, "eu preferiria me retirar para um lugar tão distante quanto Kamchatka a ter que ceder províncias e assinar em minha capital qualquer tratado que seria na prática apenas uma trégua. O francês é bravo, mas um longo período de privações e um clima inóspito o cansariam e desencorajariam. Nosso clima, nosso inverno lutará por nós. Vitórias prodigiosas só são alcançadas onde o imperador está, e ele não pode estar em todos os lugares ou passar anos longe de Paris."[23]

Alexandre afirmara estar bastante ciente da habilidade de Napoleão para ganhar batalhas, e que, portanto, evitaria lutar contra os franceses onde eles estivessem sob o seu comando. Ele também abordara a *guerrilla* da Espanha, afirmando que toda a nação russa resistiria ao invasor. Todavia, após refletir, Napoleão considerou tudo bravata. Ele acreditava que Alexandre possuía uma personalidade muito fraca para levar um plano como aquele à frente, e que a sociedade russa não aceitaria tais sacrifícios. Napoleão argumentou que os nobres não gostariam de ver suas terras arruinadas pela honra de Alexandre, enquanto os servos provavelmente se revoltariam contra os nobres e o tsar se fossem convocados a lutar ao seu lado por um sistema de escravidão.

Quando indagado a respeito de sua opinião sobre o que deveria ser feito, Caulaincourt deu duas alternativas: a primeira seria Napoleão dar uma parte significativa, senão a totalidade, do grão-ducado de Varsóvia a Alexandre, o que consolidaria a aliança entre eles; a segunda seria declarar uma guerra sob o pretexto de restaurar o reino da Polônia. Ele apontou que a Áustria poderia ser facilmente compensada, e afirmou que a causa da Polônia era universalmente reconhecida como justa, assegurando que até a Inglaterra, se tivesse que fazer uma escolha, a aprovaria.[24] Perguntado sobre que linha de ação adotaria, Caulaincourt respondeu que daria o grão-ducado a Alexandre, garantindo, com isso, uma paz estável. Napoleão retorquiu afirmando que não poderia haver paz sem honra, e que o abandono dos poloneses o desonraria. Ao mesmo tempo, uma conciliação com Alexandre nessas circunstâncias inevitavelmente favoreceria a expansão russa em direção ao coração da Europa.

Na verdade, o ardor militar de Alexandre a essa altura já esfriara. As lembranças de Austerlitz devem tê-lo influenciado, já que, como Czartoryski observou, ele ainda tinha "muito medo" de Napoleão. Sua mente estava perturbada pelas incertezas quanto à sua posição em casa, e seu coração estava ressentido pela rejeição pública das suas políticas, e, em um nível mais pessoal, pelas mortes sucessivas, em 1808 e 1810, de duas filhas ainda bebês. Contudo, talvez a principal consideração que o continha naquele momento era que ele não queria ser visto como o agressor. Em julho de 1811, ele escreveu à irmã dizendo que o melhor curso a seguir seria deixar que o tempo e as circunstâncias destruíssem Napoleão. "Parece-me mais razoável esperar que esse mal seja reparado pelo tempo e pela sua escala, visto que as circunstâncias são tais que eu não posso evitar a convicção de que esse estado de coisas não pode durar, de que o sofrimento de todas as classes, tanto na Alemanha quanto na França, é tão grande que seguramente esgotará a paciência."[25]

Contudo, era a paciência de Napoleão que havia se esgotado. Ele via o abandono do Bloqueio Continental pela Rússia como uma traição, o agrupamento de suas tropas como uma ameaça e uma provocação, e estava convencido de que ela estava usando a questão polonesa e a comercial como desculpas para quebrar a aliança. Isso parecia ainda ser confirmado pela intensificação da atividade diplomática dos russos em Viena, onde tentavam abertamente afastar a Áustria da França.

Napoleão precisava assumir o comando das operações na Espanha pessoalmente a fim de expulsar os ingleses e restaurar a paz na península, mas não podia considerar a possibilidade de se afastar enquanto o Exército russo cercava as fronteiras do grão-ducado de Varsóvia e estimulava as esperanças de vingança dos alemães. Ele estava convencido de que, assim como os austríacos haviam feito em 1809, Alexandre o apunhalaria assim que ele desse as costas.[26]

Suas preocupações deram lugar ao exaspero em 15 de agosto de 1811, dia de seu 42º aniversário. Ao meio-dia, ele fez sua entrada na sala do trono das Tulherias, que estava tomada por toda a corte e por todos os oficiais superiores de Paris, todos suando em uniformes cerimoniais e de desfile completos naquele que era um dia excepcionalmente quente. Napoleão tomou seu lugar no trono para receber os votos de felicidade dos dignitários e do corpo diplomático. Ao fim dessa parte da cerimônia, ele ergueu-se do trono e começou a circular entre os convidados.

Ao se aproximar do embaixador da Rússia, príncipe Kurakin, ele mencionou os relatórios russos da recente vitória sobre os turcos em Ruschuk, no Danúbio, indagando o motivo, visto que haviam ganhado, pelo que os russos tinham evacuado a cidade. Kurakin explicou que o tsar havia sido obrigado a retirar algumas tropas da frente turca por razões financeiras, tendo, portanto, decidido não ocupar a cidade. Nesse momento,

Napoleão explodiu, afirmando que os russos não haviam vencido, e sim sido derrotados pelos turcos, e o motivo de sua derrota fora a retirada das tropas não por razões financeiras, mas porque estavam reunindo seus Exércitos nas fronteiras do grão-ducado de Varsóvia, e que todo o suposto ultraje pelo que acontecera a Oldemburgo era nada mais que uma desculpa para a sua intenção de invadir o grão-ducado em um ato aberto de hostilidade a ele, Napoleão. O pobre Kurakin abria a boca constantemente para responder, mas, literalmente, não foi capaz de dizer uma só palavra, parecendo um peixe arfando por ar, enquanto o suor descia-lhe pelo rosto no calor intenso. Napoleão acusou a Rússia de nutrir intenções hostis, e, tendo Kurakin lhe assegurado do contrário, o imperador retorquiu indagando se ele tinha poderes para negociar, dizendo que, se Kurakin os tivesse, eles poderiam concluir um novo tratado naquele momento, ali mesmo. Tendo sido a resposta negativa, Napoleão simplesmente deu as costas e afastou-se, deixando o embaixador em estado de choque.[27]

Napoleão voltou a Saint Cloud naquela noite, e, na manhã seguinte, trancou-se com o meticuloso e incansável Hugues Maret, duque de Bassano, que substituíra Champagny como ministro das Relações Exteriores. Juntos, eles revisaram toda a documentação referente à aliança com a Rússia desde Tilsit. De acordo com a análise que eles fizeram, os problemas haviam começado em 1809, quando os russos recuaram na guerra contra a Áustria em vez de demonstrar lealdade prosseguindo com a marcha e capturando a Galícia. Se assim tivessem feito, eles teriam podido mantê-la para si. Como não o fizeram, ela foi capturada pelos poloneses, a quem nenhuma parte dela poderia ser negada. Isso provocou pânico na Rússia, levando o tsar a exigir partes do grão-ducado. A França nunca poderia atender a tal pedido, não apenas por uma questão de honra, mas porque, se a Rússia recebesse uma parte do grão-ducado, ela esperaria receber outra, e logo se entrincheiraria no Vístula, senão no Oder. Por razões similares, a França não poderia permitir mais nenhum avanço da Rússia em direção à Turquia.

No memorando que resumia a situação, eles definiram a posição da França da seguinte forma: a França queria a amizade da Rússia e precisava dela como aliada em sua luta contra a Inglaterra, a qual era um dos obstáculos restantes à paz geral. Ela não desejava entrar em um conflito com a Rússia, já que não havia nada que quisesse tomar daquele país. Além disso, a França tinha que tratar de questões mais urgentes na Espanha, as quais requeriam a atenção pessoal de Napoleão. Contudo, a França não poderia comprar o apoio da Rússia com concessões intermináveis de territórios poloneses e otomanos. Ela deveria, portanto, preparar-se para a guerra a fim de estar em posição para ditar as condições para a paz. Foi dito a Laurison para deixar claro que "nós queremos paz, mas estamos preparados para a guerra".[28]

O temor de Napoleão em relação à possibilidade de não ser capaz de persuadir Alexandre a restabelecer uma aliança forte está claro em uma carta pessoal escrita por ele em 6 de abril.

"A repercussão dos meus preparativos militares fará Vossa Majestade reforçar os seus; e quando a notícia dessa atitude chegar a mim, ela me forçará a levantar mais tropas; e tudo isso por nada!", escreveu ele.

Eles haviam entrado num ciclo de desconfiança e política de poder que tornava muito difícil alcançar um acordo negociado. Napoleão, mais tarde, admitiria que eles haviam acabado "na posição de dois valentões presunçosos que, não querendo brigar, tentavam assustar um ao outro".[29]

5

A *Grande Armée*

Na noite de 25 de março de 1811, enquanto observava o céu noturno de seu observatório provisório em Viviers, Honoré Flaugergues descobriu um cometa na agora extinta constelação de Argo Navis. Ele o viu novamente no dia seguinte e passou a seguir sua trajetória. O cometa movia-se baixo no sul em direção ao norte e ganhando mais brilho. No dia 11 de abril, ele foi visto por Jean Louis Pons em Marselha, e, em 12 de maio, por William J. Burchell na Cidade do Cabo. O cometa logo se tornou visível a olho nu, e, no final do outono, iluminava o céu de Lisboa a Moscou. As pessoas observavam-no, algumas com interesse, mas a maioria com certo pressentimento.[1]

Isso parecia ser maior nas regiões mais orientais da Europa.

"Enquanto contemplavam o cometa brilhante de 1811", relembrar-se-ia um padre parisiense que ali se encontrava, "o povo da Lituânia preparava-se para um evento extraordinário."

Outros habitantes da província nunca se esqueceriam de como todos terminavam de jantar e saíam para observar o cometa e falar sobre "fome, incêndios, guerra e derramamento de sangue". Na Rússia, muitos ligavam o aparecimento do cometa a uma praga de incêndios que varreu o país no verão e no outono, e um terror cego invadia-os enquanto o observavam.

"Lembro-me de observá-lo longamente numa noite de outono sem lua e ser tomado por um medo infantil", escreveu o filho de um proprietário de terras russo, "sua longa e brilhante cauda, que parecia ondular com o movimento do vento e saltar de tempos em tempos, encheu-me de tamanho horror que nos dias seguintes eu não olhei para o céu à noite, não o tendo feito até o cometa ter desaparecido."

Em São Petersburgo, o próprio tsar Alexandre estava fascinado pelo fenômeno, discutindo-o com John Quincy Adams, embaixador americano na corte. Ele afirmou interessar-se apenas pelos aspectos científicos do cometa, zombando de todas aquelas almas supersticiosas que viam nele o prenúncio de catástrofes e guerras.[2]

Contudo, ou ele não estava sendo sincero ou estava se iludindo, visto que o mecanismo da guerra já estava a todo vapor, movendo-se tão rapidamente que seria necessário um retrocesso total da parte dele ou de Napoleão para pará-lo. Observando os eventos de Viena, Metternich não tinha dúvidas de que "a luta suprema" entre o *ancien régime* e o que ele denominava os propósitos revolucionários de Napoleão era agora iminente.

"Seja quem for que triunfe ou sucumba, em ambos os casos a situação na Europa nunca será a mesma", escreveu ao seu senhor imperial em 28 de dezembro de 1811. "Este momento terrível infelizmente se abateu sobre nós pela imperdoável conduta da Rússia."[3]

"Estou longe de ter perdido as esperanças de um acordo pacífico", escreveu Napoleão para o irmão Jérôme no dia 27 de janeiro de 1812. "Contudo, já que eles adotaram para comigo o lastimável método de negociar apoiados num forte e numeroso Exército, minha honra exige que eu também negocie apoiado num forte e numeroso Exército. Não desejo dar início às hostilidades, mas quero colocar-me em uma posição da qual possa repeli-las."[4]

Ele precisava, portanto, levantar um Exército poderoso o bastante para intimidar Alexandre, ou, não sendo isso possível, forçá-lo a submeter-se com uma derrota rápida e devastadora. Havia um elemento de urgência envolvido, já que ele tinha de contar com a possibilidade de a Rússia partir para o ataque a qualquer momento. Felizmente, ele não precisaria começar do zero.

Logo após a assinatura do Tratado de Tilsit, um grupo de tropas francesas permanecera posicionado no grão-ducado de Varsóvia, enquanto as unidades locais eram organizadas, ao longo de guarnições em cidades estratégicas da Prússia, tais como Danzig, Glogau, Stettin e Küstrin. Depois da guerra de 1809 com a Áustria, Napoleão abandonou guarnições mais distantes — em Düsseldorf, Hanau, Fulda, Hanôver, Magdeburgo, Bayreuth, Salzburgo e Ratisbona. Em maio de 1810, ele reforçou todas as tropas posicionadas em solo alemão e organizou-as na *Armée d'Allemagne*, sob o comando do marechal Davout. No outono de 1810, após o posicionamento de tropas russas ao longo da fronteira do grão-ducado de Varsóvia, Napoleão conferira-lhe mais reforços. Ele também dera início à movimentação de unidades estacionadas na França em direção à Alemanha — concentrando sua artilharia em Estrasburgo, Metz, Wesel e La Fère — e à retirada de unidades selecionadas da Espanha.

Na primavera de 1811, temendo uma invasão russa ao grão-ducado de Varsóvia, Napoleão ordenou que os poloneses mobilizassem 50 mil homens. Ele também ordenou que seu enteado, príncipe Eugène de Beauharnais, vice-rei da Itália, preparasse o Exército da Itália para a guerra, e deu instruções para que seu irmão Jérôme e outros monarcas aliados mobilizassem os Exércitos da Vestfália, de Württemberg, da Bavária, de Baden e dos estados alemães menores. Napoleão pretendia reunir um exército de meio milhão de homens para confrontar a Rússia. Para isso, passou a convocar homens na França em uma escala maciça, enquanto gendarmes varriam a zona rural à procura das dezenas de milhares de desertores que regularmente fugiam dos regimentos e se escondiam. Estes eram reunidos e reintegrados ao Exército, juntamente aos novos recrutas.

O Exército francês era organizado em divisões, que geralmente eram compostas por quatro regimentos. Um regimento de infantaria normalmente consistia em cerca de 3.800 homens, com cem oficiais, e possuía até cinco batalhões, um dos quais estava sempre no posto de treinamento. Esses batalhões, por sua vez, consistiam em seis companhias cada — das quais uma era de granadeiros, outra de *voltigeurs* (caçadores) e quatro de fuzileiros. Uma companhia devia possuir 140 homens, incluindo dois bateristas, e era comandada por um capitão, um tenente, um subtenente, um sargento maior e uma dúzia de outros sargentos e cabos. Para acomodar o aumento do fluxo de conscritos, Napoleão acrescentou um quinto e depois um sexto batalhão aos regimentos existentes. Os recrutas eram distribuídos entre os velhos e os novos batalhões, os quais eram reforçados por alguns poucos veteranos.

Napoleão cuidava pessoalmente de cada detalhe. Suas correspondências a respeito de questões militares revelam um grau incrível de familiaridade com cada brigada, regimento e batalhão, com o seu posicionamento, o lugar para onde deviam ser transferidos, quem os comandava, sua necessidade de reforços, de onde estes podiam ser obtidos e quando estariam disponíveis. Nenhum detalhe era insignificante para ele. Nessas cartas, ele discute sobre estandartes e distintivos, a qualidade e o calibre das armas e do equipamento, o número de cavalos e os tipos de transporte para os suprimentos requeridos. Para lidar com a quantidade de rios que as tropas precisariam atravessar, ele formou em Danzig uma companhia militar responsável pela construção de pontes, equipadas com plataformas e outros itens necessários.

Curiosamente, a única coisa à qual ele não deu atenção nem na época nem em qualquer momento de sua carreira foi o armamento básico do exército. A artilharia ainda usava canhões Gribeauval e carretas, desenvolvidos 50 anos antes, enquanto a arma dos soldados de infantaria era um modelo de mosquete de pederneira antecarga que nos últimos cem anos não sofrera modificações. Tratava-se de um instrumento extremamente primitivo. Para carregá-lo, o soldado usava um cartucho, que nada mais era do que um cilindro de papel contendo uma porção de pólvora e um projétil; ele mordia a ponta do cartucho, segurando o projétil com a boca, salpicava um pouco de pólvora no tambor e o fechava; depois, colocava o restante da pólvora no cano com a vareta. Um soldado treinado era capaz de recarregar a arma e se preparar para atirar em um minuto e meio.

A imprecisão do mosquete era notória mesmo a distâncias curtas, além do que a arma possuía uma série de defeitos que podiam ser perigosos. A pólvora nos cartuchos obstruía o interior do cano; consequentemente, depois de cerca de uma dúzia de tiros, tornava-se cada vez mais difícil introduzir qualquer coisa nele, e a velocidade da bala também diminuía. A pólvora no tambor podia explodir, produzindo uma nuvem de fumaça sem que a carga do cano fosse disparada — o famoso "fogo de palha". Em meio à algazarra da batalha, era possível que o soldado não se desse conta de que o projétil não havia sido disparado, passando a carregar outro cartucho. Se dessa vez o disparo fosse realizado, o tambor provavelmente explodiria em seu rosto. Mas esse era considerado apenas mais um risco da guerra. Soldados de infantaria eram "descartáveis" — podiam ser sacrificados à vontade — e havia sempre mais de onde eles haviam saído.

O levantamento incessante de forças prosseguiu durante o outono e o inverno de 1811 e ao longo da primavera de 1812. O filho de vinte anos de um vinicultor em Borgonha apresentou-se às 7 horas da manhã de 3 de janeiro de 1812 na *Préfecture* de Lyon, e, dois dias depois, já estava no alojamento do 17º de Infantaria Leve em Estrasburgo.

"Logo na manhã seguinte à nossa chegada, fomos uniformizados e armados, e, sem termos sequer tempo de respirar, os cabos começaram a nos passar os princípios de nosso novo trabalho", lembrar-se-ia. "Eles tinham pressa..."[5]

O levantamento das tropas era apenas uma parte do processo: os homens tinham que ser alimentados, vestidos e armados. Durante a campanha, o soldado francês deveria receber uma ração diária composta de 550 gramas de biscoitos, 30 gramas de arroz ou 60 gramas de vegetais desidratados,

240 gramas de carne ou 200 gramas de bife e banha de porco, algum sal, um quarto de litro de vinho, um sexto de litro de conhaque, e, no clima quente, um pouco de vinagre. Por volta de janeiro de 1812, Napoleão estocara o bastante para 50 dias de biscoitos, farinha, carne salgada e vegetais desidratados para 400 mil homens, e de feno para 50 mil cavalos em Danzig. Tratava-se apenas de uma pequena parte da enorme quantidade de ração estocada em Stettin e Küstrin.[6]

O empreendimento também requeria o fornecimento de centenas de milhares de peças de vestuário, botas de vários tipos e armas de pequeno porte, além da compra de dezenas de milhares de cavalos para a cavalaria — os quais tinham de ser treinados para serem capazes de transportar um cavaleiro pesadamente armado e responder às suas intenções enquanto ele empunhasse uma espada, lança ou espingarda. Eles também tinham de ser acostumados ao troar do canhão e ao choque das armas — o que era feito conduzindo-os várias vezes ao longo de fileiras de homens gritando, batendo em panelas e disparando armas em sua direção, ao que eram recompensados com uma cenoura.

Napoleão acumulou estoques maciços de munição, estabelecendo depósitos em Magdeburgo, Danzig, Küstrin, Glogau e Stettin. Por volta de maio de 1812, ele havia reunido 761.801 itens de munição para a sua artilharia de campanha — mais de mil itens por arma de alguns calibres dos mais de 800 canhões que ele estava pondo em campo. Isso não incluía a enxurrada de armas pesadas que ele reunira nessas cidades a fim de poder reduzir as guarnições inimigas. Esses cálculos sequer se comparam aos parcos preparativos feitos por uma Alemanha imperial altamente industrializada cem anos depois.

Como esperava que a Rússia atacasse a qualquer momento, sua principal preocupação era assegurar a margem do Vístula e reforçar as guarnições dos fortes de Modlin, Toruń e Zamość. Isso permitiria que suas tropas principais se concentrassem nos primeiros meses de 1812. Ele esperava ter mais de 400 mil homens nas regiões meridionais da Alemanha e da Polônia em meados de março, com isso sendo capaz de lidar com qualquer ataque russo, mesmo que este fosse acompanhado por insurreições nacionais na Alemanha.[7]

A situação na Alemanha vinha se tornando cada vez mais tensa havia já algum tempo, e os patriotas assistiam aos preparativos para a guerra em ambos os lados com uma excitação crescente. A embaixada russa em Viena estava provocando agitação através da Alemanha. O coronel Chernyshev estava recrutando oficiais prussianos insatisfeitos e desenvolvendo um plano para formar uma Legião Alemã na Rússia que, com o rompimento da guerra, contaria com todos os prisioneiros de nacionalidade alemã tomados de Napoleão. Ele também investigava a possibilidade de criar uma quinta-coluna de simpatizantes em toda a Alemanha que estaria pronta a levantar-se quando o exército russo desse início à marcha.[8]

Os relatórios de comandantes militares franceses e agentes diplomáticos na Alemanha estavam cheios de histórias de conspirações de sociedades secretas e alertavam Napoleão para o fato de que as dificuldades impostas pelo Bloqueio Continental estavam levando o povo ao desespero. No outono de 1811, a Prússia parecia estar à beira de uma revolta, com o rei e seu gabinete pró-França mal sendo capazes de controlar os nacionalistas. O Exército prussiano mobilizava seus reservistas clandestinamente. Na Vestfália, Jérôme ficava cada vez mais aflito.

"A agitação alcançou seu nível mais alto, e as esperanças mais extraordinárias são estimuladas e apreciadas com entusiasmo", relatou ele a Napoleão em 5 de dezembro de 1811. "As pessoas citam o exemplo da Espanha, e, se a guerra vier, todo o território entre o Reno e o Order será tomado por uma grande e enérgica insurreição."

Napoleão não acreditava que os alemães tolerariam uma insurreição popular e considerava as sociedades secretas ridículas. Ainda assim, ele instruiu Davout a preparar-se para entrar em Berlim a qualquer momento a fim de desarmar o Exército Prussiano.[9]

O exército que Napoleão estava reunindo seria o maior que o mundo já vira.* Ele era composto por soldados de quase todas as nações da Europa. Seu corpo principal era formado por franceses, belgas, holandeses, italianos e suíços das áreas incorporadas ao império. Complementavam-nos contingentes de todos os estados subordinados ou aliados. A presença de uma variedade tão grande de nacionalidades inevitavelmente levantava questões de entrosamento, sem mencionar motivação e lealdade. Todavia, com exceção das unidades polonesas e austríacas, todos os contingentes eram comandados por generais franceses. Além disso, a maioria tinha incutida em si a cultura militar francesa, e era estimulada pela reputação do Exército francês.

---

*O termo *Grande Armée*, na linguagem militar francesa, designava a principal força operacional em qualquer campanha; contudo, na imaginação popular, essas duas palavras são associadas principalmente à grandiosa força militar que marchou sobre Moscou.

"A crença de que eram invencíveis tornava-os invencíveis, assim como a crença de que seriam derrotados no final paralisava a energia e os esforços do inimigo", nas palavras de Karl von Funck, um oficial alemão que fazia parte do Estado-Maior imperial francês.[10]

"Três quartos das nações que estavam prestes a tomar parte na luta tinham interesses absolutamente opostos àqueles que provocaram o início das hostilidades", escreveu o tenente conde von Wedel, um alemão servindo no 9º polonês de lanceiros. "Havia muitos que, no fundo de seus corações, desejavam que os russos vencessem, embora no momento do perigo todos lutassem pensando estar defendendo seus próprios lares."[11]

A ânsia por mostrar serviço era grande, e havia ainda a presença mágica de Napoleão.

"Qualquer um que não tenha vivido a época de Napoleão é incapaz de imaginar o nível da ascendência moral que ele exercia sobre as mentes de seus contemporâneos", escreveu um oficial russo, acrescentando que cada soldado, independentemente do lado em que estivesse, conjurava instintivamente um senso de poder ilimitado à mera menção de seu nome.

Wedel concordava: "Quaisquer que fossem seus sentimentos pessoais em relação ao imperador, não havia ninguém que não o visse como o maior e mais hábil de todos os generais, e que não experimentasse um sentimento de confiança em seu talento e no valor de seu julgamento... A aura de sua grandeza também me subjugou, e, cedendo ao entusiasmo e à admiração, junto aos outros, eu gritei: '*Vive l'Empereur*!'"[12]

Os maiores contingentes compostos por estrangeiros eram os poloneses, que totalizavam 95 mil homens. Muitos deles já lutavam pela França desde o final da década de 1790 e eram aliados entusiásticos. Em 1807, Napoleão criou uma tropa de elite de *Chevau-Légers* poloneses na Guarda Imperial — um exemplo do quanto ele valorizava suas tropas polonesas. No mesmo ano, o grão-ducado de Varsóvia deu início ao recrutamento de seu próprio Exército, e estabeleceu a Legião do Vístula, uma unidade auxiliar para lutar pelos franceses. Essas tropas haviam se destacado em várias ocasiões, e não tinham dificuldades de operar ao lado dos franceses. O único problema era a insistência de Napoleão para que o grão-ducado levantasse uma quantidade de tropas maior do que um território tão pequeno poderia suportar, em termos tanto humanos quanto econômicos. Homens fisicamente incapazes eram alistados, uniformes eram improvisados, os treinos não eram adequados, e ninguém seria pago até junho de 1812. Ainda assim, sua lealdade à causa e devoção a Napoleão não poderiam ser questionadas.[13]

Depois dos poloneses, vinham o contingente dos italianos — reunido no Exército da Itália, comandado pelo príncipe Eugène — e o dos napolitanos, sob o comando de Joaquim Murat. O Exército da Itália consistia numa excelente tropa de 45 mil homens: 25 mil italianos — organizados em forças regulares francesas, altamente disciplinados, com um forte *esprit de corps*, particularmente em unidades tais como a Guarda Real — e 20 mil franceses, muitos deles da Saboia e da Provença, baseados na Itália. Este era também um dos contingentes mais motivados, inspirado pelo orgulho nacional. Observando todas as nacionalidades que integravam a *Grande Armée*, a mente de um jovem oficial italiano voltava aos dias da Roma antiga, cujas legiões eram igualmente compostas por elementos díspares, e ele nutria um grande sentimento de orgulho por fazer parte disso.[14]

O mesmo não podia ser dito do contingente napolitano. Este era um exército totalmente ineficaz, mal treinado e enfraquecido pela existência de numerosas sociedades secretas rivais. Sempre que as tropas eram movimentadas sem alojamento, vários homens desertavam, formando gangues de bandidos que aterrorizavam a zona rural local.

A maioria das tropas alemãs presentes na *Grande Armée* era de grande qualidade. Os 24 mil bávaros eram os aliados mais confiáveis de Napoleão, tendo lutado sob seu estandarte várias vezes. Menores, as tropas badenenses, organizadas em forças regulares francesas, haviam tomado parte na campanha de 1805 contra a Áustria e a Rússia, de forma que se encaixavam relativamente bem naquele Exército heterogêneo. O contingente saxônico, formado por 20 mil homens, era disciplinado e também marchava bastante confortavelmente nas forças regulares da *Grande Armée*, à qual conferiu alguns de seus melhores regimentos de cavalaria.[15]

Entre os 17 mil homens do contingente vestfaliano, por outro lado, não havia muitos entusiastas da causa napoleônica, de acordo com o capitão Johann von Borcke, de Cassel. Segundo o primeiro-ministro da Vestfália, os homens eram leais, mas odiavam mais a ideia de serem enviados para longe do que a de serem mortos.

"Uma resistência efetiva da parte deles parece-me impossível", ele escreveu para Maret em janeiro de 1812, "mas o peso de sua inércia poderia, nas primeiras fases, causar problemas, principalmente com uma deserção em grande escala."[16]

Os contingentes alemães eram essencialmente leais a Napoleão. Várias tropas eram motivadas pela ideia de expulsar os russos da Europa, e sentiam um grande desejo de provar o valor dos Exércitos alemães. Mesmo que não morressem de amores pelos franceses, eles tendiam a ser mais hostis a alemães de outras partes do país, com a maior parte das tropas da Confederação do Reno demonstrando uma antipatia marcante pelos prussianos. Finalmente, havia a honra militar.

"Sei que a guerra que estamos lutando é contrária aos interesses da Prússia", disse o coronel Ziethen, dos hussardos prussianos, a um oficial polonês, "mas, se necessário, serei estraçalhado ao seu lado, pois a honra militar é o que realmente importa."[17]

Os prussianos haviam sido integrados à *Grande Armée* como parte dos termos do tratado assinado entre Napoleão e Frederico Guilherme em 24 de fevereiro de 1812, e compunham uma unidade auxiliar de 20 mil homens. Havia também um contingente austríaco, sob o comando do príncipe Karl von Schwarzenberg e composto por 35 mil homens. A última vez em que a maioria deles havia lutado fora contra os franceses e os poloneses, e, embora os soldados lutem quando e contra quem recebam ordens para lutar, eles não eram aliados entusiastas. Por causa da postura política de seu governante e de seu comandante, eles não exerceriam um papel importante na campanha.

Dos contingentes menores, os quatro regimentos suíços devem ser destacados como unidades de grande qualidade e experiência adquirida em dois anos de serviço na Espanha e em Portugal. Havia dois batalhões de voluntários espanhóis do regimento de José Napoleão — cujo fardamento consistia nos característicos uniformes brancos com paramentos verdes — que haviam passado o ano anterior sob o comando de Davout na Alemanha. Agora, eram comandados pelo coronel Doreille, um provençal que não falava francês.

Havia também muitos espanhóis — cerca de 3 mil — entre os soldados rasos do segundo e terceiro regimentos da Legião Portuguesa do general d'Alorna, totalizando cerca de 5 mil homens, usando uniformes marrons com paramentos vermelhos e barretinas em estilo inglês.

"Os homens, imensamente motivados, formam uma unidade excelente, na qual acredito e com a qual conto", escreveu o general Clarke, ministro da Guerra de Napoleão.

Finalmente, havia dois regimentos de croatas, que compunham um total de mais de 3.500 homens.[18]

O valor de todas essas tropas era grandemente elevado com a presença de Napoleão — não apenas porque ele lhes emprestava o valor de sua reputação como gênio militar, mas também porque ele tinha o dom de tirar o melhor delas. Ele era mestre em seu tratamento para com os soldados, a quem cativava com sua *bonhomie* e sua não rara brusca falta de cerimônia. Ele sempre sabia onde cada regimento havia lutado e, ao passá-los em revista, caminhava até os soldados mais velhos e perguntava-lhes se lembravam das Pirâmides, de Marengo, Austerlitz, ou de onde quer que aquela unidade em particular houvesse se destacado. Eles inflavam de orgulho, sentindo que ele reconhecia seu valor, e podiam ver a inveja dos homens mais novos ao seu redor. Para com estes, Napoleão adotava um tratamento solícito, perguntando-lhes se estavam comendo bem, se seu equipamento era satisfatório, e algumas vezes pedindo para ver o conteúdo de seus farnéis e puxando conversa com eles. Seu costume de provar o cozido dos soldados sempre que passava pela cozinha de um acampamento era amplamente conhecido. Fazendo isso, ele mostrava que seu interesse era genuíno.

Durante uma inspeção, pouco antes da campanha, Napoleão parou em frente ao tenente Calosso, um piemontês que servia no 24º Regimento de *Chasseurs à Cheval*, e disse-lhe algumas palavras.

"Antes daquilo, eu admirava Napoleão como todo o Exército o admirava", escreveu. "Daquele dia em diante, eu devotaria minha vida a ele com uma fascinação que o tempo não apagou. Eu só tenho um arrependimento, que é ter tido apenas uma vida para servi-lo."

Tamanho grau de devoção não era raro, e transcendia a nacionalidade. Entretanto, Napoleão não podia estar em todos os lugares, e, quanto maior o Exército, mais diluída era sua presença.[19]

A determinação de Napoleão de reunir uma força tão vasta só podia ter um efeito negativo na sua qualidade. Louis François Lejeune, um oficial superior do Estado-Maior de Berthier, foi destacado para inspecionar as tropas já posicionadas no Oder e no Vístula em março de 1812, e foi bombardeado pelos comandantes das unidades que visitou com reclamações de que metade dos recrutas que recebiam era inútil.

Ele mencionou isso para o general Dejean, que estava organizando a cavalaria na área. Dejean disse-lhe que pelo menos um terço dos cavalos que recebia eram fracos demais para carregar seu fardo, enquanto quase a metade dos homens eram muito franzinos para empunhar um sabre.

"Eu não estava contente com a maneira pela qual a cavalaria estava sendo organizada", afirmou o coronel de Saint-Chamans, que comandava o 7º Regimento de *Chasseurs à Cheval*. Jovens recrutas que haviam sido enviados dos postos de treinamento da França antes de terem aprendido a montar ou qualquer pré-requisito de um cavaleiro em marcha ou campanha recebiam, assim que chegavam a Hanôver, ótimos cavalos que não eram capazes de controlar.

O resultado foi que, ao chegarem a Berlim, a maioria dos cavalos mancava ou apresentava assaduras provocadas pela má postura dos cavaleiros ou pela forma descuidada com que os selavam. Não foram poucos os oficiais que notaram que os recrutas não aprendiam a checar se sua sela estava bem fixada ou a detectar os primeiros sinais de assaduras.[20]

O sargento Auguste Thirion, do 2º Regimento de Couraceiros, tinha uma opinião mais positiva.

"Nunca se viu melhor cavalaria, nunca outros regimentos atingiram níveis tão altos, e nunca cavaleiros foram tão bem montados", escreveu ele, acrescentando que sua vagarosa marcha através da Alemanha havia, na verdade, endurecido os homens e os cavalos.

Contudo, os couraceiros eram a elite da cavalaria francesa, e o próprio fato de os cavalos serem tão bons poderia ser um problema, de acordo com o capitão Augustin Pion des Loches, da Artilharia de Infantaria da Guarda.

"Nossas equipes eram as melhores, e o equipamento não deixava nada a desejar, mas todos concordavam que os cavalos eram muito altos e possuíam uma estrutura muito forte, sendo inadequados para suportar adversidades e a falta de uma alimentação mais farta", escreveu ele ao deixar o posto de treinamento de La Fére em 2 de março de 1812.[21]

Napoleão não estava particularmente preocupado com essa situação.

"Ao colocar 40 mil homens montados a cavalo, sei muito bem que não posso esperar que todos sejam bons cavaleiros, mas estou afetando o moral do inimigo, que toma conhecimento, através de seus espiões, de rumores ou dos jornais, que tenho uma cavalaria de 40 mil homens", disse ele a Dejean quando o último relatou o que encontrara. "Passando de boca a boca, esse número e a suposta qualidade de meus regimentos, cuja reputação é bem conhecida, são tão exagerados quanto reduzidos; e no dia em que dou início à minha campanha, sou precedido por uma força psicológica que complementa a verdadeira força que fui capaz de mobilizar para mim."[22]

A verdadeira força do Exército francês estava no fato de que todos aqueles homens, mesmo os dos postos mais baixos, eram cidadãos livres que haviam tido uma educação fortemente patriótica nas novas escolas públicas. Além de lutar, eles podiam pensar, e, se mostrassem bravura e iniciativa, podiam ser promovidos e chegar a postos muito altos. Contudo, o hábito que Napoleão tinha de recompensar meros atos de bravura com promoções acabou dando origem a unidades comandadas por homens que careciam da competência necessária.

"Entre os generais que haviam tido uma rápida ascensão", escreveu Karl von Funck, "havia apenas alguns com o dom da liderança; muitos não possuíam sequer os conhecimentos militares mais elementares... Na loucura de sua ousadia, eles haviam aprendido a incitar suas intrépidas tropas contra o adversário, mas não possuíam noção alguma de julgamento de uma posição, ou sequer os primeiros princípios de uma operação, de uma retirada ordenada diante do fracasso do primeiro ataque."

Havia também uma grande quantidade de jovens oficiais provenientes da *jeunesse dorée* parisiense, que haviam obtido promoções pelo uso da influência, e que haviam, em sua maioria, se juntado aos regimentos de cavalaria por gostarem dos uniformes, ou ao Estado-Maior por desejarem estar perto de Napoleão. Estava claro que muitos não eram capacitados para o serviço.[23]

Grande parte do ardor revolucionário que incendiara os Exércitos franceses da década de 1790 e início da de 1800 havia se apagado em 1812.

"À medida que os uniformes se tornavam mais adornados e ganhavam mais condecorações, os corações que cobriam tornavam-se menos generosos", como salientou um observador.

O próprio Napoleão sentia uma falta de entusiasmo pela campanha que estava por vir.

"As pessoas sempre o seguiram com empolgação; ele está surpreso de que eles não estejam preparados para terminar suas carreiras com o mesmo entusiasmo com que embarcaram nela", observou seu secretário, o barão Fain.[24]

Contudo, ele mesmo havia transformado seus comandantes no que eles eram agora.

"A partir do momento em que Napoleão chegou ao poder, os hábitos militares mudaram rapidamente, a união dos corações desapareceu com a pobreza e o gosto pelo bem-estar material, e os confortos da vida penetraram nossos acampamentos, que se encheram de bocas desnecessárias e numerosas carruagens", nas palavras do general Berthézène. "Esquecendo-se das afortunadas experiências de suas campanhas imortais na Itália, da imensa superioridade obtida pelo hábito à privação e o desprezo pelo supérfluo, o imperador acreditava ser uma vantagem encorajar essa corrupção."[25]

Ele dava títulos, terras e pensões retiradas da verba destinada à família real aos seus marechais e generais. Exigia também que eles mantivessem palácios em Paris a fim de que pudessem receber convidados da forma adequada. Como membros da corte, eles deviam possuir um cortejo resplandecente, assim como Napoleão possuía um cada vez maior. Esse tipo de vida tornava-os acomodados, cada vez menos dispostos a trocar suas camas quentes e belos palácios nos lugares mais badalados de Paris, sem mencionar suas esposas e amantes, pelos acampamentos e incertezas da guerra. Isso se aplicava especialmente aos marechais.

"A maioria tinha entre 35 e 45 anos, idade em que, depois de uma juventude tempestuosa, um homem começa a buscar a estabilidade da vida doméstica", escreveu von Funck. Eles mal podiam esperar obter um nível maior de fama, mas também eram capazes de colocar em risco a reputação que haviam construído.

Um bom exemplo era o chefe do Estado-Maior de Napoleão, marechal Berthier, príncipe de Neuchâtel, um homem rechonchudo de costumes sedentários na casa dos 50 anos com um magnífico *apanage* e uma adorada e adorável amante em Paris.[26]

Ao mesmo tempo, essas recompensas generosas representavam um incentivo irresistível para os soldados e oficiais até o posto de generais, que viam na guerra a possibilidade de fazer fortuna. Um simples soldado poderia obter uma promoção que lhe daria um salário mais alto e status para fazer parte da *Légion d'Honneur*, o que significava direito a pensão. Um general poderia obter o cobiçado bastão de marechal, que implicava fama e fortuna, bem como um título ducal.

Existia também a oportunidade de fazer algum dinheiro por fora com a aquisição não exatamente legal de objetos preciosos. A pilhagem não era permitida; contudo, no curso das campanhas em terras distantes, era possível comprar coisas a preços mínimos e trazê-las para casa sem pagar impostos. Objetos de valor encontrados em campos de batalha ou no acampamento inimigo não tinham dono, assim como qualquer coisa que pudesse ser deixada para trás em meio aos infortúnios da guerra. À medida que essa grande campanha, destinada a concluir todas as campanhas, era preparada, muitos sentiam que ela seria sua última oportunidade de ficarem ricos.

Muitos também tinham incutida em si a perspectiva de uma aventura, da oportunidade de se destacarem, ou ao menos de uma chance de participarem da glória.

"Em último caso, eu faria parte de algumas daquelas batalhas destinadas a mudar o curso da história; eu lutaria sob os olhos de vários dos ilustres guerreiros que deixariam no mundo sua reputação: Murat, Ney, Davout, príncipe Eugène e tantos outros, e sob os olhos do maior deles todos, sob os olhos de Napoleão!", relembrar-se-ia um crioulo de Saint-Domingue.

"Ali eu teria minha chance de me distinguir, ali eu estaria apto a obter condecorações e promoções que me deixariam orgulhoso e que eu poderia erguer perante o mundo! Antes mesmo de um ano, eu seria *chef de bataillon*; eu seria um coronel até o fim da campanha, e depois disso..."[27]

Muitos do cortejo de Napoleão, a começar por Caulaincourt e incluindo amigos íntimos e colaboradores, como o general Duroc, suplicaram repetidamente que ele não entrasse em guerra. Vários avisaram que a Rússia não podia ser derrotada da maneira convencional. Napoleão havia lido as narrativas do desastroso ataque de Carlos XII à Rússia, que se dera quase exatamente cem anos atrás, começando pelo famoso relato de Voltaire, que escreveu: "Não existe um governante que, ao ler sobre a vida de Carlos XII, não seja curado da estupidez da conquista."

Napoleão rejeitava tais argumentos com irritação. "As capitais dele são tão acessíveis como quaisquer outras, e quando eu tenho as capitais eu tenho tudo", retrucou ele a um de seus diplomatas que apontara os perigos de entrar em guerra com Alexandre.

Mas ele tinha o hábito de fazer declarações nas quais não acreditava, como se, convencendo os outros, pudesse convencer a si mesmo. Ademais, a natureza especial da campanha que estava por vir não lhe passou despercebida. "Se as pessoas acham que eu guerrearei da forma habitual, estão muito enganadas", relatou-se ter ele declarado.[28]

Ele certamente se preparou para essa campanha como nunca havia se preparado para nenhuma outra. Por exemplo, percebendo que operaria em unidades destacadas a alguma distância umas das outras, Napoleão decidiu fazer um exemplo do general Dupont, cuja capitulação em Bailén havia sido uma grande humilhação. Antes de partir para a Rússia, ordenou que ele fosse julgado novamente e que recebesse uma sentença mais dura.[29]

Ele tinha oficiais que falavam alemão e polonês, ou russo, em cada unidade — enquanto outros tiveram que tomar lições de russo a fim de poderem interrogar prisioneiros e obter informações — e estabeleceu uma rede de agentes de inteligência que ia da Polônia até as províncias ocidentais da Rússia. Ele deu ordens para que seus bibliotecários lhe fornecessem livros sobre o Exército russo, e sobre a topografia da Lituânia e da Rússia estudou prestando atenção em particular às estradas, rios, pântanos e florestas. Ainda em abril de 1811, ele encarregou o *Dépot de la Guerre* de produzir uma série de mapas de grande escala do Leste da Rússia.[30]

A fronteira inimiga, localizada no rio Niemen, a cerca de 1.500 quilômetros de Paris, não era o aspecto mais intimidador dessa campanha:

uma grande quantidade de tempo e um enorme esforço seriam necessários à preparação para a movimentação de homens e suprimentos antes de a campanha começar; além disso, para chegar às capitais da Rússia — São Petersburgo e Moscou — seria necessário percorrer uma distância de mais 650 e 950 quilômetros, respectivamente, além dessa fronteira. Um exército marchando de Paris até Moscou sem lutar levaria seis meses para cobrir aquela distância. Para piorar as coisas, os últimos 300 dos 1.500 quilômetros até Niemen se estendiam ao longo de áreas pobres e inférteis da Prússia e da Polônia, e os primeiros 500 quilômetros dos 950 seguintes ficavam em áreas campestres ainda mais desprovidas. Mais ainda, toda a região era atravessada por rios, cheia de pântanos e florestas, e possuía grandes áreas desérticas.

A tática de Napoleão sempre fora mover-se rapidamente, concentrar um grande número de homens no ponto certo antes que o inimigo pudesse saber o que estava acontecendo, neutralizar seu Exército com um golpe decisivo e forçá-lo a estabelecer um acordo de paz segundo os seus termos. Nesse teatro de operações, no entanto, ele teria que trabalhar duro para conseguir isso.

Seus exércitos haviam, no passado, sido capazes de mover-se rapidamente por viajarem sem muita bagagem — uma tradição originária da necessidade. Os Exércitos Revolucionários Franceses da década de 1790 haviam sido improvisados apressadamente, não possuindo uma intendência apropriada. Como acreditavam que o território inimigo era propriedade de tiranos e inimigos da revolução, eles sobreviviam dos saques. Após algum tempo, eles passaram a comprar o que precisavam. Mas, como pagavam com *assignats*, papéis praticamente sem valor, a prática acabava sendo o mesmo que saquear. Napoleão desaprovava os saques, e nomeou administradores para que o Exército fosse abastecido de forma mais metódica. Eles compravam o que era necessário, pagando com dinheiro ou recibos que geralmente eram honrados pelo governo do país derrotado quando o acordo de paz era assinado. De qualquer forma, entretanto, os Exércitos franceses continuavam vivendo da terra onde se encontravam. Como se moviam rapidamente, entretanto, não permaneciam tempo o bastante para esgotar os recursos.

Sempre que a estrutura administrativa se dissolvia ou não conseguia suprir suas necessidades, os franceses voltavam ao velho sistema de "*la maraude*". De tempos em tempos, uma companhia ou unidade similar mandava oito ou dez homens sob a liderança de um oficial para as áreas próximas à linha de marcha. Esses pequenos bandos espalhavam-se através de vilas e fazendas locais, pagando pelo que pegassem, e se reuniam à companhia alguns dias depois com carroças cheias de grãos, ovos, galinhas, vegetais e outras provisões, além de um pequeno rebanho de gado. De vez em quando, a força principal tinha que parar a fim de esperar pelos grupos de forrageio.

Como os Exércitos franceses eram compostos pelo serviço obrigatório, uma companhia costumava possuir um padeiro, um sapateiro, um aprendiz de alfaiate, um tanoeiro, um ferreiro e um borracheiro, de forma que não apenas podiam fazer seus próprios pães como também — tendo a oportunidade de comprar tecido, couro, ferro e outras matérias-primas — podiam remendar seus uniformes e consertar suas botas, equipamentos e carroças.

Para todo o resto, havia a *cantinière*, a vivandeira, um elemento particular ao Exército francês.

"Essas damas normalmente começavam seguindo um soldado que lhes houvesse suscitado sentimentos de afeto", explicou o tenente Blaze de Bury. "Víamo-las primeiro caminhando ao seu lado com uma barrica de *eau-de-vie* pendurada ao pescoço. Uma semana depois, elas já estavam confortavelmente montadas em um cavalo *encontrado* por alguém, carregadas do lado direito, esquerdo, na frente e atrás com barricas, salsichas de porco, queijos e linguiças, mal se equilibrando. Antes mesmo de um mês, uma carroça puxada por dois cavalos e cheia de provisões de todos os tipos demonstraria a crescente prosperidade de seu negócio."[31]

No acampamento, a barraca da *cantinière* tornava-se um tipo de café para a companhia, onde os oficiais sentavam-se para jogar cartas ou conversar; era também um banco, emprestando dinheiro e dando crédito. Na campanha, a *cantinière* andava enormes distâncias para conseguir todas as pequenas necessidades que podiam transformar a vida de um soldado, fosse garantindo sua sobrevivência ou apenas lhe trazendo alívio. Ela sempre possuía algo para um soldado que tivesse dinheiro ou em quem confiasse para pagar-lhe quando tivesse. A *cantinière* geralmente tinha um protetor, que podia ser um marido, mas na maioria das vezes era apenas um companheiro temporário capaz de proporcionar-lhe segurança e ajudá-la em troca do fornecimento de provisões. Às vezes, uma mudança de protetor constituía uma transação financeira entre os dois homens envolvidos.

Essas damas consideravam-se parte do Exército, e desprezavam qualquer um que não usasse um uniforme. Elas viam os perigos da guerra simplesmente como parte de seu negócio. Se fossem vítimas de saqueadores do lado inimigo e perdessem tudo, elas davam de ombros, diziam que havia sido apenas uma onda de azar e começavam novamente. Algumas se arriscavam levando barricas de conhaque para os campos de batalha e dando tragos de graça aos homens, e não eram poucas as que eram feridas ao fazerem isso.

Quando um regimento saía em campanha, era seguido pela *cantinière* e seu pequeno grupo de fornecedores, pelos criados dos oficiais, por uma dúzia de lavadeiras e um ou dois ladrões de cavalos. À medida que avançava, reuniam-se a ele criminosos para quem as coisas haviam ficado muito difíceis em dada localidade, jovens buscando aventura, cachorros abandonados e as prostitutas casuais.

"Enquanto o regimento marchava ao longo da estrada, ou para onde havia sido enviado, em ordem, essa turba montada (ou, para lhe dar o nome adequado, esse bando de ladrões) enxameava ao seu redor, à esquerda e à direita, à frente e atrás, usando o regimento como sua base", escreveu o tenente von Wedel. "Todos carregavam farnéis e garrafas onde escondiam seus saques, e estavam armados com espadas, pistolas e até carabinas, se pudessem pôr as mãos em alguma. Esses bandos frequentemente se afastavam audaciosamente e, se voltassem, traziam provisões para as tropas. O trabalho era perigoso, e muitos perdiam as vidas, sofrendo horrivelmente se tivessem caído nas garras dos furiosos camponeses... Esse bando de saqueadores também formava um tipo de patrulha que flanqueava o Exército; caso se deparassem com destacamentos inimigos, voltavam correndo aos altos berros."[32]

Essas táticas evitavam que os comandantes franceses tivessem de levar a reboque pesados estoques, permitindo-lhes obter uma margem de velocidade sobre seus inimigos mais tradicionalmente organizados. Elas funcionavam bem nas áreas ricas, populosas, férteis e comercialmente desenvolvidas da região Norte da Itália e do Sul da Alemanha — onde as pequenas distâncias, estradas em boas condições, numerosas cidades e uma abundância de todos os tipos de recursos possibilitavam que um exército relativamente grande pudesse mover-se rapidamente e abastecer-se ao longo do caminho. Esse sistema também funcionava nas vastas áreas menos populosas e mais áridas da Espanha. Não podia, no entanto, funcionar na Rússia, onde as distâncias eram enormes, as estradas, primitivas, as cidades, escassas e distantes entre si, a zona rural possuía uma baixíssima densidade populacional e era pobre em recursos. Ninguém via isso mais claramente que Napoleão. "Não se pode esperar nada daquele país; teremos que carregar tudo conosco", avisou ele a Davout.[33]

A intendência que ele criara, sob o comando do general Matthieu Dumas, havia começado a armazenar metodicamente armas, munições, uniformes, sapatos, selas e rações de comida em larga escala. O problema de como mover esses suprimentos, contudo, representava um pesadelo logístico.

"A guerra polonesa não se pareceu em nada com a guerra da Áustria; sem meios de transporte, tudo é inútil", escreveu Napoleão para o príncipe Eugène em dezembro.[34]

O sistema de fornecimento do Exército francês, tal como funcionava, dependia da divisão de transporte — uma organização militar denominada *le train*, fundada em 1807. No curso de 1811 e 1812, Napoleão expandiu gradualmente o tamanho do comboio para 26 batalhões, com 9.336 carroças puxadas por cerca de 32.500 cavalos e 6 mil cavalos de reserva. Ele deu início à construção de carroças pesadas que seriam puxadas por bois e poderiam ser usadas para transportar farinha para a linha de frente, onde tanto a farinha quanto os bois eram consumidos. Todavia, ele se deu conta de que essas carroças pesadas, capazes de carregar uma tonelada e meia, só se moveriam sem dificuldade nas melhores estradas. Dessa forma, ele equipou oito dos batalhões com carroças mais leves, mas estava relutante em aumentar o número destas, visto que isso também provocaria o aumento do número de cavalos necessários: quatro cavalos poderiam puxar uma carroça pesada carregada com uma tonelada e meia, mas dois cavalos não conseguiriam puxar uma carroça mais leve com três quartos de uma tonelada. Além disso, os cavalos precisavam ser alimentados.

Esse detalhe seria um elemento crucial na campanha que estava por vir, a ponto de decidir o momento de seu início: como não havia possibilidade alguma de transportar tanto forragem para os animais quanto suprimentos para os homens junto ao Exército, os cavalos teriam que ser alimentados nas safras seguintes de feno e aveia — soldados da cavalaria foram destacados e receberam foices para realizar a colheita —, e nenhuma dessas safras estaria pronta para ser colhida antes do final de junho. Isso significava que, embora tivesse de dar início à movimentação de suas tropas em meio às severas condições do inverno e início da primavera, Napoleão não poderia abrir a campanha até o meio do verão, o que lhe daria pouco tempo para alcançar uma vitória.

No dia 1º de janeiro de 1812, François Dumonceau, um oficial belga dos lanceiros de Berg, desfilava no pátio das Tulherias. "A Guarda Imperial, a Nova e a Velha, parecia mais numerosa e imponente que nunca", relembrar-se-ia ele.

O grupo de *Chevau-Légers* poloneses tocava, liderados por um timpanista magnificamente montado, ajaezado, uniformizado e coberto de plumas. Havia também dois regimentos de infantaria ilírios, "cujo belo e robusto porte atraía olhares de admiração". Eles haviam acabado de chegar dos Bálcãs para poderem ver seu imperador antes de se juntarem à *Grande Armée* na Alemanha, e estavam sendo hospedados e guiados em Paris pelos granadeiros da Velha Guarda. Alguns dias depois, Dumonceau e seus homens partiram do posto de seu regimento em Versalhes, marchando através de Bruxelas, Maastricht, Osnabrück, Hanôver, Brunswick, Magdeburgo e Stettin em direção a Danzig.[35]

Logo, toda a Alemanha estava coberta por tropas marchando em direção ao leste e ao norte. Havia filas de cavalarias: couraceiros com capacetes e peitorais, *chasseurs* com uniformes verdes e *kalpaks* de pele, lanceiros uniformizados em azul e carmesim, com quepes poloneses de quatro pontas, dragões de capacetes e uniformes de todas as tonalidades. Havia longos comboios de artilharia, com uniformes em tons azuis mais claros e barretinas pretas. E, acima de tudo, colunas infindáveis de infantaria.

Os soldados de infantaria franceses usavam o *cutaway coat* [sobrecasaca cuja aba angular é cortada transversalmente] comum na cor azul, com calções ou calças brancas, perneiras pretas ou brancas e uma barretina ou barrete de pele de urso. Não se tratava de um uniforme desenhado tendo em mente a conveniência, tampouco o conforto.

"Nunca entendi por que, na época de Napoleão, quando estávamos constantemente em guerra, o soldado era forçado a usar aqueles horríveis calções, que apertavam a barriga da perna na parte de trás do joelho, impedindo que ele andasse com facilidade", escreveu o tenente Blaze de Bury. "Logo acima, o joelho, coberto por uma longa perneira abotoada, era ainda comprimido por outra liga, que era uma continuação da liga dos calções. Por baixo, o longo traje interno, segurado por uma corda, limitava ainda mais os movimentos dos joelhos. Em suma, eram três camadas de roupa, duas fileiras de botões, uma sobre a outra, e três ligas para paralisar os esforços dos mais bravos soldados."

Eles usavam sapatos com antiquados bicos quadrados — para evitar o roubo ou a revenda de sapatos militares para civis. Esses sapatos deveriam durar mil quilômetros de marcha, mas costumavam estar inutilizados bem mais cedo.[36]

Cada soldado de infantaria carregava um pesado mosquete, com 1,54 metro sem a baioneta — mais alto que Napoleão. Com uma bandoleira dependurada no ombro, ele carregava a *giberne,* um estojo de couro duro contendo dois pacotes de cartuchos, um frasco de óleo, uma chave de fenda e outros utensílios para limpar armas. Nas costas, ele carregava um fardo feito de couro de vaca duro, no qual levava duas camisas, colarinhos, coifas, perneiras de lona, meias compridas de algodão, um par extra de sapatos, um quite de costura, uma escova de roupa, argila para cachimbo e cera para as botas, assim como uma provisão de biscoitos de marear, farinha e pão. O sobretudo era carregado enrolado juntamente a outros itens, todos amarrados sobre a mochila.

A maioria dos elementos ornamentais do uniforme eram dispensados durante a marcha. As barretinas desapareciam, sendo envolvidas em capas oleadas com lanolina e amarradas ou penduradas nas mochilas; as plumas eram postas em lonas enceradas, que eram amarradas ao boldrié da espada ou à bandoleira. Em seu lugar, os homens usavam o *bonnet de police* — um casquete de forro chato com uma borla pendendo do lado. Calções e perneiras eram substituídos por calças largas de lona, e a Velha Guarda usava longas túnicas azuis em vez de seu uniforme branco.

Os homens marchavam no *pas ordinaire*, de 76 passos por minuto, ou no *pas accéléré*, de cem passos por minuto. Num dia comum de marcha, percorriam entre 15 e 35 quilômetros, mas num ritmo forçado podiam cobrir até 55 quilômetros. Cada unidade, cada cavalo, cada homem possuía uma rota que lhe era designada, era instruído sobre onde parar para passar a noite e recebia comida e acomodações. Chegando a um dado ponto de parada, o ferrador da unidade ou outro suboficial se dirigia ao comandante militar local ou *commissaire des guerres* para pegar um visto. Depois, levava o visto para a prefeitura, onde recebia uma lista completa de alojamentos para os homens, e vales para feno e provisões. Esses vales eram levados para os abastecedores apontados, e a unidade recebia os suprimentos para aquela noite e para o dia seguinte. O sistema funcionava na França e na Alemanha com a pontualidade de um relógio, com os suprimentos necessários prontos e esperando pelos cansados homens quando estes alcançavam o ponto de parada que lhes fora designado.[37]

Havia, ainda, aglomerações de cavalos, canhões e carroças de toda qualidade, homens dispersos e pelotões, assim como grandes unidades serpenteando ao longo de quilômetros de estrada, oficiais em carruagens privadas apressando-se para se juntarem às suas unidades, e comissários tentando galopar em ambas as direções, particularmente na travessia do Reno, em Wesel, Colônia, Bonn, Coblença e Mainz.

Aqueles que ainda se encontravam em Paris tentavam aproveitar o máximo do que era um tipo de carnaval particularmente deslumbrante. O conde de Lignières, tenente dos *Chasseurs* da Guarda, encontrou a ordem para partir em seu retorno para o quartel às quatro da manhã, depois de um baile. Os notários de Paris estavam sempre ocupados redigindo testamentos, e alguns seguiam as tropas que partiam, junto a esposas e amantes que desejavam ver seus bem-amados por mais alguns dias.[38]

O Exército da Itália atravessou o passo do Brenner e desceu para o vale do Danúbio, onde encontrou o contingente da Bavária.

"Nossa marcha era como um passeio militar resplandecente e agradável", observou Cesare de Laugier, um nativo de Elba.

O tenente Von Meerheimb achou a despedida da Saxônia, sua terra natal, triste e lastimosa, mas o humor mudou assim que deram início à marcha. "Desde a primeira etapa, cada rosto refletia a alegria universal, e o bom humor reinava ao longo da coluna serpenteante", escreveu.

Eles foram calorosamente saudados enquanto marchavam através do Norte da Alemanha, e tiveram muitas aventuras amorosas ao longo do caminho.[39]

"Os antigos tinham sobre nós a grande vantagem de não terem seus Exércitos seguidos por um segundo exército de burocratas", reclamava frequentemente Napoleão durante conversas.[40]

Ele não se referia ao comissariado vastamente expandido que organizara para a campanha. Do momento em que se tornara governante da França, Napoleão havia começado a levar elementos do governo, bem como um Estado-Maior militar, para a guerra. Ao se tornar imperador, ele passara a levar também uma pequena corte. Para essa campanha, cujo escopo e duração eram tão imponderáveis, ele decidiu levar consigo seu sistema completo de suporte à vida, os meios para exercer o governo e tudo que era necessário para se fazer um show grandioso aonde quer que fosse ou decidisse ir — o que poderia ser coroar um rei da Polônia ou se coroar imperador da Itália. O comboio de Napoleão, comandado pelo mestre da cavalaria Caulaincourt, consistia em cerca de 400 cavalos e 40 mulas — que carregavam ou puxavam barracas, camas de campanha, escritórios, guarda-roupas, farmácias, pratarias, cozinhas, adegas e fornalhas, assim como uma variedade de secretários, oficiais, criados, cozinheiros e cavalariços —, além de 130 cavalos de montaria para o imperador e seus ajudantes de ordens. A bagagem dele incluía várias barracas que nunca seriam armadas e equipamentos que nunca seriam usados. Havia também uma tropa de cem mensageiros, os quais seriam postados ao longo da estrada em que o comboio marchava para supervisionar o rápido movimento de correspondências entre Paris e o quartel-general de Napoleão, passando as caixas lacradas contendo a correspondência oficial de um comissário ou *estafette* para outro.[41]

As exigências para a administração do Exército, seus serviços de apoio e o cortejo do imperador inflaram exponencialmente os números. Milhares de *commissaires* e administradores de postos inferiores, cada um com seus criados, seguiam no encalço do Exército. "A administração militar estava cheia de pessoas que nunca haviam visto a guerra e que diziam para quem quisesse ouvir que haviam vindo nessa campanha para fazer fortuna", queixou-se o coronel Saint-Chamans.

O coronel Henri-Joseph Paixhans reprovava veementemente esses indivíduos — "convencidos da importância das pessoas pequenas que eram", e que junto com seus subordinados formavam "uma cloaca de inaptidão, baixeza e ganância".[42]

Cada oficial possuía ao menos uma carruagem, onde mantinha uniformes extras, armas, mapas, livros e objetos pessoais, e que eram conduzidas por cocheiros e assistidas por pelo menos um criado. O general Compans, que comandava a 5ª Subdivisão da 1ª Divisão de Davout, não era nem um pouco sibarita; se algo pode ser dito dele, é que era um dos oficiais que viviam de forma mais modesta. Ainda assim, no início da campanha, seu comboio era formado: pelo *maître d'hôtel* Louis, o *valet de chambre* Duval, o cocheiro Vaud, dois valetes (Simon e Louis), o gendarme Trouillet, por três outros criados (Pierre, Valentin e Janvier), cinco cavalos de carga, meia dúzia de cavalos de montaria e cerca de 30 cavalos de tiro, além de uma carruagem e várias carroças.[43]

O desconhecimento do objetivo da campanha, a incerteza em relação a onde ela os levaria e a probabilidade de terem de percorrer longas distâncias eram elementos que faziam vários oficiais se prevenirem contra todas as eventualidades — e mais de um mandara fazer novos uniformes para si e librés para os criados. Diante da possibilidade de um longo período longe de casa, vários — particularmente entre os italianos — parecem ter desafiado as rígidas instruções de Napoleão trazendo suas esposas.[44]

Enquanto marchavam através da Alemanha e da Polônia, eles não tinham qualquer visão nítida da finalidade da campanha, o que amortecia o ardor de alguns. "O futuro era vago, e seus desígnios muito distantes; não havia noção alguma, nada para exercitar a imaginação, nada para despertar o entusiasmo", escreveu o coronel Boulart, da artilharia da Guarda. Isso não os impedia de se entregarem a especulações. Jakob Walter, de Stuttgart, achava que eles estavam sendo levados para algum porto báltico, de onde seguiriam de navio para a Espanha. Mas a maioria olhava mais para o leste. "Nós achávamos que, junto com os russos, atravessaríamos os desertos daquele grande império a fim de atacar a Inglaterra em suas possessões na Índia", escreveu o general Pouget.

Um soldado escreveu para casa afirmando que eles estavam marchando para a Inglaterra por terra através da Rússia.[45]

"Alguns diziam que Napoleão havia estabelecido uma aliança secreta com Alexandre, e que um Exército combinado franco-russo marcharia contra a Turquia e tomaria suas possessões na Europa e na Ásia; outros diziam que a guerra nos levaria às Grandes Índias, para expulsar os ingleses", relembrar-se-ia um voluntário.* "Tudo isso me preocupava muito pouco; se nós íamos para a direita, para a esquerda ou seguiríamos em frente era indiferente para mim, contanto que eu pudesse entrar no mundo real", escreveu outro. "Meus amigos, meus parceiros de infância estavam quase todos no Exército; eles já acumulavam glórias. Permaneceria eu, fardo inútil nesta Terra, com meus braços cruzados vergonhosamente esperando pelo seu retorno? Eu tinha 18 anos." Outro, um fuzileiro do 6º Regimento da Guarda, escreveu para seus pais contando que estava indo para "as Grande Índias", ou possivelmente para o "Egippo". "Quanto a mim, não me importo se for para um lugar ou outro; eu gostaria que fôssemos para os confins da Terra." Ele falava por muitos.[46]

---

*Curiosamente, os serviços de informação secreta de Alexandre também haviam lhe relatado que o plano de Napoleão era neutralizar a Rússia com um ataque rápido, impor-lhe um acordo de paz e então, usando cem mil russos, marchar para Constantinopla, seguir para o Egito e depois para Bengala.[47]

6

Confronto

Enquanto centenas de milhares de homens provenientes de toda a Europa marchavam através da Alemanha prontos para lutar e morrer por ele, sonhando com uma marcha épica para a Índia ou apenas em retornar para casa o mais rápido possível, o imperador da França preparava o cenário para a catástrofe que engolfaria quase todos eles.

Napoleão estava prestes a se lançar contra um grande império enquanto ainda estava envolvido em uma guerra desperdiçada na Espanha, com a Alemanha num estado de agitação e a Inglaterra observando à parte de tudo, pronta para aproveitar qualquer oportunidade que surgisse. É de praxe que, antes de ir para a guerra, um governante estabeleça quantas alianças conseguir — e para uma guerra como essa, tal medida era absolutamente necessária. Por sorte, vários deles já se alinhavam para apoiá-lo. A Suécia era uma aliada natural, com uma longa história de francofilia e um interesse em recuperar a Finlândia e seus enclaves no Báltico da Rússia; a Turquia, outra aliada tradicional da França, já estava envolvida em uma guerra sangrenta com a Rússia; a Áustria, cujo imperador era sogro de Napoleão, tinha vários interesses em comum com a França; a Prússia estava implorando para se tornar sua aliada; e os poloneses estavam apenas esperando um sinal para se levantarem contra a Rússia ocidental.

Nessas circunstâncias, o comportamento de Napoleão é surpreendente. Em 27 de janeiro de 1812, sob o pretexto de que o Bloqueio Continental não estava sendo reforçado rigorosamente o bastante na Pomerânia sueca, ele enviou suas tropas para lá e a tomou. Em seguida, Napoleão exigiu que a Suécia estabelecesse com ele uma aliança contra a Rússia e lhe fornecesse um contingente de tropas. Quando isso foi rejeitado por Bernadotte, ele disse que permitiria que os suecos recapturassem a Finlândia, e ofereceu algumas concessões comerciais. Diante da rejeição também dessa oferta, Napoleão ofereceu a devolução da Pomerânia e acrescentou Mecklemburgo, assim como um vultoso subsídio. Mas já era tarde demais. Sua tomada arbitrária da Pomerânia havia sido interpretada na Suécia como um insulto, e dentro de duas semanas após as notícias terem chegado a Estocolmo o enviado especial de Bernadotte estava em São Petersburgo pedindo a assinatura de um tratado com a Rússia, o qual foi estabelecido no dia 5 de abril.

No que diz respeito à outra aliada tradicional da França, a Turquia, Napoleão nada fez, pressupondo que ela lutaria espontaneamente contra a Rússia. É verdade que o Tratado de Tilsit estremecera a relação entre a França e a Turquia, visto que aparentemente aliava a França ao inimigo da última. É também verdade que Napoleão não tinha uma boa opinião sobre os três sultões que haviam sucedido um ao outro em uma rápida e sangrenta ascensão. Contudo, àquela altura, qualquer apoio por parte da Turquia teria rendido vantagens importantes. Alexandre, por sua vez, acabara de instruir seu comandante na frente turca, o general Kutuzov, a dar início a um diálogo com o país e estabelecer a paz a quase qualquer custo, já que precisava de todas as suas tropas para enfrentar os franceses.

O tratamento de Napoleão para com a Áustria era pouco diferente. O tratado que ele assinara com o país em 14 de março estipulava que, após uma vitória da França, a Moldávia e a Valáquia seriam devolvidas para a Turquia, e que, se a Polônia fosse restaurada, a Áustria poderia manter a Galícia, ou, se preferisse, receber uma compensação na Ilíria. Embora o tratado sugerisse uma política comum na Europa Central e nos Bálcãs, ele deixava tudo muito vago, já que Napoleão não desejava se comprometer. Por alguma razão, ele apenas pediu uma pequena unidade auxiliar austríaca sob o comando do príncipe Schwarzenberg, que cobriria seu flanco direito.

Frederico Guilherme da Prússia implorara a Napoleão por uma aliança, a qual permitiria a recuperação de alguma dignidade para seu país após a sujeição forçada pela França. Entretanto, Napoleão respondeu com um tratado, que foi assinado em 4 de março, pelo qual gentilmente consentia à Prússia fornecer um pequeno contingente de tropas para a campanha seguinte, nos termos mais desprezíveis. Isso não apenas inflamou mais ainda os nacionalistas prussianos como também minou o partido pró-França em Berlim, estabelecendo o caminho para um sentimento anti-França. Isso também implicava a necessidade de posicionar tropas francesas no país, e Napoleão insistiu que eles marchassem através de Berlim todos os dias e mantivessem fortes guarnições em cidades como Spandau e Danzig.[1]

Finalmente, ele se recusou a dar aos poloneses um sinal claro, fortalecendo assim os argumentos daqueles no país que desconfiavam de suas intenções e acreditavam que a melhor chance de sobrevivência da Polônia estava com Alexandre. O fato de Napoleão não ter visto necessidade de dar tal sinal diz muito tanto sobre sua autoconfiança quanto sobre sua relutância em prejudicar a Rússia mais do que o necessário. Ele desejava assustá-la, mas não queria destruí-la como potência, e sim tê-la como aliada contra a Inglaterra. Não havia outra razão para a França travar uma guerra contra a Rússia: a Rússia não possuía nada que a França pudesse ter querido. O único motivo concebível para confrontar a Rússia era tirar o país da posição dominante nos assuntos europeus que conquistara recentemente e neutralizar sua habilidade de ameaçar a França.

Nos primeiros dias de março, em uma longa conversa com um de seus assistentes, Napoleão anunciou que estava determinado a "fazer retroceder em duzentos anos aquela ameaça inexorável de invasão do norte". Ele expôs uma visão histórica de acordo com a qual o fértil e civilizado sul da Europa sempre seria ameaçado pelas hordas bárbaras e vorazes do norte. "Estou sendo, portanto, impelido a entrar nessa guerra perigosa pela realidade política", afirmou. "Apenas a afabilidade de Alexandre, a admiração que ele declarou ter por mim, e que eu acredito ser verdadeira, e sua ânsia por abraçar todos os meus planos, foram capazes de me fazer desconsiderar durante algum tempo esse fato inalterável... Lembremos de Suvorov e os tártaros na Itália: a única resposta é fazê-los voltar para Moscou; e quando estará a Europa em posição para fazer isso senão agora e por meio da minha pessoa?"[2]

Ele não acreditava em nada disso. Já havia mostrado que estava inclusive preparado para aumentar o poder da Rússia se isso significasse que ela o ajudaria a derrotar a Inglaterra. Sempre que pensava na Rússia e na Inglaterra, a mente de Napoleão era tomada por uma noção perturbadora que vivia sob a visão de si mesmo como um imperador romano moderno derrubando as hordas bárbaras — ou seja, o sonho alexandrino de uma marcha conjunta para a Índia.[3]

Ao general Vandamme ele deu uma razão mais superficial para a guerra: "De uma forma ou de outra, quero encerrar o assunto", disse ele, "como estamos ambos envelhecendo, meu caro Vandamme, eu não quero estar na velhice em uma posição em que as pessoas possam me dar um chute no traseiro, portanto estou determinado a pôr um fim nisso de uma forma ou de outra."[4] A verdade era que ele havia reunido o maior Exército que o mundo já vira sem um propósito definido. E, por definição, guerras sem objetivos não podem ser vencidas.

Não podemos deixar de nos perguntar se Napoleão não percebeu isso. Nas semanas anteriores à sua partida, ele fez mais comentários enigmaticamente fatalistas do que era de costume. "E, de qualquer forma, o que posso fazer quando um nível admirável de poder me impulsiona em direção a uma ditadura sobre o mundo?", disse ele a um de seus ministros que insistia para que ele desistisse da guerra. "Eu me sinto impelido a um alvo desconhecido", disse Napoleão a outro.[5] Esse fatalismo também explicaria a falta de velocidade e determinação — características que anteriormente costumavam ser sua marca registrada. Enquanto o vasto aparelho militar se preparava no norte e no leste da Alemanha em março, ele prosseguia com suas delicadezas diplomáticas.

Com toda a conversa sobre hordas bárbaras sendo expulsas da Europa, o desafortunado embaixador russo em Paris, príncipe Kurakin, achava cada vez mais difícil continuar exercendo seu posto à medida que a tensão entre Napoleão e Alexandre aumentava. As coisas não melhoraram quando, em fevereiro, um escândalo de espionagem envolvendo o enviado especial de Alexandre, coronel Chernyshev, foi a público em Paris. Durante algum tempo, Chernyshev pagara a um secretário do Ministério da Defesa para que o mantivesse informado sobre os números das tropas e sua movimentação. A polícia francesa tomou conhecimento disso e informou a Napoleão. Em 25 de fevereiro, quando Chernyshev estava prestes a partir para São Petersburgo com uma carta pessoal do imperador para Alexandre, Napoleão concedeu-lhe uma longa entrevista, durante a qual o tratou com cordialidade e respeito. No dia seguinte, depois que ele já havia partido, a polícia invadiu o apartamento que era ocupado por Chernyshev e divulgou todo o caso.

Kurakin teve que ouvir torrentes de protestos ultrajados e cheios de moralismo. Vendo as tropas deixarem Paris em direção à Alemanha, ele sentia-se numa posição ridícula, achando que devia pedir seus passaportes e partir. No entanto, sempre que ele mencionava isso para Maret ou Napoleão, eles manifestavam surpresa e se mostravam chocados, afirmando que não havia razão alguma para que ele partisse, e que sua partida seria interpretada como uma declaração de guerra.[6]

No dia 24 de abril, Kurakin procurou Maret com uma carta de Alexandre declarando que a Rússia não negociaria até que a França retirasse suas tropas das regiões além-Reno. Tratava-se de uma grande exigência, já que, havia apenas duas semanas, o próprio Alexandre partira para juntar-se aos seus Exércitos na fronteira do grão-ducado de Varsóvia. Em 27 de abril, Kurakin teve uma audiência com Napoleão nas Tulherias para discutir o assunto. A entrevista não foi tão exaltada quanto poderia ter sido, e Napoleão entregou-lhe uma carta para Alexandre. Nela, o imperador francês expressava pesar por o tsar querer determinar onde ele deveria colocar suas tropas enquanto o próprio Alexandre encontrava-se à frente de um exército nas fronteiras do grão-ducado.

"De qualquer forma, Vossa Majestade permitirá que eu o assegure de que, mesmo que o destino conspire para tornar a guerra entre nós inevitável, isso não alterará de forma alguma o sentimento que Vossa Majestade inspirou em mim, e que está além de quaisquer vicissitudes ou possibilidades de mudança", concluía ele.[7]

Contudo, ele não podia mais esperar. Napoleão tinha que assumir o comando de seus Exércitos. Antes de fazê-lo, ele tomou providências para a defesa e a administração da França. Embora tivesse dado um tiro no escuro com uma oferta de paz à Inglaterra — sugerindo a retirada de todas as tropas francesas e britânicas da Península Ibérica, com José permanecendo no trono da Espanha e os Bragança tendo permissão para retornarem para Portugal —, ele não esperava obter resultado algum. Assim, Napoleão fortaleceu as defesas costeiras a fim de desencorajar qualquer tentativa de invasão por parte da Inglaterra, e organizou uma guarda nacional de cem mil homens que poderia ser convocada para lidar com qualquer emergência.

Ele pensara em deixar o príncipe Eugène em Paris como regente, mas optou por não o fazer. No final, ele decidiu por delegar tal responsabilidade ao arquichanceler do império Jean-Jacques Cambacèrés, que presidiria o Conselho de Estado — uma junta executiva apolítica composta por especialistas leais e eficientes.

Na última conversa que teve com Napoleão, na véspera de sua partida, Étienne Pasquier, chefe de polícia, expressou o receio de que, se as forças de oposição, que cresciam em vários lugares, tentassem tomar o poder com o imperador tão longe de Paris, ninguém teria autoridade bastante para sufocar a insurreição. "Napoleão pareceu ter sido golpeado por essa breve consideração", relembrar-se-ia o chefe de polícia. "Quando eu terminei, ele permaneceu em silêncio, andando de um lado para outro entre a janela e a lareira, as mãos nas costas, como um homem que reflete profundamente. Eu andava atrás dele, quando, virando-se bruscamente para mim, ele disse as seguintes palavras: 'Sim, existe certamente alguma verdade no que você diz; trata-se, porém, de mais um problema a ser acrescentado a todos aqueles que eu tenho que confrontar neste que é *o maior*, *o mais* difícil de que eu já me incumbi; contudo, devemos cumprir aquilo com o que nos comprometemos. Adeus, *Monsieur le Préfet*.'"[8]

Napoleão soube esconder qualquer ansiedade que possa ter sentido. "Nunca uma partida para o Exército pareceu-se mais com uma viagem de férias", observou o barão Fain depois que o imperador deixou Saint Cloud no sábado, 9 de maio, com Marie-Louise e uma parcela considerável da sua corte.[9] Logo ela se tornaria mais parecida com uma marcha imperial.

Em Mainz, Napoleão inspecionou algumas tropas e recebeu o grão-duque de Hesse-Darmstädt e o príncipe de Anhalt Coethen, que haviam vindo apresentar seus respeitos. Em Würzburg, onde fez uma pausa na noite de 13-14 de maio, ele encontrou o rei de Württemberg e o grão-duque de Baden esperando-o tal como dois fiéis vassalos.

Em 16 de maio, o rei e a rainha da Saxônia vieram ao seu encontro, tendo viajado unicamente para vê-lo, e juntos eles fizeram uma entrada triunfal em Dresden naquela noite, à luz de tochas e saudados pelos tiros dos canhões e pelos sinos da igreja. Na manhã seguinte, sua recepção foi agraciada pela presença dos príncipes governantes de Saxe-Weimar, Saxe-Coburgo e Dessau. Seguiu-se uma missa solene — era sábado — à qual compareceram toda a corte e o corpo diplomático. Para Napoleão, foi um grande esforço cumprimentar o representante da Rússia. A rainha da Vestfália e o grão-duque de Würzburg chegaram a Dresden no mesmo dia, e o imperador Francisco da Áustria, juntamente à sua imperatriz, chegou no dia seguinte. Dois dias depois, Frederico Guilherme chegou a Dresden acompanhado pelo herdeiro do trono da Prússia.

Napoleão havia se hospedado no palácio real, que Frederico Augusto gentilmente desocupara, e que era protegido por sentinelas saxônicas, e não francesas. Ele era o anfitrião, e ditava a etiqueta, tratando tanto o rei da Saxônia quanto o imperador da Áustria como seus convidados. Todas as manhãs, às 9 horas, ele dava início ao seu dever, a maior demonstração de poder que a Europa havia visto em séculos. Compareciam a ela o imperador austríaco e todos os reis e príncipes alemães, "cuja deferência para com Napoleão ia muito além do que poderíamos imaginar", nas palavras de Boniface de Castellane, um ajudante de ordens então com 24 anos de idade.[10] Depois, ele os levava para assistir à *toilette* de Marie-Louise. Eles a observavam enquanto ela escolhia joias e *parures* de uma coleção impressionante, experimentando-as e descartando-as uma após a outra, e por fim oferecendo uma à sua madrasta, a imperatriz Maria Ludovica, que era pouco mais velha que ela e ardia de vergonha e fúria. Ela detestava Napoleão por ele ser um novo-rico e por ter derrubado seu pai do trono de Módena alguns anos antes. Sua antipatia era intensificada pelo embaraço e ressentimento que ela sentia em meio a todo aquele esplendor, especialmente quando as péssimas condições financeiras em que a Áustria se encontrava lhe permitiam possuir apenas algumas poucas joias, que pareciam objetos completamente desprovidos de valor se comparadas às de Marie-Louise.

À noite eles jantariam à mesa de Napoleão, com o aparelho de jantar de prata dourada que Marie-Louise recebera como presente de casamento da cidade de Paris e que precavidamente trouxera consigo. O grupo se reuniria e entraria na sala de visitas em ordem inversa de precedência hierárquica, cada um anunciado por um arauto, a começar pelas meras excelências, passando por várias altezas ducais e reais, e finalmente chegando a suas altezas imperiais, o imperador e a imperatriz da Áustria. Alguns momentos depois, as portas se abririam e Napoleão entraria a passos largos, anunciado por uma única palavra: "O imperador!"

Ele também era o único presente que permaneceria de chapéu.

Para alguns dos mais velhos presentes, e particularmente para o imperador Francisco, o jantar provavelmente teve algo de surreal. Haviam se passado menos de 20 anos desde que sua irmã Maria Antonieta fora humilhantemente arrastada para o cadafalso e guilhotinada para a satisfação do povo parisiense, e ali estava aquele produto da Revolução não apenas lhes dando ordens, mas se insinuando na família e tornando-se seu genro. Certa noite, durante o jantar, quando a conversa abordou o destino trágico de Luís XVI, Napoleão expressou compaixão, mas também culpou seu "fraco tio" por não ter mostrado mais firmeza.[11]

Sua estada em Dresden foi animada por bailes, banquetes, apresentações de teatro e caçadas. Não se tratava de forma alguma de entretenimentos gratuitos, mas eram cenas de uma exibição de poder cuidadosamente coreografadas. "Napoleão era, de fato, Deus de Dresden, o rei entre os reis", foi como um observador viu os eventos. "Aquele foi, provavelmente, o ponto mais alto de sua glória: ele poderia ter tido outros momentos iguais, mas superá-lo parecia impossível." Napoleão exibia seus músculos diante do mundo inteiro, e queria que todos se sentassem e observassem. Por outro lado, ele queria também relembrar seus aliados alemães e austríacos de sua sujeição a ele. Mais importante, ele ainda esperava que Alexandre perdesse a coragem; que, quando se visse isolado e diante de tamanho poder, ele pudesse concordar em negociar.

Para muitos, esse ainda parecia o final mais provável. "Você sabe que as pessoas ainda não acreditam que haverá uma guerra?", escreveu o príncipe Eugène à sua esposa, então grávida, de Płock, no Vístula, a 18 de maio. "Eles dizem que ela não acontecerá, já que nenhum dos lados tem nada a ganhar, e que tudo terminará em conversa." O secretário de Napoleão, Claude-François Meneval, observou uma "repugnância extrema à guerra" da parte de seu mestre.[12]

Napoleão convencera-se de que Alexandre estava sendo manipulado por seu cortejo, e que, se pudesse falar diretamente com ele ou por intermédio de alguém confiável, conseguiria obter um acordo. Assim, ele mandou um enviado especial ao tsar. Para essa missão delicada e, como ele mesmo pensava, crucial, Napoleão escolheu um de seus ajudantes de ordens, o conde Louis de Narbonne.

Narbonne era um general de 57 anos que havia sido ministro da Defesa no início da Revolução, um *emigré* e embaixador de Napoleão em Viena. Ele era um homem de educação erudita, gostos literários e um interesse especial pela diplomacia do Renascimento, na qual era especialista. Muitos acreditavam que ele era filho biológico de Luís XV, demonstrando toda a elegância e graça associadas ao *ancien régime*. Se alguém poderia inspirar confiança em Alexandre, esse alguém com certeza era Narbonne.

Mas Napoleão estava se iludindo. Mesmo que quisesse, Alexandre não poderia permitir-se negociar com ele. "A derrota de Austerlitz, a derrota de Friedlândia, a paz de Tilsit, a arrogância dos embaixadores franceses em Petersburgo, o comportamento passivo do imperador Alexandre I em relação às políticas de Napoleão: estas eram feridas profundas no coração de cada russo", relembrar-se-ia o príncipe Sergei Volkonsky. "Vingança e mais vingança eram os únicos sentimentos queimando dentro de cada um."

Ele pode ter exagerado na força e na universalidade desses sentimentos, mas eles ganhavam cada vez mais terreno, encorajados pela literatura popular, que recorria ao passado da Rússia em busca de heróis patrióticos.

"A elevação do espírito nacional manifestava-se por gestos e ações em todas as oportunidades", escreveu Volkonsky. "Em cada nível da sociedade, nos salões de recepção dourados dos círculos mais altos, na simplicidade contrastante dos quartéis, em conversas tranquilas entre amigos, em jantares e noites festivas, falava-se somente sobre um assunto, apenas uma única coisa era expressa: o desejo pela guerra, a esperança pela vitória, a recuperação da dignidade da nação e da reputação do nome da Rússia.[13]

Lendo as cartas e memórias da nobreza russa da época, nos surpreendemos pelo fato de que ninguém tem algo positivo a dizer sobre qualquer pessoa em posições de autoridade, seja na administração civil ou no Exército. Elas ecoam protestos contra "estrangeiros" governando o país e lamentam a presença da "corrupção", Maçonaria, "jacobinos" e qualquer outro demônio que lhes ocorra. Grande parte desse descontentamento era dirigida à pessoa de Speransky, a quem a grã-duquesa Catarina e sua corte detestavam imensamente, assim como a maior parte da nobreza, que o odiava por ter frustrado suas carreiras com a introdução de exames de qualificação para cargos efetivos no serviço público e que temia sua suposta intenção de libertar os servos. "Ao me aproximar dele, sempre senti que podia cheirar o sopro sulfúreo, e em seus olhos eu via o reflexo das chamas azuladas das profundezas do submundo", observou um contemporâneo.[14]

Em fevereiro de 1812, uma intriga foi tecida por Gustav Mauritz Armfeld, sueco e um dos conselheiros militares de Alexandre, com a participação do ministro da Polícia Aleksandr Dmitrievich Balashov, para mostrar que Speransky estivera em contato secreto com os franceses — ele de fato estava, com Talleyrand, por ordem de Alexandre. Ao mesmo tempo, espalhou-se o rumor de que a polícia havia descoberto uma conspiração de Speransky para armar os camponeses e convocá-los a se levantar contra seus mestres.

Alexandre pôs Speransky sob vigilância pela polícia, mas também deu ordens para que o ministro da Polícia passasse a ser seguido e observado — esse tipo de paranoia não foi uma inovação soviética. É impossível dizer se Alexandre acreditou que Speransky o havia traído ou não, mas estava claro até mesmo para ele que a impopularidade de seu secretário de Estado não apenas manchava sua imagem como também o colocava em perigo.

Na noite de 29 de março de 1812, Speransky foi convocado para uma audiência com o tsar no Palácio de Inverno. A conversa, que durou duas horas, não teve testemunhas, mas aqueles que esperavam na antecâmara puderam ver que havia algo errado quando o ministro saiu do gabinete do tsar. Momentos depois, a porta foi novamente aberta e o próprio Alexandre apareceu, com lágrimas descendo pela face, e abraçou Speransky, numa despedida teatral. Speransky foi para casa, onde encontrou Balashov esperando por ele. Ele foi posto na *kibitka* da polícia e levado através da noite para o exílio em Nizhni Novgorod.[15]

Seu posto como secretário do Estado foi dado a Aleksandr Semionovich Shishkov, um almirante aposentado e inimigo em particular de tudo que pertencia à França e à cultura francesa. Ele denunciara o Tratado de Tilsit e fizera ataques frequentes a Speransky, e recentemente adquirira certa notoriedade com suas *Dissertações sobre o amor pela pátria*. Ele ficou surpreso, e de certa forma estupefato, ao ser tirado da obscuridade, mas os nobres em todos os cantos do império se regozijaram.

A queda do detestado ministro era para eles um sinal claro de que Alexandre entendera que precisaria deles para o período cheio de incertezas que estava por vir. Ele estava completamente ciente de que uma invasão à Rússia poderia dar início a um novo Tempo de Dificuldades, similar àquele pelo qual o país passara duzentos anos antes. Foi provavelmente por essa razão que ele concordou em dar o cargo de governador-geral de Moscou, que foi desocupado em março, ao protegido de sua irmã Catarina, conde Fyodor Rostopchin. Outrora ministro das Relações Exteriores do tsar Paulo, Rostopchin era um homem vigoroso, inteligente, franco em suas opiniões, mas ao mesmo tempo um tanto fantasioso, e possivelmente também mentalmente desequilibrado. Alexandre não o considerava adequado para o trabalho, e tentou resistir ao pedido da irmã. "Ele não é um soldado, e o governador de Moscou deve ter dragonas sobre os ombros", argumentou ele. "Esse é um problema para o alfaiate dele", respondeu ela. Alexandre cedeu. Tratava-se, afinal, de um posto muito honorário.[16]

O tsar eliminara os pontos mais óbvios de atrito entre ele e seu povo, e apaziguou os grupos mais barulhentos da oposição. Agora dependia apenas de Deus. Às 2 horas da tarde de 9 de abril, depois de comparecer a uma cerimônia religiosa solene na monumental nova catedral de Nossa Senhora de Kazan, Alexandre deixou São Petersburgo para juntar-se ao Exército, acompanhado ao longo de parte do caminho por uma multidão que caminhava ao lado de sua carruagem desejando-lhe sorte, aclamando-o e chorando. Ele decidira que seu lugar era com suas tropas.

O Exército russo não era como nenhum outro da Europa, e não poderia ser mais diferente do francês, particularmente no que diz respeito aos soldados rasos. Eles eram alistados para um período de 25 anos, que de fato compreendia uma vida inteira. Era, entretanto, improvável que eles servissem durante todo esse período, já que menos de 10% sobreviviam às terríveis condições e surras frequentes — inclui-se aí o exercício em que tinham que correr por um corredor polonês —, sem falar das doenças e mortes em batalha.

Quando eram alistados, sua família e frequentemente toda a vila saíam para vê-los partir, tratando o evento como um funeral. A família e os amigos extirpavam-nos de suas vidas, não esperando vê-los novamente. Como os filhos de homens alistados no Exército não podiam ser criados por mães solteiras, eles eram mandados para orfanatos militares, onde eram criados e treinados para se tornarem suboficiais quando crescessem. Mas as condições nessas instituições eram tão miseráveis que apenas cerca de dois terços dessas crianças tornavam-se adultos.[17] Se o conscrito retornasse depois de um quarto de século — sem permissão nem cartas —, ele seria considerado um estrangeiro. Além disso, não seria mais um servo, de forma que não havia lugar para ele na economia rural. Aqueles que sobreviviam aos 25 anos tinham duas opções: tentar continuar servindo ou partir para as cidades à procura de emprego.

Quando entravam em seus regimentos, os conscritos efetivamente se juntavam a uma irmandade, onde todos estavam excluídos do curso normal da vida russa e unidos pela miséria. Na prática, a única vantagem que eles tinham sobre os franceses era o fato de seus uniformes, predominantemente verdes, serem mais propícios à ação e menos apertados, além de mais bem-feitos. Em tempos de paz, o pelotão funcionava como uma corporação comercial, um *artel*, alugando seu trabalho aos civis locais; na teoria, os lucros deveriam ser compartilhados entre eles, mas na maioria das vezes iam para os bolsos de seus oficiais.

A deserção dentro das fronteiras do Império Russo era muito difícil, já que um camponês desgarrado se destacaria aonde quer que fosse. Contudo, quando os Exércitos russos estavam posicionados ao longo da fronteira ocidental, tornava-se frequente a deserção, com muitos atravessando as fronteiras e passando a servir às tropas polonesas ou outras. Quando operavam no exterior, particularmente quando estavam prestes a voltar para casa, a deserção era comum, e a escala em que ocorria testemunhava a miséria da vida militar. Em 1807, quando deram início à marcha de volta para a Rússia depois de Tilsit, o príncipe Sergei Volkonsky observou que seu regimento, os *Chevaliergardes* de elite, perdera cerca de cem homens em quatro dias, mesmo com o dobro de sentinelas postadas ao longo de todo o perímetro do acampamento.[18] Ainda assim, os homens comportavam-se com todo o patriotismo e lealdade diante do inimigo.

A maior parte do treinamento no Exército russo era dirigida a um bom desempenho nos desfiles, e não no campo de batalha. Os homens praticavam incessantemente, marchando em formação até aprenderem a se portar como um grupo, e aprendiam a confiar mais nas baionetas de que na fuzilaria. Na batalha, a obediência era considerada um fator crucial. Uma instrução especial para os oficiais de infantaria estipulava que, na véspera de um combate, eles deveriam fazer um discurso para seus homens, lembrando-lhes de seu dever e de que seriam severamente punidos se apresentassem qualquer sinal de covardia. Mesmo a tentativa de se desviar de um tiro de canhão enquanto a unidade se preparava para a ação era punida com a chibata. Se um soldado ou suboficial demonstrasse covardia no campo, ele deveria ser executado na hora. O mesmo valia para um que criasse confusão — por exemplo, gritando "Nós estamos acabados!", já que seria considerado um traidor.[19] Todos esses fatores combinavam-se para gerar solidariedade, resiliência e a habilidade de suportar quase todo tipo de condições; mas não estimulavam a inteligência nem a iniciativa.

O abismo que dividia os oficiais dos outros postos era intransponível, já que não havia possibilidade de promoção. Os oficiais provinham exclusivamente da nobreza. Quando aprendizes, eles deviam servir como soldados rasos, mas normalmente o faziam em formações de cadetes ou em escolas para oficiais, mantendo o mínimo de contato com suas tropas. Isso era um problema, visto que muitos não podiam manter um diálogo em russo. Ainda assim, os oficiais os puniam pessoalmente com chibatadas quando cometiam erros menores.

O pagamento dos oficiais subalternos no Exército russo era menor de que em qualquer outro lugar na Europa. E, como uma promoção para os postos superiores dependia quase inteiramente da influência na corte, oficiais subalternos da pequena nobreza estavam sentenciados a uma vida de pobreza e anonimato. Em resultado, essa carreira só atraía aqueles que não possuíam muitos talentos. As operações de 1805-1807 haviam mostrado graves erros na estrutura de comando do Exército russo, falta de cooperação entre as unidades e outras fraquezas, a maioria proveniente da baixa qualidade e do treinamento pobre dos oficiais. Contudo, todas as tentativas de resolver esses problemas foram atrapalhadas pela rápida expansão das forças armadas nos anos seguintes, o que produziu uma carência de oficiais, resultando na redução do tempo de treinamento em 1808.

Alexandre fez tudo que podia a fim de preparar o Exército para o próximo confronto com Napoleão. Ele criou o Ministério das Forças Armadas com o objetivo de torná-lo mais eficiente e investir dinheiro nele. Quando da ascensão de Alexandre, os gastos com as forças armadas compreendiam 26 milhões de rublos de um orçamento de 82 milhões. Em 1814, esses gastos aumentaram para 70 milhões de um orçamento de 114 milhões. Ele aumentou os números da conscrição, que em 1805 eram de quatro homens em cada 500, para cinco, obtendo de cem a 120 mil homens a cada ano, o que significa que ele recrutou mais de 500 mil homens entre 1806 e 1811. No curso daquele ano, 60 mil soldados aposentados, mas capazes, foram reintegrados. O número total de homens nas forças terrestres russas aumentou de 487 mil em 1807 para 590 mil em 1812, e em março daquele ano foi feita uma seleção adicional de dois homens em cada 500, o que rendeu mais um número que fica entre 65 e 70 mil homens. Em setembro de 1812, o número total de homens nas forças terrestres alcançaria a marca dos 904 mil.[20]

Em 1803, Alexandre encarregara o general Arakcheev da modernização da artilharia. As modificações que ele introduziu não renderam frutos para a guerra de 1805, mas, no final da década, a artilharia russa era provavelmente a mais profissional da Europa. Arakcheev pôs um fim no uso de armas de pequeno calibre, adotando canhões de campanha de 6 e 12 libras, e "*licornes*" — um tipo de obus — de 10 e 20 libras. Ele equipou essas armas com as miras mais sofisticadas e acuradas, e certificou-se de que os atiradores soubessem como tirar vantagem delas.

A última melhoria foi adotada em janeiro de 1812 — uma regulamentação para o comando de grandes Exércitos em campo. Esse novo regulamento estabelecia claramente quem era o responsável em cada nível do comando e dava ao comandante em chefe poderes quase ilimitados em tempos de guerra. Também determinava os canais através dos quais as informações deveriam ser transportadas dos postos avançados para o comandante em chefe, e como as ordens deveriam ser transmitidas dele para o comandante da companhia. Infelizmente, esse regulamento seria quase universalmente ignorado na campanha seguinte, com resultados lamentáveis.

As forças russas na Lituânia foram divididas em dois Exércitos: o Primeiro Exército, que era o mais forte dos dois, comandado pelo general Barclay de Tolly, foi posicionado ao longo do rio Niemen em um pequeno arco a cerca de quase cem quilômetros de frente para o Vilna — uma posição da qual se podia tanto partir para o ataque quanto montar uma defesa; e o Segundo Exército, sob o comando do general Bagration, que estava concentrado como uma força de ataque, pronto tanto para dar apoio ao avanço do Primeiro Exército atacando de flanco qualquer defesa inimiga quanto para atacar o flanco exposto de qualquer força que atacasse o Primeiro Exército em frente ao Vilna. Um Terceiro Exército, comandado pelo general Tormasov, guardava a fronteira ao sul das marismas de Pripyat.

É impossível estabelecer os números exatos dessas tropas: os conflitantes cálculos dos historiadores russos apresentam números que variam entre 356 e 716 mil, com a quantidade de soldados efetivos na linha de frente indo de 180 a 251 mil. Estudos mais recentes são mais consistentes, mas há uma certa confusão resultante do hábito dos historiadores russos de dividir os soldados efetivos entre os números da "linha de frente" e os do total — que incluía todos os serviços de apoio. O mito de que os russos estavam em grande desvantagem durante a campanha provém da justaposição dos números referentes à "linha de frente" russa ao total francês. O Primeiro Exército possuía 127.800 homens na linha de frente e 159.800 homens no total; o Segundo era composto por 52 mil e 62 mil, respectivamente; o Terceiro, por 45.800 e 58.200. O total resultante é de 225 mil na linha de frente e 280 mil, posicionados ao longo da fronteira e equipados com pouco mais de novecentas armas.

Esses contingentes eram ainda apoiados por duas unidades de reserva: a de Ertel, de 55 mil/65 mil, e a de Meller Zakomelsky, de 31 mil/47 mil, o que totalizava 392 mil homens enfrentando Napoleão. Logo atrás deles, uma segunda onda de unidades estava sendo formada. Assim que as diligências diplomáticas de Alexandre asseguraram a paz com a Suécia e a Turquia, outras tropas de 28.500/37.200 da Finlândia e 54.500/70 mil da Moldávia seriam postas em ação. Os Exércitos no front eram bem supridos e apoiados para uma ofensiva por uma série de armazéns em Vilna, Shvienchiany Grodno e outros lugares, e uma segunda linha por trás desta que se estendia de Riga, no norte, até Kaluga, no sul.[21]

É difícil avaliar o que Alexandre pretendia indo a Vilna, já que ele não deu indicação alguma de que tinha a intenção de assumir o comando. Seus Exércitos haviam se concentrado na região ao longo dos últimos 18 meses, e estavam posicionados na fronteira prontos para o ataque. A chegada do tsar no quartel-general avançado sugeriria, nas circunstâncias, que ele decidira autorizar o ataque, já que não havia uma razão concebível para que Sua Majestade Imperial houvesse se despencado para lá apenas a fim de inspecionar as tropas. Na ocasião, a presença de Alexandre ajudou a confundir mais ainda o que já era uma situação bastante confusa.

O homem no comando era o ministro da Defesa, general Mikhail Barclay de Tolly, então com 51 anos de idade. Ele era um homem inteligente, sensível e competente, de caráter forte e julgamento imparcial, que mostrara sua coragem no campo de batalha contra os suecos, poloneses,

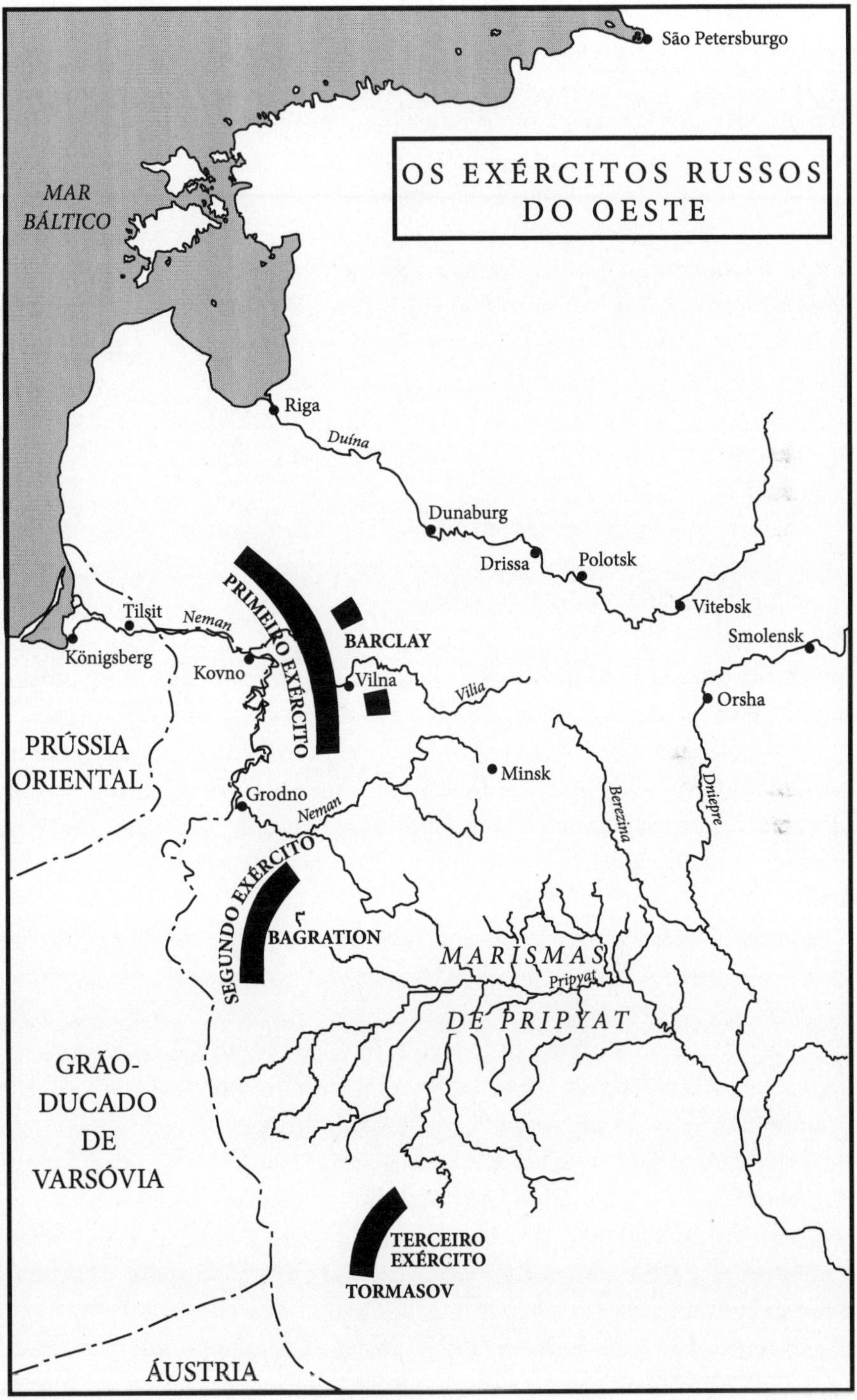
OS EXÉRCITOS RUSSOS
DO OESTE
São Petersburgo
MAR
BÁLTICO
Riga
Duína
Dunaburg
Drissa
Polotsk
Vitebsk
Smolensk
Orsha
Tilsit
Neman
Königsberg
Kovno
PRIMEIRO EXÉRCITO
BARCLAY
Vilna
Vilia
PRÚSSIA
ORIENTAL
Minsk
Berezina
Dniepre
Grodno
Neman
SEGUNDO EXÉRCITO
BAGRATION
MARISMAS
Pripyat
DE PRIPYAT
GRÃO-
DUCADO
DE
VARSÓVIA
TERCEIRO
EXÉRCITO
TORMASOV
ÁUSTRIA

turcos e franceses, tendo sido seriamente ferido em Eylau. Ele era, sem dúvida, muito corajoso e firme sob ataque. Alexandre gostava dele e o promovera a despeito dos protestos dos outros, despertando sua inveja. Ele era reservado e mais austero do que afável, o que não ajudava a aumentar sua popularidade entre seus colegas. Como não podia contar com a cooperação cordial deles, ele estava acostumado a cuidar de tudo sozinho, e, embora tenha feito mais do que qualquer um para melhorar as condições dos soldados rasos, não era o tipo de comandante que inspirava devoção entre os recrutas.[22]

Embora tivesse sido nomeado para o posto de comandante do Primeiro Exército, Barclay não fora nomeado comandante em chefe. A razão disso provavelmente está no fato de que Alexandre considerasse tal nomeação desnecessária, dado que ele já era ministro da Defesa, ou talvez ele mesmo desejasse assumir o comando, além de não querer ofender os outros que rivalizavam pelo posto.

Aparentemente, Alexandre não participava dos assuntos militares além da inspeção das fortificações e do comparecimento aos desfiles. No entanto, ele de fato interferia nos assuntos diários, e sua presença no quartel-general inevitavelmente diminuiu a autoridade já frágil de Barclay, visto que fornecia um amplo escopo para atos de insubordinação — não faltava quem odiasse Barclay e se ressentisse da ideia de servir sob seu comando.

O principal entre estes era o general príncipe Piotr Ivanovich Bagration, que comandava o Segundo Exército. Bagration era um general audaz no campo de batalha, imprudentemente corajoso, com um temperamento explosivo, um coração bondoso e toda a ardente ousadia necessária para torná-lo cultuado por seus oficiais e seus homens. Embora fosse mais jovem do que Barclay, era general havia mais tempo que este, e por isso sentia que possuía o direito de assumir o comando geral. Na ausência de qualquer documento estipulando que ele deveria receber ordens de Barclay, Bagration assumiu que seu comando era independente. A chegada de Alexandre ao quartel-general concedeu-lhe uma desculpa para reportar-se ao tsar como comandante supremo, ignorando Barclay totalmente.

A posição de Bagration era forte. Ele era extremamente popular entre os outros generais, e possuía muitos partidários na corte. Além disso, tendo sido por um bom tempo amante da grã-duquesa Catarina, ele também possuía uma certa ascendência sobre Alexandre, que não gostava dele, mas não podia desprezá-lo.

As coisas não melhoraram com a presença do irmão mais jovem do tsar, o grão-duque Constantino Pavlovich, que comandava a Guarda

Imperial — um fanfarrão desequilibrado cujo único verdadeiro prazer na vida estava em fazer as tropas desfilarem perante ele. Para Constantino, o desfile era um tipo de balé — uma precisão perfeita na coreografia e uma atenção meticulosa para com os uniformes eram garantidas por meio de uma distribuição generosa de punições brutais por erros tais como sair alguns centímetros da linha ou perder um botão. Entre os desfiles, podia-se contar com Constantino para apoiar qualquer um que criticasse Barclay ou não cumprisse alguma de suas ordens.

Essa situação abriu as portas para o retorno do general Levin Bennigsen. Nascido em Hanôver, esse velho soldado profissional começara a servir na Rússia havia mais de 50 anos. Um comandante competente, embora um tanto trapalhão e enfadonho, ele se destacara pouco a pouco, mas garantira sua sobrevivência nos favores de Alexandre por estar entre os assassinos de seu pai. Ele concluíra sua carreira militar de forma insatisfatória, comandando o Exército russo na derrota de Friedlândia. Bennigsen tinha então 67 anos de idade. Ele havia se aposentado e estava vivendo em sua propriedade de Zakrent, que ficava a apenas alguns quilômetros de Vilna. Desde Friedlândia, ele ansiava por uma chance de resgatar sua reputação, e sentia ser ele, e não Barclay, que deveria assumir o comando geral. Logo que Bennigsen chegou a Vilna, Alexandre o convocou e pediu-lhe que retornasse ao serviço em uma posição não especificada em seu cortejo pessoal.

Isso já era preocupante. Alexandre estava cercado por um enxame de conselheiros informais — incluindo o cunhado, o príncipe George de Oldenburgo, o tio, o príncipe Alexandre de Württemberg, o aventureiro sueco Gustav Mauritz Armfeld, o *émigré* francês Jean Potais Anstett e muitos outros. Isso era, em parte, o resultado dos pontos de vista e das ambições de longo prazo de Alexandre.

"Napoleão pretende concluir a escravização de toda a Europa, e para fazer isso ele precisa derrotar a Rússia", escreveu ele para o barão vom Stein, convidando-o a ir ajudá-lo a planejar a cruzada para a libertação do continente. "Cada amigo de virtude, cada ser humano que esteja animado pelo sentimento de independência e amor pela humanidade tem interesse no sucesso dessa luta."[23]

Já que Alexandre tinha de continuar exercendo seu poder político, deu ordens para que seus ministros mais importantes o seguissem até o quartel-general. Logo se juntou a ele em Vilna o almirante Shishkov, que se surpreendeu ao ver a si mesmo, o então primeiro-ministro e o ministro do Interior metidos no quartel-general. O general Arakcheev, presidente do Comitê Militar do Conselho de Estado e secretário do imperador para assuntos militares, também estava presente. O chanceler Rumiantsev sofreu um infarto leve a caminho de Vilna, mas isso não o impediu de juntar-se ao tsar, apesar de Alexandre ter passado a conduzir seus assuntos diplomáticos por intermédio do secretário das Relações Exteriores, Karl von Nesselrode.

A presença de tantas hierarquias diferentes de poder teve uma repercussão indesejável em cada escalão do Exército e aumentou mais ainda a gravidade de um problema, criado pela escassez de oficiais nativos, e que abriu as portas para torrentes de indivíduos perniciosos que corromperiam a conduta da campanha: a presença de grande número de estrangeiros.

Havia, literalmente, centenas de oficiais franceses servindo no Exército russo, a maioria dos quais *émigrés* aristocratas que haviam fugido da revolução. Eles ocupavam uma variedade de postos, incluindo alguns dos mais altos — o marquês de Traversay era almirante de esquadra da frota russa, o conde de Langeron e o marquês Charles Lambert comandavam divisões do Exército, enquanto o general de Saint-Priest era chefe do Estado-Maior do Segundo Exército. Havia também italianos, suíços, suecos, poloneses e outros: Barclay vinha de uma família de barões bálticos cujos ancestrais pertenciam aos Barclays de Towie, na Escócia; as origens de Bagration eram georgianas. Contudo, os que causavam os maiores problemas eram os alemães e, particularmente, os prussianos.

Centenas de oficiais que haviam sido demitidos em função da redução do Exército prussiano que teve lugar depois de Jena haviam passado a servir na Rússia. A maioria juntou-se ao Exército russo nos anos seguintes, com um segundo grande fluxo depois da derrota da Áustria por Napoleão em 1809. O lote final havia acabado de chegar, desgostoso da aliança de caráter servil que a Prússia assinara com a França em fevereiro. Entre esses oficiais estavam os reformadores militares major von Boyen e o coronel von Gneisenau, o futuro teórico militar major von Clausewitz, coronel Karl von Toll, oficial do Estado-Maior, e o barão Ludwig von Wolzogen, nativo de Saxe-Meiningen e que havia sido ajudante de ordens do rei de Württemberg.

Todos os oficiais russos falavam em francês entre si, e aquela era a língua na qual as ordens eram geralmente dadas, mas muitos prussianos falavam em alemão quando se comunicavam uns com os outros. Como Barclay também falava bem o alemão, eles se dirigiam a ele nessa língua, criando a impressão de formarem um clube estrangeiro dentro do Exército, particularmente no quartel-general, já que a maioria dos alemães serviam como oficiais do Estado-Maior.

***

A presença de Alexandre em Vilna teve um efeito paralisante sobre a questão vital da estratégia geral da Rússia. Embora evitasse favorecer qualquer opinião em particular, ele dava atenção a quem que quisesse expressar seu ponto de vista, e depois perguntava aos outros o que pensavam dele — pondo, dessa forma, em discussão, algo que já devia ter sido decidido logo no início em pequenos comitês. Existiam algumas opiniões a serem consideradas.

Havia o plano antigo, formulado por Barclay, Bennigsen, Bagration e outros no ano anterior, de um ataque à Polônia seguido por um avanço em direção à Prússia a fim de libertá-la do domínio francês. Bagration implorou repetidamente que Alexandre usasse esse plano mesmo naquele estágio avançado.

"O que temos a temer?", escreveu ele a seu soberano em 20 de junho. "Você está conosco, e nós temos o apoio da Rússia!"[24]

De acordo com algumas fontes, Barclay ainda apoiava esse plano, embora estivesse menos otimista do que alguns de seus colegas quanto às suas chances de sucesso. Aparentemente, ele também tinha consciência da relutância de seu mestre em ser visto como o agressor, então preparou um segundo plano que consistia em defender a fronteira às margens do rio Niemen. Ele posicionou suas forças ao longo da fronteira, de forma que elas pudessem conter e revidar qualquer tentativa por parte da França de atravessar o rio.[25]

Barclay formulara outro plano em 1807, quando estava no hospital recuperando-se do ferimento obtido em Eylau. Os russos haviam acabado de ser derrotados pelos franceses em Friedlândia, e ele viu em sua retirada para a região central da Rússia a única forma de evitarem uma aniquilação total. Se os franceses os seguissem, eles deveriam evitar um confronto e se concentrar na consolidação de suas tropas marchando de volta às bases. Quanto mais longe os franceses fossem em sua perseguição, mais homens teriam que deixar para trás, e mais longas se tornariam suas linhas de comunicação e fornecimento de provisões. No final, os russos se encontrariam superiores em número e recursos, e seriam capazes de derrotar os franceses.[26]

Não se tratava de uma ideia particularmente original: a vantagem estratégica da vastidão do país já havia se tornado um tipo de clichê, e os oficiais russos frequentemente a usavam como ameaça em conversas com estrangeiros — o próprio Alexandre já o fizera.[27] Mas Barclay considerara-a seu último recurso em 1807, uma estratégia desesperada, em um momento no qual a Rússia realmente não possuía mais tropas às quais recorrer. O fato de Napoleão ter aceitado negociar com Alexandre em Tilsit salvara o dia, e não se falou mais sobre o plano.

Se, por um lado, havia um grande interesse nos círculos militares russos e prussianos pelo conceito de uma guerra defensiva prolongada — inspirado, em parte, pelas táticas usadas por Wellington na Espanha —, este não se baseava na retirada. Em um longo memorando escrito para Alexandre no final de julho de 1811, Barclay sugeriu partir para o ataque aos franceses, mas não em uma batalha convencional — ele aconselhava uma manobra livre por parte de uma grande quantidade de tropas leves, que podiam empreender vários ataques rápidos e contínuos e desmoralizar, prolongando a campanha e evitando confrontos decisivos. O plano deveria ser levado a cabo em território inimigo. A retirada para a Rússia não era algo que poderia ser seriamente considerado quando havia um exército numeroso e bem-equipado posicionado na defesa das fronteiras do país, e nem Barclay, nem Alexandre, ou qualquer outro general russo, contemplou por um único momento usar uma estratégia como essa.[28] Ela seria politicamente inadmissível, e militarmente absurda. As tropas teriam de estar muito próximas para que pudessem apoiar o ataque, e seriam condenadas à destruição ou captura pelos franceses se uma retirada fosse ordenada. Além disso, a ideia de atrair um inimigo para a Rússia levantava todo tipo de possibilidades aterrorizantes, inclusive uma revolta de camponeses — havia apenas quatro décadas desde que uma rebelião comandada pelo líder camponês Emelian Pugachov pusera o país à beira de um colapso. A memória estava viva nas mentes das pessoas, sendo mantida por pequenos levantes de descontentes.

Apenas um homem no quartel-general russo considerou um plano baseado na retirada, e este não era em nada parecido com a visão poética de atrair o inimigo para ser devorado pela imensidão do país e pelas tropas russas. Esse homem era Karl Ludwig von Phüll. Ele deixara de servir no Exército prussiano depois de Auerstädt e juntara-se ao Exército russo, no qual assumiu o posto de vice-general.

O plano de Phüll baseava-se em uma tática adotada em 1761 por seu herói Frederico, o Grande, quando confrontado por forças devastadoras. Frederico retrocedera para um acampamento de trincheiras e derrotara os dois Exércitos inimigos que o cercaram lá. Phüll sugeriu a adoção do plano diante de uma invasão francesa. O Primeiro Exército russo deveria retroceder para uma posição previamente preparada, atraindo os franceses. O Segundo Exército poderia, então, surgir na retaguarda dos franceses e infligir-lhes um grande dano. Para esse propósito ele — ou melhor, seu protegido Wolzogen — escolheu um lugar em Drissa, cobrindo tanto as estradas de Moscou quanto as de São Petersburgo. O trabalho teve início nos últimos meses de 1811 com a construção de terraplenagens maciças para tornar a posição inexpugnável.

A ideia de Drissa atraiu a atenção de Alexandre por lembrar-lhe a retirada de Wellington para as linhas de Torres Vedras em 1811. Contudo, ele não apoiou com firmeza esse ou qualquer outro plano, e contemplava simultaneamente várias outras opções. Uma delas era promover um levante nos Bálcãs e na Hungria a fim de produzir uma distração. A ideia era do almirante Pavel Vasilievich Chichagov, um excêntrico, mas competente, marinheiro e ex-admirador de Napoleão, atualmente servindo sob o comando de Kutuzov na frente turca. Ele sugeriu que, depois de estabelecer a paz com a Turquia, a Rússia usasse o Exército dela naquela frente para invadir a Bulgária — cuja população era ortodoxa e, portanto, partidária da Rússia — e dali atacasse as províncias de Napoleão ao longo da costa dálmata, de lá partindo para o coração da Europa napoleônica via Itália e Suíça. Alexandre foi arrebatado unicamente pela guinada decisiva do esquema, e brincou com ele durante algum tempo antes que Rumiantsev apontasse que se tratava de um plano fantasioso e diplomaticamente contraproducente, já que poria tanto a Turquia quanto a Áustria contra a Rússia, não lhes deixando alternativa senão ficar do lado de Napoleão.

Havia também os poloneses, uma carta para a qual Alexandre ainda procurava a jogada ideal. Enquanto em Vilna, ele dedicou um grande esforço a seduzir a aristocracia polonesa local, concedendo ordens e títulos honoríficos e ocasionalmente fazendo insinuações em relação à possibilidade de restaurar a Polônia. Ele possuía dois agentes confiáveis sondando as opiniões, e escreveu para Czartoryski perguntando-lhe se aquele seria um momento propício para declarar sua intenção de empreender a restauração. Ele foi encorajado quanto à ideia por Bernadotte, que escreveu instando-o a invadir a Polônia e oferecer sua coroa a Poniatowski. Alexandre enviou o coronel Toll em uma missão secreta para oferecer a Poniatowski uma alta posição — possivelmente até mesmo a coroa — no futuro reino da Polônia com a condição de que ele concordasse em remover suas tropas do Exército francês e levá-las para o lado da Rússia. Poniatowski ficou chocado diante da oferta, que teria sido impraticável mesmo que ele tivesse concordado.

Na busca por uma forma de subverter os poloneses, Alexandre também instruiu o notório pugilista católico e embaixador sardo em São Petersburgo,

Joseph de Maistre, a mobilizar os jesuítas — que haviam sido dispersos pelo papa, mas haviam sido perversamente poupados na Rússia — para subverter a Polônia, utilizando o argumento de que era o defensor do papado, enquanto Napoleão era seu inimigo.[29]

A irmã de Alexandre, Catarina, urgia que ele deixasse o Exército. "Se um [dos generais] comete um erro, ele é culpado e punido; se você comete um erro, tudo cai sobre seus ombros, e a destruição da confiança naquele de quem tudo depende e que, sendo o único árbitro do Império, deve ser o apoio ao qual tudo está submetido, é um mal maior de que a perda de algumas províncias", escreveu ela.[30]

O que ela não apontava era que ele já causara um grande dano ao ir para Vilna, o qual apenas se tornava maior com seu comportamento irresoluto. Sua recusa em comprometer-se com qualquer uma das opções apresentadas ou colocar abertamente sua confiança em um dos generais significava que ninguém sabia para o que devia se preparar. Seu irmão, o grão-duque Constantino, treinava seus soldados sem misericórdia, mas ninguém estava realmente se preparando para confrontar a *Grande Armée*, que se aproximava. Nenhuma tentativa séria estava sendo feita para traçar os passos dos inimigos, e as unidades sequer haviam recebido mapas adequados das áreas nas quais deveriam atuar.[31]

"Enquanto isso, tínhamos bailes e festas, e nossa estada prolongada em Vilna lembrava mais uma viagem de prazer do que os preparativos para uma guerra", nas palavras do coronel Benckendorff. Shishkov ficou chocado diante da atmosfera de tranquilidade e da falta de qualquer senso de ameaça imediata que encontrou em Vilna. "Nossa vida diária era tão desprovida de preocupações que não havia sequer notícias sobre o inimigo, como se eles estivessem a milhares de verstas* de distância", escreveu ele. As tropas haviam se estabelecido em seus alojamentos e saboreavam todos os prazeres que a vida rural da Lituânia podia oferecer. "Os oficiais veteranos temiam Napoleão, vendo-o como um terrível conquistador, um novo Átila", escreveu o tenente Radozhitsky, da artilharia leve, "mas nós, os mais jovens, traquinávamos com o deus do amor, suspirando e gemendo com seus golpes."[32]

Aqueles que estavam distantes do front não podiam entender por que o Exército russo, cujos oficiais escreviam cartas cheias de vanglórias, não atacava e expulsava os franceses da Prússia e da Polônia. Havia reclamações

*Uma versta = 1.060 metros, aproximadamente 5/8 de uma milha.

da falta de ação, que eram reforçadas pelo medo generalizado de um avanço francês através da Rússia, não apenas pela intranquilidade social que este provocaria.

Em maio, chegou a São Petersburgo a falsa notícia de que Badajoz e Madri haviam caído pelas mãos dos ingleses, e de que um Exército espanhol atravessara os Pireneus em direção ao sul da França. Todos começaram a se perguntar por que Alexandre não estava marchando para negociar o ataque final contra Napoleão. Ele e seu cortejo pareciam passar o tempo em bailes e festas, e houve relatos na capital de que os oficiais haviam se entregado a "orgias".[33]

As estimativas da Rússia quanto ao tamanho da *Grande Armée* eram muito baixas. Barclay e Phüll calculavam que as forças francesas possuíam entre 200 e 250 mil homens; Bagration estimava que eram 200 mil; Toll, 225 mil; Bennigsen, 169 mil; e Bernadotte, 150 mil. A estimativa mais alta feita por alguém no lado russo era de 350 mil, e incluía todas as formações de reserva e da retaguarda.[34] Isso significava que um ataque contra elas era visto como perfeitamente possível, e Alexandre sem dúvida ansiava por dar início a um. Seu entusiasmo em relação ao plano de Chichagov e suas tentativas de subornar Poniatowski só podem ser vistos no contexto de uma ofensiva. Além disso, havia outras indicações de que ele tinha a intenção de assumir o comando.[35]

Entretanto, ele era muito influenciado pelo ponto de vista de Phüll, e este era contra qualquer ataque, pois acreditava que o Exército russo não tinha capacidade de empreender um.[36] Acima de tudo, Alexandre queria ser visto como a vítima inocente, e não o agressor, além do que seus instintos religiosos lhe diziam para assumir o papel da ferramenta pacífica da vontade divina. Nos anos anteriores, ele fizera cada vez mais referências à vontade de Deus em suas cartas e em seus discursos, e era cada vez mais guiado pelo desejo de tornar-se um instrumento digno e justo daquela vontade. "Ao menos tenho o consolo de ter feito tudo que é compatível com a honra para evitar essa luta", ele escrevera para Catarina em fevereiro. "Agora é apenas uma questão de preparar-se para ela com coragem e fé em Deus; essa fé está mais forte do que nunca em mim, e me submeto com resignação à Sua vontade.[37]

Nesselrode ainda aconselhava Alexandre a negociar em vez de provocar uma guerra, mas Alexandre parece ter rejeitado completamente a negociação como uma opção, e não estava disposto a conversar quando Narbonne chegou a Vilna em 18 de maio.[38] Ele recebeu-o e leu a carta que ele trouxera, mas disse-lhe que, visto que Napoleão havia posto toda a Europa contra a Rússia, era evidente que suas intenções eram hostis, e que ele apenas consideraria negociar se Napoleão retirasse suas tropas da região além do Reno.

"O que quer o imperador?", perguntou Alexandre retoricamente a Narbonne. "Sujeitar-me aos seus interesses, forçar-me a adotar medidas que arruinarão meu povo, e, se eu recusar, pretende travar uma guerra contra mim, acreditando que depois de duas ou três batalhas e da ocupação de algumas províncias, talvez até uma capital, eu me veja obrigado a pedir por uma paz cujas condições ele ditará. Ele está se enganando!" Depois, tomando um grande mapa de seus domínios, abriu-o sobre a mesa e continuou: "Meu caro conde, estou convencido de que Napoleão é o maior general da Europa, de que seus exércitos são os mais duros em batalhas, de que seus tenentes são os mais bravos e experientes; mas o espaço é uma barreira. Se após algumas derrotas eu me retirar, varrendo comigo a população, se eu deixar o tempo, a vastidão e o clima me defenderem, ainda assim poderei ter a última palavra sobre o Exército mais formidável dos tempos modernos."[39]

Embora a maioria das pessoas no quartel-general russo presumisse que o único propósito da missão de Narbonne era espionar seu posicionamento e incentivar os patriotas locais a iniciar um levante, Alexandre convidou-o para assistir a um desfile no dia seguinte, e jantar com ele depois. Contudo, no outro dia, Narbonne foi informado por um dos ajudantes de ordens de Alexandre de que uma carruagem generosamente fornecida para a viagem de volta a Dresden estaria esperando à sua porta naquela noite.[40]

7

O Rubicão

A carruagem de Narbonne, quase branca por causa de uma fina cobertura de poeira, entrou no pátio do Palácio Real em Dresden na tarde de 26 de maio. Indicaram-lhe a escada e ele foi prontamente chamado pelo imperador. Ele deu um relato completo da conversa com Alexandre, enfatizando a determinação do tsar e suas palavras de despedida:

"Diga ao imperador que eu não serei o agressor", dissera-lhe Alexandre. "Ele pode atravessar o Niemen; mas eu nunca assinarei uma paz ditada em território russo."[1]

É difícil saber o que Alexandre esperava que Napoleão fizesse ao receber aquela mensagem. Ele afirmara que não negociaria a não ser que Napoleão retirasse todas as suas tropas do grão-ducado de Varsóvia e da Prússia, embora ele mesmo tivesse posicionado seus Exércitos nas fronteiras daqueles estados. Napoleão tinha apenas duas opções: dispensar seu grande Exército e ir para casa, expondo-se ao ataque e deixando todo o território da Polônia e da Alemanha aberto para uma invasão; ou poderia ele mesmo promover uma. Ele só poderia interpretar a mensagem de Alexandre como um insulto, "um desafio de mau gosto", como afirmou o historiador britânico William Hazlitt.[2] Contudo, ele a viu mais como uma bravata do que como uma demonstração de convicção. Assim, enviou o comissário Lauriston a São Petersburgo instruindo-o a ir ao quartel-general do tsar em Vilna para uma última tentativa.

Napoleão não temia uma guerra contra a Rússia. "Nunca uma expedição contra eles teve o sucesso tão garantido", disse ele a Fain, observando que todos os seus antigos inimigos eram agora seus aliados. É verdade que ele acabara de receber uma resposta um tanto desencorajadora para sua proposta de aliança com a Suécia. Todavia, esta fora apenas uma proposta verbal, e ele presumia que, ao invadir a Rússia, a Suécia não poderia resistir à oportunidade de recuperar a Finlândia. "Nunca um conjunto tão favorável de circunstâncias se apresentará novamente; sinto-o me atraindo, e, se o imperador Alexandre insistir em rejeitar minhas propostas, atravessarei o Niemen!"[3]

Ele adotou um tom confiante, e até mesmo orgulhoso. "Antes mesmo que se passem dois meses, Alexandre implorará pela paz", declarou. "Os grandes proprietários de terras o forçarão." Ele fez pouco caso dos avisos de Narbonne de que essa campanha seria difícil de vencer devido à natureza especial da nação e do terreno. "Os povos bárbaros são ingênuos e supersticiosos", afirmou. "Um golpe que abale o coração do império em Moscou, a grande Moscou, a sagrada Moscou, me entregará num instante toda a massa cega e indefesa."[4] "Mas seus planos continuavam perigosamente confusos, já que ele sequer estava perto de definir seus objetivos. "Meu empreendimento é um daqueles nos quais a paciência triunfa. Abrirei a campanha com a travessia do Niemen, e ela terminará em Smolensk e Minsk. É lá que pararei. Construirei fortificações nesses dois pontos e, em Vilna, estabelecerei meu quartel-general durante o próximo inverno, e passarei a trabalhar na organização da Lituânia, que deseja ardentemente ser libertada do jugo russo. Esperarei, e então veremos quem de nós se cansará primeiro: eu, fazendo meu Exército viver à custa da Rússia, ou Alexandre, alimentando meu Exército à custa de seu país. Eu posso muito bem passar os meses mais difíceis do inverno em Paris." Por fim, se Alexandre não pedisse a paz naquele ano, Napoleão empreenderia outra campanha em 1813 no coração do império. "Trata-se, como eu já lhe disse, apenas de uma questão de tempo", assegurou a Metternich.[5]

Napoleão parecia formular um plano diferente para cada interlocutor. "Se eu invadir a Rússia, talvez eu vá até Moscou", ele escreveu nas instruções para um de seus diplomatas." Uma ou duas batalhas abrirão a estrada para mim. Moscou é a verdadeira capital do Império. Depois de conquistá-la, acharei lá a paz." Acrescentou que, se a guerra se prolongasse, deixaria o trabalho para os poloneses, reforçados pelos 50 mil franceses e um grande subsídio.[6]

Ainda se recusava a ver Alexandre como um inimigo a ser derrotado, em vez disso pensando nele como um aliado rebelde. Não fosse por isso, ele teria declarado a restauração do Reino da Polônia com suas fronteiras de 1772, promovendo com isso uma insurreição nacional na retaguarda dos Exércitos russos. Ele também poderia ter proclamado a libertação dos servos na Rússia, o que teria gerado intranquilidade em todo o país. Isso teria reduzido o Império Russo a um estado tão grande de caos que

Alexandre não seria capaz de organizar uma defesa eficaz, e Napoleão poderia marchar como quisesse com suas tropas sobre a Rússia. No entanto, ele desejava fazer Alexandre submeter-se novamente com o mínimo possível de desagrados e danos. "Guerrearei contra Alexandre com toda a cortesia, com 2 mil armas e 500 mil soldados, sem dar início a uma insurreição", disse ele a Narbonne em março.[7]

Narbonne e Maret repetidamente defendiam a ideia de criar um Estado polonês forte que se tornaria um satélite francês e um reduto contra a expansão russa. Napoleão não rejeitava completamente a ideia. Ele de fato tinha de manter os poloneses do seu lado, e precisava preparar — mesmo que não fosse necessário disparar — a arma da insurreição polonesa na Rússia. Em resumo, era preciso manipular e lograr os poloneses, e, para isso, ele deveria enviar um homem inteligente a Varsóvia, um embaixador pessoal não oficial.[8]

Originalmente, ele selecionara Talleyrand para o propósito, mas, devido a algumas razões diplomáticas, sua escolha agora era o *abbé* de Pradt, arcebispo de Mechelen, "um sacerdote mais ambicioso do que perspicaz, e mais vaidoso do que ambicioso" — como o descreveu um contemporâneo. Pradt havia sido útil para Napoleão no passado, mas não inspirava nem confiança nem respeito, além de não possuir as qualidades necessárias para o trabalho. Ele foi descrito por um dos poloneses com quem trabalhou como "um nada, sem um mínimo de dignidade", que amava intrigas e dava a impressão de desprezar Napoleão. Contudo, se alguém poderia ter feito um trabalho melhor diante das circunstâncias é outra questão. Napoleão deixou claro para Pradt que ele deveria encorajar os poloneses a anunciar sua intenção de promover a ressurreição do Estado polonês e dar início a uma insurreição nacional, sem se comprometer ou ao seu mestre imperial a apoiá-los.[9]

Napoleão chegou a refletir sobre a questão de quem colocar no trono polonês se decidisse restaurar o reino. Seria um lugar importante demais para o volátil Murat ou o inexperiente príncipe Eugène, ambos os quais acreditavam estar aptos ao trabalho. Ele considerou o marechal Davout, que era um bom soldado e administrador, além de popular entre os poloneses, mas o exemplo de Bernadotte levantava questões sobre sua lealdade no futuro. Um de seus irmãos poderia ser uma escolha melhor nas circunstâncias. "Colocarei Jérôme no trono. Criarei um excelente reino para ele", disse Napoleão a Caulaincourt. "Mas ele terá que concretizar algo, pois os poloneses gostam de glória. "Assim, ele colocou Jérôme no comando de uma Divisão do Exército e lhe deu ordens para ir para Varsóvia, onde deveria conquistar o amor dos poloneses. Napoleão não poderia ter feito uma escolha pior.

Jérôme fez uma entrada régia na capital polonesa e anunciou que fora para derramar seu sangue pela causa polonesa no espírito dos antigos cruzados. Os poloneses acharam-no autoritário e ridículo, e não demorou muito para que todo tipo de histórias maliciosas sobre ele estivesse circulando, incluindo uma relatando que ele tomava um banho de rum todas as manhãs e um de leite todas as tardes. Sua divisão, composta de tropas alemãs, comportava-se de forma abominável, assim como seu comandante francês, general Vandamme, que demonstrava seu desprezo pelos moradores locais, entre outras coisas, colocando suas botas com esporas e completamente enlameadas sobre os estofados de fina seda ao entrar nos toucadores de Varsóvia. Os poloneses ansiavam por se livrar de Jérôme e de seus soldados indisciplinados.

"Na verdade, o rei da Polônia deveria ter sido Poniatowski", admitiria Napoleão mais tarde, durante seu exílio em Santa Helena. "Ele tinha todos os atributos e todos os talentos." Todavia, na época, o pensamento não lhe ocorreu, visto que sua mente se encontrava perturbada por considerações urgentes.[10]

Seus Exércitos alcançavam agora as regiões para as quais haviam sido designados, e ele precisava assumir o comando. Então, depois de 13 dias em Dresden, onde nada resolvera nada, ele entrou em sua carruagem de viagem, um cupê amarelo puxado por seis cavalos. Seu mameluco Roustan subiu a bordo na cabine do lado do coche, e Berthier instalou-se no interior da carruagem com Napoleão.

O veículo era adaptado para suprir todas as necessidades do imperador, e para permitir-lhe fazer o melhor uso de seu tempo. Ele seria transformado em um escritório temporário, com um tampo de mesa equipado com tinteiros, papéis e penas, gavetas para guardar papéis e mapas, prateleiras para livros e uma luz que lhe permitiria ler à noite. Ele poderia também se tornar um *couchette*, com um colchão sobre o qual ele poderia deitar-se, uma bacia, espelhos e uma saboneteira para que ele pudesse fazer sua toalete e não precisasse perder tempo na chegada, além de, naturalmente, um penico.

Um dos batedores dos *Chasseurs à Cheval* da Guarda notou que o imperador levara um longo tempo para se despedir de Marie-Louise, e que havia lágrimas em seus olhos quando ele entrara na carruagem. Contudo, seus sentimentos de ternura logo foram dissipados pelas desagradáveis realidades.[11]

Napoleão atravessou Glogau, na Silésia, em direção à cidade polonesa de Poznań, na qual entrou montado a cavalo sob um arco no qual se lia *Heroi Invincibili*. Toda a cidade foi iluminada e enfeitada com bandeiras e arranjos de flores. Ele inspecionou as unidades da Legião do Vístula, que haviam estado recentemente na Espanha, mas ficou aflito ao ver os recrutas. "Eles são muito jovens", queixou-se para o marechal Mortier. "Quero pessoas capazes de suportar dificuldades; jovens como esses só servem para encher os hospitais." Era verdade. Adolescentes eram soldados fracos, não apenas por serem mais franzinos e passíveis à exaustão e a doenças, mas também porque não podiam se defender sozinhos, sendo facilmente amedrontados e intimidados, o que levava à desmoralização.[12]

Depois de criticar os recrutas, ele compareceu a um baile em sua honra, no qual produziu uma má impressão nos habitantes, dizendo-lhes que queria vê-los calçados com botas esporeadas, e não de sapatilhas. Mas não foi a atitude dos poloneses a raiz do aborrecimento de Napoleão. Ao chegar a Poznań, ele sentou-se com o chefe do comissariado, Pierre Daru, a fim de revisar o aprovisionamento das tropas, e descobriu graves falhas. Quando ele prosseguiu viagem as coisas só pioraram. Ao alcançar Toruń, ficou furioso. Napoleão reclamou amargamente com o general Mathieu Dumas, general intendente encarregado das provisões, afirmando que nenhuma das suas ordens havia sido obedecida.[13]

O mecanismo de fornecimento ao qual ele devotara tanto tempo e reflexão nunca se materializou de fato. "Os meios de transporte, fossem os fornecidos pelas equipes militares do Exército ou os meios alternativos, eram insuficientes em quase todos os lugares", admitiria Dumas. "O imenso Exército, que atravessou as terras prussianas como uma torrente, consumia todos os recursos da terra, e a reserva de provisões não conseguia segui-lo com velocidade bastante." Desde o princípio houvera uma deficiência no número de cavalos de tração, e as consequências tornavam-se mais sérias à medida que o Exército começava a se concentrar na Polônia.[14]

As tropas já haviam despertado para a triste realidade. Para aqueles que não haviam tomado parte na campanha de 1807, havia ainda o elemento da surpresa quanto ao exotismo e ao atraso de várias áreas a leste do Oder. Eles ficavam estupefatos diante do quão vazia era a paisagem e da aglomeração de cegonhas. Henri Pierre Everts, nativo de Roterdã e major do 33º Regimento de Infantaria Ligeira na Divisão de Davout, mal pôde acreditar nos próprios olhos ao contemplar pela primeira vez uma vila polonesa. "Eu parei em choque, e permaneci parado durante algum tempo sobre meu cavalo, observando aquelas cabanas de madeira miseráveis de um tipo desconhecido por mim, a pequena e baixa igreja, também feita de madeira em pranchas, e a aparência esquálida, as barbas e os cabelos sujos dos habitantes, entre os quais os judeus pareciam extraordinariamente repulsivos; tudo isso produzia algumas reflexões amargas sobre a guerra que estávamos prestes a travar naquele país."[15]

A carne e as batatas lavadas com cerveja ou vinho com a qual eles haviam se acostumado na marcha através da França e Alemanha foram substituídas por um mingau de fagópiro, e o melhor que eles podiam achar para beber era vodca de péssima qualidade, hidromel ou *kwas*, feitos com pão fermentado. Mesmo essas bebidas tinham que ser compradas — a maioria a preços elevados — dos judeus que enxameavam à sua volta em cada cidade e vila. A comunicação era feita através de uma variedade de termos expressos franceses, alemães e em latim.

"Até aquela altura, nossa marcha não havia sido mais que um passeio agradável", escreveu um pesaroso Julien Combe, tenente no 8º de *Chasseurs à Cheval*.[16]

Daquele ponto em diante, ela se tornaria um suplício.

A Prússia Oriental e a Polônia não eram nem ricas nem tão bem cultivadas quanto a maior parte da Europa Ocidental. O Bloqueio Continental diminuíra a quantidade de terras cultivadas, já que grande parte da produção era anteriormente exportada, e perdera grande parte de seus mercados em resultado do Bloqueio. Os produtos de exportação tradicionais — tais como a madeira, a potassa, o cânhamo e outros — haviam sido cortados de seus mercados. Para piorar a situação, houvera uma seca terrível no ano anterior, e a colheita não tivera sucesso. Isso significava que os proprietários de terra haviam sido obrigados a usar suas reservas de grãos e forragem apenas para a própria subsistência e a de seus lavradores, de forma que havia escassez de grãos para a semeadura na primavera de 1812. Os camponeses mais pobres comiam pães feitos de bolota e da casca da bétula, e tiravam palha dos telhados a fim de alimentar os cavalos e o gado.[17]

A necessidade de levantar um exército quase duas vezes maior do que seu território e sua população poderiam, na realidade, suprir ou sustentar extenuou a economia e a administração. O governo do grão-ducado de Varsóvia estava falido, e nenhum oficial era pago já havia oito meses.

"As dificuldades que sofríamos pareciam tão terríveis que as coisas não poderiam ficar piores", escreveu a esposa do prefeito de Varsóvia a um amigo no final de março de 1812. "Mas acontece que as coisas podem ficar piores, e não há limites para isso."[18]

As coisas, de fato, pioraram muito, à medida que centenas de milhares de homens e cavalos famintos inundaram toda a área.

Diante da ausência do fornecimento de provisões, militares ou de outro tipo, as tropas pegavam aquilo de que precisavam onde quer que o encontrassem. Giuseppe Venturini, um tenente piemontês da 11ª Brigada de Infantaria Ligeira, lamentava-se pelo fato de que, quando recebeu ordens para partir a fim de requisitar provisões, "reduziu duzentas ou trezentas famílias à miséria". Como os habitantes locais recusavam-se a vender ou dar o que ainda impedia que eles passassem fome, as tropas pegavam-no à força. O sistema francês de aprovisionamento transformou-se facilmente em pilhagem.[19] A partir daí, as coisas pioraram rapidamente.

"Os franceses destroem mais do que pegam ou desejam pegar", observou o capitão de 18 anos do 5º Regimento polonês de Rifles Montados. "Nas casas, eles quebram tudo que podem. Incendeiam celeiros. Onde quer que haja um milharal, eles cavalgam no meio dele, pisoteando mais do que usam para se alimentar, sem pensar no fato de que em duas horas seu próprio Exército virá à procura de forragem." A situação se agravava pela constituição multinacional do Exército, já que não havia um senso de orgulho nacional ou responsabilidade de conter homens que marchavam sob uma bandeira estrangeira. Todos culpavam outra nacionalidade, e os poloneses roubavam seus próprios compatriotas.[20]

Um oficial polonês viajando para juntar-se ao Exército viu-se atravessando uma paisagem devastada: todas as janelas estavam quebradas, todas as cercas haviam sido arrancadas para serem usadas como lenha, muitas casas encontravam-se quase demolidas; carcaças de cavalos, assim como cabeças e peles do gado abatido, estavam espalhadas pela estrada, sendo roídas por cachorros e beliscadas por abutres; as pessoas fugiam ao ver qualquer cavaleiro usando um uniforme.

"Sentíamo-nos como se estivéssemos seguindo fugitivos, e não um Exército", escreveu um oficial bávaro que seguia o rastro da Divisão do príncipe Eugène, chocado pelo número de cavalos mortos e carroças abandonadas espalhados pela estrada.[21]

A situação não era melhor na Prússia Oriental, onde animosidades nacionais violentas também entraram em cena. Até mesmo tropas de outras partes da Alemanha acharam a atmosfera hostil, e retardatários eram atacados pelos habitantes locais. Os soldados correspondiam. O holandês Jef Abbeel e seus camaradas tiravam toda a vantagem de sua posição para mostrarem o que pensavam dos prussianos.

"Nós os forçávamos a abater todos os animais que julgávamos necessários para o nosso sustento", escreve ele. "Vacas, carneiros, gansos, galinhas, todos! Exigíamos álcool, cerveja, licor. Alojávamo-nos em vilas e, já que apenas as cidades possuíam lojas, às vezes exigíamos que os habitantes locais viajassem três ou quatro horas para satisfazer as nossas necessidades. E eles seriam agradecidos, ao retornar, com bofetadas se não conseguissem obter tudo que havíamos exigido. Eles tinham que dançar conforme a nossa música, ou apanhariam!"[22]

O ano teve início com frio, o que significava o atraso da colheita. "Éramos obrigados a cortar a grama dos prados, e, quando não havia nenhuma, colher milho, cevada e aveia que acabavam de brotar", escreveu o coronel Boulart da artilharia da Guarda. "Fazendo isso, tanto destruíamos a safra quanto condenávamos nossos cavalos à morte, dando-lhes o pior alimento possível para as marchas e trabalhos forçados aos quais os submetíamos a cada dia."[23]

Alimentados com cevada e aveia verdes, os cavalos eram acometidos por fortes cólicas e morriam aos montes.

Sem pães, carne ou vegetais, os homens, particularmente os recrutas mais jovens, adoeciam e morriam em números alarmantes. Muitos procuravam a salvação desertando e retornando às pressas para casa. Outros, preferindo se libertar mais rapidamente dos sofrimentos da fome e das incertezas que tinham pela frente, apontavam o mosquete para a cabeça e se suicidavam. Um major do 85º Regimento de Infantaria da Divisão de Davout queixou-se por ter perdido o quinquagésimo recruta ao alcançar a fronteira russa.[24]

Por ter viajado na frente, Napoleão não viu o pior. Antes de deixar Poznań, ele escrevera para Marie-Louise dizendo que estaria de volta em três meses; ou o tsar perderia a coragem ao avistar a *Grande Armée* aproximando-se da fronteira, ou ele seria derrotado em uma rápida batalha. Napoleão agora tinha pressa. Ele apressou-se em direção a Danzig, movendo-se tão rapidamente que deixou a maior parte de sua equipe doméstica para trás, chegando lá em 8 de junho. Ele inspecionou as tropas e os suprimentos, acompanhado pelo governador militar, general Rapp. Em Danzig, ele também encontrou o marechal Davout, comandante da 1ª Divisão, e seu cunhado Joaquim Murat, rei de Nápoles.

Seria difícil reunir dois personagens mais diferentes. Luis-Nicholas Davout era um ano mais novo que Napoleão. Ele vinha de uma antiga família borgonhesa, que tinha suas raízes nas Cruzadas, e era o mais devotado, assim como o mais competente, marechal do imperador. Ele era rígido e exigente, um severo capataz para aqueles que serviam sob seu comando, temido e antipatizado pela maioria de seus companheiros, mas amado por seus soldados, pois, a fim de tirar o máximo deles, ele assegurava-se de que eles tivessem tudo aquilo de que precisavam e não se esgotassem com tarefas desnecessárias.

Joaquim Murat, que era três anos mais velho que Davout, era diferente em todos os sentidos. Filho de um estalajadeiro gascão de Cahors, ele estudara para o sacerdócio em um seminário de Toulouse antes de fugir para juntar-se ao Exército. Embora dotado de certa astúcia, ele não era inteligente, o que lhe permitia ser absurda e imprudentemente bravo mesmo não tendo coragem de verdade. Ele era, nas palavras de Napoleão, "*an imbecille* [*sic*] sem capacidade de julgamento". Contudo, no campo de batalha, ele era um cavaleiro e comandante brilhante por instinto. Murat também era devotado a Napoleão. Ele casara-se com a irmã do imperador, Caroline, e em 1808 fora feito rei de Nápoles.[25]

Em Danzig, Napoleão explicou a Davout e Murat que papel eles teriam em seus planos. Murat comandaria a grande unidade de cavalaria, um grande aríete, cujo número nominal era de 40 mil homens, e que deveria liderar o ataque. Napoleão queria lutar e derrotar os russos o mais rápido possível, de forma que decidiu atacá-los num local onde eles poderiam sentir-se fortes o bastante para resistir, o que significava empreender um ataque frontal em Vilna. Ele atacaria o Primeiro Exército de Barclay, usando a 1ª Divisão de Davout, de 70 mil homens, flanqueada ao norte pela 3ª Divisão de Ney, de 40 mil, e apoiada na parte posterior pela Guarda, que possuía cerca de 40 mil homens. A 4ª Divisão do príncipe Eugène e a 6ª de Saint Cyr — que totalizavam 67 mil italianos, bávaros e croatas, assim como franceses — avançariam para o sul na investida, formando um obstáculo entre Barclay e Bagration. Mais ao sul, Jérôme deveria avançar contra Bagration com outras três unidades — a 5ª polonesa, a 7ª saxônica e a 8ª vestfaliana —, totalizando 60 mil homens. Ao norte, a 10ª Divisão do marechal Macdonald, composta por prussianos e franceses, atravessaria o Niemen em Tilsit e avançaria para Riga, enquanto a 2ª Divisão de Oudinot apoiaria tanto a ele quanto a força de ataque principal atacando o flanco direito de Barclay. Ao sul das marismas de Pripyat, os austríacos de Schwarzenberg seriam os responsáveis pelo Terceiro Exército de Tormasov.

É impossível fazer afirmações precisas quanto aos números. No papel, as forças de invasão eram compostas por um total de 590.687 homens e 157.878 cavalos, enquanto o número total das tropas francesas e aliadas espalhadas através de todo o palco das operações — incluindo a Polônia e a Alemanha — consistia em 678 mil homens. Entretanto, esses cálculos envolvem muitas questões.[26]

Os números de um Exército já posicionado, como os russos haviam feito ao longo dos meses anteriores, podem ser estabelecidos de forma bastante acurada, já que as unidades se encontram concentradas em um único local e há poucas razões e um pequeno escopo para que qualquer um se ausente por mais do que algumas horas, seja para levar informações ao quartel-general ou para apanhar provisões. Contudo, um exército em movimento é muito mais volátil.

Seja qual for a capacidade técnica de qualquer unidade em campanha, ela nunca está concentrada em um único local, ou sequer uma única área, ao mesmo tempo. Ela sempre deixa uma força básica, algumas vezes todo um batalhão, em seu posto; não se move uniformemente de um local para outro: sua dianteira desloca-se à frente com velocidade, deixando o corpo principal e a retaguarda para trás, os quais ocasionalmente a alcançam, mas apenas para serem mais uma vez deixados para trás, tal como numa grande centopeia; sempre deixa para trás pelotões ou agrupamentos menores para guardarem, defenderem ou policiarem as áreas. Os números variam todos os dias, quase sempre diminuindo.

Uma companhia de 140 homens marcha de uma cidade A para uma cidade B. Na manhã em que estão partindo, três dos homens encontram-se muito doentes para conseguirem marchar, então são deixados para trás, sob os cuidados de um cabo e dois serventes. Além disso, um dos quatro cavalos do capitão está coxo e outro se encontra sem condições de prosseguir, sendo ambos também deixados na cidade A. Finalmente, o eixo de uma das *caissons* de munição ou de uma carroça de bagagem está quebrado, e permanece na cidade A para ser consertado por dois outros homens. Um homem esqueceu-se de fazer a chamada para a lista de presença da companhia antes de partirem. Ao longo do caminho, oito homens se afastam para procurar suprimentos, seguindo para a zona rural com duas carroças. Outros dez homens ficam para trás no curso da jornada de 25 quilômetros daquele dia, e, tendo a roda de outra carroça quebrado, dois outros homens interrompem a marcha a fim de consertá-la. À tarde, a companhia, que possuía uma capacidade técnica de 140 homens, pode reunir apenas 110 no mesmo local. Ademais, essa redução ocorreu sem que fosse necessária a intervenção de doenças, do clima ou do inimigo. Essa dificuldade seria provavelmente maior no caso de um esquadrão de

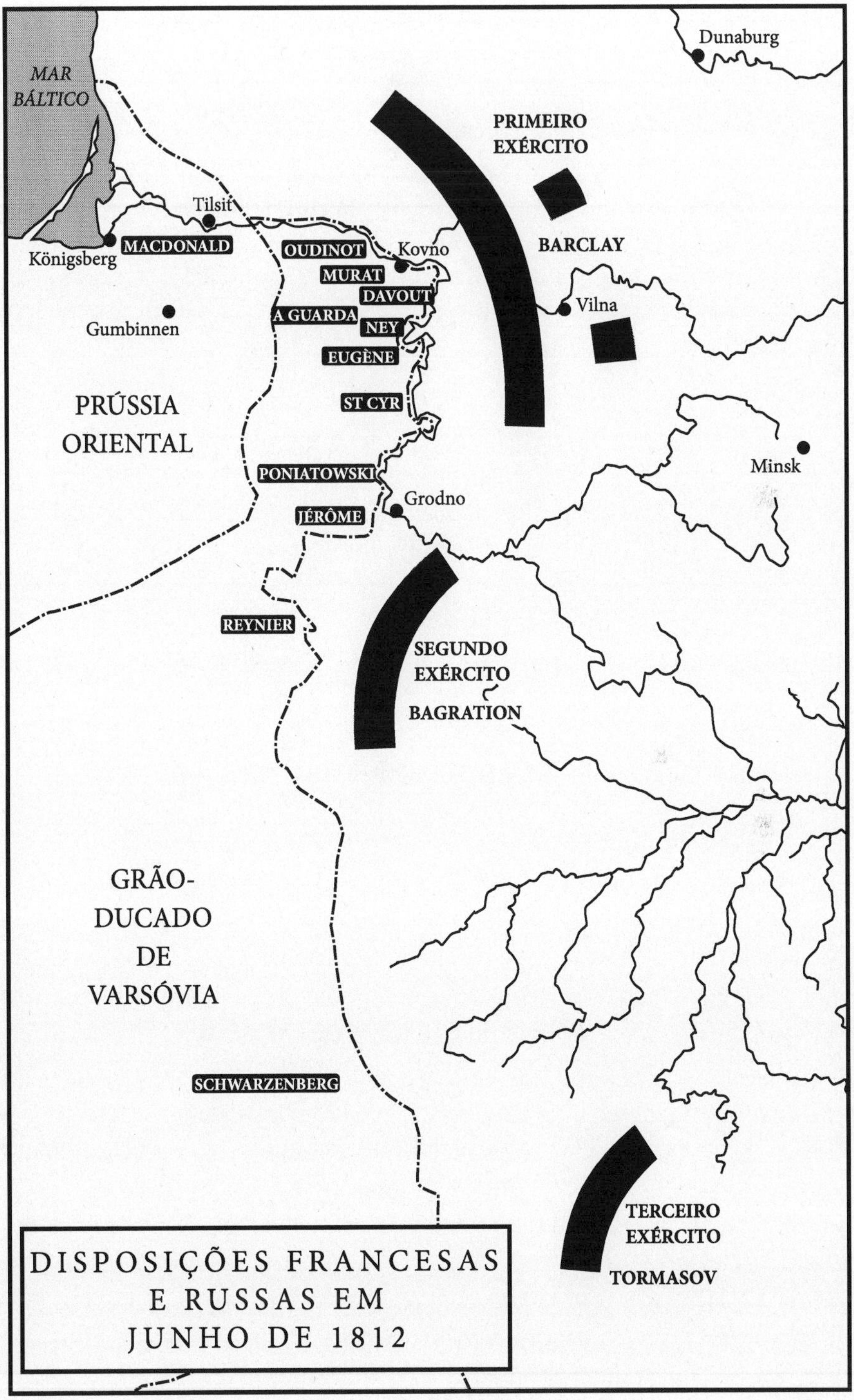
MAR BÁLTICO
Dunaburg
PRIMEIRO EXÉRCITO
BARCLAY
Tilsit
Königsberg
MACDONALD
OUDINOT
Kovno
MURAT
DAVOUT
A GUARDA
NEY
Vilna
Gumbinnen
EUGÈNE
ST CYR
PRÚSSIA ORIENTAL
Minsk
PONIATOWSKI
Grodno
JÉRÔME
REYNIER
SEGUNDO EXÉRCITO
BAGRATION
GRÃO-DUCADO DE VARSÓVIA
SCHWARZENBERG
TERCEIRO EXÉRCITO
TORMASOV
DISPOSIÇÕES FRANCESAS E RUSSAS EM JUNHO DE 1812

cavalaria, no qual a coxeadura e as assaduras também influíam. Além disso, não há estimativas para o número de deserções, que são muito mais fáceis na movimentação do que numa posição fixa, e que aumentam à medida que um exército se afasta de sua terra.* Alguns dos que são deixados para trás mais tarde alcançam as tropas, mas quanto mais rápido um exército se movimenta, menos conseguem, de forma que a lacuna entre os que o alcançam e os que se afastam aumenta. Se a mesma companhia tiver que fazer uma marcha forçada durante três dias para lutar no quarto, seu capitão terá sorte se conseguir levar mais da metade de sua capacidade inicial para a batalha — em menos de uma semana depois de partir.

O montante obtido através da soma dos números oficiais das unidades que compõem um Exército serve, portanto, apenas para dar uma ideia grosseira da situação real. É geralmente aceito que o contingente da *Grande Armée* durante a invasão da Rússia totalizava cerca de 450 mil homens, mas essa estimativa é baseada em dados teóricos, e a realidade certamente era muito diferente.

Em 14 de junho, Napoleão deu uma ordem para os comandantes de todas as divisões insistindo que eles fornecessem informações honestas sobre os números dos saudáveis, dos doentes e dos desertores, assim como dos mortos e feridos. "Deve-se deixar claro para as divisões individuais que estas devem considerar um dever para com o imperador apresentar-lhe apenas a mais pura verdade", afirmava a ordem.[27]

Essa advertência foi ignorada. "Ele foi enganado da forma mais ultrajante", escreveu o general Berthèzéne, da Jovem Guarda. "Do marechal ao capitão, era como se todos tivessem se unido para esconder a verdade dele, e, embora tácita, essa conspiração de fato existia, pois provinha do interesse próprio." Napoleão sempre ficava enfurecido ao receber números que indicavam redução, particularmente quando esta não podia ser justificada por baixas de batalha, de forma que os responsáveis simplesmente escondiam as perdas dele. Berthèzéne prosseguia afirmando que a Guarda, cujo contingente era normalmente apresentado como sendo de 50 mil homens, nunca possuiu mais de 25 mil ao longo de toda a campanha; que o contingente bávaro, tido como sendo de 24 mil homens, nunca foi maior que 11 mil; e que toda

*A deserção era fácil e comum, como mostram as *Mémoires d'un vieux deserteur*, de J. Steininger. Ele era filho de um desertor de Württemberg, e serviu, sucessivamente, sob as bandeiras dos seguintes países, desertando todas as vezes: Piemonte, Inglaterra, Prússia, Holanda, Áustria, Bavária, Piemonte novamente, Nápoles, Córsega e França.

a *Grande Armée* não possuía mais de que 235 mil ao atravessar o Niemen. Podem-se questionar suas estimativas, mas não seus argumentos, que são apoiados por outros.[28]

As estimativas russas do potencial do Exército francês àquela altura eram muito inferiores aos cálculos geralmente aceitos — curiosamente muito próximos aos de Berthèzéne —, o que tem surpreendido os historiadores e levado a acreditar que os russos possuíam um serviço secreto muito fraco. Contudo, talvez a explicação para isso esteja no fato de que, enquanto os cálculos franceses se baseavam nos números oficiais, as estimativas russas provinham de relatórios de espiões; é possível que esses relatórios fossem mais precisos com relação aos números reais das tropas do que os cálculos baseados nos números que estavam no papel.

Seria imprudente tentar afirmar algo com exatidão, mas uma estimativa coerente não passaria de três quartos ou até menos de dois terços de 450 mil no que diz respeito aos que atravessaram o Niemen na primeira leva, e o restante — se é que eles vieram a reunir-se novamente com o Exército principal — possuía inúmeras lacunas deixadas pelos que, por um motivo ou outro, não prosseguiram. Ao mesmo tempo, seria difícil superestimar os números dos civis no encalço do Exército, e uma estimativa de 50 mil certamente seria a escolhida pelo lado conservador.

Tendo definido seus planos, Napoleão deu início às providências para pô-los em ação. A velocidade seria essencial. Ele queria alcançar o Exército russo antes que este tivesse tempo de retirar-se ou se concentrar. A velocidade seria fundamental também por razões logísticas: com a quantidade disponível de provisões, a *Grande Armée* teria que se apressar. Ele contava ser capaz de confrontar e derrotar o Exército russo dentro de três semanas, não vendo possibilidade de levar consigo mantimentos para um período mais longo.

De Danzig ele seguiu apressadamente para Marienburg, Elbing e Königsberg. A cada parada ao longo da frenética jornada, ele inspecionava as tropas, os arsenais e os depósitos de suprimentos. Durante os quatro dias que passou em Königsberg, ele inspecionou os armazéns e os estaleiros, já que, tendo visto com os próprios olhos o estado das estradas locais e observado a escassez de animais de tração, havia decidido despachar a maior quantidade possível de suprimentos Niemen acima e pelo seu afluente, o Vilia, para que o alcançassem quando ele tivesse ocupado Vilna.

Já que a possibilidade de encontrar provisões ao longo do caminho era pequena, ele deu ordens para que cada soldado carregasse consigo uma ração de pães e biscoitos para quatro dias na mochila, e cada regimento levasse uma ração de farinha para 20 dias em suas carroças. Entretanto, essas ordens só teriam o resultado esperado em terras férteis o bastante, tornando-se inúteis onde não havia nada para ser extraído.

Em 22 de junho, o general Deroy — um guerreiro esplêndido que já se encontrava na casa dos 80 anos, possuía mais de 60 anos de serviço militar e logo morreria em batalha comandando uma das subdivisões bávaras — reportou ao seu monarca que não via como eles poderiam sobreviver. "Eu estou ansioso para ser morto", escreveu um jovem soldado para os pais na França, "pois estou morrendo enquanto marcho."[29]

Ao ver pessoalmente a pobreza das redondezas, Napoleão deu ordens para que as unidades da força de ataque principal sob seu comando fizessem um confisco de última hora e tomassem o que pudessem de provisões antes de partir. Assim, os desafortunados habitantes da Prússia Oriental descobriam repentinamente que suas carroças haviam sido levadas com tudo que se encontrava à vista. Napoleão ignorou as reclamações que chegavam a ele de todas as partes sobre a falta de mantimentos e a redução das forças. De qualquer forma, não havia nada que ele pudesse fazer — exceto derrotar os russos o mais rápido possível —, e ele confiava em sua extraordinária habilidade de alcançar o que queria mesmo diante de obstáculos aparentemente insuperáveis.

No dia 16 de junho, ele escreveu para "Quiouquiou" — como o rei de Roma chamava sua tutora, a condessa de Montesquiou — agradecendo-a por informar que quase todos os dentes de seu filho já haviam nascido. Dois dias depois, ele recebeu uma carta de Marie-Louise afirmando que não estava grávida, como a sugestão de um de seus cortesãos levara-o a acreditar. Napoleão registrou seu desapontamento e a esperança de que eles pudessem corrigir aquilo no outono. Ele escrevia para ela diariamente bilhetes curtos, rabiscados sem maiores cuidados com a ortografia e de conteúdo notavelmente banal. "Eu estou frequentemente montado a cavalo, e isso não está me fazendo bem", informou-lhe em 19 de junho.[30]

No dia seguinte, em Gumbinnen, chegou a ele um mensageiro da embaixada francesa em São Petersburgo com a informação de que o tsar se recusara a conceder uma audiência a Lauriston e o proibira de viajar para Vilna. Ele e os representantes diplomáticos dos vários estados aliados haviam sido instruídos a solicitar seus passaportes, o que significava uma declaração de hostilidades.

O sistema de propaganda de Napoleão — os *Bulletins de la Grande Armée*, que apresentavam às suas tropas e ao mundo sua versão dos eventos — entrou em ação. O primeiro boletim da campanha detalhava seus longos e diligentes esforços para manter a paz, e lembrava ao mundo a generosidade com que ele tratara os russos derrotados em 1807; tudo em vão. "Os vencidos adotaram um tom de conquistadores", anunciava o boletim. "Eles estão desafiando o destino; deixemos que o destino siga seu curso." Ele anunciou aos seus soldados que eles logo teriam de lutar. "Prometo-lhes e dou-lhes a minha palavra imperial de que esta será a última vez, e que vocês logo poderão retornar ao seio de suas famílias."[31]

As três divisões — a de Davout, a de Ney e a de Oudinot — que deveriam atravessar o Niemen primeiro, junto à cavalaria de Murat, se concentravam na região não muito acima do mar entre Wyłkowyszki e Skrawdzeń, ocultas por trás da elevada margem esquerda do rio. O calor do verão era intenso, e tornava-se mais insuportável para os homens que marchavam por causa das nuvens de poeira levantadas pelas centenas de milhares de pés e cascos de cavalo. Em 22 de junho, Napoleão partiu de Wyłkowyszki, passando pelas colunas em marcha, tendo alcançado Skrawdzeń ao anoitecer. Ele jantou no jardim da casa paroquial, e perguntou ao padre se ele rezava por ele ou por Alexandre, ao que o homem respondeu: "Por Vossa Majestade." "E assim deve, como polonês e como católico", respondeu Napoleão, deliciado com a resposta.[32]

Por volta das 11 horas, ele voltou à sua carruagem, que partiu em direção ao Niemen, passando pelos grandes acampamentos da infantaria de Davout e da cavalaria de Murat, que haviam recebido instruções para permanecer fora do alcance da visão. Ele não queria que os russos que patrulhavam a outra margem do rio vissem um único uniforme francês, e apenas as patrulhas polonesas, com cuja presença os russos já haviam se acostumado, receberam permissão de ficar à vista.

Já havia passado bastante da meia-noite quando a carruagem de Napoleão entrou no acampamento do 6º Regimento polonês de lanceiros. Ele saiu, trocando seu famoso chapéu e seu sobretudo pelo chapéu e sobretudo de um lanceiro polonês, e fez Haxo, general dos engenheiros, Berthier e Caulaincourt fazerem o mesmo antes de montar e partir, escoltados por um pelotão de lanceiros. Napoleão entrou em uma vila, onde ele e Haxo podiam, de uma casa e sem serem notados, observar a cidade de Kovno do outro lado do rio através de seus telescópios. Depois, ele cavalgou por toda a margem, procurando o melhor lugar para atravessar. Enquanto cavalgava a todo galope, uma lebre passou repentinamente correndo bem à frente do seu cavalo, assustando-o e fazendo com que Napoleão fosse lançado ao chão. Ele levantou-se imediatamente e voltou a montar sem dizer uma palavra.

Caulaincourt e outros de seu cortejo ficaram surpresos: normalmente, Napoleão teria lançado uma série de imprecações ao cavalo, à lebre e ao terreno, mas daquela vez ele agiu como se nada houvesse acontecido. "Nós faríamos bem se não atravessássemos o Niemen", disse Berthier a Caulaincourt. "Essa queda foi um mau presságio." O próprio Napoleão deve ter sentido o mesmo. "O imperador, que costumava ser tão alegre e cheio de ardor quando suas tropas estavam executando uma manobra importante, permaneceu muito sério e preocupado pelo resto do dia", escreveu Caulaincourt.[33]

Napoleão passou a maior parte do dia, 23 de junho, trabalhando na tenda que havia sido erguida para ele. O imperador parecia deprimido, e seu cortejo aparentemente refletia isso, mantendo um silêncio que muitos posteriormente interpretariam como um sinal de mau agouro. Mas é possível que isso seja apenas uma visão retrospectiva. "Apesar do futuro incerto, havia entusiasmo, muito entusiasmo", relembrar-se-ia o coronel Jean Boulart, da artilharia da Guarda. "A confiança do Exército no gênio do imperador era tamanha que ninguém sequer sonhava que a campanha pudesse acabar mal."[34]

Entre outras coisas, Napoleão estava trabalhando em uma proclamação que leria para suas tropas na manhã seguinte:

> *Soldados! A Segunda Guerra Polonesa teve início. A primeira terminou em Friedlândia e Tilsit; em Tilsit, a Rússia jurou uma aliança eterna com a França e guerra à Inglaterra. Ela agora viola suas promessas. Ela se nega a dar uma explicação para seu estranho comportamento, a menos que as águias francesas se retirem da região além do Reno, assim deixando nossos aliados à sua mercê. A Rússia está desafiando o destino! E ela encontrará seu destino. Pensará ela que nós nos tornamos degenerados? Não somos nós mais os soldados de Austerlitz? Ela nos forçou a escolher entre a desonra e a guerra. Não pode haver dúvidas quanto à nossa escolha, então avancemos! Atravessemos o Niemen! Levemos a guerra ao território dela. A Segunda Guerra Polonesa será gloriosa para as tropas francesas, assim como o foi a primeira; mas a paz que concluiremos será duradoura, e porá um fim na influência arrogante que a Rússia tem exercido nos assuntos da Europa ao longo dos últimos 50 anos.*[35]

Ao ser lida na manhã seguinte, a proclamação seria recebida com gritos entusiasmados de "*Vive l'Empereur!*". Alguns ficaram indiferentes, mas, de acordo com Étienne Labaume — um oficial do Estado-Maior do príncipe Eugène que detestava Napoleão —, ela "incitou o ardor de nossos soldados, sempre prontos a ouvir qualquer coisa que elogiasse sua coragem". "Suas palavras", afirmou Boulart, "tiveram um efeito poderoso sobre a imaginação de todos e despertaram todas as ambições." "Foi tão belo que eu quase memorizei", recordar-se-ia um cirurgião militar então com 18 anos de idade.[36]

Às 6 horas daquela noite, Napoleão montou e cavalgou mais uma vez para a margem do rio. Ele passou as seis horas seguintes primeiro fazendo o reconhecimento da área e depois observando as três companhias do 13º Regimento de Infantaria Ligeira que às 10 horas atravessavam silenciosamente o rio em barcos e se dispersavam em direção ao outro lado, enquanto o general Jean-Baptiste Eblé e seus homens davam início à construção de três pontes flutuantes. Uma patrulha de hussardos russos cavalgou em direção aos soldados de infantaria, e seu oficial desafiou-os com a indagação em francês. "*Qui vive?*" Não era uma noite particularmente escura, mas era difícil distinguir os uniformes. "*France!*", foi a resposta. "O que vocês estão fazendo aqui?", gritou o russo, mais uma vez em francês. "Fo...se,* nós mostraremos!", gritaram eles de volta, disparando uma saraivada de tiros que acabaram com os hussardos.

O som dos tiros irritou Napoleão, já que ele esperara manter seus movimentos ocultos aos russos pelo máximo de tempo possível. Ele cavalgou de volta para sua tenda a fim de dormir duas horas, mas às 3 horas da manhã estava de volta à sela, montando um cavalo de nome "Friedlândia", batizado em homenagem à sua vitória sobre os russos. De madrugada, as três pontes estavam prontas, e a Subdivisão do general Morand — a primeira da Divisão de Davout — já estava do outro lado, pronta para dar cobertura à travessia da cavalaria de Murat.

Napoleão acomodou-se sobre uma colina onde os sapadores da Guarda haviam construído para ele um pequeno caramanchão e um banco feito de galhos. Dali, ele supervisionava a cena, algumas vezes usando o telescópio que segurava com a mão direita, enquanto a esquerda permanecia atrás das costas. Não havia mais nenhum sinal da preocupação do dia anterior, e ele parecia feliz, ocasionalmente assobiando marchas militares enquanto observava o que uma testemunha chamou "o mais extraordinário, o mais

*Os diaristas do período invariavelmente demonstravam resistência em escrever certas palavras.

grandioso, o mais imponente espetáculo que alguém poderia imaginar, uma visão capaz de entorpecer um conquistador".[37]

"O exército usava uniformes completos, e do topo da colina onde o imperador se encontrava era possível vê-lo atravessar as três pontes sobre o Niemen em perfeita ordem", relembrar-se-ia Nicolas Louis Planat de la Faye, um ajudante de ordens que se encontrava próximo a Napoleão. As unidades marchavam, uma após a outra, convergindo de direções diferentes, sobre as elevações que dominavam a margem esquerda do Niemen. Depois, elas desciam para atravessar as três pontes sobre o rio, posicionando-se na plana margem direita. "Cada regimento marchava logo atrás de sua banda, cujas trombetas se misturavam aos gritos de '*Vive l'Empereur*'!" Já que não havia tropas inimigas para enfrentar, a imagem mais lembrava um imenso desfile militar.[38]

"Todos os melhores homens vestindo uniformes completos, todos os mais belos cavalos da Europa, foram reunidos ali, sob nossos olhos, em volta do ponto central que ocupávamos", escreveu Louis Lejeune, chefe do Estado-Maior de Berthier. "O sol luzia no bronze de 1.200 canhões prontos para destruírem tudo; luzia nos peitos de nossos soberbos carabineiros, com seus capacetes dourados e crinas escarlates; brilhava no ouro, na prata, no aço temperado dos capacetes, dos peitorais, das armas dos homens e dos oficiais e em seus esplêndidos uniformes." Os homens deleitavam-se com a sensação compartilhada de poder. Alguns pensavam em César, outros, nos cruzados. "Ninguém duvidava do sucesso da operação; e, contemplando os recursos que sua vontade reunira, nossos corações batiam com alegria, orgulho e vanglória, fazendo-nos sonhar e sorrir diante deste futuro sucesso", de acordo com Lejeune.[39]

Ao meio-dia, Napoleão montou novamente em seu cavalo, atravessou o rio e se posicionou na margem russa, onde os homens que atravessavam o Niemen podiam vê-lo nitidamente. "*Vive l'Empereur!*", gritavam enquanto passavam.

Uma vez satisfeito, vendo que os elementos essenciais de sua força de ataque já haviam atravessado, ele montou em um cavalo descansado, de nome "Moscou", e partiu para Kovno. Naquela noite, ele instalou-se em um monastério nos arredores da cidade.

"*Vive l'Empereur!*", escreveu o capitão Fantin des Odoards em seu diário diante de uma fogueira de acampamento nas proximidades da cidade. "O Rubicão foi atravessado. A espada reluzente que foi desembainhada não será abaixada antes que algumas belas páginas sejam adicionadas aos gloriosos anais da grande nação."[40]

8

Vilna

Enquanto Napoleão acomodava-se em Kovno ao final de um dia épico, Alexandre comparecia a um baile dado para ele por seus oficiais do Estado-Maior na casa de campo do general Bennigsen, em Zakrent, nos arredores de Vilna. A casa, que fora construída sobre as ruínas de um antigo convento jesuíta, possuía extensos jardins murados, e, como aquela era uma agradável noite enluarada de verão, o jantar foi servido em volta dos chafarizes nos jardins iluminados, com apenas as danças tendo lugar dentro da casa. Durante o jantar, Alexandre caminhava de mesa em mesa, parando para conversar com os convidados. Ele era a afabilidade em pessoa, cativando a todos com seu charme habitual. Depois, ele dançou com a anfitriã, a condessa Bennigsen, e com a esposa de Barclay, para então voltar sua atenção para as outras damas. Ele mostrou interesse em particular por algumas das jovens beldades da sociedade de Vilna, que vibravam de excitação ao serem convidadas para dançar pelo tsar. Já era bastante tarde quando Balashov aproximou-se dele e sussurrou algo em seu ouvido, de forma que a partida de Alexandre logo em seguida não despertou nenhuma surpresa, e a festa continuou.[1]

Várias festas já haviam sido dadas nos dois meses que sucederam à chegada de Alexandre a Vilna, em abril, e, se os rumores sobre "orgias" eram um tanto exagerados, o tempo de fato foi dedicado principalmente à busca por prazer.

"A luta está prestes a começar, e nós esperamos ser atacados a qualquer dia", Alexandre escrevera para Aleksandr Nikolaevich Galitzineonly uma semana antes. "Estamos todos preparados e faremos o melhor para cumprirmos com o nosso dever. Quanto ao resto, Deus decidirá.[2]

Na verdade, não havia ninguém nem nada preparado. Mesmo as questões cruciais referentes ao comando e à estratégia não haviam sido tratadas, e, por isso, Alexandre viu-se em uma posição difícil ao retornar para o seu quartel-general no antigo palácio do arcebispo nas primeiras horas de 25 de junho. Ele acabara de saber que Napoleão havia atravessado o Niemen, e não tinha ideia do que fazer em seguida.

Alexandre mandou chamar Shishkov, que dormia pesadamente em sua cama. Quando o secretário de Estado chegou, encontrou o tsar escrevendo em uma mesa. Ele informou-o da invasão francesa e instruiu-o a compor uma proclamação para transmitir a informação à nação e prepará-la diante desse ataque estrangeiro, ditando ele mesmo os pontos essenciais. Uma das poucas providências sensatas que Alexandre tomara ao chegar a Vilna fora montar uma gráfica, a qual lhe permitiria emitir declarações e folhetos com propaganda para combater o medo e os rumores que a reputação de Napoleão produzia entre as camadas inferiores da população.[3]

Algumas horas depois, Alexandre promoveu um conselho de guerra para decidir que curso de ação tomar. Atacar já não era uma opção. O plano de Bagration — atacar o que ele acreditava ser o ponto fraco do Exército francês — era completamente impraticável na ausência de um conhecimento sólido acerca dos números e posições das tropas francesas. Seria difícil organizar uma defesa em Vilna, já que as tropas russas se encontravam espalhadas ao longo de uma área muito ampla. A invasão francesa pegara todos de surpresa, e levaria dias para que eles pudessem se preparar para uma batalha. Não havia nada a fazer senão bater em retirada. Com a aprovação de Alexandre, Barclay ordenou uma retirada para Shvienchiany, onde esperava poder concentrar suas tropas. Ele escreveu para Bagration, pedindo-lhe que retrocedesse com o Segundo Exército.

"Considerando que a defesa da pátria nos foi confiada neste momento crítico, devemos colocar de lado todas as diferenças e qualquer coisa que possa ter influenciado nosso relacionamento", escreveu ele, em um apelo por cooperação. "A voz de nossa pátria chama-nos para chegar a um entendimento, o qual será a única garantia de sucesso. Devemos nos unir e derrotar o inimigo da Rússia. A pátria abençoar-nos-á por agirmos em harmonia."[4]

Em um discurso para suas tropas, Barclay exortou-as a mostrar bravura e imitar seus companheiros que haviam derrotado Carlos XII e Frederico, o Grande, acrescentando que, se houvesse algum covarde entre eles, este deveria ser eliminado imediatamente. A verdade era que o Exército estava ansioso por lutar. "'Guerra!', gritaram todos os oficiais, extremamente felizes com a notícia [da invasão francesa], enquanto uma chama do espírito de guerra percorria como eletricidade as veias de todos os presentes", de acordo com o tenente Radozhitsky. "Nós pensamos que partiríamos imediatamente ao encontro dos franceses, combatê-los-íamos na fronteira e os expulsaríamos." "Estávamos todos muitíssimos satisfeitos, esfregando nossas mãos", lembrava-se outro. "Nunca passou pela mente de nenhum de nós que poderíamos nos retirar."[5]

Barclay também preparou panfletos para serem espalhados ao longo do caminho que os invasores percorreriam pedindo aos franceses que voltassem para casa e aos soldados alemães nas tropas de Napoleão que não lutassem contra seus irmãos russos, mas se juntassem à Legião Alemã que estava sendo organizada na Rússia para lutar pela libertação de seu próprio país, garantindo-lhes que Alexandre concederia àqueles que quisessem boas terras no sul da Rússia se desertassem. Panfletos similares foram produzidos para os espanhóis, portugueses e italianos, tendo os últimos, por sua vez, produzido uma resposta indignada e colérica que exigia que os russos ficassem e lutassem a fim de que eles pudessem resgatar sua honra.[6]

A proclamação de Alexandre foi publicada mais tarde no mesmo dia. Era dirigida não apenas ao povo russo, mas ao mundo. Afirmava que ele sempre buscara a paz, e que apenas diante das ações hostis e, depois, das preparações militares dos franceses, ele se vira forçado a mobilizar suas tropas. "Mas mesmo depois disso, mantendo a esperança de uma reconciliação, nós permanecemos dentro das fronteiras do nosso império, não perturbando a paz, ainda que prontos para nos defendermos."

Agora que havia sido atacado, Alexandre não podia fazer outra coisa senão pedir a ajuda de Deus e convocar seus soldados a cumprirem seu dever. "Soldados! Vocês estão defendendo sua fé, sua pátria e sua liberdade! Eu estou com vocês, Deus está contra o agressor!" A proclamação estabelecia claramente uma equivalência entre a eventual derrota de Napoleão e a libertação da Europa pela Rússia.[7]

Ao mesmo tempo, Alexandre tomou uma decisão que muitos têm interpretado como a prova de uma repentina perda de coragem, mas que provavelmente foi apenas um blefe — aceitar a proposta de negociação de Napoleão. A condição que ele havia estabelecido anteriormente para dar início a qualquer tipo de diálogo fora a evacuação da Prússia e do grão-ducado de Varsóvia pelas tropas do imperador francês; agora ele exigia apenas que Napoleão se retirasse para a outra margem do Niemen. Naquela noite, ele convocou Balashov e entregou-lhe uma carta que escrevera para Napoleão, instruindo-o a levá-la para o quartel-general francês. Alexandre disse a Balashov que não esperava que sua missão pusesse um fim à guerra, mas que isso ao menos mostraria ao mundo que ele desejava a paz. Quando Balashov estava para partir, o tsar lembrou-lhe que deixasse claro para Napoleão que ele não negociaria enquanto um único soldado francês permanecesse em solo russo.[8]

Na manhã seguinte, depois de ouvir a notícia de que a cavalaria francesa havia sido vista aproximando-se da cidade, Alexandre fez uma rápida e não muito digna retirada de Vilna. Quando a notícia se espalhou, provocou o pânico geral, levando oficiais do Estado-Maior e os vários parasitas a procurarem cavalos desesperadamente para também escaparem. Os habitantes locais mais prevenidos levaram os cavalos para dentro de casa e os esconderam nos andares superiores. Barclay manteve a calma e evacuou suas tropas e o quartel-general, depois de destruir a ponte sobre o rio Vilia e atear fogo aos depósitos militares que haviam sido tão laboriosamente acumulados na cidade.

O fogo ainda não havia se apagado quando, no início da tarde de domingo, 28 de junho, Napoleão entrou em Vilna. Ele havia sido recebido nos portões da cidade por uma delegação, mas os habitantes não haviam conseguido preparar uma recepção triunfal. O imperador cavalgou pela cidade para inspecionar os restos em chamas da ponte sobre o Vilia e depois fez o reconhecimento do terreno, para finalmente se acomodar no palácio arquiepiscopal que Alexandre desocupara havia menos de 48 horas.

"As manobras do imperador evitarão que esta seja uma campanha particularmente sangrenta", escreveu o marechal Davout à sua esposa no dia seguinte. "Nós tomamos Vilna sem uma batalha e forçamos os russos a evacuar toda a Polônia; um começo assim para uma campanha equivale a uma grande vitória."[9]

Tal entusiasmo não era compartilhado pelo imperador. Napoleão estava irritado e um tanto aflito. Irritado porque não conseguira confrontar os russos, e aflito porque não podia compreender o que eles pretendiam fazer. Eles haviam posicionado um grande exército para enfrentá-lo, e pareciam estar se preparando para defender Vilna. Contudo, no momento em que ele se aproximou para enfrentá-los, eles haviam levantado acampamento, abandonando uma importante cidade e todos os seus depósitos. Aquele comportamento não fazia sentido, e ele não podia ter certeza de que eles não estavam aprontando algum tipo de armadilha. Napoleão instruiu todos os comandantes das divisões a agirem com a maior cautela e esperarem um contra-ataque a qualquer momento.

Ao norte, Macdonald partia para Riga, praticamente sem obstáculo algum, e Oudinot perseguia Wittgenstein, contra quem obtivera um pequeno sucesso. Ney e Murat estavam no encalço de Barclay, e, ao sul, Jérôme avançava com seus vestfalianos, os italianos do príncipe Eugène e os poloneses de Poniatowski. Napoleão, por sua vez, permaneceu em Vilna com a Guarda e parte da Divisão de Davout, por um lado a fim de supervisionar a reconstrução das pontes, a edificação de fortificações e a construção de fornalhas para pão, mas também pela necessidade de lidar com novos problemas alarmantes.

As tropas marchavam havia dias, enfrentando as péssimas estradas para alcançar suas posições. As carroças com provisões haviam sido deixadas para trás e, quando os homens paravam para passar a noite, frequentemente não tinham tempo nem energia para cozinhar o arroz que tinham em suas mochilas, tampouco usar os sacos de farinha para fazer pão. A zona rural entre o Neman e Vilna era pouco povoada, e a comida que poderia ser tomada dos habitantes locais já havia sido toda levada pelas tropas russas ao longo dos meses anteriores. O clima estava terrivelmente quente — tão quente quanto no verão da Espanha, de acordo com alguns que haviam estado na campanha espanhola. As colunas levantavam nuvens de poeira fina enquanto marchavam, e a escassez de habitantes significava que não havia poços onde os homens pudessem saciar sua sede. Os cavalos também sofriam com o calor e a falta de água, assim como com a alimentação, que consistia em cevada e aveia verdes.

Depois de quatro dias assim, na hora em que os homens, exaustos, estavam prestes a se preparar para passar a noite — o que significava deitar no chão onde quer que encontrassem um lugar —, uma tempestade de primavera começou a cair sobre a área ao sul e a oeste de Vilna. Uma torrente de chuva congelante caiu durante toda a noite, e eles logo se viram deitados em piscinas de água glacial.

“Ao amanhecer, a tempestade havia cessado, mas ainda estava chovendo”, relembrar-se-ia o coronel Boulart, da artilharia da Guarda, que mal podia acreditar em seus olhos ao sair de baixo da carreta de canhão sob a qual havia se abrigado. “Que visão estava diante de meus olhos. Um quarto dos meus cavalos estava deitado no chão, uns mortos ou já morrendo, outros tremendo. Eu ordenei rapidamente que o maior número possível fosse arreado, esperando conseguir partir com minhas carroças e pôr essa tripulação em movimento a fim de que as pobres criaturas pudessem gerar algum calor, do qual tanto precisavam, e assim evitar que um bom número deles morresse.”[10]

As condições eram indescritíveis, com as várias unidades lutando para chegar a algum lugar onde pudessem encontrar abrigo e alimento para si e seus animais. As estradas estavam cobertas pelas carcaças dos cavalos e os cadáveres dos homens, com carroças e carretas de canhão abandonadas. "Podiam-se ver à frente de cada *caisson* duas ou três dessas criaturas, ainda totalmente atreladas, os arreios no balanceiro, lutando contra a morte ou já sem vida", conta o tenente Sauvage, da artilharia. Os atiradores e os soldados do comboio assistiam num silêncio fúnebre, os olhos cheios de lágrimas, tentando desviar o olhar dessa cena desoladora. O auxiliar Lecoq, dos *Grenadiers à Cheval*, um veterano das campanhas italiana e prussiana, assistiu horrorizado enquanto uma unidade de artilharia lutava contra a tempestade. "Os cavalos tinham água até a barriga, em uma estrada de areia movediça", relembrar-se-ia. "À medida que tentavam puxar, escorregavam, caíam e se afogavam."[11]

A quantidade de homens que pereceram em meio ao aguaceiro foi provavelmente bastante pequena, embora tenha havido rumores sobre três granadeiros terem sido atingidos por um raio. De qualquer forma, as perdas entre os cavalos foram terríveis. A maioria das unidades de artilharia perdeu 25% dos seus cavalos naquela noite, e a situação na cavalaria não era melhor. Abraham Rosselet, um oficial do 1º Regimento Suíço, estimou que a Divisão de Oudinot, à qual pertencia, perdera mais de 1.500 cavalos de cavalaria e artilharia. O coronel Griois, comandante da Artilharia Divisionária da Divisão de Cavalaria de Grouchy, afirmou ter perdido 25% dos seus. Estima-se, geralmente, que as unidades de combate perderam 10 mil em um período de menos de 24 horas. Trata-se de uma estimativa conservadora, e que não leva em consideração as perdas do comboio administrativo, que, de acordo com um *commissaire*, provavelmente atingiram a marca dos 40 mil.[12]

O dano psicológico deixado pela tempestade não foi menos significativo. Enquanto se arrastavam através do lamaçal que substituiu as estradas ensolaradas, os homens viam companheiros e animais mortos ou morrendo, e os rumores sobre granadeiros da Velha Guarda terem sido atingidos por um raio espalhavam-se através de todos os postos do Exército. O jovem Anatole de Montesquiou-Fezensac comentou em tom de pilhéria com o barão Fain que, se fossem os gregos ou romanos da Antiguidade, eles teriam, sem dúvida, dado meia-volta e ido para casa depois de um presságio como aquele. Outros levaram o episódio mais a sério, em particular os italianos.

"Tantos desastres representavam um triste pressentimento quanto ao futuro", escreveu Eugène Labaume. "Todos começaram a observá-los com um temor maior, e se, seguindo o exemplo dos antigos, tivéssemos mostrado mais respeito pelos avisos do céu, todo o Exército teria sido salvo: contudo, tendo o sol reaparecido no horizonte, nossas apreensões dissiparam-se juntamente com as nuvens."[13]

As apreensões de Napoleão não se dissiparam tão facilmente. Logo depois de chegar a Vilna, ele tomou conhecimento das terríveis perdas sofridas pelo Exército, e, o que era pior, do fato de que seus meticulosos planos para o fornecimento de provisões haviam dado em nada; as pesadas carroças puxadas por bois haviam afundado na areia das estradas lituanas antes de terem sido inundadas pela tempestade. As guarnições despachadas de Danzig através de Königsberg por rios e canais não haviam tido dificuldade alguma para alcançar Kovno, mas o rio Vilia era muito raso em alguns lugares para as barcaças, que não puderam ser desencalhadas sem alguma dragagem ou até que suas cargas tivessem sido transferidas para barcos de fundos mais rasos.

Os franceses não encontraram provisões em Vilna, e agora, graças à tempestade, não havia mais cavalos com os quais pudessem buscá-las em outro lugar.

"Estamos perdendo tantos cavalos neste país que serão necessários todos os recursos da França e da Alemanha para manter os contingentes dos regimentos montados", escreveu Napoleão ao seu ministro da Defesa, general Clarke.

E, enquanto não chegavam guarnições a Vilna, havia um número alarmante de soldados retardatários que caminhavam com dificuldade, uns coxeando e outros até se arrastando. Não demorou muito para que 30 mil homens lotassem os hospitais rapidamente improvisados para recebê-los.[14]

O único sinal de esperança para Napoleão em meio àquele que de outra forma seria um cenário completamente desolador veio quando ele soube que seu rápido avanço lançara um obstáculo entre Barclay e o Segundo Exército de Bagration; se explorasse essa brecha, ele seria capaz de aniquilar este último. Napoleão enviou Davout com suas duas subdivisões restantes — as outras duas haviam sido destacadas para dar suporte a Murat — e a Divisão de Cavalaria de Grouchy em direção ao sudoeste para impedir a retirada de Bagration, e despachou ordens para Jérôme, Eugène e os comandantes de outras unidades na área instruindo-os a cercá-lo. Entretanto, conduzir as ordens ao seu destino, sem mencionar fazê-lo com a velocidade necessária, mostrar-se-ia outro problema inesperado.

Na manhã de 1º de julho, um dos ajudantes de ordens em serviço, Boniface de Castellane, foi convocado aos aposentos do imperador. Ele encontrou Napoleão vestido com um robe e um lenço amarelo na cabeça. O imperador mostrou-lhe um ponto no mapa onde ele encontraria o general Nansouty com sua divisão de cavalaria. "Estou planejando interceptá-los; tenho 30 mil homens ao meu alcance; apresse-se", disse ele a Castellane quando lhe deu as cartas seladas a serem entregues a Nansouty.[15] Napoleão precisava de uma vitória para compensar as perdas que o Exército havia sofrido, e apanhar Bagration tornou-se uma prioridade.

Algumas horas depois, Napoleão convocou Balashov, que se apresentara aos postos avançados franceses e havia sido trazido ao quartel-general com a carta de Alexandre. Ele agora era conduzido ao mesmo quarto no antigo palácio arquiepiscopal onde o tsar lhe entregara a carta seis dias antes. Napoleão encontrava-se de péssimo humor. "Alexandre está brincando comigo", bradou em resposta à carta. "Ele realmente pensa que eu vim até Vilna para negociar tratados comerciais?" Ele decidira cuidar de uma vez por todas dos bárbaros do norte. "Eles devem ser lançados de volta aos seus desertos de gelo, para que não se metam novamente nos assuntos da Europa civilizada pelo menos nos próximos 25 anos."[16]

Balashov mal pôde dizer uma palavra enquanto Napoleão andava nervosamente de um lado para outro no quarto, dando voz a seus pensamentos e sentimentos, descarregando o desapontamento e a ansiedade que haviam começado a consumi-lo. O monólogo oscilava entre acusações lamuriosas e rompantes de cólera à medida que a decepção e a fúria disputavam entre si para serem expressas. Ele disse que a culpa era de Alexandre, afirmando que a guerra havia sido iniciada pela Rússia, pelas exigências de que ele evacuasse a Prússia e pela solicitação de Kurakin por seu passaporte. Napoleão declarou sua estima e amor por Alexandre, censurando-o por ter se cercado de aventureiros e traidores como Armfeld, Stein e o assassino Bennigsen. Ele não conseguia entender por que eles estavam brigando em vez de conversar, como haviam feito em Tilsit e Erfürt. "Eu já estou em Vilna, e ainda não sei por que estamos brigando, disse ele."[17]

As lisonjas davam lugar a ameaças, com Napoleão desafiando os generais russos a enfrentarem-no, acusando-os de incompetência e covardia, e ameaçando pôr o Exército do reino restaurado da Polônia contra eles. Ele gritou, bateu o pé, e, quando uma janela que ele acabara de fechar abriu-se novamente, arrancou-a das dobradiças e lançou-a ao pátio que havia do lado de fora. As descrições detalhadas da conversa, feitas por Balashov e Caulaincourt, chegam a deixar o leitor desconcertado.

Ele não se comportou de forma mais educada ou digna no jantar daquela noite, para o qual se sentou à mesa com Balashov, Berthier, Bessières e Caulaincourt. Napoleão espumava e desferia ameaças, declarando que Alexandre se arrependeria por sua teimosia e que a Rússia estava acabada como grande potência. Como era de hábito, ele deu vazão a seus desejos, avisando que os suecos e os turcos não resistiriam à oportunidade de se vingarem pelas derrotas que haviam sofrido no passado, e se lançariam contra a Rússia assim que ele avançasse para mais além. Por outro lado, na carta endereçada a Alexandre que entregou a Balashov, Napoleão continuava declarando amizade, intenções pacíficas e o desejo de conversar, sem, no entanto, aceitar a condição imposta por Alexandre de que ele recuasse para a outra margem do Niemen.[18]

Não há dúvida de que Napoleão ainda desejava restabelecer a aliança com Alexandre. "Ele se precipitou para esta guerra que será sua ruína, seja por ter sido mal aconselhado, ou porque está sendo guiado pelo seu destino", declarou depois que Balashov partiu. "Mas eu não tenho raiva dele por essa guerra. Mais uma guerra será mais um triunfo para mim." Muito depois, exilado na ilha de Santa Helena, ele afirmaria que, se tivesse sentido que as cartas de Alexandre eram sinceras, teria recuado para a outra margem do Niemen. "Vilna estaria neutralizada; nós teríamos, cada um, ido para lá com dois ou três batalhões de nossas guardas, e teríamos negociado pessoalmente. Quantas propostas eu poderia ter sugerido!..." Outro Tilsit.[19]

Alimentar continuamente essas ilusões só poderia atrapalhar a condução da campanha — tanto no âmbito militar quanto no político. Napoleão esperara ser capaz de derrotar os russos e entrar em um acordo com Alexandre antes que tivesse de confrontar a questão polonesa, já que esta provavelmente teria feito parte do acordo. Contudo, chegara a hora de tomar alguma decisão.

Muitos dos habitantes de Vilna e arredores haviam aceitado o domínio da Rússia ao longo da última década e meia, e alguns aristocratas poloneses haviam partido logo atrás do Exército russo. Muitos daqueles que permaneceram e desejavam que a Lituânia fosse unida a uma Polônia independente ficaram desapontados com o tratamento dispensado por Napoleão ao grão-ducado de Varsóvia e desconfiados de suas intenções para o futuro. Ainda assim, havia muito entusiasmo.

"Nossa entrada na cidade foi triunfal", escreveu o conde Roman Sołtyk, que estava entre os primeiros a chegar, cavalgando com seu esquadrão de lanceiros poloneses. "As ruas, as praças públicas, estavam cheias de pessoas; todas as janelas eram ornamentadas por damas que demonstravam o mais intenso entusiasmo; algumas casas estavam decoradas com tapetes preciosos, lenços eram acenados por cada mão, e clamores contínuos de alegria ecoavam em todos os lugares."

Outro que foi intensamente saudado enquanto sua tropa de *Chasseurs à Cheval* trotava através da cidade foi o tenente Victor Dupuy, que foi coberto de doces e flores pelas entusiasmadas damas.[20]

No mesmo dia em que Napoleão teve a conferência com Balashov, os patriotas poloneses de Vilna entoaram um te-déum solene na catedral, seguido por um ato cerimonial para a reunificação da Lituânia com a Polônia — uma confederação de patriotas já havia proclamado a ressurreição da Polônia em Varsóvia. Eles esperavam que Napoleão fizesse um anúncio público endossando a proclamação e confirmando a restauração do reino da Polônia. Numa tentativa de se esquivar da questão, no dia 3 de julho, ele estabeleceu um governo para a Lituânia, o qual administraria o país e, mais importante, reuniria provisões e levantaria tropas. Contudo, essa atitude evasiva foi identificada como tal por muitos moradores locais, fazendo esfriar o ardor dos patriotas.

"Mesmo sendo nós poloneses, a população nos recebeu de forma bastante fria", escreveu um tenente de infantaria da Legião do Vístula em seu diário. "As tropas que nos precederam haviam esgotado grande parte do entusiasmo, bem como a maioria das provisões."[21]

A questão das provisões era vital.

No momento em que atravessaram o Niemen, os homens da *Grande Armée* começaram a sofrer com a falta de alimentos. É possível que os que marchavam na frente tenham encontrado pessoas nas vilas dispostas a dar ou vender alguma comida, mas as unidades que vinham mais atrás encontraram apenas cidades e vilas desertas, ocupadas por não mais que um punhado de judeus que haviam ficado a fim de venderem o que quer que tivessem conseguido conservar. Não é de se surpreender que, não tendo o que comer, os homens tenham começado a saquear.

Nas proclamações para o início da sua "Segunda Guerra Polonesa", Napoleão dera às suas tropas a impressão de que, a partir do momento em que tivessem atravessado o Niemen, estariam em território inimigo, de forma que poderiam se sentir livres para se comportarem como quisessem; e eles comportaram-se de forma abominável.

"Em toda a cidade e na zona rural, cometiam-se excessos extraordinários", observou uma jovem nobre de Vilna. "Igrejas eram saqueadas, cálices sagrados eram maculados; nem mesmo os cemitérios eram respeitados, e as mulheres eram violentadas."

Józef Eysmont, um fazendeiro local, saudara uma unidade de cavalaria francesa com os tradicionais pão e sal quando eles chegaram à sua pequena propriedade nos arredores de Vilna. Mas, em apenas uma hora, eles esvaziaram seus celeiros e estábulos, ceifaram toda a safra nos campos, saquearam tudo que havia para levar em sua casa, quebrando cada janela e tudo o que não podiam carregar e, finalmente, deixando-o e a todos os camponeses de sua vila desamparados.[22]

Houve levantes da pequena nobreza local contra as tropas russas que se retiravam quando da aproximação dos franceses, com a captura de armas e provisões que eles deram aos novos libertadores — apenas para serem sujeitados ao roubo e à pilhagem. Alguns camponeses aproveitavam a oportunidade para se rebelarem contra senhores de terras detestados; mas a maioria, particularmente na região norte da Lituânia, acompanhou seus senhores na saudação aos franceses. Contudo, assim que presenciaram o seu comportamento, se refugiaram nas florestas, levando consigo seu gado, tal como haviam feito desde tempos imemoriais sempre que os tártaros invadiam o território. "Os franceses vieram para remover nossas correntes", diziam os camponeses com ironia, "mas levaram também nossas botas."[23]

A situação no sul era pior ainda.

"Em primeiro lugar, nós recebemos os Exércitos de Napoleão de braços abertos, como libertadores da pátria e benfeitores, já que todos, tanto na casa senhorial quanto na aldeia, achavam que eles lutariam pela causa polonesa", escreveu Tadeusz Chamski, filho de um proprietário de terras.

O povo impediu que os russos em retirada queimassem pontes e depósitos, e saudou os franceses calorosamente. Em Grodno, as tropas francesas foram recebidas por uma procissão com imagens religiosas, velas, incenso e coros. Em Minsk, as tropas de Davout foram recebidas com demonstrações de boas-vindas, e um te-déum foi entoado em agradecimento a Deus pela libertação. Deslumbrante em seu uniforme impecável, o general Grouchy passou pessoalmente o prato de coleta durante a missa, enquanto, do outro lado da cidade, seus couraceiros invadiam lojas e armazéns e maltratavam os moradores locais.[24]

Os camponeses perderam o interesse assim que perceberam que Napoleão não os libertaria, ao passo que a pequena nobreza passou rapidamente a lamentar a chegada dos franceses pela depredação que as tropas promoviam. "O exemplo de Átila na idade da barbárie não poderia ter sido seguido com demonstrações mais terríveis", nas palavras de um oficial polonês que foi abordado por um mendigo pedindo pão apenas para descobrir que se tratava de um amigo seu, um príncipe local.[25]

Napoleão ficou enfurecido ao receber relatórios sobre as depredações, e enviou patrulhas de gendarmes com ordens para matar todos aqueles que fossem pegos pilhando. No entanto, os pelotões de fuzilamento não tiveram grande efeito sobre os saqueadores.

"Eles iam para a própria execução com uma tranquilidade incrível, com cachimbos presos à boca", escreveu a jovem condessa Tiesenhausen. "Que diferença fazia, se morreriam mais cedo ou mais tarde?"

Até mesmo os métodos mais radicais para restaurar a disciplina estavam fadados ao fracasso naquelas circunstâncias, como apontou um tenente dos *Chevau-Légers* poloneses: "Nossos generais tentaram um novo método de punição: os culpados eram completamente despidos e amarrados pelas mãos e pés em uma praça ou rua, e logo em seguida dois soldados da cavalaria eram destacados entre as tropas para açoitá-los e cortá-los com chicotes até que a pele começasse a sair e eles parecessem esqueletos", escreveu ele. "Depois dessa punição, todo o regimento formava uma fila em frente a ele para que pudesse contemplar essa terrível visão; mas mesmo isso não ajudou muito."[26]

Muitos dos acusados haviam deixado permanentemente as tropas, com isso fugindo da punição. Ao menos 30 mil desertores, e provavelmente três vezes mais, vagavam pela zona rural em bandos, atacando casas senhoriais e vilas, estuprando e matando, muitas vezes em conluio com camponeses rebeldes. Eles circulavam em carroças roubadas cheias de produtos de saques, evitando unidades francesas organizadas. Não havia maneira de reforçar a lei em vista da sua quantidade, e os que eram reintegrados simplesmente desertavam novamente na primeira oportunidade. Nem os funcionários públicos estavam seguros: *estafettes* imperiais levando a correspondência do imperador eram atacados, e o homem nomeado governador de Troki por Napoleão foi roubado e espancado.[27]

As misérias que assolaram a população eram tamanhas que, nas palavras de um oficial polonês, "os habitantes, que a princípio ficaram radiantes ao verem seus reputados libertadores, logo começaram a lamentar que os russos os tivessem abandonado". Outro oficial polonês viu-se saudado por um ressentimento mal disfarçado onde deveria ter sido recebido de braços abertos. "Os moscovitas eram muito mais gentis do que cavalheiros", explicou-lhe um jovem nobre.[28]

No dia 11 de julho, oito representantes da Confederação de Varsóvia chegaram a Vilna, conduzidos por Józef Wybicki, um dos homens mais pró-napoleônicos da Polônia. Todavia, o imperador deixou-os aguardando durante três dias antes de conceder-lhes uma audiência e, quando o fez, ouviu impacientemente o seu pedido de que ele anunciasse a restauração do reino da Polônia. "Na minha posição, tenho vários interesses diferentes para conciliar", disse-lhes ele, mas acrescentou que, se a nação polonesa se levantasse e lutasse com coragem, talvez a Providência os recompensasse com a independência. Os representantes ficaram desolados. "Eles partiram fervendo", relembrar-se-ia Pradt em Varsóvia. "Eles retornaram com as almas tomadas por gelo, o que afligiu toda a Polônia, e não foi possível aquecê-la depois disso."[29]

A investigação realizada pelos russos depois da guerra para identificar aqueles que haviam colaborado com o inimigo e aqueles que haviam permanecido leais concluiu que não houvera uma única manifestação de lealdade ao tsar em toda a província de Vilna durante o período da ocupação francesa. Além disso, vários comandantes russos sofreram diretamente experiências de hostilidade declarada. Em termos políticos, a província pertencia inteiramente a Napoleão. Mesmo assim, ele não tirou vantagem disso. Um grupo de estudantes da Universidade de Vilna voluntariou-se para criar um tipo de grupo político de guerrilha que se espalharia pela zona rural além das linhas russas, estimulando os aldeões a rebelarem-se contra os russos, mas Napoleão rejeitou a oferta, afirmando que não queria agitações sociais ou revolução. Ele não desejava nada que pudesse impedir uma reconciliação com Alexandre. "Ele é um excelente imperador!", disse Napoleão a Jan Sniadecki, reitor da universidade, quando o tsar foi mencionado.[30]

Se não queria uma revolução, uma coisa que Napoleão queria eram tropas. Ele esperara que muitos oficiais e homens a serviço da Rússia desertassem para se juntar aos seus irmãos no lado francês, e, embora alguns o tenham feito, os números eram decepcionantes. Na Lituânia, ele pretendia levantar quatro regimentos de infantaria e cinco de cavalaria, um total de 17 mil homens, assim como uma grande guarda nacional para manter a ordem na sua retaguarda. Ele provavelmente poderia ter levantado o dobro desse número, mas teria que ter produzido alguns fundos, assim como ter dado uma promessa firme para a independência futura do país. No final, não mais quc entre 12 e 15 mil se juntaram ao contingente francês.[31]

Napoleão não apenas negligenciava os habitantes locais como também era incapaz de inspirar-lhes confiança. "Esse homem não alcançará mais muitas coisas grandiosas, ele está sofrendo de alguma doença dissimulada para fugir às suas obrigações", escreveu o irmão do reitor, o distinto naturalista e médico Jędrzej Sniadecki, depois de observar Napoleão durante um longo tempo. Além disso, suas tentativas de seduzir a aristocracia fracassaram miseravelmente. "Era tão impossível para Napoleão ter a amabilidade de Alexandre em um salão de recepção quanto teria sido para Alexandre desafiar o talento e o gênio de Napoleão no campo de batalha", afirmou a condessa Tiesenhausen.[32]

No entanto, as relações franco-polonesas não iam de todo mal. O capitão Fantin des Odoards, dos granadeiros da Guarda, confessou ter ficado "embevecido" em um baile dado em Vilna pelo patriótico conde Pac quando, "no doce embalo da valsa", percebeu "o quão brancas e arredondadas eram as coisas que deslizavam de um lado para outro sob as bandeiras nacionais".[33]

Castellane, o oficial de serviço que fora enviado em 1º de julho, teve uma dificuldade imensa para encontrar Nansouty. As estradas eram péssimas, não havia sinalizações de nenhum tipo e ninguém a quem pudesse perguntar o caminho, dado que a já escassa população fugira para evitar os saqueadores, que ele também tinha de evitar. Seu caso não era de forma alguma excepcional. Napoleão estava operando grandes unidades do Exército a distâncias que já teriam sido um problema em áreas bem mapeadas e com boas estradas. Naquelas circunstâncias, os problemas assumiam proporções muito maiores, com emissários e oficiais do Estado-Maior lutando para encontrar o caminho que deveriam seguir através de estradas arenosas, imensidões pantanosas e florestas intermináveis. Localizar os comandantes que procuravam era extremamente difícil para eles, já que também se encontravam em movimento, e muitas das tropas com que se deparavam ao longo do caminho não estavam familiarizadas o bastante com os marechais e generais para reconhecê-los — sem mencionar o fato de que muitos dos soldados sequer falavam francês. Em consequência, Napoleão não podia agir e reagir tão rápido como estava acostumado, o que atrapalhava seus planos.

Jérôme começara num ritmo lento, o que deu a Bagration tempo para iniciar a uma retirada ordenada. O Segundo Exército deixou suas posições no mesmo dia em que Napoleão entrou em Vilna, movendo-se para o extremo nordeste a fim de juntar-se a Barclay. Entretanto, no dia 4 de julho,

Bagration descobriu que Davout cortara sua linha de retirada, de forma que desviou para o sul, em direção a Minsk.

No dia 4 de julho, um emissário chegou ao quartel-general de Napoleão com uma carta de Jérôme. Esta não continha nenhuma informação útil, apenas reclamações. Napoleão ficou irritado. "Você não me diz nem o número das subdivisões de Bagration, nem seus nomes, nem os lugares onde se encontram posicionadas, nem qualquer informação que deveria ter encontrado em Grodno, nem o que está fazendo", escreveu ele enfurecido. "É impossível guerrear dessa forma."

No dia seguinte, ele disse a Berthier que enviasse maiores instruções a Jérôme. "Você lhe dirá que seria impossível agir com mais incompetência do que ele agiu", acrescentou Napoleão.[34]

Davout alcançou Minsk antes de Bagration, e permaneceu lá por três dias a fim de reorganizar suas tropas. Bagration também havia parado, em Nieshviezh. Ele estava encurralado, com as três divisões de Jérôme atrás dele e Davout bloqueando seu caminho. Se Jérôme tivesse se apressado com ímpeto, Bagration teria sido liquidado. Contudo, Jérôme encontrou dificuldades com o terreno à sua frente, e não pôde fazer suas tropas principais moverem-se com a velocidade necessária. Quando os lanceiros poloneses da vanguarda finalmente fizeram contato com os russos, em Mir, eles foram derrotados pelos cossacos de Platov.* Bagration, então, seguiu para o sul, conseguindo livrar-se do cerco.

Napoleão mal pôde conter sua frustração.

"Se você possuísse a mais elementar perspicácia militar, teria estado na 3ª enquanto estava na 6ª, e vários eventos resultantes dos meus cálculos teriam me rendido uma excelente campanha", escreveu ele a Jérôme. "Mas você não sabe nada, e além de não consultar ninguém, permite-se ser guiado por motivos egoístas."

Ele também repreendeu o príncipe Eugène por sua lentidão e incapacidade de pressionar os russos. A Poniatowski, que atribuíra sua incapacidade de perseguir os russos à falta de comida e forragem, ele disse a Berthier que escrevesse que "o imperador só pode sentir-se entristecido em descobrir que os poloneses são soldados tão medíocres e possuem tão pouca força a ponto de não serem capazes de superar privações tão insignificantes".[35]

---

*Os cossacos eram um tipo de cavalaria leve com um estilo característico de lutar que tinha como estratégia empreender vários ataques rápidos e contínuos em vez de confrontar o inimigo. Eles eram recrutados principalmente entre os *kazaks* indígenas da Ucrânia, do Don e do Kuban.

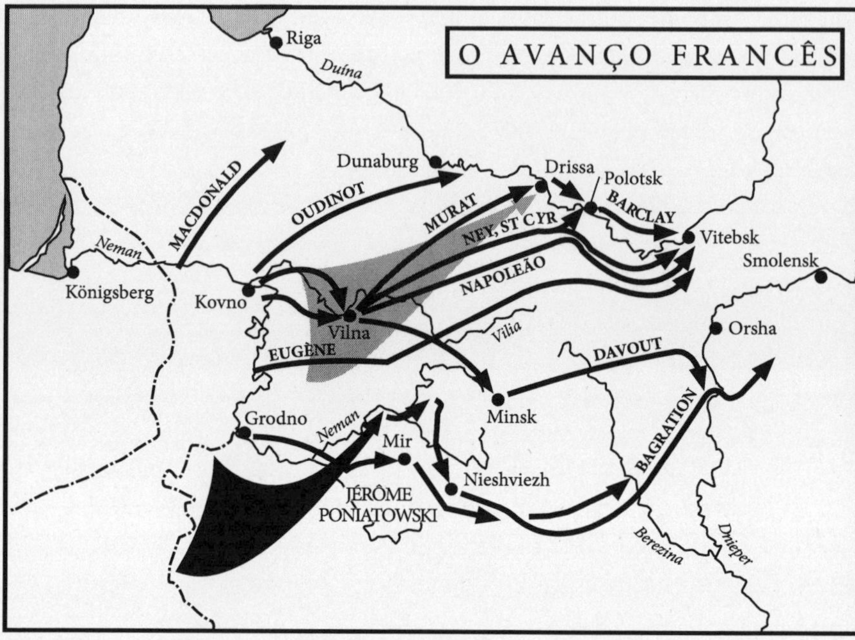

O fato de não terem conseguido encurralar e destruir Bagration era inteiramente culpa de Napoleão. Havia sido ideia sua, por motivos políticos, colocar o irmão — que nunca estivera em uma guerra — no comando de três Divisões do Exército, uma das quais era comandada pelo pouco mais experiente Eugène. Houvera problemas entre Jérôme e o general Vandamme, que, como seu chefe do Estado-Maior, deveria comandar a divisão para ele, e a quem ele dispensou sumariamente. Houve também atritos entre Poniatowski e Jérôme.

Para piorar, Napoleão instruíra Davout a inspecionar a operação conjunta das várias unidades operando contra Bagration, mas deixara de avisar a Jérôme sobre isso, fazendo com que este a princípio se recusasse a seguir as ordens de Davout e, finalmente, em um acesso de raiva, decidisse ir para casa, levando consigo seus guardas reais. Em 16 de julho, ele iniciou a marcha de volta para Cassel.

"Você me fez perder o fruto dos meus cálculos mais engenhosos, e a melhor oportunidade que terá se apresentado nesta guerra", escreveu-lhe Napoleão.

Ele estaria muito melhor sem Jérôme. Contudo, por precaução, reprovou Davout pela forma com que este lidara com a situação.[36] Diante dessas circunstâncias, é possível que tenha lhe servido de consolo saber o que acontecia no quartel-general russo.

***

Pouco depois de deixar Vilna, Alexandre escreveu para Barclay dizendo-lhe que não daria mais ordens e implicitamente lhe passando o comando. Todavia, numa contradição inacreditável a essa atitude, ele continuou emitindo instruções. Para o próprio Barclay, ele escreveu cartas abordando questões tão pequenas como a quantidade de forragem que cada carruagem deveria carregar. A outros, que estavam sob o comando de Barclay, ele enviava ordens e exigia relatórios sem se dar ao trabalho de notificar o desafortunado comandante.[37]

O grande número de conselheiros e oficiais sem obrigações específicas que cercavam o tsar sentiam que deviam justificar suas posições. "Eram projetos e mais projetos, planos e disposições, cada um contestando o outro, cada um produzindo inveja e calúnias, perturbando a paz de espírito do comandante em chefe", escreveu A.N. Muraviov, um oficial do Estado-Maior de Barclay. "No cortejo do tsar, todos estavam dispostos a ser notados e mostrar sua importância", concordou Friedrich von Schubert, um jovem oficial do Estado-Maior. "De todos os lados eram propostos conselhos e planos para a campanha, e Barclay precisava de toda a calma para não perder a cabeça enquanto se esquivava de todos os novos projetos e intrigas que surgiam contra ele." Em uma carta para a esposa, o próprio Barclay descreveu o quartel-general como "um verdadeiro ninho de vespas da intriga". O grão-duque Constantino mantinha sua corte em seu quartel-general divisionário, caluniando Barclay e apoiando todos aqueles que o atacavam. Bennigsen e uma dúzia de outros malquerentes estavam constantemente lançando veneno aos ouvidos do tsar e atribuindo todo erro ou negligência concebível a Barclay, ao que Alexandre o reprovava por eles.[38]

Barclay assumira um certo risco ao nomear um novo chefe do Estado-Maior — o coronel Aleksei Petrovich Yermolov. Este era um homem alto e impressionante, com olhos cinzentos profundos e um perfil romano, um incitador popular entre os soldados rasos, e às vezes referido como "o herói dos subalternos". Barclay sabia que Yermolov era um velho amigo de Bagration e que detestava os "alemães" do Exército. Mas Yermolov era inteligente e extremamente competente, e não deixaria que isso o impedisse de colaborar com eles. Barclay também acabara de nomear seu intendente o coronel Karl Friedrich von Toll, de 35 anos. Yermolov aprendeu a valorizá-lo, mesmo o considerando opinioso e um tanto presunçoso. Além disso, é mais que provável que, ao nomear Yermolov, Barclay tivesse a intenção de obter alguma dose de boa vontade de Bagration.[39]

Antes de deixar Vilna, Barclay escrevera a Bagration pedindo-lhe que retrocedesse rapidamente a fim de que os dois Exércitos pudessem se reunir. Indignado por ter sido ordenado a se retirar, o suscetível Bagration descarregava sua fúria diante de qualquer um que quisesse ouvir.

"Fomos trazidos para a fronteira, espalhados como peões, para então, depois que eles haviam se posicionado, as bocas bem abertas, defecando ao longo de toda a divisa, todos fugissem", escreveu Bagration para Yermolov. "Isso me enoja tanto que está me enlouquecendo."

Para Arakcheev, Bagration escreveu que eles deveriam ter atacado em vez de se retirarem, expressando uma suspeita que ele faria de tudo para propagar.

"Você não convencerá ninguém no Exército ou na Rússia de que nós não fomos *traídos*", escreveu.[40]

Embora se queixasse de que Bagration não estava se movendo com rapidez bastante ou na direção certa, o tsar não lhe dava ordens para que obedecesse às instruções de Barclay, fazendo com que Bagration se sentisse inteiramente livre para ignorá-las. Na ocasião, isso provavelmente salvou o Segundo Exército, já que Bagration escolheu sua própria prioridade — sair do cerco de Davout — à de Barclay — reunir as duas tropas a qualquer custo. Todavia, não se podia esperar que o comandante apreciasse essa atitude.

Sua própria retirada estava sendo realizada com ordem e ponderação — a única coisa sobre a qual Barclay realmente tinha controle era o próprio Primeiro Exército, e ele foi bastante razoável ao decidir que deveria acima de tudo preservar sua integridade e capacidade militar. Uma retirada apressada ameaçaria os dois — retardatários e equipamento militar seriam deixados para trás e cairiam em mãos inimigas se as colunas marchassem mais rapidamente. Os franceses ficaram impressionados pela ordem de sua retirada e surpresos diante do pequeno número de carroças abandonadas que encontraram. Havia muito menos soldados extraviados do que se podia esperar, e sua única perda significativa foi de cerca de 10 mil soldados que haviam sido recrutados nas províncias lituanas e desertaram para voltar para casa ou se juntar às unidades polonesas que avançavam.[41]

O próprio Alexandre não atribuiu grande importância à retirada do Primeiro Exército, e sua notável tranquilidade refletia-se em seu cortejo.

"No geral, tudo vai bem", escreveu Nesselrode à esposa pouco depois de abandonar Vilna. "Não fique assustada por nossa retirada, *on n'a reculé que pour mieux sauter.*"

O tsar foi saudado pela chegada de Leo von Lützov, um oficial das guardas prussianas que havia sido demitido em 1806. Ele passara a servir na Áustria em 1809 a fim de continuar lutando contra os franceses, e depois da derrota do país havia ido para a Espanha. Em 1811, Lützov foi feito prisioneiro pelos franceses em Valência, mas conseguiu fugir da prisão no sul da França, tendo viajado a pé através da Suíça, Alemanha e Polônia até a Rússia, onde agora oferecia sua espada ao tsar. Tratava-se de uma evidência significativa do que Alexandre passara a representar na mente de muitos europeus.

"Agora que a guerra teve início", escreveu ele para Bernadotte no dia 4 de julho, "é minha firme resolução fazê-la durar por anos, mesmo que eu tenha de lutar no Volga."

Nesse ínterim, ele esperava empreender uma resistência em Drissa.[42]

O major Clausewitz foi enviado a Drissa a fim de inspecionar o acampamento e informar sobre seu estado de prontidão. No entanto, como não falava russo e como o único pedaço de papel que possuía consigo era uma ordem assinada por Phüll escrita em francês, ele foi preso como espião ao chegar lá.* Quando finalmente conseguiu se desembaraçar e enviar o relatório para Alexandre, não citou a ocorrência por consideração ao seu amigo Phüll, mas claramente deu a entender que o campo não possuía valor militar. Sua avaliação foi apoiada por outros presentes, mas não provocou uma mudança nos planos.

Alexandre chegou a Drissa no dia 8 de julho, e Phüll levou-o para ver as fortificações, apontando seus pontos mais positivos. O cortejo do tsar manteve um silêncio profundo, desviando os olhos sempre que ele procurava uma confirmação para as afirmações de Phüll. Finalmente, foi o coronel Alexandre Michaud, um competente oficial que servira na Sardenha, que teve a coragem de declarar alto e bom som que o acampamento não possuía valor militar. Um general russo afirmaria ter visto Alexandre começar a chorar em desespero, mas, segundo ele, o tsar teria se recuperado rapidamente.[44]

O Primeiro Exército entrou marchando com dificuldade em Drissa no dia 11 de julho. Alexandre emitiu uma proclamação ressoante para as tropas prometendo uma ação e uma vitória da magnitude de Poltava. Isso

---

*O problema da língua teve consequências muito mais sérias: durante um combate em Nieshviezh, alguns dias depois, o coronel Mukhanov foi morto por cossacos ao gritar uma ordem em francês para um de seus oficiais numa *mêlée*.[43]

animou a todos, visto que os homens não compreendiam por que haviam sido forçados a uma retirada de duas semanas antes de terem tido a chance de lutar. Contudo, no dia seguinte, Alexandre cedeu à razão e decidiu abandonar o acampamento de Drissa e se retirar para Vitebsk, uma posição mais apropriada para a batalha.

Não há dúvida de que Alexandre tomou a decisão certa, já que o acampamento de Drissa se provaria uma armadilha na qual o Exército russo seria cercado e destruído. Ainda assim, ele se veria em uma posição delicada. Sua fuga indigna de Vilna e a rápida retirada do Exército levantaram questões sobre o porquê de ele ter se posicionado ao longo da fronteira se não pretendia defendê-la, e sobre o que Alexandre fazia lá se fugia à primeira notícia de um avanço francês.

Ao tomar conhecimento da retirada, as pessoas em Moscou e São Petersburgo ficaram estupefatas. A única justificativa de Alexandre fora a execução do plano predeterminado de atrair os franceses para as defesas de Drissa. No entanto, agora que aquele plano havia sido abandonado, sua atitude não tinha mais explicação. Tudo que ele mostrara ao longo de duas semanas de campanha fora o abandono de duas vastas porções de terra do império — incluindo a maior cidade depois de Moscou e São Petersburgo —, deixando-as à mercê do inimigo, além de um exército exausto e reduzido em um sexto e da perda de uma grande quantidade de depósitos.

Estava claro que era hora de seguir o conselho de sua irmã e deixar o Exército, mas ele temia ser acusado de abandonar suas tropas em um momento crítico, e, embora a memória de Austerlitz o perseguisse, ele ansiava por seguir o exemplo de seu homônimo Alexandre Nevsky, que expulsara o invasor estrangeiro da Santa Rússia à frente de suas tropas.

Felizmente para a Santa Rússia, Shishkov, que chegara à conclusão de que o Exército corria o perigo de se desintegrar, tomou a questão para si. Ele decidiu que, independentemente do que acontecesse, Alexandre deveria ser persuadido a deixar o quartel-general. Shishkov discutiu a questão com Balashov, que concordou, e juntos eles convenceram Arakcheev a apoiá-los. Shishkov escreveu um memorando no qual explicava que o lugar do tsar era em sua capital, e não com o Exército, e que, àquela altura, seu dever era manter o povo unido e levantar mais tropas. Os três assinaram, então, o documento, que foi deixado entre os papéis de Alexandre em sua mesa.

O tsar não o mencionou enquanto se preparavam para deixar Drissa na manhã de 16 de julho. Contudo, quando da chegada de Polotsk naquela manhã, ele virou-se para Arakcheev e disse: "Eu li seu papel."

Duas horas depois, ele montou em seu cavalo e foi ver Barclay, a quem encontrou ingerindo um jantar frugal em um estábulo. Eles passaram uma hora juntos e, quando saíram do estábulo, Alexandre abraçou Barclay dizendo: "Adeus, general, adeus mais uma vez, *au revoir*. Eu entrego meu Exército aos seus cuidados. Não se esqueça de que ele é o único que tenho."

Ele montou novamente e cavalgou para Polotsk, onde deu ordens para sua partida para Moscou no dia seguinte.[45]

9

Guerra de cortesias

Enquanto a presença de Alexandre no quartel-general havia sido prejudicial para as operações dos Exércitos russos, a ausência de Napoleão na linha de frente era desastrosa para os franceses. Ele se permitira ficar preso em questões políticas e administrativas em Vilna, onde passou duas semanas preciosas, durante as quais efetivamente perdeu a iniciativa.

Não tendo conseguido encurralar e derrotar Bagration, ele agora ordenara que Davout se mantivesse ao seu lado e que o príncipe Eugène mudasse seu percurso e seguisse para o norte a fim de impedir que o Segundo Exército se juntasse ao Primeiro de Barclay. O último estava sendo ardentemente perseguido por Murat e sua divisão de cavalaria. Em outras circunstâncias, tal perseguição teria forçado os russos a confrontar os franceses ou transformado sua retirada em uma fuga; contudo, marchas forçadas eram algo em que o Exército russo era bom. Na ocasião, a perseguição empreendida por Murat contribuiu apenas para a destruição da cavalaria da *Grande Armée*, o que teria consequências catastróficas mais tarde na campanha.

A culpa disso não era inteiramente de Murat. Ao reunir uma divisão de cavalaria com um total de 40 mil homens, Napoleão criara o maior problema de alimentação de animais da história militar; e ao dar à divisão o papel de uma ponta de lança móvel, ele condenou seu estoque à exaustão. Depois de um longo dia de marcha, que frequentemente envolvia conflitos com cossacos ou outras unidades da retaguarda russa, os homens e os cavalos tinham de acampar a céu aberto, sem abrigo e constantemente também sem comida. Os cavalos tinham sorte quando recebiam alguma palha velha obtida da cabana de algum camponês. Pela manhã, eles estariam coxeando e recorrendo logo cedo a *la Diane* — uma longa pausa em que todas as sentinelas vinham com seus relatórios e davam início a uma lenga-lenga que podia levar até duas horas. As longas marchas e a falta de descanso faziam com que os cavalos acabassem acometidos por assaduras e outras moléstias, além da exaustão, mas esses fatores eram agravados pelo próprio Murat.

Murat era um dos personagens mais pitorescos de sua época. "Ele sempre usava roupas pomposas ou bizarras semelhantes às dos poloneses e muçulmanos, combinando tecidos extravagantes, cores chocantes, peles, bordados, pérolas e diamantes", escreveu um contemporâneo. "Seu cabelo caía-lhe em longos cachos sobre os largos ombros, as grossas costeletas negras e os olhos brilhantes contribuíam para compor um conjunto que suscitava espanto e fazia com que outros o vissem como um charlatão."

Determinado a apresentar a melhor aparência naquela campanha, Murat trouxera consigo não apenas uma variedade de seus trajes operísticos, mas também, de acordo com um de seus oficiais, uma carroça inteira de perfumes e cosméticos.[1]

As maiores virtudes de Murat eram sua imensa coragem e a habilidade de inspirá-la também em seus homens. Ele não dava importância ao fato de estar sob fogo ou liderar ataques, frequentemente dispensando sua espada adornada de joias e empunhando não mais que um chicote de montaria. Contudo, ele não possuía nenhum senso tático, muito menos estratégico. Ele era mestre em ataques de cavalaria desnecessários e suicidas.

Embora fosse um excelente cavaleiro, Murat demonstrava uma negligência total para com o bem-estar dos animais, o que não fugia à atenção dos generais sob o seu comando, como explicou um capitão da 16ª de *Chasseurs à Cheval*: "Citarei apenas um exemplo entre um bom número de outros similares", escreveu ele. "Destacado para ficar de guarda com cem cavaleiros na noite depois do combate em Viazma, fui deixado em meu posto sem ter sido rendido até o meio-dia do dia seguinte, e com ordens rigorosas para não desbridar os cavalos. Os cavalos haviam sido arreados desde as 6 horas da manhã do dia anterior. Não tendo nada para os meus soldados, nem mesmo água nos arredores, à noite eu enviei um oficial para explicar minha situação ao general, pedindo-lhe alguns pães e, acima de tudo, alguma aveia. Ele respondeu que estava ali para fazer-nos lutar, e não para alimentar-nos. Assim, nossos cavalos passaram 30 horas sem beber água ou serem alimentados. Quando cheguei com meus soldados, era hora de partir; tive uma hora para que meu destacamento pudesse recuperar as forças, depois do que tive de me juntar à coluna a trote. Eu tive de partir atrás de uma dúzia de homens, cujos cavalos já sequer podiam andar."[2]

Quando cruzou com a cavalaria de Murat durante a marcha, apenas três semanas depois do início da campanha, o príncipe Eustachy Sanguszko, um dos ajudantes de ordens de Napoleão, observou que "os cavalos oscilavam com o vento". Caulaincourt assistiu aos cavaleiros lutando contra a retaguarda do inimigo mais ou menos no mesmo período, e ficou chocado ao observar, depois de algumas investidas, os soldados serem obrigados a desmontar e levar seus cavalos de volta. Se houvesse um contra-ataque, eles teriam que abandonar suas montarias e salvarem-se correndo a pé, já que podiam correr com mais velocidade de que os exauridos animais poderiam carregá-los.[3]

Quando Murat reportou que Barclay havia se posicionado em Drissa, um novo plano começou a se formar na mente de Napoleão. Ele iria para Polotsk, assim desviando o flanco esquerdo de Barclay e isolando-o não apenas de Bagration, mas também de suas linhas de fornecimento ao leste. Depois, ele atacaria e o empurraria para o oeste, em direção ao mar e às divisões que avançavam sob o comando de Oudinot e Macdonald. Deixando Maret em Vilna para administrar suas relações com o mundo exterior, ele partiu para dar início à perseguição.

Os russos haviam, de fato, se exposto ao desperdiçarem tempo em Drissa, e o plano de Napoleão teria indubitavelmente culminado na destruição do Primeiro Exército se não fosse por algo que não lhe era característico: incapacidade de decisão e velocidade insuficiente. Enquanto os russos discutiam os méritos da posição de Phüll, Napoleão procrastinava em Vilna. No mesmo dia em que ele finalmente deu início à marcha, 16 de julho, as últimas unidades do Exército russo evacuavam o acampamento de Drissa.

Quando soube que os russos haviam abandonado Drissa, Napoleão adaptou seu plano e dirigiu-se para Vitebsk em lugar de Polotsk, esperando poder flanqueá-los lá. Contudo, quando chegou a Beshenkoviche, em 25 de julho, ele descobriu que Barclay por pouco lhe escapulira novamente. Murat, por sua vez, liderando o avanço de sua divisão de cavalaria, deparara-se com a retaguarda de Barclay perto de Ostrovno. Dessa vez, os russos ficaram e lutaram. Napoleão ficou exultante ao ouvir a notícia.

"Estamos na véspera de coisas grandiosas", escreveu ele para Maret, que estava em Vilna, acrescentando que logo anunciaria uma vitória.[4]

Barclay parecia ter decidido lutar antes de alcançar Vitebsk. Ele deixara o conde Ostermann-Tolstoy com a 4ª Divisão, de aproximadamente 12 mil homens, bloqueando a estrada em Ostrovno com instruções para atrasar o avanço francês, o que lhe daria tempo para posicionar suas tropas. Com sua habitual impetuosidade, Murat lançara sua cavalaria contra os russos. Os hussardos do general Piré executaram um ataque brilhante no qual capturaram uma bateria russa, e o próprio Murat liderou duas investidas que levaram os russos de volta à desordem. Todavia, Murat não conseguiu fazer nenhum progresso real contra eles — particularmente depois que se posicionaram dentro de uma floresta, já que não possuía nenhuma infantaria ou artilharia para apoiá-lo. Naquela noite, ele recebeu reforços com a chegada da Subdivisão de Infantaria do general Delzon, e os russos foram obrigados a recuar novamente, apesar de terem empreendido uma resistência determinada.

Esse primeiro confronto da campanha fora o batismo de fogo para muitos dos dois lados, e o tenente Radozhitsky, da artilharia leve russa, ficou horrorizado diante da carnificina. "Meu coração estremeceu com aquela visão", escreveu ele. "Um sentimento desagradável tomou conta de mim. Meus olhos escureceram, meus joelhos cederam."

Alguns de seus soldados mais velhos haviam lhe dito que o medo passaria assim que a espera tivesse fim e eles entrassem em ação, e ele de fato descobriu que, ao começar a disparar seus canhões contra os franceses, só sentira fúria.[5]

Os franceses foram acometidos por uma terrível sensação de desapontamento ao ocuparem Ostrovno naquela noite. "Não havia ninguém que pudesse recompensar a coragem desses soldados com a admiração que eles tanto mereciam", escreveu Raymond Faure, um médico da 1ª Divisão de Cavalaria. "Não havia sequer uma mesa onde eles pudessem sentar e relatar as façanhas do dia."

Na manhã seguinte, Faure entrou a cavalo no campo de batalha. "A relva estava sulcada e coberta por homens caídos em todas as posições e mutilados de várias formas. Alguns, completamente enegrecidos, haviam sido queimados pela explosão de um *caisson*; outros, que pareciam mortos, ainda respiravam; se nos aproximávamos deles, podíamos ouvir seus gemidos; eles estavam deitados, uns com as mãos sobre o corpo de algum companheiro que morrera algumas horas antes; eles pareciam tomados por um tipo de apatia, um sono de dor, do qual não pareciam querer acordar, não dando atenção às pessoas que caminhavam à sua volta; eles não lhes pediam nada, talvez porque soubessem que não havia esperanças."[6]

A batalha recomeçou naquela manhã a alguns quilômetros a leste, com os russos — reforçados pela Subdivisão de Konovnitsin e a Divisão de

Cavalaria do general Uvarov —, lutando para conter o avanço francês. Eles montaram um contra-ataque, confundindo os soldados franceses, mas a situação foi revertida com um ataque espetacular liderado pessoalmente por Murat e apoiado pela infantaria de Delzon. Os russos foram derrotados, e só foram capazes de executar uma retirada ordenada graças à chegada de reforços — a Subdivisão de Granadeiros do general Stroganov, que deu cobertura aos soldados.

Napoleão passou a maior parte daquela noite montado a cavalo, cavalgando apressadamente com suas tropas, pressentindo a possibilidade de uma batalha. No dia seguinte, 27 de julho, por volta do meio-dia, ele pôde avistar as tropas de Barclay, delineando-as no outro lado do rio Luchesa, nos arredores de Vitebsk. As tentativas de aproximação pelo rio foram interceptadas pela Unidade de Cavalaria do conde Pahlen, apoiado por uma unidade de infantaria e outra de cossacos, e o próprio Napoleão dirigiu a operação de removê-los do caminho, aproveitando a oportunidade para fazer o reconhecimento das posições russas. O confronto foi duro. Contudo, muitas das unidades de Napoleão ainda se aproximavam ao longo da estrada, de forma que ele decidiu suspender a batalha até a manhã seguinte. Tal atitude não lhe era característica, além de ter sido um grave erro, visto que, como apontou o ajudante de ordens de Yermolov, tenente Grabbe, os russos — que também não estavam preparados para a batalha — teriam sido derrotados.[7]

Napoleão permaneceu montado até as 10 horas daquela noite, dirigindo o posicionamento das unidades à medida que chegavam. Aqueles que já haviam levantado acampamento estavam ocupados com os preparativos para o dia seguinte. Dias de batalha eram considerados dias de festa, e, portanto, demandavam a melhor aparência possível. Os homens tiraram os uniformes de gala das malas e limparam os cintos com argila para cachimbo tomados por um entusiasmo nascido da frustração. Todos ansiavam pela batalha, e nenhum deles mais do que o próprio Napoleão. Ele não escondeu sua empolgação quando deu boa noite a Murat. "Amanhã, às 5 horas. O sol de Austerlitz!", disse ele, referindo-se ao momento mágico registrado na memória de todos aqueles que haviam estado lá, em que o sol irrompeu através da névoa matutina no dia da lendária batalha.[8]

"Os homens haviam passado a noite se preparando e, no dia 28 de julho, o nascer de um magnífico sol os revelou com os trajes coloridos de um desfile", escreveu Henri Ducor, da infantaria. "Armas cintilavam, plumas agitavam-se; a alegria e o prazer eram visíveis em cada face; o sentimento de satisfação era universal."

Entretanto, a satisfação transformou-se em desapontamento e, depois, em raiva, chegando até a dar lugar a um certo grau de desespero quando, ao marcharem em direção às suas posições para a batalha, deram-se conta de que o inimigo desaparecera durante a noite.[9] Napoleão ficou atônito.

É difícil afirmar com certeza se Barclay realmente pretendia dar combate. Em seu relato da campanha, ele manteve que pretendia. Ele não possuía mais que cerca de 80 mil homens à sua disposição; no entanto, confrontaria apenas as unidades de Ney, Eugène, a cavalaria de Murat e a Guarda, e não toda a *Grande Armée*. Assim, embora ele pudesse estar em desvantagem, a diferença não era tão grande. Ademais, ele se encontrava sob uma pressão enorme para lutar. As críticas contra ele e todos os "alemães" no quartel-general haviam se transformado em acusações abertas de incompetência, covardia e até traição, e estavam começando a contagiar as tropas.

"Imploro a Vossa Majestade que fique seguro de que não deixarei passar nenhuma oportunidade de prejudicar o inimigo", escreveu ele para Alexandre em 25 de julho, quando começava a posicionar-se em Vitebsk. "Não obstante, a maior preocupação com a preservação e segurança do Exército continuará a ser um elemento fundamental dos meus esforços contra as forças inimigas."[10]

Essa última frase sugere que Barclay estava aberto a qualquer desculpa para não lutar, e, na tarde de 27 de julho, enquanto os dois Exércitos combatiam e pouco antes de Napoleão decidir suspender a batalha até o dia seguinte, ele recebeu uma: um emissário de Bagration informando-o de que o Segundo Exército não conseguira chegar a Orsha, de onde poderia vir em seu auxílio. Bagration deparara-se com o caminho bloqueado em Saltanovka por Davout — que, embora em grande desvantagem, o havia derrotado em 23 de julho, forçando-o a desviar para o sul. Isso não só implicava que Bagration não poderia reforçar Barclay — o que, de qualquer forma, o último já devia saber — como também, conforme Barclay não hesitou em apontar, que, mesmo que conseguisse uma vitória sobre Napoleão em Vitebsk, ele teria a Divisão de Davout — cujo tamanho os russos constantemente superestimavam — em seu encalço, e, ao virar as costas para derrotá-la, teria Napoleão — no máximo vencido, não derrotado — em sua retaguarda. Assim, adotou único curso lógico: deixar Napoleão acreditar que ele lutaria e depois fugir silenciosamente assim que a noite caísse, deixando apenas uma pequena tropa de cossacos para manter as fogueiras do acampamento acesas.[11]

Não se tratava de um novo plano para atrair o inimigo para a Rússia, mas apenas de uma atitude desesperada.

"Não posso negar que, embora as várias razões e circunstâncias no início das operações militares tenham acarretado a necessidade de abandonar as fronteiras de nossa terra, foi com a maior relutância que fui obrigado a assistir enquanto esses movimentos continuavam em sentido oposto até a própria Smolensk", escreveu Alexandre para Barclay duas semanas depois.

Smolensk era a última posição de retirada contemplada.[12]

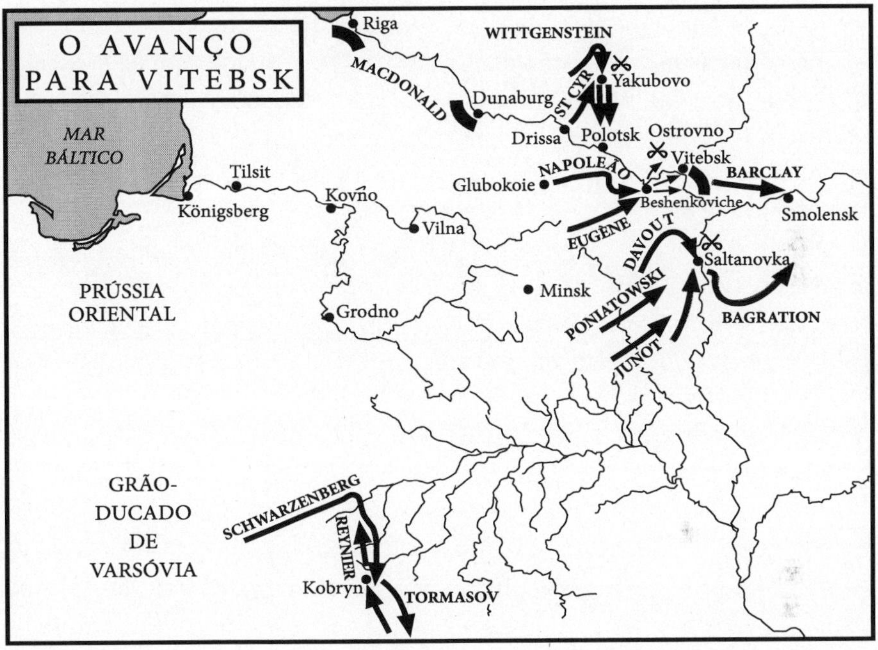

Barclay fez a coisa certa. Se tivesse ficado e lutado, é quase certo que teria sido derrotado, e o resultado seria a perda, como dissera Alexandre, do único Exército que este possuía. Na extremamente improvável hipótese de Barclay ter vencido, a vitória não teria sido decisiva, já que ele teria derrotado apenas parte das tropas de Napoleão, e não teria expulsado os franceses da Rússia. Finalmente, tirar de Napoleão e seu Exército a chance de lutarem produziu um efeito negativo no seu moral, e foi num estado de grande abatimento que eles ocuparam Vitebsk no dia 28 de julho.

Os homens estavam no fim de suas forças. Eles haviam marchado durante mais de três meses, e alguns — a exemplo de um regimento de flanqueadores da Jovem Guarda, composta por jovens mal saídos da escola — haviam percorrido todo o caminho desde Paris com um único dia de descanso em

Mainz e outro em Marienwerder. Algumas unidades haviam marchado ininterruptamente por 32 horas, com apenas duas horas de descanso em intervalos curtos, percorrendo ao todo 170 quilômetros. Carl Johann Grüber, um oficial couraceiro bávaro, relataria que seus homens ficavam tão cansados depois de algumas marchas que "mal o grito de 'Alto!' havia soado, e eles caíam no chão num sono profundo sem sequer se incomodarem em cozinhar a mais leve refeição". Ademais, mesmo que não estivessem partindo já no início da manhã, eles tinham de passar pelo tedioso ritual de "*la Diane*".[13]

À medida que se afastavam da Alemanha e se aproximavam da Polônia, a qualidade das estradas piorava, e depois de terem atravessado o Niemen elas se tornaram canais de areia ou lama, conforme o clima. Abrir caminho em meio a uma coisa ou outra requeria o dobro do esforço empreendido quando se marchava sobre uma estrada firme. O próprio terreno entre o Niemen e as fronteiras da Rússia é coberto por árvores e pantanoso em alguns lugares, além de ser cortado por vários pequenos rios, muitos dos quais correm no fundo de ravinas profundas. As pontes existentes na época frequentemente consistiam meramente em alguns troncos de árvores; assim, se não houvesse sapadores, a infantaria, a cavalaria e a artilharia — com as carroças de mantimentos — tinham de entrar nas ravinas e se arrastar até o outro lado.

Quando atravessavam florestas, as trilhas muitas vezes se tornavam tão estreitas que a infantaria tinha de desfazer a formação, enquanto os *caissons* e os canhões obstruíam a passagem. A cavalaria tinha de tomar cuidado com galhos baixos, que eram um perigo em particular para aqueles, tais como a *Guardia d'Onore* italiana, cujos capacetes altos no estilo romano pareciam feitos para ficarem presos neles.

"Muitos cavaleiros que adormeciam sobre as selas por exaustão batiam com a cabeça nos galhos", de acordo com Albrecht Adam, um artista que acompanhou o Estado-Maior do príncipe Eugène na campanha. "Seus capacetes caíam ou ficavam pendurados de forma assimétrica pela faixa de segurança, e muitos dos homens caíam no chão."[14]

O pequeno volume de tráfego nessas estradas e trilhas rurais tornava a poeira mais fina e a lama mais viscosa. Esse era outro motivo de dificuldades, atrasos, discussões por precedência e, algumas vezes, até brigas. Um grupo de artilharia que tivesse de interromper a marcha a fim de consertar uma peça de arreios ou cuidar de um cavalo coxo perderia seu lugar e então teria de literalmente lutar contra unidades de infantaria que não os deixavam passar através do tráfego, o que acabava por deixá-los isolados de sua bateria, não conseguindo se juntar a ela antes de um ou dois dias. Além disso, a presença de várias nacionalidades no Exército muitas vezes fazia com que as discussões por precedência se transformassem em brigas sérias.

Soldados experientes estavam acostumados às adversidades, e precisavam estar, já que marchar através de centenas de quilômetros com mochilas pesadas, uma cápsula de cartuchos cheia, uma espada e um mosquete não era nenhum piquenique. Todavia, nenhum deles podia lembrar-se de uma marcha tão difícil e dolorosa como aquela. Em meados de julho, a maioria dos soldados de infantaria estavam descalços, já que suas botas haviam praticamente se desintegrado, e mesmo os soldados de infantaria franceses, conhecidos por sua alegria, haviam parado de cantar canções enquanto marchavam.

Na França, Alemanha, Itália, e até mesmo na Espanha, as tropas encontravam alojamentos nas cidades e vilas à medida que marchavam, tendo de acampar ao ar livre apenas na véspera da batalha. No entanto, não havia chance de eles se hospedarem nas miseráveis vilas da Polônia Oriental e da Rússia. As tropas não haviam dormido sob qualquer tipo de cobertura desde a travessia do Niemen, cinco semanas antes, já que raramente tinham sequer tempo de construir abrigos com galhos ou o que quer que estivesse à mão. Oficiais prevenidos tinham sacos de dormir, mas seus homens tinham apenas sobretudos com que se cobrirem. Os jovens recrutas, longe de casa pela primeira vez, adaptavam-se particularmente mal a essa situação.

Em noites quentes de verão, o acampamento podia ser uma experiência prazerosa, com alguns dos integrantes da banda regimental ou músicos amadores tocando e os homens fumando seus cachimbos enquanto conversavam junto à fogueira. Isso certamente impressionou o barão Uxküll, um oficial de 19 anos de idade na Guarda Imperial russa. "Que visão esta noite!", escreveu ele em seu diário no dia 30 de julho. "Imagine uma floresta densa que abrigou duas subdivisões de cavalaria sob seu majestoso teto frondoso! As fogueiras, uma hora brilhando intensamente, outra se extinguindo lentamente, podiam ser vistas queimando através das folhas que seu calor agitava; a todo momento, elas revelavam a olhos impressionados grupos de homens sentados, de pé, ou deitados em torno delas. O som confuso dos cavalos e as pancadas dos machados cortando lenha para abastecer as fogueiras, tudo isso se acrescentava à noite mais escura que já vi em minha vida, criando, na realidade, um efeito que era tão desconhecido quanto estranho; lembrava uma gravura mágica. Eu pensei involuntariamente nos *Bandoleiros* de Schiller e na vida do homem primitivo na floresta."

Note-se que esse jovem em particular partira para a guerra com *Delphine*, de Madame de Staël, e os poemas de Ossian em seu alforje.[15]

Ele omite as nuvens de mosquitos que atormentavam os homens nas áreas pantanosas através das quais marchavam, além do fato de que, na maioria das vezes, eles não possuíam nada para comer quando se sentavam em volta das fogueiras. O calor sufocante dos dias de julho era frequentemente seguido por noites extremamente frias, e havia vezes em que eles tinham de se deitar sob chuvas torrenciais. "Por causa da chuva e do frio, tínhamos de manter fogueiras acesas durante toda a noite em frente aos abrigos", segundo outro oficial russo. "A fumaça dos galhos úmidos, misturada com a do tabaco que os homens fumavam, irritava nossos olhos e fazia nossas gargantas coçarem, levando-nos a lacrimejar e tossir."[16] Mesmo no verão, havia o orvalho, de forma que, quando despertavam, suas roupas estavam invariavelmente úmidas; alguns nunca acordavam, tendo morrido de hipotermia no meio da noite.

Por causa das marchas forçadas, eles costumavam parar para passar a noite bastante tarde, e em vez de poderem descansar tinham de acender fogueiras, reunindo material para abastecê-las e cozinhando algo para comerem. "Aquela foi, para mim, a parte mais difícil da campanha", relembrar-se-ia o conde de Mailly, um oficial dos *Carabiniers à Cheval*. "Imagine o que era para nós, depois de termos marchado dez léguas, num calor atroz, com um capacete e uma couraça, e frequentemente sem o bastante para comer, termos de matar um carneiro, tirar-lhe a pele, depenar gansos, fazer a sopa e manter a fogueira acesa para assar o que comeríamos ou levaríamos conosco no dia seguinte."[17]

Muitas vezes eles não tinham nada consigo, e precisavam enviar homens para procurar comida na localidade. Quando estes retornavam com provisões, ou as carroças regimentais com suprimentos chegavam, os homens haviam adormecido. Dessa forma, eles tinham que se revezar para cozinhar enquanto a maioria dormia, e os homens acabavam comendo o que deveria ser o jantar antes de partirem na manhã seguinte. Assim, tinham que engolir a comida apressadamente; algumas vezes, se recebessem um alerta ou uma ordem para partirem com urgência, tinham que abandonar os alimentos sem terem comido.

Essa situação de miséria é descrita nas páginas do diário mantido por Giuseppe Venturini, um recruta piemontês. "Dia horrível!", lê-se na anotação de 20 de julho. "Acampados na lama, graças aos nossos dois generais cretinos. Idem nos dias 21, 22, 23. No dia 24, em um belo prado.

Senti-me como se estivesse em um palácio. Eu estava de guarda sob o comando do general Verdier. Tive sorte naquele dia; comi uma boa sopa. No dia 26, seis homens morreram de fome no nosso regimento.[18]

A fome era a maior aflição de todas. "Você que nunca sentiu a aflição da fome, você cujo paladar nunca ficou ressecado de sede, você não sabe o que é a verdadeira necessidade, uma necessidade que não nos deixa por um instante, e que, apenas parcialmente satisfeita, só se torna mais urgente e mais aguda", escreveu um dos tesoureiros da 1ª Divisão de Davout. "Em meio aos grandes eventos que se revelavam diante dos meus olhos, somente um pensamento dominante me preocupava: comer e beber — esse era o meu único objetivo, a questão em que minha mente estava completamente concentrada."[19]

Se o ritmo da marcha aumentava, os suprimentos transportados em carroças e os rebanhos de gado conduzidos na retaguarda das tropas inevitavelmente ficavam para trás, em muitos casos a uma distância de três ou quatro dias. Consequentemente, distribuições regulares de ração aconteciam raramente — se aconteciam. O major Everts, de Roterdã e servindo na Divisão de Davout, observou que seus homens não haviam comido sequer uma crosta de pão durante 30 dias ao alcançarem Minsk. O capitão François, do 30º Regimento de Linha, afirmou que, nos arredores de Vilna, eles receberam duas rações de pães mofados, a única distribuição de pães de toda a campanha; e estas não eram experiências isoladas. "Assim que atravessamos o Vístula, todos os abastecimentos regulares e distribuições normais de comida cessaram, e dali até Moscou não recebemos sequer meio quilo de carne ou pão ou um copo de uísque por meio da distribuição regular ou da solicitação normal", relatou o general von Scheler ao rei da Bavária.[20]

Por fim, ficava a cargo dos homens encontrarem algo para comer e prepará-lo eles mesmos. De acordo com todos os relatos, os mais engenhosos eram os franceses e os poloneses, que obtinham — pela compra ou pelo saque — panelas e utensílios, e sabiam extrair de qualquer matéria-prima pouco promissora um prato que, se não alimentava, ao menos enganava o estômago. Eles também eram, de acordo com o general Von Scheler, os melhores em conseguir suprimentos. Achavam tudo de que precisavam rapidamente e traziam imediatamente para a unidade a fim de que todos pudessem compartilhá-lo; se todos fizessem a mesma coisa, teriam o suficiente. Os bávaros de Scheler não chegavam sequer perto disso, e, se encontravam algo para comer, começavam imediatamente a satisfazer os próprios estômagos. Só depois tentavam se juntar à unidade com o que restara, hora em que os outros já teriam partido, fazendo com que tivessem de se livrar da carga ou ficar definitivamente para trás.[21]

Mas a necessidade é a maior professora que se pode ter, e Jakob Walter, da Subdivisão de Württemberg que integrava a Divisão de Ney, aprendeu a encontrar vidros de conservas, ensopados de repolho, mel, batatas e linguiças escondidos sob assoalhos e pilhas de madeira ou enterrados nos pomares de vilas desertas e aparentemente devastadas. "Aqui e ali um porco fugia e era abatido com porretes, cortado com sabres e fatiado com baionetas", escreveu ele. "E, muitas vezes ainda vivo, era cortado e dividido em vários pedaços. Muitas vezes, eu conseguia cortar alguma coisa; mas eu tinha que mastigá-la e comê-la crua, já que minha fome não podia esperar pela chance de cozinhar a carne."[22]

Comer carne de porco crua é notoriamente perigoso, mas, mesmo sem isso, a dieta à qual eles estavam submetidos — rica em carne, mas pobre em pão, arroz e vegetais — fazia mal ao estômago, causando diarreia e disenteria.

Perto de Korytnia, a Divisão de Murat ocupou um acampamento recentemente deixado pelos russos. "Os abrigos construídos com galhos ainda estavam de pé, as fogueiras haviam acabado de se apagar", escreveu um oficial dos lanceiros de Berg. "Por trás do acampamento havia uma vala na qual os soldados haviam satisfeito suas necessidades naturais, e eu observei o volume considerável das pilhas de excremento que cobriam a área, chegando à conclusão de que o Exército inimigo se alimentara abundantemente."

Heinrich von Roos observou que, ao chegarem a um acampamento recentemente desocupado, a forma mais segura de saber se ele havia sido erguido por tropas francesas ou russas era procurar as latrinas, explicando que "o excremento deixado pelos homens e animais do lado russo comprovavam um bom estado de saúde, ao passo que o nosso mostrava da forma mais clara possível que todo o Exército, os cavalos tanto quanto os homens, estava sofrendo de diarreia".[23]

A sede também passara a torturá-los a partir do momento em que haviam atravessado o Niemen. As temperaturas diárias chegavam aos 36°C, e muitos daqueles que haviam estado na campanha do Egito afirmavam que nunca haviam marchado num calor tão intenso.* No dia 9 de julho,

*Todas as temperaturas registradas durante a campanha usavam a escala Réaumur. Para a melhor compreensão do leitor, o autor converteu-as para Celsius e Fahrenheit.

o 11º Regimento de Infantaria Leve perdeu um oficial e dois homens por insolação. "O ar ao longo das largas trilhas de areia que atravessavam os infindáveis pinheirais era realmente como um forno, tão opressivamente quente e tão desprovido do menor sopro de vento", recordar-se-ia um soldado da cavalaria que recuava na retaguarda deles.

As eventuais chuvaradas molhavam-nos sem refrescá-los ou à terra sobre a qual marchavam; vapor saía de seus uniformes à medida que a água escorria e penetrava no solo arenoso. Como a área que percorriam era escassamente povoada, havia poucos poços, e os lagos e canais possuíam apenas água salobra. Os homens faziam buracos no chão e esperavam até que se enchessem de água, mas o solo estava tão cheio de vermes que eles tinham que filtrar a água com lenços antes de poderem bebê-la. Um dos oficiais do Estado-Maior de Berthier levara sua própria vaca e várias essências, podendo regalar seus colegas com sorvete, mas os soldados rasos tinham de se contentar com o que pudessem encontrar. "Quantas vezes eu não me atirei com meu estômago na estrada para beber do rastro dos cavalos um líquido cuja cor amarelada deixa meu estômago enjoado até hoje", escreveu Henri Ducor, e ele certamente não foi o único que teve de beber urina de cavalo dos sulcos na estrada.[24]

Não surpreende que muitos tenham morrido de desidratação e desnutrição. Outros eram acometidos por disenteria. Os contingentes alemães parecem ter sido os mais vulneráveis. Seus homens eram menos engenhosos que os franceses e outros na construção de abrigos, na colheita das safras, na moagem do milho e para fazer pão ou cozinhar uma sopa com o que quer que tivessem à mão. Os soldados de Württemberg sofriam particularmente de disenteria — a companhia de Carl von Suckow teve uma redução de 150 para apenas 38 homens, sem sequer ter visto o inimigo —, e o próprio herdeiro do trono ficou tão doente que teve de deixar o Exército. Os bávaros sofriam terrivelmente e, quando seu contingente de 25 mil homens alcançou Polotsk, possuía apenas 12 mil. Os soldados vestfalianos sucumbiam aos montes pelo calor. Ao final de uma marcha forçada a uma temperatura superior a 32°C, um regimento de 1.980 homens foi reduzido a 210.[25]

Os mais resistentes sofriam apenas de diarreia e prosseguiam, apalpando o abdômen e eventualmente correndo para a margem da estrada a fim de tirar as calças. Isso acabou sendo mais que um simples incômodo para Aubin Dutheillet de la Mothe, um oficial de 21 anos de idade na Brigada do general Teste. A certa altura, ele sentiu uma necessidade tão urgente de defecar que saiu da estrada, desmontou e tirou os calções sem parar para amarrar o cavalo. Enquanto estava indefesamente abaixado, um esquadrão de couraceiros passou fazendo barulho, e sua montaria partiu acompanhando-os, levando seu sabre e a maior parte de seus pertences, para nunca ser vista novamente.[26]

A margem das estradas estava coberta não apenas por excrementos, mas pelas carcaças dos cavalos e os corpos dos homens que morriam ao longo da marcha.

"Em algumas partes da estrada, eu tinha que segurar o fôlego para não vomitar o fígado e os pulmões, às vezes precisando me deitar até que a ânsia de vômito passasse", escreveu Franz Roeder, um guarda hessiano.[27]

Os cavalos também sofriam muito. Desacostumados à dieta a que eram agora submetidos, eles tinham cólicas e diarreia ou constipação. Um oficial da artilharia recordar-se-ia que ele e seus homens tinham que introduzir completamente os braços nos ânus das pobres criaturas a fim de extraírem pedaços de estrume duros como pedra. Se não fizessem isso, os estômagos dos cavalos inchariam até explodir.[28]

Como estavam continuamente em movimento, os cavalos também haviam começado a sofrer de assaduras. "Colunas inteiras formadas por centenas desses pobres animais tinham de continuar se movendo nas condições mais deploráveis, com assaduras nas cernelhas e o dorso coberto com cânhamo e pingando pus", escreveu uma testemunha. "Eles haviam perdido tanto peso que seus quadris estavam salientes e apresentavam uma imagem da mais profunda miséria."

À medida que os melhores animais trazidos da França e da Alemanha morriam, eram substituídos pelo que a região podia oferecer, o que na maioria das vezes eram pequenos e desgrenhados cavalos de camponeses, conhecidos através do Exército como *cognats*, palavra proveniente de *kon* — cavalo, em polonês.[29]

Acrescentavam-se aos desconfortos da marcha as nuvens de vespas, moscardos e mosquitos, que são típicos do verão naquela região, além das terríveis nuvens de poeira levantada pelos homens e cavalos enquanto marchavam. "A poeira nas estradas era tão grossa que, fosse o cavalo baio ou cinzento, ele tinha a mesma cor, e não havia diferença entre as cores dos uniformes e as das faces", de acordo com um tenente do 5º Regimento polonês de Rifles Montados. A poeira era tão grossa em alguns lugares que os bateristas da infantaria tinham de bater nos tambores constantemente à frente de cada companhia para que os homens não se perdessem.[30]

Quando podiam ver à sua volta, eles eram confrontados por um cenário vazio, desolado, estendendo-se em direção ao desconhecido. As cidades e vilas eram muito escassas e distantes umas das outras, a maioria devastada pela passagem de outras tropas. "A miséria que eu vi nas últimas duas semanas está além de qualquer descrição", escreveu o artista Albrecht Adam à esposa. "A maioria das casas foi abandonada e está sem telhado. Nas áreas através das quais marchamos, a maior parte possui telhados feitos de palha, sendo a palha velha usada como forragem para os cavalos. As casas foram destruídas ou saqueadas, e os habitantes fugiram, a não ser que sejam tão pobres que tenham morrido de fome após terem toda a sua comida levada pelos soldados. As ruas estão cobertas por cavalos mortos, que exalam um fedor terrível no clima quente que estamos enfrentando, e a cada momento mais cavalos tombam. É uma guerra horrível. A campanha de 1809 parece mais um prazeroso passeio se comparada a esta."[31]

A população chocava os franceses e seus aliados por sua miséria e atraso. Os judeus, que eram um elemento dominante em cada cidade e vila nesses antigos territórios poloneses, revoltavam as tropas e despertavam todo o preconceito que lhes era inato ao cercarem-nas para comprar, vender ou trocar.

"Se você conhecesse a zona rural pela qual estamos viajando, minha querida Louise", escreveu o general Compans à sua jovem noiva, "você saberia que nada nela é belo, nem mesmo as estrelas, e se alguém tentasse reunir aqui um harém de quatro esposas para um sultão, teria de vasculhar toda a área."[32]

Outro fator, tanto debilitante quanto impressionante por se tratar de uma novidade, era o quão breves eram as noites de verão nessa região do extremo norte.

"Muitas vezes, quando acampávamos para passar a noite, o brilho do sol ainda estava no céu, de forma que havia apenas um pequeno intervalo entre o pôr e o nascer do sol", escreveu Jakob Walter, de Stuttgart. "A vermelhidão permanecia muito intensa até o nascer do sol. Ao acordarmos, acreditávamos que havia apenas começado a escurecer, mas, em vez disso, vinha a luz clara do dia. A noite durava três horas no máximo, com o brilho do sol permanecendo."[33]

Viessem da Alemanha ou de Portugal, as tropas sentiam-se muito distantes de casa, e sua ansiedade aumentava a cada passo que davam. Esse sentimento era particularmente forte entre os jovens recrutas, mas até os soldados mais velhos concordariam mais tarde que o avanço para a Rússia fora em alguns aspectos pior do que a notória retirada. Alguns desertavam e voltavam para casa, e centenas se suicidavam. "Todos os dias, ouviam-se tiros isolados vindos das florestas que ladeavam a estrada", de acordo com Carl von Suckow. Uma patrulha era, então, enviada para inspecionar o local, e retornava relatando que um homem se suicidara, e não eram apenas recrutas infelizes que tiravam suas próprias vidas. No dia 14 de julho, o desespero levou o major von Lindner, do 4º Regimento de Infantaria Bávara, a cortar a própria garganta com uma navalha.[34]

De acordo com o *commissaire des guerres* Bellot de Kergorre, o Exército havia, no total, sido reduzido em um terço quando alcançou Vitebsk — sem ter lutado uma única batalha. A Legião do Vístula perdera entre 15 e 20 homens em cada companhia. "Em uma campanha normal", explicou um de seus oficiais, "duas batalhas consideráveis não teriam reduzido tanto nossos contingentes." O Exército da Itália foi reduzido, no total, em um terço, apesar de algumas unidades terem sido ainda mais atingidas — uma perdera 3.400 de um total de 5.900 homens. A 3ª Divisão de Ney foi reduzida de 38 mil para 25 mil.[35]

Os contingentes alemães haviam sofrido mais do que a maioria. "A comida é ruim, e os sapatos, camisas, calças e até as perneiras se encontram tão rasgados que a maioria dos homens está marchando em trapos e descalça. Consequentemente, são inúteis para o serviço", reportou o general Erasmus Deroy ao rei da Bavária. "Além disso, eu lamento ter de dizer a Vossa Majestade que as circunstâncias produziram um sério relaxamento da disciplina, e há um espírito tão generalizado de depressão, desânimo, descontentamento, desobediência e insubordinação que é impossível prever o que acontecerá."[36]

Mas os mais afetados eram os poloneses de Poniatowski e os vestfalianos, agora sob o comando do general Junot, cuja marcha os levara através das áreas mais desoladas, e que, por terem iniciado a jornada depois da força principal da *Grande Armée*, haviam sido obrigados a compensar o tempo perdido quando Napoleão mudou seus planos e deu-lhes a tarefa de perseguir Bagration.

Ironicamente, as perdas de homens foram, na verdade, benéficas para a *Grande Armée*. As tropas ficaram livres dos mais fracos — que, em primeiro lugar, nunca deviam ter sido enviados para a guerra. Contudo, antes de morrerem, eles haviam ajudado a atrasar as operações do Exército, devastar a área por onde passavam e sobrecarregar o serviço de fornecimento de suprimentos a tal ponto que nenhum se recuperaria. Além disso, assistir-lhes morrendo às centenas teve um efeito perturbador sobre os que restaram.

Napoleão costumava ser muito ativo quando em campanha. Sempre se levantava por volta das 2 ou 3 horas da manhã e nunca se deitava antes das 11 horas da noite. Percorria todo o palco das operações, viajando em sua carruagem a fim de poder trabalhar e montando um de seus cavalos — que eram conduzidos logo atrás — a fim de fazer o reconhecimento de uma posição ou inspecionar algumas tropas. Seus ajudantes de ordens, que tinham de acompanhá-lo atrás de sua carruagem e muitas vezes não possuíam um cavalo sobressalente à mão, tinham dificuldade de acompanhar seu ritmo enquanto ele galopava.

Entretanto, devido à numerosidade da *Grande Armée* no início dessa campanha e à sua grande dispersão em tantas divisões, Napoleão nunca chegou a ver a maioria de suas tropas, marchando ou acampando, como costumava fazer. Consequentemente, ele não presenciou as condições ou o estado de espírito em que se encontrava o Exército, e os homens não sentiram sua presença e comprometimento como estavam acostumados. Ele estudava listas e números, muitos extremamente imprecisos, e relatórios otimistas de comandantes das unidades ávidos por agradar. O general Dedem de Gelder notou que, ao relatarem seus números, todos os comandantes aumentavam-nos a fim de ficarem com uma boa imagem, e, de acordo com os cálculos dele, Napoleão deve ter pensado que possuía cerca de 35 mil homens a mais do que tinha a essa altura.[37]

Napoleão só via suas tropas quando estavam em ação ou desfilando para ele — hora em que, entusiasmadas e motivadas, pareciam e se sentiam em sua melhor forma. Portanto, ele não se sentia inclinado a dar importância aos relatórios honestos sobre suas condições que ocasionalmente lhe chegavam, e, como não gostava de ouvi-los, considerava-os lamúrias exageradas. Se ele tivesse observado a situação mais de perto, teria visto que ela exigia uma reorganização urgente.

A imensa formação de cavalaria de Murat havia deixado de ter qualquer utilidade, já que não servia a nenhum propósito militar real e era incapaz de encontrar alimento para si mesma. Teria sido muito mais fácil para a cavalaria alimentar seus cavalos e ela teria sido de uma utilidade muito maior se tivesse sido dividida em brigadas e subdivisões, e distribuída entre as várias divisões.

Tornara-se também óbvio para a maioria dos comandantes que a artilharia teria sido beneficiada por uma triagem. A artilharia russa não apenas era da maior qualidade, mas também usava armas de calibre maior, o que tornava as dúzias de canhões de campanha transportados pelos franceses quase totalmente inúteis. Napoleão dera a cada regimento de infantaria sua própria bateria de canhões de quatro libras, tendo em vista, principalmente, o fator psicológico. Eles podiam dar conta de confrontos entre pequenas unidades de tropas, mas não em uma operação militar organizada com a artilharia russa em formação de combate. No entanto, sua presença requeria muita assistência, centenas de cavalos e toneladas de forragem. Muitos haviam sido deixados para trás ao longo do caminho, em Vilna e outros lugares, devido à falta de animais de tração, mas eram laboriosamente levados assim que possível em vez de abandonados.

De acordo com algumas fontes, ao entrar nos aposentos que haviam sido preparados para ele em Vitebsk, Napoleão sacou sua espada e, jogando-a sobre a mesa coberta por mapas, exclamou: "Estou parando aqui; quero fazer um levantamento, reunir e descansar meu exército, e organizar a Polônia; a campanha de 1812 acabou! A campanha de 1813 concluirá o resto!" Tenha a cena sido tão teatral quanto é questionável, o mesmo não pode ser dito de suas palavras. Napoleão disse a Narbonne que não repetiria o erro de Carlos XII aventurando-se no coração do território russo.

"Devemos nos aquartelar aqui este ano, e terminar a guerra na próxima primavera."

A Murat, por sua vez, há relatórios de que ele disse que "a guerra contra a Rússia durará três anos".[38]

Napoleão acomodara-se na residência do governador de Vitebsk — tio do tsar, príncipe Alexandre de Württemberg — e ali instalou seu escritório, com seu *portefeuille* e caixas contendo papéis, assim como dois compridos estojos de mogno com sua biblioteca de viagem. Provavelmente alarmado pela ideia de enfrentar as *longueurs* que tinha pela frente, ele escreveu a seu bibliotecário em Paris pedindo-lhe que enviasse uma seleção de livros para distração e romances ou memórias de leitura leve. O clima estava muito quente, com temperaturas de 35°C registradas à noite por seu secretário barão Fain, e, enquanto suas tropas se refrescavam com banhos no rio Duína, ele suava trabalhando na reorganização do exército. Ele deu ordens para a abertura de uma nova rota de comunicações e fornecimento de suprimentos através de Orsha até Minsk, instruiu o general Dumas a dar início à construção de um depósito de bom tamanho e de fornos para pão, e estabeleceu uma administração local. Comprou e demoliu um bloco de casas em frente à residência onde havia se estabelecido a fim de construir uma praça onde poderia passar suas tropas em revista e onde realizaria vários desfiles, sabendo que seriam bons para o moral dos soldados. Napoleão estava ciente de que eles se queixavam da situação do abastecimento, e usou um desses desfiles, no dia 6 de agosto, para expressar publicamente o seu descontentamento para com os *commissaires* e os responsáveis pelo serviço médico. Gritando alto o bastante para que todos os soldados o ouvissem, ele os reprovou por terem falhado em compreender "a santidade de sua missão", demitindo o boticário e ameaçando mandar os médicos de volta para cuidarem das prostitutas do Palais-Royal. Tudo não passava de teatro, mas os soldados aplaudiram seu imperador, que se importava tanto com eles.[39]

Napoleão emitiu falsos *Bulletins* cheios de confiança, escreveu para Maret instruindo-o a publicar sucessos inexistentes, e se gabava em frente aos homens; na privacidade de seus aposentos, entretanto, ele estava nervoso e frequentemente de mau humor, gritando com as pessoas e insultando-as de uma forma que lhe era rara. Ele fazia declarações contraditórias e parecia confuso quanto ao que fazer em seguida.

Seu instinto dizia-lhe para perseguir os russos e forçá-los a lutar. Ele quase conseguira isso em Vitebsk, e estava certo de que empreenderia uma resistência em defesa de Smolensk, uma grande cidade que possuía certo valor moral para o país. De qualquer forma, não havia razão em parar em Vitebsk enquanto ainda havia um Exército russo a ser derrotado. Em primeiro lugar, ele logo seria fustigado pela fome. Napoleão alcançara uma área mais fértil, mas o território ainda não era capaz de alimentar seu Exército por um longo período, e a ideia de trazer suprimentos da Alemanha era pouco realista. Seria também praticamente impossível estabelecer um alojamento de inverno em julho, e ele foi o primeiro a ver que aquela não era uma boa posição, já que os rios que lhe ofereciam algum tipo de defesa no verão congelariam no inverno, tornando-a bastante vulnerável.

A vasta extensão e a complexidade estratégica da região envolvida nas operações eram também um fator problemático. No flanco setentrional de Napoleão estava Macdonald, sitiando Riga e Dunaburg. Oudinot, depois de um confronto inconclusivo contra Wittgenstein em Yakubovo, com os dois lados declarando vitória, recuara para guardar Polotsk, onde havia sido reforçado pela 6ª Divisão de St Cyr. Ao sul, os saxônicos do general Reynier haviam sofrido uma pequena derrota infligida por Tormasov perto de Kobryn, mas ele e Schwarzenberg haviam depois feito Tormasov recuar, expulsando completamente os russos de Volínia.

Já não era sem tempo que ele tomasse uma decisão quanto a usar ou não a carta da Polônia no jogo. Ele fora saudado em Vitebsk por delegações de patriotas poloneses locais, e esquivara-se às questões cheias de expectativa sobre as suas intenções quanto aos crescentes maus-tratos cometidos contra Poniatowski e as alegações de covardia das tropas polonesas — que, segundo ele, foram em grande parte responsáveis pelo insucesso na perseguição de Bagration. "Seu príncipe não passa de um covarde", retrucou a um oficial polonês.[40]

Ele escrevera a Maret de Glubokoie dizendo-lhe que instruísse a Confederação Polonesa em Varsóvia a enviar uma embaixada à Turquia com a solicitação de uma aliança. "Você entende o quão importante é essa *démarche*", escreveu. "Eu sempre a tive em mente, e não consigo imaginar como posso ter esquecido de instruí-lo de acordo." A Polônia e a Turquia estavam unidas pela hostilidade à Rússia, e a Turquia nunca se conformara por sua aliada ter sido removida do mapa. Com uma declaração firme de sua intenção de restaurar a Polônia, Napoleão poderia também ter persuadido a Turquia a dar continuação à sua guerra contra a Rússia.[41]

Muitos argumentavam que aquele era o momento para enviar Poniatowski à Volínia. Isso teria suscitado uma insurreição ao longo de todo o território da antiga Ucrânia polonesa, o que teria rendido um grande contingente de homens e cavalos, assim como provisões em abundância. Mais importante, teria contido todas as tropas russas ao sul, sob o comando de Chichagov e Tormasov, neutralizando qualquer ameaça que pudesse se erguer contra o flanco de Napoleão. Alguns dias depois, porém, ele escreveu a Reynier de Beshenkoviche deixando-o livre para decidir encorajar ou não os poloneses locais a levantarem-se contra os russos.[42]

Na ocasião, os saxônicos de Reynier haviam se comportado tão mal que suscitaram hostilidade entre todos os poloneses mais patriotas da área. Aqueles que esperavam que Napoleão restaurasse a Polônia desencantaram-se. "A máscara de suas boas intenções para conosco começava a cair", nas palavras de Eustachy Sanguszko, um de seus ajudantes de ordens. Napoleão, por sua vez, disse a Caulaincourt que estava desapontado com os poloneses, e que estava mais interessado em usar a Polônia como um peão do que em lhe devolver a independência.[43]

Enquanto isso, ele recebeu em Vitebsk a notícia da ratificação do Tratado de Bucareste ente a Rússia e a Turquia, e os detalhes do acordo assinado entre a Rússia e a Suécia em março. O que ele não sabia era que a Rússia também assinara um tratado com a Inglaterra em 18 de julho. De Berlim, ele recebia informações de que a Inglaterra estava planejando um desembarque conjunto com os suecos na Prússia. Ainda assim, ele alegrou-se com a notícia do início da guerra entre a Inglaterra e os Estados Unidos da América.

"Enquanto o imperador meditava sobre novos e mais conclusivos ataques, à sua volta os ânimos esfriavam consideravelmente", de acordo com o barão Fain. "Duas semanas de descanso deram às pessoas tempo para refletirem sobre a enorme distância à qual se encontravam e sobre o caráter singular que essa guerra estava assumindo." Ele acrescentou que havia um grande clima de "ansiedade e desânimo" nos vários Estados-Maiores. Napoleão sentia isso, e pela primeira vez depositou sua confiança em um grupo mais amplo de generais, perguntando-lhes o que achavam que deveria ser feito. Berthier, Caulaincourt, Duroc e outros achavam que era hora de suspender a campanha. Eles usaram as perdas, as dificuldades no abastecimento de provisões e a extensão das linhas de comunicação como argumentos, e expressaram o temor de que mesmo uma vitória lhes custasse muito caro, devido à escassez de hospitais e recursos médicos.

Mas Napoleão ateve-se ao seu raciocínio original. Os russos estavam agora mais fortes, e encontravam-se nas fronteiras da Rússia propriamente dita, o que os deixava mais inclinados a aceitarem uma batalha — e foi nisso que ele apostou tudo.

"Se o inimigo permanecer em Smolensk, como tenho razões para acreditar que fará, teremos uma batalha decisiva", escreveu ele para Davout.

Uma vez que Napoleão os tivesse derrotado, Alexandre pediria a paz, e os russos fornecer-lhe-iam todos os suprimentos de que precisava.

"Ele acreditava em uma batalha porque era isso que ele precisava fazer", escreveu Caulaincourt. "Ele não duvidou sequer por um momento que Alexandre seria forçado por sua nobreza a pedir a paz, porque aquela era a base fundamental dos seus cálculos."

Todavia, Napoleão continuava agitado, como se pode ver no diário de Narbonne. Ele era muito inteligente para não enxergar a veracidade de todos os argumentos contra a continuação da campanha. Esse homem amplamente conhecido por sua capacidade de decisão parecia em pânico pela mera possibilidade de não chegar a uma, e, saindo de sua banheira às 2 horas certa manhã, anunciou repentinamente que eles deveriam prosseguir imediatamente. Ele passou os dois dias seguintes concentrado em mapas e papéis. "O próprio perigo da nossa situação nos impele em direção a Moscou", disse ele, finalmente, a Narbonne. "Esgotei todas as objeções dos prudentes. A sorte está lançada."[44]

10

O coração da Rússia

"O que mais lamento na minha vida", diria a irmã de Alexandre, Catarina, mais tarde, "é não ter sido um homem em 1812!"[1]

Se ela tivesse sido um homem, provavelmente também teria terminado no lugar de Alexandre. O tsar sabia que à medida que o Exército russo recuasse, deixando os invasores franceses penetrarem o coração do Império, ele seria culpado. Alexandre não podia esquecer o que acontecera ao pai e ao avô. Arakcheev, Balashov e Shishkov haviam-no convencido de que ele deveria galvanizar a Rússia e angariar o apoio do Império à sua causa. Contudo, ele não estava seguro de que teria esse apoio, visto que grande parte de seus súditos tinha sido sujeitada pela conquista.

O território ocupado pelos franceses era parte do Império Russo havia apenas entre 17 e 50 anos, e Alexandre não podia esperar muita devoção à causa do tsar e à pátria da pequena nobreza predominantemente polonesa ou da massa de camponeses, que não possuíam um senso definido de nacionalidade. Tampouco podia usar ali o artifício da religião: nas áreas adquiridas pela Rússia em 1772, a população consistia em 1,5 milhão de uniatas e 1,3 milhão de católicos, 100 mil judeus, 60 mil antigos crentes, 30 mil muçulmanos tártaros e 3 mil judeus caraítas, contra apenas 80 mil ortodoxos russos. E mesmo alguns destes não eram confiáveis. Varlaam, arcebispo ortodoxo de Mogilev, chegou ao ponto de fazer um juramento de lealdade a Napoleão, encorajando seu rebanho a fazer o mesmo e a comparecer a cerimônias em honra do imperador. As tropas russas consideravam os habitantes locais estrangeiros e hostis à Rússia, e, embora tivessem mantido relações amigáveis com eles durante cerca de 18 meses enquanto se encontravam lá, passaram a saquear casas senhoriais e vilas à medida que se retiravam.[2]

Na ocasião, a maior parte da nobreza polonesa optou, a princípio, por Napoleão — embora a maioria sem muito entusiasmo —, enquanto muitos adotaram a atitude de esperar para ver. Os camponeses parecem ter reagido de formas mais pragmáticas. Alguns aproveitaram a oportunidade para se rebelarem, ou ao menos se recusarem a continuar cumprindo suas obrigações. Outros aparentemente fugiram para a liberdade: em 1811, as regiões administrativas de Mogilev, Chernigov, Babinovitse, Kopys e Mstislav possuíam 358.946 servos pertencentes a proprietários de terra e à Igreja; em 1816, eles eram apenas 287.149.[3]

As autoridades russas estavam temerosas quanto à reação dos judeus, já que estes representavam o único grupo da área, sem mencionar a nobreza polonesa, que poderia ter tido alguma utilidade para os franceses na sua administração. Napoleão libertara os judeus em todas as regiões sobre as quais marchara, e em 1807 ele convocara um Grande Sinédrio ou assembleia à qual convidara os judeus de todo o mundo. Na época, muitos judeus foram de fato úteis para os comerciantes franceses, como guias e, algumas vezes, informantes. Muitos, contudo, permaneceram indiferentes, enquanto alguns provaram ser surpreendentemente leais ao tsar.[4]

Na região central da Rússia, que os franceses agora adentravam, não havia nenhum desses elementos estrangeiros — os judeus haviam sido banidos dali. Isso, entretanto, não bastava para que as autoridades se sentissem menos apreensivas. No que parece um tipo de operação bastante moderno, a polícia da província de Kaluga reuniu seus residentes estrangeiros — franceses, alemães, suíços, dinamarqueses, ingleses, um holandês, um polonês, um espanhol, um português, um sueco e um italiano, que ocupavam todo tipo de cargo, de médicos, alfaiates, chapeleiros, pasteleiros, professores de dança e jardineiros a governantas e barbeiros — e ordenou sua retirada da zona de guerra.[5]

Outra ameaça em potencial eram os antigos crentes, uma seita que se separara da Igreja Ortodoxa um século e meio atrás em protesto contra as reformas introduzidas pelo tsar. Eles consideravam Alexandre, e não Napoleão, o Anticristo. No entanto, embora estivessem em todos os lugares, eles eram poucos e passivos por natureza.

Entre os russos, as primeiras reações à invasão haviam sido positivas, apesar de alguns terem exagerado nos levantes populares. Em um romance inacabado, iniciado em 1812, Pushkin descreve a sociedade de Moscou como francófila, desprezando os defensores das coisas russas, cujo patriotismo “estava limitado a condenações apaixonadas do uso do francês” — até a invasão francesa. A partir daquele momento, "os círculos sociais e salões de recepção encheram-se de patriotas: alguns jogaram fora o rapé francês de suas caixas de rapé e substituíram-no pelo russo; outros queimavam panfletos franceses às dúzias; outros deixaram o Lafitte pela sopa de chucrute". É certo que Pushkin estava sendo um tanto irônico. Outros, por outro lado, falavam com sinceridade. "A notícia de que o inimigo invadira fez as pessoas de todas as idades esquecerem suas alegrias e tristezas pessoais", escreveu o nacionalista Filip Vigel em Penza. "Quando a notícia da intrusão das incontáveis hordas de Napoleão espalhou-se pela Rússia, pode-se verdadeiramente dizer que um único sentimento inspirava cada coração, um sentimento de devoção pelo tsar e pela pátria", de acordo com o príncipe N.V. Galitzine, um oficial servindo no Exército. Em Moscou, "senhoras faziam o sinal da cruz, cuspiam e amaldiçoavam Napoleão", enquanto as jovens damas da sociedade imaginavam-se no papel de amazonas ou enfermeiras.[6] Mas esse entusiasmo não era de forma alguma compartilhado pela população como um todo.

Mais de 90% desta era composta por servos, a metade deles pertencente à nobreza, o resto à Igreja ou ao estado. Servos eram bens móveis — podiam ser comprados e vendidos, incluídos em uma dívida de jogo, contratos de casamento ou empréstimos. Eles podiam ser castigados por seus mestres, e mortos no processo. Não havia uma ameaça revolucionária identificável entre os servos, basicamente porque eles não possuíam líderes, mas existia sempre o potencial para uma revolta sangrenta — além do que já houvera uma terrível, liderada por Pugachov, que ainda não havia sido esquecida.

A invasão do Exército francês não deixou de afetar a atitude dos camponeses para com seus senhores, ou ao menos trazer à tona um descontentamento latente. As autoridades haviam previsto isso, e a polícia intensificara a observação de estalagens e tabernas por todo o país. Havia relatórios confusos sobre agitadores viajando através da zona rural e encorajando servos a se rebelar, e rumores circulavam entre camponeses e servos domésticos sobre Napoleão ter dito a Alexandre que os libertasse, pois senão ele mesmo o faria. Alexandre posicionara pequenos batalhões de 300 homens em cada província por precaução, o que provou ser uma atitude necessária: durante o ano de 1812, foram registradas 67 pequenas revoltas de camponeses em 32 províncias diferentes, mais que o dobro da média anual.[7]

Apesar de tudo, os servos eram russos, profundamente ligados à sua terra e à sua fé, e esperava-se que eles saíssem em sua defesa. Todavia, os primeiros sinais não eram promissores. D.I. Sverbeev, o filho de 19 anos de idade de um proprietário de terras no sul de Moscou, relembrar-se-ia como, ao ouvir a notícia da invasão, seu pai reuniu os servos após a missa de domingo. O senhor de 72 anos anunciou que ele e o filho estavam indo para Moscou a fim de se alistarem, e convocou-os a se voluntariarem. Depois de muita confusão, um velho camponês finalmente se voluntariou, enquanto os outros ofereceram alguns centavos. Outros proprietários de terras conseguiram menos ainda. Com a aproximação dos franceses, houve ocorrências de rebeliões e saques às casas senhoriais.[8]

Dependia de Alexandre despertar aquele sentimento patriótico — ou, de preferência, a determinação para apoiar a entidade política, social, religiosa e cultural que ele incorporava — em cada classe da nação. Era necessário que se fizesse um amplo uso da propaganda, e é nisso que Shishkov seria de um valor inestimável. Alexandre entregou-lhe o esboço de uma proclamação escrita em francês, a qual Shishkov traduziu num texto russo comovente. O manifesto, lançado em Polotsk no dia 6 de julho, anunciava que Napoleão viera para destruir sua "grande nação". "Com malícia em seu coração e lisonjas em seus lábios, ele traz algemas e açoites eternos", alertava a proclamação. Alexandre expulsaria Napoleão do Império, mas, como Napoleão dispunha de uma força gigantesca, o tsar precisaria reunir novas forças. O manifesto apresentava a imagem de toda a nação numa luta de vida ou morte em defesa de suas esposas, crianças e lares, e convocava a nobreza, o clero e os camponeses a seguir o exemplo dos heróis do passado. Shishkov sabia como combinar o amor pela família e pelo lar ao amor pela pátria e pelo tsar. Suas proclamações eram expressas com exortações bíblicas, comparando a Rússia ao povo prometido que deveria um dia erguer-se sobre os outros, transbordando uma confiança absoluta na divina providência.[9]

Alexandre também lançou mão do aparelho de propaganda da Igreja Ortodoxa. Ele escreveu aos bispos instando-os a mobilizar seu sacerdócio para agir contra a ameaça estrangeira e herege do "Exército de 20 línguas" — como a multinacional *Grande Armée* era de vez em quando denominada. O Sínodo lançou sua própria proclamação, convocando todos a se armarem em defesa da fé e da pátria contra os invasores hereges que haviam ofendido o Todo-Poderoso ao derrubarem o trono e o altar na França. Nessa proclamação, também os padres em todos os lugares do país eram convocados a armar as almas ingênuas com os sentimentos corretos. A pedido de Alexandre, Augustine, vigário de Moscou, escreveu uma prece especial com a qual os fiéis poderiam suplicar a Deus que defendesse a Rússia, inspirasse devoção ao tsar e o imbuísse de toda a sabedoria e coragem necessárias para que a vitória fosse dele, citando os exemplos de Moisés e Gedeão, Davi e Golias.[10]

Lançar manifestos ressoantes era uma coisa; tranquilizar o povo era outra. O espírito febril que se abateu sobre São Petersburgo variava de um otimismo absurdo ao pior desespero com uma facilidade impressionante.

"Todos esperam que um emissário apareça a qualquer momento com a notícia de uma vitória, cujos rumores circulam por toda a cidade", escreveu um habitante da capital a um amigo do interior no dia 21 de julho. "Eles dizem que Bagration derrotou o rei da Vestfália. O número que dão para os prisioneiros feitos é de 15 mil."

Falava-se sobre vitórias retumbantes: Wittgenstein destruíra Oudinot, enquanto Macdonald, Ney e Murat haviam sido derrotados nos arredores de Vitebsk, e assim por diante.[11]

Por outro lado, as retiradas despertavam a fúria do povo, assim como os boletins otimistas que eram emitidos pelas autoridades.

"Nestes, eles escrevem sobre nossos sucessos, sobre o ritmo lento do avanço de Napoleão, sobre a falta de confiança que ele tem em suas tropas, mas os fatos propriamente ditos mostram-nos algo bastante diferente; nós só fomos bem-sucedidos em nos retirarmos, e se o inimigo não nos conquistou, ele simplesmente tomou províncias inteiras", queixou-se Varvara Ivanivna Bakunina em uma carta para um amigo, acrescentando: "O desespero e o medo crescem a todo momento, enquanto eles tentam nos enganar, assegurando-nos... de que tudo isso está acontecendo de acordo com um engenhoso plano."

Centenas de refugiados de Riga haviam se dirigido para São Petersburgo, semeando pânico.

"Pesar, medo e desespero abateram-se sobre todos", relatou ela em 6 de julho.

A ratificação da paz com a Turquia, anunciada uma semana antes, acalmou os nervos. Contudo, logo depois, veio a notícia de que Alexandre abandonara Drissa, o que produziu pânico em São Petersburgo. O relato da resistência empreendida por Wittgenstein em Yakubovo restaurou parte da tranquilidade, e no dia 25 de julho houve uma missa em ação de graças pela notícia no Palácio Tauride, seguida três dias depois por outra pelo sucesso de Tormasov em Kobryn. Entretanto, ao tomarem conhecimento de que Napoleão se encontrava em Vitebsk, muitos começaram a fazer as malas e alguns de fato deixaram São Petersburgo acreditando que aquele seria o próximo alvo de seu avanço.[12]

A atmosfera em Moscou era apenas um pouco mais calma. No dia 27 de junho, três dias depois de Napoleão ter atravessado o Neimen — mas antes de ter tomado conhecimento sobre isso —, Maria Apolonovna Volkova escreveu à amiga Varvara Ivanovna Lanskaia afirmando que "sempre fora da opinião de que não se deve preocupar-se demais com o futuro". No entanto, essa filosofia não resistiu quando a notícia fatal espalhou-se. "A paz abandonou nossa bela cidade", escreveu ela em 3 de julho.

Dois dias antes, um habitante alemão de Moscou quase fora apedrejado até a morte pela multidão, que o havia confundido com um francês. Uma semana depois, Maria Apolonovna tomou a caneta mais uma vez: "Cinco dias atrás, eles diziam que Ostermann havia obtido uma grande vitória. Acontece que isso não passou de uma invenção", escreveu ela. "Nesta manhã, chegou-nos a notícia de uma vitória brilhante obtida por Wittgenstein. Essa notícia vem de uma fonte confiável, e o conde Rostopchin está confirmando-a, mas ninguém se atreve a acreditar nela."[13]

O que Alexandre tinha de fazer era converter esses temores e essa raiva em ação. Em primeiro lugar, ele precisava de mais homens — e esses pertenciam, fisicamente, à nobreza proprietária de terras. Já houvera reclamações em março, quando ele havia extraído dali outro destacamento adicional, e ele precisaria de toda a boa vontade dessa nobreza a fim de que ela lhe fornecesse mais homens agora. Ele também precisava de grandes quantias de dinheiro, e teria, portanto, que apelar às doações em adição aos impostos, que haviam aumentado dramaticamente nos dias que antecederam a guerra. Seria o maior teste ao qual seu lendário charme já havia sido submetido.

Em Smolensk, aonde ele foi primeiro, muitos nobres ofereceram sua riqueza e a si mesmos à causa. Entre eles estava Nikolai Mikhailovich Kaliachitsky, que ofereceu seus três filhos para "uma defesa determinada ou uma morte gloriosa", assim como quantidades enormes de suprimentos para o Exército, o que resultou na ruína da sua pequena propriedade.[14] Movido pela demonstração efusiva de patriotismo e devoção pela sua pessoa que presenciara ali, Alexandre partiu para um dos encontros mais importantes da sua vida — um encontro com os habitantes de Moscou.

Ele não queria fazer uma entrada triunfal na cidade, já que não estava seguro da recepção que teria naquela fortaleza dos "*starodumy*" — os defensores da tradição, que ele tentara apaziguar com a demissão de Speransky e a nomeação de Rostopchin. Ele pediu ao governador que fosse ao seu encontro na última estação de posta antes de Moscou na manhã de 23 de julho. Eles tiveram uma longa conversa, durante a qual Rostopchin lhe assegurou que ele tinha a cidade sob controle e que não tinha nada a temer. De qualquer forma, o tsar decidiu entrar em Moscou à meia-noite, esperando que àquela hora todos já estivessem dormindo; mas essa esperança seria frustrada.

A nobreza reunira-se para recebê-lo no Kremlin. Os recintos estavam apinhados de aristocratas e altos funcionários públicos, enquanto nos espaços abertos em volta encontrava-se a grande massa popular. Repentinamente, um rumor espalhou-se entre a multidão de que Orsha havia sido tomada pelos franceses, e houve uma grande agitação ao redor do Kremlin, com o povo gritando que houvera uma traição. Logo em seguida, alguém levantou a possibilidade de o tsar não ter aparecido ainda porque estava morto. "Um tremor percorreu a multidão", nas palavras de uma jovem nobre que se encontrava nos recintos do andar superior. Eles estavam prontos para acreditar em tudo e temer qualquer coisa."

Alguém perto dela, ao ouvir os brados da multidão lá fora, sussurrou: "Rebelião!"

A palavra atravessou o cômodo, e aristocratas em trajes adornados começaram a entrar em pânico. Felizmente para todos, um emissário apareceu anunciando a chegada iminente do tsar.[15t]

Multidões também haviam se reunido no Poklonnaia, ou monte da Saudação, para recebê-lo. Contudo, em vez de esperarem, avançavam mais e mais ao longo da estrada. Era uma noite quente e estrelada, e quando sua carruagem ainda se encontrava a 15 verstas da cidade Alexandre se deparou com uma multidão de camponeses alinhados ao longo da estrada segurando velas e padres erguendo ícones e abençoando-o. Ao alcançar a cidade, a multidão desatrelou seus cavalos e puxou sua carruagem pelas ruas, com as pessoas ajoelhando-se ao verem-no passar.

Na manhã seguinte, ele compareceu a uma cerimônia solene na catedral da Assunção, no Kremlin, para celebrar a ratificação da paz com a Turquia. Depois disso, o metropolita Platão abençoou-o com um ícone de São Sérgio que havia acompanhado o tsar Alexei Mikhailovich nas guerras contra os poloneses, e Pedro, o Grande, na guerra contra os suecos.

"Guie-nos para onde quiser, guie-nos, pai, morreremos ou conquistaremos!", gritava o povo à sua volta. Ainda assim, ele ficou tenso quando, no dia seguinte, partiu para o Palácio Sloboda, onde a nobreza e os comerciantes haviam se reunido para recebê-lo. Alexandre parecia "pálido e pensativo", e sem seu caloroso sorriso habitual. A fim de tranquilizá-lo, Rostopchin estacionara uma fila de *kibitkas* da polícia do lado de fora do palácio, e estava preparado para colocar quaisquer criadores de casos dentro deles e mandá-los para Kazan. Mas isso não seria necessário. Alexandre fez um longo discurso para os nobres e comerciantes sobre a necessidade de fazer sacrifícios a fim de defender a pátria, e depois os deixou para que pudessem debater em particular sobre a questão.[16]

Os nobres deram início à discussão sobre a viabilidade de alistar um homem em 25, quando alguém sugeriu um em dez. Posteriormente, tornar-se-ia público que a proposta fora feita por um homem que não possuía terras na província e queria apenas ganhar influência na corte. Sua sugestão foi bem recebida e endossada num rompante de entusiasmo.

O encontro dos comerciantes foi realizado em meio a uma atmosfera não menos exaltada. "Eles batiam nas próprias cabeças, arrancavam os cabelos, levantavam as mãos para o céu; lágrimas de fúria rolavam-lhes pelas faces, o que lembrava as dos antigos heróis. Eu vi um homem rangendo os dentes", relataria uma testemunha. "Era impossível discernir as palavras exatas em meio àquele tumulto generalizado; tudo que se podia ouvir eram lamentos e gritos de indignação. Foi um espetáculo bastante singular." O dirigente dos comerciantes deu uma soma notável, afirmando: "*Je tiens ma fortune de Dieu, je la donne à ma patrie.*"

Além de oferecer-se para fornecer um homem em cada dez para a milícia, a nobreza deu um sinal de 3 milhões de rublos, e os comerciantes contribuíram com 8 milhões.[17]

Alexandre alcançara algo bem maior do que a simples obtenção dos homens e do dinheiro de que precisava. De acordo com o príncipe Piotr Andreievich Viazemsky, que vivia na época em Moscou, a guerra vinha sendo regularmente discutida no Clube Inglês e nos salões de recepção; contudo, essas discussões haviam sempre tido um tom acadêmico, já que não diziam respeito diretamente aos presentes. Porém, tudo mudou quando Alexandre entrou em cena. "Toda a hesitação, toda a perplexidade desapareceram; tudo pareceu solidificar-se, consolidar-se e reunir-se em uma convicção, em um sentimento sagrado de que era necessário defender a Rússia e salvá-la do inimigo invasor."[18]

Sua visita a Moscou teve um efeito profundo no próprio Alexandre, e, ao deixar a velha capital na noite de 30 de julho, ele era um homem mais forte. O tsar ganhara uma nova determinação e uma grande força ao sorver a efusão de devoção à sua pessoa. "Tenho um único arrependimento, que é o de não poder corresponder da forma que deveria ao amor dessa admirável nação", disse ele a uma das damas de companhia da tsarina, condessa Edling. "Mas como, *Sire*? Não entendo", respondeu ela. "Sim, ela precisa de um líder capaz de conduzi-la à vitória, e, infelizmente, eu não possuo nem a experiência, nem os talentos necessários num momento como este." Apesar disso, ele começou a considerar novamente a possibilidade de assumir o comando do Exército. Uma carta providencial de sua irmã Catarina, entretanto, apontando que ele falhara com Barclay pela sua indecisão, praticamente o proibia de sequer pensar nisso.[19]

O Exército russo não estava mais feliz do que os franceses por não ter podido ficar e lutar em Vitebsk, e as tropas encontravam-se num estado de grande desânimo enquanto se arrastavam de volta para Smolensk. Eles chegaram à cidade no dia 1º de agosto e acamparam na margem setentrional do Dnieper. Barclay lançou uma proclamação anunciando que o Segundo Exército de Bagration logo se juntaria a eles, e que então as tropas estariam prontas para enfrentar os franceses, o que melhorou o estado de espírito.

No dia seguinte, Bagration entrou no acampamento de Barclay exibindo todas as suas condecorações e acompanhado por um séquito de generais e oficiais do Estado-Maior. Barclay tinha a aparência simplória e informal ao se aproximar para encontrá-lo. "Eles se cumprimentaram com todos os sinais possíveis de cortesia e com uma imagem de amizade, mas com frieza e distância em seus corações", de acordo com o chefe do Estado-Maior de Barclay, Yermolov. O Segundo Exército de Bagration estava a apenas um dia de marcha dele. Bagration graciosamente se colocou e ao seu Exército sob o comando de Barclay.[20]

"Essa notícia encheu a todos de uma alegria extraordinária", nas palavras de Nikolai Mitarevsky, um oficial novato da artilharia na Divisão do general Dokhturov. "Pensamos que não recuaríamos mais e que a guerra assumiria um caráter diferente." A mera visão do Segundo Exército alegrou os espíritos dos homens do Primeiro, como explica Yermolov: "O Primeiro Exército, exausto pela retirada, começara a resmungar e a promover desordens, um sinal claro da perda de disciplina. Os comandantes das unidades haviam começado a demonstrar indiferença para com o comandante, os postos inferiores tiveram sua confiança nele abalada. O Segundo Exército estava tomado por um espírito completamente diferente! O som constante de música, a melodia do seu canto vindo de todos os lugares, reavivou os ânimos dos soldados."[21]

Os antialemães e russófilos esperavam que o bravo espírito de Bagration dominasse, e que a consciência de estarem agora defendendo antigos territórios russos tivesse também seu efeito.

"O espírito da nação está despertando após um sono de 200 anos, sentindo a ameaça da guerra", escreveu Fyodor Glinka, um oficial russófilo apaixonado, fazendo referência às guerras polonesas de 1612. Canções e odes foram compostas em honra do que era para ser uma resistência heroica e bem-sucedida em Smolensk.[22]

Outros falavam em partir para a ofensiva e expulsar os franceses da Rússia.

Os russos encontravam-se agora numa posição mais forte do que haviam estado desde o início da guerra. É verdade que eles haviam aberto mão de uma vasta parte de seu território, perdido uma quantidade de homens que alcançava os 20 mil, duas dúzias de canhões e grandes depósitos de suprimentos; contudo, por outro lado, eles agora possuíam cerca de 120 mil homens agrupados na zona central, com duas tropas — uma de 30 mil ao norte e outra de 45 mil ao sul — ameaçando os flancos de Napoleão. Através de seu próprio serviço de inteligência e da interrogação de prisioneiros, eles tinham conhecimento das condições do Exército francês, cuja força de ataque eles agora estimavam possuir cerca de 150 mil homens.

De qualquer forma, como Clausewitz apontou, essa nova concentração de forças era mais uma medida estratégica do que tática, e os franceses mais uma vez venceriam uma batalha abandonada. Contudo, a habilidade dos franceses de operarem com eficácia reduzia-se a cada dia. Não havia, portanto, razão para que os russos partissem para a ofensiva naquele momento.[23] Ainda assim, era exatamente isso que eles estavam determinados a fazer. Todo o Exército, dos postos mais altos até os soldados rasos, estava farto do recuo contínuo. Eles haviam ouvido relatos das vitórias brilhantes obtidas por Tormasov, Wittgenstein, Platov e outros, e não podiam entender por que estavam cedendo território sem uma batalha. Agora que Bagration unira forças com Barclay, parecia não haver mais justificativas para uma retirada, e havia um desejo geral de ficar e lutar.

Barclay, que percebia o despropósito de dar combate àquela altura, estava sob uma grande pressão de todos sob seu comando, até os soldados rasos, exatamente para fazê-lo, e não se encontrava em posição de opor-se. No dia 3 de agosto, ele escreveu para Alexandre dizendo que atacaria as unidades expostas de Ney e Murat. Entretanto, tudo indica que ainda esperava conseguir evitar uma batalha. Em 6 de agosto, realizou um conselho de guerra para argumentar sua opinião, mas a oposição estava em grande vantagem, e ele acabou por concordar relutantemente em atacar, ordenando a todos que procedessem com toda a cautela.

Eles partiram na manhã do dia seguinte, 7 de agosto, em três colunas, as quais deveriam atacar e esmagar as unidades de Ney e a cavalaria de Murat, que estavam acampadas à frente do resto das tropas francesas. A operação poderia ter sido bem-sucedida se fosse executada com velocidade e determinação. A vitória não teria feito diferença para a situação estratégica, e, mesmo que viesse a servir para levantar a moral das tropas russas, tornaria mais difícil recuar novamente depois — o que eles teriam que fazer de qualquer maneira —, de forma que o sucesso traria tanto vantagens quanto desvantagens. Naquele momento, o sucesso não seria a questão.

Na noite de 7 de agosto, ao fim do primeiro dia da ofensiva, Barclay recebeu informações do serviço de inteligência — incorretas, como se descobriria — de que uma notável tropa francesa ocupara Poriechie, ao norte da sua linha de ataque. Tratar-se-ia, certamente, de uma tentativa de flanqueá-lo, ou senão de uma unidade inimiga exposta que pudesse ser facilmente isolada. Diante da notícia, ele ordenou que suas três colunas volvessem para o norte. Bagration não entendeu a lógica por trás da ordem, e obedeceu com grande relutância. Todavia, a ordem não chegou à cavalaria, comandada por Platov e Pahlen, e, enquanto Barclay e Bagration marchavam em direção ao norte no dia seguinte, a cavalaria continuou a seguir para o oeste. Em Inkovo, ela deparou-se com a Subdivisão de Cavalaria do general Sebastiani, à qual surpreendeu e derrotou, aprisionando 200 homens, mas foi logo em seguida derrotada pelo contra-ataque francês.

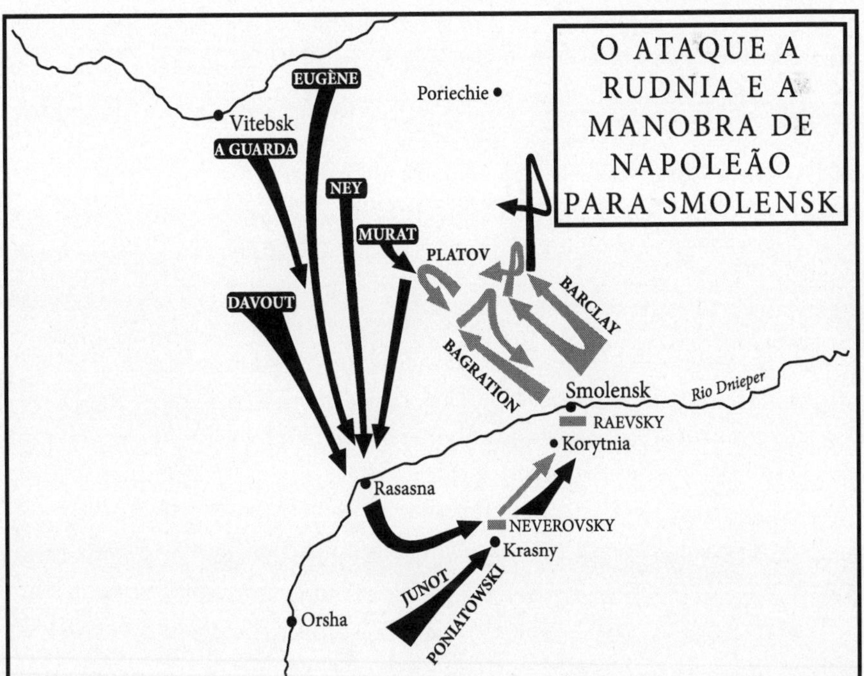

Ao tomar conhecimento do ataque russo no dia seguinte, Napoleão deduziu que Barclay decidira lutar em defesa de Smolensk. Mas, àquela altura, ele suspeitava das verdadeiras intenções dos russos. Determinado a garantir que eles não escapassem dessa vez, ele deu início à execução de um plano para cercá-los e atacá-los pela retaguarda. Napoleão instruiu o príncipe Eugène a ir para o sul e juntar-se a Ney na vigilância da área em que ele presumia que o Exército russo estivesse, e ordenou que todas as outras unidades na área de Vitebsk fossem para Rassana e atravessassem o Dnieper. Eles deveriam se juntar às divisões de Junot e Poniatowski, para então invadir Smolesnk, presumidamente desocupada, atravessar o rio de volta e surgir na retaguarda de Barclay.

No entanto, as tropas de Barclay encontravam-se então numa confusão tão grande que Napoleão não precisava ter se preocupado. Depois de certificar-se de que não havia franceses em Poriechie, Barclay marchara de volta à sua posição inicial, dando ordens a Bagration para que fizesse o mesmo, pretendendo pôr em ação o plano original de um ataque frontal em Rudnia. Porém, quando Bagration — que marchava desanimadamente de volta para ocupar suas posições iniciais — recebeu aquela que era a terceira ordem dizendo-lhe para voltar e marchar em uma direção diferente, ele já se encontrava extremamente irritado: "Pelo amor de Deus", escreveu para a Arakcheev, "me dê um posto em qualquer outro lugar; eu aceitarei até mesmo o comando de um regimento, na Moldávia ou no Cáucaso, se necessário; eu apenas não posso mais aguentar isso aqui; o quartel-general está tão cheio de alemães que um russo não pode sobreviver lá."[24]

Bagration estava tão furioso que decidiu ignorar a ordem de Barclay. Ele se movia em direção a Smolensk, e decidiu prosseguir. Assim, enquanto duas das três colunas russas volviam agora para marchar na direção em que os franceses se encontravam, a terceira marchava resolutamente na direção oposta. Esse ato de insubordinação deliberada salvaria o Exército russo.

Todas as mudanças de ordens elevaram o grau habitual de confusão que cerca a movimentação de um Exército, com o resultado de que a área diante das tropas francesas estava agora coberta por unidades russas marchando e contramarchando em direções diferentes, algumas perdidas, a maioria confusa, e todas cada vez mais fartas.

"Como era a primeira vez que avançávamos depois de tantas retiradas, a alegria sentida por toda a divisão, que ansiava por poder finalmente atacar o inimigo, tornava-a difícil de ser conduzida", escreveu o tenente Simansky, dos guardas de Izmailovsky.[25]

A mudança de planos, que eles presumiram anunciar uma nova retirada, foi, portanto, recebida com fúria.

Oficiais subalternos como Simansky perguntavam-se se seus comandantes realmente sabiam o que estavam fazendo.

"Nossa falta de experiência na arte da guerra revela-se a cada passo", escreveu o capitão Pavel Sergeevich Pushchin, dos guardas de Semeonovsky, em seu diário no dia 13 de agosto.

O sentimento de dúvida quanto à capacidade do comandante em chefe começava a ganhar terreno. Oficiais do Estado-Maior criticavam os "alemães", e a palavra "traição" era sussurrada com mais e mais frequência. A rígida disciplina imposta ao soldado russo começava a relaxar, e os casos de deserção e pilhagem se multiplicavam.[26] Se Napoleão tivesse, naquele momento, empreendido um ataque frontal enérgico, os dois Exércitos russos teriam sido aniquilados.

Mas Napoleão estava ocupado com a execução do seu próprio plano. Na madrugada de 14 de agosto, as subdivisões de Davout, Murat, e depois as divisões de Ney e do príncipe Eugène, deram início à travessia do Dnieper em Rassana, sobre três pontes que haviam sido construídas durante a noite. Depois disso, as tropas tomaram a grande estrada principal Minsk—Smolensk — uma ampla estrada reta que se estendia entre bétulas e que fora projetada por Catarina, a Grande, para agilizar o movimento do correio e das tropas. A eles se reuniram nessa estrada os vestfalianos de Junot e os poloneses de Poniatowski, que vinham de Mogilev. No início da tarde, eles se depararam com a 27ª Subdivisão do general Neverovsky, que Bagration deixara cobrindo as proximidades ao sul de Smolensk, em uma cidade denominada Krasny.*

Neverovsky possuía não mais que cerca de 7.500 homens, muitos dos quais recrutas inexperientes, para confrontar toda a Divisão de Cavalaria de Murat. Mas ele manteve o controle da situação. Neverovsky mandou a cavalaria e a artilharia de volta para darem cobertura à sua retirada, e posicionou seus homens numa formação quadrada estendida. Felizmente para ele, Murat decidiu-se por não parar e esperar que sua artilharia o alcançasse, lançando sua cavalaria contra os russos, com a intenção de varrê-los do caminho. Qualquer outro Exército teria deposto as armas ou se dispersado; contudo, os soldados camponeses de Neverovsky retiraram-se em uma massa

*Diaristas e historiadores referem-se à cidade por uma variedade de nomes, entre os quais o mais comum é "Krosnoie". O autor optou pela grafia usada pelo historiador local da época, Voronovsky.

sólida. "A própria falta de experiência daqueles camponeses russos que compõem essa unidade confere-lhes uma força de inércia que se converte em resistência", refletiu o barão Fain. "A arremetida da cavalaria foi amortecida por essa multidão, que se manteve unida, pressionando e preenchendo cada lacuna. O valor mais brilhante exauriu-se pelas investidas contra essa massa compacta, à qual só podia golpear, sem conseguir separar."[27]

Neverovsky recuou aproximadamente 20 quilômetros sob a pressão constante da Cavalaria de Murat, que desferiu cerca de 30 assaltos. Ele perdeu por volta de 200 homens e sete canhões, mas alcançou Korytnia, onde foi reforçado na manhã seguinte por tropas enviadas de Smolensk e escoltado para a cidade. Ele também perdeu uma de suas bandas regimentais, que alguns granadeiros franceses encontraram guardando as ruínas de uma igreja incendiada, brandindo os instrumentos em sinal de suas intenções pacíficas e implorando por misericórdia no francês mal falado de um dos seus integrantes, nativo da Toscana.[28]

Naquela noite, sendo o dia 15 de agosto, Napoleão chegou a Korytnia, e recebeu a saudação de cem tiros de canhão — era seu aniversário. Porém ele não tinha motivo para celebrar. Seu plano falhara. Ele havia esperado encontrar Smolensk desprotegida, o que lhe teria permitido ocupar a cidade e usar as pontes para atravessar o Dnieper e confrontar a retaguarda de Barclay. Acontece que a cidade estava ocupada — graças à insubordinação de Bagration.

Napoleão descarregou sua irritação em Poniatowski, cuja 5ª Divisão acabara de reunir-se novamente à força principal da *Grande Armée*. Quando o príncipe entrou na barraca de Napoleão para cumprimentá-lo, o imperador lançou-lhe uma série de insultos, gritando para todos ouvirem, acusando-o e aos seus poloneses de covardia e preguiça, e dizendo que a única coisa em que eram bons era brincar com as prostitutas de Varsóvia. Ao mesmo tempo, ele ficou furioso ao ouvir que os poloneses haviam sido reduzidos a 15 mil homens — algumas unidades haviam perdido metade do seu contingente devido às marchas forçadas, doenças e à luta. Ele zombou de Poniatowski, afirmando que ele e seus poloneses teriam uma chance de mostrar seu mérito em Smolensk no dia seguinte.[29]

Smolensk era uma cidade de 12.600 habitantes, e não possuía nenhuma importância econômica ou estratégica em particular. É verdade que tinha certa significância espiritual, já que uma de suas igrejas abrigava um ilustre ícone milagroso da Virgem, além de ter sido a cena de inúmeros confrontos desesperados pelo domínio da área entre os poloneses e os russos, que a haviam finalmente arrancado de volta 150 anos atrás. Ela era cercada por muros de tijolos maciços, com uma altura de 8 metros e uma espessura de 4,5 metros, com um fosso profundo e seco à frente, e fortalecido por torres de baluartes.[30] A ocupação de Smolesnk não tinha vantagem alguma para Napoleão, já que o seu verdadeiro objetivo era derrotar o Exército russo. Ademais, visto que a chance de atravessar o Dnieper e alcançar a sua retaguarda lhe havia escapado, ele deveria ter partido imediatamente em procura de um ponto de travessia mais ao leste. Se tivesse assim procedido, Napoleão teria forçado os russos a lutarem e obtido Smolensk sem muito esforço e provavelmente com sua munição intacta. Ele de fato enviou Junot à procura de um novo acesso para a travessia, mas havia desejado que os russos viessem e o confrontassem em defesa de sua cidade sagrada, decidindo, então, atacá-la. Fazendo isso, ele cometeu, de acordo com Clausewitz, o maior erro de toda a campanha.[31]

Murat e Ney alcançaram Smolensk ao raiar do dia 16 de agosto e desferiram um primeiro ataque; o general Nikolai Raevsky e a 7ª Divisão de Infantaria conseguiram repeli-lo. Ao meio-dia, eles foram reforçados por mais tropas de Bagration. À tarde, os franceses puderam avistar grandes colunas de tropas russas surgindo na margem oposta do Dnieper, as baionetas brilhando. Era Barclay, que fora obrigado a abandonar seu ataque a Rudnia pela recusa de Bagration em cooperar com ele. Ele soubera da travessia do rio por Napoleão na noite de 14 de agosto e apressara-se de volta para Smolensk. Ao avistar as tropas, de acordo com alguns, Napoleão esfregou as mãos dizendo: “Finalmente! Agora eu os peguei!”[32]

Barclay encontrava-se sob uma tremenda pressão para defender a cidade. Ele percebeu que aquela era uma posição perdida, que poderia ter sido mantida no máximo por mais uma ou duas semanas — a um custo imenso que não teria vantagem alguma. Contudo, sua autoridade estava àquela altura tão enfraquecida que, mesmo com seu instinto lhe dizendo para recuar, era necessário mostrar algum resultado com a defesa de Smolesnk. Como temia que Napoleão tentasse atravessar o Dnieper, avançando mais para leste — e sem dúvida para ver-se livre dele —, Barclay enviou Bagration pela estrada de Moscou para Dorogobuzh com ordens para que ele impedisse que sequer um só francês atravessasse o rio e a fim de manter a linha de retirada aberta. Na noite de 16 de agosto, ele reforçou Raevsky com 30 mil homens sob o comando de Dokhturov, os quais receberam ordens de manter a ocupação da cidade. Ele posicionou o resto das tropas e postou suas baterias na margem setentrional.[33]

Na manhã de 17 de agosto, os franceses atacaram os arredores mais afastados da cidade, fora dos muros. Depois de um confronto corpo a corpo, eles conseguiram fazer os homens de Dokhturov recuarem, mas foram contra-atacados por uma numerosa tropa e tiveram de retroceder. Napoleão esperava que essa incursão dos russos significasse que todo o Exército sairia da cidade para enfrentá-lo, mas sua expectativa foi frustrada.

A ação tomara a maior parte da manhã e fora acompanhada por bombardeios pesados da artilharia francesa às posições russas. Ao meio-dia, houve uma trégua. O tenente Lyautey, da artilharia da Guarda, estivera em ação durante toda a manhã e aproveitou a oportunidade para levar seus cavalos para beberem água no rio. As baterias russas haviam se aproximado da margem oposta para fazer o mesmo.

"Os russos bebiam de um lado, nós do outro, nós nos comunicávamos com palavras e gestos, trocamos tragos, tabaco, no que éramos mais ricos e generosos", escreveu Lyautey em uma carta para casa. "Logo depois, esses bons amigos estavam trocando tiros de canhão."[34]

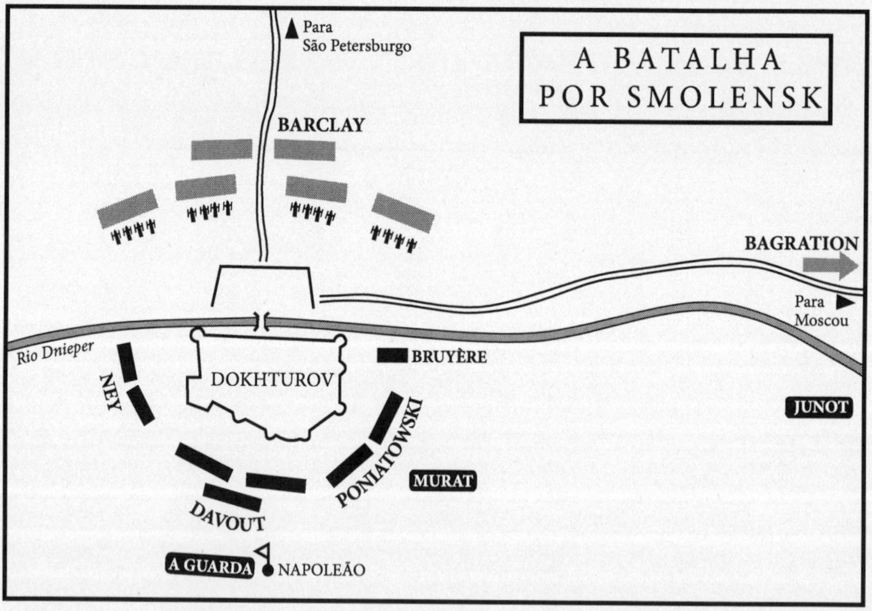

Às 2 horas da tarde, vendo que os russos não sairiam para dar combate, Napoleão deu ordens para um ataque geral à cidade. Mais de 200 canhões abriram fogo, e três divisões da *Grande Armée* entraram em ação. Foi um cenário inesquecível para os presentes. A cidade de Smolensk está localizada sobre um declive que desce em direção ao rio Dnieper, ao lado de um anfiteatro, o qual tem do outro lado o aclive que se eleva a partir da margem oposta do rio. Nessa margem, estava o Exército de Barclay, que podia ver toda a cidade do outro lado do rio e os franceses atacando de três lados. Enquanto os atacantes franceses entravam em ação, seus companheiros assistiam do topo do aclive, encorajando-os. O clima estava agradável, as tropas usavam uniformes de gala, e partiram para o ataque com suas bandas tocando. Foi um espetáculo magnífico.

Ao centro, encontravam-se as três subdivisões de Davout, sob o comando dos generais Morand, Gudin e Friant; à esquerda, estava Ney com duas subdivisões, uma das quais composta por soldados de Württemberg; à direita, Poniatowski, também com duas subdivisões; e, à sua direita, a Subdivisão de Cavalaria do general Bruyère; ao todo, eram 50 mil homens. As colunas francesas avançaram. Os cavaleiros de Bruyère atacaram uma unidade de dragões russos sob o comando do general Skallon, varrendo-os do campo de batalha e matando seu comandante. A infantaria penetrou nos arredores da cidade e forçou os russos a se retirarem. Estes tentaram um contra-ataque, mas foram repelidos em uma violenta luta corpo a corpo.

“Nos dois dias em Smolensk, eu ataquei com a baioneta”, relembrar-se-ia o general russo Neverovsky. “Mas Deus me protegeu, e eu saí apenas com três buracos de bala no casaco.”[35] Finalmente, os franceses alcançaram os muros da cidade, que então tentaram, inutilmente, escalar. Como não tinham escadas, essa era a única coisa que podiam fazer.

Auguste Thirion, da 2ª Divisão de couraceiros, foi para um ponto de onde podia ver melhor o posicionamento de uma das baterias francesas, que estava sendo bombardeada por canhões russos postados na elevação do outro lado do rio.

“Não consigo entender como um só cavalo poderia escapar da massa de balas de canhão que vinham dos dois lados e atravessavam o centro entre aquelas baterias”, escreveu, não deixando de apreciar o espetáculo. “Também víamos, aos nossos pés, soldados de infantaria descendo arduamente para as valas, ou melhor, os barrancos que constituíam a maior parte do fosso da fortaleza. Era uma subdivisão polonesa que tentava transpor as rochas com uma coragem, um desespero digno de maior sucesso; aqueles bravos homens tentavam escalá-las subindo nos ombros uns dos outros. Contudo, a natureza do terreno não permitiria que eles tivessem êxito, e era um espetáculo único e curioso observar aquela massa de homens que pareciam formigas rastejando sobre as rochas de maneira tão pitoresca, enquanto, acima de suas cabeças, os canhões que eram o alvo de seus esforços disparavam contra seus irmãos de guerra. Do outro lado, as baterias francesas disparavam projéteis que algumas vezes não chegavam ao seu alvo, despejando sobre as rochas uma chuva de fragmentos das paredes."[36]

Charles Faré, um tenente do 1º Regimento de Granadeiros da Velha Guarda, disse à mãe em uma carta para casa que nunca vira as tropas francesas lutarem com mais ímpeto. O próprio Ney afirmou que o ataque empreendido por um batalhão do 16º Regimento de Infantaria havia sido o maior ato de coragem que ele já vira no Exército. Mas nem todos estavam satisfeitos. O general Eblé e seu colega, o cartógrafo da *Grande Armée*, general Armand Guilleminot, não viram benefício no grandioso ataque frontal aos muros da cidade. Eles sabiam que os canhões de campanha de 12 libras introduzidos por Napoleão não teriam utilidade, já que suas balas eram simplesmente absorvidas pelas flexíveis fortificações de tijolos, sem sequer conseguirem abrir uma brecha nas paredes maciças. "Ele sempre quer matar o touro a unha!", exclamou Eblé, abanando a cabeça. "Por que ele não manda os poloneses atravessarem o Dnieper rio acima da cidade?"[37]

Outros que não estavam apreciando o espetáculo eram os cidadãos de Smolensk. De manhã, os habitantes dos arredores da cidade haviam tomado as armas dos corpos dos soldados mortos e preenchido as lacunas entre os soldados que a defendiam; padres erguendo crucifixos eram atingidos à frente dos milicianos e morriam com eles. Quando as tropas eram repelidas, os civis tentavam ir em frente. "Os habitantes fugiam horrorizados, arrastando seus objetos de valor; vi um bom filho carregando sobre os ombros o pai doente, uma mãe percorrer um caminho seguro em direção às nossas posições, segurando seus pequenos nos braços, tendo perdido todo o resto para o inimigo e para o fogo", segundo um oficial da artilharia.[38]

Seu destino, ao transporem os muros da cidade, não seria, entretanto, digno de inveja, de acordo com um oficial de 15 anos de idade servindo no Regimento de Infantaria de Simbirsk. "Que terrível confusão testemunhei no interior dos muros: os habitantes, acreditando que o inimigo seria repelido, haviam permanecido na cidade, mas o ataque forte e violento daquele dia convencera-os de que ao amanhecer ela já não estaria em nossas mãos. Gritando desesperados, eles correram para o santuário da Mãe de Deus, onde rezaram de joelhos. Depois, seguiram para casa, reuniram suas chorosas famílias e deixaram suas casas, atravessando a ponte na maior confusão. Quantas lágrimas! Quantos lamentos e quanto sofrimento, e, no final, quantas vítimas e quanto sangue!"[39]

O grandioso espetáculo da tarde deu lugar a uma cena infernal com a chegada da noite. Os bombardeios morais a que os franceses haviam submetido a cidade provocaram o incêndio de várias das casas, que eram predominantemente feitas de madeira, e o fogo espalhara-se rapidamente. O barão Uxküll, dos *Chevaliersgardes* russos, fala por muitos que assistiram impotentes enquanto uma de suas antigas cidades e seus habitantes eram engolidos pelas chamas. "Eu estava de pé sobre a montanha: a carnificina acontecia aos meus pés. Sombras erguiam o brilho fulgurante do fogo e dos tiros", escreveu ele. "As bombas, que exibiam seus rastros luminosos, destruíam tudo em seu caminho. Os gritos dos feridos, os 'Urras!' dos homens que ainda lutavam, o confuso e ensurdecedor som das rochas que caíam e quebravam, tudo isso fazia meu cabelo eriçar-se. Eu nunca esquecerei essa noite!"[40]

Os espectadores franceses estavam igualmente perplexos diante do "horror sublime" do espetáculo, que remetia à queda de Troia. "O próprio Dante poderia ter encontrado aqui a inspiração para o inferno que quis descrever", de acordo com o capitão Fantin des Odoards. Enquanto os franceses ainda tentavam derrubar os muros, grande parte da cidade estava em chamas, e os defensores eram silhuetas negras por trás delas, com a aparência idêntica à de "demônios no inferno", como classificou o coronel Boulart, da artilharia. Pensamentos semelhantes atravessavam a mente de Caulaincourt enquanto ele observava diante da barraca de Napoleão. De repente, ele sentiu um tapinha no ombro. Era o imperador, que saíra para assistir, e que comparou a visão à erupção do Vesúvio. "Você não acha, *Monsieur le Grand Écuyer*, que é um belo espetáculo?", acrescentou.

"Horrível, *Sire*", foi a única resposta de Caulaincourt.[41]

Sendo ou não um grande espetáculo, Napoleão não tinha por que ficar satisfeito. Quando a luta chegava ao fim naquela noite, tornou-se evidente que os franceses não haviam ganhado nada e perderam ao menos 7 mil homens entre mortos e feridos. Barclay também não tinha muito com o que se alegrar. Além da satisfação de negar aos franceses uma vitória fácil, ele não obtivera resultado algum além da perda de 11 mil homens e dois generais.

Barclay percebeu que não podia permanecer ali por muito tempo, já que era apenas uma questão de tempo até que Napoleão atravessasse o Dnieper rio acima e o alcançasse. Ao defender a cidade durante dois dias, ele exibira um gesto simbólico, e agora devia salvar o Exército. Assim, ele ordenou que Dokhturov evacuasse a cidade depois de atear fogo a todas as provisões remanescentes e tudo que pudesse ter alguma utilidade para o inimigo, bem como destruir as pontes que deixara para trás. O ícone sagrado da Virgem de Smolensk já havia sido removido do santuário, colocado em uma carreta de canhão e escoltado sobre a ponte para a margem setentrional do rio.

As ordens de Barclay para que a cidade fosse abandonada provocaram um protesto geral.

"Não posso expressar a indignação que tomou conta de todos", escreveu o general *sir* Robert Wilson, que acabara de chegar para assumir seu posto como "comissário" britânico no quartel-general russo.

Uma sucessão de oficiais superiores vinham um após o outro implorar que Barclay reconsiderasse sua decisão — ou, se estivesse mesmo determinado a bater em retirada, que lhes permitissem lutar até a última gota de sangue. Bagration escreveu-lhe um bilhete exigindo que Smolensk fosse defendida a todo custo. Bennigsen, em uma contradição absoluta à sua asserção anterior de que não havia razão para uma batalha àquela altura da retirada, pôs-se a favor de uma última ação de resistência. Ele irrompeu no quartel-general, acompanhado pelo grão-duque Constantino e um grupo de generais, exigindo que Barclay mudasse seus planos. O grão-duque praticamente ordenou que ele anulasse sua ordem "covarde" e desse início a um ataque geral contra os franceses. "Seu alemão, seu linguiceiro, seu traidor, seu patife; você está vendendo a Rússia", gritou com Barclay para todos ouvirem. "Eu me recuso a continuar recebendo ordens suas", acrescentou Constantino, afirmando que passaria a Divisão da Guarda para o comando de Bagration.

Ele continuou lançando injúrias contra Barclay, que observava em silêncio. "Deixe que cada um cumpra seu dever, e deixe-me cumprir o meu", finalmente o interrompeu, pondo um fim na discussão.

Naquela noite, Constantino recebeu uma ordem de Barclay para levar uma carta importante para o tsar e entregar o comando da guarda ao general Lavrov.[42]

Duas horas antes de amanhecer, o último dos homens de Dokhturov atravessou as pontes e ateou-lhes fogo. Pouco antes, uma companhia de *voltigeurs* do 2º Regimento polonês de Infantaria conseguiu abrir uma brecha nos muros e entrou na cidade que ardia. De manhã, depois que um dos portões foi aberto e que os corpos dos mortos e moribundos foram retirados, os franceses fizeram sua entrada na cidade.

O que surgiu diante deles foi um verdadeiro cemitério, as ruas cobertas por cadáveres, a maioria enegrecida pelo fogo. Nas ruínas das casas que haviam sido engolidas pelas chamas jaziam os restos de seus habitantes ou de soldados feridos que ali haviam se refugiado. "Tínhamos que andar sobre escombros, cadáveres e esqueletos que haviam sido queimados e carbonizados pelo fogo", nas palavras de um oficial francês. "Por todos os lugares, habitantes desafortunados, ajoelhados, choravam sobre os restos de suas casas, gatos e cachorros, perambulando e bramindo da forma mais triste; em todo lugar havia apenas morte e destruição!"

Os feridos russos haviam sido postos em hospitais improvisados, que depois foram destruídos pelo fogo quando seus companheiros evacuaram a cidade. "Esses infelizes, abandonados dessa forma para uma morte terrível, deitados em pilhas, calcinados, contraídos, conservando apenas uma vaga forma humana, em meio às ruínas enfumaçadas e vigas em chamas", segundo o tenente Julien Combe, do 8° Regimento de *Chasseurs à Cheval*. Ele não foi o único a observar que os corpos dos soldados queimados haviam encolhido; alguns pensavam tratar-se de corpos de crianças. "Soldados que haviam tentado fugir caíram nas ruas, asfixiados pelo fogo, e ali foram queimados", observou o doutor Raymond Faure. "Muitos mal lembravam seres humanos; eram massas sem forma de matéria grelhada e carbonizada, podendo ser reconhecidos como cadáveres apenas graças ao metal de um mosquete, um sabre ou algum acessório que houvesse perto deles."[43]

Um soldado alemão mal pôde acreditar no que viu ao caminhar pelas ruas cobertas por restos humanos. "Como milhares de outros, eu marchava quando, entre duas casas incendiadas, vi um pequeno pomar cujas frutas haviam sido carbonizadas, e abaixo de cujas árvores estavam cinco ou seis homens que haviam sido literalmente grelhados", escreveu. "Deviam ser homens feridos que estavam deitados à sombra antes de o incêndio começar. As chamas não os haviam tocado, mas o calor contraíra-lhes nervos e as pernas. Seus dentes brancos sobressaíam por entre os lábios enrugados, e dois buracos de sangue marcavam o lugar onde haviam estado seus olhos.[44]

Tudo isso teve um efeito profundo sobre o Exército. "Eles marchavam através daquelas ruínas ardentes e ensanguentadas, em perfeita ordem, com música marcial e a pompa habitual, triunfantes sobre aquelas ruínas desertas, e não tendo ninguém, senão a si mesmos, para testemunhar sua glória", nas palavras de Ségur. "Espetáculo sem espectadores, vitória praticamente sem frutos, glória sangrenta, cuja fumaça ainda nos cercava, e que parecia ser nossa única conquista, nosso único verdadeiro emblema!"[45]

A cidade não se encontrava de fato inteiramente deserta. Um número considerável de habitantes não conseguira fugir, e encolhia-se entre as ruínas ou amontoava-se dentro das igrejas, as quais, constituídas de tijolos e pedras, eram refúgios do fogo. Havia também milhares de soldados russos feridos e, quando os franceses se prepararam para marchar sobre Smolensk, uma delegação da cidade saiu para pedir que Napoleão os ajudasse a cuidar deles. Ele destacou 60 profissionais, entre médicos e equipe médica, para entrarem na cidade e organizarem hospitais.[46]

Contudo, a tarefa não seria nada fácil. Vários grandes edifícios, tais como monastérios e armazéns, foram designados para o propósito, e os feridos foram para lá levados. Entretanto, não havia camas ou colchões, e levou dias até que se conseguisse encontrar palha para ser colocada no chão para que eles pudessem se deitar. Os que tinham ferimentos leves encontravam-se deitados ao lado dos doentes, e, visto que fazia o que até mesmo Napoleão denominou um tempo "terrivelmente quente", as infecções se espalhavam rapidamente. O grande número de feridos implicava que muitos permaneciam despidos por um ou dois dias, quando as provisões acabaram. Cirurgiões costuravam feridas com estopas em vez de agulhas, enfaixando-as com tiras dos seus próprios uniformes e papéis retirados dos registros da cidade. "Sem remédios, caldo de carne, pão, linho, algodão, e nem mesmo palha, eles não tinham outro consolo enquanto morriam que não a simpatia de seus companheiros", nas palavras do general Berthézène. Napoleão mandou Duroc aos hospitais para dar dinheiro aos feridos, mas, enquanto na Áustria ou Itália isso lhes permitiria procurar comida e suprir outras necessidades, ali eles não poderiam comprar nada, além do que possuir moedas os tornava passíveis de roubo e assassinato.[47]

"Aquele era o lado abominável da guerra, ao qual eu nunca me acostumarei", observou o capitão Fantin des Odoards, dos granadeiros da Guarda, enquanto caminhava pela cidade no dia seguinte. "Ver tanto sofrimento e não poder dar assistência é uma tortura." Soldados experientes não podiam alimentar pensamentos como esse por muito tempo se quisessem sobreviver. O general Dedem de Gelder, cuja subdivisão acampou na praça principal naquela noite, fez o melhor que pôde. "Eu passei a noite em um sofá muito luxuoso que os homens haviam achado em uma das casas da cidade vizinha", relembrar-se-ia, tendo jantado geleia, compotas de frutas, dois abacaxis frescos e alguns pêssegos. "Eu teria preferido uma boa sopa, mas na guerra come-se o que se acha."[48]

Barclay permanecera na margem setentrional do Dnieper ao longo do dia 18 de agosto, guardando os arrabaldes naquela margem do rio e impedindo as tentativas dos franceses de reconstruir as pontes incendiadas. Naquela noite, no entanto, ele se retirou. Como a estrada para Moscou estendia-se por vários quilômetros ao longo da margem setentrional, ao alcance dos canhões franceses, ele decidiu seguir por uma rota que tinha início em direção ao norte, gradualmente mudando a direção para entrar novamente na estrada para Moscou em Lubino. Assim, para evitar obstáculos ao longo das pequenas estradas rurais que eles teriam que usar, ele dividiu suas tropas em dois grupos. Contudo, isso só serviu para complicar as coisas, já que na primeira etapa da retirada, na noite de 18 de agosto, várias unidades se perderam. O deslocamento era mais lento do que o esperado, com canhões e carroças de suprimentos ficando presos nos inúmeros rios que cortavam as estradas. Os declives eram tão íngremes que em vários locais armas e carroças pesadas rolavam, arrastando consigo homens e cavalos para uma morte terrível no fundo de um barranco, e, com isso, também dificultando mais ainda o avanço.

Enquanto isso, Ney consertara a ponte de Smolensk, atravessara o rio e dera início a um avanço em direção à estrada de Moscou, enquanto Junot começara a atravessar rio acima, em Prudichevo. Temendo que eles alcançassem a estrada antes de seus homens, Barclay enviara o general Pavel Alekseievich Tuchkov com uma pequena tropa para Lubino a fim de guardá-la.

Ney, que havia iniciado a viagem através da estrada de Moscou pela manhã, foi interceptado pelo que pensou ser um contra-ataque desenvolvendo-se ao seu lado direito. Na verdade, tratava-se da Subdivisão de Ostermann-Tolstoy, que se perdera durante a noite, e, depois de ter marchado em círculos por dez horas, retornara aos arredores de Smolensk. Ney investiu contra ela, o que rendeu algum tempo a Tuchkov, mas logo os franceses forçavam os russos a recuar ao longo da estrada de Moscou.

Ao tomar conhecimento do confronto, Napoleão partiu para o local. Presumindo que se tratava de nada mais que uma ação de retaguarda, ele deu ordens a Davout para que reforçasse Ney com uma de suas subdivisões. Juntos, eles fizeram Tuchkov recuar, mas este também foi reforçado por outras unidades e pela chegada providencial do próprio Barclay, que reuniu as tropas e estabilizou a situação. Wilson ficou impressionado com Barclay, que, "vendo a gravidade do perigo a que sua coluna estava exposta, galopou para diante, espada na mão, à frente de seus soldados, ordenanças, convocando os fugitivos, e gritando: 'Vitória ou morte! Nós devemos guardar este posto ou perecer!' — com sua energia e exemplo reanimando a todos, ele recuperou a posse daquela elevação, e assim, com a graça de Deus, o Exército foi preservado!"[49]

Os russos se posicionaram em Valutina Gora. Junot e seus vestfalianos encontravam-se por trás a seu lado esquerdo, e poderiam tê-los atacado pela retaguarda — o que, de fato, Napoleão ordenara Junot a fazer. Contudo, o habitualmente destemido Junot — que estivera agindo de forma estranha e queixando-se de insolação — teve uma série de reações incoerentes, e não avançou sequer quando Murat em pessoa galopou até ele e disse-lhe para atacar.

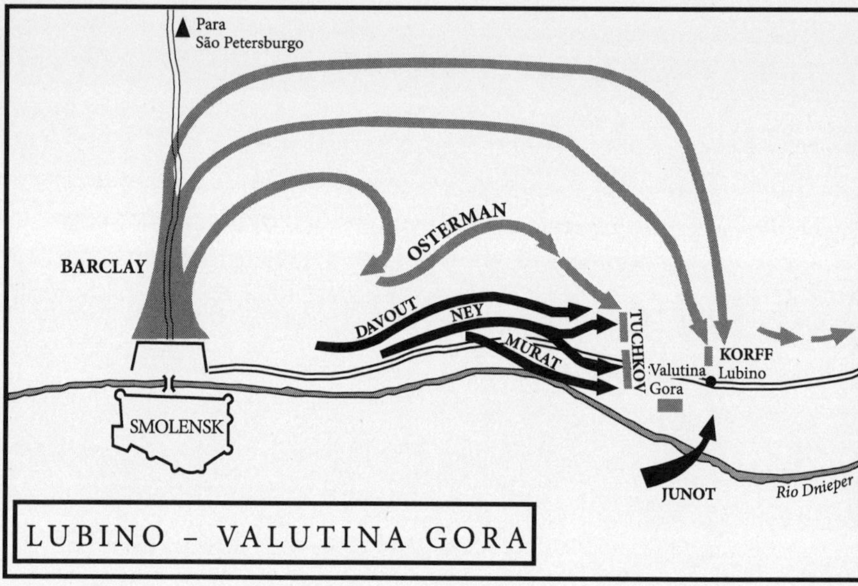

"Se tivéssemos atacado, os russos teriam sido derrotados, de forma que todos nós, soldados e oficiais, esperávamos ansiosamente a ordem para atacar", escreveu o tenente-coronel von Conrady, um hessiano da Divisão de Junot. "Nosso ardor para travar batalha era expresso ruidosamente, com batalhões inteiros gritando que queriam avançar, mas Junot não ouvia, e ameaçou aqueles que estavam gritando com o pelotão de fuzilamento... Rangendo os dentes, fomos reduzidos ao papel de espectadores, enquanto a honra e o dever chamavam-nos. Nunca outra oportunidade seria perdida de forma tão vergonhosa! Vários oficiais e soldados no meu batalhão choravam de desespero e vergonha."[50]

Naquele momento, por volta de 20 ou 30 mil russos eram flanqueados por um total de 50 mil franceses. De acordo com o ajudante de ordens de Barclay, Woldemar von Löwenstern, Tuchkov aproximou-se e pediu permissão para recuar, ao que Barclay supostamente respondeu:

"Retorne para a sua posição e se mate se quiser, pois se você recuar levará um tiro!"

Consciente de que o destino do Exército russo estava em suas mãos, ele resistiu, mas aquela era uma decisão arriscada. A certa altura, Yermolov, que observava, agarrou seu ajudante de ordens pelo cotovelo e sussurrou com horror: "Austerlitz!"[51]

Se os franceses tivessem derrotado Tuchkov, poderiam ter penetrado as unidades russas que marchavam e avançado através dos soldados, que não teriam tido nenhuma chance.

"Nunca nosso Exército estivera em tamanho perigo", Löwenstern escreveu posteriormente. "O destino da campanha e do Exército foi selado naquele dia."[52]

Não era típico de Napoleão deixar de compreender a razão por trás da atitude dos russos, mas, por volta das 5 horas da tarde, ele deixou Ney para cuidar da situação e voltou para Smolensk. "Ele parecia muito irritado, e irrompeu num galope quando nos alcançou, nossas aclamações parecendo importuná-lo", observou um oficial da Legião do Vístula que lhe assistia cavalgando.[53]

Tuchkov defendeu sua posição, e seus homens lutaram como leões. As subdivisões de Ney — apoiadas pela Subdivisão de Gudin, da Divisão de Davout — também lutaram com ímpeto e determinação, e a batalha deu lugar a um massacre que só teve fim quando escureceu. No campo, jaziam entre 7 mil e 9 mil franceses, bem como 9 mil russos, entre mortos e feridos. Os que sobreviveram, exaustos demais para providenciar um acampamento, deitaram-se para dormir entre eles.[54]

Na manhã seguinte, Napoleão cavalgou até o local. "A visão do campo de batalha era uma das mais sangrentas entre as que os veteranos tinham na memória", de acordo com um veterano dos *Chevau-Légers* poloneses que o escoltou.[55]

Napoleão recebeu a saudação das tropas reunidas nesse campo da morte e deu início a um dos rituais que faziam dele um líder tão brilhante. Ele decretara que recompensaria o 127° Regimento de Linha, integrado principalmente por italianos e que se destacara no dia anterior, com a águia que era colocada no topo dos estandartes dos regimentos que provavam seu valor. "Essa cerimônia, imponente por si mesma, teve um caráter verdadeiramente épico naquele lugar", segundo uma testemunha.

Todo o regimento posicionou-se como se estivesse desfilando, os rostos dos homens ainda manchados de sangue e enegrecidos pela fumaça.

Napoleão tomou a águia das mãos de Berthier, e, erguendo-a, disse-lhes que aquele seria seu elo, o que os manteria unidos, e que eles deveriam jurar nunca abandoná-la. Depois que eles fizeram um juramento, o imperador entregou a águia ao coronel, que a passou para o alferes, o qual, por sua vez, levou-a para o centro da companhia de elite, enquanto os tocadores de tambor tocavam de forma ensurdecedora.

Depois disso, Napoleão desmontou e caminhou até a linha de frente. Em voz alta, ele pediu aos homens que lhe dessem os nomes daqueles que haviam se destacado em particular durante a luta. Promoveu, então, os apontados ao posto de tenentes, concedendo aos outros a ordem da *Légion d'Honneur*, condecorando-os com sua espada e o abraço que fazia parte do ritual. "Como um bom pai cercado por seus filhos, ele concedeu pessoalmente a recompensa aos que foram considerados dignos, enquanto seus companheiros aclamavam-nos", nas palavras de um oficial. "Assistindo à cena", escreveu outro, "eu compreendi e experimentei o fascínio irresistível que Napoleão exercia quando queria, e onde quer que estivesse."[56]

Com essa cerimônia extraordinária, Napoleão conseguiu transformar o sangrento campo de batalha em um campo de triunfo, enviando aqueles que haviam morrido para a imortalidade e afagando os que haviam sobrevivido com palavras gentis e recompensas gloriosas. Contudo, muitos se perguntavam por que ele não estivera na batalha, enquanto seu cortejo se perguntava o que haviam alcançado com os quatro dias de carnificina.[57]

11

Guerra total

De acordo com seu secretário, barão Fain, Napoleão sentia-se desanimado e aborrecido com o rumo que os eventos haviam tomado. Ele derrotara os russos e ocupara uma cidade importante, mas, embora houvesse lhes infligido um grande número de baixas, perdera, por sua vez, 18 mil soldados experientes nas duas batalhas, e não conseguira forçar o Exército russo a aceitar a derrota. Seu discurso contraditório deixa claro que ele não sabia o que fazer em seguida. "Ao abandonarem Smolensk, uma de suas cidades sagradas, os generais russos desonraram seu exército diante de seu próprio povo", disse ele a Caulaincourt. "Isso me dá uma boa posição. Nós os forçaremos a recuar uma certa distância a fim de podermos descansar, e eu me fortalecerei. Nós descansaremos e usaremos essa fortaleza para organizar a região, e vejamos o que Alexandre achará disso. Eu assumirei o comando das divisões no Duína, as quais não estão fazendo nada, e meu Exército será mais formidável, minha posição, mais ameaçadora para a Rússia do que se eu tivesse vencido duas batalhas. Eu fixarei o quartel-general em Vitebsk, armarei a Polônia, e depois escolherei entre Petersburgo e Moscou."[1]

Mas ele sabia que aquilo não fazia sentido. Todos os argumentos contrários a parar em Vitebsk haviam se transferido, de forma ampliada, para Smolensk. A cidade incendiada não representava nem um bastião efetivo, nem uma fonte para o Exército. Contudo, recuar agora era mais inconcebível ainda do que fora em Vitebsk. Ele se deixara cair numa armadilha.

Napoleão descarregava sua frustração em tudo que estivesse ao seu alcance. Ele escreveu para Maret queixando-se de que os poloneses da Lituânia não haviam conseguido levantar tropas e suprimentos suficientes. Reclamava, também, que o Exército estava perdendo homens em expedições desnecessárias de forrageio, repreendendo os comandantes das divisões. Ele se enfurecia com os abusos, e teve um ataque de cólera quando descobriu que um mercador de vinho parisiense estivera usando carroças que deviam trazer suprimentos médicos no transporte de vinho para ser vendido às tropas. Ao deparar-se, certo dia, com alguns soldados no meio de um ato de pilhagem, ele atacou-os com seu chicote de montaria, gritando-lhes obscenidades. Além disso, Napoleão estava demonstrando um mau gênio e uma rudeza atípicos para com o seu cortejo.

Em seu desespero para encontrar uma saída, ele se agarrava a qualquer possibilidade. O general Pavel Alekseyevich Tuchkov, que havia sido aprisionado em Valutina Gora, foi tratado com a maior consideração por Berthier, que lhe deu camisas do seu próprio guarda-roupa e lhe ofereceu a escolha de qualquer cidade na Europa napoleônica para seu cativeiro. Foi-lhe também concedida uma audiência com Napoleão, que o tratou com grande delicadeza. O imperador derramou uma torrente de autojustificativas e declarações de amizade por Alexandre, e pediu a Tuchkov que escrevesse ao seu soberano dizendo-lhe que Napoleão desejava paz. Constrangido, o russo esquivou-se do pedido dizendo que era apenas um general de brigada e que o protocolo o impedia de escrever para o imperador, mas, no final, concordou em escrever ao seu irmão mais velho, que possuía um posto superior.

"Alexandre pode ver que seus generais estão fazendo uma grande confusão, e que ele está perdendo território, mas está sendo influenciado pelos ingleses, e o gabinete de Londres está incitando a nobreza e impedindo que ele aceite um acordo", disse Napoleão a Caulaincourt. "Eles o convenceram de que eu quero tomar todas as suas províncias polonesas, e que ele não obterá a paz a esse preço, o qual ele não poderia aceitar, já que, dentro de um ano, todos os russos que possuem terras na Polônia o estrangulariam como fizeram a seu pai. É um erro da parte dele não me procurar em confiança, pois não lhe desejo mal: eu estaria preparado para fazer alguns sacrifícios a fim de ajudá-lo a sair dessa dificuldade."

Ele provavelmente teria dado a Alexandre toda a Polônia, assim como Constantinopla, para sair do impasse em que se encontrava com uma imagem de honra.[2]

Mas, como não podia parar onde estava, e já que tampouco se retiraria, a única coisa que ele podia fazer era avançar, na esperança de "arrancar" uma vitória dos russos. Moscou encontrava-se a apenas cerca de 400 quilômetros, ou uma marcha forçada de oito dias, e os russos seguramente partiriam em defesa de sua antiga capital. À sua frente, havia ainda dois meses de um clima decente para a campanha. "Era, portanto, razoável pensar que poderíamos fazer o inimigo lutar antes que o mau tempo chegasse", argumentou o general Berthézène. "A força do nosso Exército, sua moral, a confiança que possuía em seu líder, a ascendência que o imperador exercia sobre os próprios russos, tudo isso dava-nos uma sensação de certeza quanto ao sucesso, e nenhum de nós questionava-a."[3]

Um grande número de oficiais superiores, entretanto, acreditava que haviam ido longe o bastante. "Todos sentiam que haviam tolerado fadigas e tido encontros gloriosos o suficiente para uma campanha, e ninguém queria ir em frente; a necessidade e o desejo de parar eram sentidos e francamente expressos por todos", escreveu o coronel Boulart.

Muitos no cortejo de Napoleão, encabeçados por Berthier, Duroc, Caulaincourt e Narbonne, imploraram-lhe que ordenasse o estacionamento das tropas. Mas ele estava irredutível. "O vinho foi derramado, e terá que ser bebido", retorquiu Napoleão para Rapp, que questionou a prudência em avançar.

Sentindo-se aborrecido pela insistência de Berthier em questionar a sensatez em prosseguir, Napoleão retorquiu furioso: "Vá, então, eu não preciso de você; você não é nada mais que um (...). Volte para a França, eu não obrigo ninguém", explodiu, acrescentando algumas observações grosseiras sobre o que Berthier ansiava continuar fazendo com sua amante em Paris.

Berthier, chocado, jurou que sequer sonharia em abandonar seu imperador em quaisquer circunstâncias. O clima entre eles, entretanto, permaneceu frio durante vários dias, nos quais Berthier não foi convidado a sentar-se à mesa imperial.[4]

"Nós já estamos muito comprometidos para nos retirarmos", declarou Napoleão finalmente. "A paz está diante de nós; encontramo-nos a apenas oito dias de marcha dela; tão perto do objetivo, que não pode haver discussões. Marchemos para Moscou!" Enquanto os mais velhos e os oficiais superiores abanavam a cabeça e resmungavam, os jovens sentiam-se excitados pela perspectiva. "Se tivéssemos sido ordenados a marchar para conquistar a lua, teríamos respondido: "Avante!"", de acordo com Heinrich Brandt, da Legião do Vístula. "Nossos colegas mais velhos podiam escarnecer do nosso entusiasmo, chamar-nos fanáticos ou loucos o quanto pudessem, mas nós só conseguíamos pensar em batalhas e vitórias. Nós só temíamos uma coisa: que os russos pudessem estar muito apressados para estabelecer a paz."[5] As chances eram pequenas.

O coronel Boulart havia se enchido de tristeza pelo incêndio de Smolensk, "não tanto por causa do efeito moral que um grande desastre sempre produz e pelos recursos de todo tipo que as chamas haviam devorado, mas muito mais porque ele anunciava, da parte do inimigo, uma exasperação que não deixava esperanças de negociação, e porque projetava uma luz, por assim dizer, sobre o nosso futuro". Sua preocupação passou a ser compartilhada por muitos outros na *Grande Armée* quando estes começaram a considerar que estavam entrando em território estrangeiro, em mais de um sentido. "Esse tipo de guerra é horrível e não lembra de forma alguma aquele a que estávamos até agora acostumados", observou Jean-Michel Chevalier.[6]

O soldado francês de 1812, mesmo se tivesse sido alistado contra a vontade — e, como acontecia algumas vezes, tendo tentado evitar o recrutamento, levado acorrentado para o regimento —, sabia que era, essencialmente, um cidadão livre que possuía outra vida fora do Exército, à qual retornaria se sobrevivesse. Seu comportamento enquanto se encontrava no Exército era, em grande parte, ditado pela expectativa por aquele momento. Ele faria tudo que pudesse para sobreviver, e para tirar lucro do tempo que passaria como soldado raso com a obtenção de reputação, promoções e espoliações. Ele poderia ser incitado a atos de coragem abnegada por uma mistura de patriotismo, *esprit de corps* e amor pelo seu imperador, mas não acreditava no genocídio desnecessário. A menos que ele e seus colegas fossem levados a algum estado excepcional de loucura, esse soldado estava sempre calculando chances e opções, e, se fosse cercado sem esperança de obter socorro, não via nada de errado em se render. Um cidadão livre no Exército poderia decidir, pessoal ou coletivamente, quando a sua segurança e a de suas unidades o exigiam. O mesmo era verdadeiro, num grau maior ou menor, para cada soldado da *Grande Armée*, independentemente da sua nacionalidade.

O mesmo podia ser dito de cada inimigo que os soldados de Napoleão haviam enfrentado: uma certa solidariedade humana básica implicava que os homens nos dois lados, por mais desesperados que pudessem estar para se destruírem como tropas, respeitavam o desejo do outro de sobreviver.

"Soldados matam sem odiar um ao outro", explicou o tenente Blaze de Bury, que tomara parte em campanhas através de toda a Europa. "Durante um cessar-fogo, nós frequentemente visitávamos o acampamento inimigo, e, embora estivéssemos preparados para matar um ao outro ao primeiro sinal, estávamos, apesar de tudo, preparados também para ajudar um ao outro caso a ocasião se apresentasse."[7]

Isso prevaleceu até mesmo na Espanha, onde a *guerilla,* ou pequena guerra, introduzira um nível inédito de fanatismo nacional e religioso aos procedimentos; mas não na Rússia.

Frederico, o Grande, supostamente afirmou que era preciso primeiro matar o soldado russo para poder derrubá-lo. As tropas de Napoleão estavam chegando à mesma conclusão depois das batalhas de Krasny, Smolensk e Valutina Gora. Os soldados russos não haviam se rendido. Eles tinham que ser esfacelados. Clausewitz, que teve a vantagem de observar o fenômeno de dentro do Exército russo, denominou a atitude "obstinação inerte". Os franceses ficavam impressionados, referindo-se ao fenômeno com estereótipos de atavismos mais ou menos poéticos.

"Eu nunca poderia ter imaginado o tipo de coragem passiva que tenho observado nos soldados daquela nação, a qual provém, creio eu, de sua ignorância e superstição crédula", escreveu Lubin Griois, que os vira resistir impassíveis enquanto suas baterias esmagavam-nos em Krasny. "Pois ao morrerem, beijando a imagem de São Nicolau, que sempre carregam consigo, eles acreditam que irão direto para o céu, e quase agradecem pela bala que os manda para lá."[8]

A crença na vida após a morte era certamente um fator. O cativo soldado russo, que servia durante 25 anos, não pensava no retorno para outra vida, uma que fosse normal, sobre a terra. O próprio Exército era a sua vida. A disciplina férrea do Exército, complementada pelas experiências que haviam vivido na luta contra os turcos ou membros de tribos na Geórgia ou no Cáucaso — os quais eram cruéis e genocidas, não aceitando nem demonstrando clemência —, fazia com que o conceito de capitulação não fizesse parte de sua consciência militar. A decisão de render-se é essencialmente uma declaração dos direitos humanos contra o Exército e seu soberano, o Estado; tal conceito tão subversivo não existia na Rússia.

Os franceses ficaram consternados diante de tal atitude. Não era assim que a guerra devia ser feita. O mais alarmante ainda para o simples soldado era que a postura intransigente de seu oponente diante da guerra comprometia-o com as ações de seus comandantes, implicando-o em seus crimes. Ele não poderia dizer, tal como haviam feito os soldados ao longo dos séculos, que era um peão inocente de reis e generais. Todo o Exército era responsável, e parecia que aquela seria uma luta de vida ou morte. Isso se tornava cada vez mais aparente à medida que a *Grande Armée* marchava para o exterior de Smolensk naquela última semana de agosto.

Eles agora atravessavam uma região fértil, viajando por uma ótima estrada, que seguia em linha reta e era ampla o bastante para que várias colunas de infantaria e cavalaria marchassem lado a lado sob uma série em dupla de bétulas, cada uma em um lado do passeio central, que era reservado para os veículos sobre rodas da artilharia e do Exército. Todavia, não se tratava de uma marcha fácil.

"Trotávamos das 2 ou 3 horas da manhã até por volta das 11 horas da noite, sem desmontar, exceto para atender a um chamado urgente da natureza", escreveu o carabineiro holandês Jef Abbeel. "Nós passávamos as raras pausas tentando nos livrar dos insetos que nos infestavam."[9]

"O calor naquela parte do mundo na época do ano em que nos encontrávamos não é nada como o calor da região sul da Europa", explicou Julien Combe. "Não tínhamos que tolerar apenas o calor do sol, mas os vapores que emanavam da terra escaldante. Nossos cavalos levantavam uma nuvem de areia escaldante tão fina como poeira, a qual nos cobria a ponto de ser difícil distinguir a cor dos nossos uniformes. Essa areia, que entrava em nossos olhos, submetia-nos a uma dor excruciante. Os homens cobriam o nariz e a boca com cachecóis, e alguns até faziam máscaras protetoras com folhagens numa tentativa de mantê-los livres da poeira, mas nada adiantava. Quando Napoleão surgiu perante o 6º Regimento de Infantaria bávara, eles não puderam gritar '*Vive l'Empereur!*', pois, como o oficial Christian Septimus von Martens apontou, 'nossas línguas estavam grudadas em nossas gengivas'."[10]

Acrescentava-se a esse tipo de desconforto o fato de que os russos haviam adotado uma nova tática agora que os invasores se encontravam na Rússia propriamente dita. Eles promoviam a evacuação de populações inteiras, levando a administração civil consigo à medida que se retiravam, deixando cidades e vilas desertas. Os franceses começaram a sentir falta dos judeus, que haviam sido tão úteis nas antigas províncias polonesas. Charles Faré, tenente dos granadeiros, queixou-se em uma carta para a mãe de que o abastecimento de comida era escasso e as *cantinières* estavam cobrando preços exorbitantes. Como de costume, ele esperava fazer dinheiro na campanha, mas dessa vez eles todos estavam arruinados e tinham pressa de chegar a Moscou, passando muito rapidamente por locais onde havia a possibilidade de encontrarem potes de ouro ou ao menos belas peles que poderiam levar para vender em Paris.[11]

Os russos também haviam obstruído a estrada com carroças viradas, árvores derrubadas e outros obstáculos. Agora deixavam também para trás grandes quantidades de homens e cavalos mortos, os quais se decompunham rapidamente no calor intenso. Pior do que isso, eles haviam começado a demolir e queimar fazendas e vilas no trajeto dos franceses, e a atear fogo em montes de feno, campos de trigo, e qualquer coisa que pudessem queimar. A fumaça do fogo misturava-se à poeira fina para fazer da marcha uma das mais difíceis de que os veteranos da *Grande Armée* podiam lembrar-se. "À noite, todo o horizonte estava em chamas", nas palavras do artilheiro Augustin Pion des Loches.[12]

A política da terra queimada agora aplicada pelos russos testava até mesmo a sabedoria dos mais talentosos praticantes de "*la maraude*". "A própria existência do Exército era um milagre, renovado a cada dia pelas ativas, engenhosas e perspicazes mentes dos soldados franceses e poloneses, seu hábito de superar todas as dificuldades e seu gosto pelos perigos e eventualidades desse terrível jogo de aventura", nas palavras de Ségur. O doutor René Bourgeois, da equipe médica, não podia deixar de maravilhar-se com os homens: "Com sua energia e diligência, eles asseguravam-se contra as privações excessivas, e conseguiam fazer os meios de existência e socorro aparecerem, poder-se-ia dizer, do nada", escreveu.[13]

Cada regimento era seguido por uma profusão de carroças e carruagens — que carregavam não apenas suprimentos regulares, mas toda uma variedade de itens apanhados ao longo do caminho que consistiam em seu sistema de suporte à vida —, bem como rebanhos de ovelhas e vacas, conduzidos por aqueles soldados que, em sua vida normal, haviam sido pastores ou fazendeiros. Cada homem trazia as habilidades de sua profissão para empregá-las na unidade. "As necessidades desse estilo de vida haviam-nos transformado em moleiros, padeiros, açougueiros e artesãos", como apontou Jef Abbeel.[14] Entretanto, os homens estavam apreensivos com o curso que os eventos haviam tomado, e começavam a murmurar sobre "táticas citas" e algum truque diabólico.

"Deve-se dizer que começávamos a ficar ansiosos enquanto seguíamos um inimigo poderoso sem conseguirmos alcançá-lo", confessou o coronel Pelleport, que comandava o 18° Regimento de Linha na Divisão de Ney.

Eles se tornavam cada vez mais conscientes de que cada passo os afastava mais de casa, e começou a tornar-se aparente que até mesmo os italianos haviam perdido grande parte de seu "brio". A única coisa que fazia as tropas continuarem era sua fé em Napoleão. "Felizmente, temos uma confiança ilimitada no grande gênio daquele que está nos liderando, posto que Napoleão é para o Exército seu pai, herói, semideus", observou Jean-Michel Chevalier.[15]

A visão das vilas em chamas deixara Napoleão apreensivo, mas ele tentava dissipar seus temores ridicularizando os russos e chamando-os de covardes.

"Ele procurou evitar as sérias reflexões levantadas por aquela terrível medida quanto às consequências e à duração de uma guerra na qual o inimigo estava, desde o início, preparado para fazer sacrifícios daquela magnitude", explicou Caulaincourt.

Na noite de 28 de agosto, Napoleão caminhava no jardim de uma casa de campo na qual parara perto de Viazma enquanto Murat discutia com Davout, tentando convencê-lo de que eles deveriam seguir em frente. A discussão tornou-se acalorada, mas o imperador apenas ouvia pensativamente, para depois entrar na casa sem dizer sequer uma palavra.[16]

Às incertezas, seguir-se-ia a tormenta. Dois dias depois, quando ele e seu cortejo haviam parado para um almoço na margem da estrada, Napoleão caminhava para um lado e para outro diante deles, discorrendo sobre a natureza da grandeza. "A verdadeira grandeza nada tem a ver com usar o casaco púrpura ou o cinza, mas consiste em sermos capazes de erguer-nos acima da nossa condição", declarou. "Eu, por exemplo, possuo uma boa posição na vida. Sou um imperador, e poderia viver cercado pelas delícias da grande capital, e dedicar-me aos prazeres da vida e à ociosidade. Em vez disso, estou travando uma guerra, pela glória da França, pela felicidade futura da humanidade; eu estou aqui com vocês, em um acampamento, na batalha, onde posso ser atingido, como qualquer outro, por uma bola de canhão... ergui-me acima da minha condição..."[17]

No dia seguinte, ele entrou na bela cidade de Viazma, que deixou os franceses deleitados com suas casas rebaixadas e pintadas com cores vivas. Os russos haviam ateado fogo a elas, mas os incêndios logo foram apagados. Gzhatsk, mais bonita ainda, com suas casas de madeira pintadas de azul, estava intacta quando eles lá entraram no encalço dos russos no dia 1º de setembro. Contudo, à noite, ela se encontrava em chamas devido ao descuido dos soldados, que acendiam fogueiras em lugares inapropriados. Em Gzhatsk, eles também encontraram grandes estoques de trigo e bebidas alcoólicas, o que melhorou a situação dos suprimentos.

Davout escreveu à esposa dizendo-lhe que era uma questão de dias até que eles estivessem em Moscou.

"Essa campanha será uma das mais extraordinárias do imperador, e não menos útil para nossas crianças, já que as protegerá das invasões das hordas do norte."

Todavia, no dia seguinte um *estafette* de Paris trouxe para Napoleão a desagradável notícia de que o marechal Marmont havia sido derrotado por Wellington nas proximidades de Salamanca em 22 de julho. "A ansiedade era claramente visível em sua fronte geralmente tão serena", de acordo com o general Roguet, da Jovem Guarda, que almoçou com o imperador naquele dia.[18]

O estado de espírito no quartel-general russo não era muito melhor, apesar de a situação geral estar mudando rapidamente a seu favor. Clausewitz viu na luta em Smolensk uma vitória estratégica para os russos: eles haviam perdido muitos homens, mas as perdas dos franceses haviam sido pesadas, e, enquanto os russos poderiam compensar suas perdas, já que retrocediam para obter reforços, o mesmo não aconteceria aos franceses.

No entanto, isso não servia muito de consolo para os soldados russos enquanto marchavam em meio ao calor e à poeira, com suprimentos pouco melhores que os dos franceses — a retaguarda do general Konovnitsin chegou algumas vezes a passar dois dias sem qualquer alimento. E, mesmo quando tinham comida, precisavam levantar acampamento antes de poderem prepará-la ou comê-la, de acordo com o tenente Uxküll, que discorrera de forma tão poética sobre a vida no acampamento.

"Nós estamos fugindo como lebres", escreveu em seu diário nas proximidades de Dorogobuzh, na noite de 21 de agosto. "O pânico tomou conta de todos."[19]

A retaguarda nunca conseguia desvencilhar-se dos perseguidores franceses, de forma que seu ritmo era acelerado, cobrindo até 65 quilômetros por dia. A retirada era muito menos ordenada do que antes, e eles agora deixavam para trás um rastro de carroças abandonadas, além de homens e cavalos morrendo ou mortos.

"Continuamos recuando, sem saber por quê", escreveu o príncipe Vassilchikov a um amigo. "Perdemos homens em ações de retaguarda, e estamos perdendo nossa cavalaria, que mal pode se mover... Acredito que dentro de duas semanas nós não teremos mais cavalaria alguma.[20]

"Toda essa retirada é incompreensível para mim e para o Exército, que tem de deixar suas posições e fugir, no calor e à noite", Bagration escreveu para Rostopchin. "Estamos exaurindo nossos homens e conduzindo o inimigo em nossa retaguarda. Eu temo que Moscou sofra o mesmo destino que Smolensk."

Os oficiais subalternos e os outros postos estavam perplexos.

"Reunindo-se em pequenos grupos, oficiais falavam sobre a iminente destruição da pátria, e perguntavam-se que destino os esperava", escreveu o tenente Radozhitsky, da artilharia. "As armas que empunharam tão bravamente em defesa de sua pátria agora pareciam inúteis e incômodas." O alferes Konshin sentia "uma grande desolação" oprimindo-lhe a alma. "Nossa coragem foi esmagada", escreveu Uxküll em seu diário. "Nossa marcha lembra mais a procissão de um funeral. Meu coração está pesado."[21]

Como os franceses, os russos estavam perturbados pelo curso que a campanha tomara. "A guerra ultrapassou a fronteira da humanidade, tornando-se desesperada, implacável, exterminadora; sua conclusão pode apenas jazer na destruição de um ou outro lado combatente", observou Radozhitsky.[22]

Para os russos, um fator novo e desconhecido entrara em cena.

"A destruição de Smolensk apresentou-me um sentimento que eu nunca havia experimentado antes, e que as guerras travadas fora das nossas fronteiras não contêm", escreveu Yermolov. "Eu não vira ainda minha própria terra devastada, eu não vira as cidades da minha pátria em chamas."

O tenente Luka Simansky, dos guardas de Izmailovsky, também experimentara sensações fortes enquanto assistia ao incêndio de Smolensk e às tentativas dos civis de fugirem dele.

"Lembrei-me vividamente da minha própria família, que eu deixara para trás", escreveu, acrescentando que, embora continuasse preparado para morrer pelo seu país, agora compreendia o que isso significaria para a família, e começou a rezar ao seu anjo da guarda por proteção.

Repentinamente, ele se tornara ciente do verdadeiro custo da guerra. D.V. Dushenkievich, de 15 anos, que lutara tão heroicamente com seu regimento de Simbirsk pela defesa de Smolensk, foi inundado pela tristeza, mas também sentiu a raiva crescer dentro de si.[23]

Essa raiva também fazia parte dos sentimentos de vários oficiais — particularmente no Estado-Maior, em que os comedimentos costumeiros de deferência e até mesmo disciplina sucumbiam rapidamente. Os murmúrios sobre "estrangeiros" haviam se tornado mais ruidosos, e todos estavam à espreita de traidores.

"[Napoleão] conhece nossos movimentos mais do que nós", escreveu Bagration para Rostopchin após o fiasco de Rudnia, "e a mim parece que avançamos e recuamos segundo as ordens dele."[24]

Os autores das teorias de conspiração logo bradavam sobre o que parecia uma evidência real.

Entre os papéis que haviam caído em mãos russas, quando a cavalaria de Platov invadiu o acampamento de Sebastiani em Rudnia, estava uma carta de Murat informando Sebastiani de que recebera informações sobre um ataque russo iminente. Quando isso foi divulgado no quartel-general russo, um clamor generalizado irrompeu, exigindo que os "espiões" fossem identificados. As suspeitas pairavam sobre todos os oficiais estrangeiros, mas principalmente sobre Ludwig von Wolzogen e Waldemar von Löwenstern, que haviam sabidamente passado um período na França. O que torna essa acusação mais significativa, entretanto, é que ambos estavam sempre se comunicando em alemão com Barclay — em outras palavras, ao apontá-los, seus acusadores apontavam também o dedo para este último.

Yermolov exigia que Löwenstern fosse mandado para a Sibéria, mas Platov sugeriu uma solução mais confiável. "É assim que devemos lidar com a questão, irmão", disse ele a Yermolov. "Ele deve receber ordens para ir fazer o reconhecimento das posições francesas, e ser enviado em minha direção. Assumirei a responsabilidade de separar os alemães de todos os outros. Eu lhe darei roteiros que lhe mostrarão os franceses de uma forma que ele nunca os verá novamente."[25]

Na verdade, não houvera traição alguma, e descobriu-se posteriormente que Murat colhera as informações de uma carta interceptada que fora escrita por um oficial polonês do Estado-Maior à mãe, cuja propriedade estava localizada no trajeto da ofensiva, avisando-lhe que saísse de lá. Mas o partido antialemão estava no ápice de seu alarido, e Barclay não tinha autoridade suficiente para opor-se a ele. Assim, ele enviou Löwenstern para Moscou com uma sentinela acompanhando-o, e outros estrangeiros foram afastados dos Estados-Maiores, entre eles oficiais de ascendência polonesa. O irmão de Löwenstern, Eduard, que servia na Divisão de Pahlen, ficou ultrajado.

"O Exército e a nação queriam acreditar que a Rússia havia sido vendida e traída desde o início", escreveu. "Tínhamos que deixar essas pessoas se agarrarem a essa ideia, tal como deixamos uma criança travessa ficar com seu brinquedo a fim de fazê-la parar de chorar."[26]

Isso não diminuiu a pressão sobre Barclay, que, longe de estar fugindo, procurava agora desesperadamente por uma posição favorável em que pudesse dar combate. De acordo com Clausewitz, Toll localizou uma em Usviate que era adequada, mas Bagration criticou-a. Quando Toll tentou defender a escolha e apontar suas vantagens, Bagration "explodiu de raiva", acusando-o de insolência e insubordinação, e ameaçando rebaixá-lo para o posto de soldado raso. Em vez de apoiar seu oficial de intendência, Barclay concordou em recuar mais. Ele encontrou outra posição favorável nas proximidades de Dorogobuzh, mas Bagration também fez objeção a esta, produzindo outra discussão acirrada e com efeitos negativos.[27]

Yermolov instou Bagration a escrever para o tsar exigindo o afastamento de Barclay do comando, e, embora Bagration não se atrevesse a fazer isso, ele estava escrevendo para Arakcheev, Rostopchin, Chichagov e outros. Acusava Barclay de ser um "tolo" e um "covarde", e declarava insolentemente que se envergonhava de usar o mesmo uniforme que ele, vangloriando-se repetidamente de que, se estivesse no comando, teria "pulverizado" Napoleão. Bagration chegou ao ponto de ameaçar remover seu Exército para agir por si só; e ele não era o único causador de problemas. Generais e oficiais influentes em todo o Exército escreviam para amigos em altas posições exigindo o afastamento de Barclay, e em alguns casos até mesmo sua execução como traidor. [28]

Tudo isso estava tendo um efeito prejudicial sobre o Exército e a autoridade de Barclay. "Oficiais superiores acusavam [Barclay] de indecisão; oficiais subalternos, de covardia; enquanto os soldados murmuravam que ele era um alemão que havia sido subornado por Bonaparte e estava vendendo a Rússia", recordar-se-ia um dos ajudantes de ordens de Yermolov.

"O Exército começou a queixar-se de que o comandante em chefe, um alemão, não comparecia às cerimônias religiosas, não dava combate, e havia aqueles que chamavam o escrupuloso e bravo Barclay de 'bicho-papão'", de acordo com Nikolai Sukhanin.

Os soldados rasos começaram a referir-se ao seu comandante por meio de jogos de palavras depreciativos com seu nome, como *boltai da i tolko* — cuja tradução seria algo como "ladra, mas não morde". Quando passava cavalgando pelas colunas de tropas que marchavam, o pobre comandante podia ouvir gritos de: "Olhem, olhem, lá vai o traidor!"[29]

Não fosse pela atitude essencialmente passiva dos conscritos russos e pelo sistema de disciplina férrea sob o qual serviam, o Exército teria tido grandes problemas. Mesmo se sentindo desapontados pela autoridade, a justificativa do "traidor estrangeiro" permitia-lhes continuar confiando na estrutura regimental e em seus superiores imediatos. Não havia, portanto, ameaça de rebelião, embora a deserção começasse a se tornar numerosa. Mais importante, as coisas haviam chegado a um ponto que, de acordo com o ajudante de ordens de Yermolov, Grabbe, se eles tivessem dado combate naquele momento, todos suspeitariam de traição à menor derrota e não obedeceriam a ordens para as quais não vissem claramente a razão, o que resultaria num combate sem regras.[30]

Ainda assim, era por uma batalha que Barclay esperava. Ele identificou uma posição forte nos arredores de Viazma, e, no dia 26 de agosto, quando seus homens começavam a se entrincheirar, escreveu para o tsar dizendo que "o momento para dar início ao nosso avanço chegou". Ele precisaria de dois dias inteiros para preparar as posições e organizar o Exército. No entanto, a retaguarda de Konovnitsin não conseguiu segurar o avanço dos franceses a fim de conceder-lhe esses dois dias, obrigando-o a recuar mais uma vez, "tal como alguém que se desequilibrou e não consegue parar", nas palavras de Clausewitz.

Bagration finalmente aprovara a posição escolhida por Barclay, o que lhe deu abertura para expressar sua indignação diante da ordem do último para continuar a retirada.

"Eu digo avante, ele diz recuar!", escreveu para Chichagov no dia seguinte. "Dessa forma, nós logo estaremos de volta a Moscou!"

Mas Barclay estava agora determinado a montar uma operação de resistência, fossem quais fossem as consequências, e começou a cavar trincheiras em Tsarevo-Zaimishche, a uma distância de apenas 160 quilômetros — três ou quatro dias de marcha — de Moscou.[31]

Era uma distância muito pequena para que fosse possível manter a tranquilidade. A notícia da queda de Smolensk tivera um efeito devastador em todo o país, deixando pânico em seu rastro. Muitos pensavam que tudo estava perdido. As pessoas, mesmo as que se encontravam a uma boa distância do front, começaram a fazer as malas e fugir. Kursk encheu-se de refugiados vindos de Kaluga. Em Carcóvia, um comerciante descobriu que nenhum de seus clientes regulares estava vendendo mais a crédito. Mesmo em cidades distantes, as pessoas cobravam dívidas, vendiam com descontos e convertiam bens em capital.[32]

Até então Moscou estivera tranquila, ainda aquecida pelo calor que a visita de Alexandre produzira. Seu governador militar, conde Rostopchin, estava determinado a fazer com que as coisas continuassem daquela forma. Ele era um homem de 50 anos, com boa aparência e modos polidos, uma rica educação e um humor requintado. Em sua toalete, ele instalara um belo busto de bronze de Napoleão, convenientemente adaptado para servir à função mais ordinária. Ele era um apreciado contador de histórias, e causou uma grande impressão em Madame de Staël, que passou por Moscou acompanhada pelo poeta August Wilhelm Schlegel pouco antes de meados de agosto, e a quem ele recebeu para um jantar e mostrou a cidade. Apesar da educação francesa liberal que tivera, Rostopchin era xenófobo e reacionário. Ao longo dos anos, ele convencera a si mesmo a acreditar em uma variedade de conspirações por parte dos maçons, jacobinos, democratas, martinistas e outros livres-pensadores que tinham a intenção de destruir a Rússia, e estava certo de que a invasão francesa poderia ser o catalisador dessa destruição ao provocar uma rebelião popular.

Rostopchin estava determinado a controlar o estado de espírito das pessoas através da propaganda e da manipulação das notícias. Ele compôs proclamações, cheias de patriotismo demagogo e jactância, que eram afixadas nas esquinas para todos lerem. Essas proclamações pintavam Napoleão e os franceses com as cores mais negras, tocando em cada ponto sensível de xenofobia a fim de interceptar qualquer atração que os franceses pudessem exercer sobre as classes inferiores; ao mesmo tempo, usava essas classes inferiores como alvos de ódio a fim de distrair as pessoas de quaisquer sentimentos hostis que pudessem ter pela nobreza. Rostopchin também se comprazia em disseminar mentiras desavergonhadas.

"Dei instruções para que fosse espalhado um rumor de que os turcos agora nos apoiarão, e nesta manhã recebi a informação de que os camponeses estão dizendo: 'Os turcos se submeteram e prometeram ao nosso tsar pagar-lhe um tributo de 20 mil cabeças francesas por ano'", escreveu ele para Alexandre com satisfação no dia 23 de julho.[33]

Rostopchin transformava cada pequeno conflito em uma vitória, e organizava grandiosas cerimônias religiosas em ação de graças. No dia 17 de agosto, todos em Moscou regozijavam-se com rumores de uma vitória sobre os franceses em Smolensk. O general Tuchkov aparentemente derrotara Napoleão, sendo dito que ele havia matado 17 mil franceses e aprisionado 13 mil. Dois dias depois, Rostopchin informava a Balashov que a cidade estava calma; 60 pessoas juraram ter tido uma visão de Deus abençoando Moscou sobre o monastério Danilovsky; um residente francês, que estivera exaltando as maravilhas da liberdade francesa, foi chicoteado e mandado para o exílio; em Bogorodsk, um trabalhador russo que dizia que Napoleão traria a liberdade para a Rússia e que levou toda a fábrica em que trabalhava a fazer greve foi açoitado e aprisionado, enquanto seus companheiros foram rechaçados, tendo de voltar a trabalhar.[34]

O choque produzido pela notícia do verdadeiro destino de Smolensk, quando esta finalmente chegou a Moscou, era previsível. "Moscou tremeu de horror; todos os pensamentos levavam as pessoas a fugirem, a removerem ou enterrarem seus bens de valor, ou ainda emparedá-los", relembrar-se-ia um jovem nobre. "Casas foram atravancadas com troncos, as ruas encheram-se de carroças, carruagens pesadas e pequenos cortejos de mudança com famílias inteiras e todo o seu patrimônio."

Igrejas permaneciam abertas durante todo o dia e toda a noite, lotadas com multidões rezando. A maioria dos nobres em Moscou possuía propriedades rurais, onde geralmente passavam o verão, e muitos dos que haviam permanecido na cidade ou ido para a visita de Alexandre agora voltavam para o campo. "Todos os dias podiam-se ver centenas de carruagens atravessando a cidade, a maioria ocupada por mulheres e crianças", de acordo com a filha de Rostopchin.

Homens com idade para serem recrutados e que eram pegos tentando partir eram escarnecidos e algumas vezes até ameaçados pela multidão. "A fim de evitar o sarcasmo e os insultos do povo, homens de todas as idades vestiam-se com as roupas de suas esposas e mães, esperando se salvar dos desagradáveis comentários com o auxílio desses disfarces."[35]

Eles eram substituídos por refugiados de Smolensk, que contavam histórias de verdadeiro horror, enquanto os oficiais feridos que deixavam o front faziam circularem na cidade reclamações sobre Barclay e os "traidores" alemães. Logo, até mesmo os cocheiros de Moscou amaldiçoavam Barclay por ser um traidor alemão.[36]

O próprio Rostopchin começou a esvaziar os cofres das igrejas, das bibliotecas e do Kremlin, mas continuava escrevendo suas proclamações, que se tornavam cada vez mais marciais, e caminhava pela cidade abordando as pessoas para dizer-lhes que não precisavam temer, que os franceses logo seriam derrotados, e que, antes de deixá-los entrar, incendiaria a cidade. "As pessoas daqui, que são verdadeiramente devotadas ao seu soberano e cheias de amor pelo seu país, estão decididas a morrer dentro dos muros de Moscou, e, se Deus negar-nos seu socorro em nossa nobre tarefa, então, de acordo com o antigo dito russo que diz 'Não cairás nas mãos dos maus', a cidade será reduzida a cinzas e, em vez de um valioso prêmio, Napoleão encontrará apenas um monte de poeira onde ficava a antiga capital da Rússia", escreveu ele a Bagration no dia 25 de maio.[37]

Por ordem de Rostopchin, "espiões" e agitadores eram presos todos os dias. Eles eram açoitados e encarcerados, ou, se fossem estrangeiros, mandados sob vigilância para alguma cidade distante. Habitantes franceses da cidade que pareciam muito felizes com os sucessos de Napoleão eram exilados em Nizhni Novgorod. Rostopchin orgulhosamente informou a Bagration no dia 24 de agosto que tinha a situação sob controle, e que eles não tinham nada a temer quanto às classes inferiores, já que as únicas pessoas que exaltavam Napoleão e a liberdade francesa encontravam-se um tanto embriagadas.

"O estado de espírito das pessoas é tal que todos os dias eu me surpreendo derramando lágrimas de alegria", escreveu ele para Balashov.[38]

No dia 18 de agosto, centenas de camponeses alistados foram trazidos para a cidade, acompanhados por esposas, mães e filhos chorosos que vinham para vê-los partir. Esse foi o primeiro lote dos 24.835 homens recrutados na província até aquela altura. Eles receberam seus uniformes de milícia — túnicas de camponês na cor cinza que iam até os joelhos, calças largas enfiadas em botas russas e um gorro sem pala com orelheiras que podiam ser amarradas sob o queixo, adornado com uma cruz de latão e os dizeres: "Pela Fé e pelo Czar." Depois, desfilaram diante do governador militar, foram exortados pelo historiador Nikolai Karamzin e abençoados pelo bispo metropolitano de Moscou, que salpicou água benta sobre eles e lhes deu estandartes sagrados para serem carregados na batalha, para finalmente serem conduzidos marchando para o front.[39]

Rostopchin era inegavelmente meticuloso, e estava preparado para considerar quase qualquer coisa que pudesse contribuir para a destruição dos franceses. Ele foi trapaceado por um charlatão alemão de nome Leppich que afirmou que poderia construir um grande dirigível que planaria sobre o Exército francês e o destruiria de uma só vez ao lançar sobre ele uma chuva de fogo. Tendo tirado uma boa quantidade de dinheiro dos cofres da cidade, Leppich pôs mãos à obra, em sigilo.

Todavia, as atividades de Rostopchin começavam a promover um estado de confusão e a gerar uma atmosfera cada vez mais febril. As pessoas que usassem qualquer outra língua que não o russo nas ruas eram atacadas por multidões furiosas. A proclamação lançada por Rostopchin em 30 de agosto, anunciando que ele conduziria o povo da cidade para confrontar o inimigo — todos armados, se necessário, com machadinhas e forcados —, acabou por suscitar um grande tumulto, com lojas sendo arrombadas e cidadãos inocentes molestados nas ruas sob suspeita de serem espiões franceses.[40] Tudo isso representava um prenúncio para a antiga cidade.

12

Kutuzov

Depois do que vivera em Moscou, Alexandre achou a atmosfera em São Petersburgo depressivamente derrotista ao retornar para lá no início de agosto. Alguns na corte exigiam a paz, e mesmo aqueles que eram contrários a negociar com Napoleão não demonstravam nem um pouco da coragem exaltada dos moscovitas. Muitos, incluindo a mãe de Alexandre, a imperatriz regente, estavam fazendo as malas e transferindo bens de valor para outros locais, enquanto outros encaixotavam os seus a fim de estarem preparados para uma rápida evacuação, e a maioria das pessoas tinha cavalos e carruagens preparados. Estavam todos vivendo, como alguém espirituosamente colocou, sobre uma camada de graxa.

A única manifestação de patriotismo estava nas barbas e nas roupas tipicamente russas ostentadas por alguns nacionalistas, e no boicote público do teatro francês — tendo a celebrada mademoiselle Georges se apresentado diante de casas vazias. As apresentações de *Dmitry Donskoi*, por outro lado, lotavam os teatros, mas, de acordo com uma testemunha, tinham lugar em meio a uma atmosfera que mais lembrava uma igreja do que um teatro, com metade da plateia em lágrimas.[1]

Alexandre partira para sua residência de campo na ilha Kamenny, enterrando-se no trabalho. Ele passava menos tempo com sua amante e mais com a tsarina, e não aparecia muito em público. Porém, não podia ignorar a torrente de cartas que seu irmão Constantino enviava dizendo-lhe que Barclay era um covarde incompetente e um traidor, ou as de Bagration a Arakcheev — que o tsar leu, e que diziam essencialmente o mesmo — e tampouco os comentários na corte — todos recebiam cartas de alguém no Exército, as quais, sem exceção, continham reclamações e acusações. Havia, nas palavras do embaixador americano John Quincy Adams, "um clamor extraordinário" contra Barclay.[2]

Alexandre permaneceu ao lado de seu comandante enquanto pôde. Ele esperava desesperadamente por alguma boa notícia, e, depois de saber que Barclay abandonara Vitebsk, passou a torcer para que este empreendesse uma ação de resistência antes de Smolensk. Mais tarde, o tsar expressaria um desapontamento profundo diante do fato de Barclay não ter assim procedido: "O ardor dos soldados teria sido extremo, pois teria sido a entrada na primeira cidade que eles de fato estariam defendendo", ele escreveu para Barclay.[3]

Com a queda de Smolensk, Alexandre não podia mais continuar apoiando o desprezado general sem se expor a sentimentos similares, particularmente quando a opinião pública já havia elegido o sucessor de Barclay — Kutuzov. "Todos são da mesma opinião; todos dizem a mesma coisa; mulheres indignadas, homens idosos, crianças, em uma palavra todas as condições e todas as idades veem-no como o salvador da pátria", escreveu Varvara Ivanovna Bakunina a um amigo.[4] Alexandre detestava Kutuzov por sua imoralidade, seus modos desleixados e sua atitude, bem como pelas memórias de Austerlitz e do assassinato de seu pai. Ele tinha também uma opinião negativa sobre sua competência. Compensara-o com o título de príncipe por ter estabelecido rapidamente a paz com a Turquia, mas depois lhe dera um posto insignificante. Uma delegação de nobres de São Petersburgo procurara Kutuzov e implorara-lhe para que aceitasse o comando da milícia que a cidade estava levantando, o que ele fez, tendo obtido a aprovação de Alexandre. Isso trouxe Kutuzov de volta à capital e ao centro das atenções.

Na noite de 17 de agosto, no momento em que a batalha de Smolensk tinha início, Alexandre convocou uma reunião com generais superiores, presidida por Arakcheev, para aconselhá-lo sobre a escolha de um sucessor para Barclay. Depois de três horas e meia de deliberação, eles decidiram-se por Kutuzov. Entretanto, Alexandre não seguiu o conselho, mentindo por três dias inteiros, durante os quais considerou nomear Bennigsen e até mesmo convidar Bernadotte para vir da Suécia. Sua irmã instou-o a ceder ao inevitável. "Se as coisas continuarem como estão, o inimigo estará em Moscou dentro de dez dias", escreveu ela, acrescentando que Alexandre não deveria, sob circunstância alguma, pensar em assumir ele mesmo o comando. Rostopchin escreveu declarando que Moscou clamava por Kutuzov. Nada havia a fazer senão agir conforme a vontade geral. "Ao me curvar à opinião deles, terei que impor silêncio aos meus sentimentos", escreveu Alexandre para Barclay. "O povo o queria, então o apontei, mas, até onde sei, lavo minhas mãos", disse ele a um dos seus ajudantes de ordens.[5]

Imediatamente depois de ter nomeado Kutuzov, Alexandre partiu para a Finlândia, onde arranjara um encontro com Bernadotte. Conforme o acordo que os ministros das Relações Exteriores da Rússia e da Suécia haviam negociado em abril, a Rússia deveria indenizar a Suécia pela perda da Finlândia — que havia sido tomada por ela —, permitindo-lhe conquistar a Noruega, tirando-a da Dinamarca e incorporando-a ao seu território. A Rússia também deveria apoiar uma invasão sueca à Pomerânia para reclamá-la dos franceses. Contudo, com Napoleão agora avançando para o coração da Rússia, havia uma possibilidade de que a Suécia aproveitasse a oportunidade para tomar a Finlândia de volta.

Bernadotte e Alexandre encontraram-se na ilha de Åbo e simpatizaram imediatamente um com o outro. Alexandre ficou aliviado ao descobrir que Bernadotte detestava Napoleão tanto quanto ele mesmo. Bernadotte, aparentemente, examinava as possibilidades a longo prazo, e, por precaução, Alexandre encorajou-o nisso, ao mesmo tempo procurando envolvê-lo em seus próprios planos para o futuro ao sugerir que, quando Napoleão fosse finalmente derrotado e o trono francês ficasse desocupado, o herdeiro do trono da Suécia poderia tornar-se rei da França. Eles se despediram como amigos, e Alexandre pôde retirar confiantemente as três divisões que protegiam a Finlândia, redistribuindo-as contra Napoleão.[6]

Ao retornar a São Petersburgo, Alexandre descobriu que mais pessoas e bens de valor haviam deixado a cidade, e aqueles que haviam permanecido sentiam-se desesperados. Eles haviam recebido a notícia da queda de Smolensk alguns dias antes, o que confirmou para muitos a convicção de que era hora de dar início a negociações com Napoleão. O grão-duque Constantino, removido do quartel-general por Barclay depois de Smolensk, estava persuadindo as pessoas de que tudo estava perdido. Outro que chegara de Smolensk era o "comissário" britânico general Robert Wilson. Ele trouxera relatos de divergências e disputas no quartel-general, os quais confirmavam que Alexandre estivera certo ao substituir Barclay. Alexandre também apontara um porta-voz para si mesmo que deveria lidar com um grupo não totalmente identificado de oficiais superiores patriotas que, de acordo com ele, exigiam que o tsar demitisse o ministro das Relações Exteriores Rumiantsev e outros que estavam "maculados" com a simpatia pela França. Por meio de palavras delicadas, Alexandre rejeitou essa intromissão absurda.[7]

Quando Kutuzov saiu do palácio de Alexandre na ilha Kamenny, na noite de 20 de agosto, depois de ter sido nomeado, ele dirigiu-se imediatamente para a catedral de Nossa Senhora de Kazan. Ali, tirando o casaco de seu uniforme e todas as suas condecorações, ajoelhou-se com sua estrutura corpulenta e começou a rezar, com lágrimas rolando sobre a face. No dia seguinte, ele rezou — desta vez acompanhado pela esposa — na igreja de São Vladimir. Dois dias depois, em 23 de agosto, Kutuzov partiu para o front. Sua carruagem mal podia mover-se, tamanha era a multidão aclamando-o e desejando-lhe tudo de bom. Ele parou mais uma vez na catedral para assistir a uma cerimônia religiosa, e ficou de joelhos durante todo o tempo. Depois disso, recebeu um pequeno medalhão de Nossa Senhora de Kazan, que foi consagrado com água benta. "Rezem por mim, pois estou sendo enviado para realizar grandes feitos", disse ele supostamente ao sair da igreja.

Em uma estação de posta no trajeto, Kutuzov encontrou Bennigsen viajando na direção contrária. Alexandre insistira que ele nomeasse Bennigsen chefe do Estado-Maior, como uma precaução contra uma possível traição do novo comandante e a incompetência que lhe atribuía. Bennigsen não ficou nada satisfeito ao saber disso, já que se dirigia a São Petersburgo esperando persuadir Alexandre a dar-lhe o comando geral.

"Não fiquei satisfeito em servir sob o comando de outro general, depois de ter comandado Exércitos contra Napoleão e seus melhores marechais", escreveu.

No entanto, quando Kutuzov entregou a ele a carta de Alexandre em que este lhe implorava para aceitar, Bennigsen não pôde deixar de assentir.

Outro que não estava nada feliz era Barclay. Ele escreveu a Alexandre dizendo que estava preparado para servir sob as ordens do novo comandante, mas implorando para ser dispensado do posto de ministro da Guerra, já que o cargo o colocaria em uma situação difícil e estranha. Alguns dias depois da chegada de Kutuzov ao quartel-general, ele escreveu novamente, dessa vez pedindo para ser dispensado completamente do comando, sem obter sucesso.[8]

A chegada de Kutuzov ao acampamento russo em Tsarevo-Zaimishche foi recebida com uma explosão de alegria entre os soldados rasos. "O dia estava nublado, mas nossos corações se encheram de luz", segundo A.A. Shcherbinin. "Todos os que podiam apressaram-se para encontrar o venerável comandante, confiando nele para a salvação da Rússia", de acordo com Radozhitsky. Kutuzov era idolatrado pelos oficiais subalternos, aos quais dispensava um charme eloquente e uma consideração cheia de afabilidade. Os soldados rasos confiavam no velho homem, a quem chamavam seu "*batiushka*" — paizinho. Eles encheram-se imediatamente de entusiasmo, executando o dobro até das tarefas mais monótonas, embora estivessem em vias de entrar em ação. Naquela noite, houve cantoria em volta das fogueiras pela primeira vez em semanas. Os soldados mais velhos relembravam as façanhas de Kutuzov nas guerras turcas, assegurando a seus companheiros mais jovens que dali em diante tudo seria diferente.[9]

Tal confiança não era compartilhada por muitos dos oficiais superiores, que possuíam sérias reservas quanto à competência de Kutuzov e sua capacidade para a tarefa na idade avançada de 65 anos. Isso certamente agravava o que já era uma preguiça natural. "Pois era mais difícil para Kutuzov escrever dez palavras do que era para outras pessoas escrever 100 páginas", recordar-se-ia seu oficial em serviço, o capitão Maievsky. "Uma gota acentuada, a idade e a falta de hábito eram todas inimigas de sua caneta."

Bagration chegou a escrever para Rostopchin afirmando que substituir Barclay por Kutuzov era como trocar uma frigideira pelo fogo — ou, como ele afirmou, "um diácono por um padre" —, referindo-se ao novo comandante como um "bobo". Contudo, a situação havia se agravado tanto que qualquer mudança seria bem-vinda. "Muitos russos que não atribuíam a traição aos estrangeiros ainda assim acreditavam que os ídolos domésticos de seu país poderiam indignar-se com a sua admissão no Exército, e que isso traria, portanto, má sorte", escreveu Clausewitz, acrescentando: "O anjo dos estrangeiros foi exorcizado por um verdadeiro russo."[10]

A principal característica de Kutuzov era a dissimulação. Ele construíra uma reputação extraordinária, e conseguira convencer muitos de que suas peculiaridades e excentricidades eram traços de um gênio. Uma dessas peculiaridades era o desprezo pela formalidade. Ele se vestia desleixadamente, preferindo uma volumosa sobrecasaca verde e um gorro branco redondo ao uniforme de seu posto. Ele tratava generais e subalternos por apelidos de família, e ocasionalmente se descuidava com palavras obscenas. Mas Kutuzov sempre usava todas as suas condecorações, e era propenso a demonstrações de arrogância, e, embora escritores e diretores cinematográficos o tenham retratado como o tipo clássico do filho do solo russo, ele era culto e possuía um gosto refinado, dando todas as suas ordens em um francês impecável.

Infelizmente, sua indiferença em relação à formalidade estendia-se à forma pela qual dava essas ordens. Ele menosprezava os canais apropriados, lançando ordens através de quem quer que estivesse disponível. Kutuzov era reservado e desconfiado, de forma que evitava escrevê-las sempre que possível. Não raramente, ele dava ordens para que uma unidade executasse alguma operação sem informar ao comandante da divisão ou subdivisão da qual esta fazia parte. Assim, não era incomum generais descobrirem que uma subdivisão de seu comando estava se deslocando em uma direção diferente daquela para a qual haviam se preparado para entrar em ação. Além disso, ele tinha o mau hábito de aceitar sugestões sem considerar suas implicações em outras medidas que havia tomado, e mudava de opinião frequentemente, nem sempre informando a quem deveria saber sobre a mudança de planos.

É possível que algumas dessas atitudes fossem desencadeadas pela senilidade — essa certamente era a opinião de Clausewitz. Contudo, parte da confusão era consequência da tendência que Bennigsen possuía de ultrapassar suas atribuições, e outra era provocada pelo cortejo de Kutuzov, que incluía seu impulsivo genro, o príncipe Nikolai Kudashev, e o intrometido coronel Kaisarov — que, nas palavras de Barclay, "apesar disso, sendo confiante e alcoviteiro, não possuía menos direito de comandar o Exército". Os três davam ordens em nome de Kutuzov, algumas vezes esquecendo-se de notificá-lo.[11]

"No Exército, as pessoas tentavam compreender quem realmente estava no comando", escreveu Barclay. "Pois não estava claro para todos que o príncipe Kutuzov era apenas a figura por meio da qual seus sócios agiam. Essa situação originou grupos, e esses grupos, intrigas.[12]

Isso era particularmente irritante para Barclay, que trabalhara duro para estabelecer procedimentos corretos. No entanto, ele continuava servindo como comandante do Primeiro Exército, embora achasse a situação intolerável.

"O espírito do Exército é magnífico. Há vários bons generais, e estou cheio de esperança", escreveu Kutuzov à esposa pouco depois de sua chegada ao acampamento.

Para Alexandre, por outro lado, ele escreveu que achou o Exército desorganizado e cansado, queixando-se da grande quantidade de desertores. A posição escolhida por Barclay em Tsarevo-Zaimishche agradou-o, e sua primeira intenção foi dar combate lá.

"Meu objetivo atual é salvar a própria Moscou", escreveu para Chichagov.[13]

Todavia, após avaliar o estado do Exército, ele concluiu que não podia enfrentar Napoleão, cujas tropas ele estimava possuírem 165 mil homens. Havia 17 mil homens em reforços a caminho sob o comando do general

Miloradovich, de forma que Kutuzov decidiu recuar e incorporá-los ao Exército, esperando encontrar uma boa posição para dar combate em algum lugar perto de Mozhaisk.

"Se o Altíssimo abençoar nossas tropas com o êxito, então será necessário perseguir o inimigo", escreveu para Rostopchin, pedindo-lhe que enviasse suprimentos e preparasse centenas de carroças para levarem os feridos; além disso, ele pediu também que Rostopchin lhe enviasse o dirigível "que distribuía a morte" sobre o qual ouvira falar.[14]

Barclay sugeriu uma posição nos arredores de Gzhatsk, mas esta não agradou Bennigsen, e Kutuzov decidiu recuar a fim de ganhar mais tempo para que os reforços os alcançassem. Ele enviou Toll para encontrar outra posição. Kutuzov queria uma que fosse forte e defensiva, pois sabia que o soldado russo lutava com mais tenacidade quando tinha uma defesa ou uma trincheira pela qual combater, e também porque acreditava se encontrar numa grande desvantagem em relação a Napoleão.

No dia 3 de setembro, Kutuzov partiu a cavalo para inspecionar as posições que Toll havia selecionado perto da Vila de Borodino. Ele as aprovou, e logo milicianos derrubavam árvores, cavavam trincheiras e desmontavam vilas inteiras que obstruíam o campo de abetos. Naquela noite, Kutuzov estabeleceu seu quartel-general em Tatarinovo, cerca de dois quilômetros a leste de Borodino, tendo ficado acordado até tarde escrevendo. Seus soldados exaustos haviam chegado ao longo do dia, e, ao alcançarem as posições que lhe haviam sido atribuídas, ajustavam seus mosquetes sobre o tripé e adormeciam.

Kutuzov passou a maior parte do dia seguinte supervisionando os preparativos. Suas posições percorriam uma cordilheira que a certo ângulo dava acesso à estrada principal, às margens de um pequeno afluente do rio Moskva, o Kolocha. Ao norte, seu flanco direito baseava-se no ângulo formado pelo Moskva e o Kolocha, percorrendo a elevação às margens do Kolocha. Ele fortificou essa elevação com quatro baterias protegidas por trincheiras e ordenou a construção de dois redentes escarranchados na velha estrada de Moscou, nos quais posicionou 12 canhões. O centro da linha também se encontrava sobre a elevação nas margens do Kolocha, e era dominado por um outeiro que comandava um grande campo de tiro. Kutuzov fortificou-o com uma trincheira reforçada que entraria para a história como o reduto de Raevsky, com 200 metros de comprimento e frestas para 18 canhões. Mais à frente na linha, a elevação era cortada por um riacho, o Semeonovka, e descia, deixando uma extensão de terreno plano entre o centro e o flanco direito, que acabava em uma colina na Vila de Shevardino. Kutuzov fechou essa abertura com a construção de três redentes, ou *flèches*, em forma de V, construindo também um reduto pentagonal na colina de Shevardino. Como a pequena depressão formada pelo leito do riacho Kamionka não permitia a construção de *flèches* mais adiante, as posições russas encurvavam-se para trás nesse ponto, deixando o reduto de Shevardino um tanto exposto. Consequentemente, ninguém sabia exatamente se esse reduto era a extremidade do flanco esquerdo ou apenas um posto avançado. De acordo com Toll, Kutuzov não o considerava parte da linha, mas apenas um posto avançado do qual podia observar "o contingente e as disposições do inimigo". Entretanto, ele não se incomodou em informar ninguém sobre isso além de Toll.

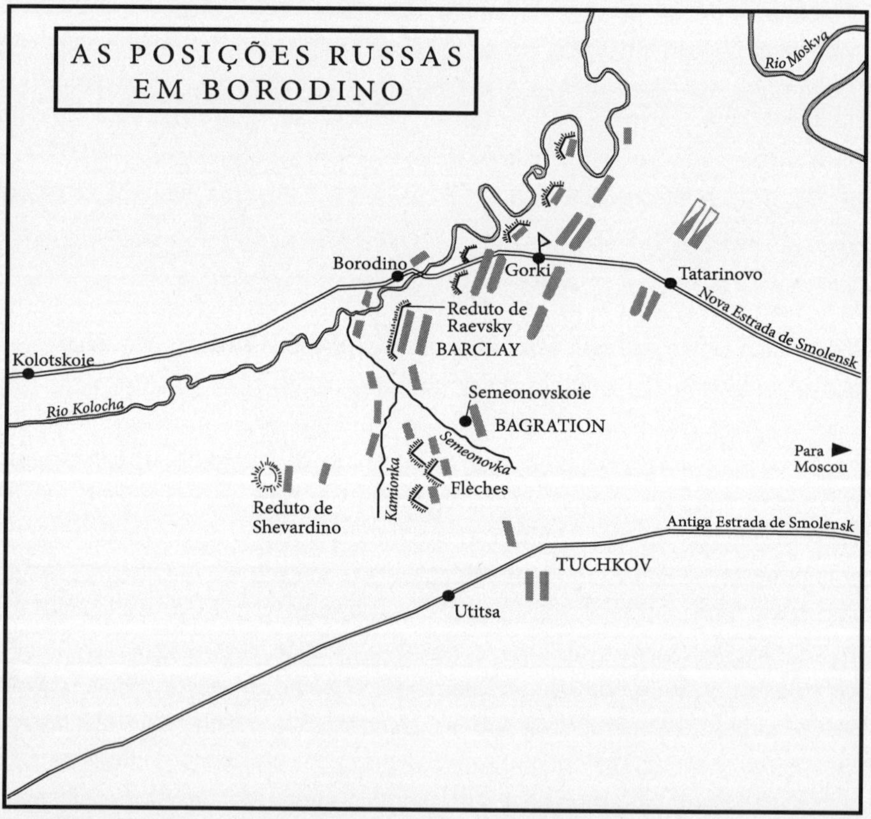

"Kutuzov omitiu suas verdadeiras intenções para o flanco esquerdo do general Bennigsen", segundo Toll.[15]

A falta de clareza provavelmente se deve ao fato de que as disposições de Kutuzov tinham de permanecer flexíveis. Ele tomara uma posição transversal na nova estrada de Smolensk, pressupondo que o ataque principal dos franceses seria empreendido ao longo dessa estrada. "Espero que o inimigo nos ataque nesta posição, e se ele atacar tenho grandes esperanças de vitória", escreveu para Alexandre naquela noite. "Mas se, considerando minha posição muito forte, ele passar à tática de usar outras estradas que levam a Moscou, não posso garantir o que acontecerá." A outra estrada que particularmente o preocupava era a antiga estrada de Smolensk, que percorria uma extremidade ao sul de suas posições. Se Napoleão resolvesse segui-la, ele seria forçado a recuar em Mozhaisk. "Mas o que quer que aconteça, é essencial que Moscou seja defendida", acrescentou Kutuzov.[16]

No início da manhã de 5 de setembro, o avanço da guarda de Murat alcançou o pequeno monastério em Kolotskoie, do qual ele podia ver o Exército russo preparando-se para a batalha. Murat notificou Napoleão imediatamente, e este apareceu ao meio-dia. Ele entrou no refeitório dos monges e desejou um "Bom apetite!" em mau polonês, e depois saiu a cavalo para observar as posições que o Exército russo havia ocupado.

Ele podia ver que ao norte da nova estrada de Smolensk eles haviam ocupado uma elevação cujo acesso era dificultado pelo rio que passava à sua frente, enquanto ao sul da estrada o terreno mais plano facilitava esse acesso. Como seu próprio flanco direito, formado pela 5ª Divisão de Poniatowski, de qualquer forma agora avançava ao longo da antiga estrada de Smolensk, a decisão natural para Napoleão seria concentrar seu ataque principal nessa área. Abordada por esse ângulo, a extremidade da posição russa — o reduto de Shevardino — era uma ponta de lança que obstruía o posicionamento de suas tropas. Dessa forma, ele deu ordens para que Davout iniciasse o ataque liquidando-a.

Às 5 horas da tarde, a subdivisão do general Compans atacou e ocupou o reduto, que foi defendido pela 27ª de Neverovsky. Contudo, um impetuoso contra-ataque russo apoiado por duas divisões descansadas expulsou os franceses. O confronto estendeu-se para a área ao redor do reduto, que passou de um lado para outro várias vezes até que, por volta das 11 horas da noite, os russos finalmente desistiram de tentar recapturá-lo e recuaram, tendo perdido cerca de 5 mil homens e cinco canhões. Por outro lado, entretanto, os russos levaram consigo oito canhões franceses, o que permitiu a Kutuzov escrever a Alexandre anunciando a primeira vitória sobre a França.[17]

O dia seguinte foi tomado por preparativos. "Havia algo triste e imponente no espetáculo desses dois Exércitos preparando-se para assassinar um ao outro", recordar-se-ia Raymond de Fezensac, um dos ajudantes de ordens de Berthier. "Todos os regimentos haviam recebido ordens para usar uniformes completos, como num feriado. A Guarda Imperial em particular parecia estar se preparando para um desfile em vez de um combate. Nada poderia ser mais impressionante do que o *sang-froid* daqueles velhos soldados; não havia nem sinal de entusiasmo nem de ansiedade em suas faces. Uma nova batalha não era para eles mais do que outra vitória, e para partilhar daquela nobre confiança era necessário apenas observá-los."[18]

Uma confiança semelhante podia ser sentida no acampamento russo. Naquela manhã, Kutuzov inspecionou as posições montado em seu cavalo de guerra, saudado pelas tropas, e a certa altura alguém notou uma águia sobrevoando suas cabeças. A notícia desse suposto presságio espalhou-se através do acampamento, enchendo os homens de esperanças em relação ao futuro. Todavia, num contraste absoluto com a tranquila confiança sentida pelos soldados rasos, o comando russo havia mergulhado em discussões e recriminações provocadas pela queda do reduto de Shevarino e a perda inútil de uma grande quantidade de homens. O incidente também levantou questões sobre as disposições russas como um todo.

Fossem quais fossem suas intenções originais, a queda do reduto obrigara Kutuzov a encurvar seu flanco direito a fim de que sua linha de frente, agora mutilada, não fosse flanqueada. O que parece extraordinário é que, enquanto cavalgava naquele dia inspecionando o terreno e as posições inimigas, ele não percebeu que Napoleão não estava cortesmente se posicionando simetricamente do lado oposto da sua linha de frente. Enquanto Kutuzov havia distribuído suas tropas ao longo de um front de cerca de seis quilômetros que percorria diagonalmente cada lado da estrada Smolensk—Moscou, Napoleão aproximava-se em uma massa mais compacta ao sul da estrada e a um ângulo diferente, de uma forma que ameaçava o flanco esquerdo russo, o qual ocupava as posições mais fracas.

O flanco setentrional ou direito de Kutuzov, que se estendia até e incluía o reduto de Raevsky, foi guarnecido pelo Primeiro Exército de Barclay. As baterias entrincheiradas eram protegidas por paredes de infantaria leve de *Jaeger* — franco-atiradores escaramuçadores como os *Tirailleurs* franceses ocupando posições avançadas na Vila de Borodino e espalhados ao longo das margens do Kolocha — e depois por linhas concentradas de infantaria posicionadas em colunas e por unidades de cavalaria postadas à frente das trincheiras. Mais atrás, Barclay tinha uma forte tropa de cavalaria — a divisão do general Fyodor Uvarov — e os cossacos de Platov, assim como alguns reservas de infantaria que poderia convocar. Assim, essa área estava mais do que adequadamente protegida.

O mesmo não podia ser dito das áreas central e esquerda, ocupadas por Bagration e o Segundo Exército. Os cerca de 25 mil homens à disposição imediata de Bagration encontravam-se espalhados demais, e as posições que ocupavam eram pobres em defesas naturais. Os únicos obstáculos que os atacantes enfrentariam seriam o terreno pantanoso na confluência do Kamionka com Semeonovska, além das três *flèches* que haviam sido construídas às pressas. Kutuzov reforçou o flanco meridional com a 3ª Divisão do general Nikolai Alekseievich Tuchkov, composta por 8 mil soldados regulares, 7 mil milicianos de Moscou e 1.500 cossacos, os quais ele posicionou na floresta por trás da Vila de Utitsa. Eles estavam ocultos do inimigo, e deveriam permanecer assim até o último momento, já que seu objetivo era surgir inesperadamente e rechaçar de flanco qualquer tropa francesa que tentasse atacar o flanco de Bagration.

Tanto Bennigsen quanto Barclay — nenhum dos quais havia sido informado sobre a cilada de Tuchkov — viram a fraqueza do flanco esquerdo e insistiram para que Kutuzov o reforçasse. Como era típico, ele os ouviu, mas não disse nem fez nada. Nesse caso, seu desdém pelos subordinados apenas o prejudicou. Enquanto cavalgava pelas posições mais tarde naquele dia, Bennigsen deparou-se com a Divisão de Tuchkov, e, como seu propósito não lhe havia sido explicado, passou a reposicioná-la, retirando-a de seu esconderijo a fim de aproximá-la do flanco esquerdo de Bagration.

"Usei a cilada para fortalecer a única área fraca em minha linha, no flanco esquerdo", escreveu Kutuzov para o tsar naquela noite, alheio ao fato de que sua emboscada havia sido desguarnecida. "Espero apenas que o inimigo ataque nossas posições frontais; se ele o fizer, estou confiante de que venceremos."

Ele escreveu também a Rostopchin, assegurando-lhe que, se fosse vencido, recuaria para Moscou e arriscaria tudo na defesa da antiga capital.[19]

Se Napoleão estivesse apenas próximo de sua antiga forma, Kutuzov teria, com certeza, sido derrotado, e o Exército russo, destruído. O comandante russo ocupara posições inteiramente passivas, que não lhe proporcionavam uma grande área para manobra e eram fracas devido à zona vulnerável ao sul do reduto de Raevsky. Ele contornara o problema com o posicionamento de um número maior de tropas em seu flanco direito — que Napoleão obviamente ignorava —, mas, com isso, deixara seu vulnerável flanco esquerdo seriamente exposto. Felizmente para ele, Napoleão estava prestes a apresentar a performance mais medíocre da sua carreira militar.

O imperador estivera ocupado fazendo o reconhecimento do campo de batalha. Ele estava montado em sua cela às 2 horas da manhã. Acompanhado por um grupo de oficiais do Estado-Maior, ele fora ver o reduto capturado na noite anterior, e depois cavalgou ao longo de toda a linha, desmontando inúmeras vezes para observar vários pontos ao longo da linha russa através de seu telescópio. Ele não conseguia ter uma visualização clara o bastante, e, como mais tarde ficaria claro, fez algumas suposições erradas sobre o terreno. Napoleão não retornou à sua tenda até as 9 horas da manhã, e passou as horas seguintes concentrado em mapas e números.

Napoleão sentia-se indisposto. Ele havia pego um resfriado, que acelerou o processo de um ataque de disúria — um distúrbio que afeta a bexiga e do qual ele sofria periodicamente. Na noite anterior, ele mandara chamar seu médico pessoal, o doutor Mestivier, que observara que Napoleão tossia muito e respirava com dificuldade. Ele estava sentindo muita dor para urinar, e a urina saía às gotas, engrossada pela presença de sedimentos. Suas pernas estavam inchadas e ele tinha febre. O valete do imperador, Constant, relembraria que seu senhor tinha calafrios e reclamava de sentir-se enjoado. Outros observaram reclamações semelhantes, e todos à sua volta podiam ver que ele não estava bem durante os dias cruciais de 5, 6 e 7 de setembro.[20]

Às 2 horas daquela tarde, Napoleão saiu mais uma vez a cavalo para um último reconhecimento das posições do inimigo, durante o qual explicou seus planos aos marechais. Ele percebera a fraqueza do flanco esquerdo russo, e pretendia explorá-la. Davout e Ney atacariam as *flèches* — Napoleão vira apenas duas delas pelo telescópio —, enquanto Poniatowski rechaçaria o flanco esquerdo russo. Depois, os três, apoiados por Junot, deveriam fazer todo o Exército russo recuar para o norte, encurralando-o no rio Moskva e aniquilando-o completamente. Davout sugeriu uma investida de flanco ainda mais profunda, a ser empreendida por ele e Poniatowski enquanto Ney interceptava os russos, o que teria produzido resultados ainda mais espetaculares e com uma economia maior.

Contudo, Napoleão estava agindo com uma cautela incaracterística. Ele temia que uma tropa enviada à retaguarda russa se perdesse no terreno desconhecido. Além disso, os russos poderiam bater em retirada se percebessem que seu flanco estava em perigo, arrebatando-lhe mais uma chance de aniquilá-los. Ele empreenderia um forte ataque frontal que absorveria as tropas principais de Kutuzov e as derrotaria. A fim de alcançar esse objetivo, Napoleão enfraqueceu a 1ª Divisão de Davout com a transferência de duas de suas melhores subdivisões — a de Morand e a de Gérard — para o comando do príncipe Eugène no flanco esquerdo, visto que este seria o responsável pelo ataque principal às posições centrais do Exército russo.

A cautela de Napoleão devia-se em parte aos números e às condições das tropas sob seu comando. No dia 2 de setembro, em Gzhatsk, ele ordenara que fosse feita uma chamada, através da qual pôde ser verificada a presença de 128 mil homens, com outros 6 mil podendo reunir-se ao Exército dentro de dois dias, resultando num total de 134 mil. A precisão desses números é questionável, dada a conhecida tendência que os comandantes das unidades tinham de inflar seus números. Relatos de oficiais que não tinham interesse em exagerar ou reduzir os números sugerem que os dados oficiais se aproximam das contagens mais elevadas, particularmente no que diz respeito à cavalaria. Um oficial percebeu que seu esquadrão de *Chasseurs à Cheval* fora reduzido de 108 homens para apenas 34; vários regimentos que haviam possuído inicialmente 1.600 homens tinham agora não mais que 250; uma subdivisão de cavalaria havia tido uma redução de 7.500 para mil. Atualmente, historiadores russos estimam que as tropas francesas não possuíam naquele momento mais que 126 mil homens.[21]

De qualquer forma, os franceses encontravam-se em desvantagem. Enquanto as primeiras narrativas de historiadores russos estimavam que as tropas de Kutuzov possuíam no máximo 112 mil homens, as estimativas recentes variam entre 154.800 e 157 mil. É verdade que estão aí incluídos cerca de 10 mil cossacos e 30 mil milicianos, cujo papel na batalha seria limitado. Todavia, segundo o argumento recente de um historiador russo, se não os contarmos, teremos também que excluir do contingente francês aproximadamente 25 mil homens que faziam parte da Guarda Imperial e não dispararam um único tiro ao longo de todo o dia.[22]

Na ocasião, além de ter tido um papel ativo na luta, a milícia executou uma tarefa vital, levando soldados feridos para fora do campo de batalha e com isso privando os soldados regulares de usarem esse resgate como uma desculpa para deixarem o front — o que frequentemente faziam para não retornar. A milícia também formou um cordão de isolamento por trás da linha de frente, impedindo qualquer um — até mesmo oficiais superiores — que não estivesse claramente ferido de deixá-la.

"Essa medida também foi muito benéfica, e vários soldados, e, sinto dizê-lo, até oficiais, foram, portanto, forçados a se juntar novamente aos seus regimentos", escreveu Löwenstern.[23]

Mais significativa que a disparidade entre os números era a condição dos dois Exércitos que se confrontavam. As unidades francesas encontravam-se esgotadas e desorganizadas devido à necessidade de se manterem alimentadas, e, embora tenham vestido seus belos uniformes de desfile e polido suas correias cruzadas com argila para cachimbo, a maioria foi para a batalha praticamente descalça, já que seus sapatos haviam se desintegrado. Havia dias que eles não se alimentavam adequadamente, e, nas palavras de um oficial dos granadeiros da Velha Guarda: "Se o general Kutuzov tivesse sido capaz de adiar a batalha por vários dias, não há dúvida de que ele nos teria derrotado sem uma luta, já que um inimigo mais poderoso que todos os Exércitos do mundo sitiara nosso acampamento: esse inimigo era uma fome cruel que estava nos destruindo."[24]

Os russos, por outro lado, eram relativamente bem alimentados e abastecidos por carroças que saíam de Moscou.

Os cavalos da cavalaria francesa encontravam-se particularmente em más condições, e muitos no dia seguinte não aguentariam mais do que um trote. A cavalaria russa, embora menos numerosa, era mais bem montada, tendo sido capaz de empreender alguns ataques arrebatadores no dia seguinte.

A maior discrepância entre os dois Exércitos estava na qualidade da artilharia. Os russos, com 640 canhões, gozavam de uma superioridade incontestável sobre os franceses — que possuíam 584 —, além do que uma proporção muito maior de suas armas possuía baterias de calibre pesado, muitas sendo *licornes* de alcance muito maior do que o de qualquer canhão francês. Mais de três quartos dos 584 canhões franceses eram peças de artilharia de batalhão ligeiro, úteis apenas para ataques de infantaria realizados a curta distância.

Napoleão teve uma surpresa agradável ao retornar da inspeção daquela tarde. O prefeito do Palácio Imperial Louis Jean François de Bausset acabara de chegar de Paris com papéis administrativos. Antes de partir, Bausset passara no estúdio de François Gérard para ver o pintor terminar seu último retrato do rei de Roma, o qual brincava em seu berço com a miniatura de um cetro encimado por um orbe. Ele levara a pintura em sua carruagem ao partir para a jornada de 37 dias com destino ao quartel-general de Napoleão.

"Pensei que, estando às vésperas de lutar a grande batalha que tanto havia esperado, ele demoraria alguns dias para abrir a caixa em que o retrato estava embrulhado", escreveu Bausset. "Eu estava enganado: ávido por sentir a alegria de uma visão tão querida, ele ordenou que eu o levasse para a sua tenda imediatamente. Não posso expressar o prazer que a visão lhe deu. A tristeza de não poder apertar o filho contra o coração era o único pensamento que perturbava uma alegria tão doce."[25]

Como faria qualquer outro pai, Napoleão chamou seu cortejo para dar uma olhada, e depois colocou o retrato sobre um banco dobrável na frente de sua tenda, a fim de que todos pudessem partilhar da sua alegria. As tropas começaram a fazer fila.

"Os soldados, e acima de tudo os veteranos, pareciam profundamente comovidos por essa exibição", escreveu um oficial do Estado-Maior. "Os oficiais, por outro lado, pareciam mais preocupados com o destino da campanha, podendo-se ver a ansiedade em seus rostos."[26]

"*Ma bonne amie*", rabiscou Napoleão para Marie-Louise naquela noite. "Estou muito cansado. Bausset entregou o retrato do rei. É uma obra de arte. Agradeço-lhe calorosamente por pensar nisso. É tão belo quanto você. Eu escreverei para você com mais detalhes amanhã. Estou cans[ado]. *Adio, mio bene. Nap.*[27]

Napoleão não estava apenas doente e cansado; ele estava profundamente preocupado. O coronel Fabvier também havia chegado com Bausset, trazendo mensagens da Espanha que continham detalhes da vitória de Wellington sobre Marmont em Salamanca. O revés em si não teve grandes consequências, mas o impacto da propaganda que produziu seria tremendo, como o imperador bem sabia. Todos os seus inimigos recuperariam as esperanças, tal como havia acontecido depois de Essling, o que significava que a batalha do dia seguinte teria de ser decisiva.

Ele não foi o único a perceber isso. "Muitas mentes estavam ansiosas, muitos olhos permaneciam abertos, muitas reflexões foram feitas sobre a importância do drama que havia sido anunciado para o futuro, cujo palco, tão distante de nossa pátria, nos concedia a escolha entre vencer ou perecer", nas palavras de Julien Combe. O coronel Boulart, da Artilharia da Guarda, tinha um mau presságio semelhante. "Se formos derrotados, que riscos terríveis correremos! Pode um só entre nós esperar retornar à terra natal?" O capitão von Linsingen, que caminhara até onde seus vestfalianos dormiam ou estavam sentados em torno de fogueiras, perguntou-se quantos estariam vivos na noite seguinte. "E, de repente, eu me vi esperando que os russos mais uma vez fugissem durante a noite", escreveu em seu diário. "Mas não, os sofrimentos dos últimos dias haviam sido grandes demais, era melhor acabar com tudo. Deixe que a batalha comece, e nosso sucesso assegurará nossa salvação!"

Raymond de Fezensac foi mais sucinto: "Ambos os lados perceberam que tinham de vencer ou perecer: para nós, uma derrota significaria a destruição total; para eles, significaria a perda de Moscou e a destruição do seu Exército principal, a única esperança da Rússia."[28]

Essas reflexões não eram aliviadas pelas circunstâncias. Não havia o consolo do álcool, um trago de bebida ou um bom cachimbo. Eles estavam em uma região árida que havia sido atravessada por dois Exércitos. "Nenhuma folha de grama ou palha, nenhuma árvore; nenhuma vila que não tivesse sido completamente saqueada", escreveu Cesare de Laugier. "Impossível encontrar o mais modesto alimento para os cavalos, encontrar qualquer coisa para se comer, ou mesmo acender uma fogueira." Os homens se acomodaram para uma noite triste e fria. "Um miserável prato cheio de sopa com pão untado com o toco de uma vela de sebo foi tudo que comi na véspera da grande batalha", recordar-se-ia o tenente Heinrich Vossler, dos *Chasseurs* de Württemberg. "Mas, na minha condição de faminto, até mesmo esse prato insultante parecia bastante apetitoso."[29]

Os russos eram mais afortunados, já que tinham bastante comida, e esperavam pelo dia seguinte com mais entusiasmo. "Todos sabíamos que a batalha seria terrível, mas não nos desesperamos", segundo o tenente Nikolai Mitarevsky, da artilharia. "Minha cabeça estava cheia de lembranças de livros sobre guerra. A *Guerra de Troia*, em particular, não deixava meus pensamentos. Eu estava ávido por tomar parte de uma grande batalha, para experimentar todos os sentimentos de estar em uma, e de poder dizer mais tarde que havia estado em tal batalha."

Enquanto observavam as estrelas deitados perto de suas fogueiras, eles imaginavam como era a sensação de se estar morto.[30]

Muitos oficiais russos foram tomados pela tranquilidade que se apoderara do acampamento naquele dia de domingo, e pela forma quase espiritual com que os soldados se preparavam para a batalha. Enquanto os granadeiros da Velha Guarda tiravam coragem da pintura de Gérard do rei de Roma, os russos procuravam conforto numa imagem diferente. Kutuzov dera ordens para que o ícone milagroso da Virgem de Smolensk, que havia seguido o Exército numa carreta de canhão, fosse levado numa procissão pelas posições russas. A procissão, composta por Kutuzov, o Estado-Maior e alguns monges com velas e incenso, parava na posição de cada regimento, cada bateria e cada reduto, onde faziam preces e cantavam hinos.

"Postando-me perto do ícone, observei os soldados que passavam com devoção", escreveu um oficial da artilharia. "Oh, a fé! Quão vital e impressionante é tua força! Eu vi como os soldados, aproximando-se da imagem da Virgem Santíssima com os uniformes desabotoados, tiravam de um crucifixo ou ícone sua última moeda, e davam-na em oferta para as velas. Senti, enquanto olhava para eles, que não nos renderíamos ao inimigo no campo de batalha; parecia que, depois de rezar um pouco, cada um de nós adquirira uma nova força; o fogo nos olhos de todos os homens mostrava a convicção de que, com a ajuda de Deus, nós derrotaríamos o inimigo; cada um partia inspirado e pronto para a batalha, pronto para morrer pela pátria."[31]

"Quanto a nós", escreveu o general Rapp enquanto observava do lado de fora da tenda de Napoleão a procissão percorrer o acampamento russo, "não possuíamos homens santos nem sacerdotes, nem sequer suprimentos; mas carregávamos a herança de anos de glória; decidiríamos se seriam os tártaros ou nós que ditariam as leis para o mundo; estávamos nos confins da Ária, mais longe do que qualquer Exército europeu já havia se aventurado a ir. O êxito não estava em questão: era por isso que Napoleão assistia às procissões de Kutuzov com prazer. 'Bom', disse ele para mim, 'eles começaram seu teatro, não escaparão de mim agora.' Ele já havia decidido por um nome apropriadamente ressoante para a vitória: 'La Moskowa', como o rio que corria nas proximidades."[32]

"A noite caiu", continuou Rapp." Eu estava de serviço, então dormi na tenda de Napoleão. O local onde ele dorme geralmente é separado por uma parede de lona do local onde o ajudante de ordens em serviço dorme. Esse príncipe dormiu muito pouco. Eu o acordei várias vezes para entregar-lhe relatórios que vinham dos postos avançados, todos confirmando que os russos estavam se preparando para receber um ataque. Às 3 horas da manhã ele chamou um valete e pediu um ponche, que eu tive a honra de beber com ele." Eles conversavam enquanto bebiam, e Napoleão disse que, se fosse Alexandre, teria escolhido Bennigsen em vez de Kutuzov, que era um comandante muito passivo. Ele perguntou a Rapp o que achava das chances deles para o dia seguinte, e, quando Rapp respondeu com otimismo, voltou a estudar seus papéis. "A sorte é uma cortesã volúvel", disse Napoleão repentinamente. "Foi o que eu sempre disse, e agora estou começando a experimentar."

Rapp não gostou do tom de resignação na voz de seu senhor. "Vossa Majestade deve lembrar-se de que em Smolensk me deu a honra de dizer-me que o vinho havia sido derramado e que agora deveríamos bebê-lo. Este é o caso agora mais do que nunca; a hora de recuar passou. O Exército está bastante ciente de sua posição: ele sabe que só encontrará provisões em Moscou, e que há mais léguas para percorrer."

"Pobre Exército, está muito reduzido", interrompeu-o Napoleão. "Mas o que restou é bom; e a minha Guarda está intacta."[33]

13

A batalha por Moscou

Napoleão estava montado às 3 horas da manhã, e cavalgou para o reduto de Shevardino. As tropas já se movimentavam para as suas posições, saudando seu imperador à medida que passavam por ele. "É o entusiasmo de Austerlitz!", observou Napoleão para Rapp.

Meia hora depois, todas as unidades encontravam-se em suas posições, organizadas como num desfile. "Nunca houve uma tropa tão admirável como o Exército francês naquele dia", segundo o coronel Seruzier da artilharia da Divisão de Cavalaria de Montbrun, "e, apesar de todas as provações que ele havia sofrido desde Vilna, sua aparência era tão elegante como sempre foi em Paris quando desfilava para o imperador nas Tulherias."[1]

Os oficiais no comando de cada unidade leram depois em voz alta uma proclamação escrita por Napoleão na noite anterior:

> *Soldados! Esta é a batalha pela qual vocês tanto esperaram! Agora a vitória depende de vocês: nós precisamos dela. Ela nos trará abundância, bons alojamentos de inverno e o retorno imediato à nossa pátria! Procedam como fizeram em Austerlitz, em Friedlândia, em Vitebsk, em Smolensk, e que as gerações mais distantes glorifiquem a sua conduta neste dia com orgulho; que digam de vocês: "Ele esteve naquela grande batalha dentro dos muros de Moscou!"*[2]

"Essa proclamação curta e arrojada reanimou o Exército", de acordo com Auguste Thirion. "Com poucas palavras, tocou todas as preocupações, todas as paixões, todas as necessidades, disse tudo."

Contudo, ao referir-se à batalha lendária, a proclamação também lhes lembrou quem estava agora no comando do Exército russo: o homem conhecido como *le fuyard d'Austerlitz* — o corredor de Austerlitz.

Napoleão nunca perdia uma oportunidade para fazer referência à sua vitória mais famosa, e quando o sol surgiu em meio à névoa da manhã, tal como havia sido naquele dia glorioso, ele virou-se para os que estavam à sua volta e exclamou: "*Voilà le soleil d'Austerlitz!*"[3]

Ele se posicionara na elevação por trás do reduto de Shevardino, de onde podia ver todo o campo de batalha. A Guarda Imperial estava posicionada ao seu lado e atrás dele. Trouxeram-lhe uma cadeira dobrável, que ele virou ao contrário para sentar-se com uma perna de cada lado, com os braços por trás das costas. Atrás dele, encontravam-se Berthier e Bessières, e por trás destes uma multidão de ajudantes de ordens e oficiais de serviço. À sua frente, ele contemplava uma visão formidável.

Os juncos e os arbustos às margens do Kolocha haviam ganhado vida com a presença de *Jaegers* russos. Por trás deles, sobre a elevação, estavam a infantaria e a cavalaria russas, organizadas em posições concentradas na frente dos redutos, em cujos parapeitos brilhavam canhões muito bem polidos. Por trás dos redutos, podiam ser vistas mais massas concentradas de homens. Kutuzov colocara todas as suas cartas na mesa, provavelmente a fim de atrair Napoleão para um ataque frontal.

Ele estabelecera seu posto de comando à frente da Vila de Gorki. Um cossaco trouxe sua cadeira dobrável, e Kutuzov sentara-se pesadamente sobre ela, vestido com sua costumeira sobrecasaca e seu achatado gorro branco redondo. Ele não podia ver o campo de batalha de onde se encontrava, mas sua mera presença era o bastante. "Era como se um tipo de poder emanasse do venerável comandante, inspirando todos os que estavam à sua volta", nas palavras do tenente Nikolai Mitarevsky. O tenente Dushenkevich, de 15 anos de idade, havia ficado eletrizado quando o comandante passara pelo acampamento do seu Regimento de Infantaria de Simbirsk. "Rapazes, hoje dependerá de vocês defender nossa terra natal; vocês devem servir com dedicação e verdadeiramente até a última gota do seu sangue", exortara-os. "Eu conto com vocês. Deus nos ajudará! Façam suas preces!"[4]

Às 6 horas, os canhões franceses abriram fogo, os russos responderam, e quase mil canhões cuspiram sua carga. Para os presentes, mesmo para aqueles que já haviam estado numa batalha, parecia que o inferno havia sido liberto na terra. O som trouxe uma sensação de alívio para muitos.

"Houve uma grande alegria através do Exército quando ouvimos o som do canhão", de acordo com o sargento Bourgogne dos Vélites da

Guarda.[5] Ele teve sorte, já que a Guarda estava muito distante, o que lhe proporcionou uma ótima visão do bombardeio. O campo de batalha era tão compacto que a maioria dos homens podia observar a ação. As armas francesas castigaram as posições russas, particularmente as trincheiras, levantando nuvens de poeira que se misturavam com a fumaça das armas defensoras para criar a impressão de um redemoinho no mar. O reduto de Raevsky, cujos 18 canhões disparavam o mais rápido que podiam, pareciam vulcões em erupção para alguns dos espectadores, tendo sido feitas comparações poéticas com o Vesúvio.

Para os que sofriam o bombardeio, não havia nada de poético nele. A maior parte das tropas — russas e francesas — estava posicionada dentro do raio de alcance das armas do inimigo, e viu-se sob fogo ainda enquanto esperava para entrar na batalha. Havia três tipos de projéteis chovendo sobre eles: bolas, cartuchos e metralhas. A bola de canhão era uma bola de ferro sólida que pesava entre um quilo e meio e 10 quilos. Os cartuchos consistiam em invólucros de aço cheios de carga explosiva que era detonada por uma espoleta. O cartucho podia explodir antes de cair sobre os soldados inimigos, ou acima de suas cabeças — em ambos os casos lançando fragmentos do invólucro em todas as direções. A metralha era como um cartucho de escopeta gigante, disparado da abertura do canhão numa saraivada de balins de ferro com dois centímetros de diâmetro.

Os soldados mais velhos permaneciam impassíveis enquanto observavam as bolas de canhão voarem pelo ar ou ricochetearem em sua direção. Para se animarem, os russos riam dos milicianos, que tentavam se esquivar dos projéteis — os soldados mais velhos sabiam que isso era inútil, já que cada um continha o nome de algum deles. Os veteranos também tinham de lembrar aos recrutas para não usarem os pés para tentarem parar o que pareciam bolas de canhão gastas quando estas rolavam perto deles, já que esses objetos aparentemente inofensivos podiam ainda arrancar uma perna. A tensão e o medo podiam ser terríveis, especialmente quando eles viam homens ao seu lado serem partidos ao meio. Quando recebiam a ordem para se retirar, a sensação de alívio era tão grande que muitos soldados sentiam uma necessidade urgente de defecar, partindo numa corrida cômica para agacharem-se por trás das colunas que avançavam lentamente.[6]

A Subdivisão de Delzons, da Divisão do príncipe Eugène, composta por uma infantaria francesa e croata, deu início à ação varrendo os *Jaegers* da guarda avançados — que perderam metade de seus homens com a rápida ação — e ocupando a Vila de Borodino. Duas outras subdivisões de Eugène atravessaram o Kolocha, forçando a infantaria russa a recuar com gritos de "*Viva Italia!*", vindo dos toscanos e dos piemonteses, e "*Vive l'Empereur!*"; contudo, eles se deixaram levar demais pela empolgação, sendo surpreendidos por um contra-ataque e forçados a retornar para a outra margem do rio. Prepararam-se, então, para outro ataque.

Enquanto isso, Davout lançou duas subdivisões ao extremo sul das *flèches* de Bagration, que haviam sofrido uma redução em sua resistência com o bombardeio da artilharia. O general Compans foi ferido enquanto conduzia sua subdivisão em direção à trincheira, mas seus homens ainda assim ocuparam-na, e o general Desaix levou sua subdivisão para apoiá-los. Mais ao sul, Poniatowski fez a Subdivisão de Tuchkov recuar e ocupou a Vila de Utitsa.

Um contra-ataque russo logo expulsou os franceses da *flèche* ao sul. Todavia, um segundo ataque francês foi preparado, com o general Rapp dessa vez liderando a Subdivisão de Compans, apoiado por Desaix e Junot, enquanto a Subdivisão do general Ledru, da Divisão de Ney, atacava a seguinte. Ambas as trincheiras foram tomadas depois de uma violenta luta corpo a corpo, na qual tanto Rapp quanto Desaix perderam, e o príncipe M.S. Vorontsov — comandando a Subdivisão de Granadeiros que as guardava — foi ferido. "A resistência não podia durar muito", explicou ele, "mas só chegou ao fim, por assim dizer, com a existência da minha divisão."[7]

Por volta das 8 horas, ele e sua divisão estavam fora de ação, tendo perdido 3.700 dos seus 4 mil homens e todos os seus oficiais, com exceção de três, no espaço de duas horas.

As *flèches* eram, na verdade, armadilhas para os agressores. Não passavam de trincheiras com um formato em V e abertas na parte anterior, de forma que, na hora em que os franceses as ocupassem, tivessem de confrontar a próxima linha de russos presos num funil com uma parede às suas costas. Só quando tomaram a segunda *flèche* eles perceberam que havia uma terceira. Enquanto as armas russas faziam uma frente assassina aos confusos soldados franceses, o general Neverovsky preparava um contra-ataque que os expulsava mais uma vez das trincheiras. Incansáveis, os franceses se refaziam para outro ataque.

Durante as três horas seguintes, essas trincheiras seriam atacadas, capturadas e retomadas não menos que sete vezes, enquanto ambos os lados

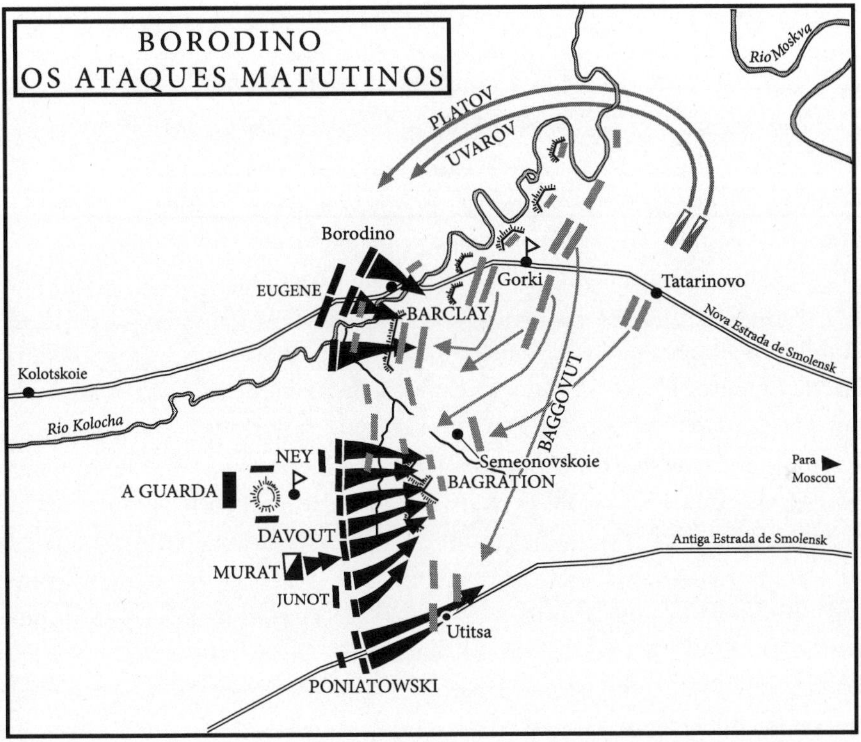

não economizavam no uso de reforços. Às 7 horas, três regimentos da Guarda, três regimentos de couraceiros, oito batalhões de granadeiros e 36 canhões haviam sido retirados das reservas de Kutuzov para apoiar Bagration. Passada mais uma hora, ele mandou mais 100 canhões e, pouco depois, uma brigada de infantaria. Às 9 horas, ele enviou o general Miloradovich com a 4ª Infantaria e a 2ª Divisão de Cavalaria. Assim, os 18 mil homens originalmente destacados para a defesa dessa área tornaram-se 30 mil, apoiados por 300 canhões. No lado francês, a Divisão de Davout foi reforçada pelas divisões de Ney e Junot e por parte da de Murat, aumentando sua capacidade em 40 mil homens e mais de 200 canhões. A luta era tão intensa que a infantaria não tinha tempo para recarregar os mosquetes — que a essa altura, de qualquer forma, já haviam sido obstruídos pela pólvora —, fazendo com que a baioneta se tornasse sua arma principal. Mas o ar estava tomado por tiros de metralha voando em ambas as direções.

"Eu nunca havia visto uma carnificina maior", escreveu Rapp.[8]

Todas as vezes que os franceses eram expulsos das *flèches*, eles se organizavam e iniciavam outro ataque. Sua persistência e disciplina eram tão magníficas que Bagration aplaudiu, gritando "Bravo!" enquanto as colunas avançavam em direção às posições dele pela quarta ou quinta vez. Ney, que reclamava amargamente de ter que "matar o touro à unha", encontrava-se na vanguarda, bem visível sobre seu cavalo branco. Davout, que havia sido ferido e levado para fora do campo durante o primeiro ataque, estava de volta à sua sela, encorajando seus homens. Murat estava em todos os lugares, atraindo balas e olhares com seu traje teatral. Os ataques e contra-ataques sucediam um ao outro como um ciclo de fluxo e refluxo periódico que deixava milhares espalhados sobre o campo a cada rodada. Esse árduo combate ao longo de uma linha de trincheiras e a carnificina que ele produzia eram elementos inéditos na forma europeia de fazer guerra, na qual unidades em desvantagem ou enredadas numa manobra tática costumavam tender a recuar em vez de lutar até a última gota de sangue.

Por volta das 10 horas, os franceses haviam mais uma vez capturado todas as três *flèches*, mas Bagration reuniu suas tropas para uma última investida, conduzindo-as para outro ataque. O assalto foi bem-sucedido, mas, no momento do triunfo, Bagration foi atingido na perna. Ele tentou prosseguir como se nada houvesse acontecido. Entretanto, não tinha força na perna ferida, e pouco tempo depois acabou escorregando do cavalo. Ele queria permanecer no campo de batalha, mas foi levado ainda protestando. O ajudante de ordens de Barclay, Löwenstern, avistou-o e aproximou-se.

"Diga ao general que o destino do Exército e sua preservação estão nas mãos dele", disse Bagration, numa admissão tardia e relutante de respeito pela competência de Barclay. "Até agora tudo vai bem, mas que ele cuide do meu Exército, e que Deus nos ajude a todos."[9]

Espalhou-se rapidamente entre as tropas russas a notícia de que seu amado comandante havia sido morto, e, embora Konovnitsin tentasse tranquilizar os homens, eles não puderam resistir ao ataque francês seguinte, que finalmente os removeu das *flèches*, fazendo-os recuar para o outro lado da ravina do Semeonovka até as ruínas da Vila de Semeonovskoie, cujas casas caíam "como um cenário teatral" sob o bombardeio da artilharia francesa.

"Não há palavras para descrever a ferocidade e, o desespero com que nossos soldados se lançavam ao combate", escreveu o capitão Lubenkov. "Era uma luta entre tigres ferozes, não homens, e como ambos os lados estavam determinados a vencer ou morrer onde estavam, não paravam de lutar quando seus mosquetes quebravam, mas continuavam, usando coronhas e espadas num combate corpo a corpo, e a matança prosseguiu durante aproximadamente meia hora."[10]

Semeonovskoie estava sob domínio francês. Ney e Murat, que podiam ver a retaguarda de todo o Exército russo através da brecha que haviam aberto, tinham a vitória ao seu alcance, mas não podiam avançar e conquistá-la com as exauridas unidades que tinham ao seu dispor. Enviaram, portanto, pedidos urgentes de reforços a Napoleão.[11]

Napoleão, no entanto, não respondeu. Embora tivesse uma boa visão do campo de batalha, de onde estava ele não podia ver claramente o que realmente acontecia lá embaixo — e não montou em seu cavalo para dar uma olhada, como costumava fazer. Ele permaneceu sentado e quieto na maior parte do tempo, sem demonstrar qualquer tipo de emoção mesmo ao ouvir os relatórios dos oficiais que, sem desmontar, transmitiam notícias da linha de frente. Ele os dispensava sem dar sequer uma palavra, voltando a observar o campo de batalha através de seu telescópio. Napoleão tomou um copo de ponche às 10 horas, mas recusou bruscamente todas as ofertas de comida. Ele parecia muito absorvido, mas sua concentração não produziu resultado algum.

“Anteriormente, era acima de tudo no campo de batalha que seus talentos brilhavam com o maior *éclat*; era lá que ele parecia o mestre da própria sorte”, escreveu Georges de Chambray, que naquele dia não podia reconhecer no velho e cansado homem o deus da guerra que galopara sobre o campo de tantas batalhas, identificando o momento certo e o ponto fraco no qual desferir o ataque decisivo.

Naquele dia, muitos observaram que Napoleão não estava ativo como de costume.

“Não tivemos o prazer de vê-lo, como nos velhos dias, ir eletrizar com sua presença aqueles pontos em que uma resistência muito vigorosa prolongava a luta e colocava a vitória em jogo”, escreveu em seu diário naquela noite Louis Lejeune, oficial do Estado-Maior de Berthier. “Nós todos nos surpreendemos por não vermos o homem ativo de Marengo, Austerlitz etc. Não sabíamos que Napoleão estava doente, e que seu estado de desconforto o impossibilitava de assumir um papel ativo nos grandes eventos que tinham lugar diante dele, exclusivamente pela sua glória.”

Homens de toda a Europa e de metade da Ásia estavam lutando diante dos seus olhos, o sangue de 80 mil soldados franceses e russos estava sendo derramado em uma luta para confirmar ou destruir seu poder, e tudo que ele fazia era permanecer sentado e assistir calmamente, refletia Lejeune. “Não nos sentíamos satisfeitos; nossos julgamentos foram severos.”[12]

Não havia, como Davout queixou-se para um oficial do Estado-Maior, uma direção superior unificada para as operações. Enquanto Ney e Davout estavam ocupados na batalha contra as *flèches*, Napoleão iniciara ataques mais avançados contra as posições russas centrais, no reduto de Raevsky. O primeiro, realizado por duas das subdivisões de infantaria de Eugène, foi repelido; mas o segundo, da Subdivisão de Morand, seria mais bem-sucedido. Foi uma bela amostra da bravura militar francesa.

O capitão François, do 30º Regimento de Linha, conduzia sua companhia diretamente para o reduto, enquanto salvas dos canhões russos erravam por pouco os atacantes.

"Nada podia nos impedir", relembrar-se-ia. "Nós saltávamos sobre o buraco deixado por uma bola de canhão assim que esta se alojava na grama. Linhas inteiras e metades de pelotões foram abatidas, deixando grandes lacunas. O general Bonamy, que estava no comando do 30º, fez-nos parar sob uma chuva de tiros de metralha a fim de nos reorganizarmos, depois do que nós avançamos a *pas de charge*. Uma linha de tropas russas tentou nos impedir, mas nós desferimos uma saraivada regimental à distância de 30 passos e depois fomos até eles. Lançamo-nos, então, contra o reduto e o escalamos pelas canhoneiras; eu mesmo alcancei uma canhoneira logo depois de um canhão ter sido disparado. Os atiradores russos tentaram nos atingir com varetas e alavancas. Nós lutamos corpo a corpo, e eles foram adversários formidáveis."[13]

Raevsky, que havia sido ferido na perna em um acidente alguns dias antes, conseguia andar, ainda que mancando, mas os defensores que haviam restado no reduto foram abatidos, entre eles o general Kutaisov — o competente e popular comandante da artilharia russa. A infantaria francesa, então, espalhou-se na área por trás do reduto. Como o próprio Raevsky observou, se Morand tivesse tido o apoio adequado, aquele teria sido o fim das posições russas centrais, e a batalha teria acabado até as 10 horas da manhã.[14] Na realidade, nenhum crédito é devido ao comando russo.

Kutuzov percebera, ainda às 7 horas, que tinha de reforçar seu flanco esquerdo, dando início a uma transferência progressiva de unidades da reserva e do seu flanco direito, que se encontrava ocioso, para a área ao sul. Duas divisões sob o comando de Baggovut assumiram o lugar de Tuchkov, que havia sido mortalmente ferido, e estabilizaram a situação forçando Poniatowski a recuar uma pequena distância. Alguns reforços haviam também sido despachados para preencher as lacunas nas defesas de Bagration, visto que os franceses neutralizavam cada vez mais unidades suas nas *flèches*.

Nada disso era parte de uma estratégia coerente — Kutuzov meramente atendia aos pedidos de ajuda e relatórios alarmantes. Um oficial do Estado-Maior galopava com o pedido ou sugestão de algum comandante, e Kutuzov acenava, dizendo: "*C'est bon, faites-le!*"

Algumas vezes, ele virava para Toll e perguntava o que este pensava, acrescentando: "Karl, o que quer que você diga, eu farei."

De acordo com Clausewitz, o velho general não contribuiu em nada nas operações.

"Ele parecia destituído de atividade interior, de qualquer visão clara das ocorrências ao seu redor, de qualquer agilidade de percepção ou independência de ação", escreveu ele.

Nunca ocorreu a Kutuzov que, tendo Kutaisov sido morto, alguém deveria assumir o comando da artilharia. Consequentemente, essa reserva ficou ociosa durante todo o dia, e a superioridade desse instrumento russo nunca foi posta em ação.[15]

Ao saber que Bagration havia sido ferido, Kutuzov mandou o príncipe Eugène, de Württemberg, para as trincheiras. O príncipe tentou estabilizar a situação nas proximidades de Semeonovskoie recuando uma curta distância, mas Kutuzov não aceitaria isso, e o cobriu de insultos. Mesmo assim, quando Dokhturov — que ele enviara para assumir o comando — pediu reforços, o pedido foi negado, apenas para depois ser concedido. É verdade que Kutuzov, num certo momento, montou seu cavalo branco e saiu para dar uma olhada no que acontecia, mas logo retornou para Gorki. Depois, ele parece ter se posicionado mais atrás ainda, onde — de acordo com um oficial do Estado-Maior — consumiu um excelente piquenique, acompanhado por seu cortejo de elegantes oficiais das melhores famílias. Felizmente para ele, Bennigsen e Toll não visitavam regularmente o campo de batalha, e alguns de seus subordinados demonstraram uma iniciativa notável. Ao mesmo tempo, cada um agia por conta própria, e havia uma grande dose de desconfiança. Quando Bagration mandou um oficial para Konovnitsin com uma ordem, este último fez do oficial um refém, suspeitando que a ordem pudesse ser, na verdade, um truque de Bagration.[16] Em uma análise final, o que salvou a reputação de Kutuzov naquele dia foi o estoicismo do soldado russo, que lutava e morria — frequentemente sem propósito — onde recebera ordens para permanecer.

Quando os franceses ocuparam o reduto de Raevsky, a situação foi salva por uma combinação de sorte e casualidades. Barclay partira para Gorki, mas o general Löwenstern compreendeu rapidamente a situação, galopou até um batalhão de infantaria que estava por perto e o liderou num contra-ataque. Ao mesmo tempo, Yermolov — que casualmente passava cavalgando no local com reforços para a área ao sul — também viu o perigo e, por iniciativa própria, lançou-os contra os franceses no reduto. Com isso, o general Bonamy e seu 30º Regimento viram-se submetidos a um contra-ataque dos dois grupos, enquanto as tropas que guardavam a linha a cada lado da abertura também começaram a se aproximar. A infantaria francesa se refugiou no reduto e lançou mão de alguns canhões. Porém, sem reforços, não foi capaz de resistir, e os russos invadiram-no, levando Bonamy prisioneiro. Apenas 11 oficiais e 257 outros postos do 30º Regimento de Linha — cuja contagem resultara em 4.100 homens naquela manhã — conseguiram descer correndo a colina para a segurança de suas próprias linhas.[17]

Foi pouco depois que o pobre Bonamy — enfraquecido pelos 15 ferimentos que sofrera — havia sido trazido para Kutuzov que Toll veio procurar o comandante com um pedido do general Platov. Este, com seus 5.500 cossacos, e Uvarov, com 2.500 soldados regulares de cavalaria, estavam ociosos no flanco direito, e pediam permissão para atravessar o Kolocha e empreender um ataque surpresa na retaguarda francesa. Kutuzov aceitou a sugestão sem parecer refletir muito, e logo os 8 mil cavaleiros com 36 canhões atravessavam o Kolocha a vau. Eles produziram um caos previsível na retaguarda da Divisão do príncipe Eugène, na qual a Divisão de Delzons entrou em pânico e fugiu. Entretanto, logo foram impedidos de prosseguir quando a infantaria francesa posicionou-se em formações quadradas e disparou algumas salvas de metralha em sua direção. Os cossacos lançaram-se para fora do alcance das armas, enquanto a cavalaria regular fugiu desordenadamente, perseguida por dragões franceses. Ao retornarem, Kutuzov cumprimentou Platov e Uvarov friamente. Como vários oficiais russos observaram, o ataque não tinha coerência tática alguma, já que não poderia ter rendido grandes resultados, ao mesmo tempo expondo a cavalaria a graves perdas.[18] Contudo, a operação acabou tendo algumas consequências inesperadas.

Entre as 11 e as 12 horas, os ataques franceses haviam cedido a uma pausa, apesar de algumas vitórias locais. Ao centro, o reduto de Raevsky estava novamente nas mãos dos russos; mais à frente, as *flèches* de Bagration e depois a Vila de Semeonovskoie haviam sido tomadas; porém, novas linhas de defesa russas surgiam a toda hora, e no flanco à extrema direita o ataque de Poniatowski havia sido suspenso. Nenhuma das tropas empregadas nessas ações tinha forças bastantes para transformar a vantagem em vitória, e era por isso que Ney, Murat e Davout pediam reforços repetidamente.

Isso teria significado enviar a Guarda Imperial. Napoleão estava relutante em comprometê-la, já que se tratava de sua última e melhor reserva, e ele não estava disposto a arriscar tanto estando tão longe de casa. Mas estava, aparentemente, preparado para comprometer parte dela. Ele enviou a artilharia da Guarda para bombardear as posições russas nas proximidades de Semeonovskoie, e deu ordens para que a Jovem Guarda, sob o comando do general Roguet, avançasse.

Porém, no momento em que ele se preparava para pôr sua força na balança, Platov e Uvarov surgiram no seu flanco esquerdo, e ele suspendeu todas as operações a fim de reavaliar a situação.[19] Portanto, no momento mais crítico — quando as defesas russas haviam sido rompidas —, Napoleão praticamente interrompeu a ação. Durante as duas horas seguintes, o Exército francês não se moveu, concedendo aos russos um tempo valioso para refazerem suas defesas e trazerem reservas.

Todavia, embora a luta houvesse cessado, o bombardeio continuava, e, já que a maior parte das tropas estava concentrada dentro do alcance dos canhões do inimigo, a carnificina prosseguiu. Os mais vulneráveis eram os soldados em formação concentrada da Cavalaria de Murat, que estivera posicionada ao centro sob o ataque dos canhões do reduto de Raevsky.

Roth von Schreckenstein, da cavalaria saxônica, observou que ser obrigada a permanecer em sua posição mesmo que sob fogo "deveria ser uma das coisas mais desagradáveis que a cavalaria poderia ser convocada para fazer... É improvável que houvesse um homem entre aqueles soldados rasos cujo vizinho não tenha desabado com seu cavalo sobre a terra, ou morrido com ferimentos terríveis enquanto gritava por socorro". Jean Bréaut des Marlots, capitão dos couraceiros, cavalgava ao longo da linha do seu esquadrão para manter seus homens firmes sob o fogo crítico. Ele parabenizou um de seus subalternos, de nome Grammont, por sua resistência.

"No momento em que ele dizia que não precisava de nada, exceto talvez de um copo d'água, uma bola de canhão partiu-o ao meio", escreveu o capitão. "Eu me virei para outro oficial para dizer-lhe o quanto eu sentia ter perdido esse M. de Grammont. Contudo, antes que ele pudesse responder, seu cavalo foi atingido por uma bola de canhão que o matou. E houve outros cem acidentes desse tipo. Eu dei meu cavalo a um cavaleiro para cuidar dele por meio minuto, e o homem foi morto imediatamente."

A inércia era insuportável, e o jovem capitão só conseguiu convencer-se a não fugir, como explicaria em uma carta para a irmã Manette, dizendo a si mesmo: "É uma loteria, e se você sobreviver agora, ainda terá que morrer; e seria melhor viver desonrado ou morrer com honra?"[20]

Auguste Thirion, outro couraceiro, experimentou emoções semelhantes. "Em um ataque, que de qualquer forma nunca dura muito tempo, todos ficam excitados, todos golpeiam e se esquivam quando podem; há ação, movimento, combate homem a homem; mas aqui nossa posição era bastante diferente. Imóveis, confrontando os canhões russos, nós podíamos vê-los sendo carregados com projéteis que dispurariam em nossa direção, podíamos distinguir o olho do atirador que apontava para nós, e era necessária uma certa dose de *sang-froid* para permanecermos parados."

Um dos seus homens perdeu a coragem e começou a correr, então Thirion o confrontou e se ofereceu para dividir uma pequena crosta de pão que estivera guardando. Entretanto, no momento em que ele a tirou de seu bolso, o homem foi atingido na cabeça por uma bola. Thirion limpou os miolos da crosta e a comeu.[21]

Não é possível surpreender-se diante de tal demonstração de aparente frieza. Todos os oficiais e soldados estavam subnutridos e tinham uma fome voraz. Eles sentiam uma sede cruel, visto que a tensão e a fumaça deixavam suas gargantas secas. Eles estavam cercados pela morte. Muitos não se sentiam bem, e a duração da batalha aumentava qualquer tipo de desconforto.

"Em Dorogobuzh, novamente fui acometido por uma terrível diarreia, que tanto havia me torturado em Smolensk, e ao longo desse dia sofri a maior agonia imaginável, já que não podia sair do meu posto ou desmontar", escreveu o tenente Louis Planat de la Faye, ajudante de ordens do general Lariboisière. "Não descreverei exatamente como consegui me livrar do que estava me atormentando tanto, basta dizer que no processo eu perdi dois lenços que empreguei da forma mais discreta que pude, jogando-os nas valas das trincheiras pelas quais passávamos.[22]

Só pouco antes das 2 horas da tarde os franceses começaram a se concentrar para um ataque geral ao reduto de Raevsky. Enquanto cerca de 200 canhões açoitavam a trincheira e os atiradores dentro dela, o príncipe Eugène reuniu três subdivisões de infantaria — a de Gérard, a de Broussier, e a de Morand, da Divisão de Ney. Pouco antes das 3 horas, as densas colunas de infantaria francesa — um grande mar azul, com a exceção dos uniformes brancos de um batalhão de espanhóis do Regimento de José Napoleão — avançaram devagar aclive acima. Eles foram reforçados por duas massas de cavalaria pesada movendo-se de cada lado — a 3ª Divisão de Grouchy à esquerda, a 4ª de Latour-Maubourg e a 2ª de Montbrun —, agora sob o comando do general Auguste de Caulaincourt, irmão mais novo do diplomata, à direita. Esses dois, movendo-se a trote, alcançaram as colunas de infantaria que avançavam e dirigiram-se para o flanco esquerdo do reduto e a área à sua retaguarda.

Para o coronel Franz von Meerheimb, do Regimento saxônico de Zastrow, o belo Latour-Maubourg parecia absurdamente infantil em seu resplandecente uniforme, e jovem demais para liderar o grupo de cavaleiros. Porém, ao se aproximarem do reduto, ele os conduziu num ataque com grande presença de espírito e, varrendo as trincheiras, eles as invadiram, alguns pelas aberturas na retaguarda, outros pelos fossos já atulhados de cadáveres franceses e russos ou pelos baluartes de barro cobertos por escombros. Os primeiros a entrar foram os saxônicos e os poloneses da divisão de couraceiros do general Lorge, seguidos pelos couraceiros de Caulaincourt, cujo jovem e galante líder caiu morto enquanto cavalgava para o reduto. Ao passarem por cima das barricadas, os cavaleiros foram surpreendidos por uma saraivada da fuzilaria. À medida que caíam mortos ou feridos, seus companheiros prosseguiam, passando por cima de uma massa de homens e cavalos feridos que se debatiam, enquanto os defensores lutavam em vão para impedi-los de entrar.[23]

O coronel Griois, da artilharia de Grouchy, assistindo à cena da retaguarda, mal pôde conter-se ao ver os capacetes brilhantes dos couraceiros dentro do reduto. "Seria difícil expressar o que sentíamos enquanto presenciávamos essa façanha do Exército, talvez sem igual nos anais militares das nações. Cada um de nós acompanhava com seus pedidos e teria gostado de ajudar aquela cavalaria que víamos saltar sobre as valas e se arrastando através de trincheiras sob uma salva de tiros de metralha, e um grito de alegria ressoou por todos os lados quando eles conquistaram o reduto."[24]

"Dentro do reduto, cavaleiros e soldados de infantaria, dominados por um frenesi de massacre, matavam um ao outro sem qualquer aspecto de ordem", escreveu Meerheimb.[25]

Enquanto os cavaleiros investiam contra a infantaria e os atiradores que defendiam o reduto, a infantaria francesa passava por sobre as barricadas, eliminando rapidamente toda a resistência. Eram 3h30. A cavalaria de Grouchy alcançara a área por trás do reduto, sendo seguida

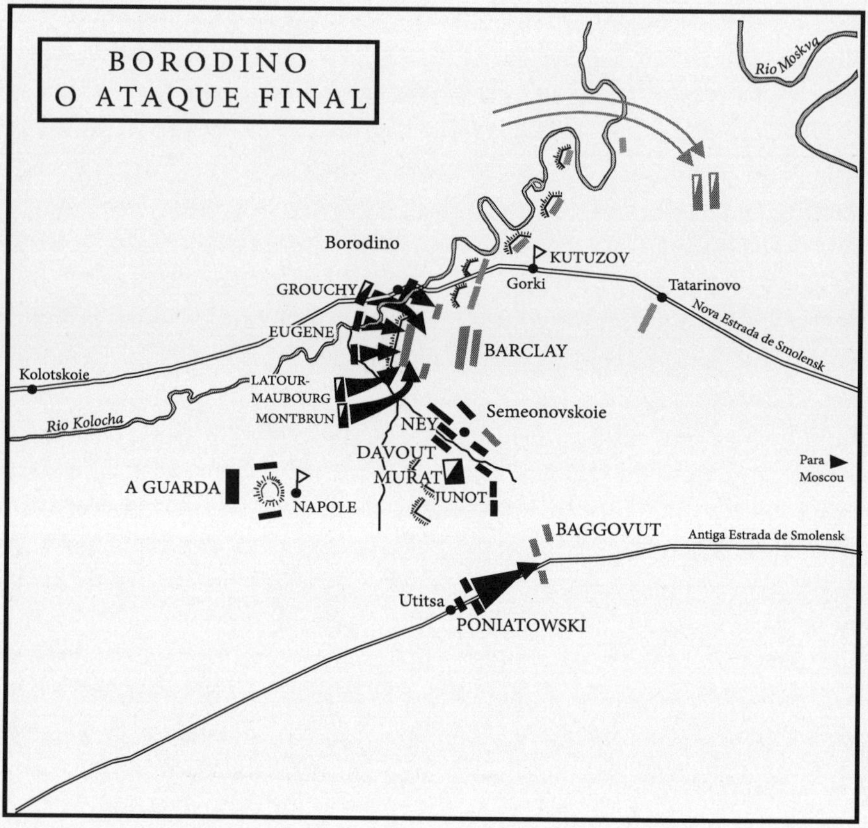

por outras unidades francesas; ali, entretanto, descobriu que Barclay havia formado uma segunda linha de defesa a cerca de 800 metros do reduto. A cavalaria viu-se indefesa contra a infantaria russa, que se posicionara em formações quadradas.

O próprio Barclay conduzia a defesa dessa área, calmo e controlado como sempre, parecendo um farol no meio da tempestade para um oficial do Estado-Maior. No entanto, ele agia com uma imprudência que para alguns sugeria que ele estava procurando uma morte gloriosa. Ele convocara sua reserva de cavalaria apenas para descobrir que Kutuzov a enviara para outro local sem informá-lo. Ainda assim, ele foi capaz de reunir o contingente de cavalaria necessário para empreender um contra-ataque, e toda a área logo foi tomada por uma *mêlée* vertiginosa de cavaleiros empurrando-se e arremetendo uns contra os outros a curta distância. Os franceses recuaram para a linha do reduto, e a artilharia de Barclay impedia-os de avançar novamente à medida que varria a área à sua frente.[26]

De acordo com Clausewitz, a batalha estava naquele momento "nas últimas" no que dizia respeito aos russos, e para uma vitória completa só restava aos franceses desferir seu *coup de grâce*.[27] Contudo, ele não veio. O bombardeio continuou, as cavalarias confrontavam-se mais uma vez ao centro, enquanto ao sul Poniatowski empreendia uma última investida, fazendo os russos recuarem através de Utitsa. O céu tornara-se nublado e uma garoa fria começara a cair. Por volta das 6 horas, os canhões silenciaram enquanto os russos recuavam em um quilômetro. Napoleão montou seu cavalo lutando contra a dor e partiu para avaliar os resultados.

Ele desceu o aclive do qual estivera assistindo à ação ao longo de todo o dia. Chegando à base, ele encontrou o chão coberto por balas de mosquete e metralha que compunham uma massa densa como a de pedras de granizo depois de uma tempestade. Enquanto seu cavalo atravessava o local em meio a restos de homens, cavalos e equipamentos, ele viu o que um general chamou "a visão mais repugnante" que já vira. Dado que a maior parte da matança havia sido executada pelo fogo da artilharia, o chão estava coberto por cadáveres dilacerados, com as vísceras expostas e membros mutilados. Homens feridos lutavam para sair debaixo de homens e cavalos mortos, ou se arrastavam na direção de algum socorro visível. Eles eram pisoteados por cavalos feridos que também tentavam se levantar. "Podiam-se ver alguns que, terrivelmente estripados, ainda assim mantinham-se de pé, suas cabeças dependuradas, banhando o solo com seu sangue, ou, mancando dolorosamente à procura de algum pasto, arrastavam consigo tiras de arreios, intestinos expostos pendurados ou um membro fraturado, ou então, deitados de lado com o corpo esticado, levantavam de tempos em tempos a cabeça para observar suas feridas", relembrar-se-ia um horrorizado lanceiro belga.[28]

O reduto de Raevsky oferecia uma visão repulsiva. "O reduto e a área em volta ofereciam uma aparência que excedia o pior horror com o qual se pode sonhar", de acordo com um oficial da Legião do Vístula, que viera para reforçar a tropa atacante. "O acesso, as trincheiras e a própria fortificação haviam desaparecido sob pilhas de mortos e moribundos que tinham a altura de cerca de seis ou oito homens, amontoados uns sobre os outros." No interior, os defensores russos, que haviam morrido em suas posições, pareciam ter sido cortados a foice.[29]

Os feridos russos encontravam-se deitados aguardando a morte estoicamente ou tentavam arrastar-se a fim de se libertar, enquanto os franceses gritavam por socorro ou imploravam para que alguém desse fim a sua agonia com uma bala. "Eles estavam deitados uns sobre os outros, nadando em piscinas do seu próprio sangue, gemendo e praguejando enquanto imploravam pela morte", de acordo com o capitão Von Kurz.

Alguns conseguiam se arrastar pelo chão, com a esperança de encontrar socorro ou ao menos alguma água para beber. "Outros apenas procuravam sair dali, esperando escapar da morte fugindo do lugar onde ela reinava em todo o seu horror", nas palavras de Raymond Faure, o médico trabalhando na 1ª Divisão de Cavalaria.[30]

Soldados caminhavam entre os mortos examinando seus farnéis à procura de uma crosta de pão ou um gole de bebida. Outros ficavam agrupados em suas unidades, de pé ou sentados, confusos e sem saber o que realmente deviam fazer em seguida.

"Em volta das águias podiam-se ver os oficiais e suboficiais que haviam restado ao lado de alguns soldados, talvez nem sequer o bastante para guardar a bandeira", de acordo com o conde de Ségur. "Seus uniformes haviam sido rasgados pela violência da luta, enegrecidos pela pólvora e manchados de sangue; e, ainda assim, em meio àqueles trapos, àquela miséria, àquele desastre, eles mantinham uma aparência de orgulho, e até conseguiam, ao avistarem o imperador, emitir alguns gritos de aclamação; mas estes eram raros e inautênticos, pois naquele Exército, que era dotado de perspicácia tanto quanto o era de entusiasmo, cada um avaliava a situação geral."

Oficiais e homens sentiam-se perplexos diante do quão poucos prisioneiros haviam feito, e sabiam que era pelo número de prisioneiros, armas e bandeiras capturados que se podia medir a escala da vitória. "O número de mortos era mais uma evidência da coragem dos derrotados do que da escala da vitória."[31]

Napoleão retornou à sua tenda, que havia sido transferida e erguida no campo de batalha perto do ponto de onde ele comandava. Ele escreveu para Marie-Louise contando que havia vencido os russos e enviou instruções para que os bispos da França cantassem te-déuns em agradecimento pela vitória. Berthier e Davout juntaram-se a ele para o jantar, mas Napoleão comeu pouco, parecendo doente. Eles concordaram que haviam obtido uma vitória decisiva, mas não havia nem sinal da habitual atmosfera de euforia. Napoleão não dormiu durante a noite, de acordo com seu valete Constant, que o ouviu suspirar: "*Quelle journée*! *Quelle journée*!"[32]

Não havia música em volta dos acampamentos naquela noite, nem trocas entusiasmadas de experiências ou histórias de glória. Os homens montaram acampamento onde se dera a conclusão da ação, aconchegando-se em volta de fogueiras feitas com coronhas de mosquetes e peças de outras armas quebradas, e empilhando cadáveres uns sobre os outros para se sentarem sobre os montes. Era o terceiro dia em que não recebiam comida alguma, e todos os suprimentos pessoais que eles tinham, assim como as *cantinières*, haviam ficado para trás nos acampamentos da noite anterior. Dessa forma, tiveram que se arranjar com o que puderam encontrar, usando o fagópiro retirado dos farnéis dos soldados russos mortos e a água dos córregos que atravessavam o campo de batalha — turvada pelo sangue — para fazer mingau. Um *voltigeur* comeu melhor que os outros, tendo conseguido acertar uma lebre que surgira no trajeto pelo qual avançava no início da batalha, agora tirando sua pele e cozinhando-a. Enquanto os homens estavam sentados em volta das fracas fogueiras, companheiros feridos se aproximavam rastejando ou se arrastando, implorando para que lhes permitissem compartilhar de suas miseráveis rações. Os feridos russos tinham de se contentar em mastigar a carcaça de algum cavalo morto. "A noite de [7 de setembro] foi terrível", nas palavras de um oficial dos granadeiros da Velha Guarda. "Nós a passamos na lama, sem fogueiras, cercados por mortos e feridos cujos gritos queixosos partiam o coração."[33]

Ao longo da batalha, os feridos eram removidos do campo por destacamentos especiais de soldados com macas — e também por outros que se passavam por doentes e aproveitavam a oportunidade de levar o companheiro ferido na esperança de permanecerem no posto de primeiros socorros em vez de retornarem para a linha de frente. Porém, com a chegada da noite, a escuridão e o fato de que os postos haviam lotado impediram que a remoção dos feridos continuasse.

Como os ferimentos da maioria haviam sido causados por tiros de canhão ou mosquetes a uma proximidade muito grande, poucos eram ferimentos leves que podiam ser tratados com curativos — um procedimento simples que consistia em lavar a ferida, cobri-la com um pedaço de algodão, enfaixá-la e deixar a natureza seguir seu curso. Havia pouquíssimos cirurgiões, principalmente no lado francês, e muitos haviam sido deixados nos hospitais ao longo do caminho. Os que restaram haviam estado ocupados durante todo o dia, fazendo operações e amputações em condições improvisadas, lavando as mãos e os instrumentos — como se recordaria o doutor Heinrich Roos — num córrego que passava por perto. Devido à escassez de animais de tração, as ambulâncias e grande parte do equipamento médico haviam sido deixados em Vilna. Quando ficavam sem bandagens, os cirurgiões tinham que rasgar as camisas dos feridos.

Como dispunham de muito pouco tempo para passar com cada homem, o tratamento mais comum para uma perna ou braço ferido era a amputação. Os homens eram amarrados ou segurados para não se moverem sobre uma mesa, recebiam uma lanterneta ou um pedaço de madeira para morder e, se tivessem sorte, um trago de álcool para beber. Alguns se debatiam e gritavam, amaldiçoando o destino ou chamando por suas mães, mas muitos demonstravam um estoicismo inimaginável. Após a operação, eles eram postos no chão, onde permaneciam sem qualquer atenção enquanto a pilha de membros amputados crescia.

Os cirurgiões continuaram trabalhando ao longo da noite sob a luz das velas tremeluzentes. Era um trabalho extremamente difícil, e emocionalmente esgotante, mesmo para um médico experiente como o doutor La Flise.

"É impossível imaginar o que um homem ferido sente quando o cirurgião tem de lhe informar que ele certamente morrerá se um ou dois de seus membros não forem removidos", escreveu. "Ele tem que aceitar o destino e se preparar para um sofrimento terrível. Não posso descrever os urros e o ranger de dentes emitidos por um homem que teve um membro dilacerado por uma bola de canhão, os gritos de dor à medida que o cirurgião lhe corta a pele, os músculos, depois os nervos, serra-lhe o osso, decepando artérias cujo sangue respinga no próprio cirurgião."[34]

Como o cirurgião não podia atendê-los imediatamente, muitos dos feridos eram levados diretamente para os "hospitais" improvisados no monastério Kolotskoie ou em quaisquer casas que tivessem permanecido intactas na Vila de Borodino. Contudo, visto que a cavalaria havia consumido toda a palha num raio de quilômetros, eles eram deitados sobre o chão limpo. Alguns passavam ali dias sem que fossem feitos curativos em seus ferimentos.

"Oito ou dez dias depois da batalha três quartos desses infelizes estavam mortos, por falta de atenção ou de comida", escreveu o capitão François, que foi jogado junto a 10 mil outros no monastério Kolotskoie, onde só sobreviveu porque seu servo limpou-lhe o ferimento e trouxe-lhe comida e água.[35]

Os russos feridos que tiveram mais sorte foram removidos para Moscou, mas a maioria nunca passou de Mozhaisk, onde foram amontoados em qualquer construção disponível e abandonada. Quando os franceses chegaram dois dias depois, encontraram a metade morta de fome ou sede. As ruas da pequena cidade estavam cobertas por cadáveres e montes de membros amputados, alguns ainda com luvas ou botas.[36]

Ironicamente, os ânimos na noite após a batalha estavam melhores no lado russo do que no francês. O fato de terem enfrentado Napoleão em vez de fugirem dera aos soldados uma sensação de triunfo. "Todos se encontravam ainda num estado de espírito tão entusiasmado, sendo testemunhas tão recentes da bravura de nossas tropas, que a ideia de fracasso, ou mesmo fracasso parcial, não podia entrar em nossas mentes", nas palavras do príncipe Piotr Viazemsky, o qual acrescentou que ninguém se sentia vencido. Eles sabiam que os franceses haviam ganhado, mas não sentiam que haviam sido derrotados.[37]

Embora a linha de frente russa houvesse recuado naquela noite cerca de dois quilômetros em relação às posições que ocupava pela manhã, os franceses não a seguiram, e, logo que a noite caiu, cossacos sozinhos ou em grupo percorriam o campo de batalha à procura de presas para roubarem — um grupo matou dois oficiais russos que conversavam em francês. Os franceses não designaram soldados para guardar posições avançadas ou fortificaram sua linha. Tendo derrotado e feito os russos recuarem, eles não acharam que isso era necessário, tendo apenas acampado onde estavam. Por razões óbvias, ninguém acampou no sepulcro que se tornara o reduto de Raevsky, o que permitiu que um pequeno grupo de soldados russos "o reocupasse" durante um breve período.[38]

Sempre consciente do poder da propaganda, Kutuzov estava determinado a proclamar vitória. Quando o coronel Ludwig von Wolzogen, um dos oficiais do Estado-Maior de Barclay, entregou-lhe os relatórios que fizera sobre a situação da linha de frente após o cessar-fogo — nos quais ficava evidente que os russos haviam sido forçados a abandonar todas as suas posições e sofrido perdas graves —, Kutuzov voltou-se contra ele. "Onde você inventou tamanha tolice?", balbuciou ele. "Você deve ter passado o dia inteiro se embebedando com a prostituta suja de alguma vivandeira! Eu sei melhor do que você como foi a batalha! Os ataques do inimigo foram rechaçados em cada posição, e amanhã eu me colocarei à frente do Exército e nós o expulsaremos do solo sagrado da Rússia."[39]

Ele ordenou que fossem feitos os preparativos para um ataque geral na manhã seguinte.

"Observando os movimentos do inimigo, eu posso ver que ele não foi menos enfraquecido que nós durante essa batalha, e é por isso, tendo começado com ele, que eu decidi esta noite pôr o Exército em ordem, abastecer a artilharia com munição e pela manhã retomar a batalha com o inimigo", escreveu para Barclay.

A notícia de que a batalha continuaria foi recebida com alegria pelos soldados rasos, e os homens recolheram-se disciplinadamente para descansar.[40]

Enquanto isso, Toll e o ajudante de ordens de Kutuzov, Aleksandr Borisovich Galitzine, fizeram uma inspeção em todo o Exército e voltaram para informar ao comandante que ele só poderia reunir um número máximo de 45 mil homens para a batalha na manhã seguinte. "Kutuzov sabia de tudo isso, mas esperou por esse relatório, e foi só depois de ouvi-lo que deu ordens para que nos retirássemos", de acordo com Galitzine, que estava convencido de que o comandante nunca pretendera dar combate no dia seguinte, tendo apenas dito que o faria por "razões políticas".[41]

Trata-se de uma suposição bastante provável. Por outro lado, seria útil apresentar a batalha como uma vitória para o mundo exterior, e foi isso que Kutuzov se pôs a fazer imediatamente. Ele escreveu uma longa carta para Alexandre descrevendo o curso da ação, enfatizando a bravura e a tenacidade das tropas russas, declarando que infligira perdas graves aos franceses e não cedera um centímetro de terreno. Entretanto — Kutuzov continuava —, como a posição de Borodino era muito ampla para o número de homens à sua disposição, e já que estava mais interessado em destruir o Exército francês do que apenas vencer batalhas, ele recuaria seis verstas para Mozhaisk. Escreveu uma carta semelhante para Rostopchin, assegurando que daria combate ali. Kutuzov também lançou um boletim público descrevendo a batalha, afirmando que todos os ataques franceses haviam fracassado. "Rechaçado em todas as posições, o inimigo recuou ao cair da noite, e nós permanecemos mestres do campo de batalha. No dia seguinte, o general Platov foi enviado para perseguir sua retaguarda e a fez recuar em uma distância de 11 verstas de Borodino." "Eu venci uma batalha contra Bonaparte", escreveu ele, de forma mais sucinta, para a esposa.[42]

É possível também que o anúncio sobre a luta do dia seguinte tenha sido uma tática para evitar uma debandada. Dessa forma, ninguém anteciparia a retirada, e as unidades permaneceriam juntas. Além disso, como nenhum dos oficiais ou dos homens conhecia a situação geral, tal notícia levá-los-ia a garantir que o Exército se encontrava em melhor forma do que realmente estava. É certo que a vanglória e a confiança de Kutuzov tiveram seu efeito, e, como Clausewitz observou, "o charlatanismo da velha raposa foi mais útil naquele momento do que a honestidade de Barclay".[43] Se os russos tivessem sabido da extensão de suas perdas, é bem possível que tivessem se desesperado.

Aquele havia sido o maior massacre da história documentada, não tendo sido superado até o primeiro dia da Batalha do Somme em 1916, e não é preciso refletir muito para entender por quê: eram dois Exércitos imensos concentrados em uma área muito pequena. De acordo com uma fonte, a artilharia francesa desferiu 91 mil salvas de tiros, enquanto outra afirma que foram 60 mil — tendo a infantaria e esta cavalaria disparado 1.400.000 tiros de mosquete —, mas mesmo esta última estima uma média de cem tiros de canhão e 2.300 disparos de fuzilaria por minuto.[44]

Os russos haviam disposto as tropas em profundidade, de forma que a cerca de cem passos atrás de cada linha havia outra. Isso sem dúvida salvou o dia para eles, já que a cada vez que os franceses rompiam uma linha encontravam uma nova parede de tropas, não sendo capazes de alcançar um progresso decisivo. Todavia, esse posicionamento também colocou todo o Exército russo, incluindo as unidades da reserva, dentro do alcance dos canhões franceses ao longo do dia. O príncipe Eugene de Württemberg, por exemplo, recordar-se-ia que uma de suas brigadas perdeu 289 homens — quase 10% do seu efetivo — em meia hora, apesar de estar na reserva.[45]

Por uma razão não tão boa quanto a dos russos, Napoleão também colocou muitas das suas reservas, e quase toda a sua cavalaria, dentro do alcance dos canhões inimigos. Os *Chasseurs à Cheval* do capitão Hubert Biot ficaram sob fogo durante horas, e com isso perderam um terço de seus homens e cavalos sem terem participado de confronto algum. Um regimento da cavalaria de Württemberg perdeu 28 oficiais e 290 de 762 homens, mais de 40% do seu efetivo.[46]

Os cálculos das vítimas no lado russo variam entre 38.500 e 58 mil, mas estimativas mais recentes apontam para um número aproximado de 45 mil — incluindo 29 generais, seis deles mortos, entre estes Bagration (que morreu por causa do ferimento na perna), Tuchkov e Kutaisov. No entanto, se a afirmação de que Kutuzov só poderia reunir 45 mil homens para a batalha do dia seguinte é verdadeira, então é possível que as perdas tenham sido muito mais numerosas. O número de vítimas no lado francês chegou a 28 mil, incluindo 48 generais, 11 dos quais morreram. Na primavera de 1813, as autoridades russas que fizeram a limpeza do local onde se deu a batalha enterraram 35.478 carcaças de cavalos.[47]

As perdas russas foram consideravelmente debilitantes. O Exército não apenas perdeu um grande número de homens, mas metade de seus efetivos — os mortos e feridos eram em sua maioria pertencentes a regimentos da linha de frente, e não milicianos ou cossacos. Uma proporção muito alta dos mortos eram oficiais superiores. Consequentemente, unidades inteiras tornaram-se inoperacionais. O Regimento de Shirvansk, originalmente composto por 1.300 homens, havia às 3 horas sido reduzido a 96 soldados e três oficiais subalternos. Dos 4 mil homens e 18 oficiais superiores da Divisão de Vorontsov, apenas 300 homens e três oficiais responderam à chamada feita naquela noite. De toda a Divisão de Neverovsky, restaram não mais que 700 homens. Seu 50º Regimento de *Jaeger* foi reduzido a 40 homens, enquanto no Regimento de Odessa o único oficial superior sobrevivente era um tenente, e no Regimento de Tarnopol, um sargento-maior.

"Minha divisão foi praticamente extinta", escreveu Neverovsky para a esposa no dia seguinte.[48]

As perdas francesas, em comparação, foram mais leves, com a maioria das unidades não perdendo mais que 10 ou 20% de seu contingente. E, embora alguns generais e oficiais superiores tivessem perecido, graças ao sistema de promoção não haveria dificuldades na sua substituição. Havia mais tropas vindo de Paris, de forma que não haveria também maiores problemas no preenchimento das lacunas deixadas nos postos. Entretanto, as perdas do Exército francês foram muito mais importantes estrategicamente do que as dos russos, pois Napoleão havia praticamente destruído sua cavalaria.

O Exército de Kutuzov não estava em condições de dar combate em quaisquer posições, por mais fortes que estas pudessem ser. A menos que tivesse algumas semanas de descanso e ganhasse reforços maciços, ele seria completamente extinto. Não havendo possibilidade de conseguir defender Moscou, apesar do que Kutuzov pudesse ter escrito, a coisa mais lógica a ser feita teria sido mudar a direção para o sul e recuar para Kaluga. Tal decisão tê-lo-ia levado para perto de sua base de abastecimento e forçado os franceses a segui-lo, atraindo-os para longe de Moscou. Porém, se fizesse isso, Kutuzov só teria duas escolhas: lutar novamente ou continuar recuando, e ambas levariam à desintegração do que restara do Exército. Acima de tudo, ele precisava tirar Napoleão do seu encalço, e a única forma de fazer isso seria distraí-lo com outra coisa. Na única decisão brilhante que fez durante toda a campanha, Kutuzov resolveu sacrificar Moscou a fim de salvar o Exército. "Napoleão é como uma correnteza que nós ainda estamos muito fracos para conter", explicou ele a Toll. "Moscou é a esponja com a qual nós o absorveremos."[49]

Assim, ele recuou para Moscou, anunciando que lutaria em Mozhaisk e depois em uma posição mais próxima da cidade. Embora a retirada tenha sido desordenada, a resignação que tomara conta das tropas depois do arrebatamento da batalha teve um efeito entorpecente que evitou dispersões e deserções em grande escala. Um dos cavalos no grupo de artilharia de

Nikolai Mitarevsky tivera a mandíbula inferior atingida pelo fragmento de um projétil, então os atiradores o libertaram dos arreios e deixaram-no ir. O animal, entretanto, tendo estado na bateria ao longo de dez anos, limitou-se a segui-la. Instintos semelhantes inspiraram muitos soldados. Na tarde de 9 de setembro, as unidades que se retiravam começaram a ocupar posições defensivas em algumas elevações nas proximidades de Moscou. Elas passaram o dia seguinte cavando e preparando-se para a batalha, e Kutuzov escreveu para Rostopchin afirmando que seu Exército estava em boa forma e pronto para rechaçar os franceses.[50]

Rostopchin preparara Moscou para qualquer eventualidade, como explicou em uma carta para Balashov datada de 10 de setembro. Ele e dezenas de milhares de habitantes estavam prontos para reforçarem o Exército em uma operação de resistência perto dos muros da cidade.

"O povo de Moscou e arredores lutará destemidamente caso nosso Exército recue para as proximidades", escreveu para Balashov.

Depois das garantias dadas por Kutuzov, ele apenas declarara que a cidade seria defendida "até a última gota de sangue". Em uma de suas proclamações aos cidadãos, ele assegurou-lhes que poderiam usar forcados contra os franceses, que eram tão franzinos que pesavam menos que um fardo de feno. A todos que duvidavam da sua determinação, ele declarava que estava disposto a derrotar os franceses com uma salva de pedras se necessário.[51]

No dia 13 de setembro, Kutuzov estabeleceu seu quartel-general na Vila de Fili, mantendo a aparência de que pretendia defender a posição que escolhera. Ele perguntou a Yermolov, diante de vários generais, qual era a sua opinião sobre a posição, e quando Yermolov afirmou não achá-la muito boa, fez uma cena agarrando-o pelo pulso e perguntando se ele estava bem. Mas Rostopchin, que havia saído de Moscou para encontrar Kutuzov a pedido deste, ficou surpreso com a atmosfera de incerteza que encontrou no quartel-general.

Ele informou que evacuara a cidade, podendo esta, se necessário, ser incendiada e abandonada para o inimigo, mas todos demonstraram ultraje diante da ideia de não defender Moscou. Era como se ninguém ousasse admitir a desagradável verdade. A única exceção era Barclay, que estava convencido de que uma batalha lutada nos portões da cidade destruiria o que restara do Exército. "Se eles levarem a cabo a loucura de lutar nessa posição", disse ele a Rostopchin, "eu só posso ter a esperança de ser morto."[52]

Rostopchin estava agora convencido de que não haveria tentativa alguma de defender Moscou. Kutuzov, no entanto, continuou assegurando-lhe o contrário durante o que Rostopchin denominou "uma conversa curiosa que revelou a baixeza, a incompetência e a covardia do comandante do nosso Exército". Kutuzov pediu-lhe que retornasse na manhã seguinte com o arcebispo metropolitano, dois ícones milagrosos da Virgem e a quantidade necessária de monges e diáconos para fazer uma procissão através do acampamento russo antes da batalha.[53]

Após a partida de Rostopchin, Barclay e Yermolov procuraram Kutuzov e afirmaram que, após uma avaliação completa, haviam chegado à conclusão de que a posição era indefensável.

"Tendo ouvido atentamente, o príncipe Kutuzov não pôde esconder o deleite de não ter que trazer a ideia de uma retirada à baila", escreveu Yermolov, "e, desejando afastar de si qualquer possibilidade de reprovação, ordenou que todos os generais superiores fossem convocados para um conselho de guerra às 8 horas."

Kutuzov deu início à reunião do conselho afirmando que, diante das circunstâncias, seria impossível defender a posição que eles haviam escolhido, já que esta seria facilmente subjugada e tomada. Se fossem obrigados a se separar e recuar, eles acabariam fugindo através de Moscou, o que provavelmente resultaria em confusão e na perda da maior parte da artilharia. "Enquanto o Exército existir e estiver em condições de se opor ao inimigo, nós poderemos conservar a possibilidade de levar a guerra a uma conclusão favorável", explicou, "mas se o Exército for destruído, Moscou e a Rússia perecerão."

Kutuzov então pediu aos outros que dessem sua opinião, mas parecia pouco interessado no que eles tinham a dizer. Uvarov e Osterman-Tolstoy concordaram com ele, mas outros se revoltaram. Bennigsen sugeriu tomar a ofensiva e empreender um ataque vigoroso contra uma das divisões francesas enquanto elas se encontravam em marcha — no que foi entusiasticamente apoiado por Dokhturov, Yermolov e Konovnitsin —, mas Barclay apontou que, mesmo que tivessem os homens, eles não tinham oficiais experientes o bastante para executar uma operação de ofensiva. Raevsky concordou que, como o Exército estava tão enfraquecido e já que o soldado russo não estava apto a executar táticas ofensivas, a única coisa a fazer era abandonar Moscou.

Bennigsen observou que ninguém acreditaria que eles haviam vencido a Batalha de Borodino se a única consequência da vitória fosse a retirada e a capitulação de Moscou. "E não seríamos nós obrigados a admitir para nós mesmos que na verdade perdemos?", questionou ele.

Depois de cerca de meia hora de discussão, Kutuzov interrompeu-os, declarando que eles deixariam Moscou, e ordenou uma retirada geral.[54]

Konovnitsin afirmou que os pelos de sua nuca se eriçaram diante da ideia de abandonar Moscou, e Dokhuturov foi severo em sua acusação contra "aquelas pessoas medíocres" que haviam tomado a decisão.

"Que vergonha para o povo russo; abandonar seu berço sem um único tiro e sem uma luta! Estou furioso, mas o que posso fazer?", escreveu para a esposa naquela noite. "Estou convencido de que tudo está perdido, e, portanto, ninguém me convencerá a continuar servindo; depois de todos os aborrecimentos, dificuldades, insultos e desordens permitidos pela fraqueza dos comandantes, depois disso nada irá me persuadir a servir; estou ultrajado por todos esses desertores!..."[55]

Outro que se sentia ultrajado era Rostopchin, que, às 7 horas daquela noite, recebeu um bilhete de Kutuzov informando-lhe que afinal não empreenderia uma resistência em defesa de Moscou. Rostopchin teve uma explosão de desespero tão grande que seu filho fez tudo que pôde para acalmá-lo.

"O sangue está fervendo em minhas veias", escreveu para a esposa, que havia deixado a cidade pouco antes. "Acho que a dor me matará."[56]

Depois, ele revogou todos os preparativos que havia feito para a defesa e acelerou o processo de evacuação da cidade.

Sempre preocupado com sua reputação, Kutuzov enviou Yermolov a Miloradovich, que estava no comando da retaguarda, com ordens para "honrar a venerável capital com ao menos a lembrança de uma batalha dentro de seus muros" depois que o Exército tivesse se afastado. Miloradovich ficou indignado. Ele compreendeu a trama: se Miloradovich obtivesse algum sucesso, Kutuzov poderia dizer que defendera Moscou; se ele fosse derrotado, Kutuzov poderia culpá-lo. Mais tarde na mesma noite, Kutuzov escreveu para o tsar para informar que estava abandonando a cidade para o inimigo, declarando que a queda de Smolensk inevitavelmente levara à de Moscou, e com isso tirando sutilmente a responsabilidade de seus ombros e colocando-a sobre os de Barclay.[57]

A retirada começou de uma só vez, e por volta das 11 horas daquela noite a artilharia caminhava pelas ruas da velha capital. Oficiais do Estado-Maior com pelotões de cossacos foram postados em posições estratégicas para conduzirem as colunas e manterem a ordem. "A marcha do Exército, embora estivesse sendo executada com uma ordem admirável considerando-se as circunstâncias, lembrava mais a procissão de um funeral do que um avanço militar", de acordo com Dmitry Petrovich Buturlin. "Oficiais e soldados choravam de raiva."[58]

Porém, a ordem logo se dissiparia. À medida que a notícia da retirada se espalhava pela cidade, as pessoas saíam para as ruas. Ao longo das semanas anteriores, Rostopchin conseguira incutir nos habitantes um nível tão grande de inflamação com suas proclamações cheias de fúria que eles haviam alcançado um grau de exaltação extrema. Discussões e brigas haviam tido lugar nos dias anteriores. Alguns lançavam insultos contra os soldados que se retiravam, outros abriam suas lojas e casas e davam suas mercadorias a fim de que os franceses não fizessem uso delas. Rostopchin estava ocupado removendo tudo que podia e ateando fogo aos armazéns de trigo e outras provisões. Mais dezenas de milhares de civis deixaram a cidade, seguindo a mesma direção que as tropas e atravancando a marcha. Tanto pedras quanto insultos eram lançados contra as carruagens dos nobres desertores, e houve casos em que homens e oficiais feridos foram arrastados à força de carroças e carruagens para dar lugar a fugitivos e seus bens. "Havia gritos e lamentações em todos os lugares", segundo N.M. Muraviov. "As ruas estavam cheias de soldados mortos e feridos."[59]

Em meio a essa situação de violência e confusão, as pessoas tentavam localizar parentes ou amigos, e oficiais que eram de Moscou iam às suas casas para ao menos munirem-se de algumas necessidades e uma muda de roupas. O capitão Sukhanin decidiu visitar um conhecido, o conde Razumovsky. O conde não estava em casa, mas os criados receberam-no como se nada estivesse acontecendo.

"O cozinheiro do conde preparou-nos um café da manhã, nos trouxe vinho, os músicos tiraram suas notas musicais e começaram a tocar", escreveu Sukhanin.[60]

Enquanto cavalos e veículos obstruíam as ruas, os soldados que aguardavam percorriam a cidade à procura de comida e, particularmente, bebida. Logo eles invadiam tavernas e porões com a ajuda dos criminosos da cidade. Rostopchin abrira cadeias e asilos. Ele ordenara também que alguns edifícios fossem incendiados, e os saques acrescentaram-se aos incêndios que ardiam através da cidade.[61]

O próprio Rostopchin escapou por pouco de ser linchado quando uma agitada multidão cercou seu palácio, tendo conseguido salvar a pele apenas lhes entregando um jovem acusado de ser um espião francês, o qual foi imediatamente assassinado enquanto o governador partia. Quando deixava a cidade, Rostopchin deparou-se com Kutuzov, ficando frente a frente com ele. O comandante pedira a seu ajudante de ordens, o moscovita Galitzine, que o levasse por ruas afastadas para que ele não encontrasse ninguém, pois estava particularmente aborrecido. Galitzine recordar-se-ia de Rostopchin ter tentado dizer algo, mas ter sido interrompido por Kutuzov. Rostopchin, que merece mais credibilidade, afirmaria que Kutuzov lhe disse que logo agiria contra Napoleão, ao que ele nada respondeu, "já que a resposta para uma *bêtise* só poderia ser uma *sottise*". De uma forma ou de outra, o encontro não foi agradável para nenhum dos dois.[62]

Outra altercação teve lugar entre o comandante da pequena guarnição de Moscou e Miloradovich. O idoso general deixou o Kremlin marchando com seus homens ao som da banda. No entanto, seguindo pelas ruas, deparou-se com Miloradovich, cuja retaguarda agora se movimentava através da cidade. "Que porco lhe deu ordens para tocar?", rugiu Miloradovich para o comandante da guarnição.

O último retorquiu que, de acordo com o regulamento estabelecido pelo próprio Pedro, o Grande, uma guarnição deveria sempre deixar sua fortaleza ao som de uma banda militar. "E o que o regulamento de Pedro, o Grande, tem a dizer sobre abandonar Moscou?", rosnou Miloradovich.[63]

Miloradovich tinha motivos para estar tenso. Ao se aproximar de Moscou com a retaguarda a fim de marchar através da cidade e sair pelo outro lado, ele descobriu que hussardos poloneses da divisão de Murat já estavam entrando na cidade, e que ele e muitas pequenas unidades ou grupos de soldados estavam ao alcance das tropas do rei de Nápoles. Se Murat tivesse se apressado, ele poderia não apenas ter derrotado a retaguarda de Miloradovich, como também uma grande parte do Exército russo, que ainda percorria as ruas e não estava em posição de defender-se, incluindo aí vários oficiais.

Miloradovich enviou um oficial a Murat para informar que ele estava disposto a entregar Moscou sem uma luta se Murat fizesse uma pausa de algumas horas com suas tropas e lhe desse tempo para passar. Caso Murat se recusasse, ele ameaçava incendiar a cidade enquanto se retirava. Murat, que sabia que Napoleão queria Moscou inteira, e que, como a maioria dos franceses, acreditava que a guerra havia, para todos os efeitos, acabado, concordou. Ele percebeu que os cossacos que escoltavam o oficial que lhe trouxera a mensagem o observavam com um temor respeitoso, literalmente babando quando ele tirou o relógio. Então, ele deu-o a um deles, ordenando a todos os ajudantes de ordens que também dessem os seus.[64]

A trégua meramente formalizou uma situação que já se desenrolava naturalmente. Um intendente de um dos regimentos dos cossacos no Segundo Exército russo assistiu estupefato enquanto uma divisão de cavalaria francesa permitia que uma brigada russa trotasse através de suas posições para fora do cerco. Heinrich Roos, um oficial médico dos *Chasseurs* de Württemberg, observou que centenas de russos erravam pelas ruas, e que ninguém no lado francês se dava ao trabalho de capturá-los, já que todos consideravam a guerra acabada. Tendo encontrado alguns oficiais russos com feridas leves, ele fez curativos em suas feridas e conduziu-os às suas unidades, às quais eles puderam reunir-se. Quando seus *Chasseurs* encontraram um regimento de dragões russos do outro lado da cidade, em vez de luta o que houve foi uma confraternização amigável.[65]

Se os franceses acreditavam que a guerra havia acabado, os russos sentiam que era o fim do mundo.

"Todo o Exército sentia-se liquidado", escreveu Uxküll enquanto observava as chamas elevarem-se sobre a cidade que haviam deixado naquela manhã. "Há muitos rumores sobre traição e traidores. A coragem foi minada, e os soldados estão começando a se revoltar."

Eles agora também desertavam em grandes quantidades. O tenente Aleksandr Chicherin sentia que "o último dia da Rússia" havia amanhecido enquanto marchava através de Moscou, e não podia aceitar nenhum dos argumentos estratégicos apresentados para abandonar a cidade.

"Metido no meu casaco, passei o dia inteiro num torpor irracional, não fazendo nada, tentando em vão conter as ondas de indignação que se agitavam continuamente em mim", escreveu em seu pequeno diário.

Muitos agora aceitavam que Alexandre teria de estabelecer a paz com Napoleão, e mesmo reacionários achavam que isso era inevitável. Alguns já faziam planos para partirem e lutarem contra os franceses ao lado dos ingleses na Espanha.[66]

14

Vão triunfo

À medida que as colunas da *Grande Armée* se aproximavam do topo do monte Poklonnaia na tarde de 14 de setembro, os homens viam Moscou aos seus pés. “Aqueles que já haviam alcançado o ponto mais alto faziam sinais para os que vinham atrás, gritando ‘Moscou! Moscou!’”, recordar-se-ia o sargento Adrien Bourgogne, dos Vélites da Guarda. As colunas aceleravam a marcha, os homens se acotovelando para terem uma visão do objetivo do que parecera uma jornada sem fim. “Naquele momento”, ele continua, “todo o sofrimento, os perigos, as dificuldades, as privações, tudo foi esquecido e varrido de nossas mentes pelos pensamentos sobre o prazer de entrarmos em Moscou, nos acomodarmos em bons alojamentos de inverno e fazermos conquistas de outro tipo, pois esta é a natureza do soldado francês: da luta para o amor, e do amor para a batalha.”[1]

Diante deles estava uma das cidades mais belas do mundo, que imediatamente os capturou por seu exotismo. “Aquela capital parecia para nós uma criação fantástica, uma visão das mil e uma noites”, nas palavras do capitão Fantin des Odoards. De acordo com estatísticas obtidas em janeiro daquele ano, a cidade ocupava 34.337.304 metros quadrados — com suas 2.567 casas de pedra e 6.584 de madeira, 464 fábricas e oficinas, jardins, igrejas e monastérios — e possuía uma população de 270.184 pessoas. “Esse espetáculo magnífico superava tudo que nossa imaginação havia sido capaz de visualizar em termos de esplendor asiático”, escreveu o tenente Julien Combe. “Uma quantidade incrível de campanários e abóbadas pintadas com cores vivas, tendo ao topo cruzes douradas e ligados um ao outro com correntes que eram tão douradas que se destacavam mesmo a distância, reluzindo com a cor avermelhada do sol poente. O grandioso Kremlin e seu campanário, que tinha ao topo uma grande cruz que todos afirmavam ser de ouro puro, mas que certamente era de prata dourada, dominava aquela paisagem magnífica.[2]

Napoleão ficou surpreso ao não encontrar nenhuma delegação para recebê-lo.

"É de costume, à aproximação de um general vitorioso, que as autoridades civis se apresentem aos portões da cidade com as chaves, no interesse de protegerem os habitantes e suas propriedades", escreveu um oficial francês servindo junto aos russos. "O conquistador pode, então, fazer saber suas intenções em relação ao governo da cidade e dar ordens para que as autoridades continuem fazendo o seu policiamento e exercendo suas funções pacíficas.[3]

Como ninguém saiu para recebê-lo, Napoleão enviou alguns ajudantes de ordens ao interior da cidade a fim de procurarem alguns oficiais com quem pudesse fazer os arranjos necessários para a ocupação.

Tropas francesas já haviam entrado na cidade. A primeira, que entrou por volta das 2 horas da manhã, era um esquadrão do 1º Regimento de hussardos poloneses, sendo seguida por outra unidade da 2ª Divisão de Cavalaria. Elas percorreram as ruas, que estavam cheias de soldados franceses — alguns armados, outros não —, e alcançaram o Kremlin, o qual encontraram ocupado por uma multidão que havia assaltado o arsenal da cidade. Os defensores dispararam alguns tiros contra os franceses, mas logo foram dispersos por uma salva da artilharia do coronel Seruzier, e os franceses entraram no Kremlin.

Enquanto esperava, Napoleão inspecionava a cidade pelo telescópio, perguntando a Caulaincourt sobre várias construções. Passado um longo tempo, um dos assistentes de Berthier apareceu acompanhado por um comerciante francês que morava em Moscou, e eles conversaram por um momento. Outros oficiais retornavam com quem quer que tivessem conseguido encontrar, mas ninguém satisfazia a Napoleão, que queria algum oficial. No final, tornou-se claro que os russos haviam apenas abandonado a cidade incondicionalmente para ele.

"Esses bárbaros, eles realmente pretendem abandonar tudo isso?", exclamou. "Não é possível. Caulaincourt, o que você acha?" "Vossa Majestade sabe muito bem o que eu acho", respondeu o mestre da cavalaria."[4]

Napoleão não fez sua entrada em Moscou naquele dia, tendo passado a noite numa casa de madeira nos limites da cidade. Às 6 horas da manhã seguinte, ele entrou no Kremlin e instalou-se ali, enquanto a Guarda Imperial, usando uniformes oficiais de desfile, fazia uma entrada triunfante, tendo à sua frente as bandas regimentais.

Cerca de dois terços dos habitantes haviam partido, e o restante — incluindo vários negociantes, criados e artesãos estrangeiros — estava escondido em suas casas. Mesmo os membros da colônia de várias centenas de franceses mantinham-se fora do caminho. As lojas estavam fechadas, e havia pouco movimento nas ruas, embora ainda houvesse alguns soldados russos perambulando.[5]

O sargento Bourgogne, cujo regimento marchava atrás de sua banda, ficou desapontado. "Ficamos surpresos ao não vermos ninguém, nem mesmo uma dama, vir ouvir nossa banda, que tocava *La Victorie est à Nous!*", relembrar-se-ia. "A solidão e o silêncio que nos receberam esfriaram de uma forma desagradável o frenesi da felicidade que havia feito nosso sangue acelerar alguns momentos atrás, substituindo-o por uma sensação vaga de ansiedade", de acordo com o tenente Fantin des Odoards. Havia certamente algo sinistro na aparente recusa dos habitantes em reconhecerem, quem dirá receberem, a chegada dos franceses, e isso deixou muitos receosos. "Isso significa que logo estaremos defendendo Paris", disse amargamente o general Haxo ao coronel Louis Lejeune enquanto percorriam as ruas silenciosas.[6]

Numa capitulação normal, as autoridades da cidade teriam sido obrigadas a providenciar alojamentos e alimentação para todos os homens, mas naquelas circunstâncias havia uma competição livre para encontrar abrigo e suprir as necessidades. Generais e grupos de oficiais escolhiam palácios de aristocratas e residências de nobres, enquanto seus homens se acomodavam da melhor forma que podiam nas casas, estábulos e jardins ao redor. Alguns tiveram sorte. Roman Sołtyk e um grupo de oficiais do Estado-Maior de Berthier encontraram uma bela residência. Tratava-se da propriedade da condessa Musin-Pushkin, cujos criados os receberam na entrada. "À frente deles havia um mordomo ou intendente, vestido elegantemente com meias de seda, o qual perguntou em bom francês o que eu desejava, acrescentando que a condessa havia, antes de partir, dado instruções para que nós fôssemos recebidos adequadamente, e deixara um número suficiente de criados para nos servir", relatou ele.

Ela também deixara sua *dame de compagnie* e uma governanta francesas, que entretiveram os oficiais durante o jantar.[7]

Napoleão nomeara o marechal Mortier governador de Moscou com a ordem de que não deveria haver saques, e, de acordo com algumas fontes, a ocupação francesa teve início de forma relativamente civilizada. Como todas as lojas estavam fechadas, os soldados famintos iam de casa em casa procurando por pessoas de quem pudessem comprar ou implorar por alimentos e roupas. Alguns eram educados, e muitos estavam dispostos a pagar. Contudo, como muitos dos donos haviam partido, os homens começaram a invadir lojas e residências para pegarem aquilo de que precisavam. Embora não se opusessem a pegar dinheiro, eles estavam àquela altura interessados quase exclusivamente em matar a fome e adquirir camisetas, meias, botas e outras coisas essenciais.

"Quando soldados entram numa cidade que foi abandonada por seus habitantes, onde tudo está à sua disposição, e pegam para si provisões e peças de roupas, pode-se dizer que isso é saquear?, "escreveu o subtenente Leissnig. "Não havia ninguém lá para dar aos homens aquilo sobre o que tinham direito, então o que podiam fazer os soldados franceses?"[8]

Mas havia muitos casos de mau comportamento. I.S. Bozhanov, um padre da catedral Uspensky, foi atacado por um grupo de soldados e forçado a aceitá-los em sua casa, onde teve de alimentá-los antes que passassem a roubá-lo. Os monges do monastério Donskoi receberam a visita de 200 soldados que saquearam todo o lugar, roubando tudo de valor que puderam encontrar e espancando os monges. Esse tipo de ocorrência logo se tornou normal, graças, em grande parte, à natureza exaltada do governador russo da cidade.

Rostopchin várias vezes deixara escapar que se tivesse de abandonar Moscou se certificaria de que os franceses não encontrariam nada senão um monte de cinzas. Mesmo antes de ter sido informado por Kutuzov de que o Exército não defenderia a cidade, ele tomara providências para que tudo que pudesse ser útil para os franceses — armazéns de comida, celeiros e depósitos de roupas e couro — fosse queimado. Ele também dera ordens para que todas as bombas-d'água fossem removidas da cidade junto com os homens que as operavam. Antes de deixar Moscou, ele mesmo deu instruções para que o diretor da polícia, Voronenko, ateasse fogo não apenas aos mantimentos, mas a tudo que pudesse.

Voronenko e seus homens deram início ao trabalho, incendiando vários pontos da cidade enquanto as últimas unidades do Exército russo partiam. Voronenko parece ter interrompido o trabalho à noite. No dia seguinte, porém, outros deram continuidade a ele — provavelmente os criminosos da cidade que haviam passado a saqueá-la e soldados franceses descuidados ocupados com a mesma atividade. Além disso, os incêndios eram intensificados pelo vento, que estava forte naquele dia. Ao cair da noite de 15 de setembro, partes extensas da cidade estavam em chamas, o que era alarmante, visto que dois terços das casas eram feitas de madeira. Napoleão deu ordens para que Mortier enviasse destacamentos de bombeiros e prendesse os incendiários. Não havia muito que os soldados pudessem fazer contra os incêndios sem bombas-d'água ou outros equipamentos, mas eles tiveram mais êxito em prender os incendiários — tanto os reais, quanto os imaginados —, que foram imediatamente mortos a tiros.[9]

O fogo acabou fugindo ao controle, espalhando-se para vários distritos da cidade. Às 4 horas da manhã de 16 de setembro, quando o mar de chamas já lambia os muros do Kremlin, Napoleão foi acordado por seu aterrorizado cortejo. Havia grandes armazéns de pólvora no arsenal do Kremlin, e temia-se que uma das fagulhas ou brasas rodopiando pelo ar pudesse detoná-la. Finalmente, ele foi persuadido a deixar a cidade, e partiu a cavalo pelas ruas em chamas, seguido pela maior parte da Guarda. Estabeleceu-se, então, no palácio imperial de campo em Petrovskoie, a alguns quilômetros de Moscou.

Dali, era um belo espetáculo, embora assustador. Era possível ler à noite e sentir o calor, e mesmo àquela distância o fogo emitia o rugido de um tufão. "Foi a maior, mais sublime, mais terrível visão que o mundo já contemplou!", recordar-se-ia Napoleão em Santa Helena.

O general holandês Dedem de Gelder achou-o "o horror mais belo que alguém poderia presenciar... Eu observei maravilhado durante toda a noite esse espetáculo único, horrível, mas, ainda assim, majestoso e imponente". Dentro da cidade, contudo, era algo infernal. "Toda a cidade estava em chamas, feixes densos de labaredas de várias cores erguiam-se por todos os lados para os céus, obscurecendo o horizonte, emitindo em todas as direções uma luz ofuscante e um calor abrasador", nas palavras do doutor Larrey. "Esses feixes de fogo, rodopiando em todas as direções através da violência do vento, eram acompanhados em sua ascensão e avanço por um silvo aterrorizante e por explosões ensurdecedoras resultantes da combustão de pólvora, salitre, óleos de resina e do álcool que havia no interior das casas e lojas."

Telhas de zinco dos telhados voavam pelo ar, impulsionadas para cima pela precipitação do ar quente, enquanto tetos e abóbadas de zinco empenavam-se por inteiro com um grande ruído, lançando-se de uma vez só para cima.[10]

O fogo não deslocara apenas Napoleão. Os habitantes que haviam ficado em suas casas foram expulsos pela marcha progressiva das chamas e se reuniram em grandes grupos nas maiores praças, tentando encontrar uma saída do inferno. Houve cenas de verdadeiro horror quando o fogo alcançou os hospitais onde os feridos russos de Borodino haviam sido postos.

"Quando as chamas tomaram os prédios onde estavam, eles foram cremados", escreveu Chambray. "Eles podiam ser vistos arrastando-se ao longo de corredores ou se atirando das janelas, gritando de dor."[11]

Com Napoleão e a maioria das autoridades militares fora do caminho, não havia nada que pudesse impedir a pilhagem por parte dos soldados. Uma cidade em chamas não é exatamente um lugar propício ao respeito pelas propriedades alheias, principalmente quando a cidade foi abandonada pelos donos. Mesmo para os que em outras circunstâncias teriam sido mais escrupulosos parecia errado permitir que provisões e objetos preciosos fossem destruídos. O desejo instintivo de salvar essas coisas do fogo transformou todos em saqueadores. Oficiais e até mesmo generais entraram no frenesi — e que frenesi, visto que não havia tempo a perder; não existia lugar para a reticência diante do avanço rápido das chamas.

Depois de resgatarem objetos de uma loja ou uma casa em chamas, as pessoas sentiam-se atraídas a recuperar coisas em casas que ainda estavam intactas, mas que estavam também condenadas a serem destruídas pelo incêndio. O pintor alemão Albrecht Adam, no Estado-Maior do príncipe Eugène, ficou chocado quando um general superior levou-o a um palácio que continha uma bela coleção de arte e exclamou: "Venha, *Monsieur* Adam, agora nos tornaremos ladrões de quadros!"

Seu choque não o impediu de pegar uma madona italiana para si. A situação piorava rapidamente enquanto os soldados esforçavam-se por pegar tudo que podiam antes que fosse destruído pelo fogo. Como passavam também por muitos porões, estavam a maior parte do tempo bêbados. "Os homens da 1ª Divisão do marechal Davout, que se aquartelaram em Moscou e arredores, tomaram a cidade, entrando em cada lugar acessível, e particularmente em adegas, saqueando tudo que podiam encontrar e se permitindo todos os excessos do álcool", nas palavras do coronel Boulart. "Podíamos ver uma procissão contínua de soldados carregando para seu acampamento vinho, açúcar, chá, móveis, peles etc."[12]

Eles eram habilmente secundados, e até incitados, nessa atividade por alguns dos habitantes e soldados russos que haviam ficado para trás. Os presos que haviam sido soltos estavam entre os primeiros a dar início aos saques, e em muitos casos criados deixados para trás também se serviam das posses de seus senhores assim que percebiam que a culpa por seus atos poderia ser posta em outros. Alguns mostravam aos soldados onde os mestres haviam emparedado ou enterrado seus bens mais valiosos. Os saqueadores russos eram logo interpelados por franceses ou soldados aliados, que não apenas os roubavam, mas os forçavam a carregar seus espólios.

"O Exército havia se dissolvido completamente; podiam-se ver soldados e oficiais bêbados em todos os lugares, carregados com espólios e provisões pegos em casas que haviam se tornado vítimas das chamas", escreveu o major Pion des Loches.

À medida que tropeçavam em objetos mais valiosos, descartavam o que haviam saqueado a fim de abrir espaço para estes. "As ruas estavam cobertas por livros, porcelanas, móveis e roupas de todo tipo."[13]

Entremeavam-se ao rugido do fogo os gritos das pessoas sendo espancadas e mulheres sendo estupradas, assim como os uivos de cachorros acorrentados que eram queimados vivos. "A todos esses excessos somavam-se as piores depravações da libertinagem", de acordo com Eugène Labaume. "Nem a nobreza do status, nem a candidez da juventude, e tampouco as lágrimas da beleza eram respeitadas na urgência da licenciosidade cruel que era inevitável nessa guerra monstruosa, na qual 16 nações unidas, diferentes na língua e nos costumes, sentiam-se livres para dar vazão à luxúria, tranquilas pela certeza de que suas depredações seriam atribuídas apenas a uma delas."[14]

As *cantinières* estavam à frente, determinadas a fazer estoques para os próximos meses, destacando-se entre os mais determinados e cruéis saqueadores, rasgando roupas de mulheres à procura de objetos de valor. Qualquer um que oferecesse alguma resistência ou tentasse proteger seus bens preciosos corria o risco de ser caceteado até a morte, independentemente da idade e do sexo. Por outro lado, qualquer saqueador francês que se isolasse de seus companheiros e entrasse num porão onde um grande número de habitantes estivesse escondido estava sujeito a ter o mesmo destino.

O capitão Fantin des Odoards recordar-se-ia de ter visto três soldados bêbados sendo puxados em uma carruagem dourada por cavalos velhos subnutridos, pessoas carregando preciosos farnéis de farinha enrolada em peles caras e vodca em penicos — os únicos recipientes disponíveis — e velhas *cantinières* abatidas movimentando-se nervosamente em vestidos de baile roubados. "As bacanais do carnaval em casa nunca chegaram sequer perto daquelas abomináveis e grotescas visões" conta ele.[15]

Os habitantes que haviam ficado e se aventuravam a sair eram espancados, tendo até mesmo suas camisas arrancadas, além de serem frequentemente forçados a carregar o que lhes fora roubado para o acampamento dos saqueadores. Como haviam sido despojados, eles também tinham que se juntar à varredura para sobreviverem, de forma que velhos, mulheres e crianças logo estavam todos ocupados — principalmente à noite, a fim de evitarem os franceses.

Um oficial subalterno deixado em Moscou com a família foi roubado e expulso de sua casa por uma gangue de soldados. Estes, por sua vez, foram postos na rua por outra gangue, que pegou tudo que a primeira havia deixado. Tendo se instalado como pôde em um pátio, a família foi abordada por uma terceira gangue que, não tendo achado nada para roubar, os espancou. Depois, eles foram obrigados a carregar coisas para vários grupos de saqueadores.[16]

Depois de três dias, o fogo começou a diminuir, e no dia 18 de setembro Napoleão retornou para Moscou. O fogo finalmente se extinguiu no dia seguinte; a ordem foi restaurada e a cidade voltou a um tipo de normalidade. Alguns habitantes que haviam fugido começaram a retornar para a cidade. Contudo, nada mais nessa campanha parecia normal para os homens da *Grande Armée*, que ficaram chocados por os russos terem incendiado a cidade: "Como se pode fazer guerra contra bárbaros como esses?", queixou-se o tenente Henckens, expressando o ponto de vista de muitos.[17]

O próprio Napoleão estava confuso.

De acordo com os parâmetros pelos quais ele — e a maioria dos Estados e estadistas — operavam, ele vencera a guerra. O fato de o Exército russo ter fugido em vez de se render não alterava esse fato aparentemente óbvio; é por isso que ele não fez nenhuma tentativa de perseguir o Exército ou prender os que haviam ficado para trás, entre aqueles milhares de soldados dispersos e feridos que vagavam pela cidade.

O fato de ele não ter encontrado uma delegação para formalizar a capitulação de Moscou foi um choque, mas isso não mudava o fato de que ele tinha a posse da antiga capital. O incêndio, que destruíra cerca de dois terços da cidade, privara-o de uma grande riqueza material, mas não afetara de forma crítica os suprimentos da cidade.[18] O efeito psicológico que teve sobre ele e suas tropas é inegável, mas o incêndio não teve significância estratégica.

O verdadeiro problema era que Napoleão estava perdendo a iniciativa. Ele supusera que, se Alexandre continuasse se recusando a negociar, ele usaria as divisões naturais da sociedade russa para promover uma crise política que obrigaria o tsar a fazer um acordo ou correr o risco de ser substituído por um homem que o faria. Napoleão era um mestre da propaganda, e em geral — com a exceção notável da Espanha — havia sido capaz de persuadir as populações locais de que seus Exércitos estavam derrotados, e seus governos ou soberanos, politicamente falidos. Ele estivera confiante de que encontraria uma boa quantidade de comerciantes e aristocratas liberais

O desenho de Napoleão, feito por Anne-Louis Girodet-Trioson em março de 1812, pouco antes da partida do imperador para a campanha na Rússia, mostra a obesidade que frustrava suas tentativas de parecer aquilino. (Coleção Viollet)

O Exército francês em campanha estava muito longe da imagem gloriosa sugerida pela maioria das pinturas militares, como mostra esta cena, assistida e desenhada por Albrecht Adam. Aqui, um grupo de couraceiros ocupa-se da questão vital de manter reunidos os animais que lhes serviriam de alimento. (AKG Londres)

O tsar Alexandre I, retratado por Gerhard von Kügelgen em 1804, ano em que ele denunciou Napoleão como arrivista antes de ser forçado a fugir dele no campo de batalha de Austerlitz. (Museu Tropinin, Moscou/AKG Londres)

O general Mikhail Barclay de Tolly, ministro da Defesa russo e comandante do Primeiro Exército. Um bravo, porém prudente, soldado, que sabia das limitações de suas tropas. Por um artista desconhecido. (AKG Londres)

Um grupo de artilheiros russos, desenhados na cena por Johann Adam Klein. A artilharia russa era provavelmente nesta época a melhor do mundo. (Anne S.K. Coleção Militar Brown, Universidade Brown)

O general príncipe Piotr Ivanovich Bagration, comandante do Segundo Exército, um incitador que achava que deveria estar no comando geral, desenhado no início da campanha por um de seus oficiais do Estado-Maior, o general Markov. (Coleção particular)

O general conde Levin Gottlieb Bennigsen, que, apesar de ter sido terrivelmente derrotado por Napoleão em Friedlândia em 1807, acreditava que deveria assumir o comando em 1812, por George Dawe.

Cossacos em marcha, por Johann Adam Klein. Um tipo de cavalaria leve recrutada amplamente a partir dos cossacos do Don e do Kuban, eles eram usados mais para perseguir e atormentar do que para lutar. Os aqui ilustrados pertencem a um dos regimentos de cossacos regulares. (Coleção Militar Anne S.K. Brown, Universidade Brown)

O enteado de Napoleão, príncipe Eugène de Beauharnais, vice-rei da Itália, amado pelo Exército e estimado pelos colegas por sua bravura e honra, por Andrea Appiani. (Château de la Malmaison/AKG Londres)

O marechal Davout, um disciplinador rígido, provavelmente o mais capaz e leal entre os marechais de Napoleão, em uma miniatura em porcelana feita por Jean-Baptiste Isabey. (AKG Londres)

À DIREITA: Joaquim Murat, rei Joaquim I de Nápoles, uma lenda de ousadia e vivacidade, que criava seus próprios uniformes. Detalhe de uma pintura de Louis Lejeune, um coronel do Estado-Maior geral. (CHÂTEAU DE VERSAILLES ET DE TRIANON/RMN)

ABAIXO: Integrantes do Exército da Itália em marcha, em 29 de junho, pouco depois de terem atravessado o Niemen, desenhados por Albrecht Adam, um artista incorporado ao Estado-Maior do príncipe Eugène. No centro da cena, um oficial sacou o sabre para tentar mover a carroça de uma *cantinière* do caminho de seus homens em marcha. (AKG LONDRES)

Um soldado de infantaria francês retornando da *maraude*, montado em um pequeno pônei de camponês típico daquela parte do mundo. Desenho de Christian Wilhelm von Faber du Faur, um artista suíço servindo no contingente de Württemberg da *Grande Armée*. (Coleção Militar Anne S.K. Brown, Biblioteca da Universidade Brown)

Uma unidade de infantaria portuguesa retornando de uma expedição de forrageio, por Faber du Faur. (Coleção Militar Anne S.K. Brown, Biblioteca da Universidade Brown)

Um cavalariano bávaro com comerciantes judeus, de Faber du Faur. (Coleção Militar Anne S.K. Brown, Biblioteca da Universidade Brown)

Couraceiros franceses retornando de uma expedição de forrageio, por Albrecht Adam. (AKG Londres)

ACIMA: Esta cena, desenhada por Albrecht Adam perto de Pilony em 29 de junho, mostra o quão inexperientes muitos dos homens eram nas tarefas de abater e cozinhar. (AKG Londres)

ACIMA: Um detalhe de soldados de Württemberg ocupados da tarefa de cavar uma cova, por Faber du Faur. (Coleção Militar Anne S.K. Brown, Biblioteca da Universidade Brown)

À DIREITA: As barracas não faziam parte do equipamento do Exército francês, de forma que o único abrigo pelo qual os homens podiam esperar era o construído com palha e folhas, como este, desenhado por Faber du Faur. (Biblioteca Britânica)

A feroz pancada de chuva que assolou a *Grande Armée* quatro dias depois da travessia do Neman reduziu a velocidade do progresso. Esta gravura de Faber du Faur mostra grupos da artilharia francesa lutando contra um mar de lama em 30 de junho. (BIBLIOTECA BRITÂNICA)

As condições custaram muito caro para os cavalos do Exército francês; estima-se que cerca de 50 mil cavalos podem ter morrido em aproximadamente 24 horas, frequentemente ainda com arreios, como estes desenhados por Albrecht Adam em 29 de junho. (BIBLIOTECA BRITÂNICA)

O território através do qual os franceses marchavam era cruzado por uma grande quantidade de rios, a maioria dos quais tinham que ser atravessados a vau. Aqui, Albrecht Adam mostra a 4ª Divisão do príncipe Eugène em 29 de agosto atravessando o rio Vop, que se mostraria um obstáculo fatal no caminho de volta. (BIBLIOTECA BRITÂNICA)

Nesta reprodução, feita sob desenhos produzidos no próprio momento por Faber du Faur, a infantaria leve russa pode ser vista em uma ação de retaguarda nos arredores de Smolensk contra granadeiros alemães da *Grande Armée*.
(Coleção Militar Anne S.K. Brown, Biblioteca da Universidade Brown)

A artilharia francesa diante de Borodino na tarde de 5 de setembro, por Albrecht Adam.
(Biblioteca Britânica)

Prisioneiros russos sendo conduzidos pela infantaria leve francesa depois da Batalha de Borodino, por Faber du Faur. (Coleção Militar Anne S.K. Brown, Biblioteca da Universidade Brown)

O general – posteriormente príncipe e marechal de campo – Mikhail Ilarionovich Kutuzov, nomeado marechal dos Exércitos russos quando sua contínua retirada ameaçava levá-lo à desintegração. Este entalhe de Hopwood mostra claramente seu olho direito decaído, resultado de uma bala de mosquete que atravessara sua cabeça, rompendo o músculo por trás do olho. (Coleção Viollet)

O campo de Borodino, desenhado na manhã seguinte à batalha por Albrecht Adam. Levaria até o primeiro dia da Batalha do Somme, em 1916, para que tantos fossem mortos em um único dia de luta. (AKG Londres)

Soldados franceses pilham Moscou enquanto a cidade queima, de Albrecht Adam. O grupo ao centro oferece uma boa ilustração da extraordinária variedade de objetos retirados das casas e palácios dos gentis. A maior parte seria abandonada durante a retirada. (Biblioteca Britânica)

Saqueadores em ação e habitantes sobreviventes entre as ruínas de Moscou, de Faber du Faur. Observe o telhado de zinco inclinado no centro da imagem. Esses telhados eram levantados de uma só vez e impulsionados para cima pela precipitação do ar quente gerado à medida que as casas cobertas por eles eram consumidas pelas chamas. (Coleção Militar Anne S.K. Brown, Biblioteca da Universidade Brown)

Conde Fyodor Vassilievich Rostopchin, governador e destruidor de Moscou, inteligente, culto e possivelmente louco, de Orest Adamovich Kiprensky. (Harlingue-Viollet)

As tropas passavam seu tempo da melhor forma que podiam nas ruínas da cidade incendiada, esperando Napoleão decidir o que fazer em seguida, como mostra esse grupo desenhado por Faber du Faur no dia 8 de outubro. Dado que o clima começava a esfriar, a sentinela usava um sobretudo. Dois dos jogadores estão usando o *bonnet de police*, o casquete usado quando não estavam em serviço. (Biblioteca Britânica)

Uma deprimida sentinela francesa observa os subúrbios incendiados de Moscou. Litografia de Albrecht Adam produzida sob um desenho feito no momento, o qual ilustra a insignificância da vitória francesa. (AKG Londres)

A margem da estrada entre Mozhaisk e Krimskoie, desenhada em 18 de setembro por Faber du Faur. Soldados extraviados e feridos se abrigam ao canto de um fogão – tudo o que restou de uma habitação de madeira, cujos cadáveres dos ocupantes foram carbonizados durante o incêndio que destruiu a casa. De acordo com os relatos, era esta a visão que se tinha ao longo de toda a estrada percorrida pela *Grande Armée*, uma visão característica também das condições em sua retaguarda. (Coleção Militar Anne S.K. Brown, Biblioteca da Universidade Brown)

À medida que os cavalos da cavalaria francesa pereciam, eram substituídos por esses pôneis da região, com resultados ridículos no caso de couraceiros e carabineiros como estes, que eram selecionados especialmente pela altura e deveriam montar cavalos grandes. Pena, tinta e aquarela de Faber du Faur. (Coleção Militar Anne S.K. Brown, Biblioteca da Universidade Brown)

Armand de Caulaincourt, desenhado aqui por Jacques Louis David, era um sábio e devotado amigo de Napoleão, a quem desencorajara vigorosamente de invadir a Rússia, prevendo o pior. (Musée des Beaux-Arts, Besançon/Biblioteca de Arte Bridgeman)

Como mostra essa litografia obtida com base em um desenho de Faber du Faur, nem as pontes sobre o Kolocha em Borodino, na retaguarda da *Grande Armée*, ficaram livres dos cadáveres e dos escombros da batalha. (Coleção Militar Anne S.K. Brown, Biblioteca da Universidade Brown)

Três cossacos apreciando uma refeição, de Jean-Pierre Norblin de la Gourdaine. (Museu Czartoryski, Kraków)

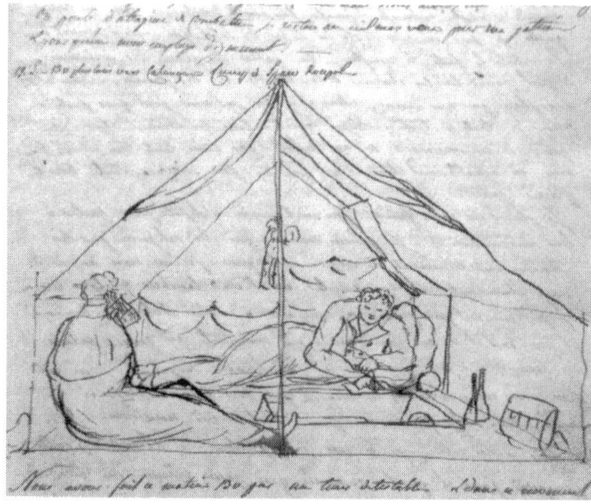

O tenente Aleksandr Chicherin da artilharia russa fez esse desenho de si mesmo escrevendo em seu diário no dia 2 de outubro enquanto seu camarada S.P. Trubetskoi observa. Embora estivessem desesperados com o abandono de Moscou, os russos começavam a perceber que os franceses estavam em condições piores. (Biblioteca Histórica do Estado da Rússia, Moscou)

Esse oficial aposentado de 45 anos que retornara ao serviço a fim de defender a pátria era a figura típica de uma classe de patriotas, e foi apelidado "Le noveau Donquichotte" por Chicherin, que o desenhou em seu diário. Ele passava dias inteiros sonhando em derrotar os franceses, mas quando seu cavalo favorito, "Mavr", foi roubado, começou a desanimar e acabou ficando para trás. (Biblioteca Histórica do Estado da Rússia, Moscou)

Quando a temperatura caiu no dia 6 de novembro, Napoleão trocou seu característico uniforme de Chasseur, sobretudo e tricorne por uma sobrecasaca de veludo verde forrada com pele e chapéu em estilo polonês. Ele foi desenhado por Faber du Faur enquanto se aquecia à margem da estrada perto de uma fogueira feita com os armões e as rodas de um canhão abandonado perto de Pneva em 8 de novembro. Atrás dele, estão Berthier e, de chapéu com plumas, Murat. (Coleção Militar Anne S.K. Brown, Biblioteca da Universidade Brown)

Os franceses foram atacados por hordas de cossacos irregulares, mais selvagens e cruéis do que seus companheiros dos regimentos regulares, e que rapinavam impiedosamente os retardatários. Esse desenho, de Aleksander Orlowski, capta a aparência desses cavaleiros destemidos e apavorantes. (Museu Czartoryski, Kraków)

Quando Faber du Faur encontrou seus compatriotas de Württemberg na manhã de 7 de novembro, depois das primeiras nevasca e geada pesadas, surpreendeu-se ao encontrá-los ainda aparentemente dormindo em seus abrigos improvisados. Quando tentou despertá-los, descobriu que haviam morrido congelados. (Coleção Militar Anne S.K. Brown, Biblioteca da Universidade Brown)

Como pode ser visto nessa aquarela de um participante desconhecido, a coluna em retirada era, em alguns pontos, pouco mais do que uma procissão de retardatários. (Musée de l'Armée, Paris/Dagli Orti/Arquivo de Arte)

Essa litografia de Faber du Faur mostra um grupo de homens cozinhando em Krasny, em 16 de novembro. O soldado à esquerda veste uma peliça, originalmente parte dos espólios destinados à venda, ou que seria dada à sua amada em Paris.
O par à direita adquiriu uma pequena panela, um utensílio capaz de salvar vidas, já que permitia aos homens fazerem uma panqueca improvisada com o que quer que tivessem à mão. (Coleção Militar Anne S.K. Brown, Biblioteca da Universidade Brown)

O marechal Ney, conhecido como "o mais bravo entre os bravos", cujas façanhas em Borodino e durante a retirada lhe renderam o título de príncipe de la Moskowa, de uma miniatura em porcelana de Jean-Baptiste Isabey. (AKG LONDRES)

Artilheiros da 25ª Subdivisão de Württemberg, parte da 3ª Divisão de Ney, encravando canhões por não terem mais cavalos para puxá-los e lançando-os ao rio Dnieper antes de deixarem Smolensk. O espigão era introduzido na abertura de inflamação da pólvora, tornando os canhões inúteis ainda que recuperados. Litografia de Faber du Faur. (COLEÇÃO MILITAR ANNE S.K. BROWN, BIBLIOTECA DA UNIVERSIDADE BROWN)

O rio Berezina, perto de Studzienka, na noite de 25 de novembro. Aqui, os pontoneiros franceses acabaram de dar início à construção das armações para a ponte. No canto inferior direito, seu comandante, o general Eblé, pode ser visto supervisionando o trabalho. Do outro lado do rio, cossacos de guarda observam os procedimentos, e, por trás da floresta, no canto superior esquerdo, o céu reflete as fogueiras das tropas russas que deveriam impedir que os franceses atravessassem o rio. A cena foi desenhada ao vivo por François Pils, um granadeiro da Divisão de Oudinot. (Coleção Particular)

Nas primeiras horas de 26 de novembro, Napoleão alcançou Studzienka. Ele é retratado aqui por Pils conversando com Oudinot em frente às armações da ponte, que estão prontas para serem puxadas para o rio. As armações mais altas, com cerca de 3 metros, eram quase duas vezes maiores que Napoleão (do Journal de Marche du Grenadier Pils, 1895). (Biblioteca Britânica)

À ESQUERDA: Esse desenho de Pils mostra a Divisão de Oudinot atravessando o rio na primeira ponte enquanto Napoleão a observa, ladeado por Berthier e um Murat com chapéu de plumas. No canto esquerdo da figura, sapadores trabalham nas armações para a segunda ponte. (Coleção Particular)

À DIREITA: O general Eblé, desenhado por Pils no dia 28 de novembro, enquanto incita os retardatários a atravessarem o rio antes que ele queimasse as pontes. Observe-se o soldado em primeiro plano abrindo o estômago de um cavalo com o sabre a fim de tirar seu coração e seu fígado, os alimentos mais valorizados (do Journal de Marche du Grenadier Pils, 1895). (Biblioteca Britânica)

A *Grande Armée* acampada na margem direita do Berezina no dia 27 de novembro, de Faber du Faur. Ao fundo, alguns generais que ocuparam uma cabana tentam impedir que o abrigo seja destruído pelos homens do lado de fora, desesperados por lenha para fogueira, o que era uma ocorrência frequente. (Coleção Militar Anne S.K. Brown, Biblioteca da Universidade Brown)

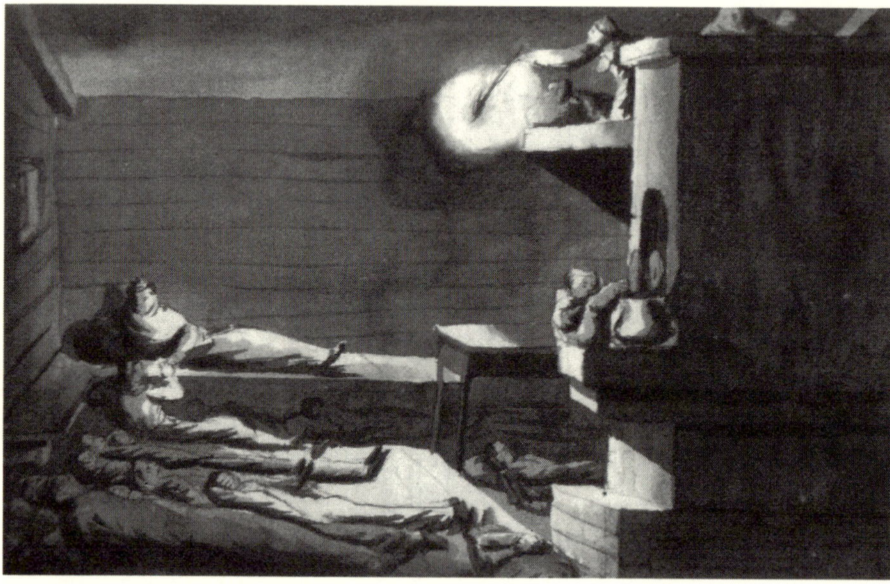

"Alojamentos, entende? Alojamentos! Não um bivaque, não um acampamento, mas alojamentos de verdade, um palácio, um paraíso!" – escreveu Chicherin em seu diário no dia 11 de novembro, a primeira vez em que eles não haviam acampado na neve em duas semanas. Em seu desenho, podem-se ver ele e seus companheiros oficiais comprimidos como sardinhas no chão, com os mais sortudos na prateleira acima do fogão, o local mais quente. (Biblioteca Histórica do Estado da Rússia, Moscou)

Os perseguidores russos também sofriam uma grande pressão, tanto física quanto psicológica, e a disciplina férrea tinha de ser aplicada. Essa aquarela macabra no diário de Chicherin registra a execução de um oficial russo. (Biblioteca Histórica do Estado da Rússia, Moscou)

Um homem moribundo sendo despido por seus companheiros, aquarela de um participante não identificado. (Musée de l'Armée, Paris/Dagli Orti/Arquivo de Arte)

Esse detalhe de uma aquarela de um soldado francês anônimo mostra homens cortando um cavalo para comer a carne. (Musée de l'Armée, Paris/Dagli Orti/Arquivo de Arte)

"A imagem dessas pessoas esmorece tanto o coração que no final não sentimos mais nada" – Chicherin escreveu sobre esse desenho, que retrata um grupo de retardatários recorrendo ao que restara de calor entre os cadáveres e as brasas de uma cabana incendiada. (Biblioteca Histórica do Estado da Rússia, Moscou)

Muitas testemunhas observaram que, pouco antes de congelarem, os homens apresentavam uma aparência de abatidos e até mesmo de bêbados. Detalhe de uma litografia de Faber du Faur. (Biblioteca Britânica)

Remanescentes da *Grande Armée* entrando em Vilna em 9 de dezembro, desenhados por Jan Krzysztof Damel. Observe-se a variedade de trajes bizarros, incluindo túnicas litúrgicas, com as quais eles complementavam seus uniformes. (Ossolineum, Wrocław)

Charles de Flahault, um dos ajudantes de ordens de Napoleão, carregando seu criado David na subida do aclive de Ponary, perto de Vilna, ajudado por seu secretário Boileau. Alertado sobre o fato de David ter perdido as forças ao pé do aclive, Flahault voltara para procurá-lo. Quando chegou, as botas do homem haviam sido roubadas por um soldado necessitado. David só conseguia gemer "Mon Dieu!" enquanto era carregado, e morreu antes de terem alcançado o topo. Uma pintura de Horace Vernet, realizada sob a orientação de Flahault. (Bowood House, Wiltshire. Cortesia da Fundação da Coleção Mercer Elphinstone de Flahault)

"Eu não posso traduzir o horror que tomou conta de mim esta manhã" – Chicherin escreveu em seu diário no dia 20 de dezembro, após visitar uma das prisões improvisadas em Vilna. Retornando ao seu alojamento, ele pintou essa aquarela, na qual podemos ver cadáveres sendo lançados das janelas do "hospital" e outros sendo levados em um trenó, enquanto macilentos soldados franceses brigam entre si ou vagueiam sem rumo, vestindo – no caso de um deles – pouco mais que uma manta para cavalo. (Biblioteca Histórica do Estado da Rússia, Moscou)

descontentes, sem mencionar servos rebeldes, através dos quais poderia fomentar algum tipo de revolução se necessário. Todavia, ao se instalar numa Moscou abandonada, ele se viu num verdadeiro buraco negro da propaganda. Ele sequer pôde encontrar espiões — "nem por prata nem por ouro podia-se encontrar uma única pessoa pronta para ir a São Petersburgo ou se infiltrar no Exército", escreveu Caulaincourt.[19] A cidade incendiada não mais representava um bem político ou sequer um foro. Napoleão não encontrou ninguém com quem conversar e nenhuma forma de divulgar sua mensagem. Ele não tinha ideia do que fazer em seguida.

Ele nunca pretendera demorar-se em Moscou, e o incêndio apenas estimulou-o nessa intenção. Ao retornar de Petrovskoie para o Kremlin, Napoleão começou a fazer planos para uma retirada. Não havia, entretanto, outro lugar para onde fosse lógico se retirar que não Vilna, o que significaria perder crédito e iniciativa. Napoleão considerou, então, deixar o corpo principal do Exército em Moscou e partir em direção a São Petersburgo com a Divisão do príncipe Eugène e algumas outras unidades. Ele poderia derrotar Wintzingerode e talvez também Wittgenstein, o que poderia deixar a capital temerosa e forçar Alexandre a negociar. Se precisasse, ele desviaria para Vitebsk, e as tropas que deixara em Moscou marchariam de volta a Smolensk.

O príncipe Eugène aparentemente ficou entusiasmado com o plano, mas outros no cortejo de Napoleão apresentaram objeções intermináveis — tantas que, de acordo com o barão Fain, "eles conseguiram pela primeira vez fazê-lo duvidar da superioridade de seu julgamento pessoal". Alguns deles queriam recuar e estabelecer alojamentos para o inverno em Smolensk; outros sugeriam uma marcha para as cidades industriais de Tula e Kaluga, seguida por um ataque às ricas terras do sul. Porém, Napoleão estaria deixando para trás todas as suas linhas de abastecimento e comunicação, as quais estavam ligadas a Minsk e Vilna. Além disso, na Ucrânia ele estaria à mercê da Áustria.[20]

Na ausência de qualquer estratégia militar óbvia para seguir, ele voltou à ideia da negociação, supondo que, se pudesse de alguma forma fazer Alexandre saber que ele estava preparado para ser generoso o tsar perceberia que um acordo seria a melhor forma de tirar ambos do impasse.[21] O problema era como abrir um canal de comunicação.

O único russo de algum prestígio presente em Moscou quando os franceses entraram era o general Ivan Akinfevich Tutolmin, que assumira a direção do grande orfanato da cidade ao se aposentar do Exército. Ele ficara com as crianças, e quando os franceses entraram na cidade pediu e obteve uma guarda regular de gendarmes para proteger sua instituição. No dia em que retornou para Moscou, Napoleão mandou buscar o general e deu-lhe dinheiro para o seu orfanato, pedindo-lhe também que escrevesse à sua benfeitora, a imperatriz regente, com o objetivo de dar início às negociações.[22]

Outro intermediário em potencial era Ivan Alekseevich Yakovlev, um homem de importância que não conseguira sair a tempo de Moscou. No dia 20 de setembro, Napoleão convocou Yakovlev ao Kremlin, onde o pobre russo foi submetido ao costumeiro discurso justificativo, parte estrondoso, parte suplicante, feito em um tom que variava da lisonja à ameaça. Napoleão declarou que nunca houvera razão alguma para a guerra, e que, se tivesse havido, então o campo de batalha deveria ter sido na Lituânia, e não no coração da Rússia. A retirada para o centro do país e a recusa em negociar não eram ditadas pelo patriotismo, mas pela barbárie. Pedro, o Grande, chamá-los-ia bárbaros por terem incendiado Moscou.

"Não tenho razão alguma para estar na Rússia", queixou-se ele. "Não quero nada dela, a não ser que o Tratado de Tilsit seja respeitado. Quero partir daqui, já que minha única querela é com a Inglaterra. Ah, se apenas eu pudesse tomar Londres! Dali sim eu não partiria. Sim, quero ir para casa. Se o imperador Alexandre quiser paz, só tem que me avisar."[23]

Napoleão deu a Yakovlev e sua família um salvo-conduto para saírem de Moscou sob a condição de que ele entregasse uma carta do imperador a Alexandre. A carta, datada de 20 de setembro, informava ao tsar que Moscou havia sido incendiada por ordens de Rostopchin, o que Napoleão condenava como um ato de barbárie e pelo que expressava um profundo pesar. Ele lembrou Alexandre de que em Viena, Berlim, Madri, e todas as outras cidades que ele ocupara, a administração civil havia sido deixada em paz, o que garantira a segurança e a propriedade. Ele expressou a convicção de que a conduta de Rostopchin não estivera de acordo com os desejos ou ordens de Alexandre. "Guerreei contra Vossa Majestade sem nenhuma animosidade", garantiu a Alexandre, afirmando que um único bilhete dele poria fim às hostilidades.[24]

Napoleão também enviou um servidor público subalterno, o comissário Rukhin, a São Petersburgo com uma proposta de paz. Porém, o pobre homem foi atacado no primeiro posto avançado russo que alcançou e torturado pela suspeita de ser um espião francês. Só depois de duas semanas ele foi capaz de entregar a carta de Napoleão.[25]

Em 3 de outubro, Napoleão pediu a Caulaincourt que fosse a São Petersburgo pessoalmente a fim de dar início às negociações, mas este declinou, alegando que Alexandre não o receberia. Napoleão, então, decidiu enviar Lauriston, que chegara ao quartel-general pouco antes de terem alcançado Gzhatsk. "Quero a paz, preciso da paz, tenho que ter a paz!", disse-lhe Napoleão quando ele partiu dois dias depois. "Apenas salve a minha honra!"[26]

"Como todos os outros, o imperador percebeu que suas mensagens contínuas apenas estimulariam, ao mostrarem a dificuldade da sua posição, o inimigo em sua atitude hostil", argumentou Caulaincourt. "Ainda assim, ele continuava mandando novas cartas! Para um homem que era tão político, um calculista tão bom, isso revela a extraordinária fé cega que ele tinha em sua estrela, e pode-se quase dizer também na cegueira ou na fraqueza dos seus adversários! Como, com seu olho de águia e seu julgamento superior, ele pôde iludir-se a tal ponto?"[27]

Napoleão tampouco tirou as conclusões corretas quanto ao incêndio. Ele deu pouca importância ao fato de Rostopchin ter incendiado a cidade, considerando-o o ato irresponsável de um asiático desequilibrado, e não acreditou que se tratara de forma alguma de uma expressão do sentimento popular. Por um lado, ele estava certo, mas não foi capaz de perceber que a culpa pela destruição de Moscou cairia sobre ele, ao mesmo tempo que o símbolo da cidade em chamas uniria o tsar à sua nação, transformando a guerra numa luta de vida ou morte.

A reação de Napoleão ao incêndio foi demonstrar que, se o ato tivera como objetivo negar-lhe os suprimentos de que precisava, então falhara. Ele apoiava esse ponto de vista com a impressão de que, com ou sem incêndio, ele estava preparado para permanecer o tempo que fosse necessário em Moscou, se preciso passando o inverno lá. Ele ordenou a vinda de novas tropas para reforçá-lo, e falou sobre recrutar "cossacos poloneses", que varreriam o interior do país e manteriam as linhas de comunicação seguras. Napoleão também cogitou trazer atores da *Comédie Française* para Moscou a fim de entretê-los durante os meses de inverno. Ele imaginava que tudo isso exerceria sobre Alexandre uma pressão crescente para negociar. Napoleão estava, de certa forma, blefando.[28]

Diante disso, não havia nada que pudesse impedir Napoleão de se instalar para o inverno em Moscou. Embora grande parte da cidade estivesse destruída, havia restado o bastante em porões e prédios que haviam escapado das chamas para alimentar e vestir o Exército durante alguns meses. Restara até mesmo uma certa quantidade de canhões, mosquetes, cartuchos, projéteis e pólvora no arsenal da cidade.[29] Só não havia provisões bastantes de forragem para os cavalos, o que era crucial, visto que, sem cavalos, Napoleão não poderia manter suas linhas de comunicação abertas e tampouco abrir uma nova campanha na primavera.

Outro fator crucial era a situação na sua retaguarda e em seus flancos. Do momento em que St Cyr fizera Wittgenstein recuar de Polotsk, não houvera muita atividade naquele flanco. As condições na 2ª e na 6ª Divisões não eram ruins, embora houvesse uma carência contínua de suprimentos. O estado das tropas variava bastante: os franceses, suíços, portugueses, a infantaria croata e a cavalaria polonesa estavam em boa forma; os bávaros, por outro lado, encontravam-se em péssimas condições. Havia entre eles uma propensão a doenças, e, depois que o general Wrede assumiu o comando após a morte do general Deroy, eles entraram em colapso. "Os soldados bávaros deixavam os regimentos às centenas e vinham para Vilna fingindo estar doentes a fim de serem postos nos hospitais", de acordo com o general van Hogendorp, governador geral da Lituânia.

Ele reuniu 1.100 deles e descobriu que apenas cerca de cem estavam realmente doentes, mandando o resto de volta para as suas unidades apenas para depois os surpreender desertando mais uma vez.[30]

As tropas posicionadas no flanco da extrema direita de Napoleão, ao sul, sob o comando do príncipe Schwarzenberg, estavam em uma condição bem melhor, principalmente porque seu comandante evitava brigas persistentemente e tinha um acordo tácito com a sua contraparte russa de não dar vazão a provocações desnecessárias.

A fim de fortalecer sua posição, Napoleão ordenara que o marechal Victor, o qual estivera baseado na Prússia Oriental com sua 9ª Subdivisão, de cerca de 40 mil homens, avançasse para a Rússia e se posicionasse na área de Smolensk, de onde poderia vir, se necessário, em auxílio ao Exército principal ou a qualquer um dos flancos. Teoricamente, a posição de Napoleão era bastante forte. "Ele sabia exatamente quantos homens possuía estacionados entre o Reno e Moscou", de acordo com Rapp, e os números diziam-lhe que ele era ainda forte o bastante para lidar com qualquer eventualidade.[31]

O que ele não podia ver era a condição das suas tropas.

O general Pouget havia sido levemente ferido, recebendo em setembro o posto de governador de Vitebsk. A guarnição consistia em 900 homens e dois canhões de quatro libras, o que não parece insignificante. A verdade, no entanto, é que, com a exceção de 16 gendarmes e duas dúzias de soldados da Jovem Guarda, o resto era um bando de soldados extraviados, desertores reintegrados e homens que haviam saído do hospital, com todas as nacionalidades da *Grande Armée* representadas. A maioria ficara para trás pouco depois de atravessar o Niemen e nunca vira o inimigo. Eles haviam recebido um treinamento pobre, não tendo ideia de como cuidar de suas armas, fazer patrulhas regulares ou ficar de guarda; eram desmotivados, preguiçosos e sórdidos. Quando chegou a hora de se retirarem, eles destruíram a formação assim que avistaram um cossaco e desobedeceram à ordem de Pouget para empreenderem uma resistência, o que resultou em sua captura com o resto deles. Mais tarde, ele alegaria que, se estivesse apenas com os gendarmes e as duas dúzias de integrantes da Jovem Guarda, teria conseguido.[32]

O tenente Jean-Roch Coignet dos granadeiros da Guarda, a caminho para se juntar à *Grande Armée* em julho, recebeu em Vilna a tarefa de levar uma coluna de 700 retardatários para se reunirem às suas unidades. Já que havia começado a vida como pastor, a tarefa não deveria ser um problema. Entretanto, os 133 espanhóis da coluna desertaram imediatamente, e, ao persegui-los, eles atiraram nele. Coignet teve que achar uma unidade de cavalaria para ajudá-lo a recapturá-los, após o que ele só foi capaz de mantê-los juntos na coluna depois de fazê-los tirar a sorte no palito e atirar na metade deles.[33]

Havia soldados sem nenhuma utilidade militar ocupando toda a área por trás da *Grande Armée*, dedicando-se apenas à devastação da região, e com isso provocando a fúria dos habitantes. Bandos de desertores de várias unidades e de todas as nacionalidades, geralmente sob a liderança de um francês, estabeleciam-se em mansões a uma pequena distância da estrada principal, comprando a boa vontade dos moradores locais em troca de proteção e roubando os viajantes que passavam pela estrada.

O general Rapp, que viajara de Danzig para o quartel-general de Napoleão em Smolensk, ficou chocado com o estado da retaguarda do Exército. De acordo com ele, a *Grande Armée* deixava para trás mais destroços do que tropas derrotadas, e, consequentemente, fazia com que os escalões de recrutas marchando para se juntarem a ela se sentissem desmoralizados pelo que viam. Muitos de fato morriam de fome ao longo da estrada, tal como acontecia aos cavalos sendo conduzidos da França e da Alemanha para reforçar o Exército e ao gado vindo da Áustria e da Itália.

"A partir do momento em que deixamos Vilna, em cada vila, em cada fazenda, encontrávamos soldados isolados que estavam abandonando o Exército sob vários pretextos", escreveu o príncipe Wilhelm de Baden, que marchava com a Divisão de Victor em setembro.[34]

Podia-se fazer muito pouco a respeito dessa situação, já que as disposições fixadas por Napoleão para essas áreas haviam sido mínimas. Desejando manter as opções políticas abertas, ele não estabelecera órgãos apropriados para o governo local. Por conseguinte, a administração das áreas ocupadas era caótica e venal. Começando pelo desonesto Pradt em Varsóvia e o déspota Hogendorp em Vilna, e terminando com os *commissaires* venais nas várias cidades localizadas ao longo do caminho, não havia nenhum senso real de propósito, nenhuma dedicação, e nenhuma figura de autoridade capaz de restaurar a ordem. No final de setembro, mais de seis semanas depois da batalha, as ruas de Smolensk ainda estavam cobertas por cadáveres, que serviam de alimento aos felizes cães de rua da região.

"A pior organização, a pior negligência que já vi ou com que já sonhei", escreveu o capitão Franz Roeder, dos guardas hessianos, que marchava a caminho de Moscou.[35]

Os que sofriam mais com a situação eram os doentes e feridos internados nos hospitais de Vilna, Minsk, Vitebsk, Polotsk, Smolensk e, talvez mais do que todos, os sobreviventes de Borodino, confinados no monastério de Kolotskoie e em Mozhaisk. Havia milhares de franceses feridos, incluindo 28 generais, espalhados em vários prédios de Mozhaisk. O *commissaire des guerres* Bellot de Kergorre, que era o responsável, afirmou que eles não haviam recebido quaisquer provisões. Os que podiam se movimentar arrastavam-se para as ruas e imploravam aos transeuntes, enquanto ele roubava comida de caravanas com suprimentos que passavam a fim de alimentar o resto. Eles morriam de fome e desidratação, já que havia pouca água nas redondezas e Kergorre não havia recebido baldes nem vasos de nenhum tipo. Ele não tinha curativos, algodão, bandagens, macas, camas, velas ou sequer enfermeiras. Apelou a Junot, cuja divisão se encontrava estacionada em Mozhaisk, por ajuda, mas os soldados vestfalianos eram mais turbulentos do que valiosos. Quando seus pacientes morriam, tudo o que ele podia fazer era jogá-los na rua. Ele também cuidava de centenas de feridos russos, que sobreviviam dos caules dos pés de repolho plantados nos jardins vizinhos e dos cavalos que ocasionalmente apareciam mortos.

Entretanto, por mais homens ou cavalos que Napoleão pudesse ter, e independentemente das quantidades de comida e forragem disponíveis, a forma com que os recursos estavam sendo economizados significava que era impossível ele permanecer em Moscou por mais que algumas semanas sem que suas tropas começassem a se desintegrar. Contudo, em vez de ordenar uma evacuação gradual dos doentes e feridos para o oeste, ele dera ordens para a convocação de outros 140 mil homens na França, 30 mil na Itália, 10 mil na Bavária, e contingentes menores na Polônia, Prússia e Lituânia, além de ter implorado que Marie-Louise escrevesse ao pai pedindo reforços para Schwarzenberg.

"Eu não só quero que reforços sejam enviados de todos os lugares", escreveu para Maret em Vilna, "mas também quero que esses reforços sejam exagerados, quero que os vários soberanos me enviem reforços para publicar o fato nos jornais, dobrando o número que eles estão mandando."[36]

O que ele não levava em conta era que, como São Petersburgo era a capital administrativa — abrigando todas as instituições do Estado —, a perda de Moscou não enfraquecera a capacidade de funcionamento do Estado ou afetara os interesses de seus governantes de forma alguma, enquanto sua ocupação e destruição, por outro lado, contribuiriam fortemente para a mobilização da opinião pública em relação à causa nacional. Seu blefe provavelmente seria desmascarado.

Alexandre recebera a carta de Kutuzov anunciando uma vitória em 11 de setembro no momento em que o Exército russo se posicionava nas proximidades de Moscou. Num arroubo de alívio e gratidão ele promoveu Kutuzov, enviando-lhe o bastão de marechal e concedendo-lhe a quantia de cem mil rublos. Os sinos foram tocados nas igrejas de São Petersburgo, e naquela tarde toda a cidade foi iluminada. Alexandre não perdeu tempo, despachando o coronel Chernyshev para Kutuzov com um plano que desenvolvera para a destruição final dos franceses.

No dia seguinte, a missa na igreja de Santo Alexandre Nevsky, comemorando o dia do santo de mesmo nome que o tsar, transformou-se numa cerimônia de ação de graças quando a mensagem de Kutuzov anunciando a vitória foi lida em voz alta. Alexandre caminhou entre a multidão eufórica, salvas de artilharia ressoaram na capital, e à noite ela foi novamente iluminada.

Não havia limites para a alegria e o alívio.

"Rússia, regozije-se! Erga a cabeça acima de todas as potências da Terra!", escreveu um habitante a um amigo. "Estou trêmulo de alegria. Não posso dormir à noite ou fazer qualquer outra coisa."

No dia seguinte, ele ainda estava muito excitado, e teve que escrever outra carta.

"Todos estão se parabenizando pela vitória, abraçando-se, beijando-se. É impossível descrever a alegria e a exaltação em cada face."

Os únicos rostos preocupados eram os dos jovens oficiais de milícia como o tenente Zotov, que haviam acabado de vestir o uniforme e temiam ter perdido a chance de provar seu ardor patriótico. Havia muita especulação sobre como Napoleão seria trazido a São Petersburgo — acorrentado ou em uma jaula. Contudo, no terceiro dia, o estado de espírito mudou inexplicavelmente para um de ansiedade e dúvida. As ruas tornaram-se silenciosas, e as pessoas perceberam que os arquivos do Estado e os tesouros de arte do Palácio Hermitage continuavam sendo embalados.[37]

No dia 18 de setembro um enviado de Yaroslavl entrou a galope em São Petersburgo trazendo para Alexandre um bilhete curto e aflito de Catarina, datado de 15 de setembro.

"Moscou foi tomada. Há algumas coisas que estão além da compreensão", escreveu ela. "Não se esqueça da sua resolução: *não haverá paz*, e você conservará ao menos a esperança de recuperar sua honra."

Alexandre escreveu a Kutuzov dizendo que soubera da queda de Moscou por outros, e expressando sua indignação por não ter sido informado. Para Arakcheev ele expressou seu arrependimento por ter sido convencido a nomear Kutuzov. Demorou dois dias para que Alexandre recebesse a notícia diretamente dele.[38]

No dia 20 de setembro, o coronel Michaud apareceu na ilha Kamenny com uma carta do comandante em chefe, assim como a notícia do incêndio, sobre o qual o tsar ainda nada sabia. "Meu Deus, quanta fatalidade! Que notícia triste você me traz, coronel", exclamou Alexandre.

A carta era um bilhete lacônico de Kutuzov anunciando que abandonara Moscou. "Ouso, da forma mais humilde, garantir-lhe, todo-misericordioso senhor, que a entrada do inimigo em Moscou não é a conquista da Rússia", escreveu Kutuzov, mas isso serviria de pouco consolo para o seu mestre imperial.[39] "A partir de tudo isso, vejo que a Providência espera grandes sacrifícios de nós, particularmente de mim, e estou preparado para me curvar à Sua vontade", disse Alexandre a Michaud.

O coronel explicou que, depois de marchar através de Moscou, o Exército russo se afastara do inimigo e fizera uma marcha flanqueando o sul da cidade. Isso o levara a um ponto escarranchado na estrada para Kaluga, onde o Exército poderia descansar e reparar os danos infligidos por Borodino. Ele assegurou o tsar de que a moral estava boa e que todo o Exército tinha apenas um temor: o de que ele desse início a negociações com Napoleão. "Volte para o Exército e diga aos nossos bravos guerreiros, diga aos meus fiéis súditos em todos os lugares por onde passar que, mesmo que não me reste um único soldado, eu me colocarei à frente da minha amada nobreza e dos meus bons camponeses, eu mesmo os comandarei e usarei de todos os meios de todo o meu império!", respondeu Alexandre, prosseguindo com a afirmação de que nunca assinaria um acordo de paz com Napoleão, e que preferiria terminar seus dias como mendigo na Sibéria a reconciliar-se com ele.

O tsar foi tomado por um estado de grande arrebatamento, finalmente declarando: "Napoleão ou eu, ele ou eu, mas nós não podemos reinar juntos."[40]

A essa altura, São Petersburgo zunia com rumores e especulações. Alguns mantinham a versão de que Napoleão havia sido morto na grande batalha, enquanto outros afirmavam que ele conquistara Moscou. Aqueles que espalhavam teorias alarmistas eram presos pela polícia e forçados a varrer as ruas numa tentativa de impedir que os rumores fugissem do controle, o que, contudo, não acalmou os nervos. Na ausência de notícias específicas, as pessoas começaram a supor o pior.

Os rumores de traição apareceram novamente, e agora o dedo estava sendo apontado para o próprio Alexandre. Sua irmã Catarina escreveu reprovando-o por não ter permanecido em Moscou para defendê-la. Ela lhe disse que ele estava sendo acusado de arruinar a honra do país, e que os sentimentos em relação a ele estavam exaltados.

"Não é apenas uma classe que o está culpando, mas todas elas em uníssono", escreveu ela.[41]

Alexandre ficou particularmente atormentado pela ideia de que o povo pudesse pensar que ele não tinha coragem, já que ele teria enfrentado Napoleão com prazer à frente do Exército e nunca hesitara em sua resolução de não negociar com o inimigo.

"Eu preferiria deixar de ser o que sou a tratar com o monstro que está destruindo o mundo", ele escreveu para Catarina em resposta à sua carta.

Ainda assim, havia uma campanha de difamação — sobre a qual ele estava ciente — para destroná-lo em favor da irmã. Além disso, o pequeno grupo daqueles que clamavam para que ele entrasse num acordo com a França antes que todo o Estado se desintegrasse estava ganhando terreno. Muitos dos diplomatas estrangeiros em São Petersburgo achavam que um acordo negociado não podia mais ser adiado por muito tempo. John Quincy Adams observou que os residentes ingleses estavam se preparando para partir.[42]

"Havia descontentes violentos em toda a capital", nas palavras da condessa Edling. "O povo, ansioso e exasperado, podia se rebelar a qualquer momento. A nobreza acusava o Imperador ruidosamente por todas as desgraças que haviam se abatido sobre o Estado, e era difícil alguém se atrever a defendê-lo em público."

Foi através de uma cidade hostil que Alexandre se dirigiu à igreja no dia 27 de setembro para a celebração habitual do aniversário da sua coroação, que era geralmente uma ocasião de alegria e pompa. Normalmente, ele ia a cavalo, mas seu cortejo insistiu que dessa vez ele fosse em uma carruagem fechada. "Nós nos movíamos devagar em nossas carruagens envidraçadas através de uma multidão imensa, cujo silêncio desolado e rostos raivosos contrastavam absolutamente com a festa que estávamos celebrando", recordar-se-ia a condessa Edling, que estava sentada ao lado da imperatriz Elizabeth. "Nunca esquecerei o momento em que subimos os degraus da igreja, entre duas paredes formadas pelo povo, que não emitia sequer um som de ânimo. Tudo que podíamos ouvir naquele momento eram os nossos passos, e não duvidei por um instante que naquela hora não seria necessário mais do que uma centelha para produzir uma explosão geral."[43]

No dia 29 de setembro, foi feito um anúncio oficial que descrevia a queda de Moscou como um revés tático de pouca importância. Seguiu-se ao anúncio uma proclamação imperial escrita para Alexandre por Shishkov. Em um tom ao mesmo tempo colérico e orgulhoso, ele declarava que a queda da antiga capital era a convocação para que todos os russos se reunissem e o momento decisivo para o destino do país. Napoleão cavara para si uma cova da qual nunca poderia sair, e a nação russa triunfaria.

Para Bernadotte, Alexandre escreveu dois dias depois uma carta afirmando que, embora Kutuzov houvesse recuado, Borodino realmente havia sido uma vitória. "Eu repito para Vossa Alteza Real a garantia solene de que, mais do que nunca, eu e a nação à frente da qual tenho a honra de estar estamos decididos a perseverar e a nos enterrarmos sob as ruínas do império a aceitarmos um acordo com o Átila moderno."[44]

15

Impasse

A determinação de Alexandre originava-se do fatalismo e da convicção interior, e não de qualquer tipo de cálculo. Em primeiro lugar, ele não sabia realmente se ainda tinha um Exército, independentemente do que Michaud pudesse dizer. Um de seus ajudantes de ordens, o príncipe Sergei Grigorievich Volkonsky — que estivera no acampamento de Wintzingerode —, assegurou-lhe que, "do comandante até o último soldado, todos estão prontos para renunciar às suas vidas pela defesa da pátria e de Vossa Majestade Imperial", o que era encorajador, mas não estava de acordo com o que ele ouvia de outros lugares.[1]

"Os soldados não são mais um Exército, mas uma horda de bandidos, saqueando debaixo dos olhos de seus comandantes", escreveu Rostopchin do acampamento de Kutuzov. "Não se pode atirar neles: como é possível punir milhares de pessoas por dia?"

Alexandre poderia estar inclinado a receber qualquer coisa escrita pelo governador-geral de Moscou com alguma desconfiança, mas é certo que ele recebeu outros relatórios semelhantes, diretamente ou de pessoas que recebiam cartas do Exército.

"Meu coração dói com as desordens e a anarquia que vejo em quase todas as unidades do Exército, que está caminhando para a catástrofe", escreveu o general Dokhturov para a esposa.

O príncipe Dmitri Mikhailovich Volkonsky lamentou-se pelo fato de que "nossos próprios saqueadores e cossacos estão roubando e matando pessoas"; e vários outros oficiais não escondiam a verdade ou seus temores. Muitos deles sentiam-se desesperados com o fracasso de seu Exército, e declaravam abertamente que tinham vergonha de usar o uniforme.[2]

Os generais superiores justificavam sua conduta acusando uns aos outros de tudo, de incompetência a traição. Barclay era vítima de uma série de calúnias, as quais relatava a Alexandre com um tom ressentido. Bennigsen dizia a qualquer um que quisesse ouvir que Kutuzov era um imbecil e um covarde que havia perdido o respeito do Exército.

"Os soldados o odeiam e desprezam", escreveu Rostopchin numa carta para Alexandre.

Bennigsen escreveu ao tsar queixando-se de que Toll, a quem atribuía a responsabilidade pelo desastre em Borodino, o havia insultado. Rostopchin notificou Alexandre de que o general Pahlen o odiava e denunciou Platov como um traidor que havia feito acordos com os franceses para o futuro. Como crianças malcriadas brigando entre si, eles denunciavam uns aos outros para o tsar em cartas cuja leitura deve ter sido tanto embaraçadora quanto dolorosa. O general Wilson, que desconfiava de todos eles, incitava-os ao mesmo tempo que os criticava em suas cartas regulares. Para Alexandre, que era um tanto pudico, a torrente de rumores lascivos sobre a vida íntima de Kutuzov era particularmente desagradável. Tanto Bennigsen quanto Rostopchin informavam-lhe alegremente que o velho comandante em chefe levara duas garotas disfarçadas de cossacos para os seus aposentos, onde passara dias inteiros com elas enquanto seu Exército desmoralizado borbulhava de indignação.

Clausewitz sentia-se feliz por Alexandre não ter se juntado ao Exército, já que a visão do que este se tornara poderia ter enfraquecido sua determinação. Ele também achava que, se o tsar pudesse ter contemplado de perto a devastação que se abatera sobre a sua terra e o efeito que havia tido na sociedade, ele poderia ter concordado em negociar com Napoleão.[3]

Havia uma atmosfera volátil no país que contrastava com o que sugeria a lenda da guerra patriótica. Porém, mais importante que as questões de patriotismo e lealdade, a invasão de Napoleão inevitavelmente levantou várias outras quanto à viabilidade da natureza e da constituição do Estado russo. Este nunca havia sido posto a tamanha prova, e Alexandre não podia ter certeza de que a estrutura rapidamente expandida do Império poderia aguentar o golpe.

"Ao longo dos últimos 20 anos, estive presente no funeral de inúmeras monarquias", o velho monarquista Joseph de Maistre escreveu de São Petersburgo no início de outubro, "mas nenhum deles me chocou tanto quanto o que vejo agora, pois nunca vi nada capaz de provocar um abalo tão poderoso... Em todos os lugares vejo barcos e carruagens carregados; ouço a língua do medo, do ressentimento, e até mesmo das más intenções; posso ver mais de um sintoma terrível."[4]

Diante disso, a invasão provocara uma onda de patriotismo e devoção pelo tsar em todas as classes. A nobreza, aparentemente, estava — como Alexandre presenciara em Smolensk e Moscou — ávida por sacrificar suas vidas e sua riqueza pela causa. Quando Kutuzov começou a organizar a milícia de São Petersburgo, ele recebeu a seguinte carta, que nos dá uma ideia da situação:

> *Tendo tido o prazer de servir sob o comando de Vossa Excelência na guerra turca, na Divisão de Rifles do Bug, participei de várias batalhas, inclusive no ataque a Izmail, em três confrontos vitoriosos do outro lado do Danúbio e em Machin, na derrota do vizir, onde fomos sempre vitoriosos com Vossa Mercê. Depois disso, participei de todos os confrontos contra os franceses na Itália, e fui muito gravemente ferido na perna, quando meu fêmur foi atravessado por uma bala, que permaneceu alojada nele, e, como não pude mais andar, fui aposentado no posto de general de divisão, com o direito de usar uniforme, mas sem pensão. Durante dez anos e seis meses, sofri com essa bala, procurando alívio em todos os lugares, mas ninguém podia removê-la; finalmente, aqui, em São Petersburgo, Jacob Vasilievich Wille decidiu libertar-me, e, depois de uma operação aconselhada por ele, a bala foi removida e o ferimento sarou, o osso cresceu novamente, e agora tenho toda a funcionalidade da minha perna e a liberdade. Como prova, tenho um certificado dele, que mando anexo. Tendo o desejo mais apaixonado de servir à minha pátria sob o comando de Vossa Excelência na milícia, imploro humildemente para ser admitido para o serviço.*[5]

Garotos fugiam de casa para se juntarem ao Exército, 22 pupilos da escola de Kaluga para nobres se voluntariaram, e, das extremidades do Império, bashkires, calmucos, tártaros da Crimeia e príncipes georgianos declaravam sua disposição para lutar. Grupos de jovens cavalheiros modernos uniam-se para formar unidades de voluntários custeadas por eles mesmos, aproveitando a oportunidade para desenharem uniformes espalhafatosos com o símbolo da morte e se autodenominarem "os imortais", ou com algum outro nome dramático. Alguns mostravam seu ardor patriótico de formas drásticas: Sergei Nikolaevich ateou fogo a toda a sua fantástica coleção de livros franceses.[6]

Mas nem todos estavam dispostos a fazer sacrifícios. Enquanto alguns selecionavam os melhores servos para a milícia e levavam-nos pessoalmente para assumir seus postos, outros se recusavam a colaborar ou só o faziam quando obrigados pela força responsável pela ordem local. A maioria fazia tudo que podia para não ter de conceder sua mão de obra. Muitos pequenos proprietários de terras enviavam cartas chorosas às autoridades numa tentativa de fugirem à obrigação. Outros protelavam, esperando que a guerra acabasse antes de serem forçados a abrir mão de seus servos. Havia ainda os que selecionavam os velhos, os aleijados, os preguiçosos, os bêbados, os patifes e os tolos da aldeia. Consequentemente, a província de Kaluga — que deveria ter levantado 20.843 homens — forneceu não mais que 15.370, e dificilmente mais de um terço do total dos homens levantados no recrutamento era apropriado para o serviço militar. Com as proclamações patrióticas pedindo que defensores para a pátria se apresentassem, e supondo que, se lutassem, talvez pudessem ser recompensados com a liberdade, alguns servos de fato se voluntariavam, mas eram perseguidos, presos como fugitivos e severamente punidos por seus senhores. De acordo com Rostopchin, dois aristocratas que haviam se comprometido com alardeio a levantar e equipar um regimento cada um durante a visita de Alexandre a Moscou nunca contribuíram com um homem ou um centavo.[7]

Apesar das numerosas proclamações emitidas pelas autoridades ordenando que destruíssem tudo que pudesse ser de utilidade para o invasor e abandonassem as áreas ocupadas, muitos proprietários de terras ficavam. Além disso, havia muitos casos em que eles forneciam forragem e provisões para os franceses, aceitando pagamento em dinheiro ou títulos. Um grupo à procura de provisões liderado pelo capitão Abraham Rosselt do 1º Regimento suíço não apenas foi bem abastecido pelos proprietários de terras russos que visitou, como também hospedado para passar a noite e ajudado a fugir de uma unidade de cossacos que estava preparando uma emboscada para eles.[8]

Quando Alexandre perguntou a Sergei Volkonsky sobre a atitude geral da nobreza no país, este respondeu: "*Sire*! Eu me envergonho de pertencer a ela."

Contudo, os nobres não eram os únicos a não demonstrar espírito patriótico. O próprio grão-duque Constantino forçava o Exército a comprar cavalos dele a preços exorbitantes, e dos 126 cavalos que vendeu apenas 26 estavam aptos ao serviço, enquanto os outros tiveram de ser sacrificados. Arakcheev estava tendo grandes problemas com os fornecedores. Os servidores públicos responsáveis por equipar e abastecer o Exército roubavam e vendiam mercadorias compradas para ele, vendendo-as a preços exorbitantes e aceitando suborno para emitirem recibos de entregas que nunca haviam sido feitas, com o resultado do que as tropas nunca recebiam boa parte do que era obtido para elas. Os responsáveis por cuidar dos oficiais feridos transferidos da zona de guerra desviavam para os próprios bolsos as somas destinadas à alimentação e ao cuidado desses oficiais. Ademais, de acordo com algumas fontes, membros do clero demonstravam pouca coragem e abandonavam seus postos assim que os franceses se aproximavam.[9]

A classe mercantil aparentemente foi mais generosa, embora grande parte dessa generosidade provavelmente se devesse ao fato de que a guerra contra a França era também contra o Bloqueio Continental, tão nocivo para os seus negócios, além do que havia, igualmente, muitos casos de extorsão entre eles. Muitos se juntavam a comissários para alterar preços, e alguns certamente lucravam abastecendo o Exército. Depois do apelo de Alexandre por voluntários e das ofertas de Moscou, os fabricantes de armas da cidade aumentaram o preço dos sabres de seis para entre 30 e 40 rublos, de um par de pistolas de sete ou oito rublos para 35 ou 50, e do mosquete de 11 ou 15 para 80.[10]

Volkonsky, por outro lado, ao ser indagado sobre a atitude do povo, respondeu: "*Sire*! Você deveria se orgulhar deles: cada camponês é um herói, devotado à pátria e à sua pessoa."

Porém, isso dificilmente pode ser comprovado por evidências. Os camponeses não tinham interesse na guerra, mas estavam compreensivelmente ansiosos por preservar-se e o máximo possível aos seus animais, geralmente levando-os para a floresta. O Exército russo que se retirava encorajava-os nessa atitude, contando-lhes os horrores que os esperavam se ficassem para trás. "Esses rumores estão produzindo uma sensação entre os camponeses, que, com o maior *sang-froid* do mundo, ateiam fogo às suas cabanas a fim de não as abandonarem para o inimigo", segundo um oficial russo.

Todavia, muitos não ficavam felizes vendo o Exército russo incendiar suas vilas à medida que se retirava, e alguns apagavam o fogo assim que os soldados partiam. Os camponeses também haviam ouvido relatos do clero local de que o invasor era um infiel, e muitos se referiam aos franceses como *Bisurman* — um termo tradicional para muçulmano.[11] Daí vinha a atitude temerosa e hostil que os franceses encontraram.

Se o medo era dissipado, as relações podiam ser perfeitamente amigáveis. Michał Jackowski, um oficial da artilharia montada de Poniatowski, entrou numa vila acompanhado apenas por um soldado montado, e foi imediatamente cercado por cerca de 50 camponeses armados. Entretanto, quando os cumprimentou com a saudação cristã habitual na Polônia e na Rússia, eles abaixaram as armas e disseram que, se ele era um cristão, não tinham nada contra ele. Jackowski descobriu que isso nunca falhava, e que sempre conseguia obter suprimentos quando introduzia seu pedido com a afirmação de que só compraria o que eles tinham sobrando.

Uma atitude semelhante é relatada pelos poloneses, que estavam em melhor situação para se comunicar com os habitantes locais do que as outras nacionalidades da *Grande Armée*. Cada subdivisão francesa tinha um oficial polonês destinado a esse propósito, e há relatos de expedições pacíficas e proveitosas à procura de provisões. O general Bethézène nega que houvesse qualquer animosidade generalizada àquela altura.

"Pelo contrário", escreveu. "Eu via nossos servos saírem sozinhos, sem escoltas, procurando provisões em toda Moscou; eu via camponeses avisando-os sobre a aproximação de cossacos ou emboscadas; eu via outros mostrarem-nos onde seus senhores haviam escondido seus suprimentos e compartilharem-nos com nossos soldados."

Esses relatos sobre expedições amigáveis à procura de provisões são confirmados por oficiais franceses e aliados.[12]

De acordo com um soldado vestfaliano, quando chegou a hora da sua unidade deixar Mozhaisk depois de ter permanecido durante cinco semanas, o homem que haviam forçado a servi-los se despediu com lágrimas nos olhos, fazendo o sinal da cruz sobre eles. O tenente Peppler, cujos hessianos estavam acantonados nas proximidades de Mozhaisk, descobriu que, se tratassem os habitantes locais com cortesia, não tinham nada a temer.

"Nós angariamos a confiança e até mesmo a amizade daquelas boas pessoas a ponto de nos sentirmos tão seguros entre eles como nos sentiríamos em um país amigo", escreveu.

Quando Bartolomeo Bertolini fugiu do cativeiro, encontrou camponeses amigáveis que o alimentaram enquanto atravessava o país em direção a Moscou.[13]

Mesmo admitindo que exista algum exagero, esses relatos são reveladores, além de serem comprovados por evidências do lado russo, onde a atitude das classes inferiores despertava os temores mais profundos. "Ainda não sabemos de que lado o povo russo ficará", Rostopchin alertou Sergei Glinka.[14]

Pouco depois que a invasão teve início, houve casos em que os servos se recusavam a cumprir seus deveres e até mesmo organizavam pequenas revoltas, e muitas mansões abandonadas por nobres que haviam fugido foram saqueadas. Numa carta a um amigo, um proprietário de terras descreveu como, depois de uma expedição francesa em busca de provisões ter levado o que precisava de sua propriedade, os servos rapidamente roubaram tudo o que havia restado. Depois que a autoridade local partiu, os camponeses passaram a se comportar como "bandidos", assaltando até mesmo padres e torturando-os a fim de extorquir a suposta riqueza da Igreja. Os camponeses também ajudavam saqueadores franceses a atacar e roubar casas senhoriais. Alguns se queixavam aos franceses de sua condição, e pareciam esperar que Napoleão fizesse algo a respeito. Muitos dos proprietários de terras que haviam permanecido — muitas vezes esposas de oficiais que estavam no Exército — cercavam-se de servos armados e pediam proteção aos franceses. Houve casos em que proprietários de terra foram tratados rudemente e até mortos, mas a maioria das desordens era oportunista, e não de inspiração política.[15]

Pavel Ivanovich Engelhardt, um proprietário de terras nos limites da área ocupada pelos franceses na província de Smolensk, liderou seus camponeses num ataque a alguns saqueadores franceses. Encorajados pela ação, eles começaram a questionar os direitos que ele tinha sobre eles e se recusaram a trabalhar. Ele pediu a um destacamento de cossacos que circulava na área que restabelecesse a disciplina. Os servos, então, denunciaram-no às autoridades francesas em Smolensk, e ele foi preso. Como os franceses não podiam acusá-lo de nada específico, ele foi solto, e, mais uma vez, chamou os cossacos, sendo seus servos açoitados e forçados a voltar ao serviço. Todavia, no momento em que os cossacos partiram, eles enterraram os corpos de dois soldados franceses que haviam matado no jardim de seu senhor e então o denunciaram novamente. Dessa vez, ele foi fuzilado pelos franceses.[16]

Em alguns casos, entretanto, os camponeses demonstravam uma devoção extrema para com seus senhores. Aleksandr Benckendorff narra como seu destacamento atacou um grupo de franceses que roubavam a propriedade de um membro da família Galitzine e os expulsou. Os camponeses, que haviam se reunido, pediram ao oficial russo no comando permissão para afogar uma camponesa. Quando indagados sobre o motivo, eles responderam que ela havia revelado aos franceses o lugar onde as joias da princesa haviam sido escondidas. O oficial levantou a possibilidade de ela ter feito isso sob coação, ao que eles responderam que ela de fato havia sido açoitada até ficar à beira da morte, mas ainda assim devia ser punida.[17]

Os insucessos do Exército russo, seguidos pela perda de Smolensk e, depois, de Moscou, inevitavelmente diminuíram o respeito pelas autoridades e pelo tsar, de forma que não era incomum ouvir os camponeses fazerem piadas ofensivas não só sobre a incompetência de Barclay e dos "alemães", mas do próprio Alexandre. Em meio à atmosfera de desconfiança e paranoia, até mesmo oficiais russos uniformizados acabavam presos pelo povo e, em ao menos um caso, linchados como "espiões".[18]

O nacionalista Filip Vigel comentou, com aprovação, que as classes mais baixas haviam deixado sua deferência de lado e se tornado mais espontâneas, enquanto outros notaram, com preocupação, a frequência com que o nome do rebelde Pugachov era pronunciado entre elas. "A influência das autoridades locais, particularmente da polícia, enfraqueceu, e o povo tornou-se agitado", de acordo com o comerciante M.I. Marakuev. "Era necessário tratá-los com cuidado e gentileza. O tom resoluto de autoridade e controle era inadequado à situação, podendo ser perigoso usá-lo. Mesmo as autoridades reconheciam isso, e proclamações eram redigidas com termos populistas, num estilo persuasivo em vez de autoritário."[19]

"As ideias de liberdade que se espalharam pelo país, a devastação generalizada, a total privação de alguns e o egoísmo de outros, a atitude ignominiosa dos proprietários de terra, o exemplo vergonhoso que deram aos seus camponeses, não levará isso a um grande motim e à desordem?" escreveu em seu diário o tenente Aleksandr Chicherin ao observar a situação em volta do Exército em retirada.[20]

Escrevendo para um amigo, Maria Antonovna Volkova expressou a convicção de que Rostopchin salvara Moscou de uma revolta social, mesmo tendo perdido sua casa no incêndio.

"Só um homem como Rostopchin saberia como lidar com mentes num estado de agitação tão intensa e evitar que coisas terríveis e irreversíveis acontecessem", escreveu. "Moscou sempre exerceu influência sobre todo o país, e esteja certo de que, se tivesse havido a menor desordem entre grupos de seus habitantes, a sublevação teria sido universal. Nós todos sabemos com que intenções pérfidas Napoleão invadiu o país. Era necessário neutralizá-las, voltar as mentes contra o patife e, dessa forma, conter o povo, que é sempre imprudente."

Era de revolução que ela falava.[21]

Um grande esforço fora feito para influenciar as atitudes do povo. As proclamações e os sermões religiosos de Alexandre eram acompanhados por muitas pitadas de propaganda e rumores. Os relatos do incêndio de Moscou, universalmente atribuído aos franceses, da profanação das igrejas e das supostas atrocidades cometidas contra a população foram amplamente divulgados.

"É impossível imaginar os horrores que dizem terem cometido os franceses", escreveu o tenente Uxküll. "Ouve-se que eles estão queimando e profanando igrejas, que os do sexo mais frágil (ou melhor, quaisquer indivíduos que caiam nas suas violentas mãos) são sacrificados pela sua brutalidade e pela satisfação de sua luxúria infernal. Crianças, idosos, são todos o mesmo para eles, todos perecem sob suas agressões.[22]

Rumores de que Napoleão converteria todos ao catolicismo à força, maculando seu coração, eram disseminados entre os camponeses. Usava-se muito também o fato de que Napoleão estava numa liga com os inimigos históricos da Rússia, os poloneses, os quais supostamente tinham a intenção de recapturar partes da Santa Rússia.

Porém, de acordo com Yermolov, não teria havido nenhuma dimensão nacional verdadeira para a guerra e nenhuma forma de mobilizar os camponeses para a causa do tsar se não fosse pelo comportamento desajeitado e cada vez mais indisciplinado dos franceses.[23] Eles realmente usavam as igrejas como dormitórios e estábulos — principalmente porque estes eram os únicos prédios adequados em cidades pequenas e vilas. Além disso, eram, sem dúvida, grosseiros com os nativos. Camponeses que traziam seus produtos agrícolas para vender em Moscou eram espancados e roubados. As depredações cada vez mais frequentes das expedições de forrageio da *Grande Armée*, geralmente conduzidas sem qualquer consideração pelos meios de sustento — que dirá pelos sentimentos — dos russos, forçaram-nos a lançar mão das armas para sobreviver. Era uma questão de autopreservação.

Os camponeses começaram a armar emboscadas para grupos forrageadores, ou levá-los a uma falsa sensação de segurança para depois dominá-los. Eles adquiriam armas e conseguiam formar pequenas unidades, descarregando sua raiva nos cativos com atos de selvageria nos quais é difícil acreditar — mutilando-os, enterrando-os vivos ou assando-os sobre fogueiras.

"Aproximando-me de uma vila a fim de obter algumas provisões", escreveu em seu diário o tenente Uxküll, "vi um prisioneiro francês vendido aos camponeses por 20 rublos; eles o batizaram com piche fervente e o empalaram vivo num pedaço pontiagudo de ferro."

Os franceses e seus aliados correspondiam da mesma forma, encorajando uma espiral de horror cada vez mais terrível. "As pessoas tornavam-se piores que animais selvagens, matando-se umas às outras com uma crueldade incrível", observou A.N. Muraviov.[24]

Havia, entretanto, exceções, em todos os níveis da sociedade. Édouard Déchy, o filho de 13 anos de um médico da Divisão de Davout, havia sido trazido pelo pai devido ao fato de sua mãe ter morrido, não havendo ninguém para cuidar dele em casa. Seu pai foi encarregado de um dos hospitais de Smolensk depois da ação em Valutina Gora. Uma proprietária de terras russa local, condessa, vendo o menino sozinho, implorou ao pai que a deixasse levá-lo para o campo, onde ele passou alguns meses idílicos sendo mimado e brincando com os filhos da condessa. Na cidade de Orel, uma russa condoeu-se de alguns prisioneiros franceses que haviam sido levados para lá, acolheu-os em sua casa e foi à ruína vestindo-os, alimentando-os e cuidando de suas feridas; quando ela ficou sem recursos, passou a percorrer a cidade implorando por dinheiro para alimentá-los.[25]

Tais atos de caridade não estavam de forma alguma restritos às classes esclarecidas. Um camponês recordar-se-ia de como toda a sua vila se refugiara na floresta, com o gado e toda a comida que puderam carregar. Um dia, foram descobertos por dois franceses, tendo então tentado matá-los. Um deles, porém, conseguiu fugir. Esperando uma expedição punitiva, eles enviaram um dos seus para alertar algumas tropas russas estacionadas nas proximidades, que imediatamente prepararam uma emboscada. Duzentos soldados franceses vieram e exigiram comida, ameaçando tomá-la se eles não obedecessem, quando os russos escondidos atacaram-nos e os desarmaram rapidamente. "Todavia, quando vimos todos implorando por pão", explicou o camponês, "sentimos pena deles, cozinhamos algumas batatas e demos-lhes pão, e até alguns bifes, e pudemos ver o quão famintos estavam, como todos se jogavam sobre a comida que havíamos lhes dado, e com que avidez começaram a comer. Alguns dos franceses tentavam dizer algumas coisas com lágrimas nos olhos, evidentemente agradecendo-nos na sua língua, e nós lhes dissemos: 'Continuem, comam, saudações, nós temos muitos pães.'"[26]

As incertezas em relação à atitude dos camponeses eram uma fonte de debates e ansiedade — assim como envolvê-los na guerra era, de certa forma, conferir-lhes poder: era a primeira vez na história que um tsar era obrigado a apelar aos servos para defendê-lo e ao Estado, e ninguém podia ter certeza quanto a como eles poderiam usar esse poder implícito.

As primeiras tentativas de empregar os camponeses na guerra tiveram resultados conflitantes. Um destacamento do Exército da Itália do príncipe Eugène deparou-se com um bando armado com lanças, foices e machados sob o comando de seu senhor. Ele os conduziu bravamente em direção aos italianos, mas logo viu todos os seus servos desertarem e fugirem. Quando a seleção para a milícia teve início, muitos feriram a si próprios a fim de não serem recrutados. Por outro lado, nem todos os que compuseram a milícia demonstraram exatamente o espírito adequado. Nikolai Andreev, um tenente no 50º Regimento de *Jaegers* da Subdivisão de Neverovsky, observou que em Borodino os milicianos responsáveis por carregar os feridos para o posto de primeiros socorros roubavam dos oficiais todos os seus bens de valor enquanto executavam a tarefa.[27]

Ainda assim, o exemplo da Espanha, onde a *guerrilla* estava causando danos tão grandes para os franceses, era atraente. Um "catecismo nacional" espanhol foi traduzido e publicado, e muitos acreditavam que o valor militar dos camponeses, distintos dos recrutados para a milícia, deveria ser empenhado na causa nacional. "Mas uma guerra nacional é uma grande novidade para nós", lamentou o populista Fyodor Glinka. "Parece que eles ainda temem desamarrar as mãos."[28]

No final, deixou-se que o acaso decidisse.

Pouco depois do início da guerra, Denis Davidov, um oficial dos hussardos do Segundo Exército, escreveu a Bagration afirmando que, se recebesse um pequeno comando independente, poderia executar operações de guerrilha eficientes contra os franceses. Só no início de setembro, pouco antes de Borodino, ele recebeu seu comando, composto por 50 hussardos e 80 cossacos. Começou a operar na retaguarda dos franceses, mas sua ação era atrapalhada pelos tiros recebidos de camponeses russos, os quais dispensavam a todos os soldados o mesmo ódio. Depois de desperdiçar tempo e energia tentando convencê-los de que estava do seu lado, ele trocou seu uniforme militar pelo avental camponês, deixou a barba crescer e substituiu a cruz da ordem de Santa Ana que carregava no peito por um pequeno ícone de São Nicolau. Isso permitiu que ele se aproximasse das vilas sem ser recebido por tiros, podendo, assim, começar a convencer os habitantes a aderir à sua causa. Davidov obteve alguns sucessos contra os grupos franceses em excursões de forrageio e isolando unidades, começando a envolver os aldeões nas ações. Por volta de 24 de setembro, seu regimento havia aumentado para 3 mil cavaleiros — entre eles camponeses e soldados russos que haviam ficado para trás ou escapado da prisão, juntando-se a ele — e, por volta do final de outubro, ele conseguiu reunir grande número de camponeses locais, muitos armados com mosquetes tirados dos franceses, usando-os para operações específicas.

Depois da queda de Moscou, Kutuzov sancionou a formação de mais "destacamentos voadores" desse tipo, cujo objetivo era perturbar as linhas francesas de comunicação e abastecimento. Ele destacou o general Wintzigerode com 3.200 homens para operar ao longo da estrada de Tver, e o general Dorokhov com 2 mil para desferir ataques rápidos e contínuos ao movimento francês na estrada de Smolensk, proveniente de bases nas proximidades de Vereia. Ele também havia formado destacamentos menores sob o comando de Seslavin, Figner, Lanskoy e outros. Algumas dessas unidades reuniam recrutas camponeses, mas a maioria apenas contava com as informações e a ajuda proporcionadas pela população, ocasionalmente armando-a e usando-a na escolta de prisioneiros ou suprimentos.

Davidov era tido como herói por Pushkin e admirado por Walter Scott, que tinha um retrato dele em seu escritório, antes de ser imortalizado por Tolstoi em *Guerra e paz*, sob o pseudônimo de Denisov. Suas façanhas e as de outras unidades "guerrilheiras" foram bastante exageradas pelas lendas, e as afirmações feitas a respeito delas são frequentemente absurdas. Um historiador soviético garante que um destacamento de cem russos atacou uma vila defendida por dois esquadrões de cavalaria e duas companhias de infantaria. Eles supostamente mataram 124 franceses e levaram mais 101 como prisioneiros, o que custou apenas dois homens feridos e seis cavalos feridos ou mortos. Mesmo uma criança concluiria que, no espaço de tempo necessário para matar 124 homens, um número considerável de russos devem ter sido mortos ou feridos — a não ser que os franceses tenham se rendido depois de dois tiros, sendo em seguida exterminados. Sergei Volkonsky, que comandou uma das unidades guerrilheiras, admitiu que a maior parte dos relatos heroicos eram absurdos. O fato é que esse tipo de operação tinha de ser realizada com cautela e a um baixo risco. O truque era evitar um confronto e capturar o destacamento francês enquanto este dormia. A realidade tampouco é tão gloriosa quanto a lenda. Figner era um assassino de sangue-frio, enquanto Sergei Lanskoy, de acordo com o general Langeron, era um criminoso estuprador.

Havia também muito do que se pode chamar grupos guerrilheiros operando ao longo das extremidades do território ocupado pelos franceses. Entretanto, é difícil distinguir a verdade da ficção, já que a ideia de camponeses patriotas era atraente para eslavófilos e os comunistas. Não há evidências documentais com que apoiar ou contrariar os relatos, afora o pouco que já existiu. Tudo que se pode fazer é repetir o que já foi escrito por historiadores russos, analisando-o com alguma reserva.

Yermolai Chetvertakov, um dragão russo que havia sido aprisionado perto de Gzhatsk e conseguira escapar, uniu-se a um camponês local, e, juntos, eles passaram a armar emboscadas e matar soldados franceses que ficavam a sós. Outros se juntaram a eles, e o grupo cresceu. Os números nunca eram constantes, já que podiam ser elevados com o acréscimo de vários milhares de voluntários da localidade se houvesse uma oportunidade atraente de atacar e pilhar. A maioria, no entanto, voltava para casa logo depois do saque. Fyodor Potapov, conhecido como "Samus", um hussardo que havia sido ferido em um combate contra os franceses e se refugiado na floresta, onde alguns lhe deram abrigo, conseguiu seu apoio e formou um grupo semelhante de guerrilheiros. Stepan Eremenko, um soldado raso da infantaria que havia sido ferido e deixado para trás nas proximidades de Smolensk, seguiu um caminho semelhante.

Havia também alguns camponeses que formavam grupos guerrilheiros, e duas mulheres entraram para a história como defensoras da Santa Rússia. Na vila de Sokolovo, da província de Smolensk, uma camponesa de nome Praskovia defendeu sua virtude — ou possivelmente seus animais — de forma tão eficaz que alegadamente matou seis franceses com seu forcado. Ela foi ainda superada por Vasilisa Kozhina, que os relatos afirmam ter matado dúzias com sua foice.

Houve provavelmente exemplos incontáveis de camponeses que confrontaram e mataram soldados inimigos ou civis seguidores do Exército, particularmente nas últimas etapas da campanha. Porém, historiadores russos modernos geralmente concordam que não houve qualquer *guerrilla* que pudesse se comparar ao modelo espanhol, e que a contribuição dos camponeses se limitou basicamente a saques e assassinatos oportunistas.[29]

Oportunistas ou não, os instintos que motivavam os camponeses e a sociedade russa como um todo foram fortes a ponto de mobilizá-los para a causa do Império, e isso se tornaria mais aparente à medida que a sorte abandonava os franceses. Apesar da protelação, 420 mil homens foram recrutados para a milícia, dos quais 280 mil conseguiram tomar parte na luta. Um total de 100 milhões de rublos foi doado para a causa por todas as classes — uma soma equivalente a todo o orçamento militar para aquele ano.[30] Além disso, a máquina administrativa não parou em nenhum momento de funcionar fora da área controlada pelo inimigo. Cidades como Kaluga, que ficavam muito próximas da zona de guerra, tiveram suas instituições, escolas, hospitais, arquivos etc. eficientemente evacuados, logo recomeçando a funcionar a uma distância segura.

Alexandre não tomaria conhecimento de nada disso. Ele estava doente, sofrendo com dolorosos exantemas na perna, e estava farto da bajulação hesitante de sua corte, de forma que se retirou para o isolamento da ilha

Kamenny. Sua única fonte de consolo era a convicção interior de que ele não era nada mais do que um instrumento da vontade de Deus, servindo a um propósito maior. Este excedia a mera defesa e libertação da Rússia, e entre aqueles que ele contemplava com o maior prazer estava o pequeno grupo de pessoas trabalhando sob sua proteção para a libertação da Alemanha e, afinal, de todo o continente. Ele as agrupara num Comitê Alemão sob a presidência de George de Oldenburgo. Esse Comitê estava organizando uma Legião Alemã sob o comando do coronel Arentshild e conduzindo uma campanha de propaganda através da Alemanha, orquestrada por Stein e seu secretário, o poeta Ernst Moritz Arndt. As proclamações de Alexandre eram traduzidas e circulavam através da Alemanha, pondo-o na posição de herói de todos aqueles que se opunham ao jugo de Napoleão. A ideia era preparar uma quinta-coluna que se levantaria no momento apropriado. Quando esse momento chegaria dependeria da atuação das tropas russas. "O futuro dos Exércitos decidirá o da Alemanha", declarou Stein antes da Batalha de Borodino.[31]

Existe um relato banal de que, vendo seu amigo Aleksandr Nikolaevich Galitzine tão sereno, Alexandre questionou-o sobre a fonte da paz interior, ao que o príncipe supostamente respondeu que ela provinha da leitura da Bíblia. Poucos dias depois, a esposa do príncipe emprestou sua cópia, marcada em várias passagens, ao tsar. De fato, Alexandre estivera lendo a Bíblia havia algum tempo, procurando um reforço nas escrituras para o sentido do seu próprio destino, uma concepção que já amadurecera. Ele também mergulhara no misticismo, e um memorando detalhado sobre as origens da literatura mística que ele enviou à sua irmã Catarina nessa época revela uma familiaridade surpreendente com o assunto.[32]

Felizmente para a Rússia, Alexandre encontrou a força interior para resistir à tentação de agir nesse momento crítico. "Se o destino condenou seu Império à queda, você deve perecer com ele e lutar junto aos seus fiéis súditos, que decidiram morrer sob seus olhos no campo de batalha, onde você próprio deverá vencer ou perecer com eles", encorajou-o Rostopchin.[33]

A ideia de assumir o comando do seu Exército mais uma vez e partir para uma luta de vida ou morte contra Napoleão era muito atraente para Alexandre. Tivesse cedido, ele teria sido derrotado e Napoleão teria recuperado a iniciativa. De certo modo, o moroso Kutuzov era o homem perfeito para o momento, visto que o tempo estava agindo a favor dos russos e contra os franceses.

Após abandonar Moscou para os franceses, Kutuzov marchara em direção ao sudeste. Depois, ele desviou para a direita e deu início a uma marcha flanqueando a cidade, a qual terminou por levá-lo a um ponto ao sul, em Krasnaia Pakhra. Era um lance arriscado, particularmente em vista do estado em que se encontrava o Exército.

O moral atingira seu ponto mais baixo. "Cada parte do Exército encontra-se em um estado de desordem terrível", observou Dmitry Volkonsky, "e não apenas houve um enfraquecimento geral da obediência, mas até mesmo a sensação de coragem tem enfraquecido desde a perda de Moscou."

Dezenas de milhares haviam ficado para trás ou desertado na retirada de Borodino e na marcha através de Moscou. Alguns formaram bandos de saqueadores.

"O mais triste é que nossos soldados não poupam nada", escreveu o tenente Uxküll dos *Chevaliersgardes* Imperiais. "Eles queimam, pilham, roubam e devastam tudo que encontram."

Havia até casos de roubos a igrejas.[34]

Além disso, dificilmente poder-se-ia contar com os que haviam restado. "Os soldados pareciam ter fugido", de acordo com a oficial da Cavalaria N.A. Durova. "De tempos em tempos, eles saíam-se com algumas palavras, dizendo que teria sido melhor estarem mortos do que terem desistido de Moscou." Enquanto marchavam circundando o sul de Moscou, as tropas podiam ver a cidade em chamas. "A Mãe Moscou está queimando", murmuravam incredulamente entre si. "Os supersticiosos, incapazes de compreender o que acontecia diante de seus olhos, já haviam decidido, com a queda de Moscou, que haviam testemunhado a queda da Rússia, o triunfo do Anticristo, para logo se seguirem o Julgamento Final e o fim do mundo", nas palavras do tenente Radozhitsky.[35]

Bennigsen e outros esperavam que Kutuzov atacasse a vanguarda francesa sob o comando de Murat, que se aventurara a marchar sozinha, mas Kutuzov mais uma vez ordenou uma retirada. Isso provocou um confronto com Bennigsen que foi além das desavenças que os dois já haviam tido. Bennigsen estava convencido de que salvara o dia em Borodino. Ele ficara chocado pelo abandono de Moscou, e chegara à conclusão de que o marechal de campo era um velho incompetente e tolo. Ele era apoiado nesse ponto de vista por Wilson e alguns outros, e acusações de "covardia" começaram a ser feitas contra Kutuzov.

O Exército russo recuou para o extremo sudoeste, em direção a Tarutino, onde Kutuzov estabeleceu um acampamento fortificado. Bennigsen começou a argumentar que a posição não era boa e que as táticas dele eram inapropriadas, mas Kutuzov colocou-o em seu lugar.

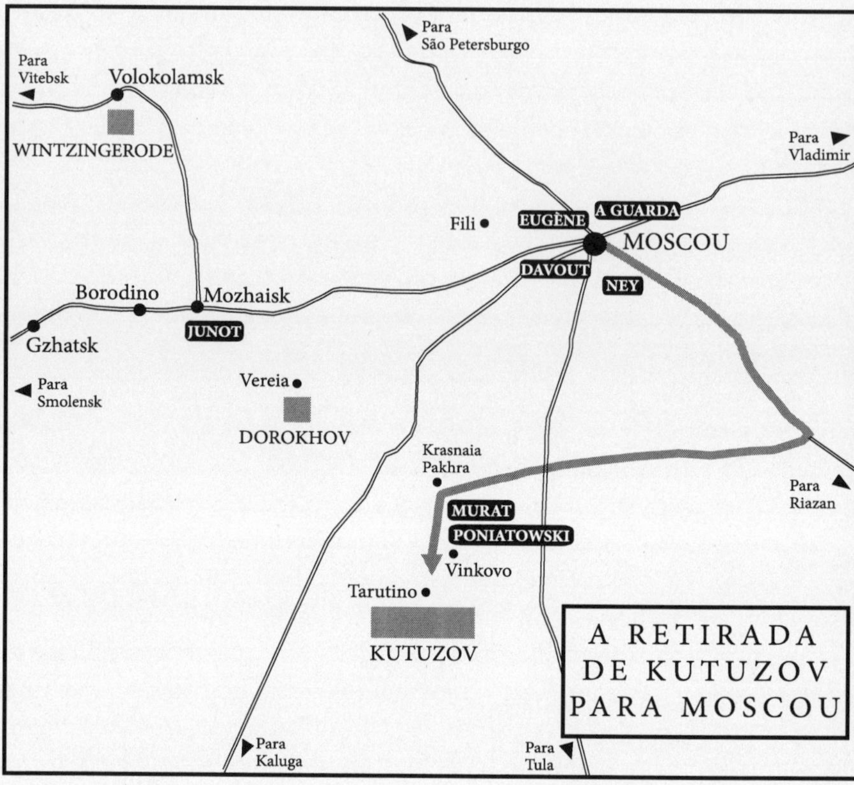

"Sua posição em Friedlândia era boa o bastante para você", vociferou ele. "Bem, estou bastante satisfeito com esta, e é nela que ficaremos, porque sou eu que estou no comando aqui e que sou responsável por tudo."[36]

Era uma boa posição. Era longe o bastante de Moscou para não ser vulnerável a um ataque de Napoleão, era um bom ponto de partida para operações contra as suas linhas de comunicação, e controlava os acessos a Kaluga e Tula. Estes eram os centros da produção militar russa, e havia também os acessos ao fértil sul. Depois que os benefícios dessa estratégia foram reconhecidos, vários outros comandantes passaram a atribuir a si o mérito de a terem escolhido. De fato, como Clausewitz apontou, ela havia sido ditada mais por fundamentos óbvios do que por qualquer lance de gênio.[37]

Kutuzov precisava de tempo, e posteriormente descreveria cada dia passado em Tarutino como "dourado", já que eles ajudaram a restaurar a força do Exército. Provisões de alimentos e equipamentos começaram a vir de Kaluga e Tula. Camponeses locais traziam ovos, leite, pães e tortas, enquanto comerciantes chegavam em suas carroças com todos os tipos de produtos, pondo à disposição das tropas tudo de que elas precisassem. Kutuzov encomendou uniformes de inverno, com calças grossas, casacos de pelo de carneiro, botas forradas com pele e luvas para todo o Exército. Os soldados cavavam poços e construíram *banyas* — banhos a vapor russos — onde podiam tomar banho e relaxar.

"Passávamos nosso tempo muito prazerosamente", escreveu Nikolai Dmitrievich Durnovo, um oficial no Estado-Maior de Bennigsen. "Passávamos os dias nos alimentando, comendo e bebendo." "Cozinhávamos guisado de carne e frequentemente sopa azeda com repolho, beterraba e outros vegetais", relembrar-se-ia o tenente Nikolai Mitarevsky com deleite. "Comíamos fritadas de carne e até aves; cozinhávamos fagópiro com manteiga e batatas."

Eles sentavam-se para jogar cartas e conversar, e à noite fumavam seus cachimbos enquanto ouviam a cantoria dos soldados em volta das fogueiras do acampamento. Todas as noites havia orações perante a Virgem de Smolensk acompanhadas por hinos religiosos, cerimônias às quais Kutuzov comparecia frequentemente.[38]

O marechal de campo acomodara-se em uma cabana na extremidade da Vila de Letashevka. Ela possuía um quarto, no qual trabalhava, com uma cama ao canto protegida por uma cortina. Bennigsen ocupara uma cabana um tanto maior em frente à de Kutuzov, e os outros oficiais do Estado-Maior comprimiram-se da melhor forma que puderam em choupanas próximas.

Usando a imprensa de campo fornecida por Alexandre, Kutuzov lançou uma grande campanha de propaganda com boletins regulares — *Izvestia iz Armii* — que relatavam cada combate, ampliando sua importância e aumentando os números dos soldados e armas franceses capturados. Mais importante, os boletins representavam os soldados russos como felizes, bravos e dispostos a lutar, com cavalos bem-alimentados. Os feridos aparentemente recebiam os cuidados amorosos de esposas e mães, e todo camponês era um verdadeiro filho da pátria pronto para apoiar o Exército em sua luta. Os franceses eram representados como famintos, tristes e isolados. Era uma psicologia inteligente, já que trazia consolo e apoio emocional para os soldados que haviam acabado de sofrer não apenas uma derrota, mas também o choque de verem sua reverenciada capital ser invadida e incendiada.

As unidades ganharam reforços, e as novas levas de tropas receberam o treinamento elementar. Porém, não havia mais nada que lembrasse a disciplina de desfile que fazia do Exército russo um verdadeiro inferno.

Ninguém se incomodava em polir suas correias cruzadas com argila para cachimbo. Os homens usavam os acessórios do uniforme que lhes apetecessem, complementando-os com sobretudos ou capotes que os mantinham aquecidos e confortáveis. As barretinas foram abandonadas em favor dos macios casquetes. Os oficiais subalternos adotaram uma aparência de capa e espada. "Não havia brilho, prata ou ouro; ombreiras e cinturões eram raros; as únicas coisas que cintilavam eram os mosquetes, as baionetas e outras peças de artilharia", de acordo com Mitarevsky. "Não havia uniformes luxuosos, apenas capotes de feltro, capas pesadas, casacos de inverno sujos e rasgados, casquetes amarrotados..."[39]

Muitos desses jovens oficiais nada sabiam sobre servir ao Exército, nada sobre o soldado comum ou os camponeses. O príncipe Piotr Andreevich Viazemsky, um aristocrata de Moscou, havia se voluntariado após a visita de Alexandre. "Eu era um cavaleiro medíocre, e nunca havia pego numa arma", escreveu. "Na escola, eu aprendera a esgrimir, mas havia perdido a familiaridade com o florete. Em suma, não havia nada de marcial em mim."

No jantar, ele conheceu o general Miloradovich, que o tomou como seu ajudante de ordens. Ele sentia-se confuso e deslocado enquanto seguia seu general através do campo de batalha de Borodino. Entretanto, isso logo mudou. "Quando meu cavalo foi ferido sob mim, um sentimento inexplicável, de alegria, de orgulho, cresceu dentro de mim e me envolveu."[40]

Um grande número de jovens como ele viram-se pela primeira vez conectados pela solidariedade da guerra uns aos outros e à massa do povo russo representada pelo soldado comum. No calor da batalha e nas dificuldades do acampamento, eles podiam ver seus servos, agora soldados, como seres humanos. Essa troca de experiências originaria, nos dois anos seguintes, uma afinidade e uma nova visão da Rússia que pereceriam nas forcas e no exílio que se seguiram à malograda Insurreição Decembrista de 1825, mas que continuariam vivas na enorme influência que tiveram sobre a vida cultural russa.

O choque de Borodino e a destruição de Moscou, combinados ao posterior idílio pueril de Tarutino, produziram um efeito extraordinário. "Nós estávamos num grande estado de felicidade!", segundo Dushenkievich, um tenente de 15 anos no Regimento de Infantaria de Simbrirsk. "O que havia acontecido ao sofrimento, de onde nós havíamos tirado a sensação de segurança e autoconfiança que agora nos invadia, enquanto sofríamos por Moscou e pela pátria?"[41]

16

As distrações de Moscou

"Passei a noite com o imperador ontem" escreveu o príncipe Eugène para a esposa no dia 21 de setembro, "Jogamos *vingt-et-un* para passar o tempo; sinto que acharemos as noites muito longas, já que não há a menor distração, nem mesmo uma mesa de bilhar." A perspectiva de ficar em Moscou não deixava o cortejo de Napoleão entusiasmado. "Napoleão nunca foi mais do que um gênio, e não fazia parte da sua natureza saber como se divertir", observou o *commissaire* Henri Beyle, também conhecido como Stendhal (pseudônimo que usava como romancista), acrescentando que sua corte se tornou uma zona sombria.[1]

O imperador mais uma vez se instalara no Kremlin, onde ocupou o mesmo apartamento com vista para o rio Moskva e parte da cidade que Alexandre ocupara algumas semanas antes. O apartamento consistia em um vasto hall com grandes candelabros, três salões espaçosos e um amplo quarto, que se tornou também seu escritório. Foi lá que ele pendurou o retrato feito por Gérard do rei de Roma. Ele dormia na cama de armar de ferro que sempre usava em campanha. A mesa de campanha fora armada a um canto, e a pequena biblioteca de viagem foi organizada nas prateleiras — sua cópia da história de Carlos XII por Voltaire, entretanto, estava sempre ao seu alcance, fosse na mesa ou na cama. Ele instruiu seu valete a colocar duas velas acesas na janela todas as noites, de forma que os soldados que passassem vissem que ele vigiava e trabalhava em seu favor.

Napoleão esperara estabelecer uma administração civil russa, mas havia uma escassez de cidadãos russos de qualquer calibre, e a maioria dos que estavam disponíveis fazia tudo para evitar colaborar com os franceses. Assim, ele nomeou Jean-Baptiste de Lesseps, que havia sido cônsul francês em São Petersburgo, e que reuniu todos os habitantes russos preparados para trabalhar em uma administração provisória. Além de restaurar a ordem na maior parte da cidade, esse corpo disponibilizou moradias para os moscovitas que haviam perdido suas casas no incêndio e tentou encorajar os camponeses da zona rural local a virem e venderem seus produtos na cidade. Contudo, os que vinham eram em sua maioria espancados e roubados pelos soldados.

Uma aparência de normalidade estabeleceu-se no que diz respeito a outros aspectos. As pessoas "viajavam com tanta facilidade entre Paris e Moscou quanto entre Paris e Marselha", de acordo com Caulaincourt, embora a viagem fosse um tanto mais longa.

O correio, transportando milhares de cartas dos homens para suas famílias e amores, levava até 40 dias. O imperador, porém, não tinha que esperar tanto. Todos os dias um *estafette* chegava de Paris, tendo percorrido a distância em apenas 14 dias. Aquele era o ponto alto do dia de Napoleão, ficando ele impaciente se, como aconteceu em uma ou duas ocasiões, o correio atrasasse dois dias.[2]

Notícias de Paris eram sempre bem-vindas, particularmente se estas acariciavam a vaidade de Napoleão. Ele leu com prazer que seu aniversário, que passara nas proximidades de Smolensk, havia sido celebrado na capital com o assentamento das pedras fundamentais para o Palais de l'Université, um novo Palais des Beaux-Arts e um edifício monumental para abrigar os arquivos nacionais. Ele foi informado de que "o entusiasmo dos parisienses, ao tomarem conhecimento da entrada do imperador em Moscou, era amenizado apenas pelo temor de vê-lo marchar de lá triunfante para a conquista da Índia". A notícia de que Wellington ocupara Madri foi menos bem-vinda.

Se ele sentia qualquer ansiedade pela posição em que se encontrava, escondeu-a bem, cuidando tanto de assuntos administrativos quanto daqueles referentes ao Exército com uma meticulosidade que provavelmente o ajudou a evitar enfrentar as realidades da situação. Ele fatigava Maret, instando-o a pressionar o ministro americano — o poeta Joel Barlow —, que acabara de chegar a Vilna para o estabelecimento de uma aliança mais forte com os Estados Unidos contra a Inglaterra.

Ele deu instruções para que 14 mil cavalos fossem enviados da França e da Alemanha, e ordenou a compra de grandes quantidades de arroz em Trieste, que deveriam ser transportadas através da Europa para Moscou. Napoleão também ordenou desfiles frequentes na grande praça Krasnaia em frente ao Kremlin, nos quais concedeu cruzes da *Légion d'Honneur* e promoções obtidas em Borodino.[3]

No entanto, um inverno longe de casa não o atraía.

"Se eu não puder retornar a Paris neste inverno", escreveu para Marie-Louise, "tomarei providências para que você venha me ver na Polônia. Como você sabe, eu não estou menos ansioso que você para vê-la novamente e falar-lhe de todos os sentimentos que você desperta em mim.[4]

A maioria de seus soldados sentia-se da mesma forma.

"Outro inverno passará sem a felicidade de poder apertá-la em meus braços, pois infelizmente nos alojaremos para o inverno, embora onde exatamente não tenha sido decidido ainda", escreveu para a esposa o capitão Frédéric Charles List no dia 22 de setembro.

"Estou muito cansado desta campanha e não sei quando Deus nos dará paz", escreveu o mero soldado comissionado Marchal para o *curé* da sua vila.

O general Junot não se sentia menos deprimido. "Dito o bastante sobre a guerra, agora quero dizer-lhe, minha querida L—e, que a amo mais a cada dia, que estou extremamente entediado, que não desejo nada no mundo mais do que vê-la novamente, que estou preso no país mais indigno do mundo, e que morrerei de tristeza se não a vir logo e morrerei de fome se permanecer aqui por muito tempo", escreveu para a sua amante de Mozhaisk.

Um *commissaire* que saíra em campanha aos 50 anos por achar seu trabalho de escritório tedioso e pensar que poderia fazer fortuna desabafava seu arrependimento e desgosto para a esposa, acrescentando, de forma um tanto insensível, que não havia sequer uma jovem bonita na Rússia.

Marie-François Schaken, um cirurgião de 19 anos na Divisão de Davout, queixou-se para a irmã que estava se alimentando miseravelmente, enquanto seus cavalos roíam a manjedoura, mas afirmou sua fé ilimitada em Napoleão, que, sem dúvida, os conduziria para casa a salvo. "Encontre-me uma bela amante para quando eu retornar, pois não há nenhuma aqui", implorou-lhe. "Diga-lhe que a amarei muito."[5]

Embora ele possa ter torcido o nariz para elas, havia, na verdade, muitas mulheres para escolher em Moscou. Uma coisa é verdade: a maioria das prostitutas parece ter ficado. "Essa classe de pessoas era a única que fazia Moscou valer alguma coisa, já que todos, em sua ânsia por ter uma mulher, davam boas-vindas a essas criaturas, com prazer, e a partir do momento em que eram introduzidas às nossas moradias elas se tornavam imediatamente as donas das casas, gastando tudo que as chamas haviam poupado", de acordo com Jean-Pierre Barrau, intendente da divisão do príncipe Eugène. "Havia outras que realmente mereciam consideração pela sua origem, sua criação e, acima de tudo, sua desgraça; a fome e a pobreza forçaram suas mães a trazê-las para nós."[6]

Louis Joseph Vionnet de Maringoné, um oficial superior dos granadeiros da Guarda, ficou chocado ao ver jovens reduzidas ao extremo de venderem favores sexuais a soldados franceses a fim de se alimentarem, tendo ainda que se protegerem de soldados violentos.

"Eu frequentemente encontrava, durante minhas caminhadas pela cidade, pais chorando diante dessa terrível imoralidade", escreveu ele. "Eu não conhecia sua língua bem o bastante para poder consolá-los, mas apontava para o céu e eles vinham e beijavam minhas mãos e conduziam-me para onde suas famílias estavam amontoadas em meio às ruínas, gemendo de fome e sofrimento.[7]

As piores desordens haviam, em sua maioria, se dissipado com o fogo. A pilhagem tornou-se uma atividade clandestina, realizada à noite ou em localidades afastadas destruídas pelo fogo. A necessidade frenética de salvar objetos das chamas dera lugar a explorações metódicas. Os soldados franceses executavam-nas com moradores locais ignóbeis que assumiam o papel de guias e alcoviteiros. Os atos de violência contra cidadãos e os estupros também diminuíram, e em vários relatos russos há exemplos de supostos molestadores repelidos por jovens que ficaram impunes.[8] Moscou era uma grande e vasta cidade, e partes dela continuavam perigosas, particularmente à noite. Ainda assim, um *modus vivendi* um tanto bizarro desenvolvera-se entre os vários grupos que conviviam lado a lado na cidade arruinada.

A melhor garantia de segurança para os habitantes era ter o oficial de um alto posto em sua residência. Uma jovem criada recordar-se-ia de não ter havido nenhum tipo de problema no período em que um oficial francês estivera hospedado na residência onde trabalhava. Contudo, a partir do momento em que ele partiu, a casa foi completamente despojada por russos. Outro moscovita precisou fazer uso de um criado para alertar os ajudantes de um marechal francês que haviam se instalado nas proximidades sempre que uma gangue tentava roubar sua casa, e uma patrulha armada era imediatamente despachada para prender os bandidos.[9]

G.A. Kozlovsky, filho de um proprietário de terras de Kaluga que estava retido em Moscou quando os franceses chegaram, fez amizade com alguns dos oficiais, tendo comido e jogado xadrez com eles. O único risco que ele corria provinha dos habitantes da cidade que haviam ficado para trás. "Naquela época, temiam-se mais os camponeses russos do que os franceses", relembrar-se-ia. "Em quase todas as casas às quais íamos havia ainda mulheres, crianças e velhos, em sua maioria criados, é verdade, enquanto seus senhores haviam partido", de acordo com Jean Michel Chevalier. "Eles não apenas eram respeitados e protegidos por nós, mas até alimentados, pois compartilhávamos com eles tudo que conseguíamos obter."

O pintor Albrecht Adam passou a morar com um russo a quem tratava cortesmente, e eles uniram-se na procura por comida e outras necessidades. Um grupo de soldados italianos afeiçoou-se tanto a seus "anfitriões" que quando chegou a hora de partirem havia lágrimas em ambos os lados. Um soldado francês que achou uma pobre russa agachada em meio a ruínas para dar à luz levou-a para as suas instalações e alimentou-a. O dificilmente agressivo Stendhal chegou a sacar a espada contra um soldado francês bêbado que maltratava um civil russo.[10]

Um granadeiro montado da Guarda de nome Braux, ao deparar-se com um grande livro de visitas da câmara municipal, escreveu nele, num francês tão ruim que seria impossível reproduzir com exatidão suas palavras: "Não há sequer um francês que não esteja desesperadamente entristecido pelo infortúnio que se abateu sobre sua amável Moscou. Posso assegurar-lhes que, no que me diz respeito, eu choro e lamento por ela, posto que era digna de ser preservada. Se vocês tivessem ficado em casa, ela teria sido preservada. Chorem, chorem, russos, sobre a desgraça do seu país. Vocês são os únicos responsáveis pelas aflições que ele sofre.[11]

Os franceses estavam muito impressionados pela cidade e suas várias belas construções. Segundo a opinião do doutor Larrey, os hospitais eram "dignos da nação mais civilizada da Terra" e o orfanato era "sem dúvida o maior e melhor estabelecimento desse tipo em qualquer lugar da Europa". Todos eles escreviam com admiração sobre os belos palácios, muitos dos quais haviam sucumbido ao fogo. "Mesmo os franceses, tão orgulhosos de sua Paris, estão surpresos diante do tamanho de Moscou, de sua magnificência, da elegância da vida aqui, da riqueza que encontramos, mesmo tendo a cidade sido quase inteiramente evacuada", escreveu para a esposa um oficial polonês.

Louis Gardier, major auxiliar do 111º Regimento de Linha, também a achou muito bela, mas ficou chocado diante da moral dos moscovitas. "Como testemunha ocular, posso dizer que nunca vi tantas pinturas e mobílias indecentes", escreveu, "e a lascívia está em exibição das formas mais particularmente repulsivas na casa dos poderosos."[12]

Embora uma grande parte da cidade houvesse sido destruída, as tropas estacionadas na Moscou propriamente dita conseguiram se instalar de forma bastante confortável. "Encontrei abrigo no palácio do príncipe Lobanov", recordar-se-ia Dezydery Chłapowski dos *Chevau-Légers* da Guarda. "O general Krasiński se instalou logo em frente, na casa do comerciante Barishnikov. Ambas essas casas eram muito bem mobiliadas, tudo estava em ordem, tanto no andar superior quanto no de baixo havia camas muito confortáveis com colchões revestidos com couro marroquino. Por trás do palácio havia dependências, palheiros, um jardim com um laranjal e, mais além, um campo e uma horta. A frente do palácio dava para a cidade, enquanto a parte dos fundos parecia estar localizada no campo. Havia cerca de cem moscovitas nas duas alas de dependências (incluindo criados, artesãos e camponeses) que nos eram muito úteis em tudo. Nossos soldados davam o trabalho do qual eles precisavam. O comportamento dessas pessoas para conosco era muito calmo e gentil."[13]

"Apesar do desastre, do incêndio de Moscou e da fuga dos habitantes, o Exército está bastante confortável aqui e encontrou estoques imensos de mantimentos e até vinho", escreveu o general Morand, que se recuperava do ferimento que recebera ao invadir o reduto de Raevsky, para sua *Émilie adorée*. "Minha subdivisão está aquartelada em uma praça muito ampla[...]. Espero com impaciência notícias do seu parto, e que o bom Senhor a projeta como tem me protegido na batalha..."[14]

O barão Paul de Bourgoing encontrou alojamento no palácio de Rostopchin, e passou horas felizes explorando a magnífica biblioteca do conde. Um dia ele se deparou com uma edição de um livro escrito por seu pai. "É com verdadeiro prazer que o filho do autor encontra um dos livros de seu pai tão longe de sua pátria", escreveu na folha de guarda. "Ele só lamenta que tenha sido a guerra que o trouxe aqui."[15]

B.T. Duverger, tesoureiro da Subdivisão de Compans, instalou-se na casa de alguns habitantes alemães de Moscou, e viveu ali dias felizes, com a Guarda italiana desfilando de manhã em frente às suas janelas ao som da boa música militar. "Eu tinha muitas peles e pinturas; eu tinha muitas caixas de figo, café, licores, *macaroons*, peixes e carnes defumados", escreveu. "Mas eu não tinha pães, carne fresca ou qualquer tipo de vinho."

Havia um total de 12 na casa, e quando se sentavam para jantar brindavam à campanha do ano seguinte e à sua entrada em São Petersburgo.[16]

"Os granadeiros saíram e encontraram algumas toalhas de mesa e artigos domésticos para nós; outros nos forneceram provisões de todos os tipos; os rebanhos de gado que foram restituídos ao Exército estão nos proporcionando carne; nossos padeiros estão fazendo pães com farinha encontrada sob as cinzas; resumindo, o Exército tem tudo de que precisa, apesar de Rostopchin", escreveu o capitão Fantin des Odoards.

A fim de obterem vitaminas para passarem o inverno, os mais prevenidos começaram a fazer chucrute com os repolhos que existiam em abundância nas numerosas hortas da cidade.[17]

Os soldados empregavam os vários sapateiros e alfaiates que haviam restado na cidade no conserto de seus uniformes ou na confecção de botas novas. Eles também estocavam o essencial nos mercados que surgiam, onde podiam comprar coisas salvas ou roubadas por outros. Os granadeiros da Guarda, que estavam entre os primeiros a ter entrado na cidade, tendo tido amplas oportunidades para se apoderarem de todo tipo de produtos quando foram destacados para apagar o fogo no bazar principal, haviam estabelecido um mercado perto do Kremlin onde uma variedade incrível de mantimentos e produtos podia ser obtida. Entretanto, embora tenham conseguido monopolizar o mercado no que diz respeito a alguns tipos de mercadoria, estandes se espalhavam pela cidade. "As ruas que haviam sido poupadas pelo fogo lembravam uma verdadeira feira, com a peculiaridade de que todos os participantes (comerciantes e clientes) eram soldados", nas palavras de Lubin Griois.

Outra peculiaridade era que as tropas achavam o escambo mais conveniente do que usar dinheiro, de forma que todos os envolvidos perambulavam com uma diversidade extraordinária de objetos e iguarias. Os franceses podiam experimentar bons vinhos e conhaques franceses que nunca teriam condições de pagar na França, tendo alguns experimentado abacaxi pela primeira vez em Moscou.[18]

Grande parte da atividade mercantil era, por um lado, regida pela necessidade dos soldados de fazer algum dinheiro a fim de obterem objetos que poderiam vender quando voltassem para casa, e, por outro, pelo desejo de encontrar presentes para as esposas, amantes e irmãs. O que todos queriam eram as belas peles pelas quais a Rússia era famosa e os xales de caxemira da Pérsia e da Índia, que eram acessórios modernos e, na realidade, essenciais para os vestidos de cintura alta e decotados que eram moda durante o período do Império. O Bloqueio Continental elevara os preços de ambos às alturas em Paris. No entanto, como peles e xales normalmente eram guardados em porões, uma grande parte do estoque da cidade havia sido destruída pelo incêndio.

O general Compans, que se recuperava do ferimento que sofrera ao liderar o ataque de sua subdivisão às *flèches* de Bagration em Borodino, havia acabado de se casar e estava ansioso por cobrir a esposa de presentes. Porém, como escreveu para ela, estava achando muito difícil encontrá-los, embora tivesse várias pessoas empregadas nisso. No dia 14 de outubro, ele finalmente pôde escrever:

> Isso, ma bonne amie, *foi o que eu pude obter em matéria de peles:*
> *Uma grande pele de raposas pretas e vermelhas, em faixas alternadas;*
> *Uma grande pele de raposas azuis e vermelhas, em faixas alternadas;*
> *É assim que eles combinam peles de raposa neste país, quando não as usam como meros adornos. Essas duas peles são novas e consideradas muito delicadas.*
> *Uma grande gola de raposa cinza-prateada;*
> *Uma gola de raposa preta;*
> *Ambas são muito bonitas, mas muito pequenas para que você possa fazer grande uso delas; contudo, eu não consegui encontrar nada mais nessa linha;*
> *Zibelina o bastante para dois ou três adornos para peles tão grandes como a de chinchila que você comprou em Hamburgo;*
> *Um grande regalo de raposa preto-acinzentada feito de peças selecionadas costuradas em pequenas faixas de uma polegada e meia de largura. Esse regalo é tido em alta conta aqui; devem ter sido empregadas algumas peles de raposa, muita seda e bastante trabalho na confecção de um regalo assim. Eu acho que você provavelmente poderia usá-lo tanto como um adorno quanto como uma pelerine. Tudo isso, minha amada Louise, será despachado em um baú, e aproveitarei a primeira oportunidade possível para enviá-lo para você.*[19]

As peles dificilmente chegaram a ela — é certo que a carta não chegou, já que foi pega por saqueadores cossacos depois de terem atacado um mensageiro.

Peles sempre atraíam os homens de todas as posições. "Eu fiz a aquisição de uma peliça extremamente fina de raposa preta com um belíssimo cetim violeta ao fundo", escreveu o tenente Paradis, do 25º de Linha, à amante. "Eu gostaria muito de mandá-la para você, mas não sei como providenciar isso. Como você pode imaginar, o objeto é bastante volumoso."

O coronel Parguez, chefe do Estado-Maior da 1ª Subdivisão da Divisão de Davout, sugeriu que a esposa enviasse uma de suas criadas para apanhar as "seis dúzias de finas zibelinas, todas prontas e perfeitas para serem cortadas em ao menos seis peliças". A moça poderia estar de volta com elas em Paris por volta de 1º de janeiro, bem a tempo para que ela pudesse usá-las no Ano-novo.[20]

Guillaume Peyrusse, tesoureiro da equipe doméstica de Napoleão, teve dificuldades terríveis na procura de todas as coisas que sua esposa esperava. "Por mais que eu tente, não consegui encontrar nem fustão, nem musselina, nem xales de caxemira [...]. Nada delicado em matéria de peles para damas [...]. Nenhuma gravura, nenhuma paisagem de Moscou, nenhuma medalha, nem a mais simples antiguidade de qualquer tipo."

Isso era particularmente irritante, já que ele recebera uma lista completa de itens não apenas da esposa, mas também da cunhada e de vários outros membros da família. Muitos outros, incluindo o próprio marechal Davout, queixavam-se da dificuldade de se obter coisas boas para as mulheres. "Em Moscou, mesmo na corte, as conversas voltaram-se todas para raposas, coelhos e zibelinas", como relatou Eustachy Sanguszko.[21]

Os mais culturalmente curiosos exploravam o que restara da cidade, visitando o Kremlin e as tumbas dos tsares, que haviam sido destruídas por saqueadores. Vionnet de Maringoné encontrou um *banya* em funcionamento, que passou a frequentar com muito prazer. O coronel Louis Lejeune encontrou a irmã, que estivera vivendo na Rússia por 20 anos. Outros faziam amizade com os residentes franceses de Moscou — embora alguns velhos soldados revolucionários desprezassem-nos como *émigrés* — e com vários outros habitantes estrangeiros, incluindo alemães, italianos e até alguns ingleses, os quais faziam o melhor que podiam para entreter os invasores.[22]

Uma trupe de atores franceses residentes em Moscou ficara para trás, tendo apresentado uma série de montagens de comédias leves de Marivaux e outros. Eles não se apresentavam nos teatros públicos, que haviam sido reduzidos a cinzas, mas no teatro particular da corte de um palácio aristocrático. "Você não pode imaginar os salões magníficos pelos quais passamos a fim de chegarmos ao teatro", escreveu para a esposa em Varsóvia o major Strzyżewski. "Fiquei hipnotizado por tudo que vi. Em um dos salões de recepção, lembrei particularmente de você, já que ele estava repleto das mais belas flores."

Ele julgou os atores "passáveis". No intervalo, os espectadores eram servidos com refrescos pelos granadeiros da Velha Guarda.[23]

Alguns dispunham de seus próprios entretenimentos. Napoleão não ia ao teatro, mas compareceu a um recital dado para ele no Kremlin pelo cantor Signor Tarquinio. O sargento Adrien Bourgone, de 27 anos, e seus comensais haviam, quando procuravam pelo necessário para a vida, reunido um verdadeiro guarda-roupas de suntuosas roupas da corte, algumas do século anterior, que encontraram em palácios abandonados. Certa noite, juntamente com as prostitutas russas que haviam vindo morar com eles, ataviaram-se com essa indumentária espalhafatosa, com o barbeiro do regimento arrumando seus cabelos e maquiando-os. Depois, eles tiveram um baile e dançaram ao som de pífanos e tambores, as prostitutas enfeitadas como marquesas do século XVIII, jogando as pernas para o alto e produzindo uma grande atmosfera de alegria.[24]

Embora Moscou ostentasse uma igreja católica francesa — St Louis des Français, cujo padre parisiense, o *abbé* Surrugues, permanecera em seu posto —, ir à igreja não estava entre as atividades dos soldados. Alguns oficiais, a maioria de origem aristocrática, iam às missas ou se confessar, e o *abbé* só foi requisitado duas vezes para realizar enterros cristãos. Ele percorria os hospitais para conversar com os feridos, mas descobriu que eles estavam interessados apenas em seus desejos físicos, e não nas necessidades espirituais.

"Eles não parecem acreditar numa vida após a morte", escreveu o padre Surrugues. "Batizei várias crianças filhas de soldados, o que é a única coisa com a qual eles ainda se importam, e fui tratado com respeito."[25]

Embora Napoleão passasse as tropas em revista com frequência — ocasiões nas quais elas exibiam a melhor aparência possível —, desde que havia chegado a Moscou ele não inspecionara sequer uma vez seus acampamentos ou acomodações, de forma que não tinha ideia de seu verdadeiro estado de corpo e mente. Em Petrovskoie, onde uma grande parte da 4ª Divisão do príncipe Eugène estava baseada, os generais haviam se instalado nas residências de verão de moscovitas ricos, os oficiais, em vários pavilhões, *follies* e casas de verão espalhadas em volta dos parques dessas residências, e os soldados, por sua vez, nos campos ao redor. Eles se sentavam perto das fogueiras sobre belos móveis resgatados de algum palácio destruído, comendo seu mingau em baixelas de prata e bebendo os melhores vinhos em cálices preciosos. "Nosso verdadeiro estado de pobreza era mascarado pela aparência de abundância", observou um oficial do Estado-Maior do príncipe Eugène. "Nós não tínhamos nem pão, nem carne, e nossas mesas eram cobertas por conservas e doces; chá, licores e vinhos de todos os tipos, servidos em recipientes de cristal ou porcelana, mostravam o quanto o luxo se aproximava da pobreza no nosso caso."[26]

A 8ª Divisão vestfaliana de Junot, presa em Mozhaisk, também sofria com a falta de abrigos decentes e a contínua escassez de comida. Os homens iam a Moscou sempre que podiam a fim de comprarem os suprimentos necessários, mas, como eram obrigados a comprá-los de saqueadores, tinham que pagar preços altos.

Não há dúvida de que o pior estado, em todos os sentidos, era o da cavalaria de Murat e da 5ª Divisão de Poniatowski, baseadas ao sul de Moscou, nos arredores de Voronovo e Vinkovo, bem próximas ao acampamento de Kutuzov em Tarutino. Tratava-se de uma situação incomum. Um armistício tácito passara a existir, com ambos os lados se limitando a ficar de olho um no outro. Certa ocasião, alguns forrageadores franceses depararam-se com um rebanho de gado no território neutro que havia entre eles, e dividiram o espólio amigavelmente com os russos. Outra vez, o próprio Murat aproximou-se de alguns guardas russos e disse-lhes que seria mais conveniente se eles retrocedessem alguns metros, ao que eles gentilmente atenderam. Um dia, ele conversou com Miloradovich, que inspecionava seus postos avançados. Sempre que Murat saía com seus trajes operísticos, os cossacos saudavam-no com gritos de "o rei, o rei". Em sinal de respeito por sua coragem imprudente, eles nunca atiravam nele, e em sua ingenuidade Murat parece ter considerado que poderia subverter aquelas crianças selvagens das estepes. Oficiais em serviço nos postos avançados passavam o dia conversando com suas contrapartes, trocando prognósticos sobre a guerra e debatendo sobre a possibilidade de logo estarem juntos seguindo em direção à Índia. Os franceses acreditavam que era apenas uma questão de tempo até que um acordo de paz fosse assinado, e a passagem de Lauriston pelo seu acampamento a caminho para falar com Kutuzov apenas confirmou essa convicção.[27]

Entretanto, as condições nas quais os franceses ali estacionados esperavam pela tão ansiada paz eram terríveis. A maioria estava acampada a céu aberto, sem abrigos para proteger-se da chuva e do frio. Eles dormiam em camas improvisadas de palha ou galhos sob as estrelas, ou debaixo de uma *caisson* ou carruagem. Os dias de outono eram frios, mesmo quando ensolarados, e à noite havia sempre uma geada. A escassez de comida era severa, e, ao contrário de seus camaradas que estavam na cidade ou em seus arredores, esses homens não podiam ir a Moscou — que ficava a cerca de 80 quilômetros — para obter suprimentos.

O acampamento dos *Chevau-Légers* poloneses em Voronovo era melhor do que a maioria. Eles haviam ocupado as ruínas da magnífica casa de campo de Rostopchin — onde este deixara uma grande advertência afirmando que, embora tivesse passado anos construindo e plantando sua propriedade, a incendiara pessoalmente a fim de que ela não oferecesse abrigo ou conforto aos invasores franceses. Alguns oficiais haviam erguido barracas provisórias nas ruínas ou se amontoado em cabanas de camponeses na vila, enquanto os homens se abrigavam onde quer que pudessem, usando até mesmo paredes como escudos para o vento. As *cantinières* que acompanhavam o regimento improvisaram um café com peças de móveis que haviam sido poupadas, incluindo um belo sofá do palácio, e os homens sentavam-se para beber café em um conjunto bizarro de recipientes de ouro, prata e porcelana, discutindo sobre a campanha e ouvindo o general Colbert — comandante da divisão — e seus dois ajudantes de ordens entoarem à noite músicas do *vaudeville* parisiense.

Homens e cavalos sucumbiam a uma taxa alarmante nessas condições, e as palavras "divisão", "subdivisão" e "regimento" são extremamente enganosas se considerarmos o estado em que se encontrava a cavalaria francesa em meados de outubro. A 3ª Divisão de Cavalaria, que consistia em 11 regimentos, podia realmente contar com apenas 700 cavaleiros. O 1º Regimento de *Chasseurs* podia levantar apenas 58, e isso apenas graças a alguns recursos provenientes da França. Esquadrões no 2º Regimento de Couraceiros — que normalmente possuíam 130 — haviam sido reduzidos a 18 ou 24 homens. A brigada saxônica do general Thielmann resumia-se agora a 50 cavalos.[28]

"As condições em que se encontravam os cavalos eram terríveis e, por volta da metade de outubro, muitos deles estavam 'inteiramente pútridos'", nas palavras do tenente Henryk Dembiński, do 5º Regimento polonês de Rifles Montados. "Era tão ruim que, embora tivéssemos dobrado cobertores com a grossura de dezesseis, seus dorsos estavam cobertos de doença parasitária, a tal ponto que a doença havia comido o xairel, de forma que, quando um cavaleiro desmontava, podíamos ver as entranhas do cavalo."[29]

O que é realmente extraordinário é o grau em que, mesmo nessas condições, Napoleão inspirava confiança absoluta em seus homens. Sentados ao redor do acampamento sem nada para fazer, eles discutiam incessantemente sobre a situação. "Podíamos ver que estávamos perecendo lentamente, mas nossa fé no gênio de Napoleão, em seus vários anos de triunfo, era tão ilimitada que essas conversas sempre terminavam com a conclusão de que devíamos saber que ele estava fazendo o melhor para nós", relembrar-se-ia o tenente Dembiński.[30]

A maioria deles estava ansiosa — por estarem tão distantes de casa, pelo estado do Exército, pela falta de comida, pelo rumo geral que os eventos haviam tomado. "Porém, todas as nossas reflexões não nos traziam o menor temor: Napoleão estava lá", como afirmou o capitão Fantin des Odoards.

Entre as cartas encontradas espalhadas na estrada depois que um mensageiro sofreu uma emboscada de cossacos estava uma do conde de Ségur, datada de 16 de outubro, dizendo à esposa nos tons mais ternos o quanto ele a amava e sentia falta dela, e discutindo o progresso do programa de plantação de árvores que ele iniciara no parque do seu castelo.[31]

Muitos deles estavam convencidos de que Napoleão estava decidido a empreender uma marcha para a Índia. "Esperamos partir logo", escreveu Boniface de Castellane em 5 de outubro. "Fala-se sobre ir para a Índia. Nós temos tanta confiança que não discutimos a possibilidade de sucesso dessa operação, mas apenas sobre o número de meses necessários para a marcha, sobre o tempo que as cartas levarão para virem da França. Estamos acostumados à infalibilidade do imperador e ao sucesso de seus projetos."

Outros fantasiavam sobre libertar moças do harém do sultão, um sonhando com uma circassiana, outro com uma grega, outro com uma georgiana. "Depois de um bom tratado de aliança com Alexandre (que será, queira ou não, arrastado conosco junto aos outros), iremos para Constantinopla no próximo ano e de lá para a Índia", escreveu para casa um oficial. "A *Grande Armée* estará carregada apenas com os diamantes de Golconda e os tecidos de caxemira ao retornar para a França!"[32]

No início de outubro, Murat enviou seu ajudante de ordens, o general Rossetti, a Moscou para pôr pessoalmente Napoleão a par da condição crítica em que estava a cavalaria e de sua posição exposta. Todavia, Napoleão menosprezou seu relatório, afirmando que os russos estavam muito fracos para atacarem. "Meu Exército está melhor do que nunca", disse ele a Rossetti. "Alguns dias de descanso fizeram-lhe o maior bem."

Isso talvez se aplicasse às tropas que desfilavam para ele em Moscou, mas certamente não à cavalaria. No dia 10 de outubro, Murat escreveu ao general Bélliard sobre o Estado-Maior de Berthier, instando-o a transmitir a verdade ao imperador.

"Meu caro Bélliard V", escreveu ele, "minha posição é atroz. Eu tenho todo o Exército inimigo diante de mim. Nossa guarda avançada foi reduzida a nada; ela está morrendo de fome, e não é mais possível forragear sem a certeza da captura. Não se passa um dia em que eu não perca 200 homens dessa forma."[33]

Napoleão era muito astuto para não perceber que sua estratégia dera muito errado, e que Caulaincourt estivera certo desde o início. Mas ele não gostava de admitir isso, e recorreu ao único próximo passo lógico — recuar. Ele não gostava nem da ideia de se retirar, que ia contra seus instintos, nem tampouco das implicações que essa retirada teria na atmosfera da Europa. Ele também possuía uma capacidade extraordinária de convencer-se a acreditar em algo apenas decretando sua veracidade. "Em muitas circunstâncias, desejar algo e acreditar nisso eram para ele a mesma coisa", nas palavras do general Bourienne.[34]

Assim, ele esperou, acreditando que Alexandre perderia a coragem e que sua própria sorte proverbial produziria algum resultado.

Ele havia estudado mapas de temperatura, que lhe diziam que não ficaria realmente frio até o início de dezembro, de forma que não tinha nenhuma sensação de urgência. O que ele não percebia — tal como ocorre a muitos que não conhecem esse tipo de clima — era o quão súbitas e brutais as mudanças de temperatura podem ser, além do fato de a temperatura ser apenas um fator — que, junto ao vento, à água e ao terreno, pode se tornar um oponente cruelmente poderoso.

O tempo incomumente agradável do início de outubro contribuiu para a sua complacência. Ele caçoava de Caulaincourt, acusando-o de contar histórias sobre o inverno russo inventadas para "assustar crianças". "Caulaincourt pensa que já congelou", zombou ele.

Napoleão dizia continuamente que estava mais quente que em Fontainebleau naquela época do ano, e rejeitou a sugestão de que o Exército providenciasse luvas e outras peças de roupa quentes. Ele não estava só em suas desilusões.

"Temos tido o tempo mais maravilhoso dos últimos dias, o tempo na França nessa época do ano não poderia ser melhor", escreveu Davout para a esposa. "Em geral, as pessoas exageram quanto à severidade do clima daqui."[35]

A cada dia que Napoleão passava em Moscou tornava-se mais difícil partir sem sofrer desmoralização, e o geralmente resoluto imperador acabou imobilizado pela necessidade de escolher entre um conjunto de opções pouco atraentes de um lado e uma crença teimosa na sua sorte do outro. Ele caiu na armadilha de acreditar que ao adiar sua decisão estava deixando as opções em aberto. De fato, ele só possuía realmente uma opção, e estava reduzindo suas chances de sucesso a cada dia de protelação.

No dia 12 de outubro, o *estafette* diário de Moscou para Paris foi atacado e capturado entre Moscou e Mozhaisk, e no dia seguinte o que vinha de Paris foi interceptado. O general Ferrières, que percorrera todo o trajeto desde Cádis, foi capturado quase nos portões de Moscou. Esses eventos abalaram Napoleão, e a gravidade de sua posição tornou-se evidente com a primeira nevasca, em 13 de outubro, que cobriu as ruínas de Moscou e a zona rural ao redor com uma capa branca brilhante. "Apressemo-nos", disse ele ao ver a neve. "Nós devemos estar em alojamentos de inverno dentro de um período de 20 dias."[36]

Ele estava um pouco atrasado, mas não era, de forma alguma, tarde demais. Smolensk, onde Napoleão possuía alguns suprimentos, ficava a apenas cerca de dez ou 12 dias de marcha de Moscou, e suas bases bem-supridas de Minsk e Vilna estavam a não mais que outros dez e 15 dias, respectivamente, dali. Tendo-as alcançado, seu Exército estaria bem alimentado e abastecido, seguro em território amigo e apto a levantar reforços dos postos de treinamento de recrutas que ele construíra na Polônia e na Prússia. Na primavera, ele poderia marchar para São Petersburgo ou qualquer outro ponto que escolhesse.

Uma retirada sempre é uma operação arriscada, já que pode facilmente se transformar numa fuga, mas há meios para limitar o dano, e nesse caso a principal prioridade era garantir a mobilidade com uma viagem o mais leve possível. Só isso poderia ter dado a Napoleão a iniciativa, mesmo se ele batesse em retirada. Além disso, a necessidade de descartar carga ao longo do caminho tendia a reduzir o moral dos homens e elevar o dos perseguidores. A conveniência, portanto, exigia que ele enviasse à sua frente ou deixasse para trás o máximo possível, em termos tanto de pessoas quanto de equipamentos.

Contudo, no que diz respeito a todos os outros aspectos dessa campanha, as prioridades políticas impediam-no de tomar o curso ditado pelas considerações militares, sem mencionar o senso comum. Sua suposição original de que a ocupação de Moscou produziria a paz implica que, em vez de considerar a cidade uma posição avançada, ele a tratava como uma base. Os feridos de Borodino que podiam ser transferidos não foram levados de volta para Smolensk e Vilna a fim de se recuperarem, mas levados para Moscou. Apenas no dia 5 de outubro ele deu ordens para que os feridos que podiam ser transferidos e ainda se encontravam em Mozhaisk, Kolotskoie e Gzhatsk fossem gradualmente levados para Smolensk, e só em 10 de outubro o primeiro comboio de feridos deixou Moscou. Se ele tivesse dado início a esse processo uma semana antes, centenas de homens de todos os postos teriam sobrevivido. Os que foram enviados de volta na primeira semana de outubro viajaram sem problemas, em ótimas condições, ao longo de todo o trajeto para Paris. Stendhal, que partiu de Moscou com um comboio de feridos já no dia 16 de outubro, chegou a Smolensk sem problemas. Eles foram perturbados por cossacos, mas não o bastante para que ele fosse incomodado em sua leitura das *Lettres* de Madame du Deffand. Mesmo os troféus — estandartes, roupas de gala e tesouros do Kremlin, incluindo a grande cruz de prata dourada que Napoleão ordenou que fosse arrancada da cúpula da torre de Ivan, o Grande, a qual pretendia erigir em Paris — não foram enviados com antecedência.

Ele continuava ordenando o avanço de todos os reforços disponíveis, em vez de estabelecer reservas ao longo da sua linha de retirada. Apenas em 14 de outubro, um dia depois da primeira nevasca, ele deu ordens para que nenhuma tropa fosse mais enviada para Moscou, mas que elas retrocedessem para Smolensk, e que os feridos restantes em Moscou fossem evacuados imediatamente, os de Mozhaisk e Koloskoie a partir de 20 de outubro, e os de Gzhatsk, dois dias depois.

Os mais gravemente feridos, provavelmente um total de 12 mil, deveriam ser deixados onde estavam, conforme o doutor Larrey pretendera — ele até deixara equipes médicas, complementadas por habitantes franceses de Moscou. O doutor La Flise ficou chocado com a chegada da ordem para transportá-los, percebendo que a maioria pereceria com as turbulências da estrada mesmo se escapassem dos ataques de cossacos saqueadores.[37]

Napoleão estabeleceu 19 de outubro como a data em que deixaria Moscou, depois a adiando para 20 de outubro. Entretanto, mesmo então várias considerações políticas atrapalhavam preparativos sensatos. Ele poderia retirar-se pela mesma estrada pela qual viera, com as vantagens de que esta era familiar, guardada por unidades francesas e pontuada por depósitos de suprimentos, além de ser a mais direta. A única desvantagem era que o território ao longo dela havia sido devastado durante o avanço e não ofereceria muito em matéria de subsistência. Napoleão, portanto, pediu ao general Baraguay d'Hilliers, baseado em Smolensk, que identificasse duas estradas paralelas à estrada principal, de forma que alguns componentes do Exército pudessem marchar através de uma área intocada.

Contudo, voltar pelo trajeto que ele havia percorrido seria o mesmo que admitir estar se retirando. Ele considerou a possibilidade de marchar para o nordeste, através de Volokolamsk, onde poderia esmagar o destacamento de Wintzingerode, reunir-se a Victor e St Cyr em Vitebsk, para então atacar Wittgenstein e depois, se necessário, retirar-se para Vilna. Essa opção tinha a vantagem de que ameaçaria São Petersburgo, o que poderia abalar a coragem de Alexandre. Ou ele poderia marchar em direção ao sul, atacar Kutuzov e depois marchar de volta para Minsk por Kaluga ou Medyn. Essa opção tinha a desvantagem de que, se recuasse para Smolensk, mesmo derrotando Kutuzov, Napoleão daria a impressão de estar fugindo. Assim, ele contemplou a possibilidade de retornar para Moscou depois de derrotá-lo. Em vez de evacuar a cidade, portanto, ele deu ordens para que as divisões de Davout, Mortier e Ney se reunissem e estocassem três meses de rações de ensopados de repolho, melhorassem as defesas do Kremlin e transformassem todos os monastérios em pontos estratégicos fortificados, os quais deveriam ser guardados por soldados de cavalaria sem cavalo armados com mosquetes "durante a ausência do Exército". Uma grande parte da sua equipe doméstica também deveria permanecer em Moscou quando ele se mudasse.[38]

"É possível que eu retorne a Moscou", escreveu Napoleão, já no dia 18 de outubro, para o general Lariboisière, inspetor geral da artilharia, que estava preocupado com as grandes quantidades de equipamentos estocados lá. "Então, nada que puder ter alguma utilidade deve ser destruído."

Quando, no final, Moscou de fato teve que ser evacuada, Lariboisière teve que atear fogo a 500 *caissons*, 60 mil mosquetes e várias centenas de milhares de medidas de pólvora antes de partir. Na ausência do número suficiente de cavalos para puxar os canhões, ele também queria que os inúteis canhões de quatro libras fossem destruídos, mas Napoleão achou que isso cheiraria a derrota.[39]

Napoleão deveria ter mandado de volta todos os seus soldados de cavalaria desmontados. Havia vários milhares destes quando ele chegou a Moscou, e o número aumentava diariamente. Em vez disso, ordenou que formassem unidades desmontadas e fossem armados com carabinas, o que era inútil, visto que os homens não queriam lutar na infantaria, não haviam sido treinados para usá-las e não sentiam nenhum *esprit de corps* nessas unidades.

"O pior regimento de infantaria é muito mais eficiente que quatro regimentos de cavaleiros desmontados", escreveu Boniface de Castellane. "Eles balem feito asnos que não foram feitos para esse trabalho."[40]

O coronel Antoine Marbot, comandando o 23º de *Chasseurs à Cheval* sob o comando de St Cyr, ignorou as ordens para manter todos os homens desmontados perto do front e mandou todos os seus de volta para Varsóvia, onde eles sabiam que encontrariam cavalos; com isso, no final da campanha, ele tinha 250 homens bem montados e prontos para a ação, enquanto todos os cavaleiros desmontados que permaneceram com St Cyr foram feitos prisioneiros.

"Teria sido tão fácil, durante o verão e o outono, mandar os homens para Varsóvia, cujo depósito de remonta tinha uma grande quantidade de cavalos e nenhum cavaleiro", escreveu ele.[41]

Se Napoleão tivesse evacuado seus cavaleiros apenas uma semana à frente do Exército, ele teria a cavalaria cuja ausência lhe roubaria a vitória em 1813 e 1814.

O coronel Marbot também fez seus homens adquirirem casacos de pele crua de carneiro dos camponeses locais no início de setembro, assim salvando a vida de vários deles. O coronel dos *Chevau-Légers* poloneses da Guarda fez o mesmo, e, como mestre da Cavalaria, Caulaincourt fez todos os cavaleiros, cavalariços e cocheiros sob seu comando providenciarem para si não apenas casacos de pele de carneiro, mas também luvas e chapéus de pele.[42]

Outros oficiais demonstraram uma presciência similar, mas geralmente apenas para consigo mesmos, investindo em bons casacos de pele (em contraste às peças pomposas para as damas em casa), galochas, luvas e gorros de pele. O tenente Henckens, do 6º Regimento de *Chasseurs,* comprou algumas peças pequenas de pele e encarregou um de seus homens, um alfaiate, de transformá-las numa camiseta para ser usada sob a camisa. O coronel Parguez informou orgulhosamente à esposa em uma carta que havia obtido um par de botas de pele de urso, feitas de pele na parte interna.[43]

O capitão Louis Bro, dos *Chasseurs à Cheval* da Guarda, não arriscou. "Eu comprei dois pequenos cavalos cossacos acostumados a viver de palha e dos galhos de pinheiros. Eles carregaram meus objetos pessoais e cem quilos de suprimentos de reserva, principalmente chocolate e *eau-de-vie*; previ que meu exaurido cavalo francês não iria muito longe. Os dois cavalos, com ferraduras de aço, me levaram ao longo de todo o trajeto para o Niemen. Também providenciei para mim uma capa forrada de pele, uma pele de raposa, um quepe forrado de pele, botas de feltro e tijolos de resina que me permitiriam acender uma fogueira a qualquer momento."[44]

Louis Lagneau, um cirurgião na Jovem Guarda, tomara a precaução de mandar fazer uma pequena barraca em Moscou, na qual ele e três colegas puderam dormir relativamente aquecidos e se abrigar mesmo nas condições mais frias — a barraca ficava perfeitamente quente com os quatro dentro. Antoine Augustin Pion des Loches, recentemente promovido ao posto de coronel da Artilharia de Infantaria da Guarda, também se preparou para todas as eventualidades. Em sua pequena carroça, ele colocou cem grandes bolachas do tipo cream-cracker, um saco de farinha, 300 garrafas de vinho, de 20 a 30 garrafas de rum e outras bebidas alcoólicas, dez libras de chá, dez libras de café, uma grande quantidade de velas e, "para o caso de nos alojarmos para o inverno a leste do Niemen, o que eu achava ser inevitável, uma caixa contendo uma bela edição dos trabalhos de Voltaire e Rousseau; uma *História da Rússia* de Le Cler, a de Levesque, as peças de Molière, os trabalhos de Piron, '*de l'Esprit des Lois*' e alguns outros trabalhos, tais como a *Histoire philosophique* de Raynal, todos encadernados com couro de bezerro branco e com bordas douradas".[45]

Ainda assim, enquanto pessoas como ele foram inteligentes o bastante para se equiparem com os meios de sobrevivência, não houve uma única ordem vinda de cima, nem mesmo no comando das divisões ou no nível divisional, para que fossem providenciadas as medidas apropriadas para protegerem as tropas durante as operações seguintes. Bons comandantes como Davout certificaram-se de que os uniformes e as botas dos soldados fossem consertados, mas isso foi o melhor que fizeram. De qualquer forma, quaisquer outras medidas que eles pudessem ter tomado seriam invalidadas por uma grande omissão, que custaria dezenas de milhares de vidas e transformaria uma retirada potencialmente ordenada em uma trágica debandada.

No momento em que vieram descansar em Moscou, todas as unidades polonesas estabeleceram oficinas de ferreiros e começaram a fazer ferraduras com grampões pontiagudos para o inverno. Eles diziam aos seus camaradas franceses para fazerem o mesmo, mas seu conselho simplesmente não atravessava a parede de tranquilidade tipicamente francesa.

"A teimosia e a arrogância dos franceses, que achavam que, tendo estado em tantas guerras, sabiam mais do que todos os outros e não precisavam do seu conselho, não lhes permitirem colocar ferraduras com grampões em seus cavalos", escreveu Józef Grabowski, um oficial polonês agregado ao quartel-general imperial.

Felizmente para Napoleão, Caulaincourt, que vira vários invernos russos, encarregou-se de ferrar adequadamente todos os cavalos da equipe doméstica. No entanto, quando foi sugerido que as mesmas medidas fossem ordenadas a todo o Exército, o imperador rejeitou a sugestão — com consequências fatais para ele e todo o seu Exército.[46]

17

Marcha inútil

O sucesso militar de Napoleão no passado devia-se à sua capacidade de realizar uma rápida avaliação de qualquer situação e de agir com inteligência e resolução para solucioná-la. Entretanto, a partir do momento em que deu início à "Segunda Guerra Polonesa", ele demonstrou uma inabilidade marcante tanto para fazer a avaliação correta quanto para agir assertivamente. Havia, provavelmente, muitas razões para isso, e sem dúvida uma delas era a dificuldade que ele tinha de compreender o que seus oponentes estavam tentando alcançar.

Os russos haviam passado um ano e meio se posicionando para uma ofensiva, apenas para se retirarem no momento em que as operações começaram. Inicialmente, isso levou Napoleão a esperar uma armadilha, e depois a supor que eles estavam evitando uma batalha por temerem ser derrotados. Ele não perceberia que isso era, em sua maior parte, resultado do caos e das intrigas reinantes no quartel-general russo. Quando eles resolveram ficar e lutar, em Borodino, ele os venceu, e, como abandonaram sua capital, ele supôs que eles estavam derrotados. A passividade exibida por Kutuzov nas semanas seguintes parecia confirmar essa suposição, e, dando-lhe uma falsa sensação de segurança, acabou contribuindo para a sua derrota.

Os historiadores com tendências mais românticas tentaram provar que a inércia do marechal de campo russo era uma tática inteligente para levar Napoleão a permanecer em Moscou pelo máximo de tempo possível a fim de ser apanhado pelo terrível inverno russo. É possível que esse tenha sido o caso; mas é também possível que Kutuzov simplesmente não soubesse o que fazer, e estivesse com medo de tomar a decisão errada. Isso é certamente o que muitos em seu quartel-general pensavam.

Pouco depois de chegar a Tarutino, ele começou a receber reforços. Ao longo dos meses de verão, o Exército operando contra Napoleão foi abastecido com 174.800 regulares, 31.500 irregulares — a maioria cossacos — e 62.300 milicianos, com Kutuzov recebendo a maior parte. Seu Exército tornava-se maior a cada dia, e nas quatro semanas que permaneceu em Tarutino as tropas compostas por não mais que 40 mil exaustos e desanimados soldados passaram a contar com 88.386 regulares — com 622 canhões — complementados por 13 mil cossacos do Don e 15 mil cossacos irregulares e da cavalaria bashkir.[1] Kutuzov sabia que, enquanto suas tropas aumentavam, as dos franceses diminuíam. Todos os dias suas patrulhas traziam vários forrageadores, saqueadores e desertores franceses, dos quais ele soube que a *Grande Armée* estava sofrendo com uma escassez aguda de forragem e comida fresca, e que o moral estava afundando. Ele contribuía com esse processo através dos "destacamentos voadores" que organizara. Estes cercavam as extremidades da área ocupada pelos franceses, capturando qualquer um que se aventurasse a sair e ocasionalmente arremetendo para apanhar um pequeno destacamento ou caravana de suprimentos. No total, os franceses perderam cerca de 15.500 homens dessa forma durante sua permanência de cinco semanas em Moscou.[2]

Contudo, Kutuzov não tinha pressa de iniciar operações militares regulares. O plano de Alexandre, trazido de São Petersburgo pelo coronel Chernyshev — que contemplava envolver Napoleão num grande cerco quando este retornasse de Moscou, formado pelos Exércitos de Kutuzov, Tormazov, Chichagov, Wittgenstein e Steinheil —, foi educadamente discutido e posto de lado sob o argumento de que o Exército russo ainda não estava forte o bastante para enfrentar os franceses.[3]

Isso realmente era verdade, já que, além de ter dado às tropas tempo para descansar e treinado recrutas novos, Kutuzov fizera muito pouco para preparar-se para operações ofensivas. Ele reuniu o Primeiro e o Segundo Exércitos, deixando Barclay com o título de comandante, mas sem qualquer papel prático. Kutuzov continuou promovendo o caos com seu estilo peculiar de comandar, no qual era habilmente secundado pelo seu novo chefe do Estado-Maior, o general Konovnitsin, que passava os dias fumando seu cachimbo e conversando com os outros oficiais, mas, de acordo com o capitão Maievsky — um dos oficiais de serviço de Kutuzov —, recusava-se a assinar uma única ordem.

"Temeroso pela sua reputação, Konovnitsin queria, aparentemente, demonstrar muita atividade; no entanto, não estando preparado para assumir o papel, ele supôs corretamente que tudo que fosse bom seria atribuído a ele, e que tudo que fosse ruim seria atribuído ao marechal de campo", de acordo com Maievsky. "Mas parece que Kutuzov empregou a mesma tática, com o objetivo oposto."

Konovnitsin era energicamente detestado por Yermolov, que ainda era o chefe do Estado-Maior de Barclay, e que comandava os Exércitos combinados. Ele achava a atmosfera no quartel-general tão diabólica que se mudou para uma vila a alguma distância do acampamento, só vindo quando convocado.[4]

No final de setembro, incapaz de continuar suportando a situação, Barclay escreveu uma longa e chorosa carta ao tsar na qual o alertava de que o Exército estava sendo comandado por um "ninguém", um bandido, e renunciava ao comando.

"Minha saúde está arruinada e minha força moral e física esgotou-se", explicava ele.

Barclay sentia-se injustiçado: havia sido totalmente comprovado que sua estratégia estivera correta, e ainda assim o crédito por ela lhe fora negado. Ele salvara o dia em Borodino, mas isso não foi reconhecido por ninguém. Para piorar a situação, sua carruagem foi apedrejada pela multidão quando ele atravessou Kaluga depois de deixar o Exército.[5]

A partida de Barclay não ajudou a acalmar as tensões no quartel-general russo. Bennigsen, que esperava ser nomeado para tomar o lugar de Kutuzov no comando, liderava uma conspiração que o acusava de morosidade, dissipação e covardia. Embora o velho marechal de campo ainda gozasse de grande respeito e amor entre os soldados rasos, até os oficiais subalternos sentiam-se entediados e prontos para a ação, enquanto os comentários que circulavam através do acampamento os deixavam ainda mais agitados.

"Há tanto tempo eu tenho ouvido tantas opiniões e rumores perturbadores que já não sei em quem ou no que acreditar", escreveu o tenente Aleksandr Chicherin em seu diário.[6]

A notícia da queda de Madri para as tropas inglesas chegou a Tarutino no início de outubro, suscitando uma grande alegria. Porém, à animação seguiram-se questionamentos sobre por que eles esperavam enquanto os outros lutavam contra os franceses. O velho espectro da traição estava mais presente do que nunca, e começou a tornar-se palpável quando um oficial do Estado-Maior francês apresentou-se aos guardas russos com uma carta de Berthier para Kutuzov. Esta informava ao marechal de campo que o general Lauriston alcançara o acampamento de Murat e solicitava uma audiência. Kutuzov concordou em encontrar-se com Lauriston à meia-noite na área neutra entre os dois Exércitos, sem dúvida esperando que isso garantisse o sigilo do encontro.

Contudo, os rumores logo voavam através do acampamento russo, e Bennigsen, que se convencera de que seu superior estava prestes a fazer algum tipo de trato com os franceses, alertou Wilson sobre o que estava acontecendo. O bisbilhoteiro inglês não precisava de mais motivos para seguir direto para as acomodações de Kutuzov, onde submeteu o marechal de campo a um discurso sobre não trair os desejos do tsar e a causa russa. O que quer que tenha pensado sobre o importuno bretão, o comandante russo não podia mais prosseguiu com seu plano, enviando em seu lugar o ajudante de ordens do tsar, príncipe Piotr Volkonsky, que chegara recentemente de São Petersburgo. Lauriston ficou desapontado ao não achar Kutuzov no encontro marcado, e afirmou ser o portador de uma carta de Napoleão para o comandante russo, a qual só poderia ser entregue a este em pessoa. Isso causou uma demora maior, e, no final, Lauriston foi trazido ao acampamento russo e introduzido à cabana rústica de Kutuzov.

O propósito da missão de Lauriston era pedir um salvo-conduto para ir ver o tsar em São Petersburgo. Kutuzov respondeu que não tinha autoridade para conceder-lhe um, e não podia fazer mais do que escrever ao seu soberano transmitindo o pedido francês. Lauriston e Napoleão teriam que esperar pacientemente pela resposta. Lauriston perguntou se o cessar-fogo não poderia ser arranjado enquanto eles esperavam. Ele também sugeriu uma troca de prisioneiros, e que essas medidas fossem usadas para conter a violência que se desenvolvia em ambos os lados. Kutuzov foi educado, mas respondeu negativamente, apontando que não cabia ao invasor queixar-se sobre o comportamento da população agredida. A missão do francês não deu em nada. No entanto, acirrou os comentários contra o marechal de campo — a ponto de um oficial ter sido preso por espalhar o rumor de que o comandante estava negociando com os franceses — e rendeu-lhe uma severa repreensão de Alexandre, que dera instruções rígidas para que ele não estabelecesse nenhum tipo de comunicação com o inimigo.[7]

Alexandre vinha urgindo que Kutuzov atacasse as unidades expostas do Exército francês, e não conseguia compreender por que o marechal de campo não arremetera contra Murat em Voronovo e Vinkovo.[8] Bennigsen, Yermolov, Platov, Baggovut e outros também vinham implorando que Kutuzov aproveitasse a oportunidade para destruir essa tropa, que consistia em um total de não mais que 25 mil — acampados bem debaixo de seus narizes e que haviam sido levados a uma falsa sensação de tranquilidade que os fez dispensar a maioria das precauções observadas quando diante do inimigo. Considerando que o Exército russo agora possuía mais de cem mil homens, o ataque teria sido tão arriscado quanto um passeio. Kutuzov resistira a todos os argumentos, mas não poderia mais se opor ao que havia se tornado o desejo de todo o Exército; então finalmente concordou.

Ele estabeleceu a data do ataque para 17 de outubro, mas o fez em cima da hora, com sua indiferença costumeira pelos canais corretos. Yermolov não pôde ser localizado a tempo de transmitir as ordens para algumas das unidades — possivelmente porque havia sido Konovnitsin quem o convocara. Com isso, ao chegar para assumir o comando da operação, Kutuzov descobriu que metade das unidades mais importantes estavam ocupadas com suas atividades diárias, cozinhando e forrageando, em vez de terem se preparado para a batalha. Ele teve um acesso violento e ameaçou Yermolov e vários outros com uma terrível retaliação, antes de remarcar o ataque para o dia seguinte.

Porém, no dia 18 de outubro, foi Kutuzov quem não chegou na hora marcada, de forma que Bennigsen assumiu o comando do ataque. Baggovut atacou o flanco esquerdo de Murat, enquanto Orlov-Denisov surgiu à sua direita. As tropas francesas foram totalmente surpreendidas. Os cossacos de Orlov-Denisov invadiram o acampamento do general Sébastiani quando a maioria de seus ocupantes ainda dormia, fazendo centenas de prisioneiros, enquanto o resto montou em seus cavalos e fugiu. Em vez de assegurarem a vantagem que haviam obtido, os cossacos passaram a saquear o acampamento, o que deu tempo aos franceses para se refazerem e contra-atacarem. Embora os franceses estivessem cercados e em minoria, os russos não foram capazes de tirar vantagem da situação. A Divisão de Miloradovich permaneceu inerte, enquanto os pedidos de reforços de Bennigsen a Kutuzov ficaram sem resposta. As várias unidades russas operavam sem um propósito, e os franceses, tendo se reorganizado com a cobertura de uma poderosa resistência empreendida pela Divisão de Poniatowski, fizeram uma retirada ordenada.

O que deveria ter sido uma vitória fácil acabou sendo um fiasco, e se os franceses perderam cerca de 2.500 homens, 36 canhões e uma bandeira regimental, os russos perderam mais de mil homens, entre estes o general Baggovut. Eles zombaram do fato de que o rei de Nápoles fugira tão rápido que tivera que deixar para trás até mesmo seu guarda-roupa e sua prataria.* Porém, eles não haviam sido capazes de destruir uma única

*Os franceses também haviam deixado para trás um grande número de mulheres russas que haviam vindo de Moscou para confortá-los.[10]

unidade francesa, e o episódio ainda fomentou os conflitos no comando russo. Kutuzov chamou Bennigsen de "imbecil" e "covarde ruivo" — a palavra *ryzhy* (ruivo em russo) também quer dizer "palhaço" —, e o último respondeu no mesmo tom.[9]

O resultado decepcionante do ataque não impediu Kutuzov — que, na verdade, não entrou em momento algum no campo de batalha — de proclamar a todos que havia enfrentado e derrotado o Exército de 50 mil homens de Murat. Ele escreveu numa carta que os franceses haviam "corrido como lebres". O relatório enviado a São Petersburgo era tão prepotente que a vitória foi honrada durante dois dias com salvas de tiros e iluminação, e rendeu-lhe uma espada cerimonial com folhas de loureiro.[11]

Ainda assim, não foi dada continuação ao ataque. Oficiais praguejavam, soldados se perguntavam por que ainda não haviam tido permissão para ir atrás dos franceses. À medida que esfriava, contudo, eles passaram a ocupar-se com a construção de abrigos para si. Muitos começaram a pensar que Kutuzov estava, na verdade, com medo de enfrentar Napoleão. Nikolai Durnovo, um oficial do Estado-Maior de Bennigsen, queixou-se de que Kutuzov "estava com medo de fazer o menor movimento... sentado em seu esconderijo como um urso que não quer sair", enquanto os franceses estavam vulneráveis a um ataque. "Isso está nos deixando a todos loucos de raiva."[12]

Enquanto o ataque russo a Murat desdobrava-se em Vinkovo, Napoleão encontrava-se no Kremlin, inspecionando a 3ª Divisão de Ney.

"O desfile foi tão bom quanto as circunstâncias permitiram", escreveu o coronel Raymond de Fezensac, cujo 4º de Linha estava participando. "Os coronéis se superaram a fim de apresentar seus regimentos em sua melhor aparência, e ninguém os vendo podia imaginar o que os soldados suportaram, e o que ainda estão suportando."

Pouco depois do meio-dia, o ajudante de ordens de Murat, general Bérenger, entrou galopando na praça de armas e informou a Napoleão o que havia acontecido em Vinkovo. "Embora não tenha ficado assustado, Napoleão estava muito agitado", de acordo com Bausset.

Ele apressou-se para terminar a inspeção, distribuindo cruzes da *Légion d'Honneur* e promoções, e depois retornou aos seus aposentos, onde começou a dar ordens para que a evacuação fosse iniciada no dia seguinte.

"Ele abria a porta da sala onde os que estavam de serviço esperavam continuamente, chamando por uma pessoa e depois por outra, falava rapidamente e não conseguia permanecer parado por um único instante", escreveu Bausset. "Ele mal se sentou para almoçar e já estava de pé novamente, colocando tanta urgência em suas ideias e planos que eu creio que as consequências fatais da sua longa permanência em Moscou repentinamente se revelaram para ele naquele dia."

Entretanto, quando de fato deixou o Kremlin naquela noite, Napoleão havia recuperado sua calma costumeira, e parecia mais desperto do que estivera por algum tempo.[13]

O regimento de Fezensac partiu naquela mesma noite. No caminho, ele percebeu enfurecido que outra unidade que também estava partindo ateara fogo a um depósito de farinha e forragem que não tinha meios para transportar.

"Tínhamos espaço em alguns de nossos *fourgons*", escreveu Fezensac, "mas tivemos que assistir enquanto as chamas consumiam suprimentos que poderiam ter salvado nossas vidas."

Tal desorganização era um prenúncio do que viria pela frente.[14]

Contudo, muitas das tropas sentiam-se felizes demais por estarem partindo ou muito concentradas nas preparações para se preocupar com qualquer outra coisa. "Nós nos apressamos de volta para os nossos alojamentos, dobramos nossos uniformes de gala e, com prazer, pusemos nosso uniforme de marcha", escreveu Cesare de Laugier em seu diário. "Tudo está num estado de comoção; podemos ler a alegria em cada face diante da perspectiva de partir. A única coisa que nos incomoda é ter que deixar para trás camaradas que estão incapacitados de andar. Alguns deles estão fazendo esforços sobre-humanos para nos seguir. Às 5 horas, ao som dos tambores e de música em alto volume, nós marchamos pelas ruas de Moscou... Moscou! Que estivemos tão desejosos de alcançar, mas que deixamos sem pesar. Pensamos apenas em nossa terra natal, em nossas famílias, que logo veremos ao final desta gloriosa expedição."[15]

A comoção que se espalhou pela cidade com a notícia da partida iminente foi indescritível. Um grande número de civis que temiam ser linchados pela multidão depois que os franceses tivessem partido decidiram segui-los. Embora a maioria pertencesse à colônia francesa, havia também estrangeiros, entre estes ao menos uma mulher inglesa, esposa de um comerciante polonês. Além disso, um número considerável de russos também estava incluído, particularmente mulheres e criminosos de menor importância, que haviam apostado sua sorte nos franceses ou se tornado ligados a eles. Os preparativos de última hora só pioraram a confusão, com as tropas fazendo as malas e carregando a bagagem. A cidade rapidamente se encheu de pequenos negociantes ansiosos por comprar quaisquer coisas que os franceses não pudessem carregar e com camponeses da zona rural próxima à cidade ávidos por pilhar o que quer que ficasse para trás. Contudo, os soldados da *Grande Armée* estavam dispostos a não deixar para trás nada que não fossem obrigados a abandonar.

Uma das consequências mais danosas do incêndio foi o grande número de soldados que acumularam um verdadeiro estoque de espólios, com os quais esperavam, ao voltar para a Europa Ocidental, fazer fortuna. Provavelmente, um total de até 8 mil homens havia deixado seus postos para cuidar dos veículos ou animais de carga com os quais carregavam seus tesouros. Contudo, eles só poderiam fazer a viagem para casa sob a cobertura das tropas, cujos movimentos obstruíam a cada passo.

Mesmo soldados disciplinados estavam determinados a não deixar para trás os lucros que haviam obtido com tanta dificuldade, como mostra o caso do sargento Adrien Bourgone. Seu farnel continha: várias libras de açúcar, algum arroz, bolachas cream-cracker, meia garrafa de licor, um vestido de seda chinês bordado com fios de prata e ouro, vários itens de prata e ouro, seu uniforme de gala, um redingote feminino, dois broches de prata repuxada (um representando o Julgamento de Páris e o outro, Netuno em sua biga), vários medalhões e um enfeite russo cravejado de diamantes. Em uma mochila grande que levava no ombro, havia um medalhão de prata representando Cristo, um vaso de porcelana chinês e vários outros objetos. Além de tudo isso, ele levava seu equipamento completo, um par de sapatos extra e 60 cartuchos. "Acrescentem-se a isso saúde, alegria, boa vontade e a esperança de apresentar meus respeitos às damas da Mongólia, da China ou da Índia, e você terá uma ideia do que era ser um sargento dos Vélites na Guarda Imperial", concluía ele.

Depois de alguns quilômetros, ele parou à margem da estrada e verificou sua bagagem para ver o que podia descartar a fim de torná-la mais leve, decidindo-se pelas calças do seu uniforme de gala.[16] Outros descartariam cartuchos e equipamentos de limpeza de mosquetes. Soldados da artilharia jogariam fora carretas de canhões, e bigornas, ferraduras e pregos desocupariam carroças de companhias para dar espaço aos espólios dos ferreiros.

"Qualquer um que não tenha visto o Exército francês deixar Moscou pode ter não mais do que uma leve impressão da aparência das tropas da Grécia e de Roma ao deixarem Troia e Cartago", escreveu Pierre-Armand Barrau.

Ségur achava que o Exército parecia uma horda de tártaros retornando de uma incursão bem-sucedida. Cada soldado gemia sob um farnel cheio de itens de ouro e prata pendurados em suas correias cruzadas. As carroças que levavam a bagagem do regimento foram carregadas com volumes não regulamentados. Os intervalos entre as unidades em marcha estavam abarrotados com carroças e carretas de todo tipo, incluindo carrinhos de mão com presas de saques empilhadas sendo empurrados ou puxados por camponeses russos que haviam também se tornado parte dessas presas, além das mais elegantes carruagens e landaus, frequentemente puxados por pequenos e franzinos *cognats*. Eram três ou quatro desses veículos rolando lado a lado em meio a uma multidão de soldados sem armas ou uniformes, criados, vivandeiros e seguidores do Exército em geral.

"Aquele já não era o Exército de Napoleão, mas o de Dario retornando de uma longa expedição, mais lucrativa do que gloriosa", nas palavras de Adrien de Mailly.[17]

A atmosfera era de animação, e a cena lembrava a muitos um baile de máscaras ou um carnaval. Mailly observava pasmo uma família de comerciantes franceses de Moscou que partia.

"Aquelas damas estavam vestidas como *bourgeoises* parisienses indo a um piquenique no Bois de Vincennes ou em Romainville", escreveu ele, acrescentando que uma delas usava um chapéu cor-de-rosa ornado com rendas e chinelos de cetim branco.[18]

O coronel Griois mal podia acreditar no que seus olhos viam. "Colunas densas, formadas por soldados de várias unidades, avançavam desordenadas; os cavalos fracos e magros puxavam a artilharia com dificuldade; os soldados e comissários haviam empregado todos os meios para levar consigo tudo o que haviam acumulado. Carruagens da maior elegância, charretes de camponeses, *fourgons*, puxados pelos pequenos cavalos locais e sobrecarregados com bagagens, rolavam no meio das colunas, numa balbúrdia de cavalos de montaria e animais de tração. Os soldados caminhavam curvados sob o peso de seus fardos. Abandonar qualquer parte de seus espólios era algo muito cruel, mas eles tinham que se conformar, e desde o primeiro dia bagagens eram abandonadas à margem da estrada, junto a carruagens cujos cavalos não podiam mais puxá-las. Essa massa de homens, cavalos e veículos lembrava mais o movimento de uma multidão de emigrantes do que um exército organizado."[19]

Estimativas do número de veículos não militares variam de 15 a 40 mil, e o número de civis — incluindo criados — possivelmente chegava a 50 mil.[20]

Tratava-se de uma quantidade extraordinária de bagagem para ser levada no encalço de um Exército. Além de dificultar seu movimento e atravancar as estradas, esse empecilho teve um efeito profundamente desmoralizante. Os pensamentos dos homens encontravam-se mais voltados para seus espólios do que para a luta que enfrentariam, o que introduzia um elemento de ansiedade e distração que minava até mesmo a coesão das melhores unidades.

O número real das forças armadas à disposição de Napoleão quando da partida de Moscou não ultrapassava os 95 mil, ficando provavelmente abaixo disso. De acordo com o tenente-coronel de Baudus, ajudante de ordens de Bessières, a maior parte dos soldados mais jovens havia caído à beira da estrada ou morrido à altura em que a *Grande Armée* alcançara Moscou, com o resultado de que os que haviam restado compunham um grupo excelente. Isso era certamente verdade no que dizia respeito à infantaria. Os homens não apenas haviam tido um tempo de descanso, mas também recuperado suas forças com uma alimentação regular e consertado seus uniformes e botas. O doutor Bourgeois achava que as tropas se encontravam em ótimo estado. "Eles marchavam alegremente, cantando em voz alta", de acordo com Mailly.[21]

O capitão François Dumonceau, dos lanceiros de Berg, estava impressionado pelo aspecto dos italianos do príncipe Eugène quando partiam de Moscou, rindo e cantando.

"Essas tropas apresentavam uma bela aparência marcial", escreveu ele. "Estava evidente que eles haviam se recuperado das dificuldades anteriores; os soldados pareciam alegres e prontos para qualquer coisa."

Suas impressões são confirmadas pelo próprio príncipe Eugène, que achava que suas tropas se encontravam em boa forma, mesmo apesar do fato de que — com 20 mil soldados de infantaria e 2 mil de cavalaria restantes de um total de quase 45 mil homens — seus números tivessem sido drasticamente reduzidos.[22]

As tropas que haviam se aquartelado em locais mais distantes de Moscou apresentavam uma forma pior. Depois de Vinkovo, a 5ª Divisão de Poniatowski fora reduzida a não mais que 4 mil homens esgotados. Os vestfalianos de Junot, que estavam aquartelados em Mozhaisk, já não eram mais uma força de combate. Embora a cavalaria da Guarda se encontrasse razoavelmente em ordem, mesmo seus cavalos não estando em ótimas condições, e parte da cavalaria leve ligada às várias divisões ainda fosse útil, aquela que fora uma vez a excelente Divisão de Murat era agora não mais que uma tropa fantasma.

A alguns quilômetros de Moscou, o general Rapp viu Napoleão de pé na margem da estrada e aproximou-se dele. "Bem, Rapp, nós nos retiraremos para as fronteiras da Polônia pela estrada de Kaluga", disse o imperador. "Estabelecerei bons alojamentos de inverno; espero que Alexandre aceite um acordo."

Rapp disse que o inverno seria frio e as condições, duras, mas Napoleão rejeitou a ideia. "Hoje é dia 19 de outubro, e olhe como o tempo está ótimo", disse ele. "Você não está reconhecendo minha estrela?"

Rapp, porém, achava que aquilo não passava de bravata, e percebeu "que sua face tinha a marca da ansiedade".[23]

A atmosfera alegre que acompanhava as tropas quando estas deixaram Moscou enfraquecia à medida que elas se esforçavam para avançar pela estrada atulhada, tentando evitar serem empurradas para as valas ou esmagadas pelos milhares de veículos. Cada vez que tinham de passar por uma ponte ou um desfiladeiro, havia disputas violentas por precedência, com punhos e até mesmo espadas e baionetas entrando em cena, bem como maldições em uma dúzia de línguas diferentes. A maioria das pontes nessa parte do mundo eram feitas de toras compridas de pinho estendidas sobre a ravina ou rio, possivelmente sustentadas por uma ou duas pilastras, com toras mais curtas sobre elas para formar o passeio, coberto por palha e terra batida para a obtenção de uma superfície aplainada. Se uma das toras apodrecesse ou quebrasse e caísse, as outras ficavam soltas, rolando à medida que os viajantes passavam, e com isso quebrando as pernas de cavalos e homens — particularmente se houvesse uma multidão de pessoas disputando a dianteira para atravessar. No dia 22 de outubro, o céu abriu-se para a chuva e a estrada tornou-se um mar de lama. Mais e mais veículos tinham que ser abandonados, e cada vez mais objetos pesados, descartados dos farnéis, com a linha da marcha alongando-se à medida que retardatários não conseguiam acompanhar o passo.

Napoleão movia-se em direção ao sul, pela velha estrada de Kaluga, direto para o acampamento de Kutuzov em Tarutino, enquanto o príncipe Eugène e sua 4ª Divisão marchavam através da estrada nova de Kaluga, um pouco para oeste. Podemos apenas especular sobre quais eram as intenções de Napoleão. Ele pode ter querido vingar-se da derrota em Vinkovo atacando o Exército russo em sua totalidade enquanto o príncipe Eugène flanqueava-o. Se eram, entretanto, esses os seus planos, ele mudou de ideia, visto que dois dias depois da partida de Moscou, em 21 de outubro, saiu da estrada e conduziu as tropas principais através dos campos em direção ao oeste, juntando-se ao príncipe Eugène em Fominskoie na estrada nova de Kaluga. Ele deu ordens para que ele se movesse rapidamente e tomasse a pequena cidade de Maloyaroslavets, comandando a travessia daquela estrada ao longo do rio Luzha.

Ele também ordenou que Mortier, ainda em Moscou, abandonasse a cidade e recuasse para Mozhaisk. Napoleão instruiu-o a evacuar todos os feridos restantes na cidade, incluindo os que haviam sido anteriormente considerados muito doentes para viajarem.

"Eu não posso recomendar fortemente o bastante que todos os homens que ainda permanecem nos hospitais sejam postos nas carroças da Jovem Guarda, da cavalaria desmontada, e em todas as outras disponíveis", escreveu ele. "Os romanos davam coroas cívicas àqueles que salvavam seus iguais; o marechal duque de Treviso [Mortier] merecerá uma quantidade equivalente ao número de soldados que salvar."

Ele lhe disse que não tivesse medo de sobrecarregar as carroças, pois encontraria cavalos novos e vagões de suprimentos vazios em Mozhaisk. Ele daria preferência aos oficiais e suboficiais, e aos franceses. Em uma exortação final, Napoleão lembrou Mortier de sua própria façanha ao trazer os feridos de Acre em 1799.[24]

Ele o instruíra anteriormente a explodir o Kremlin antes de partir e a incendiar as residências de Rostopchin e do conde Razumovsky — um diplomata por quem tinha um desprezo pessoal. À 1h30 da manhã de 23 de outubro, as unidades que não haviam ainda se afastado muito de Moscou puderam ouvir os estrondos ensurdecedores emitidos pelas cargas ao explodirem. "Esse antigo baluarte, que data da fundação da monarquia, esse palácio principal dos tsares, não mais existe!", proclamou o 26º *Boletim*.[25]

Felizmente, muitas espoletas falharam, e, embora o dano tenha sido grande, o Kremlin não foi de fato destruído.

Isso não colaborou para abrandar os sentimentos da multidão, que deu início a uma grande desordem na capital no momento em que as tropas francesas partiram. Eles assassinavam qualquer francês doente que encontravam e atacaram o orfanato, onde o capitão Thomas Aubry, um *chasseur* ferido em Borodino, ajudou a organizar uma defesa junto a três generais russos feridos. Em vez de estar se debatendo enquanto ardia em febre, Aubry assumiu seu posto numa enfermaria cheia de soldados de ambos os Exércitos e, espada na mão, deu ordens inflamadas para que os atacantes fossem mantidos sob controle enquanto não chegassem tropas russas regulares.[26]

***

A notícia da evacuação francesa de Moscou foi trazida a Tarutino à noite pelo tenente Bolgovsky. Ele informou Konovnitsin e Toll, que foi acordar o marechal de campo. Passado um momento, o tenente foi chamado aos aposentos de Kutuzov, onde encontrou o velho marechal sentado na cama de sobrecasaca e com suas condecorações. "Diga-me, meu amigo", disse Kutuzov, de acordo com o relato, talvez um tanto fantasioso, do tenente, "que notícias são essas que você me traz? Pode ser realmente verdade que Napoleão tenha deixado Moscou e esteja batendo em retirada? Fale rapidamente, não torture meu coração, ele está tremendo."

Depois que o jovem oficial lhe contou tudo que sabia, Kutuzov começou a chorar e, virando-se para o ícone do Salvador ao canto do aposento, disse: "Deus, meu criador, finalmente ouvistes nossas preces, e agora a Rússia está salva."[27]

Enquanto isso, o general Dokhturov, que havia sido enviado por Kutuzov para fazer o reconhecimento da área diante de Tarutino, localizou a 4ª Divisão do príncipe Eugène perto de Fominskoie e decidiu atacá-la. Felizmente para ele, suas sentinelas capturaram dois prisioneiros de quem tomaram conhecimento de que ele estava prestes a alcançar não apenas Eugène, mas toda a *Grande Armée*. Ele também soube que ela estava indo para Maloyaroslavets. Percebendo que se a Divisão conseguisse ocupar a cidade ela flanquearia o Exército russo e ameaçaria suas linhas de abastecimento, ele mandou um bilhete para Kutuzov e deu início a uma marcha forçada na esperança de chegar lá antes do príncipe Eugène. Todavia, ao alcançar a cidadezinha ao amanhecer de 24 de outubro, Dokhturov descobriu que os franceses haviam chegado primeiro.

Maloyaroslavets está encarapitada no topo de uma cordilheira encurvada que percorre a margem ao sul do Luzha num extenso semicírculo. A cidade havia sido ocupada por dois batalhões da Subdivisão de Delzons, o resto da qual estava acampado no terreno rebaixado à margem setentrional do rio. Dokhturov invadiu a cidade e conseguiu expulsar os dois batalhões, mas depois foi forçado a desistir dela por um contra-ataque montado de Delzons, no qual se destacaram os croatas do regimento ilírio.

Kutuzov, que se encontrava muito mais perto de Maloyaroslavets do que Dokhturov ao receber a notícia sobre o deslocamento dos franceses, reagiu com tanta lentidão que levou até a metade da manhã para que as primeiras de suas unidades, a Divisão de Raevsky, aparecessem em cena. Em um ataque enérgico, Raevsky recapturou a cidade dos italianos, que haviam sido reforçados pela Subdivisão de Broussier, mas acabou sendo expulso por um ataque vigoroso da Subdivisão de Pino. Maloyaroslavets mudou de mãos não menos que oito vezes à medida que mais e mais reforços chegavam em ambos os lados. A maior parte da luta teve lugar em localidades muito próximas, grande parte nas ruas da cidade, agora em chamas — com casas incendiadas caindo sobre vivos, mortos e feridos. Muitos dos que conseguiam rastejar para fora eram esmagados pelos cascos e rodas da artilharia, que mudava de posição constantemente.

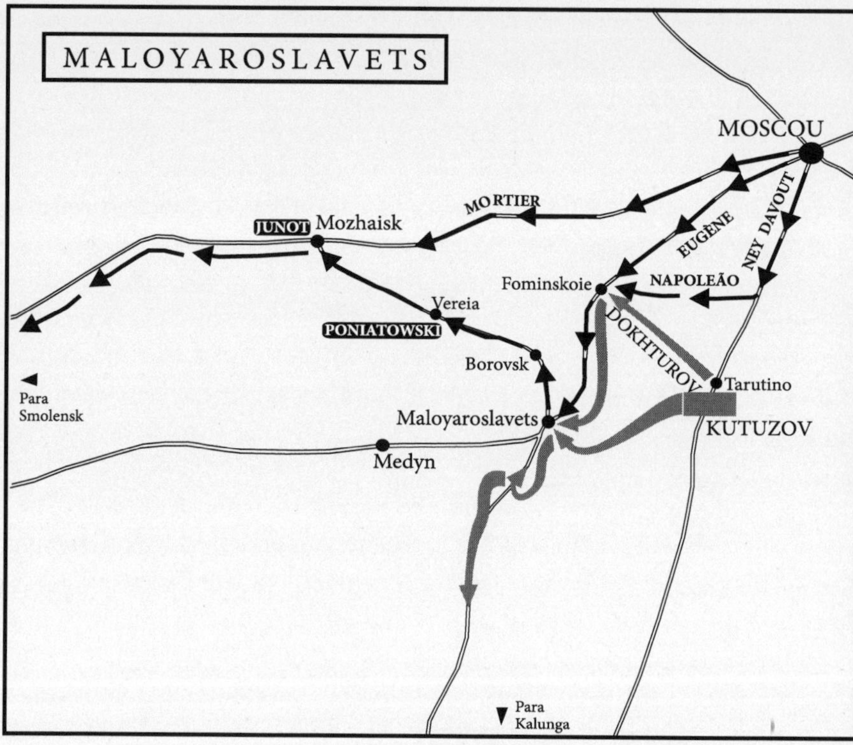

A luta ainda prosseguiu durante muito tempo depois do anoitecer, quando o espetáculo se tornou "indescritivelmente magnífico e interessante", nas palavras do general Wilson, que assistia das linhas russas. "As chamas crepitantes, as sombras negras dos combatentes movimentando-se rapidamente entre elas, o som do assobio das metralhas ao serem disparadas dos *licornes*, os bramidos da fuzilaria, os cartuchos inflamados atravessando e cortando a atmosfera, os gritos selvagens dos combatentes e todos os acompanhamentos da luta sanguinária formavam um conjunto raramente testemunhado."[28]

Os italianos lutaram como leões, e ao anoitecer permaneciam mestres da cidade.

"Essa batalha foi uma das maiores façanhas de toda a campanha", na opinião do general Berthèzéne.

Napoleão era só elogios para o príncipe Eugène e suas tropas, assim como Wilson. "O Exército italiano exibiu qualidades que o fez para sempre merecedor de um posto entre as tropas mais bravas da Europa", escreveu ele.

As subdivisões de Delzons, Broussier e Pino, assim como a Guarda Real italiana, receberam, na última parte da ação, apoio das Subdivisões de Compans e Gérard, da 1ª Divisão de Davout, elevando o número total de homens envolvidos naquele dia no lado francês para cerca de 27 mil, com 72 canhões. Eles triunfaram sobre cerca de 32 mil russos, com 354 canhões.

"Sim, esta foi, de fato, uma das vitórias mais gloriosas", escreveu o capitão Bartolomeo Bertolini, "a qual, tanto por causa dos desastres que se seguiram, quanto pela ingratidão e maldade dos historiadores franceses que escrevem principalmente sobre as batalhas de Napoleão, é dificilmente mencionada."[29]

O preço, no entanto, foi alto: as perdas francesas chegaram a cerca de 6 mil mortos e feridos — incluindo-se aí o general Delzons, morto por uma bala na cabeça enquanto liderava o ataque. As perdas dos russos haviam sido maiores; porém, eles podiam arcar com elas.

"Outra vitória como essa, os soldados estão dizendo, e Napoleão não terá mais Exército nenhum", registrou o chefe do Estado-Maior da Divisão do príncipe Eugène.[30]

Além disso, taticamente, a vitória francesa foi insignificante.

Todo o Exército russo, totalizando ao menos 90 mil homens, estava àquela altura em posição fora da cidade, comandando a área diante dela com mais de 500 canhões. Napoleão conseguiu reunir menos de 65 mil homens — Mortier encontrava-se entre Moscou e Mozhaisk, Junot estava em Mozhaisk, e Poniatowski, em Vereia. Se ele quisesse dar prosseguimento ao seu plano de tomar Kaluga, ou sequer retornar a Smolensk por Medyn e Yelnia, teria que derrotar os russos em uma batalha campal, e foi isso que seu instinto lhe disse para fazer. Ele foi apoiado por Murat, mas a maior parte do seu cortejo era contra esse curso de ação.

Naquela noite, em seu quartel-general — uma esquálida cabana na vila de Gorodnia, cujo único cômodo estava dividido em dois por um lençol sujo de lona —, Napoleão perguntou a opinião de seus marechais. Ele ouviu em silêncio, não tirando os olhos dos mapas abertos diante de si. Enquanto alguns eram a favor de ir em frente, ou ao menos atravessar o Luzha mais adiante e prosseguir para Smolensk por Medyn, a maioria era da opinião de que eles deveriam retornar à estrada principal entre Smolensk e Moscou, o que achavam ser o curso de ação mais prudente.

"Obrigado, cavalheiros, eu tomarei minha própria decisão", disse ele, encerrando a reunião e recolhendo-se.[31]

Antes do amanhecer, Napoleão montou a cavalo e partiu para avaliar a situação. Ele havia cavalgado apenas uma pequena distância quando um bando de cossacos atacou o pequeno grupo que o acompanhava. Os *chasseurs* e *chevau-légers* de sua escolta, junto a alguns de seus oficiais do Estado-Maior e do seu cortejo, afugentaram-nos enquanto ele cavalgava para um local seguro, mas ele escapou por pouco. Depois, o imperador atravessou o campo de batalha e Maloyaroslavets para avaliar as posições russas. As ruínas da pequena cidade exibiam uma visão repulsiva.

"As ruas estavam cobertas por cadáveres, a maioria medonhamente mutilada pelas rodas dos canhões e *caissons*", de acordo com as memórias do coronel Lubin Griois. "Acrescentava-se ao horror da cena o grande número dos que haviam sido vítimas do fogo, que estavam mais ou menos enegrecidos e atrofiados, dependendo de terem sido levemente queimados ou completamente carbonizados."

Segundo o barão Fain, Napoleão foi extremamente afetado pela visão.[32]

O que ele viu além do campo de batalha o deixou indeciso. Nas primeiras horas da manhã, Kutuzov recuara dois quilômetros e havia disposto as tropas numa forte posição defensiva. Isso sugeria a Napoleão que ele tinha a chance de derrotar Kutuzov decisivamente — o que não apenas vingaria Vinkovo, mas transformaria a marcha de volta a Smolensk num progresso vitorioso. Contudo, a força das posições russas significava que uma vitória teria um preço alto, e que ele teria que deixar para trás os gravemente feridos.

Ao recuar, Kutuzov acabara por abrir a estrada para Medyn, deixando Napoleão livre para continuar sua retirada em direção a Smolensk por aquele caminho. Todavia, os franceses teriam, então, todo o Exército russo em seu encalço. Napoleão discutiu a situação com vários membros do seu cortejo sem chegar a uma decisão.

Embora Kutuzov não tenha perdido tempo em proclamar Maloyaroslavets uma vitória russa, ele não estava nem um pouco confiante. Suas tropas eram tão predominantemente compostas por recrutas e oficiais inexperientes que, embora não lhes faltasse coragem, elas haviam tido um desempenho medíocre na luta.[33] Como se comportariam no contexto de uma batalha campal era algo que não se podia responder. O combate empreendido pelos franceses, por outro lado, demonstrara que a temporada em Moscou não havia afetado seu moral a ponto de prejudicar sua boa forma para a luta. Assim, enquanto as tropas de Kutuzov tinham uma vantagem folgada no que diz respeito ao número de homens e canhões em relação àqueles que confrontavam, Napoleão teria tido uma vantagem enorme em termos de qualidade.

"Coisas muito estranhas aconteceram no acampamento russo naquela noite", de acordo com o coronel von Toll.

Bennigsen, Konovnitsin, Wilson e o próprio Toll tentavam incitar Kutuzov a entrar em ação, afirmando que a vitória se encontrava bem ao seu alcance. No entanto, Kutuzov não estava disposto a arriscar tudo mesmo naquelas circunstâncias. Se ele fosse derrotado naquele momento, o Exército não seria capaz de se recompor como acontecera depois de Borodino, e toda a sua justificativa — de que abrira mão de Moscou a fim de preservar o Exército que expulsaria Napoleão da Rússia — pareceria sem sentido. Como os franceses não estavam se afastando, mas evidentemente fazendo o reconhecimento do terreno, Kutuzov só pode ter concluído que eles estavam se preparando para dar batalha no dia seguinte. Ao receber a informação de que unidades francesas haviam sido vistas preparando-se para atravessar o Luzha mais para oeste e em direção a Medyn, ele ficou com medo de que pudesse ser isolado de Kaluga. Assim, Kutuzov decidiu evitar uma batalha, e ordenou uma retirada para aquela noite.

"A proporção da covardia dele excede até mesmo a medida de covardia permitida a um covarde", escreveu Bennigsen encolerizado numa carta para a esposa.[34]

18

Retirada

Se Napoleão soubesse o que se passava na mente de Kutuzov, poderia ter avançado corajosamente e ido para Medyn, onde teria encontrado suprimentos e forragem, e dali para Yelnia, onde tinha uma subdivisão sob o comando do general Baraguay d'Hilliers esperando para encontrá-lo, seguindo para Smolensk, que teria alcançado mantendo uma forma razoavelmente boa em 3 ou 4 de novembro. Contudo, levando em conta as fortes posições que os russos haviam ocupado, se decidiu pelo contrário. Naquela noite, ele ordenou a retirada por Borovsk e Vereia para Mozhaisk, e dali ao longo da estrada principal para Smolensk. Em um dos mais bizarros episódios da história militar, os dois Exércitos estavam agora se afastando um do outro.

Dois dias depois, ao alcançar Mozhaisk, Napoleão encontrou Mostier vindo de Moscou com a Jovem Guarda. Ele tinha também consigo dois prisioneiros — o general Ferdinand von Wintzingerode e seu ajudante de ordens, príncipe Lev Naryshkin, que logo depois de partirem haviam sido capturados por uma patrulha. Wintzingerode, um nativo de Württemberg servindo no Exército russo, parecia naquele momento personificar a *internationale* que estava se formando contra ele. Ao vê-lo, Napoleão teve um acesso violento de raiva, num grau que nenhum membro de seu cortejo jamais vira.

"É você e mais algumas dúzias de patifes que se venderam para a Inglaterra que estão insuflando a Europa contra mim", vociferou ele. "Não sei por que não mando atirarem em você; você foi capturado como espião."

Ele descarregou toda a sua frustração e aflição sobre o pobre general, acusando-o de ser um renegado.

"Você é meu inimigo pessoal; você empunhou armas contra mim em todos os lugares — na Áustria, na Prússia, na Rússia. Eu o levarei à corte marcial."[1]

Mesmo essa diatribe não foi o bastante para dar vazão a toda a raiva contida de Napoleão, e, ao ver uma pequena casa de campo que, de alguma forma, escapara da destruição, ele ordenou que ela fosse incendiada, assim como todas as vilas pelas quais eles passassem.

"Já que os *Messieurs les Barbares* estão tão dispostos a queimar suas próprias cidades, devemos ajudá-los", disse ele encolerizado.

O imperador logo retirou a ordem, mas isso fez pouca diferença.[2] Ao pararem para passar a noite, as tropas demoliam casas para acenderem fogueiras ou se amontoavam dentro delas para se aquecer. Eles acendiam fogueiras dentro das casas ou superaqueciam os fogões de barro, o que frequentemente os fazia pegar fogo, e em vilas ou pequenas cidades onde todas as construções eram feitas de madeira isso geralmente levava a um incêndio total.

A ordem de retirada teve um efeito deprimente no Exército, que instintivamente sentia que algo dera errado nos cálculos infalíveis do imperador. Contudo, ironicamente, era justamente quando começavam a se sentir ameaçadas que as tropas se reuniam em torno dele e obtinham conforto de sua força distinta. No dia em que a retirada teve início, o general Dedem de Gelder dirigiu-se ao imperador à procura de ordens.

"Napoleão estava aquecendo as mãos por trás das costas em uma pequena fogueira de acampamento que havia sido acesa para ele na extremidade de uma vila a uma légua de Borovsk na estrada para Vereia", relembrar-se-ia.

O general não gostava de Napoleão, em parte por causa da forma com que ele tratara sua terra natal, a Holanda, mas não pôde evitar ficar impressionado com sua atitude naquele momento.

"Eu tenho que fazer justiça a esse homem até agora tão mimado pela sorte, que nunca antes havia conhecido dificuldades sérias; ele estava calmo, sem raiva, mas sem resignação; eu acreditei que ele seria grande frente à adversidade, e aquela ideia apaziguou-me com ele... Eu vi, então, o homem que contempla o desastre e reconhece todas as dificuldades da sua posição, mas cuja alma não está de forma alguma oprimida e que diz a si mesmo: 'Isso é um fracasso, eu tenho que me retirar, mas eu voltarei.'"[3]

O estado de espírito do Exército piorou quando, pouco depois de terem voltado à estrada de Moscou—Smolensk em Mozhaisk, no dia 28 de outubro, os homens viram-se marchando sobre o campo de batalha de Borodino. A área não havia sido limpa, e os mortos haviam sido deixados onde estavam, para serem picados e mastigados por gralhas-pretas, lobos, cães selvagens e outras criaturas. Os cadáveres estavam, no entanto, surpreendentemente bem conservados, provavelmente por causa das geadas noturnas.

"Muitos deles haviam mantido o que se pode chamar de uma 'fisionomia'", de acordo com Adrien de Mailly. "Quase todos tinham grandes olhos abertos fixos, suas barbas pareciam ter crescido, e o vermelho-tijolo e o azul-prussiano que marmoreavam suas bochechas faziam parecer que elas haviam sido terrivelmente manchadas ou pintadas de forma lúgubre, o que nos fazia perguntar se aquilo não era alguma caricatura grotesca zombando do sofrimento e da morte; era odioso!"[4]

O mau cheiro era indescritível, e a visão lançou uma atmosfera sombria sobre as tropas que passavam.*

Em Mozhaisk e em Kolotskoie, eles viram milhares de feridos macilentos, mal sobrevivendo em condições terríveis. O coronel de Fezensac foi ao monastério de Kolotsky para ver se havia algum homem do seu regimento lá. "Eles haviam deixado os homens lá sem medicamentos, rações ou qualquer forma de auxílio", escreveu ele. "Eu quase não fui capaz de entrar, tão atravancados estavam as escadas, os corredores e o centro dos aposentos com excrementos de todo tipo."[6]

Napoleão se aborreceu por encontrar tantos feridos ainda lá e ficou extremamente determinado a levá-los consigo. Contra o conselho de Larrey e outros médicos, que haviam deixado equipes médicas para cuidarem deles, Napoleão deu instruções para que eles fossem colocados em carruagens, *fourgons*, nas carroças das *cantinières*, carretas de canhões e em qualquer outro veículo possível. O resultado era previsível.

"As pessoas mais saudáveis não teriam resistido a um método de transporte assim, ou sido capazes de permanecer por muito tempo nos veículos, dada a forma com que foram acomodados", escreveu Caulaincourt. "Pode-se, assim, julgar o estado em que esses infelizes se encontravam depois de algumas léguas. Os solavancos, o esforço e o frio castigavam-nos ao mesmo tempo. Eu nunca testemunhei uma visão mais entristecedora."

Os donos das carruagens em questão não estavam nada felizes por terem um peso extra em seus veículos, que os cavalos já mal podiam puxar da forma que estavam, e contemplavam com apreensão a perspectiva de

*Eugène Labaume, um oficial do Estado-Maior do príncipe Eugène, foi o primeiro a publicar a história de que, quando passavam pelo campo de batalha, eles ouviram um homem gritar por socorro e descobriram um soldado que perdera ambas as pernas durante a batalha e havia sido deixado, dado por morto, mas conseguira sobreviver encontrando abrigo na barriga de um cavalo morto e alimentando-se com migalhas achadas nos bolsos dos homens mortos. Essa história, incrível e certamente falsa, foi subsequentemente repetida por incontáveis outros cronistas — alguns dos quais afirmaram ter visto ou falado com o homem — e dá um bom exemplo do quão forte o poder da sugestão pode ser quando homens idosos tentam lembrar-se de algo.[5]

terem que alimentar seus novos fardos. Percebendo que era improvável que estes sobrevivessem de qualquer forma, na maioria das vezes eles decidiam antecipar o inevitável.

"Eu ainda estremeço ao relatar que vi carroceiros propositadamente guiarem seus cavalos pelos terrenos mais acidentados a fim de se livrarem dos infelizes de quem haviam sido encarregados e sorrirem, como se faz quando se tem sorte em algo, quando um solavanco livrava-os de um desses desafortunados, que eles sabiam seria esmagado por uma roda, se um cavalo não o atropelasse primeiro."[7]

Depois de ter dado as ordens para a evacuação dos feridos na tarde de 28 de outubro, Napoleão partiu para Uspenskoie, onde parou para passar a noite em uma casa de campo devastada. Porém, ele não conseguiu dormir. Às 2 horas da manhã, ele chamou Caulaincourt para sentar-se à sua cabeceira e perguntou-lhe o que ele achava da situação. Caulaincourt respondeu que esta era muito mais grave do que Napoleão pensava, e era improvável que ele pudesse estabelecer alojamentos de inverno em Smolensk, Vitebsk ou Orsha, como o imperador ainda esperava fazer. Napoleão, então, disse que talvez fosse necessário que ele deixasse o Exército e fosse para Paris, e perguntou a Caulaincourt sua opinião sobre tal plano e o que o Exército pensaria disso. O último respondeu que voltar para Paris seria a melhor opção, embora ele tivesse que escolher bem o momento, e o que quer que o Exército pensasse não teria consequência.[8]

A posição de Napoleão não era, de fato, nada boa. Dez dias depois de deixar Moscou, ele se encontrava a apenas três dias de marcha pela estrada de Smolensk. Isso não apenas representava uma demora perigosa, mas também significava que seu Exército havia consumido dez dias de ração. À velocidade que agora se movimentavam, Smolensk encontrava-se ainda a dez dias de marcha, e a única fonte de alimento que encontrariam antes de chegar lá era um pequeno armazém em Viazma. Ademais, sem um serviço de informação e sem cavalaria bastante para destacar grupos de patrulha, Napoleão não tinha ideia do que os russos planejavam fazer.

Quando Volkonsky chegara a São Petersburgo e dera a Alexandre a carta que Napoleão havia mandado por Lauriston, o tsar mal se dera ao trabalho de lê-la. Paz?", disse ele. "Mas nós ainda nem guerreamos. Minha campanha está apenas começando."[9] De fato, levaria ainda algum tempo para que ela começasse.

Só depois de dois dias de retirada apressada, Kutuzov deu meia-volta e começou a seguir cautelosamente os franceses em sua retirada. Ele enviou Miloradovich à frente, seguindo-o num ritmo mais vagaroso. Tendo marchado para o norte em direção a Mozhaisk, os franceses agora marchavam para oeste pela estrada de Moscou num amplo arco que dobrava para o norte. Kutuzov estava, portanto, excelentemente posicionado para interceptar sua linha de retirada. Porém, embora não tivesse resistido a escrever à esposa dizendo que era o primeiro general a ter feito Napoleão fugir, ele não fez nenhuma tentativa de interceptá-lo.

O único inimigo que os franceses viam eram cossacos, que os seguiam a uma distância respeitosa, como hienas espreitando um animal ferido. Os regimentos regulares de cossacos que eles haviam até então encontrado eram superados em número pelos irregulares do Don e do Kuban que agora os perseguiam.

"Usando roupas e chapéus numa variedade de estilos, sem qualquer aparência de uniformidade, com aspecto sujo e surrado, montando cavalos pequenos e ossudos com crinas revoltas que faziam seus pescoços destacarem-se e pesavam sobre suas cabeças, ajaezados com não mais que um bridão, armados com uma longa e grossa vara com um tipo de prego na ponta, vagueando em aparente desordem, esses cossacos me fizeram pensar numa nuvem de insetos", segundo François Dumonceau.[10]

Os cossacos eram complementados por bandos de cavaleiros bashkires armados com arco e flecha, que surpreenderam os franceses ao atirar flechas contra eles.

Esses cavaleiros selvagens não possuíam valor militar. Sua principal tática era avançar correndo e gritando "Urra!", esperando assustar o inimigo e com isso fazê-lo fugir, hora em que capturavam alguns fugitivos e apanhavam qualquer coisa que os outros tivessem deixado para trás. Se um soldado permanecesse onde estava e apontasse um mosquete em sua direção, eles geralmente fugiam, mas o soldado era esperto o bastante para não atirar, visto que eles retornariam e o capturariam enquanto estivesse recarregando. A lança dos cossacos possuía uma ponta fina e arredondada capaz apenas de atravessar e não decepar músculos, de forma que, a menos que acertasse um órgão vital, o ferimento provocado por ela não era sério.

Quando avançavam, os franceses haviam ignorado os cossacos, zombando da sua relutância vergonhosa em se exporem ao menor perigo. "Se um regimento de moças francesas fosse levantado, elas mostrariam, creio eu, mais coragem que esses famosos cossacos, com suas longas lanças e barbas", comentou um soldado.

Entretanto, nas condições de uma retirada e na ausência de um número adequado de cavalaria no lado francês, eles exerciam uma influência que ia bastante além de seu potencial.

"O soldado francês é facilmente desmoralizado", observou o tenente Blaze de Bury. "Quatro hussardos em seu flanco assustam-no mais de que mil à sua frente."[11]

No dia 2 de novembro, o marechal Lefèbvre fez um longo discurso para a Velha Guarda sobre o assunto com sua costumeira sinceridade. "Granadeiros e *chasseurs*, os cossacos estão ali, ali, lá e acolá", disse ele, gesticulando em direção aos quatro pontos cardeais. "Se vocês não me seguirem, estarão fod...dos. Eu não sou qualquer general, e não é à toa que no Exército da Mosela eu era conhecido como o Pai Eterno. Granadeiros e *chasseurs*, eu lhes direi novamente: se vocês não ficarem comigo, estarão fod...dos. E, de qualquer forma, eu não dou a mínima. Vocês podem todos se fod...rem."[12]

A guarda não o desapontou, e os soldados rasos permaneceram firmes durante todo o tempo; o mesmo, contudo, não pode ser dito de outras tropas. Depois que o moral começou a ceder na retirada, um medo irracional tomou conta delas, e o mero grito de "Cossacos!" fazia velhos soldados correrem e se esconderem.

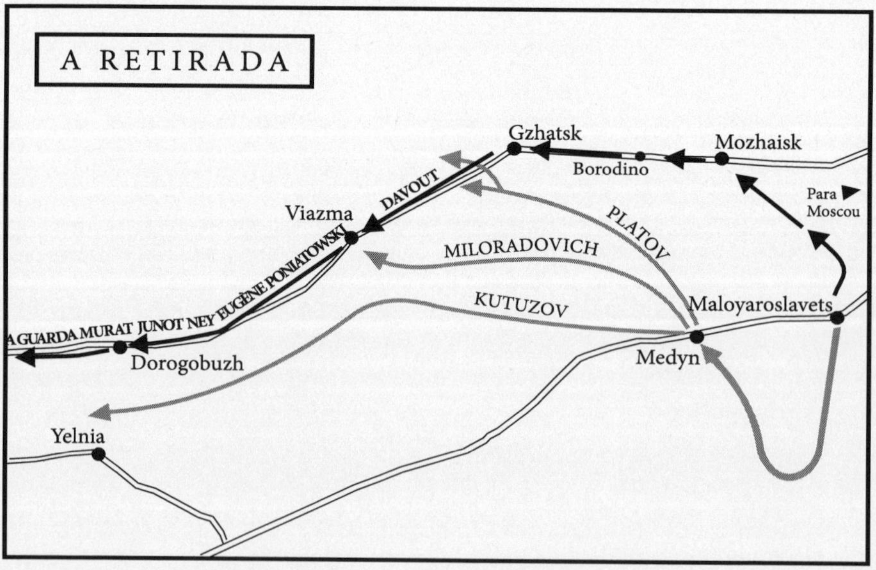

Os franceses estavam se retirando em escalões, com Napoleão liderando o caminho acompanhado pela Velha Guarda, a Jovem Guarda e o que restara da cavalaria de Murat e da Divisão de Junot, alcançando Viazma no dia 31 de outubro. Logo depois vinha Ney, seguido pelos italianos do príncipe Eugène e o que restara dos poloneses de Poniatowski. Na retaguarda, estava Davout com a 1ª Divisão.

O progresso era lento, principalmente por causa da debilidade dos cavalos. A falta de forragem enfraquecera-os, fazendo-os ficar muito fracos para puxar os canhões e *caissons*. Canhões normalmente puxados por três pares agora precisavam de grupos de 12 ou 15 cavalos, e mesmo assim eles não podiam puxar as peças mais pesadas através dos riachos lamacentos e dos vários declives da estrada. Ficava a cargo da infantaria que estivesse passando por perto empurrar os canhões, mas os exaustos soldados de infantaria não apreciavam essa tarefa e faziam tudo que podiam para evitá-la. Carroças com pólvora eram explodidas, e cartuchos sobressalentes, descartados para aliviar a carga. As carruagens pessoais e carroças carregadas com espólios de indivíduos eram tomadas e queimadas pela artilharia, que confiscava os cavalos. Em Gzhatsk, a 30 de outubro, Henri-Joseph Paixhans, um ajudante de ordens do general Lariboisière, passou por uma coluna de vagões carregados com homens feridos cujos cavalos haviam sido tomados.

"Esses pobres infelizes imploravam pela nossa misericórdia com as mãos unidas em súplica", recordar-se-ia. "Eles bradavam em tons que partiam o coração que também eram franceses, que haviam sido feridos lutando ao nosso lado, e suplicavam-nos chorando que não os abandonássemos."[13]

Parte do problema era que Napoleão se viu realizando mais um recuo tático do que uma retirada. Vários dos comandantes das divisões queriam abandonar parte dos seus canhões, que não tinham utilidade para eles. Isso teria liberado cavalos com os quais poderiam puxar o resto e economizado muito tempo, mas Napoleão não lhes dava ouvidos, sustentando que os russos declarariam troféus os canhões abandonados. Essa determinação em não perder crédito lhe custaria caro.[14]

Junto a outras bagagens desnecessárias, os franceses levavam consigo 300 prisioneiros russos. Embora sua presença não custasse nada em termos de suprimentos — os pobres infelizes não recebiam comida alguma, alimentando-se dos cavalos mortos que encontravam na beira da estrada e, por fim, de acordo com alguns relatórios, dos seus próprios mortos —, eles eram um estorvo exacerbante para a infantaria portuguesa destacada para escoltá-los, e ocupavam um espaço valioso na estrada — e espaço era um luxo.[15]

Uma grande desvantagem em realizar a retirada em escalões pela mesma estrada, como Napoleão decidira fazer, era que apenas a unidade que liderava a marcha tinha o caminho livre à sua frente, enquanto todas as outras tinham que se mover através da bagunça deixada para trás pelas unidades precedentes. O caminho que percorriam encontrava-se sulcado por dezenas de milhares de pés, cascos e rodas — tornando-se um mar revolto de lama se estivesse molhado e um ringue de patinação com neve e gelo compactos quando começava a nevar. Quaisquer suprimentos que pudesse ter havido ao longo do caminho teriam sido devorados, e mesmo os abrigos disponíveis teriam sido destruídos a fim de serem usados em fogueiras por aqueles que haviam passado anteriormente. A estrada encontrava-se tomada por carruagens e carroças abandonadas, cavalos mortos e bagagens alijadas; e, o pior de tudo, as colunas seguintes tinham frequentemente que lutar contra uma lenta massa de tráfego.

Afora as dezenas de milhares de civis que seguiam o Exército, havia *commisaires* e outros funcionários vinculados, além de criados dos oficiais.

Eles misturavam-se a um amontoado de desertores que levavam os volumosos frutos de seus saques (alguns a pé, outros em carroças), *cantinières* com seus veículos carregados e oficiais feridos viajando em carruagens, cuidados por seus criados. Havia também homens com ferimentos leves das expedições que haviam deixado Moscou alguns dias antes da evacuação, os quais eram alcançados e eventualmente ultrapassados pelo Exército em retirada. O número de feridos inflava com as lutas que se davam ao longo do caminho.

Um grande número de soldados havia ficado para trás e se separado de suas unidades, às quais buscavam e ocasionalmente conseguiam se juntar. Contudo, era difícil para eles conseguir alcançá-las, visto que tinham que forçar caminho através de uma massa compacta de pessoas, cavalos e veículos. Havia outros que, tendo ficado para trás, se desfaziam de suas armas e eram absorvidos pela massa de retardatários, desmoralizados e guiados cada vez mais por um instinto de rebanho.

Essa massa crescente de pessoas movia-se através da mesma estrada que o Exército usava, fazendo também uso dos mesmos recursos que haviam restado e atravancando seu caminho. A ausência de disciplina, combinada a um desespero que beirava o pânico, produzia um verdadeiro caos em todas as pontes e desfiladeiros, o que levava à obstrução do acesso.

"Homens, cavalos e veículos forçavam caminho desordenadamente, atropelando-se sem qualquer consideração mútua", escreveu Dumonceau. "A desgraça acometia aqueles que se permitiam ser derrubados! Eles não conseguiam se levantar, eram pisoteados e causavam a queda de outros, que tombavam sobre eles. Desta maneira formavam pilhas de homens e cavalos, mortos e moribundos, bloqueando o caminho. A multidão, porém, prosseguia, atravancando e tumultuando o acesso ao obstáculo. A impaciência e a raiva entravam em cena. As pessoas brigavam, empurravam-se, derrubavam-se, e podiam-se ouvir os gritos dos infelizes que, derrubados e pisoteados, não conseguiam levantar-se e eram esmagados sob rodas de carruagens e outros veículos.[16] E se um grito de 'Cossacos!' fosse proferido, o pânico que se seguia multiplicava o número dos que morriam esmagados."

Além de atrasar seu progresso, tudo isso tinha um efeito desmoralizante nas tropas que vinham logo atrás, as quais marchavam através de uma estrada devastada e viam apenas equipamentos abandonados, cadáveres humanos e equinos, e homens que haviam jogado suas armas fora. A situação era pior para a retaguarda, que tinha não apenas que enfrentar uma verdadeira prova de obstáculos, mas também impelir uma massa de retardatários que frustrava seus movimentos e até debilitava sua habilidade de lutar. O acampamento do coronel Raymond de Fezensac, que se viu na retaguarda com o 4º Regimento de Linha entre Viazma e Smolensk, era invadido por retardatários mendicantes ou ladrões, que se recusavam a aproveitar a noite para se adiantarem, tentando, porém, marchar juntamente às suas tropas quando estas partiam na manhã seguinte. Ele tentava expulsá-los com coronhada de rifle e ameaçava não os deixar proteger-se dentro de suas formações quadradas se fossem atacados. No entanto, ainda assim, eles continuavam seguindo seu regimento, atrapalhando a marcha e facilitando a deserção para seus homens.

A visão constante de desertores que pensavam apenas em si mesmos enfraquecia a resolução daqueles que ainda tentavam cumprir seu dever.

"O soldado que permanecia em seu regimento sentia-se como um despojo", explicou Stendhal. "E como isso é algo que os franceses abominam acima de tudo, logo os que haviam restado no Exército ou eram soldados de caráter heroico ou tolos."[17]

Na manhã de 2 de novembro, Miloradovich — que estava cheio de espírito de luta e ávido por alcançar os franceses — tentou interceptar a estrada à frente da Divisão de Davout, que vinha por último na retaguarda, em um desfiladeiro perto de Gzhatsk. Seus canhões produziram destruição entre a massa de canhões de campanha, *caissons*, carruagens particulares e retardatários. Um comboio de civis e feridos foi alcançado nesse caos, e muitos dos que se encontravam impossibilitados de abandonar seus veículos e fugir pereceram. Contudo, Miloradovich não tinha soldados de infantaria bastantes para atacar os franceses, e teve que recuar quando Davout dispôs as tropas contra ele.

Dois dias depois, reforçado por cerca de 25 mil homens, Miloradovich fez uma segunda tentativa de interceptar Davout, bem a leste de Viazma. Dessa vez, ele ficou entre os cerca de 14 mil exaustos homens de Davout e os escalões precedentes, enquanto Platov atacava Davout por trás e os irregulares de Figner e Seslavin arrasavam seus flancos. A retaguarda francesa, portanto, ficou encurralada entre dois ataques, e viu-se numa situação arriscada.

O príncipe Eugène e Poniatowski ouviram os canhões e imediatamente deram meia-volta. Com cerca de 13 mil e 3.500 homens, respectivamente, eles empreenderam um ataque determinado que repeliu Miloradovich e abriu a estrada, enquanto Ney — que também dera meia-volta — cobria o acesso a Viazma. Os russos foram reforçados pela chegada da Cavalaria de Uvarov, mas Davout, ainda assim, foi capaz de fazer uma retirada ordenada e, quando os russos tentaram atacá-los muito de perto, ele arremeteu e capturou três canhões. Ainda à tarde, duas divisões russas descansadas — a de Paskievich e a de Choglokov — atacaram os limites de Viazma, e Ney retirou-se, atravessando o rio e posteriormente queimando as pontes.

As perdas no lado francês ficaram na casa dos 6 mil mortos e feridos e 2 mil aprisionados, enquanto no lado russo elas não passaram de 1.845, tendo possivelmente sido menores ainda. O cavalo de Poniatowski caiu enquanto pulava sobre uma trincheira, esmagando-lhe o joelho e o ombro e causando várias lesões internas graves, o que o colocou fora de ação. No entanto, o aspecto mais deprimente da batalha para os franceses foi a perda de dois estandartes e o fato de que, a certa altura, perto do final do dia, alguns dos homens de Davout entraram em pânico e fugiram.[18]

Os russos, entretanto, não tinham motivos para comemorar. Se Miloradovich e Platov haviam desperdiçado uma oportunidade de destruir a Divisão de Davout, Kutuzov perdera uma mais importante ainda. O marechal de campo, com seus 65 mil e tantos homens, havia passado o dia três quilômetros ao sul de Viazma, em uma posição a partir da qual poderia, sem qualquer problema, ter alcançado a retaguarda da Divisão de Ney, com isso neutralizando os esforços do príncipe Eugène e de Poniatowski e eliminando do tabuleiro todas as quatro Divisões do inimigo, deixando Napoleão com nada além de sua Guarda. Embora tenha despachado alguns reforços para Miloradovich, Kutuzov opôs-se resolutamente a todas as sugestões de tomar uma atitude ofensiva.

Àquela altura, ele sequer estava falando com Bennigsen, tendo-o suspendido de suas responsabilidades e dito a um oficial do Estado-Maior que enviara a Kutuzov: "Diga ao seu general que eu não o conheço e não desejo conhecê-lo, e que, se ele me enviar mais um relatório, eu enforcarei o mensageiro."

Bennigsen, Toll, Konovnitsin, Wilson e outros estavam fora de si. Naquela noite, Wilson escreveu ao lorde Cathcart, embaixador britânico em São Petersburgo, pedindo-lhe que usasse toda a sua influência para fazer com que Kutuzov fosse demitido. No dia 6 de novembro, ele escreveu ao próprio tsar, dizendo que Kutuzov era um homem cansado que deveria ser substituído por Bennigsen.[19] Naquele momento, entretanto, dificilmente importava quem estava no comando do Exército russo, visto que naquele mesmo dia um novo elemento entrara em cena.

Os relatórios sobre a retirada variam muito, dependendo de quem fosse o memorialista, da parte do Exército em que estava, e do que lhe acontecera. A distância entre a vanguarda e a retaguarda da coluna raramente compreendia menos que 30 quilômetros, algumas vezes chegando a cem, o que significa que várias unidades frequentemente marchavam sob climas diferentes no mesmo dia. Dessa forma, tanto quem escreve que a retirada se deu de forma ordenada até Smolensk quanto quem pinta uma figura de caos a partir do primeiro dia podem estar certos.

O capitão Hubert Biot, um *chasseur* incapacitado por um cartucho em Borodino, deixou Moscou no dia 18 de outubro em uma carruagem com dois outros oficiais feridos, e os três, por estarem sempre à frente do Exército, viajaram sem contratempos até Paris. Madame Fusil, uma das atrizes francesas em Moscou que decidiram retornar a Paris com a *Grande Armée*, viajou confortavelmente na carruagem de um oficial até o dia 7 de novembro, quando seus cavalos morreram. Depois disso, ela enfrentou grandes dificuldades, mas por fim conseguiu encontrar um lugar na carruagem de um marechal e prosseguiu viagem com bastante conforto no primeiro escalão. O jovem aristocrata Adrien de Mailly e seu amigo Charles de Beauveau, ambos feridos, compartilharam uma carruagem confortável e cantavam canções ou liam um para o outro durante a viagem.

"Para suportar os infortúnios da guerra com coragem e alegria, não há nada como ser francês, ser jovem, e também, talvez, ser um nobre", escreveu ele.[20]

Os que avançavam com dificuldade na retaguarda tinham uma perspectiva bem diferente dos eventos.

A maioria, contudo, encontrava-se num estado de espírito relativamente bom nos últimos dias de outubro, feliz por estar indo para casa.

"Era o dia 29 ou 30, o clima estava magnífico, e no curso da manhã o regimento que marchava ao meu lado cantava alegre e continuamente", relembrar-se-ia Lubin Griois, coronel de artilharia da Divisão de Grouchy. "Eu me dei conta do seguinte: não houvera cantoria em nossos acampamentos por um longo tempo, e essa era a última que eu ouviria."

O coronel Jean Baptiste Materre, que fazia parte do Estado-Maior de Ney, marchando no escalão do meio, observou sinais de desânimo no dia 31 de outubro. O processo evoluiu nos dias seguintes.

"A situação do Exército está começando a parecer bastante desventurada", observou Cesare de Laugier no dia 2 de novembro.[21]

O clima tinha seu papel nisso. No dia 31 de outubro, em Viazma, Napoleão novamente comparou-o favoravelmente ao de Fontainebleau na mesma estação, e zombou daqueles que vinham tentando assustá-lo com relatos sobre o inverno russo. As geadas noturnas não incomodavam excessivamente a ninguém. O coronel Boulart, escrevendo no dia 1º de novembro para a esposa de um acampamento nos arredores de Viazma, sintetiza o estado de ânimos. "Estou lhe escrevendo, minha querida, no mais belo dia, com a mais bela geada, sentado sobre a mais bela colina, sentindo frio em todo o corpo, o que significa também nas pontas dos meus dedos, a fim de dizer-lhe que não fique aflita por minha causa."[22]

O serviço postal do Exército ainda funcionava — sem constância, é verdade — e, mesmo quando a probabilidade de suas cartas chegarem ao destino havia diminuído, os homens ainda escreviam, agarrando-se àquele tênue vínculo com o lar.

O clima continuou agradável durante os primeiros dias de novembro.

"Os dias são tão quentes quanto no verão, e as noites são frias", escreveu Boniface de Castellane em 3 de novembro.

"Posso lembrar-me de ter visto campos cobertos por amores-perfeitos de todas as cores, com os quais me entretive fazendo buquês", escreveu o simplório coronel Pelet, do 48º Regimento de Linha.

Porém, 3 de novembro seria o último dia quente. A lua nova da noite de 4 para 5 de novembro trouxe consigo uma queda drástica de temperatura, e no dia 6 de novembro a retirada entrou em uma nova fase.

"Aquele dia permaneceu gravado profundamente na minha memória", continuou Pelet. "Depois de termos atravessado Dorogobuzh, começou a cair uma chuva muito forte, e comecei a sentir frio; a chuva deu lugar à neve, e em muito pouco tempo o chão estava coberto por mais de meio metro de neve."[23]

O sargento Bourgogne, a dois dias de marcha mais para oeste, também não se esqueceria daquele dia. Já havia começado a esfriar na noite anterior — que, infelizmente, fora o momento em que sua *cantinière*, Madame Dubois, entrou em trabalho de parto. Os granadeiros construíram-lhe um abrigo com galhos e o próprio coronel emprestou sua capa para ser posta sobre ele, mas, de qualquer forma, a pobre mulher teve que dar à luz sob temperaturas negativas.[24]

Outro que não pôde se esquecer daquela primeira noite fria de 6 de novembro foi François Dumonceau. "Nossas fogueiras, que conseguíamos manter acesas com grande dificuldade, não eram suficientes para nos aquecer", escreveu ele. "O vento cortante do norte veio e me encontrou mesmo sob a manta de pele de urso que me cobria. Congelado de um lado e queimado do outro, sufocado pela fumaça, alarmado pelo rugido do vento, que derrubava as árvores da densa floresta, eu não pude suportar e, como os outros, comecei a correr de um lado para outro a fim de me aquecer, passando a noite sem descansar e experimentando um sofrimento que eu nunca havia conhecido."[25]

Enquanto ele corria a passos pesados na floresta, mais a leste, em Dorogobuzh, um grupo de oficiais italianos aconchegados nas ruínas de uma cabana sem teto assistia enquanto seu camarada, tenente Bendai, morria por causa de seus ferimentos, da desnutrição e do frio.

"Lamento apenas duas coisas", murmurou o tenente antes de seu último suspiro: "não estar morrendo pela liberdade e independência da nossa Itália[...] e não poder ver minha família novamente antes de partir."[26]

Na noite seguinte, o coronel Pelet galantemente convidou a atriz Madame Fleury, que estava sentada em sua carruagem enquanto o cocheiro havia saído à procura de forragem para os cavalos, para compartilhar seu jantar e sua fogueira. Todavia, quando a manhã chegou, os cavalos dela haviam morrido de frio nos varais.[27] No dia seguinte, ele viu pela primeira vez um homem que morrera congelado.

Não eram apenas os feridos, deitados sobre algum vagão e impossibilitados de procurar o calor de uma fogueira, que morriam. Na manhã de 7 de novembro, Faber du Faur, nativo de Württemberg que servia na 3ª Divisão de Ney, alcançou alguns compatriotas que haviam estado um dia de marcha à sua frente. Ele se aproximou do acampamento de barracas improvisadas construídas com galhos de pinheiro em que, para sua surpresa, eles pareciam ainda profundamente adormecidos. A verdade era que eles estavam congelados. O coronel von Kerner, chefe do Estado-Maior da Subdivisão de Württemberg, saiu do celeiro onde ele e seus companheiros haviam passado a noite a fim de passar as tropas em revista, mas um momento depois voltou correndo.[28]

"Acabei de contemplar a visão mais pavorosa da minha vida", disse ele. "Nossos homens estão lá, sentados em volta das fogueiras, da mesma forma que os deixamos na noite passada, mas estão todos mortos e congelados."

A visão tornou-se lugar-comum até os homens aprenderem a manter as fogueiras acesas e a dormir apenas por períodos curtos.

"Quando nos levantávamos para partir", recordar-se-ia Marie Henry de Lignières, "muitos permaneciam sentados; nós os sacudíamos para acordá-los, pensando que estavam dormindo; estavam mortos."

A queda de temperatura não havia sido tão grande — certamente não mais que –10°C. Porém, o Exército francês não estava vestido para um clima frio. Não existiam uniformes de inverno, já que naquela época os Exércitos não lutavam no inverno. A maioria dos uniformes era do tipo *cut away* e sequer cobriam o estômago, que era protegido apenas por um colete, e, enquanto a infantaria possuía casacos de inverno adequados, os oficiais tinham apenas sobretudos feitos sob medida que iam até acima dos joelhos. A cavalaria tinha capas, mas não eram forradas, portanto não protegiam muito do frio. Enquanto os barretes de pele de urso dos granadeiros e os *kolpaks* de pele dos *chasseurs* serviam de alguma proteção, a maioria dos acessórios usados na cabeça, e em particular os chapéus dos couraceiros e dragões, tinham o efeito oposto. Acrescente-se a isso o fato — facilmente verificável por uma visita ao Musée de l'Armée ou qualquer outro repositório de uniformes que sobreviveram — de que a qualidade do tecido e de outros materiais usados era geralmente pobre, e os uniformes eram frágeis.

"Os casacos de inverno da nossa infantaria são provavelmente os piores da Europa", observou Henri-Joseph Paixhans.[29]

À medida que ficava mais frio, os homens começaram a complementar seu kit de várias formas. Xales eram amarrados em volta da cabeça sob a barretina de praxe, mantas tricotadas, usadas sobre peças de roupa curtas, e regalos e mitenes entraram em cena para proteger as mãos. Aqueles que haviam se guarnecido de peles de carneiro ou casacos de pele vestiam-nos sobre os uniformes. Os que não haviam pensado em adquirir tais roupas de inverno eram forçados a recorrer às peles (normalmente ornadas com matizes femininos de seda ou cetim), mantas, barretinas e outras peças de roupa que haviam obtido com a intenção de vender em Paris ou dar a namoradas.

Como a queda de temperatura vencia qualquer pudor, até mesmo vestidos femininos e vestimentas litúrgicas ricamente adornadas passaram a ser usados. As volumosas peças de roupa femininas tinham a vantagem de criar um tipo de tenda, isolando do frio aqueles que as usavam. Cavalarianos cujos cavalos haviam morrido faziam um corte no meio dos *shabracques* — peles de carneiro ou tecidos bordados que ficavam sob as selas — para transformá-los em ponchos. Lançava-se mão de qualquer tipo de estratagema engenhoso para cobrir cada extremidade — alguns até enfiavam os pés pelas mangas de casacos de pele e amarravam-nos em volta da cintura a fim de aquecerem as pernas.

"Podiam-se ver todas as provisões e saques de Moscou sendo gradualmente retirados da bagagem; os trajes mais elegantes e as roupas mais cruas, chapéus de todos os tipos, gorros redondos, alguns adornados com prata ou ouro, os *tailleurs* e blusas das camponesas forrados com peles, as peliças de seda das damas, penhoares; resumindo, todos apareciam usando o que quer que tivessem trazido", de acordo com o coronel Pelet. "Era uma visão hilária a dessas faces bronzeadas, com bigodes, de aparência assustadora, envolvidas nas cores mais delicadas, esses corpos enormes mal cobertos pelas mais frívolas vestes. Era um baile de máscaras sem fim, que eu achava muito divertido, caçoando deles enquanto passavam."[30]

Por mais que isso tenha proporcionado diversão, esse modo de vestir não facilitava o movimento das tropas, e frequentemente impedia que os homens utilizassem suas armas com destreza.

Muitos concordam que a primeira nevasca do dia 6 de novembro, acompanhada por uma queda drástica de temperatura, teve um efeito profundo na coesão do Exército.

"Foi a partir daquele ponto que nosso sofrimento teve início", escreveu o coronel Boulart, "e esse sofrimento cresceria e duraria outras seis semanas! Felizmente, não podíamos prever o futuro; os sofrimentos do presente absorviam todas as nossas faculdades, pensávamos apenas em formas de atenuá-los e pensávamos pouco sobre os sofrimentos do dia seguinte; cada dia trazia consigo bastante aflição.[31]

A neve logo se tornou compacta com a marcha de dezenas de milhares de pés, dando lugar a uma superfície dura e escorregadia. Como os cavalos estavam tendo dificuldade para puxar veículos com rodas, muitos cocheiros e carroceiros tiravam as rodas e improvisavam trenós. No dia 8 de novembro houve um degelo e a estrada tornou-se pantanosa. Os que haviam jogado suas rodas fora não puderam fazer nada a não ser abandonar seus veículos. Contudo, no dia seguinte, houve uma forte geada, e a estrada tornou-se uma superfície de gelo.

Era difícil manter-se ereto, mesmo quando se caminhava em superfícies planas, e o tenente Marie Henry de Lignières relata que caía mais de 20 vezes por dia. "Sempre que nos deparávamos com declives íngremes que tínhamos que descer, o que acontecia frequentemente, sentávamos e nos deixávamos escorregar até a base, o que implicava que os que vinham atrás caíam sobre nós com suas armas e sua bagagem", escreveu ele.[32]

Carroças e parelhas de armas tinham de ser seguradas por homens puxando cordas amarradas atrás delas para impedir que escorregassem declive abaixo, mas, se os que seguravam as cordas escorregassem, todo o grupo — armas, armões, cavalos, homens, todos — despencaria, levando consigo qualquer um e qualquer coisa que estivesse no caminho. À medida que se tornava mais difícil caminhar, uma quantidade cada vez maior de soldados ficava para trás.

Por causa do frio, doía tocar nos mosquetes, e abaixo de uma certa temperatura a pele ficava grudada no aço congelado e era arrancada da mão. Aqueles que não tinham luvas e não podiam improvisar algum tipo de proteção para as mãos eram obrigados a se desfazer de suas armas, e uma quantidade maior ainda usava o frio como desculpa para fazê-lo.

O frio também foi a gota d'água para os cavalos. Dezenas de milhares dos subnutridos e exaustos animais morreram no espaço de três dias, em parte por causa do frio, e em parte por não estarem adequadamente ferrados. As ferraduras comuns que a maioria usava não tinham serventia na neve compacta ou no gelo, tornando-se, na prática, patins. Algumas unidades francesas tinham ferraduras com pinos, e a artilharia começou a adotá-las depois das primeiras nevascas, mas elas se desgastavam rapidamente em superfícies planas. Eram necessárias ferraduras com grampões afiados, que haviam sido adotadas apenas pelos poloneses, por Caulaincourt nos cavalos imperiais e por alguns poucos oficiais sensatos. O restante dos puros-sangues da *Grande Armée* não teve chance a partir do momento em que a neve passou a cair e o frio se estabeleceu. Eles escorregavam e caíam, frequentemente quebrando uma perna no processo, e os terríveis espancamentos envolvidos em fazê-los ficarem de pé novamente exauriam-nos e afligiam-nos mais ainda.

Alguns tentavam envolver os cascos dos cavalos com trapos, enquanto outros percebiam que era melhor os cavalos não usarem ferraduras do que usarem as comuns, removendo-as dos seus. Os pequenos *cognats* locais, com seus cascos largos e centro de gravidade mais baixo, eram escassos e muito procurados, já que podiam trotar sem ferraduras. Jacob Walter adquiriu um que sabia até sentar-se sobre as ancas no topo de um declive de gelo e escorregar sem que ele tivesse de desmontar.[33]

Mas não havia substituições para as ferraduras com grampões apropriadas.

"Quando nós, poloneses, montados em cavalos usando ferraduras com grampões, passávamos pelos generais franceses a galope, eles nos olhavam com surpresa e inveja, enquanto a cada outeiro suas armas ficavam empacadas, podendo ser puxadas para o topo graças aos ombros dos soldados de infantaria", escreveu Jóseph Załuski, dos *Chevau-Légers* poloneses.[34]

A 4ª Divisão do príncipe Eugène perdeu 1.200 cavalos em dois dias. Albert de Muralt, um tenente suíço servindo nos *Chevau-Légers* bávaros, recordar-se-ia que sua brigada, composta por um total de 200 cavaleiros ao chegar a Viazma, foi reduzida a 50 no dia seguinte, deixando de ser uma unidade de combate no outro. A mesma história repetiu-se através do Exército.[35] A perda da cavalaria e de uma grande parte da artilharia reduziu radicalmente o potencial de combate da *Grande Armée* e tornou-a vulnerável aos ubíquos cossacos, que cercavam as colunas em retirada como moscas-varejeiras.

Contudo, foi a perda de milhares de animais de tração que teve o maior impacto no Exército e em suas chances de sobrevivência. Centenas de veículos tiveram de ser abandonados — alguns com suprimentos e equipamentos de importância fundamental, assim como objetos pessoais e os espólios das tropas. Muitos jogavam fora suas armas a fim de carregarem seus pertences.

"A estrada estava coberta por objetos preciosos, como pinturas, candelabros e muitos livros", de acordo com o sargento Bourgogne, "e durante grande parte de uma hora eu apanhava livros cujo conteúdo examinava e que depois jogava fora novamente para serem apanhados por outros que, por sua vez, também os jogavam fora."

O príncipe Józef Poniatowski, com o corpo mutilado estendido sobre sua carruagem, pediu a um soldado que passava que lhe desse algo para ler da seleção na margem da estrada, e esse livro, que o absorveu, seria o único espólio que ele traria da campanha.[36]

No dia 8 de novembro, o comandante Vionnet de Maringoné, dos granadeiros da Guarda, percebeu que seus cavalos não conseguiriam puxar sua carruagem por mais tanto tempo. Dessa forma, transferiu para uma valise todos os itens mais essenciais, começando por rações vitais de comida e algumas roupas sobressalentes e deixou todos os supérfluos desnecessários na carruagem, a qual abandonou. Ao decidir não sobrecarregar a valise, ele conseguiu manter um cavalo vivo para puxá-la. O major Claude-François Le Roy, do 85º Regimento de Linha, na Divisão de Davout, sentou-se com agulha e linha em Viazma e costurou dois grandes bolsos na parte interior de seu casaco, os quais encheu com todas as suas possessões mais vitais, assim se livrando da necessidade de carregar uma mala.[37] Outros não foram tão perspicazes e, ao serem forçados a fazer uma escolha, abandonavam os sacos de grãos ou de arroz para ficarem com os vasos de ouro e prata. É fácil condená-los, mas deve ter sido difícil descartar a chance de uma vida — de ter condições para casar-se, comprar uma casa, começar um negócio. Além disso, eles não sabiam o que os aguardava, e lutavam da melhor forma que podiam, esperando que as coisas melhorassem.

Na maioria das vezes, eles tinham que passar a noite a céu aberto, sem qualquer tipo de proteção, exaustos demais para sequer pensarem na possibilidade de construir abrigos com galhos de árvores. Eles usavam os sabres para cortar brotos para queimarem. Contudo, a madeira verde e resinosa produzia nuvens de fumaça ácida antes de emitir qualquer calor e extinguia-se rapidamente, de forma que o fogo tinha de ser alimentado regularmente durante toda a noite. Mesmo quando eles conseguiam manter um fogo forte aceso, este só propiciava calor para as mãos e o rosto, enquanto suas costas permaneciam expostas à temperatura da noite. Eles colocavam galhos em volta da fogueira para se sentarem ou deitarem e se aconchegavam em torno das chamas o mais próximo que podiam, em grupos de oito ou dez homens, esperando criar um pequeno círculo de calor. Mas o fogo derretia a neve, e eles logo se viam sentados ou deitados na lama molhada.

Eles tinham sorte quando encontravam uma vila deserta que não estivesse arruinada por completo, mas estas geralmente abrigavam visões desagradáveis.

"Sob suas cinzas ainda quentes, que o vento soprava em nossos rostos, estavam os corpos de vários soldados ou camponeses", escreveu Eugène Labaume, "e algumas vezes podiam-se ver também crianças assassinadas e jovens que haviam sido mortas no mesmo lugar onde foram estupradas."

Os generais e oficiais superiores geralmente ficavam com as melhores cabanas entre as que haviam restado, mas discordâncias sobre precedência algumas vezes levavam a duelos. Os homens se amontoavam em quaisquer cabanas, celeiros, galpões, chiqueiros ou outros tipos de abrigos que pudessem encontrar. Se houvesse um grande número deles, uns pisoteavam os outros no processo, e em algumas ocasiões até sufocavam os que entravam primeiro, pressionando-os cada vez mais com a força crescente do fluxo incessante de recém-chegados desesperados para se protegerem do frio.[38]

Tendo ocupado uma cabana, um grupo defendia a entrada à força. Entretanto, a palha logo era arrancada do telhado por outros ávidos por alimentarem seus cavalos. Aqueles que não conseguiam encontrar abrigos sentavam-se no sotavento da cabana e começavam a arrancar ripas do telhado, persianas e quaisquer outros componentes acessíveis a fim de acenderem fogueiras, de forma que os que se encontravam dentro logo viam seu abrigo ser gradualmente destruído à sua volta. Frequentemente, os que se encontravam do lado de fora acendiam suas fogueiras muito perto das paredes, causando o incêndio das cabanas. Se estas se encontrassem muito lotadas ou os abrigados dentro delas estivessem dormindo, eles podiam ser queimados vivos.

Mesmo sem intervenção externa, soldados que encontravam cabanas para passar a noite corriam o risco de encontrar a morte dentro delas. As cabanas russas eram aquecidas por fogões que mediam cerca de dois metros quadrados, feitos de madeira coberta por barro, que tinham que ser aquecidos gradualmente, mas os soldados congelados alimentavam-nos com quaisquer pedaços de madeira em que pudessem pôr as mãos, e quase sempre o fogão pegava fogo e a cabana era incendiada enquanto eles dormiam.

Acrescia-se ao sofrimento de não ter abrigo para passar a noite a escassez de comida. A maior parte das rações trazidas de Moscou havia sido consumida quando o Exército chegara a Mozhaisk, e eles estavam agora condenados a marchar por uma estrada que havia sido devastada pelos russos em retirada e depois esgotada por eles mesmos quando estavam a caminho de Moscou. Não era possível enviar forrageadores para quaisquer lados da estrada, já que, naturalmente, eles ficariam para trás, separando-se do corpo principal do Exército e tornando-se presa fácil para o inimigo que os perseguia.

Como os suprimentos haviam acabado e o equipamento fora deixado para trás em vagões abandonados, um abastecimento organizado das tropas tornou-se impossível. Era possível que houvesse um saco de milho, mas não havia meios para moê-lo — uma grande quantidade de pequenos moedores havia sido distribuída em Dorogobuzh, mas a maioria havia sido abandonada à beira da estrada à medida que os cavalos morriam. Havia também a possibilidade de terem restado alguns grãos de aveia ou fagópiro, repolho ou sobras de carne, mas não havia panelas em que se pudesse fazer um ensopado.

Oficiais cuidadosos e engenhosos que conseguiam manter suas companhias reunidas asseguravam que os itens essenciais não fossem descartados, e organizavam a divisão justa para o consumo do que quer que tivessem à disposição. Assim, soldados que pertenciam a unidades disciplinadas tinham uma chance maior de sobreviver. Quando eles paravam para passar a noite, um destacamento saía à procura de lenha, enquanto outro construía abrigos, outro preparava a comida, e assim por diante; outros eram destacados para alimentar animais de carga; outros, por sua vez, mantinham as fogueiras acesas e montavam guarda enquanto seus companheiros dormiam.

Algumas unidades cuidavam-se notavelmente bem. O doutor La Flise, que se separara de seu regimento, ficou com um esquadrão de lanceiros poloneses que deixavam a estrada à noite, encontravam uma vila habitada, cercavam-na e então chegavam a um acordo com os camponeses, prometendo não fazer mal a eles se, em troca, apenas lhes dessem um pouco de comida e abrigo para passarem a noite. Os homens e seus cavalos puderam, dessa maneira, manter-se em boa forma, e, como tinham duas mulheres consigo, os oficiais até mesmo passavam as noites de forma prazerosa.[39]

Outro que assegurou que não lhe faltasse nada foi o coronel Chopin, comandante da artilharia da 1ª Divisão de Cavalaria.

"Um homem confiante, que acreditava que o que importava na vida era pensar em si acima de tudo, o coronel Chopin havia, assim que a retirada teve início, reunido em torno de si cerca de uma dúzia dos seus mais alertas e mais engenhosos artilheiros", segundo um de seus companheiros. "Um *fourgon* com uma boa parelha de cavalos seguia-o, e todas as noites este era o ponto de reunião para todos os artilheiros, cada um dos quais trazia o que houvesse conseguido, fosse nas vilas ao longo do caminho ou de retardatários isolados, de quem tomavam por meio de trapaças ou à força o que quer que tivessem. Dessa forma, não faltava nada ao bando do coronel (e não se pode dar-lhe outro nome), com o *fourgon* fartamente carregado, e observando e ouvindo abastecedores, podíamos sentir que ele nunca estaria vazio."[40]

"Era raro para aqueles que haviam permanecido com suas unidades serem capazes de compartilhar algum tipo de ensopado", escreveu o coronel Boulart. "Mas a pior desgraça era a daqueles que haviam se separado das suas, visto que não encontravam ajuda em lugar algum."

A única exceção dava-se quando eles tinham algo a oferecer. O coronel Pelet assistiu a uma troca peculiar ser feita em volta de uma grande fogueira. "Quem tem algum café? Eu tenho açúcar. Quem troca algum sal por farinha? Quem tem uma panela? Podíamos preparar alguma *popote* entre nós. Quem tem um bule?, e assim por diante. O homem que tinha um pequeno saco de sal podia contar com comida para vários dias, já que podia trocá-lo em qualquer lugar", escreveu ele. Albert de Muralt devia a vida a uma pequena panela de ferro, a qual emprestava aos que tinham comida para que pudessem prepará-la e, em troca, estes compartilhavam com ele sua refeição.[41] A única esperança para aqueles que não tinham nada era agruparem-se com outros que estivessem na mesma situação, e, consequentemente, surgiram corporações de oito ou 12 homens — normalmente possuindo estas um cavalo ou uma carroça — que operavam de forma bastante similar à usada pelos artilheiros do coronel Chopin.

Um grupo particularmente vulnerável era o dos criados dos oficiais. Visto que não eram soldados, eles não podiam exigir rações, e se seu senhor fosse morto ou ferido, ou chegasse à conclusão de que eram desnecessários, eles eram deixados sem recursos. Da mesma maneira, um bom senhor era, para muitos, a única esperança de salvação. Em Moscou, o general Dedem de Gelder fora persuadido a admitir um criado extra, um garoto inteligente que conduzia sua carruagem e cuidava de seus cavalos, e só tarde demais, em meio ao caos da retirada, ele percebeu que o garoto era, na verdade, uma francesa de 15 anos de idade que havia se apaixonado e fugido de casa para seguir um oficial de artilharia, apenas para vê-lo ser morto em Borodino.[42]

Ao lermos os relatos dos sobreviventes, ficamos impressionados ao ver o quão pouco alimento é necessário para permanecermos vivos. Mas era essencial, por razões tanto psicológicas quanto físicas, ter um abastecimento regular. O tenente Combe recebera um pacote de casa pouco antes de o exército ter deixado Moscou: "Que alegria! Notícias de Paris, do meu pai, da minha amada mãe, de toda a minha família, dos meus amigos!", ele escreveu. "Nada no mundo comparar-se-ia ao que senti naquela hora."

Só mais tarde ele perceberia que esse pacote salvaria a sua vida, já que continha pequenos tabletes para fazer chocolate quente e outros de caldos. Com isso, ele podia preparar um copo de algo nutritivo quando não havia mais nada. Outros tiveram a ideia de encher os bolsos de chá e açúcar, e muitos afirmam ter sobrevivido por até duas semanas alimentando-se de nada mais que chá.[43]

Tanto na retirada quanto no avanço, o pensamento em comida nunca deixava a mente dos soldados. Eles tentavam distrair-se imaginando que estavam sentados para jantar em um dos melhores restaurantes de Paris. "Cada um de nós pedia seu prato favorito, para então discutirmos seus méritos em relação aos outros pratos, e dessa forma distraíamo-nos por um momento da fome que nos devorava", recordar-se-ia Victor Dupuy, do 7º Regimento de Hussardos. "Entretanto, a terrível realidade, em todo o seu poder, logo nos tomava de assalto."[44]

A realidade era, de fato, horrível. A principal fonte de carne era os cavalos mortos, mas mesmo isso era difícil de conseguir. Quando um cavalo caía e não conseguia se levantar, os soldados se apressavam para começar a cortá-lo. Os mais experientes faziam uma abertura em seu estômago a fim de tirar o coração e o fígado. Eles não se incomodavam em matar o cavalo primeiro, xingando-o por dificultar seu trabalho, visto que o animal se debatia e chutava. O capitão von Kurz observou que, depois que os homens acabavam, a carcaça encontrava-se num estado semelhante à de quando cirurgiões veterinários executam uma investigação anatômica.[45]

Muitos ficavam enojados pela ideia, assim como pelo sabor da carne, mas este podia ser suavizado se a carne fosse coberta por uma quantidade generosa de pólvora salpicada a partir de um cartucho aberto, e a maioria dos homens logo se acostumou. Jacques Laurencin, um geógrafo vinculado ao quartel-general de Napoleão, escreveu para a mãe explicando que a carne de cavalo era, na realidade, bastante saborosa se cortada em fatias finas e frita. O general Roguet, da Jovem Guarda, achou que valeria a pena registrar que a carne dos *cognats* locais tinha um sabor mais delicado que a dos cavalos franceses ou alemães.[46]

Os cavalos não eram a única fonte de carne.

"Em Viazma, nós nos banqueteamos com um ótimo *fricassée* de gatos", assegurou Laurencin a sua mãe em uma carta que nunca chegaria a ela. "Cinco de nós devoramos três deliciosos gatos, que estavam excelentes."

Na noite de 30 de outubro, em Gzhatsk, Christian Septimus von Martens e seus companheiros cozinharam seu primeiro gato.

"A fim de amenizar o nojo que começava a tomar conta de nós", escreveu ele, "eu lhes assegurei que os gondoleiros de Veneza, que não eram absolutamente tão miseráveis quanto nós naquele momento, consideravam o *ragoût* de gato um banquete.[47]

A coluna em marcha era acompanhada por cachorros das vilas que eles haviam incendiado. Eles uivavam e disputavam as carcaças dos cavalos com os homens famintos, mas acabavam também na panela se não fossem cuidadosos. Os filhotes de cão de caça ou poodles que vários oficiais haviam trazido consigo também começaram a desaparecer em panelas ou nas espadas afiadas de couraceiros e dragões, dando bons espetos.

Era praticamente impossível conseguir pão, mas farinha e grãos pilados de um tipo ou de outro podiam ser obtidos aqui e ali, de modo que os homens os usavam para fazer um grude, com água e palha picada para ligar, que assavam em um fogão de camponês ou sobre as cinzas de uma fogueira para obterem biscoitos finos. Contudo, geralmente, eles jogavam tudo que pudessem encontrar em uma panela e cozinhavam um caldo, frequentemente adicionando um pedaço de vela de sebo para obterem alguma gordura nutritiva. Jakob Walter, de Stuttgart — que inicialmente achara tão difícil se adaptar às condições de uma campanha —, tornara-se bastante astucioso, aprendendo a colher sementes de cânhamo e misturá-las a talos de repolho, que podiam ser transformados em alimento se cozidos por tempo o bastante.

"Fazíamos nosso mingau com todos os tipos de farinha misturada com neve derretida", explicou o capitão François. "Depois, derramávamos sobre ele a pólvora de um cartucho, com a qual conseguíamos salgar ou ao menos realçar o sabor insosso da comida preparada dessa forma."

Duverger, tesoureiro da Subdivisão de Compans, escreveu a receita para o que denominou "O mingau dos espartanos": "Primeiro, derreta alguma neve, da qual você precisará de uma grande quantidade a fim de obter um pouco de água; depois, misture a farinha; depois, na ausência de gordura, adicione graxa lubrificante, e, na ausência de sal, pólvora. Sirva quente e coma quando estiver com muita fome."[48]

As condições nas quais eles tinham que fazer suas refeições também não ajudavam. Os homens geralmente estavam tão famintos que devoravam a comida crua, e mesmo quando a cozinhavam engoliam-na apressadamente, com medo do inimigo. As consequências disso eram vômitos, indigestão, cólicas e diarreia. Outra razão para comer rapidamente qualquer comida que encontrassem era que, se não o fizessem, ela podia ser roubada.

"O roubo e a má-fé espalharam-se pelo Exército, alcançando um grau tão elevado de desfaçatez, que não nos sentíamos mais seguros entre os nossos do que nos sentiríamos se estivéssemos cercados pelo inimigo", escreveu Eugène Labaume.

"Ao longo do dia, só se ouvia: 'Ó Deus! Alguém roubou minha valise; ou mochila, ou pão, ou cavalo'", recordar-se-ia Louise Fusil.[49]

Para muitos, particularmente os que estavam sozinhos, o roubo tornara-se o único meio possível de sobrevivência, além de assaltar carroças abandonadas, baús e os bolsos dos que morriam ao longo do caminho. Todos desprezavam esses homens dispersos, referindo-se a eles como *fricoteurs* — da palavra *fricoter*, que significa cozinhar algo, já que na maioria das vezes eles eram vistos pateticamente tentando preparar com o que estivesse à mão algo para comerem à margem da estrada. Se eles se aproximassem de uma fogueira à procura de calor, eram brutalmente repelidos. Algumas vezes, eles ficavam em pé por trás dos que estavam sentados em volta da fogueira, esperando que ao menos algum calor dela chegasse a eles.

Muitos desses homens desvinculados aproximavam-se das fogueiras de acampamentos russos para se entregarem, aos milhares, em noites particularmente quentes. Entretanto, suas esperanças de que isso pusesse um fim em seus sofrimentos eram logo frustradas, e seu destino não era de se invejar. Embora se dissessem apoiadores das leis aceitas através da Europa, a atitude russa para com os prisioneiros era geralmente de desprezo.

Havia alguns exemplos admiráveis de solicitude. Quando o muito amado jovem coronel Casabianca, comandante do 11º Regimento de Linha — parte corso, parte valaisiano —, foi capturado nos arredores de Polotsk, seus captores não pouparam esforços para manterem-no vivo. Quando seus ferimentos o levaram à morte alguns dias depois, eles devolveram seu corpo, escoltado por uma guarda de honra cujo oficial entregou um bilhete ao general Wittgenstein: "Eu devolvo o corpo do valoroso coronel do 11º Regimento, por quem estamos de luto tanto quanto vocês, pois que um homem bravo deve ser sempre honrado", lia-se.[50]

Alguns oficiais tratavam suas contrapartes capturadas com cortesia. O líder guerrilheiro Denis Davidov passou por grandes aflições a fim de localizar um jovem tenente hussardo vestfaliano para devolver-lhe a aliança, o medalhão e as cartas de amor que lhe haviam sido tirados pelos cossacos que o capturaram. Seu colega Alexandr Samoilovich Figner, por outro lado, tinha um prazer sádico em matar seus prisioneiros com crueldade, geralmente quando menos esperavam. O general Yermolov também tratava mal os cativos, particularmente os poloneses, a quem desprezava, considerando-os traidores da causa eslava. Depois de Vinkovo, ele cuspiu no rosto do conde Plater e instruiu os cossacos que o escoltavam a alimentá-lo apenas com o açoite de seu chicote. Essa atitude de Yermolov não era incomum: "Nossos soldados faziam alguns prisioneiros entre os franceses", escreveu um jovem oficial russo depois da peleja de Smolensk, "mas todos os poloneses eram vítimas de vingança e desprezo."

Ao informar, após uma patrulha, que aprisionara alguns franceses que estavam saqueando uma igreja, um oficial recebeu de seu superior a resposta de que não deveria ter se incomodado em trazê-los. Diante disso, ele saiu e disse aos seus homens que os esfaqueassem com suas baionetas até a morte.[51]

O próprio tsar escreveu a Kutuzov reclamando dos relatórios de maus-tratos aos prisioneiros e insistindo que todos os homens capturados fossem tratados com humanidade, alimentados e vestidos. Todavia, o exemplo dado pelo seu próprio irmão minava quaisquer chances de que suas reclamações fossem atendidas. O general Wilson cavalgava com outros oficiais superiores atrás do grão-duque Constantino quando passaram por uma coluna de prisioneiros. Sua atenção foi atraída para um deles, um jovem oficial de aparência distinta, e Constantino perguntou-lhe se ele não preferiria ser morto:

"Eu preferiria, se não puder ser resgatado, pois sei que em algumas horas morrerei de inanição, ou pela lança do cossaco, como vi acontecer a tantas centenas de camaradas que não conseguiram prosseguir por causa do frio, da fome e do cansaço", respondeu ele. "Há na França alguns que lamentarão meu destino, e por eles eu desejaria retornar; mas se isso for impossível, quanto mais cedo a desonra e o sofrimento acabarem, melhor."

Para o horror de Wilson, o grão-duque sacou seu sabre e matou o homem.[52]

Havia uma série de regulamentos que determinavam não apenas onde os prisioneiros deveriam ser mantidos, mas também quanto deveriam receber para seu sustento. Contudo, tais regulamentos eram leis mortas na realidade dessa campanha. O sargento Bartolomeo Bertolini, que fora capturado enquanto forrageava no dia anterior à Batalha de Borodino, mal podia acreditar no tratamento ao qual ele e seus companheiros eram submetidos. Eles foram despojados à força de tudo, até mesmo de seus uniformes e suas botas.

"Nosso sofrimento era tão grande que nunca pude transmiti-lo adequadamente em palavras", escreveu ele. "Eles não nos davam subsídio, como normalmente acontece aos prisioneiros entre as nações civilizadas, nem rações para manter-nos vivos."

Eles tinham que marchar rapidamente, eram espancados e mortos se saíssem do caminho para apanhar uma batata podre ou restos de comida.[53] O doutor Raymond Faure foi aprisionado em Vinkovo. Juntamente a oficiais capturados, ele foi levado a Kutuzov, que os tratou com cortesia, dando-lhes roupas e algum dinheiro. Esse não era o tratamento recebido pelos soldados rasos que eram capturados, os quais eram roubados, despidos e espancados. Assim que o comboio de prisioneiros deixou o acampamento de Tarutino, com a escolta de levas de milícia, os oficiais começaram a sofrer o mesmo destino, tendo tudo que Kutuzov lhes dera roubado pelos oficiais de milícia.[54]

À altura em que a retirada teve início, a guerra havia se tornado mais cruel, e os prisioneiros, um estorvo mal-vindo: com ambos os lados sofrendo com a escassez de comida e roupas, não havia nada para lhes dar. À medida que os prisioneiros russos aguilhoados pelos franceses através da estrada enfraqueciam e ficavam para trás, eram despachados com um tiro na cabeça. Os russos não agiam de forma menos brutal. A maioria dos prisioneiros eram feitos pelos cossacos, cuja primeira medida invariavelmente era despi-los e tomar-lhes não apenas bens preciosos, como também peças de roupa aproveitáveis. Eles os entregavam — ou, de preferência, vendiam — a camponeses locais, que os massacravam com graus variados de sadismo.

Alguns eram queimados vivos; outros, amarrados a árvores e usados na prática de tiro ao alvo, enquanto outros ainda tinham as orelhas, narizes, línguas e genitálias cortados, e assim por diante. O general Wilson viu "60 moribundos nus, cujos pescoços repousavam sobre o tronco de uma árvore derrubada, enquanto homens e mulheres russos com grandes feixes de varas cantavam em coro e pulavam em volta, com golpes contínuos que atingiam seus cérebros sucessivamente". Em uma vila, o padre recomendou que seu rebanho fosse humano, e afogou os trinta prisioneiros sob a crosta de um lago congelado em vez de torturá-los. Em Dorogobuzh, Woldemar von Löwenstern ficou horrorizado ao ver tropas russas observarem enquanto moradores locais massacravam seguidores do Exército desarmados com machados, forcados e porretes.

"Foi um espetáculo medonho", escreveu ele; "eles pareciam canibais com um prazer bárbaro em suas faces."[55]

A humanidade, no entanto, ocasionalmente triunfava em meio a toda essa selvageria, como no caso do tenente Wachsmuth, um vestfaliano que tivera o joelho ferido em Borodino. Ele defecava à margem da estrada quando alguns cossacos alcançaram o grupo com o qual viajava. Vendo-o indefesamente agachado com as calças nos tornozelos, eles começaram a rir e em seguida trataram-no com bondade. Julien Combe saíra da estrada principal com cinco outros oficiais à procura de forragem para suas famintas montarias e estava perdido. Depois de passarem uma noite terrível durante a qual por pouco não foram enterrados pela neve, eles encontraram um pequeno vilarejo onde os camponeses lhes deram abrigo e comida.

"A neve caía em flocos densos, e o aspecto dessa miserável paisagem rural, vista pelas pequenas janelas de vidro amarelo embaçado, o perigo da nossa situação, a incerteza do nosso futuro, tudo parecia conspirar para que mergulhássemos nas mais sombrias reflexões", escreveu ele. "Contudo, fui subitamente despertado dos meus pensamentos por uma exclamação de "*Mama! Mama!*", distintamente emitida por uma criança, cujo berço, suspenso como uma rede por quatro cordas que pendiam do terraço em um canto escuro, nos escapara à atenção.

"Nada pode expressar o efeito que essa palavra, quase francesa, teve em nós", continua ele. "Ela nos trouxe tudo de volta; parecia conter em si todas as nossas memórias de família, da felicidade e do lar."

Ele tomou a criança nos braços e chorou. A mãe ficou tão comovida que cuidou deles e os alertou quando recebeu o aviso de que havia cossacos na área, dando-lhes instruções de como escaparem e comida para a jornada.[56]

Em Viazma, o tenente Radozhitsky, que seguia os franceses em retirada, deparou-se com uma russa que havia sido contratada por um coronel francês e sua esposa como ama de leite para o seu bebê. Ambos haviam sido mortos na batalha, mas ela se salvara e à criança.

"Ele é apenas um francesinho, por que se incomodar com ele?", perguntou-lhe o tenente.

"Oh, se o senhor soubesse o quão bons e gentis esses amos eram", respondeu ela. "Vivi com eles como se fossem minha própria família. Como eu poderia deixar de amar seu pobre órfão? Eu não o abandonarei, e só a morte pode nos separar!"[57]

19

A miragem de Smolensk

No dia 18 de outubro, no momento em que Napoleão deixava Moscou, o marechal Gouvion St Cyr, que assumira o comando da 2ª Divisão no lugar do ferido Oudinot, foi atacado nas proximidades de Polotsk por tropas russas sob o comando do general Peter von Wittgenstein, que se encontravam em vantagem esmagadora. Numa batalha feroz que durou dois dias, sua enfraquecida tropa, composta por 27 mil franceses, bávaros, suíços, italianos, poloneses e croatas, repeliu os 50 mil russos de Wittgenstein, infligindo perdas substanciais. Porém, quando a cidade foi iluminada pelo bombardeio da artilharia russa, tornou-se indefensável.

"Nenhuma batalha já pareceu mais terrível", escreveu o capitão Drujon de Beaulieu, do 8° de Lanceiros. "Ela me fez pensar na queda de Troia, como é relatada na *Eneida*."

Temendo um cerco, St Cyr abandonou Polotsk e recuou para o rio Ula, ao longo do qual ocupou posições defensivas.[1]

Napoleão só soube da batalha ao chegar a Viazma, no dia 2 de novembro, mas estava confiante de que Victor, o qual marchava para reforçar St Cyr, o ajudaria a retomar a cidade. Estava mais preocupado com a lentidão da retirada de Davout, queixando-se de que ele dispunha as tropas em formação de batalha cada vez que alguns cossacos apareciam no horizonte, e continuou marchando apressadamente em direção a Smolensk. Contudo, ao tomar conhecimento da batalha nos arredores de Viazma, percebendo que Kutuzov volvia a esmo três quilômetros ao sul, Napoleão decidiu dar batalha ele mesmo.

Ao dar início à inspeção das tropas no dia 4 de novembro, Napoleão tornou-se ciente do quão desorganizadas elas estavam.

"Você quer lutar, mas não tem Exército!", protestou Ney, que substituíra Davout na retaguarda.

Como Davout se livrara de Miloradovich e se juntara aos escalões precedentes, Napoleão decidiu ir para Smolensk, onde se alojaria para o inverno. Ele ordenou que Junot e Poniatowski também fossem para lá e que Davout se posicionasse nos arredores da cidade, na área de Yelnia.

"Eles dizem que o campo é rico e abundante em mantimentos", assegurou-lhe ele.

Ao príncipe Eugène, por sua vez, ele deu ordens para que marchasse para Vitebsk e lá estabelecesse seus alojamentos para o inverno. Napoleão ditou essas ordens em Dorogobuzh, no dia 5 e logo cedo no dia 6 de novembro, antes de partir para Smolensk.[2]

Ele logo se veria viajando sob uma nevasca, e, à medida que a temperatura caía, foi forçado a aceitar que seus cálculos em relação ao tempo haviam estado perigosamente errados. Essa não foi a única realidade desagradável que ele teve de enfrentar naquele dia. Ao alcançar Mikhailovka à tarde, Napoleão encontrou um *estafette* vindo de Paris esperando-o com a notícia chocante de que dois oficiais obscuros, encabeçados pelo general Malet, haviam tentado tomar o poder em um *coup d'état*. Ele mal pôde acreditar. A conspiração havia sido extremamente absurda, mas o mero fato de ter chegado a entrar em prática levantava questões alarmantes sobre a solidez de seu domínio na França.

"Com os franceses", gracejou ele, falando a Caulaincourt, "é como com as mulheres, não podemos ficar distantes por muito tempo."

Porém, essa revelação da fragilidade da sua autoridade o abalou.[3]

Na manhã seguinte, ele escreveu a Victor, instruindo-o a juntar-se a St Cyr e retomar Polotsk. Um tom de verdadeiro alarme pode ser detectado na carta. "Tome a ofensiva, a salvação do Exército depende disso", escreveu ele. "Cada dia de demora é uma calamidade. A cavalaria do Exército está a pé, o frio matou todos os cavalos. Avance, é a ordem do imperador e da necessidade."[4]

Ele, por sua vez, seguiu para Smolensk a toda velocidade possível.

O frio havia se tornado tão intenso que Napoleão abandonara o tradicional sobretudo cinza e o tricorne que o tornavam instantaneamente reconhecido a qualquer distância em favor de uma sobrecasaca de veludo verde forrada com pele e chapéu em estilo polonês. Ele também passara a sair da carruagem a certos intervalos e marchar ao lado dos granadeiros, com Berthier e Caulaincourt a seu lado, a fim de se aquecer. Foi quando caminhava vacilantemente sobre o gelo escorregadio na tarde de 9 de novembro — a uma temperatura de –15°C, acentuada por um vento norte feroz — que Napoleão avistou Smolensk. O espesso cobertor de neve que cobria a cidade, ocultando as ruínas carbonizadas, permitiu-lhe esquecer a aparência que ela tinha quando havia partido e acreditar, por um momento, que alcançara um porto seguro.

Assim que estabeleceu os alojamentos na cidade, ele começou a ditar ordens especificando a reorganização da cavalaria em duas subdivisões — uma de cavalaria leve e outra de couraceiros e dragões —, cada uma das quais deveria ser subdividida em regimentos de guarda que cobririam os alojamentos de inverno da *Grande Armée*. Depois, ordenou que cada unidade se concentrasse em pontos de encontro específicos a fim de permitir que retardatários e elementos destacados se reunissem a elas. Entretanto, depois de algumas horas, a terrível realidade começou a despertá-lo para a inutilidade dos seus planos, ao que se sucederam golpes dolorosos.

Napoleão dera ordens para que grandes armazéns de comida e equipamentos fossem construídos em Smolensk. No entanto, aqueles que tentavam levá-las a cabo descobriram que obter comida e forragem da zona rural local consistia num desgaste inútil, enquanto os suprimentos que vinham pela estrada de Vilna tinham que ser enviados para Mozhaisk e Moscou. Havia cerca de 15 mil soldados doentes e feridos no ataque à cidade e em Valutina Gora que tinham de ser alimentados, enquanto um fluxo constante de escalões de reforços que se dirigia para Moscou e a 9ª Divisão do marechal Victor, que estivera operando na área, vinham também usando esse estoque.[5]

No início de outubro, Napoleão emitira ordens urgentes para que os armazéns fossem reabastecidos. Entre os que foram encarregados de executar essas ordens estava Stendhal: “Eles esperam milagres”, queixou-se ele a um colega enquanto dava início ao trabalho, acrescentando que seu desejo era ser enviado para a Itália.[6]

Armazéns substanciais foram, de fato, construídos, e certamente havia o bastante lá para alimentar a *Grande Armée* durante algum tempo. Contudo, se a intenção fosse que essas provisões durassem por todo o inverno, elas não alimentariam mais que uma subdivisão. Além disso, a ideia de que ao menos uma única divisão pudesse se alojar para o inverno na cidade estava fora de questão.

Todavia, um revés mais sério ainda nos planos de Napoleão foi a notícia trazida por Amédée de Pastoret, a quem ele nomeara intendente da Rússia Branca, e que se estabelecera em Vitebsk. Pastoret construíra lá um armazém que poderia ter alimentado uma divisão ao longo do inverno, e Napoleão já o havia designado à 4ª Divisão do príncipe Eugène. Porém, depois da queda de Polotsk, os russos haviam avançado e expulsado Pastoret e sua insignificante guarnição.

Outra notícia indesejável que o esperava em Smolensk era a de que o general Baraguay d'Hilliers, que havia sido enviado com sua subdivisão para encontrar Napoleão na retirada que este planejara para se dar ao longo da estrada de Medyn, em Yelnia, havia encontrado não o imperador francês, mas a força principal de Kutuzov. Uma das brigadas de d'Hilliers, a do general Augerau, composta por 1.650 homens, havia sido cercada e forçada a render-se.

Enquanto observava suas próprias colunas avançarem com dificuldade de Viazma para Smolensk, Napoleão pôde ver o quão reduzidas elas haviam sido. Estimativas quanto às tropas à sua disposição em Smolensk variam muito, mas a maioria das fontes concorda que ele perdera ao menos 60 mil homens desde que partira de Moscou, três semanas antes, e que não restara mais que cerca de 40 mil em seus regimentos.[7] Ademais, incluíam-se aí vários milhares de cavaleiros que não tinham utilidade sem suas montarias.

"Cavalos, cavalos e mais cavalos, seja para couraceiros, dragões, ou cavalaria leve, ou artilharia ou *caissons* militares, essa é a maior das nossas presentes necessidades", escreveu Napoleão para Maret, que estava em Vilna, no dia 11 de novembro.[8]

No mesmo dia, ele soube do desastre que se abatera sobre seu enteado.

Ele dera ordens para que o príncipe Eugène deixasse a estrada principal em Dorogobuzh e seguisse por uma linha mais ou menos reta em direção a Vitebsk. Depois de um dia de marcha, ele chegou ao Vop — um rio insignificante com não mais que 15 ou 20 metros de largura naquele ponto —, e seus sapadores deram início à construção de uma ponte para atravessá-lo. O melhor que puderam fazer com o material que tinham à mão, entretanto, não foi o bastante, e a ponte caiu. Àquela altura, toda a 4ª Divisão já se aproximara da ponte, e as tropas haviam formado uma fila de três quilômetros para esperar pela sua reconstrução. Enquanto aguardavam pacientemente sob uma nevasca torrencial e temperaturas congelantes, os cossacos de Platov tiveram tempo de alcançá-los e desengatar suas armas, e começaram a disparar contra a fila de italianos. Sem possibilidade de reconstruir a ponte, o príncipe Eugène decidiu atravessar a vau o rio, que não era em ponto algum mais profundo que 1,50 metro. A Guarda Real liderava o caminho e, embora a água chegasse até os queixos dos homens de estatura menor, eles atravessaram sem grandes dificuldades.

O próprio príncipe Eugène atravessou, e ordenou que a artilharia fosse trazida para se posicionar na margem ocidental e dar cobertura à travessia. Entretanto, embora não seja profundo, o Vop corre entre margens escarpadas de três metros de altura, que se tornam escorregadias com a neve. Depois de apenas dois canhões terem sido puxados até a margem oposta, um *caisson* ficou preso e virou. O veículo atrás dele também ficou preso no leito do rio, e o que estava atrás, por sua vez, bateu neste. Outros canhões e *caissons* tentando contornar o congestionamento também ficaram presos no lodo pastoso, e logo o leito do rio era uma massa de veículos cujas rodas haviam afundado na lama e de cavalos debatendo-se desesperadamente tentando se libertar da água congelante.

"Ainda posso ver aqueles bravos soldados do comboio, obrigados a passar horas inteiras com suas equipes na água e, depois de terem conseguido puxar um canhão ou *caisson* para fora, voltarem para dobrar o time que trabalhava em outro veículo e começarem a luta novamente", escreveu o coronel Griois, que passou o dia inteiro tentando atravessar os canhões.[9]

Ele conseguiu puxar uma dúzia para o outro lado, mas, quando a noite começou a cair e os cossacos rastejaram para mais perto, percebeu que teria de encravar o resto. Assim que se tornou claro que as carruagens e vagões teriam de ser abandonados, a situação tornou-se um verdadeiro pandemônio. Baús eram arriados e os homens transferiam apressadamente seus bens mais preciosos e o máximo de comida que podiam carregar nas costas dos cavalos desarreados ou nas suas próprias antes de mergulharem no rio. Outros aproveitavam a oportunidade para pilhar a bagagem abandonada dos outros antes de prosseguirem. À medida que lutavam para atravessar, muitos homens e cavalos, golpeados pelo choque da água gelada, afundavam e se afogavam. Muitos outros morreram naquela noite de hipotermia, amontoados em volta das fogueiras do acampamento com suas roupas molhadas.

"É impossível descrever a situação dos homens depois dessa travessia, ou o sofrimento físico suportado e a dor resultante desse banho glacial", escreveu um deles, e os italianos denominaram aquela noite "*la notte d'orrore*".[10]

O príncipe Eugène perdeu cerca de 2.500 homens na travessia — por volta de um quarto do seu contingente —, assim como um grande número de civis e retardatários que ficaram presos na água gelada. Ele também deixou para trás 58 canhões encravados e o comboio de bagagens, que consistia, na realidade, em todas as suas rações e munições. Naquele momento, ele não tinha condições de marchar até Vitebsk, e teve que seguir apressadamente para Smolensk. Na verdade, não haveria, de qualquer forma, outra coisa a ser feita, já que Vitebsk havia sido tomada pelos russos. No entanto, a experiência sofrida na travessia do Vop desmoralizara muitos de seus homens e, apesar das suas grandes qualidades de liderança, não havia muito que ele pudesse fazer a respeito.

"Não devo esconder de Vossa Alteza", reportou ele a Berthier, "que esses três dias de sofrimento oprimiram o espírito dos soldados a tal ponto que, creio eu, neste momento, eles mal são capazes de fazer algum esforço. Muitos homens morreram de fome ou frio, e outros, desesperados, partiram para acabarem apanhados pelo inimigo."[11]

Em Smolensk, Napoleão descarregava sua frustração pelo curso que os eventos haviam tomado culpando todos os seus marechais e acusando-os de não seguirem suas ordens.

"Não há sequer um a quem possamos confiar nada; temos sempre que fazer tudo nós mesmos", queixou-se a Pastoret numa longa diatribe que cobriu vários assuntos.

Tudo era culpa de outra pessoa, até mesmo sua presença na Rússia.

"E eles me acusam de ambição, como se a minha ambição houvesse me trazido para cá! Essa guerra é apenas uma questão de política. O que tenho a ganhar de um clima como este, vindo para um país desgraçado como este aqui? Todo ele não vale o menor pedacinho da França. Eles, por outro lado, têm um verdadeiro interesse na conquista: a Polônia, a Alemanha, para eles qualquer coisa serve. Apenas ver o sol por seis meses do ano é um novo prazer para eles. São eles que deveriam ser detidos, não eu. Esses alemães, com toda a sua filosofia, não entendem nada."[12]

Ele podia falar o que quisesse, mas o fato é que a retirada tinha que prosseguir, e com rapidez, pois St Cyr e Victor não conseguiriam conter Wittgenstein por muito mais tempo, enquanto Kutuzov já havia alcançado Napoleão em seu outro flanco. Além disso, uma nova ameaça desenvolvia-se no sul, onde Schwarzenberg e Reynier haviam sido obrigados a ceder terreno à frente das tropas combinadas para Tormazov e Chichagov: em vez de terem recuado para Minsk, onde teriam unido forças com Napoleão, eles haviam se dirigido para oeste, de volta para a Polônia, deixando a linha de retirada de Napoleão através de Minsk perigosamente exposta.

As decepções que Napoleão teve ao alcançar Smolensk não eram nada se comparadas às de suas tropas. As últimas etapas da marcha haviam minado não apenas a força física, mas também o estado de espírito dos soldados mais bravos.

"O moral, apesar de tudo, manteve-se firme", de acordo com Dedem de Gelder, "a maior parte do Exército acreditando que Smolensk seria o fim de suas aflições."

No dia 7 de novembro, os escalões que lideravam a marcha passaram por um grande comboio de comida que se deslocava na direção contrária, destinado à retaguarda de Ney, o que e os reanimou, já que parecia confirmar sua perspectiva de encontrar fartura em Smolensk. Os soldados reuniram-se apressadamente às suas unidades na expectativa de terem distribuições regulares de comida. Eles conseguiram, de alguma forma, esquecer que da última vez em que haviam visto a cidade ela não passava de destroços em chamas, e, à medida que se aproximavam, tinham em mente uma imagem de calor e abundância.

"A ideia de que o fim das nossas angústias estava próximo trouxe-nos uma certa alegria", escreveu um deles, "e foi com muitas piadas sobre nossos escorregões contínuos e quedas frequentes que meus companheiros e eu descemos as montanhas e nos aproximamos dos muros da cidade."[13]

Contudo, enquanto a Guarda — que entrou na cidade com Napoleão — recebeu uma distribuição de comida e bebidas alcoólicas e se estabeleceu nas ruínas para um descanso bem-vindo, as unidades que marchavam atrás dela tiveram menos sorte. A Guarda era agora seguida por uma multidão de desertores fugitivos que haviam tentado invadir os armazéns. O resultado disso foi que os responsáveis pela distribuição das provisões foram mais meticulosos do que o normal na observação do procedimento. Depois que a Guarda entrou, os portões da cidade foram fechados, e os gendarmes encarregados deles deixavam passar apenas unidades armadas que marchavam sob o comando de um oficial. No entanto, além de excluir os retardatários, essa medida puniu aqueles que haviam ficado para trás sem ter culpa — os feridos e os cavalarianos cujas unidades haviam praticamente se dissolvido com a morte de suas montarias.

Mesmo os que conseguiram se reunir nos arredores da cidade e apresentar uma aparência organizada receberam uma distribuição insatisfatória. Como Napoleão não queria que as notícias das adversidades que sofrera se espalhassem, ele não avisara às autoridades de locais como Smolensk sobre sua chegada iminente, e muito menos a respeito da verdadeira situação em que o Exército se encontrava. Se avisada com antecedência, a administração local poderia ter tomado providências para que pães fossem assados e dividido os estoques em rações que poderiam ter sido distribuídas rápida e facilmente. O que aconteceu foi que as companhias receberam somente:

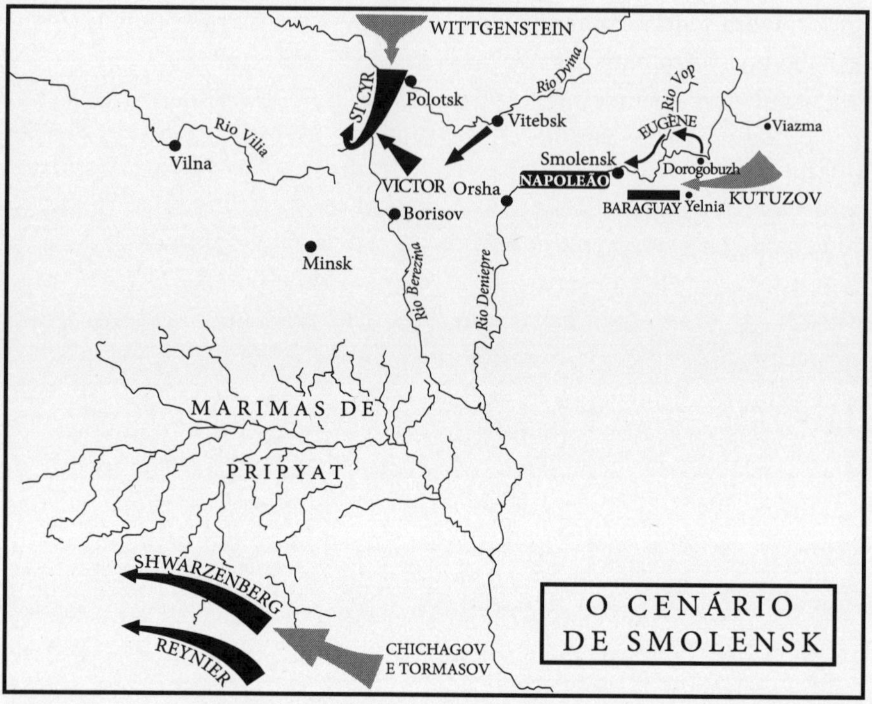

O CENÁRIO DE SMOLENSK

sacos de farinha, que, sem meios para assar pães, usaram para fazer um mingau ralo; um boi que tiveram que abater; e um barril de bebida alcoólica cuja metade seria desperdiçada por estar decantada.[14]

Todas as tentativas de manter a ordem foram frustradas pelos desertores e retardatários que conseguiam entrar na cidade e montavam esconderijos de ladrões nos porões de casas que haviam sido incendiadas, dos quais saíam para roubar e invadir os depósitos. Brigas irrompiam continuamente nos armazéns; oficiais encarregados de distribuir as provisões eram surrados; aqueles que carregavam rações para suas unidades eram assaltados pelos que não podiam obter comida por canais regulares; e uma grande quantidade desta foi desperdiçada no processo.

A Guarda era acusada por outras tropas de ter roubado suas provisões, e havia muitas reclamações contra ela, mas, na prática, a maioria dos que ainda se encontravam em seus regimentos receberam distribuições de arroz, farinha, bebidas alcoólicas e, em alguns casos, carne bovina.[15] A Guarda também despertava inveja e raiva por aparentemente controlar o bazar que se estabeleceu em um dos principais cruzamentos da cidade.

As condições da retirada acabaram sendo muito diferentes daquelas que eles haviam imaginado quando deixaram Moscou. Consequentemente, todos agora tentavam adaptar seus arranjos com a troca de um tipo de espólio por outro mais manejável e fácil de transportar.

"Aqui, uma vivandeira oferecia relógios, anéis, colares, vasos de prata e pedras preciosas", recordar-se-ia Amédée de Pastoret. "Ali, um granadeiro vendia conhaque ou peles. Mais adiante, um soldado do comboio anunciava os trabalhos completos de Voltaire e as cartas a Émilie de Desmoustiers. Um *voltigeur* oferecia cavalos e carruagens, enquanto um couraceiro armara uma barraca com calçados e roupas."[16]

Os que não haviam conseguido receber uma distribuição regular de comida vendiam o que quer que tivessem a fim de comprar alguma.

Os civis, que não estavam qualificados para receber distribuições militares, não tinham outro meio de conseguir comida, e quando ficavam sem dinheiro ou coisas para vender eram reduzidos a mendigos. Nisso, as mulheres tinham uma vantagem pouco invejável, como se lembraria Labaume: "A maioria a pé, calçadas com *bottines* de pano e vestidas com vestidos finos de seda ou percal, elas se enrolavam em peliças ou sobretudos tirados de cadáveres de soldados ao longo do caminho. Sua situação teria arrancado lágrimas do mais duro dos corações, não houvessem as adversidades de nossa condição sido tão duras a ponto de sufocarem qualquer sentimento de humanidade. Entre essas vítimas dos horrores da guerra, havia algumas que eram jovens, belas, sedutoras, inteligentes, e que possuíam todas as qualidades capazes de seduzir o homem mais insensível, mas a maioria tinha que implorar pela menor generosidade, e o pedaço de pão que recebiam na maioria das vezes requeria a mais abjeta forma de gratidão. Enquanto imploravam nossa ajuda, elas sofriam abusos cruéis, e a cada noite pertenciam aos que as haviam alimentado."[17]

O sofrimento pioraria no dia 12 de novembro, quando a temperatura sofreu uma grande queda, com as leituras chegando a –23,75°C. Na noite de 14 de novembro estava tão frio que os homens que estavam de guarda em volta do acampamento de Ney tiveram que ser ameaçados com as piores consequências para que não entrassem em busca de abrigo. O marechal Mortier teve uma atitude mais moderada. Vendo uma sentinela em pé fora do seu acampamento, perguntou o que o homem estava fazendo e recebeu a resposta de que ele estava de guarda. "Contra quem ou o quê?", perguntou Mortier. "Você não vai impedir que o frio entre ou que a adversidade nos ataque! Então, você pode também entrar e procurar um lugar perto da fogueira."[18]

Grande parte do Exército estava acampada a céu aberto fora da cidade, e os que aí se encontravam lutavam desesperadamente para fugir do frio. "Ao redor dos nossos acampamentos existiam algumas cabanas nas quais oficiais e soldados haviam procurado abrigo do frio e nas quais haviam acendido fogueiras", de acordo com o sargento Bertrand do 7º de Infantaria Leve da Divisão de Davout. "Um dos meus bons amigos havia entrado também. Prevendo o que aconteceria, eu lhe implorei que saísse. Diante da minha insistência, os oficiais e vários soldados que já se encontravam entorpecidos pelo calor e incapazes de tomar uma decisão saíram, mas ele não me ouvia e encontrou a morte lá dentro. Como eu havia previsto, multidões de outros homens logo começaram a atacar essas cabanas, enquanto os que estavam dentro delas tentavam defender-se. Uma terrível luta teve início, e os homens mais fracos foram esmagados impiedosamente. Corri para o acampamento à procura de ajuda, mas mal o alcançara quando as chamas engoliram as cabanas e todos os que estavam dentro delas. De manhã, havia apenas ruínas e cadáveres."

O sargento Bourgogne, que também tentara entrar em uma das construções, só pôde assistir, gritando, enquanto seus companheiros eram devorados pelas chamas.[19]

O que tornava as condições tão difíceis de suportar era o golpe que o moral havia sofrido com a frustração das esperanças.

"Um acampamento erguido sobre a densa neve nas ruínas e no pátio de uma casa que fora incendiada, umas poucas e parcas provisões, pelas quais nós tivéramos que partir para a briga na entrada dos armazéns com milhares de fantasmas enfurecidos pela fome, e um único dia de descanso, com uma temperatura de [–22,5°C]: aquilo foi tudo que encontramos em Smolensk, naqueles tão alardeados alojamentos de inverno", nas palavras de um oficial de artilharia da 25ª Subdivisão de Württemberg de Ney.[20]

"Na tentativa de evitar que os homens perdessem o ânimo, o imperador fingia impassibilidade diante de todas essas más notícias, a fim de ser visto acima de todas as adversidades e preparado para qualquer eventualidade", escreveu Louis Lejeune. "Mas isso foi injustamente interpretado como indiferença."

A preocupação paternal que as tropas costumavam sentir em Napoleão já não era evidente. Auguste Bonet, um soldado comum, escreveu de Smolensk à mãe no dia 10 de novembro. "*Ma chère maman*, escreva-me com frequência e cartas longas, este é o único prazer, o único consolo que me resta nesta terra selvagem que a guerra transformou num deserto."[21]

Talvez os mais desafortunados fossem os italianos do príncipe Eugène, que, tendo perdido todos os seus bens e suprimentos na travessia do Vop, sobreviveram ao banho congelante e finalmente chegaram a duras penas a Smolensk apenas para se depararem com os portões fechados. Depois de duas horas de empurrões, atropelos e discussões, eles foram finalmente admitidos, mas só para descobrirem que os suprimentos haviam sido totalmente pilhados. Eles acamparam nas ruas, e os poucos feridos que haviam conseguido trazer nas carroças que restaram morreram à noite pela falta de abrigo.

"Muitos de nós perderam o que havia restado de nosso espírito, daquele espírito que mantinha a esperança viva", escreveu Cesare de Laugier, enquanto Bartolomeo Bertolini sentiu que "cada soldado havia perdido a esperança de rever sua terra natal".[22]

A *Guardia d'Onore* italiana — um tipo de tropa de cadetes composta por filhos da nobreza do norte da Itália, que ocupavam postos de oficiais, mas serviam como soldados comuns — despertava a compaixão geral, visto que lhes faltavam todas as habilidades do soldado comum. Eles haviam perdido suas montarias, e vagueavam atabalhoados calçando botas de cano longo em vez de cortá-los. Eles haviam sido muito mimados para saberem como consertar seus calçados ou costurar seus uniformes, quanto mais preparar um cozido com o que tivessem à sua disposição; além disso, haviam sido muito bem criados para descerem ao ponto de pilhar ou mesmo furtar de homens mortos. Apenas 80 deles sobreviveram de um total de 350, o que, mesmo para os padrões daquela campanha, é muito pouco.[23]

A cavalaria estava particularmente vulnerável, já que a cada vez que um cavalo morria outro homem era deixado para trás. Eles gradualmente se dispersaram, sendo, dessa forma, impedidos de participarem de qualquer sistema de ajuda mútua. Portanto, embora tivessem muitos homens fisicamente capazes, as unidades de cavalaria tendiam a se desintegrar. No dia 9 de novembro, o general Thielmann escreveu ao rei da Saxônia dizendo-lhe que podia considerar os dois regimentos de cavalaria que estavam sob seu comando completamente perdidos. Contudo, havia exceções, como os lanceiros do doutor La Flise, que haviam se agrupado e entrado em Smolensk com as bandeiras desfraldadas e ao som de música, tendo conseguido comida para si e forragem para seus cavalos.[24]

Para manter qualquer regimento reunido, era necessário agir com mão de ferro, como o gentil, mas rigoroso, coronel Pelet, do 48° Regimento de Linha, na Divisão de Davout, comprovou. Não sem esforços, ele conseguira obter uma quantidade de farinha, um barril de vodca e quatro bois vivos dos armazéns, mas antes de começar a alimentar seus homens recebeu ordens para reuni-los a fim de desfilarem diante de Davout. Ele estava determinado a não perder suas preciosas provisões de vista, então as levou consigo para o desfile. Felizmente, Davout atrasou-se.

"Fiz o que pude para ficar de olho no regimento e no barril", escreveu Pelet, "e, de repente, percebi que este havia sido aberto. Corri até ele, mas era tarde demais; quase toda a bebida havia sido roubada, ou ao menos distribuída sem medida ou ordem. Eu me apressei para virar o barril, mas meus homens já estavam embriagados, e alguns completamente bêbados. A fim de esconder esse acidente dos olhos severos de Davout, tentei fazer o regimento manobrar, mas isso estava além da sua capacidade."

Ele conseguiu levá-los para fora do alcance de visão dos alojamentos do temido Davout, e depois voltou para limpar tudo.

"Mais de 80 mochilas, mosquetes e barretinas estavam espalhados pelo chão depois do que fora uma batalha", acrescentou ele.[25]

Apesar da desmoralização generalizada, havia ainda um núcleo de homens disciplinados na maioria das unidades, e vários regimentos foram reforçados em Smolensk por escalões enviados de postos de treinamento da França, Alemanha ou Itália. O regimento de Pelet, por exemplo, encolhera para 600 soldados, mas encontrou 200 homens uniformizados e armados esperando por ele. O 4º Regimento de Linha de Raymond de Fezensac fora reduzido a 300, mas recebeu 200 homens descansados. O único problema com esses homens era que eles não haviam sido submetidos ao mesmo processo pelo qual seus companheiros tinham passado, e, portanto, não estavam aptos a lidar com as condições. O 6º Regimento de *Chasseurs à Cheval* recebeu 250 recrutas dos seus postos de treinamento no norte da Itália, mas o choque que estes tiveram ao serem submetidos ao novo sistema foi tão grande que nenhum estava vivo na semana seguinte.[26]

A perda de até 60 mil homens e de possivelmente até 20 mil seguidores do Exército desde a partida de Moscou poderia, teoricamente, ter sido uma vantagem para Napoleão. Caulaincourt era um dos que acreditavam que se 200 canhões pudessem ser jogados no Dnieper juntamente aos vagões que levavam os troféus de Moscou, e todos os feridos fossem deixados em Smolensk com atendimento médico e suprimentos, liberando milhares de cavalos, a reduzida, mas móvel, tropa de cerca de 40 mil homens poderia ter operado de forma mais agressiva e se alimentado com mais facilidade. Ele culpou Napoleão por não ter sido capaz de analisar a situação.

"Nunca uma retirada fora menos bem ordenada", queixou-se ele.

É certamente verdade que a relutância de Napoleão em perder crédito o impediu de tomar medidas drásticas e retroceder para Minsk e Vilna. Ele adiava todas as decisões de recuar mais até o último momento.

"Naquela longa retirada da Rússia, é certo que ele estava tão hesitante e indeciso no último dia quanto no primeiro", escreveu Caulaincout.

Consequentemente, nem a marcha pôde ser adequadamente organizada pelo Estado-Maior.[27]

Mas o verdadeiro problema que frustrava qualquer tentativa de reorganizar a *Grande Armée* era que a cada parada ao longo da linha de retirada juntavam-se a ela novas tropas, que eram mais um passivo do que um ativo, assim como *commissaires*, colaboradores locais, feridos e doentes que haviam sido deixados para trás ao longo do avanço, e toda a multidão que vinha infestando a área sob ocupação francesa. À medida que marchava em retirada, a *Grande Armée* empurrava todo esse peso morto à sua frente, tendo que marchar através dele, perdendo recursos e sofrendo com o caos produzido no processo.

Napoleão ainda tinha esperanças de suspender a retirada em Orsha, ou, se isso não fosse possível, ao longo da margem do rio Berezina. Passados quatro dias em Smolensk, Napoleão ordenou a partida do que restara das divisões de Junot e Poniatowski, ele mesmo deixando a cidade no dia seguinte, 14 de novembro, precedido por Mortier com a Jovem Guarda e seguido pela Velha Guarda. O príncipe Eugène, Davout e Ney deveriam segui-lo a intervalos de um dia.

Pisoteada por tantos pés e cascos, a neve espessa tornava-se compacta e escorregadia, dificultando a caminhada. Havia muitos declives na estrada, testando homens e cavalos, e algumas pontes sobre pequenas ravinas, causando congestionamentos. Na noite do primeiro dia fora de Smolensk, o coronel Boulart, com parte da artilharia da Guarda, ficou preso numa ponte à qual se seguia uma colina íngreme. Sucedeu-se o amontoamento costumeiro de pessoas, cavalos e veículos, todos competindo por precedência, e de tempos em tempos cossacos se aproximavam, causando pânico. Os russos haviam fixado canhões leves em trenós, possibilitando que estes pudessem ser posicionados, disparados e retirados antes que os franceses tivessem tempo de desengatar seus canhões e atirar de volta. Boulart percebeu que, se não tivesse uma ação decisiva, sua bateria se desintegraria no meio da confusão. Portanto, ele forçou uma passagem para si, virando veículos de civis ou empurrando-os para fora da estrada. Ele fez seus homens cavarem a neve em cada lado da estrada até acharem terra e salpicá-la sobre a superfície congelada da estrada que levava ao topo da colina, também golpeando-a com picaretas. Foi necessária uma noite inteira para que ele pudesse atravessar a ponte e subir a colina com o canhão.

"Eu levei pelo menos 20 quedas feias enquanto subia e descia aquela colina, mas, sustentado pela determinação de conseguir, não deixei que isso me impedisse", escreveu ele.[28]

Enquanto Boulart ocupava-se com seus canhões, Napoleão, que havia parado em Korytnia para passar a noite, chamou Caulaincourt à sua cabeceira e, novamente, falou sobre a necessidade de voltar para Paris assim que possível. Ele acabara de saber que Miloradovich havia interceptado a estrada à sua frente perto de Krasny. Ele não podia rejeitar a possibilidade de ser capturado, e o encontro próximo que tivera com os cossacos nos arredores de Maloyaroslavets o havia deixado apreensivo. A fim de se prevenir contra uma captura, ele pediu ao doutor Yvan que lhe preparasse uma dose de veneno, que dali em diante carregaria sempre em um sachê preto de seda em volta do pescoço.[29]

Na manhã seguinte, 15 de novembro, Napoleão abriu caminho através de Krasny, onde parou a fim de dar tempo para os que o precediam alcançarem-no. Contudo, Miloradovich bloqueara mais uma vez a estrada atrás dele, e quando os italianos do príncipe Eugène — que àquela altura não totalizavam muito mais que 400 homens — vieram marchando na tarde seguinte, viram-se um após o outro interceptados.

Fileiras compactas de infantaria russa, apoiadas por canhões, bloquearam a estrada diante deles, enquanto cavalarianos e cossacos cercavam seus flancos. Miloradovich enviou um oficial sob uma bandeira branca para informar ao príncipe Eugène que tinha 20 mil homens, e que Kutuzov se encontrava nas proximidades com o restante do Exército russo.

"Volte rapidamente para o lugar de onde veio e diga-lhe que, se ele tem 20 mil homens, nós somos 80 mil!", veio a resposta.

O príncipe Eugène desengatou os dez canhões que lhe haviam restado, posicionou sua divisão em uma densa coluna e avançou.

Os russos, que podiam ver como eles eram poucos, mais uma vez intimaram-nos a se render. Quando os franceses se recusaram, eles abriram fogo, e uma luta feroz e sangrenta teve início.

"Nós lutamos até o cair da noite sem ceder terreno", de acordo com um oficial francês, "mas recuamos bem a tempo; mais uma hora à luz do dia e nós provavelmente teríamos sido derrotados."

Os russos, no entanto, ainda se encontravam entre eles e Krasny, e os aniquilariam facilmente no dia seguinte. Diante das circunstâncias, o príncipe Eugène não pôde ver outra saída senão recorrer ao plano de um coronel polonês agregado ao seu Estado-Maior. Quando escureceu, ele posicionou o que restara de seus homens numa fila compacta e, deixando para trás toda a bagagem desnecessária, marchou para fora da estrada, entrando na floresta e atravessando o campo que contornava a lateral do Exército russo. Quando desafiado por sentinelas russas, o coronel parisiense, marchando à frente da coluna, teve a ousadia de responder em russo que eles estavam em uma missão secreta oficial por ordem de Sua Alteza Sereníssima marechal de campo Kutuzov. Inacreditavelmente, o truque funcionou, e nas primeiras horas da manhã seguinte, no momento em que Miloradovich se preparava para liquidá-la, a 4ª Divisão entrou em Krasny às suas costas.[30]

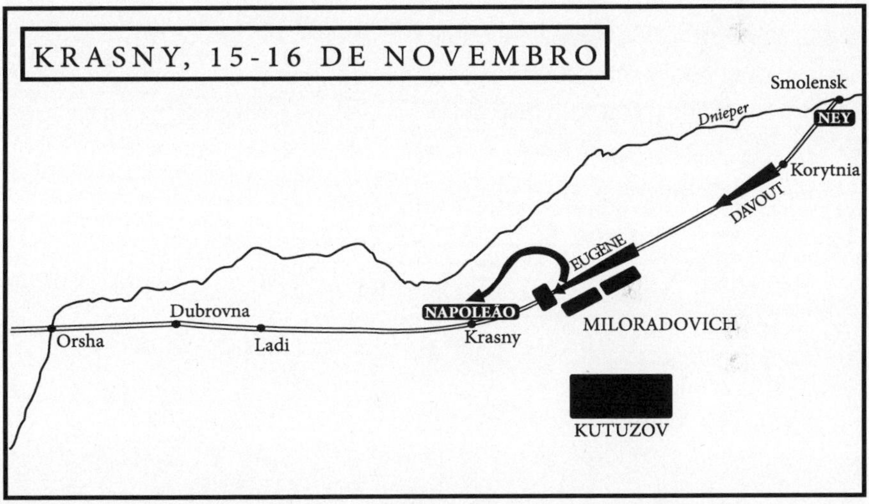

Napoleão ficou aliviado ao ver seu enteado, mas se encontrava agora num dilema. Ele tinha que esperar por Davout e Ney, considerando que eles também poderiam ter dificuldades em atravessar o bloqueio de Miloradovich. Por outro lado, ficar parado colocava-o em perigo, visto que Kutuzov aparecera três quilômetros ao sul de Krasny, podendo facilmente interceptar a estrada entre ele e Orsha. A fim de ganhar tempo, Napoleão decidiu tomar o campo à frente da Guarda.

Caminhando à frente de seus granadeiros, Napoleão conduziu-os para fora de Krasny, de volta à estrada de Smolensk, e depois os fez virarem-se para confrontar as tropas russas que haviam se concentrado em uma longa formação ao sul da estrada.

"Avançando a passos firmes, como no dia de um grande desfile, ele se colocou no meio do campo de batalha, confrontando as baterias do inimigo", nas palavras do sargento Bourgogne.

Ele se encontrava em grande desvantagem, mas sua atitude, permanecendo de pé calmamente sob o fogo enquanto os cartuchos russos atingiam soldados à sua volta, parece ter impressionado não apenas seus próprios homens, mas também o inimigo. Miloradovich retirou-se da estrada, deixando-a aberta para que Davout pudesse atravessá-la. Kutuzov, por sua vez, resistiu às súplicas de Toll, Konovnitsin, Bennigsen e Wilson, os quais podiam todos ver que os russos estavam em posição de cercar Napoleão e derrotá-lo por uma simples questão de vantagem numérica, concluindo a guerra ali mesmo, naquele momento.[31]

Napoleão ficou alarmado ao descobrir que Davout se apressara para oeste sem esperar por Ney, que ainda se encontrava a alguma distância atrás. Entretanto, ele não podia esperar nem mais um momento, pois Kutuzov havia agora dado meia-volta com seu flanco e ameaçava sua linha de retirada para Orsha. Ele deixou Mortier e a Jovem Guarda para guardarem Krasny e cobrirem a retirada de Davout, e marchou através da cidade para a estrada de Orsha, à frente da Velha Guarda.

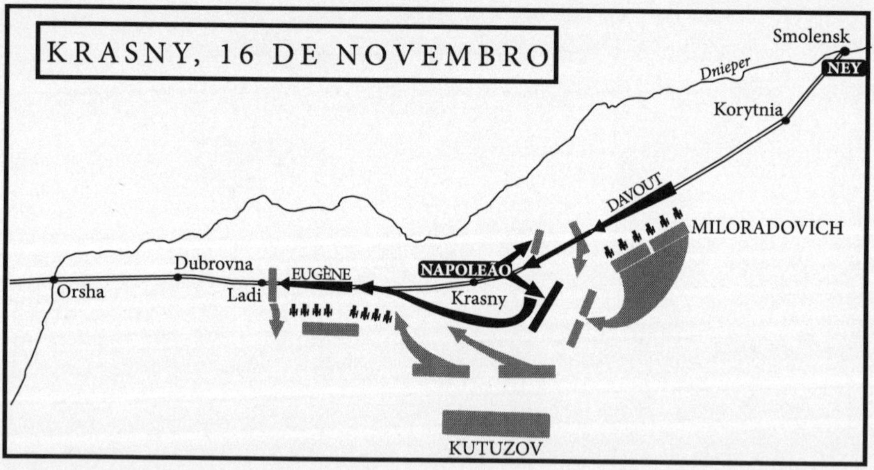

Não demorou muito para que ele se deparasse com uma horda de civis e desertores que haviam prosseguido à sua frente e, tendo encontrado a estrada interceptada pelos russos, voltaram correndo em pânico. Napoleão acalmou-os, mas não antes que tivessem produzido um verdadeiro caos nas colunas e entre as carroças do Estado-Maior que o precediam, fazendo com que algumas deslizassem para fora da estrada e afundassem na neve espessa que cobria o terreno pantanoso dos dois lados.

Quando deram continuidade à marcha, os franceses foram pegos por um terrível fogo de flanco dos canhões russos. Os últimos cavalarianos de Latour-Maubourg lutaram para manter os cossacos e a cavalaria russa a distância, enquanto a densa coluna de homens e veículos seguia em frente pela estrada caótica. O coronel Boulart, que conseguira manter todos os seus canhões até então, mais uma vez teve um terrível trabalho para atravessá-los. Os civis e soldados que haviam deixado as tropas atrapalhavam o caminho, e seus veículos derrapavam, obstruindo a estrada. Boulart limpou o terreno ao lado da estrada e, um a um, conduziu seus grupos de artilharia através da confusão. Contudo, a artilharia russa passara a disparar contra o congestionamento, fazendo com que o caos se intensificasse, e quando voltou para pegar seu último canhão Boulart não foi capaz de mover-se através dos cartuchos que explodiam ao seu redor, tendo que encravá-lo e abandoná-lo. Enquanto se libertava da massa de civis com o último grupo, ele viu uma cena aterradora.

"Uma jovem dama, fugitiva de Moscou, bem-vestida e de aparência formidável, conseguira libertar-se da confusão e avançava com grande dificuldade com o burro que montava, quando uma bala de canhão caiu e quebrou a mandíbula do pobre animal", escreveu ele. "Não posso expressar o sentimento de pesar que carreguei comigo ao deixar a pobre mulher, que logo se tornaria presa, e possivelmente vítima, dos cossacos."[32]

Numa tentativa de repelir os canhões russos, a infantaria empreendeu uma série de exaustivos ataques a baioneta através da neve espessa, durante os quais centenas pereceram. Os granadeiros holandeses do coronel Tyndal — a quem Napoleão costumava chamar "a glória da Holanda" — perderam 464 homens de um total de 500. A Jovem Guarda foi literalmente sacrificada enquanto cobria a retirada. Os russos conseguiam evitar os tiros de mosquetes, e simplesmente bombardeavam-nos, mas, nas palavras do general Roguet, "eles mataram sem derrotar... durante três horas, essas tropas receberam morte sem fazer o menor movimento para evitá-la e sem serem capazes de devolvê-la".[33]

Felizmente para os franceses, Kutuzov recusou-se a reforçar as tropas que bloqueavam a estrada ao saber que Napoleão marchava pessoalmente sobre ela. Muitos do lado russo sentiam uma relutância profunda em confrontá-lo, preferindo assistir respeitosamente.

"Como nos dias anteriores, o imperador marchava à frente dos granadeiros", recordar-se-ia um dos poucos cavalarianos que haviam restado em seu comboio. "Os cartuchos que sobrevoavam nossas cabeças explodiam a toda a sua volta sem que ele parecesse perceber.

Porém, esse dia heroico teve uma conclusão menos solene ao alcançarem Ladi no final da tarde. A aproximação da cidade deu-se por uma colina congelada. Era absolutamente impossível descê-la; assim, Napoleão, seus marechais e sua Velha Guarda não tiveram outra opção senão escorregar sentados."[34]

O imperador assumiu um tom mais sério no dia seguinte em Dubrovna, onde reuniu a Guarda e dirigiu-se às fileiras compactas de barretinas de pele de urso: "Granadeiros da minha Guarda", clamou ele, "vocês estão testemunhando a desintegração do Exército; através de uma inevitabilidade deplorável, a maioria dos soldados jogou fora suas armas. Se vocês imitarem esse exemplo desastroso, todas as esperanças estarão perdidas." A salvação do Exército foi-lhes confiada, e sei que vocês justificarão a opinião positiva que tenho a seu respeito. Não apenas devem os oficiais manter uma disciplina rigorosa, mas também os soldados devem ficar atentos e punir eles próprios os que deixarem as tropas."

Os granadeiros responderam levantando suas barretinas na ponta das baionetas e com gritos de aclamação.

Mortier fez um discurso semelhante ao que restara da Jovem Guarda, a qual respondeu com gritos de "*Vive l'Empereur!*". Um pouco mais atrás na ordem da marcha, o general Gérard aplicou métodos mais sumários quando um granadeiro do 12° Regimento de Linha saiu da coluna em marcha anunciando que não lutaria mais. Ele se aproximou do soldado, sacou a pistola do coldre da sela e, apontando-a para o homem, anunciou que estouraria seus miolos se ele não retornasse de uma vez ao seu lugar. Quando o soldado recusou-se a obedecer, o general atirou nele. Depois, ele fez um discurso, dizendo aos homens que eles não eram tropas de guarnição, e sim soldados do grande Napoleão, e que, consequentemente, esperava-se muito deles. Eles responderam com gritos de "*Vive l'Empereur! Vive le Général Gérard!*".[35]

Mais tarde no mesmo dia, 19 de novembro, Napoleão alcançou Orsha, onde esperava conseguir a recuperação do que restava de seu Exército. A cidade estava razoavelmente bem abastecida com provisões e armas.

"Alguns dias de descanso e boa comida, e, acima de tudo, alguns cavalos e artilharia, e logo estaremos recuperados", escrevera ele para Maret de Dubrovna no dia anterior.

Ele lançou uma proclamação dando pontos de reunião para cada divisão, avisando que qualquer soldado encontrado em posse de um cavalo o teria tomado para o uso da artilharia, que qualquer bagagem excedente seria queimada e que soldados que haviam deixado suas unidades deveriam ser punidos. Ele mesmo se posicionou numa ponte que levava à cidade por sobre o Dnieper, ordenando que veículos particulares dispensáveis fossem queimados e que soldados não autorizados entregassem suas montarias. Depois, ele postou gendarmes no local para dar continuidade a essas medidas em seu lugar, conduzindo os homens que chegavam às suas respectivas divisões e informando-lhes que só receberiam alimentos os que se reunissem aos seus regimentos.[36]

Observar o fluxo dos homens que entravam na cidade aumentara a ansiedade de Napoleão em relação a Ney, que parecia realmente ter sido perdido. Naquela noite, ele caminhava de um lado para outro no quarto que havia ocupado no antigo convento jesuíta, amaldiçoando Davout por não ter esperado Ney e declarando que daria todos os 3 milhões de dólares que tinha nos caixas-fortes subterrâneos das Tulherias para recuperar o marechal. Sua ansiedade era compartilhada por todo o Exército, que tinha uma grande estima pelo bravo e franco Ney.

"Parecia impossível que ele pudesse se reunir ao Exército do outro lado de Krasny, mas se havia um homem capaz de alcançar o impossível, todos concordavam que este era Ney", relembrar-se-ia Caulaincout. "Mapas foram abertos, todos os examinavam, apontando na rota pela qual ele teria que marchar se a coragem não fosse o bastante para abrir a estrada."[37]

Ney havia sido o último a deixar Smolensk, em meio a cenas assustadoras, na manhã de 17 de novembro. Ele recebera ordens de Napoleão para explodir as fortificações da cidade, e seu pobre ajudante de ordens, Auguste Breton, foi encarregado do trabalho de preparar as cargas e depois visitar os hospitais a fim de informar aos internados que os franceses estavam partindo.

"As enfermarias, os corredores e as escadas estavam tomados por mortos e moribundos", segundo suas memórias. "Era um espetáculo de horror cuja mera lembrança me faz tremer."

O doutor Larrey pendurara grandes avisos em três línguas implorando que os feridos fossem tratados com compaixão, mas nem estes nem ele tinham ilusões. Muitos deles rastejavam para a estrada, implorando em nome da humanidade que os levassem, aterrorizados pela perspectiva de serem deixados à mercê dos cossacos.[38]

A Divisão de Ney àquela altura contava com cerca de 600 homens armados, e era seguida por pelo menos o dobro de retardatários e civis. Ele marchava por uma estrada coberta pelas marcas usuais da retirada, mas, na manhã seguinte, depois de Korytnia, viu-se atravessando o que era claramente a cena de uma batalha recente de retirada. Naquela tarde, 18 de novembro, ele ficou face a face com Miloradovich, que, não tendo conseguido capturar o príncipe Eugène e depois Davout, estava determinado a não perder sua terceira chance.

Ele enviou um oficial com uma bandeira branca convocando Ney a render-se, ao qual este respondeu que um marechal da França nunca se rendia. Ney, então, dispôs suas tropas, lideradas pelos seis canhões que lhe restavam, e deu início a um assalto frontal às posições russas. O ataque foi empreendido com tamanho *élan* que quase conseguiu transpor os canhões russos que bloqueavam o caminho, mas as tropas francesas foram varridas por uma salva de tiros de metralha e um contra-ataque da cavalaria e infantaria russas os fez recuar cambaleantes. Não se deixando intimidar, Ney montou um segundo ataque, e suas colunas avançaram com uma determinação extraordinária sob uma saraivada de tiros de metralha. Foi um "combate de gigantes", nas palavras do general Wilson.

"Colunas inteiras caíam, apenas para serem substituídas pelas seguintes, que avançavam para morrer em seu lugar", de acordo com um oficial russo.

"*Bravo, bravo, Messiers les Français*", Miloradovich exclamou para um oficial capturado. "Vocês acabaram de atacar, com um vigor surpreendente, uma divisão inteira com um punhado de homens. É impossível exibir maior bravura."

Mas não demorou muito para que os franceses fossem mais uma vez repelidos. O coronel Pelet, que estava à frente com o 48º Regimento de Linha, foi ferido três vezes e viu seu regimento ser dizimado. O 18º Regimento de Linha, que lutava logo atrás, foi reduzido de 600 homens para cinco ou seis oficiais e 25 ou 30 homens, e perdeu sua águia durante o ataque. O 4º Regimento de Fezensac perdeu dois terços do seu efetivo. Woldemar von Löwenstern, que assistia ao combate das posições russas, galopou de volta ao quartel-general de Kutuzov e anunciou que Ney seria feito seu prisioneiro naquela noite.[39]

Contudo, não seria fácil dar conta desse homem de 43 anos de idade, filho de um tanoeiro da Lorena. Suscetível e teimoso, Ney ficou furioso ao perceber que havia sido deixado para trás para defender-se sozinho por Napoleão.

"Aquele p... nos abandonou; ele nos sacrificou para salvar a si mesmo; o que podemos fazer? O que será de nós? Tudo esta f...dido!", vociferou ele.

Entretanto, seria necessário mais do que isso para abalar sua lealdade a Napoleão, e, se Ney não era o mais inteligente de seus marechais, era engenhoso e certamente um dos mais corajosos. Após algum tempo discutindo com seus generais, ele decidiu tentar escapar dos russos atravessando o Dnieper, que corria a alguma distância mais ou menos paralelamente à estrada e depois ir para Orsha, seguindo sua outra margem e, dessa forma, contornando Miloradovich e pondo o rio entre si e os russos.

Enquanto fingia preparar-se para passar a noite, Ney enviou um oficial polonês para fazer o reconhecimento das margens do Dnieper à procura de um ponto onde pudessem atravessá-lo. Um lugar foi encontrado, e naquela noite, depois de ter acendido cuidadosamente fogueiras bastantes para dar a impressão de que a divisão inteira acamparia ali, Ney conduziu o que restara de suas tropas — não muito mais que 2 mil homens — para fora da estrada Smolensk-Orsha e para as florestas ao norte dela. Foi uma marcha exaustiva e difícil, particularmente porque ele ainda puxava seus últimos poucos canhões e o maior número de carroças com suprimentos que era capaz de levar através da espessa camada de neve.

"Nenhum de nós sabia o que nos aconteceria", segundo Raymond de Fezensac. "Mas a presença do marechal Ney era o bastante para nos tranquilizar. Mesmo sem sabermos o que ele pretendia ou o que era capaz de fazer, nós sabíamos que ele faria alguma coisa. Sua autoconfiança era proporcional à sua coragem. Quanto maior o perigo, mais forte era a sua determinação, e, depois de ter tomado uma decisão, ele nunca duvidava de que teria o resultado esperado. Assim, era em momentos como aquele que seu rosto não demonstrava nem indecisão, nem ansiedade; todos os olhos estavam sobre ele, mas ninguém ousava questioná-lo."[40]

Eles logo se perderam e ficaram desorientados, mas Ney avistou um rego que presumiu ser o leito de um riacho. Cavando a neve, eles encontraram gelo, e ao quebrá-lo viram pela direção do fluxo que caminho deveriam seguir. Eles finalmente encontraram o Dnieper, que estava coberto por uma camada de gelo grossa o bastante para suportar o peso dos homens e dos cavalos se passassem de forma espaçada, mas não para aguentar grandes grupos ou os canhões puxados pelas parelhas de cavalos.

Os homens começaram a atravessá-lo, deixando uma distância entre si, espetando o gelo à frente com as coronhas de seus mosquetes enquanto este rangia ameaçadoramente.

"Deslizávamos cuidadosamente um após o outro, com medo de sermos engolfados pelo gelo, que emitia sons de rachadura a cada passo que dávamos; nós nos movíamos entre a vida e a morte", nas palavras do general Freytag.

Ao alcançarem a outra margem, eles se depararam com um declive íngreme e escorregadio. Freytag patinou incontrolavelmente até que Ney avistou-o, cortou o broto de uma árvore com o sabre, esticou-o e puxou o homem para fora.

Alguns homens montados e depois algumas carroças leves conseguiram passar, encorajando os outros a tentar. A camada de gelo, entretanto, havia enfraquecido com a sua passagem. Mais carroças aventuraram-se a passar, incluindo algumas carregando homens feridos, mas afundaram no gelo com estalos nauseantes.

"Todos ao redor podiam ver os pobres homens que não haviam conseguido passar com seus cavalos mergulhados até os ombros na água e implorando pela ajuda de seus companheiros, os quais não podiam fazer nada sem se exporem também a compartilhar do seu triste destino", recordar-se-ia Freytag. "Seus gritos e gemidos partiam nossos corações, que já estavam fortemente afetados pelo perigo que nós mesmos corríamos."[41]

Todos os canhões e cerca de 300 homens foram deixados para trás na margem sul, mas Ney conseguira atravessar o rio com o resto deles e logo encontrou uma vila que havia sido poupada da destruição e da pilhagem, estando bem abastecida com comida, onde eles se instalaram para descansar. No dia seguinte, eles atravessaram o campo em direção oeste. Não demorou muito para que Platov, que vinha seguindo a retirada francesa ao longo da margem setentrional do rio, os localizasse e começasse a se aproximar. Ney levou seus homens para o interior de uma floresta, onde formaram um tipo de fortaleza na qual os cossacos não se atreveram a se aventurar. Platov não pôde fazer mais do que atirar neles com seus canhões de campo leves equipados com trenós, mas isso não teve grande efeito.

Ao anoitecer, Ney partiu novamente. Eles andavam com dificuldade, a neve até os joelhos, seguidos por cossacos que, de tempos em tempos, tinham um campo de fogo aberto o bastante para atirar neles.

"Um sargento caiu ao meu lado, sua perna havia sido atingida por um tiro de carabina", escreveu Fezensac. "'Eu sou um homem perdido, levem minha mochila, ela pode ser útil', ele murmurou chorando. Alguém pegou sua mochila e nós nos afastamos em silêncio."

Mesmo os mais bravos começaram a falar em desistir, mas Ney fazia-os continuar. "Aqueles que conseguirem superar isso mostrarão que têm os colhões presos por arames de aço!", anunciou ele a certa altura.[42]

Incerto do seu senso de direção, Ney enviou um oficial polonês à sua frente. Os homens finalmente deram com guardas da Divisão do príncipe Eugène nos arredores de Orsha, e assim que foi informado sobre a aproximação de Ney o próprio príncipe Eugène saiu para encontrá-lo. Enfim as tropas de Ney, que agora não passavam muito mais de mil homens nos estágios finais da exaustão enquanto cambaleavam na escuridão da noite, ouviram o grito de boas-vindas: *Qui vive?*

Ao que gritaram de volta: *France!*.

Momentos depois, Ney e o príncipe Eugène caíam nos braços um do outro, enquanto seus homens se abraçavam com alegria e alívio.[43]

20

O fim do Exército de Moscou

"Apesar de tudo, mais uma vitória!", Kutuzov escreveu para a esposa com uma presunção patética um dia depois de ter deixado Napoleão escapar para Orsha. "No seu aniversário, nós lutamos desde manhã até a noite. O próprio Bonaparte estava lá, e mesmo assim o inimigo foi esmagado."

Seu relatório para Alexandre era mais comedido, mas ainda afirmava que ele havia liquidado Davout e interceptado Napoleão em Krasny, e era endossado pelo despacho para São Petersburgo do bastão do marechal derrotado.[1] Alexandre exibiu como um troféu o esplêndido bastão coberto de veludo e salpicado de águias num desfile em público, mas nem ele nem qualquer outra pessoa ficaram particularmente impressionados — uma verdadeira vitória teria sido sucedida pela chegada de ao menos um marechal da França cativo, e não de apenas algumas de suas quinquilharias.*

Vassili Marchenko, um funcionário público que chegou a São Petersburgo da Sibéria na primeira semana de novembro, encontrou a cidade assustadoramente quieta e sombria. Muitas pessoas haviam fugido e as ruas estavam vazias.

"Todos que podiam mantinham dois cavalos a postos, enquanto outros haviam adquirido barcos cobertos, que esperavam, tumultuando os canais", escreveu ele. "Essa situação triste, de incerteza quanto ao futuro, e o próprio clima de outono partiram o coração do bom Alexandre."[3]

Isso era mais injustificável ainda, já que nas últimas quatro semanas não paravam de chegar boas notícias. No dia 26 de outubro, houvera uma cerimônia solene de ação de graças pela vitória de Polotsk. No dia seguinte,

*O uniforme de gala de Davout ficou com dois oficiais que, por acaso, eram irmãos e o enviaram para a mãe. Esta, por sua vez, doou-o para a igreja local, onde o galão foi descosido e usado para uma nova casula.[2]

a cidade ressoou o som de salvas de canhão e dos sinos da igreja anunciando a vitória de Vinkovo e a reocupação de Moscou. No dia 28, Alexandre e a imperatriz Elizabeth, acompanhados pela imperatriz regente e os grão-duques Constantino e Nicolau, haviam se dirigido com grande pompa à catedral de Nossa Senhora de Kazan para uma cerimônia solene, e haviam sido saudados com entusiasmo pelas multidões.

"A coragem está retornando a galope, as pessoas pararam de mandar seus bens para longe, e acredito que alguns estão até desfazendo as malas", escrevera Joseph de Maistre.[4]

Contudo, havia ainda muita incerteza. Os rivais de Kutuzov e os partidários destes sugeriam que ele não havia executado as operações de forma competente e que, em seu lugar, poderiam facilmente ter derrotado e capturado Napoleão. Como os vários comandantes no campo de batalha tinham seus defensores na corte, São Petersburgo tornou-se o cenário de debates e recriminações infindáveis.

"Para o observador estrangeiro", nas palavras de Maistre, "a situação parece mais uma tragédia cômica ou uma comédia desconcertante."[5]

O próprio Alexandre a essa altura desconfiava de todas as informações que recebia de Kutuzov, e estava recebendo relatórios contraditórios.

Enquanto examinava o mapa e digeria as informações que vinham de seus vários Exércitos, parecia-lhe claro que não havia sido dada a continuação adequada a Vinkovo, que Maloyaroslavets fora uma oportunidade perdida, e que várias chances de interceptar e destruir Davout, Ney, o príncipe Eugène, Poniatowski e, finalmente, o próprio Napoleão haviam sido desperdiçadas.

"Foi com grande tristeza que percebi que a esperança de limpar a desonra da perda de Moscou cortando a linha de retirada do inimigo foi completamente perdida", escreveu ele para Kutuzov, mal conseguindo disfarçar sua raiva, e queixando-se da "inatividade inexplicável" do marechal de campo.

Mas ele também podia ver que Napoleão vacilava direto para uma armadilha, com Chichagov e Wittgenstein posicionados para interceptar sua retirada e Kutuzov aproximando-se por trás para destruí-lo.[6]

Kutuzov enviara notícias de Vinkovo para o tsar através do coronel Michaud, que também entregou a Alexandre o convite do marechal de campo para que ele mesmo fosse assumir o comando. O tsar declinara, mas, depois de mais quatro semanas de fracassos evidentes da parte de Kutuzov, ele estava ficando cada vez mais temeroso de que Napoleão pudesse conseguir fugir se ele não adotasse uma medida séria. Ele conferiu o título de príncipe de Smolensk ao marechal de campo pelas supostas vitórias de Viazma e Krasny, mas convocou Barclay a São Petersburgo.

Alexandre chegou a considerar a possibilidade de assumir o comando do exército de Wittgenstein, unindo-o ao de Chichagov e posicionando-se para desferir o golpe final. No papel, parece impossível que ele pudesse falhar em destruir a *Grande Armée* e capturar Napoleão — uma perspectiva tentadora para o tsar-guerreiro frustrado que havia em Alexandre.[7] Entretanto, no final, foi provavelmente bom, no que diz respeito à sua reputação, que ele não o tenha feito, visto que a situação como é vista no papel é bastante diferente da realidade.

A longa marcha que quase destruíra a *Grande Armée* também tivera seu preço para os russos que a perseguiam. É verdade que eles tinham várias vantagens sobre os franceses, já que estavam mais bem-vestidos, recebiam distribuições razoavelmente regulares de comida e forragem, além do que tinham a iniciativa, podendo parar e descansar quando precisassem. Porém, embora estivessem mais bem equipados para suportá-lo, eles não eram imunes ao clima. Eles eram habilidosos na construção de abrigos, de acordo com o tenente Radozhitsky: "Era difícil e triste observar enquanto, tendo parado perto de alguma pequena vila, cada regimento enviava um destacamento para procurar lenha e palha. Cercas eram derrubadas, tetos caíam, e casas inteiras desapareciam em segundos. Depois, como formigas, os soldados carregavam suas pesadas cargas para o acampamento e davam início à construção de uma nova vila."

Contudo, quando não havia nenhuma vila por perto, metade dos homens estendia seus sobretudos na neve e a outra metade usava os seus como cobertores, deitando-se todos comprimidos para se aquecerem.[8]

Após as primeiras semanas de perseguição, as distribuições tornaram-se mais irregulares. Os homens só podiam contar com biscoitos de marear ou, ocasionalmente, o mingau ralo que eles mesmos preparavam. Em resposta a isso, eles passavam a enviar mais e mais grupos em forrageio.

"É errado culpar só os franceses por queimarem e saquearem tudo ao longo da estrada", escreveu Nikolai Mitarevsky, que teve problemas para alimentar seus cavalos de artilharia. "Nós fazíamos o mesmo... Quando saíamos em forrageio, aqueles soldados que em tempos de paz eram tomados por canalhas e trapaceiros tornavam-se extremamente úteis. Nada escapava aos seus olhos de águia."

À altura em que haviam atravessado o Dnieper, eles já não sentiam muito remorso por tirarem tudo dos habitantes locais, a quem não consideravam russos e que suspeitavam terem se aliado aos franceses.[9]

Enquanto os franceses marchavam através de uma estrada devastada, a maior parte das unidades russas movia-se através do campo — o que tornava o progresso mais difícil, particularmente para a artilharia. Bennigsen sugeriu a Kutuzov que eles deixassem para trás 400 dos seus 600 canhões, o que teria dado mais velocidade ao avanço, mas Kutuzov rejeitou a ideia, assim como todos os outros conselhos do general.[10]

"Homens e cavalos estão morrendo de fome e exaustão", escreveu o tenente Uxküll no dia 5 de novembro. "Só os cossacos, sempre vigorosos e espirituosos, conseguem manter-se animados. O resto de nós sofre muito se arrastando atrás do inimigo em fuga, e nossos cavalos, que não têm ferraduras, escorregam no chão escorregadio e caem, para não mais levantarem... Minhas roupas de baixo consistem em três camisetas e alguns pares de meias de cano longo; tenho medo de trocá-las por causa do frio congelante. Eu estou sendo comido por pulgas e estou coberto por sujeira, visto que nunca tiro minha pele de carneiro."[11]

Sob essas condições o Exército dissipava-se rapidamente. Ao final do combate perto de Krasny, Kutuzov perdera 30 mil homens, e mais 30 mil haviam ficado para trás, deixando-o apenas com 26.500 disponíveis para a ação. Mitarevsky descobriu que, à altura em que alcançaram Krasny, quase todos os reforços — tanto homens quanto cavalos — que ele recebera em Tarutino haviam morrido ou perdido o ritmo e se separado das tropas. O moral era inevitavelmente afetado pelos horrores que eles testemunhavam enquanto marchavam no encalço da *Grande Armée*.

"Embora fossem nossos inimigos e destruidores, nosso desejo de vingança não podia conter sentimentos de humanidade a ponto de não nos deixar ter pena de seus sofrimentos", escreveu Radozhitsky.

Mas ele considerava as proclamações bombásticas de Kutuzov uma fonte de conforto e força para o seu cansaço e sofrimento, comparando-as ao "maná do céu".[12]

Kutuzov certamente compreendia melhor as necessidades de seus soldados do que o rigoroso amante de praças de armas grão-duque Constantino, que havia retornado ao Exército. Estarrecido pela visão dos homens sujos enrolados em peles de carneiro, ele fez uma inspeção com a intenção de melhorar sua aparência e apareceu vestindo o uniforme de gala sem sobretudo a fim de reforçar seus argumentos.

"Ele queria dar o exemplo, mas nós sentíamos frio só em olhar para ele", segundo o capitão Pavel Pushchin, dos guardas de Semyonovsky.[13]

Mas mesmo aqueles soldados que veneravam Kutuzov "começaram a dizer que seria bom se nosso marechal de campo ficasse mais jovem", de acordo com Mitarevsky. Depois de deixar os franceses escaparem em Krasny, ele mandou celebrar uma missa de ação de graças em vez de prosseguir com a perseguição. Os mais compassivos apontavam como justificativas a sua idade e saúde debilitada — ele estava constantemente curvado com lumbago e sofria de dores de cabeça agudas; outros especulavam sobre seus verdadeiros motivos. Muitos em seu cortejo, talvez repetindo o testemunho uns dos outros — ou possivelmente apenas suas suposições —, relatavam tê-lo ouvido dizer que sua intenção não era destruir Napoleão, mas lhe proporcionar uma "ponte dourada" para fora da Rússia. Wilson relembrar-se-ia de uma conversa na qual ele afirmava ter o marechal de campo lhe dito que, derrubando Napoleão, a Rússia ganharia pouco, enquanto a Inglaterra assumiria o papel de potência dominante na Europa, o que não seria do interesse da Rússia.[14]

Outros, como Yermolov e Woldemar von Löwenstern, acreditavam que o que Kutuzov temia era um Napoleão encurralado e desesperado, mesmo se este tivesse consigo apenas 30 ou 40 mil homens lutando. Ele sabia que o imperador era um general melhor que ele, que seus marechais e generais eram superiores aos seus próprios subordinados, os quais estavam sempre em desacordo, e que os soldados da *Grande Armée* combateriam melhor os seus, uma grande proporção dos quais eram camponeses recrutados havia apenas dois meses. As ordens de Napoleão, transcritas por Berthier com a formalidade usual, ainda mencionavam divisões, subdivisões e regimentos como se eles fossem forças militares completamente operacionais, e, dado que várias dessas ordens caíam agora nas mãos dos russos, Kutuzov só pode ter formado a impressão de que eles o eram.[15]

A explicação mais provável para o comportamento de Kutuzov é uma combinação desses motivos. Ele esperava cansar mais Napoleão antes de confrontá-lo. Quando deu a Yermolov uma unidade para comandar, ele lhe implorou que fosse prudente. "Pombinho", disse ele, com sua costumeira intimidade exagerada, "seja cuidadoso e evite quaisquer ações nas quais possa sofrer perdas de homens."

Ele instruiu Platov a empreender vários ataques rápidos e frequentes contra os franceses e "criar alarmes noturnos incessantes".[16] Ele mesmo, marchando ao seu lado, forçá-los-ia a se apressarem a fim de não serem interceptados, o que os impediria de se reagruparem.

Kutuzov não era o único a preferir prevenir a remediar. Denis Davidov, um comandante confiante com uma unidade experiente, não atacava nada mais organizado do que um bando de retardatários ou um pelotão isolado.

Mesmo quando a coluna em retirada parecia tentadoramente desorganizada, outros comandantes russos preferiam não arriscar.

"Grupos de dez ou vinte homens se posicionavam em formações e se negavam a se deixar dispersar", escreveu Woldemar von Löwenstern. "Sua resistência era admirável. Nós os deixávamos continuar sua marcha para atacar outros grupos que não ofereciam resistência."

Não havia razão para que os russos se expusessem, já que eles podiam usar seu equipamento e canhões sem ter que lutar, além do que milhares de soldados morrendo de fome vinham aos seus acampamentos à noite para se entregarem.[17]

Kutuzov provavelmente preferia não se arriscar e esperar até ter certeza de sua vitória. Ele contava com as tropas relativamente novas de Chichagov e Wittgenstein para interceptarem a linha francesa de retirada ao longo do Berezina. As tropas de Napoleão seriam enfraquecidas por tentativas inúteis de romper o bloqueio, o que permitiria a Kutuzov chegar pela retaguarda e capturar o próprio imperador. Se Napoleão conseguisse escapar, a culpa poderia ser posta em um dos dois outros generais.

Chichagov, cujo Exército da Moldávia havia sido expandido a um total de cerca de 60 mil homens com as tropas de Tormasov, avançava rapidamente para confrontar Napoleão. Em 16 de novembro, dia em que Napoleão entrou em Krasny, o almirante capturou Minsk, a base de suprimentos mais bem abastecida do imperador. Depois, ele seguiu para Borisov, onde uma subdivisão polonesa sob o comando do general Dąbrowski guardava a única ponte sobre o rio Berezina. Com uma marcha de dois dias para o norte, Wittgenstein aproximou-se ameaçadoramente com seus 50 mil homens da linha de retirada de Napoleão, localizada aproximadamente na metade da distância entre Orsha e Borisov.

Embora ainda não soubesse nada sobre a queda de Minsk e pensasse que Schwarzenberg finalmente tinha Chichagov sob controle, Napoleão estava nervoso.

"As coisas estão indo muito mal para mim", disse ele ao general Rapp, a quem chamou para o seu lado à uma hora da manhã de 18 de novembro em Dubrovna.

De acordo com Caulaincourt, ele supunha que os russos planejavam cercá-lo ao longo do Berezina, e que era por isso que Kutuzov evitara até então um combate com ele.[18]

Naquele mesmo dia, ele enviou ordens urgentes a Dąbrowski para que concentrasse suas tropas em Borisov a fim de proteger a cidade e a travessia do Berezina. Ordenou a Oudinot que se juntasse a ele com a sua 2ª Divisão e então se movesse para Minsk com segurança. Victor deveria fazer alguns falsos ataques contra Wilttgenstein para dar a impressão de que a *Grande Armée* estava para se posicionar contra ele. Napoleão se deu conta de que não podia ficar se demorando em Orsha como desejava e decidiu voltar a Minsk e tentar garantir a linha do Berezina.

"Chegaremos lá a tempo?", perguntou ele retoricamente a Caulaincourt, e começou a revolver vários planos em sua mente para uma arremetida com o que restara da cavalaria da Guarda.

Como se previsse isso, Chichagov publicara, a 19 de novembro, uma descrição física de Napoleão, com uma injunção aos leais súditos do tsar para que o apreendessem se ele tentasse escapar às escondidas.[19]

Ávido para cobrir os cem quilômetros que ainda o separavam de Borisov, Napoleão saiu de Orsha em direção a Baran na tarde de 20 de novembro, e foi lá que ele soube da milagrosa fuga de Ney e sua aparição nos postos avançados franceses naquela manhã. A notícia eletrizou o Exército.

"Nunca uma vitória causou tanta sensação", relembrar-se-ia Caulaincourt. "A alegria era universal; estávamos intoxicados; todos se movimentavam, indo e vindo para anunciar a notícia, contando a todos que encontravam [...]. Oficiais, soldados, todos sentiam que nem o mau tempo nem a sorte poderiam mais nos prejudicar, e nós nos sentíamos como se os franceses fossem invencíveis!"[20]

Embora seja improvável que Napoleão tenha se deixado levar da mesma forma, a notícia foi bem-vinda, e ele a considerou valiosa no incentivo à restauração do moral.

A distribuição de rações em Orsha atraíra vários homens de volta aos seus regimentos, e a pausa de dois dias permitira que os retardatários os alcançassem. Os que haviam perdido ou jogado fora seus mosquetes receberam outros dos depósitos, que também continham 62 canhões. Com isso, o que restara da Divisão de Ney foi capaz de substituir o equipamento que havia deixado para trás às margens do Dnieper. Por sorte, havia também entre os suprimentos que os aguardavam em Orsha um comboio de carroças carregando uma longa ponte flutuante. Aparentemente, ela não tinha utilidade para Napoleão, mas as centenas de cavalos descansados eram de um valor inestimável. Napoleão ordenou que os pontões fossem queimados e os cavalos fossem dados à artilharia.

O clima estava agradável, com uma geada fria e um céu azul, enquanto a *Grande Armée* deixava a cidade no dia 21 de novembro, com a estrada reta e plana. Apesar de a afirmação de Caulaincourt de que a fuga de Ney havia "restaurado toda a fé do imperador na sua estrela da sorte" ter sido, talvez, um tanto equívoca, todo o Exército se animara, e "nós partimos mais uma vez com mais alegria".[21] Essa atmosfera alegre não podia ser mais inapropriada.

A primeira etapa da retirada, entre Maloyaroslavets e Smolensk, fora desastrosa porque o Exército não havia se preparado para ela em nenhum sentido, e a chegada do clima frio em 6 de novembro pegara a todos de surpresa. Enquanto as colunas em retirada moviam-se com dificuldade em direção a Smolensk nos três ou quatro dias seguintes, dezenas de milhares de homens e cavalos morriam tanto de subnutrição e exaustão — física e moral — quanto de hipotermia: a temperatura variava de -5 °C para não menos que -12 °C, o que não teria sido problema para um exército organizado.

A despeito da queda drástica de temperatura que se dera enquanto estava lá, a curta estada do Exército em Smolensk havia sido uma oportunidade para que os homens se adaptassem às circunstâncias. Eles ajustaram suas roupas da melhor forma que puderam, descartaram alguns dos espólios mais ambiciosos que haviam adquirido, e na maioria dos casos tentaram obter reservas particulares de comida e bebida. As primeiras dificuldades haviam matado os menos resistentes e levado os menos obstinados a se entregar aos russos, deixando os mais determinados e resistentes para prosseguirem com a marcha. Estes ficavam gradualmente mais acostumados ao frio e à falta de comida, tornando-se mais resistentes a cada dia.[22]

A etapa seguinte da retirada — a marcha de cinco dias de Smolensk para Orsha — foi executada inicialmente em condições muito mais difíceis, com as temperaturas variando entre -15°C e -25°C, e tropas regulares russas atormentando-os com ataques rápidos e contínuos a cada passo. Ela foi dominada pela luta nos arredores de Krasny, com cada unidade tendo que passar por um verdadeiro corredor polonês. Além disso, ainda que os franceses tivessem sido essencialmente vitoriosos, os cinco dias de combate perto de Krasny haviam enfraquecido o Exército de Moscou. Possivelmente até 10 mil dos melhores soldados tenham sido mortos ou feridos, mais de 20 mil — muitos destes civis — haviam sido capturados, e mais de 200 canhões, perdidos.[23]

Quando deixava Orsha para dar continuidade à retirada, o que restara do Exército de Moscou havia sido deixado em paz pelas tropas regulares russas, mas os retardatários continuavam sendo atormentados pelos cossacos e pelos destacamentos de Davidov, Figner e Seslavin, e até por bandos de desertores franceses que haviam se estabelecido nessa região do país e agora se retiravam junto ao Exército. As condições continuavam difíceis, com o cansaço e a incerteza quanto ao futuro enfraquecendo a determinação. Apesar de tudo, entretanto, um núcleo perseverava, demonstrando um grau de resistência impressionante.

Como os dias curtos de inverno davam-lhes pouco tempo para marcharem, eles partiam ao raiar do dia.

"Tínhamos sempre pressa para deixar os acampamentos congelados onde havíamos passado a noite, e a esperança de estarmos mais confortáveis na noite seguinte dava-nos a força para suportarmos as fadigas do dia", de acordo com o coronel Griois. "Foi dessa forma que por quase dois meses a esperança de uma melhora que nunca vinha impediu que sucumbíssemos à exaustão."[24]

"Seguíamos nossa estrada em silêncio; podiam-se ouvir apenas o som dos cavalos sendo açoitados e as mordazes, mas frequentes, imprecações emitidas pelos carroceiros ao se depararem com um aclive congelado íngreme que não podiam subir", escreveu Cesare de Laugier ao deixar Smolensk. "Toda a estrada está coberta por *caissons*, carruagens e canhões abandonados, os quais ninguém sequer pensou em explodir, queimar ou encravar. Aqui e ali há cavalos moribundos, armas, objetos de todo tipo; baús abertos e bolsas reviradas marcam o caminho daqueles que nos precedem. Também vemos árvores aos pés das quais as pessoas tentaram construir fogueiras, e, em volta desses troncos, que foram transformados em monumentos funerários, os corpos daqueles que faleceram tentando se aquecer. Há cadáveres a cada passo. Os condutores das carroças os usam para preencher fossos e sulcos, a fim de aplainar a estrada. A princípio, esses métodos nos aterrorizavam, mas logo nos acostumamos a eles.[25]

"Com a cabeça inclinada, as mãos enfiadas o máximo possível dentro das roupas e os olhos fixos no chão, cada um sombria e silenciosamente seguia o infeliz que caminhava à sua frente", recordar-se-ia Adrien de Mailly. "O ranger queixoso das rodas na neve endurecida e as grasnadas dos corvos, de gralhas do norte e outras aves de rapina que sempre seguiam nosso Exército eram os únicos sons que ouvíamos."

B.T. Duverger, tesoureiro da Subdivisão de Compans, fornece um relato similar. Em Krasny, ele tentara vender as pinturas que havia pilhado em Moscou, todas cuidadosamente enroladas, mas não havia compradores, então ele as atirou à neve, junto a uma excelente coleção de livros belamente encadernados em marroquim vermelho que um amigo também tentara vender. Depois, ele passou seguir o fluxo com passividade.

"Eu não estava feliz nem triste", escreveu ele. "Eu havia me tornado indiferente às circunstâncias e decidira aceitar o que quer que o destino me reservasse."[26]

Como se moviam vagarosamente, eles não cobriam grandes distâncias. Porém, como tinham que providenciar abrigos e fogueiras para a noite, também não tinham muito tempo para dormir, e, quando conseguiam, seu descanso era interrompido pela necessidade de manterem a fogueira acesa ou de se mexerem para se aquecer. O doutor Heinrich Roos observou que os soldados mais jovens, que precisavam dormir mais, sofriam imensamente com essa privação, e tendiam a cair num sono tão profundo quando tinham algum tempo para descansar que a probabilidade de congelarem onde se deitavam era maior do que a dos mais velhos.[27]

Todos os esforços foram feitos para manter os homens juntos e em seus regimentos. Quando o comando de um dado regimento parava para passar a noite, os bateristas começavam a bater o sinal.

"Essa batida dos tambores, fraca no tom, mas audível a uma longa distância, com seu rufar de padrão particular e batidas individuais, diminuindo e aumentando o ritmo, formava uma melodia cadenciada que ficava gravada na memória dos soldados de infantaria tão distintamente quanto o som do sino da igreja da vila nos ouvidos dos habitantes rurais", explicou o tenente Paul de Bourgoing, da Jovem Guarda. "Em tempo de guerra, o soldado não tem outra paróquia que não seu regimento, não tem outra torre de igreja que não sua bandeira; quando, perdido à noite, sujeito a cada passo a se deparar com patrulhas inimigas ou acabar no meio de uma de suas colunas, ele pode ouvir de longe o som do tambor que conhece, e é como se ouvisse uma voz familiar encorajando-o através da escuridão e da distância."[28]

Homens sensatos percebiam que sua melhor chance de sobrevivência estava em permanecerem nos regimentos, e mesmo quando estes se encontravam quase destruídos um núcleo se mantinha junto, algumas vezes não mais que duas dúzias de homens agrupados em volta de seu coronel e sua águia. Quando o número reduzia-se mais ainda, eles geralmente adotavam medidas para proteger a bandeira. O doutor La Flise observava quando, logo depois de Krasny, o punhado de oficiais e homens que haviam sobrevivido no 84º Regimento de Linha desparafusaram a águia do topo do mastro e, enrolando-a cuidadosamente, ataram-na às costas do coronel. Então, tendo tirado a bandeira, eles dobraram-na e o coronel a abotoou debaixo do uniforme sobre o peito. Depois disso, eles se abraçaram cerimoniosamente e partiram, com o coronel no meio.[29]

Mesmo os cavalarianos que haviam perdido sua montaria e eram obrigados a seguir a pé faziam tudo para se juntarem aos seus companheiros montados para a parada noturna — embora isso implicasse esforços sobre-humanos —, pois sabiam que encontrariam sustento, tanto físico quanto emocional, entre eles. Algumas unidades de cavalaria decidiram expandir-se e marchar paralelamente à estrada, pois isso tornava mais fácil para os homens ficarem juntos. O general Hammerstein levou os cem cavaleiros vestfalianos que lhe haviam restado para fora da estrada e, graças a isso, conseguiu mantê-los juntos.[30]

O sargento Bourgogne, que foi acometido por uma febre depois de Krasny e ficou para trás, separando-se de sua unidade, é um bom exemplo do que podia acontecer a retardatários. Ele logo se viu andando sozinho ao longo da estrada, em um intervalo entre escalões em marcha, e, embora tenha tido a sorte de não encontrar nenhum cossaco, ele viu muitos cadáveres de homens que evidentemente haviam acabado de ser mortos e despojados de suas possessões. Quando uma nevasca envolveu-o, ele se perdeu, debatendo-se em desespero e afundando na neve, que lhe alcançava os joelhos, tropeçando sobre os cadáveres dos homens e cavalos. Ele estava faminto, mas não conseguiu cortar nenhum pedaço das carcaças dos cavalos que encontrou, já que eles estavam congelados e duros, e teve que se contentar com um punhado de neve com algum sangue de cavalo. Em pouco tempo, ele só conseguia chorar, e teria morrido se não tivesse sido resgatado por um companheiro.[31]

Mesmo pequenas lacunas entre as colunas em marcha eram perigosas, já que os cossacos que as cercavam estavam prontos para atacar onde quer que não houvesse perigo para eles. Uma carroça com os arreios quebrados, requerendo uma pausa para ser consertada, podia ser considerada condenada se o reparo não pudesse ser concluído antes que a extremidade final da coluna com que marchava passasse. Um soldado ou um grupo pequeno que parasse a fim de cortar um cavalo morto ou acender uma fogueira estava igualmente sujeito a ser capturado.

O destino dos prisioneiros tornava-se mais terrível à medida que a retirada entrava em seu segundo mês. Ao serem capturados, eles eram roubados. Os grandes números de cossacos irregulares não tinham outro interesse na guerra que não a pilhagem, e pegavam toda e qualquer coisa que pudesse ter algum valor. Quando o fim da campanha se aproximava, podiam-se ver cossacos com duas dúzias de relógios de bolso amarrados em volta dos pescoços, usando vários belos uniformes e casacos, enfeitados com dragonas de ouro, uma variedade de chapéus com plumas resplandecentes, e levando uma série de espólios de todo tipo pendurados em suas selas almofadadas. Na bagagem deixada para trás em Krasny, um cossaco encontrou o uniforme de Ney, que imediatamente vestiu. Depois disso, guardas franceses passaram a ser ocasionalmente regalados com o espetáculo do que parecia um marechal da França hirsuto trotando em um pônei de cossaco e mostrando a língua para eles antes de partir a galope.[32]

Cossacos regulares, milícia e até tropas de linha também viam a guerra como uma oportunidade única de fazer algum dinheiro — e isso incluía oficiais. Eles não faziam saques que fossem incômodos de carregar, se contentando com dinheiro e bens preciosos. Assim, quando os franceses se rendiam a tropas regulares, eles só tinham essas coisas roubadas. Contudo, isso não servia de grande conforto, já que eles perdiam todo o resto quando eram entregues aos cossacos, cujo dever geralmente era escoltarem-nos de volta à Rússia.

O subtenente Pierre Auvray, do 22° Regimento de Dragões, e quatro de seus camaradas haviam ficado para trás na marcha, e foram capturados por cossacos.

"Primeiro, eles tomaram meu cavalo, que eu tivera a sorte de preservar dos rigores do inverno e que servia para carregar meus objetos pessoais e os dos meus companheiros", escreveu ele. "Eles roubaram nossos bens e tomaram minha valise, que continha algumas roupas de baixo preciosas e uma pequena caixa de joias que eu conseguira obter em Moscou. Depois, nos examinaram e, não tendo encontrado dinheiro comigo, presumiram que minha ferida poderia estar escondendo coisas que satisfariam sua cobiça. Eles arrancaram meu curativo com tanta violência que senti uma dor horrível. Porém, tanto sofrimento não abrandou seus corações, e nos despiram e nos bateram com o bastão de madeira de suas lanças; permanecemos nessa posição terrível na neve, nesse clima congelante, durante algum tempo, até que os cossacos se assustaram com a aproximação de algumas tropas francesas marchando em grande número.[33]

O major Henri Everts, do 33° Regimento de Infantaria Leve da Subdivisão de Davout, foi aprisionado em Krasny. Ele foi despido no próprio campo de batalha pela infantaria russa à qual se rendera, e cada item de valor foi-lhe tirado — eles brigaram pelo seu relógio. Quando ele e outros oficiais foram levados ao acampamento russo, queixaram-se a um oficial, e o general Rosen achou um sobretudo para ele e deu-lhe uma bebida para que se acalmasse. No dia seguinte, ele partiu com uma coluna de 3.400 prisioneiros, dos quais não mais que cerca de 400 alcançaram a cidade provinciana na qual deveriam ficar presos. Os cossacos que os escoltavam não lhes davam comida alguma, e deixavam os camponeses locais atormentá-los sempre que paravam para passar a noite.[34]

O coronel Auguste Breton, um dos ajudantes de ordens de Ney, também foi capturado em Krasny, tendo sido ferido, mas teve a sorte de ter sido levado sob o olhar de Miloradovich. O próprio general russo enfaixou sua ferida antes de mandá-lo para o quartel-general de Kutuzov, onde o marechal de campo o tratou amigavelmente. Entretanto, no momento em que deixaram o quartel-general, ele e seus companheiros foram despidos e roubados pelos cossacos que os escoltavam, os quais embolsaram o dinheiro que deveria ser dado aos prisioneiros, deram-lhes pouca comida e tinham prazer na crueldade gratuita — por exemplo, não os deixando beber água ao chegarem a um riacho ou não permitindo que eles acendessem fogueiras à noite. Os prisioneiros eram submetidos a marchas forçadas, e se um homem parasse para amarrar a perneira ou responder a um chamado da natureza, apanhava, e, se não voltasse à coluna rapidamente o bastante, era morto. Algumas vezes, os prisioneiros recebiam roupas e comida de proprietários de terra solidários ou até camponeses assim que saíam da área afetada pela guerra, mas mesmo isso normalmente lhes era tirado pelos cossacos. De um comboio de 800 prisioneiros, apenas 16 estavam vivos em junho de 1813.

Geralmente, quanto mais tarde fossem capturados, mais sofriam os prisioneiros. Quando o frio tornou-se mais intenso, os cossacos se divertiam despindo completamente os prisioneiros e os retardatários e deixando-os nus no meio da imensidão gelada. A taxa de sobrevivência nunca foi alta, mas diminuiu muito, visto que os homens agora estavam mais fracos quando capturados e os russos dispunham de menos comida, roupas e abrigos. Além disso, quanto mais a oeste fossem capturados, mais longa era a marcha para o local de detenção na Rússia.

Para muitos, a única esperança de salvação estava em estabelecer algum tipo de conexão que os tirasse do comboio regular. L.G. de Puybusque foi capturado pelos homens de Platov, não muito longe de Orsha. Platov ficou impressionado com a audácia da fuga de Ney — e secretamente deleitado por Miloradovich ter sido feito de bobo — e, por isso, tratou-o bem. Ele foi mandado para o quartel-general de Yermolov, o que foi um golpe de sorte.

"Eu o conhecera nos salões de recepção de Paris", relembrar-se-ia Puybusque. "E, apesar de termos nos tornado inimigos por ordens de nossos respectivos soberanos e de eu me encontrar entre os vencidos, ele foi o primeiro a me lembrar das circunstâncias em que nos havíamos conhecido, o que tantos outros na sua posição teriam fingido haver esquecido. Se ele me permitiu ver a proporção de sua autoridade, foi apenas por dar-me tantas ordens a fim de garantir que eu aproveitasse, enquanto em sua companhia, todas as vantagens da mais generosa hospitalidade, e para que eu e meus companheiros de infortúnio tivéssemos todas as nossas necessidades satisfeitas."

O general Pouget, que havia sido o governador militar francês de Vitebsk, teve a sorte de ser capturado não muito longe dali, de forma que, apesar de ter sido roubado e espancado pelos cossacos como normalmente acontecia no momento da captura, foi mandado de volta para a cidade, onde os habitantes — para com os quais ele havia sido justo e bondoso durante seu reinado — intercederam por ele e recuperaram a maior parte de seus bens.[35]

Para os que permaneciam com o Exército, o pior sofrimento era agora o frio, que piorava todos os problemas que eles já tinham. Os que tinham a sorte de ter um cavalo ou uma carruagem precisavam desmontar e caminhar por pequenos períodos a fim de manterem o sangue circulando. Num dia mais quente, o gelo da estrada era revolvido, tornando-a uma perigosa prova de obstáculos que frequentemente levava os homens a torcer os pés. Quando os sulcos feitos pelas rodas das carroças congelavam, tornavam-se fendas de margens irregulares, dilacerando pés e botas gastas.

Uma consequência inesperada das geadas fortes foi a falta de água. O gelo tinha que ser derretido sobre uma fogueira, fazendo com que o trabalho envolvido em conseguir água pudesse ser prodigioso, requerendo tanto uma fogueira quanto algum tipo de recipiente. Homens e cavalos ficaram desidratados, o que os enfraqueceu e contribuiu para as mortes — mais ainda porque eles não esperavam que isso acontecesse a uma temperatura tão baixa.

Isso afetava todas as funções, já que os dedos se tornavam desastrados, e as tropas tinham que se esforçar para conseguir manejar correias de couro e outros equipamentos, que ficavam endurecidos pelo frio. Mesmo as solas das botas tinham que ser gradualmente amolecidas, ou poderiam quebrar. Homens que iam até a margem da estrada e desabotoavam as calças para atender a um chamado da natureza — o que, como muitos tinham diarreia, era frequente — descobriam horrorizados que não conseguiam abotoá-las novamente.

"Vi inúmeros soldados e oficiais que não conseguiam se abotoar", escreveu o major Claude Le Roy. "Eu mesmo ajudei a vestir e abotoar um desses infelizes, que chorava como uma criança."[36]

Outra consequência do frio foi uma praga de geladura. A maior parte dos homens que compunham a *Grande Armée* vinha de climas em que esse fenômeno é inteiramente desconhecido, e, portanto, eles não eram capazes de tomar precauções elementares, reconhecer os sinais ou reagir da forma apropriada. Eles tentavam se aquecer o máximo possível em cabanas, ou aquecer suas mãos e faces perto da fogueira antes de saírem para o frio, poucos percebendo que isso só tornava as partes expostas mais vulneráveis. Quando um deles começava a sentir dormência ou alguém observava que seu nariz havia adquirido um tom de branco característico da geladura, sua reação natural era procurar o calor de uma casa ou correr para perto de uma fogueira.

Isso causava gangrena instantânea. A parte afetada do corpo adquiria uma tonalidade púrpura e caía quando a vítima tentava esfregá-la. A única forma de evitar isso é esfregar a parte afetada vigorosamente com neve até a circulação ser restabelecida, o que se identifica por uma dor excruciante. Porém, poucos além dos poloneses, suíços e alguns alemães sabiam isso, com consequências terríveis.

"Para impressionar as damas, você pode dizer-lhes que provavelmente metade de seus conhecidos retornará sem narizes ou orelhas", escreveu à esposa o príncipe Eugène.[37]

Mas isso não era nada engraçado.

O capitão François viu incrédulo um de seus amigos tirar os pés do calçado improvisado quando pararam para passar a noite.

"Quando ele removeu o tecido e o couro em que eles estavam envolvidos, três dedos caíram", escreveu ele. "Depois, removendo os trapos do outro pé, ele pegou o dedão, torceu e o arrancou sem sentir dor alguma."[38]

Um homem que perdia todos os dedos do pé não conseguia mais andar sem assistência; se perdesse os dedos da mão, não conseguia mais segurar armas ou pegar comida, a não ser que rasgasse a carne da carcaça de um cavalo com os dentes e chupasse o sangue.

As temperaturas congelantes tornavam até mesmo isso impossível. Os cavalos, que conseguiam sobreviver comendo casca de árvore e quaisquer arbustos ou ervas daninhas que fossem capazes de furar a neve e mascavam a própria neve quando não havia água, não conseguiam arrancar cascas de árvore congeladas ou mastigar o gelo, morrendo aos milhares. Contudo, um cavalo morto ficava duro como pedra em questão de minutos, impedindo que a carne pudesse ser cortada. Assim, era essencial encontrar um cavalo que ainda estivesse vivo a fim de cortar-lhe a carne.

Dali a cortar fatias das ancas de um cavalo quando o dono não estivesse olhando foi um passo. Os animais não sentiam dor por causa do frio, e o sangue congelava instantaneamente. Eles permaneciam dias com essas feridas em suas ancas, mas eventualmente os cortes inflamavam e começavam a expelir pus, o que também congelava. Outro recurso era cortar a veia de um cavalo e sugar o sangue, ou deixá-lo escorrer em uma vasilha e cozinhar com neve derretida a fim de tornar esse mingau ralo mais nutritivo. Alguns cortavam e comiam a língua do cavalo ainda vivo. Todavia, o melhor alimento era obtido abrindo-se a barriga do cavalo e arrancando-lhe o coração e o fígado enquanto ainda estavam quentes, e era isso que acontecia cada vez mais àqueles que, incapazes de prosseguir, eram abandonados por seus donos.[39]

Tendo passado de Ladi, o Exército em retirada encontrava-se em terras que haviam anteriormente sido polonesas, o que significava que as cidades e vilas eram habitadas. Mesmo nessas épocas difíceis, os onipresentes lojistas judeus conseguiam pôr as mãos naquilo que era de necessidade vital — mas apenas a um certo custo. Os habitantes, por sua vez, temiam aceitar qualquer coisa que, se encontrada em sua posse depois, pudesse deixá-los expostos a represálias da parte dos russos.

Grande parte das moedas perdera o valor. O doutor Heinrich Roos recordar-se-ia de ter visto um soldado de Württemberg sentado à margem da estrada nos arredores de Orsha com uma barra de prata no colo implorando que alguém a trocasse por quaisquer migalhas de comida. Ninguém, entretanto, estava preparado para abrir mão de rações que poderiam salvar suas vidas em troca de uma barra de prata que só teria valor quando retornassem para casa. A única reação que ele conseguiu suscitar nos homens que passavam por ele arrastando os pés foi uma torrente de piadas cruéis. Mesmo o último recurso das mulheres — a prostituição — tornara-se sem valor naquelas circunstâncias.

"Não havia intenções amorosas no meu ato", escreveu Boniface de Castellane depois de ter dado a uma mulher um pedaço de chocolate. "Nós estamos tão cansados que todos dizem que prefeririam ter uma garrafa de Bordeaux de má qualidade à mulher mais linda da face da Terra."[40]

Os que não conseguiam permanecer com seus regimentos e não tinham dinheiro eram obrigados a furtar. Com a perda de uma parte considerável da bagagem, o escopo para essa prática havia sido imensamente reduzido, levando os furtos frequentemente a se tornar roubos violentos. Muitos homens foram mortos pelo fígado de um cavalo, uma crosta de pão ou algum outro tipo de comida. Um homem isolado com algo para comer tinha que escolher cuidadosamente o momento para consumi-lo quando ninguém pudesse vê-lo, pois, do contrário, poderia receber um golpe de baioneta pelas costas. Contudo, quando o coronel Lubin Griois encontrou um lugar seguro para consumir a maravilhosa fatiazinha de um pão de fôrma que milagrosamente conseguira adquirir, ela havia congelado e estava dura como pedra, levando-o a chorar enquanto tentava inutilmente raspar a crosta com os dentes.[41]

Fora das unidades que haviam permanecido unidas, todo o senso de camaradagem e solidariedade desaparecera. As várias nacionalidades ficavam cada vez mais ressentidas umas com as outras, com os alemães amaldiçoando os franceses por tê-los arrastado para a guerra, e os franceses praguejando contra os poloneses por supostamente serem a causa dela. Na luta por sobrevivência, a vida do outro nada significava.

"Muitas vezes, a implacável multidão enfurecida atirava uns contra os outros durante pilhagens, incursões para a procura de alimentos, por um lugar para dormir, uma tigela de leite, uma camisa, um par de sapatos gastos", escreveu o tenente Józef Krasiński.[42]

Qualquer coisa que fosse deixada desprotegida por um momento desaparecia. Se um oficial caminhasse com as rédeas de seu cavalo debaixo do braço, ao olhar para trás, perceberia que elas haviam sido cortadas e o cavalo, roubado. Enquanto dormiam, os homens frequentemente tinham os chapéus que usavam como travesseiros e as mantas com que se cobriam roubados. A extensão da retirada e a perda de bagagem implicava que suas roupas, inadequadas desde o início, haviam atingido uma condição crítica.

"Minhas meias já haviam dado o que tinham que dar havia muito tempo; minhas botas estavam gastas e quase sem sola; eu as enfaixara com palha, o que, com a ajuda de pedaços de barbante, mantinha os pedaços unidos", escreveu Julien Combe. "Minha calça cinza e a jaqueta do meu uniforme estavam esfarrapadas e cheias de buracos, e eu já vinha usando a mesma camisa havia um mês."

Para se proteger do frio, Jean-Michel Chevalier, um oficial dos *Chasseurs à Cheval* da Guarda, usava uma camiseta de flanela sob a camisa, quatro coletes — um deles uma pele de carneiro —, seu uniforme, uma sobrecasaca e uma capa grande, quatro pares de calças ou calções sobre as cuecas e um colbaque de pele de urso.[43] Todavia, tantas camadas dificultavam a caminhada, sem mencionar a luta.

O coronel Griois era mais inteligente nesse quesito. Sob sua camisa, ele usava uma camiseta de flanela. Seu uniforme consistia em uma sobrecasaca de lã vermelha, calças de lã sem roupa de baixo, um fraque de lã e um sobretudo mais leves. Nos pés, ele usava um par de botas que iam até a panturrilha e meias de algodão. Ele conseguira adquirir um sobretudo adicional, mas este havia sido roubado. Tentou usar a capa de pele de urso que adquirira em Moscou, mas, embora essa peça fosse excelente para dormir, era pesada demais para ele usar enquanto marchava. Então, deixava seu cavalo carregá-la durante o dia. Ainda assim, ele cortou um pedaço dela para transformar em um agasalho, que amarrava ao pescoço com um pedaço de barbante. Ele usava outra faixa de pele de urso como cachecol, presa à parte de trás da cabeça por um barbante.

"Foi dessa forma singular, com a cabeça mal coberta por um chapéu em trapos, a pele rachada pelo frio e enegrecida pela fumaça, o cabelo coberto pela geada e o bigode eriçado por sincelos, que eu percorri as 200 ou 300 léguas de Moscou a Königsberg, e, na multidão que se movimentava ao longo da estrada, eu me destacava como um daqueles cujo traje ainda conservava algo de um uniforme; a maioria de nossos infelizes companheiros pareciam mais fantasmas vestidos para um baile de máscaras. Se eles mantinham peças de seu uniforme militar, não era possível vê-las, visto que estavam cobertas pelas roupas mais quentes que haviam conseguido encontrar. Os que tiveram a sorte de conseguir preservar seu sobretudo o haviam transformado em um tipo de hábito com um capuz, atado em volta do corpo por um pedaço de barbante; outros usavam lençóis de seda ou saias femininas para o mesmo propósito. Muitos mais usavam sobre os ombros peliças femininas forradas com peles preciosas, relíquias de Moscou originalmente adquiridas com a intenção de presentear irmãs e amantes. Não era de forma alguma incomum ver um soldado com o rosto escurecido e repulsivo, vestido com uma capa cor-de-rosa ou de cetim azul, forrada com penugens de cisne ou raposa siberiana, chamuscadas pelas fogueiras e cobertas por manchas de gordura. A maioria tinha as mãos envoltas em lenços imundos sob os restos de um casquete, e no lugar dos seus calçados gastos eles usavam tiras de tecido, cobertores ou couro. Não era apenas o soldado comum que a miséria forçava a se travestir dessa forma. Grande parte dos oficiais, coronéis e generais vestiam-se de maneiras não menos ridiculamente miseráveis, e um dia eu vi o coronel Fiéreck enrolado num velho sobretudo de soldado e usando na cabeça, sobre o casquete, um par de calções abotoados sob o queixo."[44]

Grande parte dessas peças carnavalescas era praticamente inútil, e aqueles que sobreviviam melhor costumavam ser os que se vestiam de forma mais inteligente.

"Eu não usava peles sob meu uniforme, apenas uma capa de lã com um colarinho muito gasto", escreveu Planat de la Faye. "Minhas botas, que não tirei mais depois de Smolensk, tinham buracos nas solas; e, para proteger as orelhas, eu havia amarrado em volta da cabeça um lenço de cambraia, que ficara tão preto quanto a barretina que eu tinha sobre ele. Foi vestido dessa forma que fiz toda a retirada, e ainda assim não sofri com geladuras."[45]

Não é necessário dizer que essas roupas estavam, na maioria dos casos, em frangalhos e cobertas por sujeira, assim como os homens, embora alguns fizessem esforços heroicos para se barbearem e se manterem limpos. Seus rostos estavam imundos, enegrecidos pela fumaça e manchados com o sangue dos animais que comiam, com barbas brancas cobertas pela geada, que escondia restos de comida e saliva.

"Os mendigos mais esfarrapados inspiram pena, mas nós só podíamos inspirar horror", escreveu o coronel Boulart.[46]

Eles também estavam empestados de piolhos.

"Enquanto estávamos expostos ao frio e caminhando", escreveu Carl von Suckow, "nada se movimentava, mas à noite, quando nos reuníamos em volta das fogueiras, esses insetos ganhavam vida novamente e passavam a infligir-nos uma tortura terrível."

O coronel Griois também se recordaria da tarefa desagradável que tinham que executar todas as noites.

"Enquanto nosso caldo sem gosto estava no fogo, nós aproveitávamos esse primeiro momento de descanso para capturar os insetos com que estávamos cobertos", escreveu ele. "Esse tipo de sofrimento, do qual só pode ter uma ideia quem já o experimentou, tornara-se uma verdadeira tortura que ganhava mais poder ainda pela repulsa que provocava. Apesar de todas as precauções de limpeza disponíveis em uma campanha, é quase impossível, quando se permanece por vários dias e, muitas vezes, semanas inteiras, sem tirar a roupa, preservar-se inteiramente desses convidados inconvenientes. Desse modo, desde que havíamos entrado na Rússia, poucos de nós tinham escapado dessa inconveniência desagradável. No entanto, desde o início da retirada, ela se tornara uma calamidade; e como poderia ter sido diferente se éramos obrigados, a fim de escaparmos do frio noturno mortífero, a não apenas não tirar nossas roupas, mas também nos cobrir com qualquer trapo que a sorte pusesse ao nosso alcance, já que aproveitávamos todo espaço livre que tivesse sido desocupado por outro em um acampamento ou nas miseráveis cabanas em que conseguíamos encontrar abrigo? Esses insetos haviam, portanto, se multiplicado da maneira mais terrível. Camisas, coletes, casacos, tudo estava infestado por eles. Uma coceira horrível mantinha-nos acordados durante metade da noite e nos deixava loucos. Ela se tornara tão intolerável que, de tanto me coçar, eu feri a pele de parte das minhas costas, e a dor abrasadora dessa ferida horrível e repugnante parecia até um alívio em comparação à coceira. Todos os meus camaradas estavam na mesma condição, e nós não demonstrávamos vergonha em nossas buscas asquerosas, podendo executá-las em frente um do outro sem corarmos."[47]

Tamanha delicadeza destaca-o dos outros — não devemos nos esquecer de que a grande maioria dos homens que marchavam naquela estrada provinha das origens mais primitivas. Quaisquer sentimentos de vergonha que eles pudessem ter demonstrado desapareciam tão rapidamente sob a tensão a que estavam submetidos quanto sua força de caráter.

Alguns eram simplesmente levados pelo fluxo geral, incapazes de resistir. À noite, eles ficavam atrás daqueles que haviam acendido fogueiras e estavam sentados em volta delas.

"Logo, eles cediam ao peso da fadiga, caíam sobre os joelhos, sentavam-se e, finalmente, deitavam-se involuntariamente", escreveu Louis Lejeune.

"O último movimento era para eles o precursor da morte; seus olhos opacos olhavam para o céu; um sorriso de felicidade contraía seus lábios; e poder-se-ia pensar que um consolo divino estava atenuando sua agonia, o que era traído por uma salivação epiléptica."

Mal esse homem morria, outro vinha e sentava-se sobre seu corpo, até também cair num torpor e morrer.[48]

A indiferença ao sofrimento alheio havia se tornado generalizada. Jean-Baptiste Ricome, um sargento então com 23 anos de idade, relembrar-se-ia como, no início da retirada, era uma verdadeira aflição a pena que sentia quando ouvia homens moribundos chamando pelas mães, e como a familiaridade a esse tipo de choro havia gradualmente levado à indiferença. A luta pela sobrevivência endurecia os corações mais bondosos, e os homens simplesmente seguiam marchando quando seus camaradas escorregavam e caíam no gelo.

"No início, eles teriam tido ajuda", escreveu o coronel Boulart, "mas como o mesmo destino ameaçava a todos e a repetição frequente das quedas sugeria a inutilidade de ajudá-los, os outros passavam por esses homens desafortunados, deitados sobre o ventre no gelo, fazendo esforços vãos para se levantarem, ou arranhando o chão à sua frente à medida que lutavam contra a morte, e não paravam!"[49]

"Essa campanha tornou-se mais assustadora quando passou a afetar a nossa própria natureza, revelando em nós defeitos que até então desconhecíamos", escreveu Eugène Labaume.

Em certa ocasião, várias centenas de homens comprimiram-se em um grande celeiro para passar a noite. A certa altura, as fogueiras que eles haviam acendido incendiaram a palha do teto e finalmente toda a estrutura. A rapidez com que as chamas se espalharam impediu que mais de duas dúzias se salvassem, e o resto pereceu, saudados apenas — como observou o coronel Lejeune — pelas descargas dos cartuchos disparados em seus mosquetes carregados. Camaradas que haviam se apressado para ajudá-los só puderam observar horrorizados. Contudo, depois de duas semanas, eles simplesmente se aproximavam e se esquentavam quando esse tipo de coisa acontecia. Incêndios assim algumas vezes eram iniciados de propósito pela fúria perversa de homens que não haviam conseguido encontrar abrigo, e os que ficavam em volta esquentando-se faziam piadas sobre a qualidade do fogo.[50]

Certa noite, o quartel-general de Davout encontrou abrigo em uma grande e agradável cabana de uma vila deserta apenas para descobrir que havia três bebês ainda vivos no feno do curral do estábulo, choramingando de fome. O coronel Lejeune disse ao mordomo de Davout que lhes desse algo para comer, o que ele fez. Os bebês, entretanto, continuaram chorando, impedindo-os todos de dormir. Lejeune, porém, adormeceu, e quando acordou já era hora de partir. Como tudo estava quieto, ele não se lembrou dos bebês, mas quando, mais tarde, perguntou ao mordomo sobre eles, o último respondeu-lhe que, incapaz de aguentar por mais tempo, pegara um machado, quebrara o gelo da tina de água e os afogara.[51]

De acordo com o capitão François, "qualquer um que se permitisse ser afetado pelas cenas deploráveis que testemunhava condenava-se à morte; mas aquele que fechasse seu coração a todos os sentimentos de pena encontrava a força para resistir a qualquer sofrimento".

"Poucos de nós, com caracteres excepcionalmente fortes, sustentados pela juventude e por uma constituição sólida, resistiram a todos os elementos que conspiravam para a nossa destruição e saíram daquilo bem", escreveu Louis Lagneau, um cirurgião da Jovem Guarda. "Eu tinha 32 anos, minha saúde era perfeita, eu estava muito acostumado a andar longas distâncias, e, consequentemente, suportei tudo sem quaisquer resultados trágicos."[52]

Outro que suportou tudo notavelmente bem foi o próprio Napoleão. É verdade que ele era beneficiado por um abastecimento regular de comida e vinho, sem mencionar outros confortos. Um oficial cavalgava à sua frente a fim de selecionar o lugar onde o imperador passaria a noite, o qual, fosse uma casa de campo devastada ou uma cabana de camponês, era adaptado para tornar-se mais agradável. A cama de campanha de ferro era armada, um tapete, estendido no chão, e a *nécéssaire* contendo lâminas, escovas e artigos de toucador era trazida. Um escritório também era improvisado, no mesmo cômodo caso outro não fosse encontrado, com uma mesa coberta por uma toalha verde, a biblioteca de viagem do imperador em seu estojo e as caixas contendo mapas e material para escrever. Um pequeno aparelho de jantar era desencaixado a fim de que ele pudesse comer em pratos.

"Ele suportava o frio com muita coragem", segundo seu valete, Constant, "mas podíamos ver que ele era fisicamente muito afetado por ele."

Mesmo tendo o luxo de poder trocar de roupa, e apesar dos recursos da *nécéssaire*, Napoleão também tinha piolhos. Além disso, não obstante o conforto da cama de campanha, ele sofria de insônia — sem dúvida causada pela incerteza quanto ao que viria pela frente e por um sentimento de responsabilidade pelo seu Exército.

"Aqueles pobres soldados fazem meu coração sangrar, mas eu não posso fazer nada por eles", disse ele a Rapp certa noite.[53]

A fé dos soldados nele permanecia inabalada. Muitos resmungavam e desferiam imprecações contra ele, mas, embora alguns tenham se tornado insolentes e insubordinados para com seus oficiais e até mesmo seus generais, eles ficavam em silêncio e assumiam uma atitude respeitosa sempre que ele aparecia.

"Soldados jaziam morrendo por toda a estrada, mas eu nunca ouvi um só reclamar", recordar-se-ia Caulaincourt.

"Embora esse homem fosse, corretamente, considerado o autor de todos os nossos sofrimentos e a única causa de nossa desgraça", escreveu o doutor René Bourgeois, que tinha opiniões políticas profundamente antinapoleônicas, "sua presença ainda suscitava entusiasmo, e não havia ninguém que, surgida a necessidade, não o teria protegido com seu corpo e sacrificado sua vida por ele."

O grau da devoção dos soldados é bem ilustrado pelo sargento Bourgogne, que observava quando um oficial acompanhado por dois granadeiros veio a um acampamento pedindo madeira seca para Napoleão.

"Todos ofereceram seus melhores pedaços, e mesmo aqueles homens que estavam morrendo levantaram as cabeças para sussurrar: 'Leve isso para o imperador'", segundo se lembrava.

É verdade que tamanha devoção não era universal. Em certa ocasião, quando Napoleão queria parar e aquecer-se perto de uma fogueira cercada por retardatários, Caulaincourt aproximou-se deles e, depois de terem trocado algumas palavras, voltou sugerindo que talvez não fosse uma boa ideia parar ali.[54]

O tesoureiro Duverger — que, não sendo um combatente, não conhecia a devoção que o soldado tinha por seu chefe — ainda assim concordava que "seu prestígio, aquela espécie de aura que cerca grandes homens, fascinava-nos; todos se reuniam em confiança e obedeciam à menor indicação da sua vontade".

É verdade que Napoleão representava a sua melhor chance de sair da confusão em que se encontravam.

"Sua presença eletrizava nossos corações abatidos, e dava-nos uma última explosão de energia", escreveu o capitão François. "A visão de nosso comandante caminhando entre nós, compartilhando nossas privações, em certos momentos até despertava o entusiasmo de épocas mais vitoriosas."

Fossem quais fossem sua nacionalidade e sua atitude política em relação a ele, tanto soldados quanto oficiais sabiam que apenas Napoleão podia manter o que restava do Exército reunido, e que somente ele era capaz de conseguir arrancar alguma fração de vitória das garras da derrota.[55]

Contudo, não era apenas isso. Um oficial alemão da artilharia, do qual seria natural esperar imprecações contra o tirano estrangeiro que o havia levado para aquela situação, ao passar por Napoleão à margem da estrada, expressou sentimentos que, embora surpreendentes, não eram incomuns.

"Ele, que vê a verdadeira grandeza abandonada pela sorte, esquece seus próprios sofrimentos e suas próprias preocupações, e por isso marchamos em fila sob seu olhar num silêncio sombrio, em parte porque nos conformamos com nosso amargo destino."[56]

Ségur recorreu a uma explicação metafísica para esse fenômeno. Eles deveriam ter culpado Napoleão, mas, segundo ele, não o fizeram porque ele dependia tanto deles quando eles dependiam dele. Sua glória era uma propriedade comum deles, e diminuir sua reputação denunciando-o e se afastando dele seria destruir a coleção de glórias que eles haviam reunido ao longo dos anos e que era seu bem mais precioso. Essa explicação parece confirmada pelo fato de que, quando eram aprisionados, os soldados da *Grande Armée* recusavam-se a dizer uma única palavra contra Napoleão. De acordo com o general Wilson, era impossível "induzi-los com qualquer tentação, com qualquer ameaça, com qualquer privação, a acusar seu imperador de ser a causa de suas desgraças e sofrimentos".[57]

Os ânimos se revigoraram quando, ao se aproximarem de Borisov, o Exército de Moscou encontrou a 2ª Divisão de Oudinot e outras unidades que se encontravam estacionadas na retaguarda e, por isso, não haviam sofrido todas as aflições da retirada. O tenente Józef Krasiński, que marchava em retirada com os desgrenhados restos da 5ª Divisão polonesa, rompeu em lágrimas de alegria ao ver a Subdivisão de Dąbrowski perto de Borisov, a qual estava devidamente uniformizada e marchava atrás de sua banda. As reações do outro lado foram proporcionalmente dolorosas.

O granadeiro Honoré Beulay, que chegara marchando da França havia pouco tempo, observou incrédulo as unidades em retirada que caminhavam pesadamente.

"Nós observamos de boca aberta, nos perguntando se não estávamos enganados, se esses homens que mal lembravam seres humanos eram realmente franceses, soldados da *Grande Armée*!", escreveu ele.

A aparência do Exército de Moscou teve um efeito perturbador nas Divisões de Oudinot e Victor.

"Esperava-se que nosso exemplo exercesse uma influência salutar", escreveu Oudinot. "Ai de mim! O que prevaleceu foi o oposto."[58]

O que era mais perturbador, entretanto, eram os rumores aterrorizantes que circulavam pelo Exército de que Borisov havia sido tomada pelos russos, e que agora eles, franceses, haviam sido interceptados.

21

O Berezina

No dia 22 de novembro, Napoleão alcançou Tolochin, onde se acomodou num convento abandonado. Ele não passara ainda muito tempo lá quando soube, de um cavaleiro enviado por Dąbrowski, que Minsk havia sido tomada por Chichagov havia seis dias.

"O imperador, que de um golpe só perdeu seus suprimentos e todos os recursos com os quais vinha contando desde Smolensk a fim de reunir e reorganizar seu exército, foi momentaneamente fulminado pela consternação", de acordo com Caulaincourt.[1]

Ele supusera que Chichagov buscaria uma posição em que pudesse se reunir a Kutuzov, de forma que eles pudessem atacá-lo com uma força esmagadora, e não que ele se posicionaria na sua retaguarda numa tentativa de interceptá-lo. Na verdade, Chichagov operava no escuro. Ele recebera apenas ordens vagas de Kutuzov, que o instruíra a posicionar-se na retaguarda de Napoleão a fim de impedir que os franceses se conectassem com Schwarzenberg. Wittgenstein deveria atravessar o Berezina mais para o norte e estabelecer uma conexão com ele, de forma que eles cobriram uma longa distância da margem ocidental do rio entre eles.[2]

Naquela noite, o marechal Duroc e o intendente Daru estavam de serviço na cabeceira do imperador, e os três ficaram acordados até tarde. Eles discutiram a situação longamente, e Napoleão supostamente censurou-se por sua própria "tolice". Ele cochilou um pouco, e ao acordar perguntou-lhes sobre o que eles haviam conversado, ao que eles responderam que desejariam ter um balão.

"Mas, por Deus, para quê?", perguntou ele.

"Para sumir com Vossa Majestade daqui", respondeu um deles.

"A situação não é fácil, é verdade", admitiu ele, e os três discutiram a possibilidade de ele cair nas mãos dos russos.

O general Grouchy foi instruído a reunir todos os oficiais da cavalaria que ainda possuíam boas montarias em um "esquadrão dedicado" cujo propósito seria providenciar uma saída secreta para Napoleão no caso de uma emergência. Porém, o imperador continuava otimista, e, se ele ordenou que alguns documentos oficiais fossem queimados antes que eles partissem pela manhã, o motivo foi mais aliviar a bagagem do que qualquer outra coisa — ele também deu ordens para que algumas carruagens desnecessárias fossem queimadas. Napoleão parecia confiante de que conseguiria abrir caminho.[3]

O que ele não sabia era que, enquanto digeria a notícia da tomada de Minsk, Borisov também fora tomada por Chichagov. O almirante, que tinha um respeito salutar por ele, aparentemente ignorava que estava em uma rota de colisão com Napoleão, cuja localização ele desconhecia, mas cujas tropas estimava possuírem ao menos 70 mil homens. Na ocasião, sua guarda avançada movimentou-se rapidamente, surpreendeu e derrotou o destacamento da Subdivisão de Dąbrowski que guardava a cabeça de ponte na margem ocidental do Berezina e invadiu Borisov, que ocupou depois de uma resistência obstinada. Depois disso, os russos acomodaram-se na cidade, e seu comandante, o conde Pahlen, sentou-se para um jantar farto. Ele mal engolira o primeiro bocado quando o alarme soou. Uma unidade avançada da Divisão de Oudinot, que consistia em 500 homens do 23º Regimento de *Chasseurs à Cheval* do coronel Marbot, invadira a cidade e atacara os desprevenidos russos. Não mais que mil deles conseguiram salvar-se atravessando o rio de volta em fuga, deixando para trás 9 mil mortos, feridos e prisioneiros, além de dez canhões e sua bagagem.[4]

Contudo, os russos que haviam fugido ao menos tiveram a presença de espírito de atear fogo à longa ponte de madeira que atravessava o Berezina. Napoleão havia alcançado o Bobr ao saber do ocorrido, e provavelmente se arrependeu da decisão de incendiar a ponte flutuante em Orsha três dias antes. O canal pantanoso do Berezina corria entre ele e a liberdade; frio como estava, um leve degelo quebrara a camada de gelo sobre o rio, representando um obstáculo considerável.

"Qualquer outro homem teria se deixado ser sobrepujado", escreveu Caulaincourt. "O imperador mostrou ser maior que seu infortúnio. Em vez de desencorajá-lo, essas adversidades revelavam toda a energia de seu grande caráter; ele mostrou o que uma nobre coragem e um bravo Exército podem realizar contra a maior adversidade."[5]

Napoleão contemplou por um momento o plano de reunir todas as suas tropas, marchar para o norte, neutralizar Wittgenstein e depois seguir para

Vilna, contornando todo o Berezina. Contudo, ele foi alertado de que o terreno era desfavorável para operações como essa. Assim, decidiu abrir caminho através do rio em Borisov. Isso envolveria a reparação da ponte existente e a construção de outras novas sob o fogo do inimigo. A fim de reduzir a resistência, ele decidiu dispersar as tropas de Chichagov dando-lhe a impressão de que planejava atravessar em outro ponto. Ele enviou um pequeno destacamento para o sul para fazer uma demonstração de atividade em um ponto em que era possível atravessar na direção da corrente, e até conseguiu dar a informação errada de que pretendia atravessar ali a alguns comerciantes judeus locais, esperando que eles a transmitissem.[6]

Tudo dependia da velocidade: Wittgenstein e Kutuzov viriam pela retaguarda dele em dois dias, e pensar no que aconteceria se ele fosse pego por eles na retaguarda enquanto tentava forçar uma passagem através do rio era provavelmente insuportável. Napoleão parecia energizado pela crise, e não se mostrava abatido.

"O imperador parecia ter tomado sua decisão com a resolução tranquila de um homem prestes a embarcar num ato de última instância", observou seu valete, Constant.[7]

Uma torrente de unidades avançadas e grandes quantidades de fugitivos chegaram a Borisov na noite de 23 de novembro. A cidade estava coberta por cadáveres e escombros da luta da noite anterior.

"Essa massa incontável de vagões com mulheres, crianças, homens desarmados, havia estacionado em Borisov com a convicção de que a ponte seria consertada e de que a travessia seria feita ali", escreveu Jósef Krasińsk, da 5ª Divisão de Poniatowski, que também entrara na cidade. "As ruas de Borisov estavam tão apinhadas com esse comboio de carroças que era impossível passar através deles sem empurrar e pisotear as pessoas. Em consequência, as ruas ficaram cobertas por corpos massacrados, carroças destruídas, bagagens destroçadas, e tudo que se podia ouvir eram gritos, clamores, choro e lamentações... Eu me lembro que em uma das ruas tirei de sob os cascos dos cavalos um bebê de cueiros largado no meio da estrada, e mais à frente vi, perto de uma pequena ponte, a carroça de uma *cantinière* na água depois de ter sido empurrada por tropas francesas que marchavam à nossa frente, e na carroça estava a pobre mulher com uma criança nos braços, pedindo ajuda, o que nenhum de nós podia lhe dar."[8]

Quando o general Eblé e seus pontoneiros alcançaram Borisov e viram o estado do rio, sentiram-se desencorajados. Ele era mais largo de que eles haviam suposto, e em consequência do degelo recente grandes blocos de gelo eram levados por uma corrente lenta, mas forte. O general Jomini, que estava com Eblé, sugeriu que eles atravessassem mais ao norte, em Vesselovo, onde havia uma ponte que poderia ainda estar de pé. Contudo, Oudinot já havia identificado um lugar melhor. Uma de suas brigadas de cavalaria, a do general Corbineau — que estivera varrendo os cossacos da margem ocidental do Berezina na semana anterior e acabara de se juntar à sua Divisão —, havia encontrado um vau perto da Vila de Studzienka, 12 quilômetros rio acima de Borisov.

Oudinot informara imediatamente a Berthier sobre a existência do vau, recomendando-o como o melhor local para uma travessia. No entanto, Napoleão ateve-se à sua intenção em forçar passagem em Borisov, o que implicava derrotar Chichagov e depois partir em disparada para Minsk, de onde ele esperava conseguir contatar Schwarzenberg. De Loshnitsa, à uma hora da manhã de 25 de novembro, ele repetiu suas ordens para Oudinot, urgindo-o a se apressar a fim de que eles pudessem atravessar o rio naquela mesma noite. Oudinot, que já derra ordens para que algumas de suas unidades se dirigissem antecipadamente para Studzienka, implorou que Napoleão reconsiderasse, e enviou Corbineau para vê-lo pessoalmente. Foi apenas depois de ter discutido a questão com Corbineau que Napoleão aceitou a sugestão de Oudinot, e partiu para Studzienka naquela noite.[9]

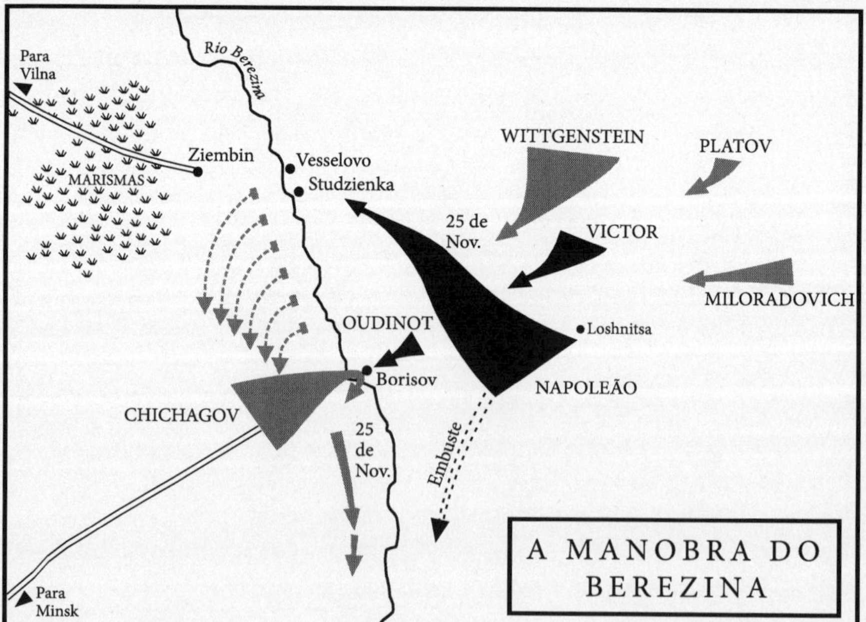

Algumas horas antes, Chichagov partira com suas tropas principais no sentido oposto ao longo da outra margem do rio. Ele estivera apreensivo quanto à possibilidade de Napoleão flanqueá-lo ao sul de Borisov, e a informação que os judeus lhe trouxeram daquela cidade o convenceu de que era, de fato, lá que os franceses planejavam atravessar. Ele deixou o general Langeron com 1.200 soldados de infantaria e 300 cossacos em Borisov, e o general Czaplic com algumas centenas de homens entre Borisov e Vesselovo, e marchou para o sul com o resto de suas tropas. Quando os primeiros relatórios de atividade francesa nos arredores de Studzienka chegaram a ele no dia seguinte, ele presumiu que eles fossem um embuste com o objetivo de enganá-lo, e seguiu seu caminho. O curso do Berezina ao norte de Borisov deveria, de qualquer forma, ser coberto por Wittgenstein, e ele deixou ordens para que Czaplic recuasse com suas unidades localizadas em posições mais remotas naquela área.

Todavia, Wittgenstein não tinha intenções de aceitar ordens de Chichagov, o que seria obrigado a fazer se tivesse estabelecido uma conexão com ele na margem ocidental. Além disso, ele também não estava muito ansioso por confrontar Napoleão, preferindo lutar contra Victor. Assim, ele ignorou as ordens de Kutuzov para que atravessasse o rio e interceptasse a linha de retirada francesa. Fazendo isso, ele não apenas deixou o próprio Berezina desprotegido, mas também — ao contrário do que teria acontecido se houvesse seguido as ordens de Kutuzov — deixou de cobrir o outro ponto no qual a retirada de Napoleão poderia ter sido interceptada. Alguns quilômetros a oeste do Berezina, em Ziembin, a estrada percorria uma área pantanosa ao longo de algumas pontes de madeira, e poderia ser efetivamente interceptada por um pelotão de cossacos com um isqueiro.[10]

Oudinot enviara o general Aubry com 750 sapadores para Studzienka no dia 24 de novembro a fim de que começassem a construir a estrutura de suporte para uma ponte, e seguiu-os com suas tropas principais na noite do dia seguinte. Juntou-se a eles o general Eblé com 400 pontoneiros, a maioria holandeses. Embora Napoleão tivesse ordenado que a ponte flutuante que eles guardavam em Orsha fosse queimada, Eblé sabiamente conservara seis carroças de ferramentas, duas forjas de campanha e duas carroças de carvão vegetal. Os sapadores desmontaram as casas de madeira de Studzienka, serrando as toras grossas em comprimentos apropriados, enquanto os pontoneiros forjavam pregos e grampos, e transformavam as toras em armações.[11]

O próprio leito do rio, que nesse ponto tem menos de dois metros de profundidade, não mede mais que cerca de 20 metros de largura, mas suas margens são baixas e pantanosas, cortadas por braços rasos do rio principal. Assim, qualquer ponte precisaria estender-se em alguma distância a cada lado. Uma grande desvantagem desse ponto de travessia era que a margem ocidental, ocupada pelos russos, erguia-se acentuadamente, e quaisquer tropas ocupando-a estariam em posição para varrer a travessia com o fogo da artilharia.

Oudinot posicionara seus homens por trás de uma pequena elevação, a fim de que eles ficassem fora do campo de visão dos cossacos que patrulhavam a margem ocidental, e instruiu-os a trabalhar silenciosamente. Contudo, o capitão Arnoldi, que comandava a bateria de campo russa de quatro canhões leves que havia sido posicionada pelo general Czaplic para observar os possíveis pontos de travessia perto de Studzienka, percebeu a movimentação dos franceses na margem oposta e enviou relatórios urgentes ao seu superior avisando-o de que eles estavam se preparando para atravessar o rio ali. Ele convenceu Czaplic, que veio ver por si mesmo e depois enviou um mensageiro a Chichagov.[12]

Oudinot, por sua vez, ficou acordado a noite inteira, apressando os sapadores e pontoneiros, e observando nervosamente a outra margem.

"O aspecto da paisagem rural era fascinante; a lua iluminava as banquisas do Berezina e, do outro lado do rio, o piquete de cossacos composto apenas por quatro homens", escreveu François Pils em seu diário.

Ele era um granadeiro da Divisão de Oudinot, mas na vida civil era um pintor, o que explica a sensibilidade em seu ponto de vista.

"Mais além, podiam-se ver algumas nuvens tingidas de vermelho, que pareciam flutuar sobre os pontos que eram os abetos; elas refletiam as fogueiras do acampamento do Exército russo."[13]

A magnífica visão deixou Ney, por sua vez, apreensivo.

"Nossa posição é muito difícil", disse ele a Rapp. "Se Napoleão conseguir sair dela hoje, ele é o próprio demônio."

Murat e outros formulavam vários planos para salvar o imperador enviando-o com um pequeno destacamento de cavalarianos poloneses, enquanto o resto deles empreenderia uma resistência heroica.

"Nós todos devemos morrer", afirmou ele. "Não podemos sequer considerar nos render."[14]

Nas primeiras horas da manhã seguinte, 26 de novembro, as tropas que estavam sentadas em volta das fogueiras do acampamento russo começaram a se retirar, e os quatro canhões de Arnoldi foram preparados e arrastados para longe. Oudinot mal pôde acreditar em seus olhos. Napoleão, que alcançara Studzienka pouco antes, estava jubiloso: de acordo com Rapp, seus olhos brilharam de alegria quando ele viu que sua tática havia funcionado e Chichagov partira em sua perseguição inútil.

Ele ordenou que o coronel Jacqueminot reunisse um esquadrão de lanceiros poloneses e alguns *chasseurs*, cada um dos quais deveria usar uma sela traseira de *voltigeur* e atravessar o rio a vau. Tendo atravessado, os cavaleiros espalharam-se e, seguidos pelos *voltigeurs*, afugentaram os poucos cossacos remanescentes e ocuparam a margem ocidental do rio. O capitão Arnoldi, que havia visto claramente os franceses montarem uma bateria de quarenta canhões para cobrir as duas margens do rio, enviara um relatório final desesperado para o quartel-general antes de retirar-se, expressando sua convicção de que aquele era o ponto que eles haviam escolhido para a travessia. No entanto, embora Czaplic tivesse demorado para cumprir a ordem de retirada, ele não ousou desobedecê-la, e tampouco teve o bom-senso de enviar uma tropa de cavalaria para guardar e, se necessário, queimar as pontes em Ziembin.[15]

Pouco depois da retirada dos russos, às 8 horas, o capitão Benthien e seus pontoneiros holandeses entraram na água gelada e deram início à instalação das primeiras armações. Eles haviam tirado parte das roupas, ficando apenas de calças, e lutavam corajosamente contra a forte correnteza, que carregava consigo grandes blocos de gelo com até dois metros de largura. De vez em quando, um deles perdia o ponto de apoio no lodoso leito e era arrastado. Eles só podiam permanecer na água 15 minutos por vez, mas, ainda assim, muitos morreram de hipotermia. Eles haviam recebido a oferta de um bônus de 50 francos por homem, mas é certo que esse não era o motivo que os compelia.

"Eles entravam na água até o pescoço com uma coragem da qual não há outro exemplo na história", recordar-se-ia o granadeiro Pils. "Alguns morriam e desapareciam com a correnteza, mas a visão de um fim tão terrível não enfraquecia a energia de seus companheiros. O imperador observava esses heróis sem deixar a margem do rio, onde estava de pé com o marechal [Oudinot], o príncipe Murat e outros generais, enquanto o príncipe de Neuchâtel [Berthier] estava sentado na neve expedindo correspondência e escrevendo ordens para o Exército."[16]

"Nesse momento solene, o próprio Napoleão recuperou a elevação e energia que eram características suas", segundo o tenente-coronel de Baudus.

Há relatos segundo os quais ele parecia abatido, e a história de ele ter ordenado que as águias da Guarda fossem queimadas num impulso desesperado aparece aqui e ali. Entretanto, a maioria das testemunhas concordam que ele demonstrou um autocontrole notável ao longo do que continuou sendo uma situação periclitante, e, ao contrário de mandar atearem fogo às águias, continuava ordenando que os homens se agarrassem a elas a fim de manterem a aparência de uma força de guerra viva. Alguns achavam que ele realmente parecia distante enquanto observava em pé na margem do rio os pontoneiros trabalhando.[17]

O major Grünberg, um cavalariano de Württemberg, ficou impressionado com isso quando Napoleão avistou-o passar marchando, carregando dentro da capa sua amada cadela galga. O imperador chamou-o e perguntou se ele lhe venderia o animal. Grünberg respondeu que ela era uma velha companheira a quem nunca venderia, mas que, se Sua Majestade assim desejasse, ele a daria a Napoleão. O imperador ficou sensibilizado com a atitude e respondeu que sequer sonharia em privá-lo de uma companheira tão próxima.[18]

A ponte foi concluída por volta do meio-dia. Ela tinha pouco mais de cem metros de comprimento e cerca de quatro metros de largura, sendo suportada por 23 armações cuja altura variava de um a três metros. Não havia tabuados disponíveis suficientes, portanto as toras cilíndricas postas na elevação que formava o passeio foram cobertas por frágeis ripas tiradas dos telhados das casas de Studzienka, por sua vez cobertas por uma camada de cascas de árvore, galhos e palha.

"Como um trabalho profissional, a ponte certamente era muito deficiente", observou o capitão Brandt. "Mas, se considerarmos as condições nas quais ela foi construída, se pensarmos que ela salvou a honra da França da mais terrível ruína, que cada uma das vidas sacrificadas em sua construção resultou em vida e liberdade para milhares, então devemos reconhecer que a construção dessa ponte foi o trabalho mais admirável dessa guerra, e talvez de qualquer guerra."[19]

Napoleão, que engolira rapidamente uma costeleta no café da manhã em pé na margem do rio, caminhou até a cabeceira da ponte, onde o marechal Oudinot se preparava para atravessar com sua divisão.

"Não atravesse ainda, Oudinot, você pode ser capturado", gritou o imperador para ele.

Oudinot, porém, apontou para os homens parados atrás de si e respondeu: "Eu não temo nada estando com eles, *Sire*!"[20]

Ele conduziu sua divisão através da ponte, aos gritos de "*Vive l'Empereur!*", proferidos com uma convicção que havia algum tempo já não ressoava na presença imperial. Virando para a esquerda, ele deu início ao posicionamento de suas tropas em direção ao sul a fim de repelir qualquer possível ataque de Chichagov. Eles foram rapidamente perdidos de vista na neve que começara a cair novamente.

Enquanto isso, o capitão Busch e outra equipe de pontoneiros holandeses vinham trabalhando numa segunda ponte, 50 metros rio abaixo da primeira. Esta, construída sobre armações mais fortes e com um piso de toras cilíndricas planas, seria usada pela artilharia e a bagagem, e estava pronta por volta de 4 horas da tarde.* Enquanto as tropas continuavam atravessando a ponte mais leve ordenadamente, a artilharia de Oudinot, seguida pela artilharia da Guarda e o parque principal da artilharia, atravessava a outra. Às 8 horas da noite, duas das armações da ponte mais pesada afundaram no lamacento leito do rio, e os pontoneiros tiveram que abandonar suas fogueiras, se despir e entrar na água mais uma vez. A ponte foi reaberta às 11 horas, mas, às 2 horas da manhã de 27 de novembro, mais três armações — dessa vez na parte mais funda do rio — caíram. Mais uma vez, os homens de Benthien abandonaram fossem quais fossem os abrigos que haviam encontrado para passar a noite e foram para a água. Depois de quatro horas, às 6 horas da manhã, a ponte estava mais uma vez operacional.

Durante todo o dia, a *Grande Armée* atravessou o Berezina sob a fina nevasca. A Guarda começou a atravessar de madrugada, depois Napoleão atravessou com seu Estado-Maior e sua equipe doméstica, sendo sucedido por Davout com o restante de sua divisão, depois por Ney e Murat com as suas, e, finalmente, à noite, o príncipe Eugène atravessou com as poucas centenas de italianos que haviam restado à 4ª Divisão. A ponte era baixa, ficando pouco acima do nível da água, e oscilava, de forma que os homens atravessaram a pé, puxando seus cavalos. A camada de galhos e palha que cobria a superfície tinha que ser de tempos em tempos ajustada pelos sapadores. Mesmo assim, a ponte cedia em alguns lugares, e os que a atravessavam de vez em quando tinham água até os tornozelos. Em consequência do peso do grupo que a atravessava e do estado da ponte, havia empurrões, atropelos, e homens e cavalos caíam, causando obstruções e levando a brigas. Não foi uma travessia aprazível.

---

*O plano original era construir três pontes, mas a escassez de material impediu que a terceira fosse construída.

Enquanto isso, um fluxo contínuo de armas, *caissons*, carroças com suprimentos e carruagens de todos os tipos avançava através da outra ponte, com uma interrupção de duas horas às 4 horas da tarde para que os pontoneiros consertassem mais duas armações quebradas. Aqui também havia acotovelamento e rompantes de violência. A superfície da ponte estava coberta por escombros e cadáveres, e vários cavalos quebravam as pernas, que escorregavam e eram imprensadas pelas toras cilíndricas que formavam o passeio. Os veículos que vinham em seguida, estes mesmos empurrados por trás, tentavam passar por cima dos cavalos, que se debatiam e davam coices, em vez de pararem e esperarem que eles e seus veículos fossem puxados para o lado. Ainda assim, a maior parte das armas e equipamentos das unidades organizadas, o cofre do tesouro, as carroças que levavam os espólios de Napoleão provindos de Moscou e um número surpreendente de carruagens de oficiais conseguiram passar com sucesso. Madame Fusil, a atriz de Moscou, atravessou a ponte no conforto relativo da carruagem do marechal Bessières.[21]

Os acessos às pontes eram guardados por gendarmes que só permitiam a passagem de unidades ativas e ordenavam a todos os retardatários, civis, e até mesmo soldados feridos, viajando em todos os tipos de meios de transporte, que esperassem. Um grande número desses não combatentes havia começado a chegar na tarde de 27 de novembro, tumultuando o acesso à ponte. Como não podiam atravessar imediatamente, eles se sentavam, acendiam fogueiras e cozinhavam o que quer que tivessem conseguido obter, furtar ou roubar.

A 9ª Divisão de Victor também chegou ao final da tarde e ocupou posições defensivas cobrindo os acessos às pontes. Eles haviam deixado uma subdivisão, composta por cerca de 4 mil homens sob o comando do general Partouneaux, nos arredores de Borisov a fim de lograrem os russos, e isso deveria continuar sob o disfarce da escuridão da noite.

Como a maior parte do Exército já havia atravessado à noite, os gendarmes abriram as pontes aos retardatários, *cantinières*, feridos e civis. Contudo, tendo se acomodado em volta das suas fogueiras, e vendo que seu acampamento estava sendo protegido pelos homens de Victor, muitos não aproveitaram a oportunidade, preferindo passar uma noite tranquila onde estavam. Alguns não tiveram escolha, como foi o caso da *cantinière* do 7º Regimento de Infantaria Leve, que entrara em trabalho de parto naquela noite.

"Todo o regimento estava profundamente comovido e fez o que pôde para ajudar essa pobre mulher que não tinha comida nem abrigo sob aquele céu gelado", escreveu o sargento Bertrand. "Nosso coronel [Romme] deu o exemplo. Nossos cirurgiões, que não tinham consigo nenhum dos seus equipamentos de ambulância, que haviam sido abandonados em Smolensk devido à falta de cavalos, recebiam camisas, lenços e qualquer coisa que as pessoas oferecessem. Eu avistara, não muito longe, um parque de artilharia que pertencia à Divisão do marechal Duc de Bellune [Victor]. Corri até lá e, tendo roubado o cobertor que cobria o dorso de um dos cavalos, corri de volta o mais rápido que pude para dá-lo a Louise. Eu cometera um pecado, mas sabia que Deus me perdoaria por causa do motivo. Cheguei no exato momento em que nossa *cantinière* dava à luz, sob um carvalho, um menino saudável, o qual eu encontraria como criança-soldado em 1818 na Legião da Aube."[22]

Um grau marcante de ordem e até normalidade reinava sobre a *Grande Armée* quando os soldados se preparavam para passar a noite nas duas margens do rio. Um fator essencial era, sem dúvida, a presença do imperador e o fato de que ele havia visivelmente tomado a iniciativa, o que levava todos a esperar grandes feitos e mantinha um bom estado de espírito.

"Nós ainda somos capazes de nos divertir e dar uma boa gargalhada", escreveu Jean Marc Bussy, um *voltigeur* suíço sentado em volta de uma fogueira com seus companheiros na margem ocidental do rio.

Não podemos deixar de admirá-lo.

"Quando anoiteceu, cada soldado usava sua mochila como travesseiro e a neve como um colchão, com seu mosquete na mão", escreveu seu camarada Louis Begos do 2º Regimento suíço. "Um forte vento gelado soprava, e os homens apertaram-se uns contra os outros para se aquecerem.[23]

Durante todo o dia, Napoleão ouvira ansiosamente o som do canhão anunciando a aproximação dos russos. Não havia, porém, sinal de que Chichagov tivesse percebido o erro que cometera. A carta que ele escreveu a Marie-Louise naquela noite não mostra indícios de ansiedade.[24]

O que ele poderia ter ouvido, estivesse ou não ocorrendo a uma distância de mais de dez quilômetros, foi o fim de uma das brigadas de Partouneaux, que guardava Borisov. A Subdivisão de Partouneaux, que só entrara na Rússia recentemente, fora rapidamente afetada pelos efeitos debilitantes das condições. Os homens estavam em um bom estado de espírito ao chegarem a Borisov alguns dias antes. A certa altura, eles foram atacados por alguns cavalarianos russos e se posicionaram em formações quadradas. Um dos oficiais russos, incapaz de controlar sua montaria ferida, estatelara-se no meio da formação, onde ficou preso na neve sob o animal que se debatia. Dois soldados franceses puxaram-no, limparam a neve de seu uniforme e retornaram aos seus postos da linha de fogo. O oficial aguardou até que os franceses se ocupassem de outro assalto dos russos e, deslizando entre eles, correu, saltando através da espessa camada de neve, para se reunir aos seus homens, fazendo toda a formação francesa cair na gargalhada.

Todavia, dois dias depois, quando acamparam num local exposto ao vento, sem fogueiras ou comida, a atmosfera estava diferente.

"Alguns choravam, gritando miseravelmente por seus pais; alguns tiveram um acesso de loucura; alguns morreram debaixo dos nossos olhos depois de uma terrível agonia", de acordo com um deles.

Tendo guardado Borisov o tempo necessário, a subdivisão começara a retirar-se na tarde de 27 de novembro. Entretanto, uma de suas brigadas perdeu-se e foi parar no meio do Exército de Wittgenstein. Depois de uma batalha na qual perdeu metade de seu contingente, ela foi forçada a render-se. Os homens foram despidos, espancados e conduzidos para o cativeiro. Um de seus regimentos, o 29º de Linha, era formado, em grande parte, por homens que haviam sido recentemente libertados de navios-prisão na Inglaterra, tendo sido capturados em Saint-Domingue, em 1801.

"A sorte, admitamos, parece ter abandonado esses pobres coitados", observou Boniface de Castellane.[25]

Chichagov, àquela altura, percebera que havia sido logrado. A maior parte de seus homens ainda estava em Borisov e outras localidades mais ao sul, mas ele deu ordens para que Czaplic atacasse as forças francesas que já haviam atravessado o Berezina, prometendo mandar reforços. Porém, seus homens, que haviam feito uma marcha forçada ao longo de 50 quilômetros para o sul e acabavam de receber agora ordens para se apressarem de volta, avançavam lentamente através da nevasca. Havia muita reclamação e até mesmo a ameaça de uma rebelião.

"Um dos regimentos ao qual eu dera ordens para que fosse reforçar Czaplic hesitou e depois se recusou abertamente a mover-se", relembrar-se-ia Chichagov. "Como minhas exortações não produziram efeito, fui obrigado a recorrer à ameaça de atirar neles. Preparei o canhão e apontei para o regimento por trás deles."

Algumas das unidades de Chichagov, entretanto, reforçaram Czaplic naquela noite, e havia mais a caminho.[26]

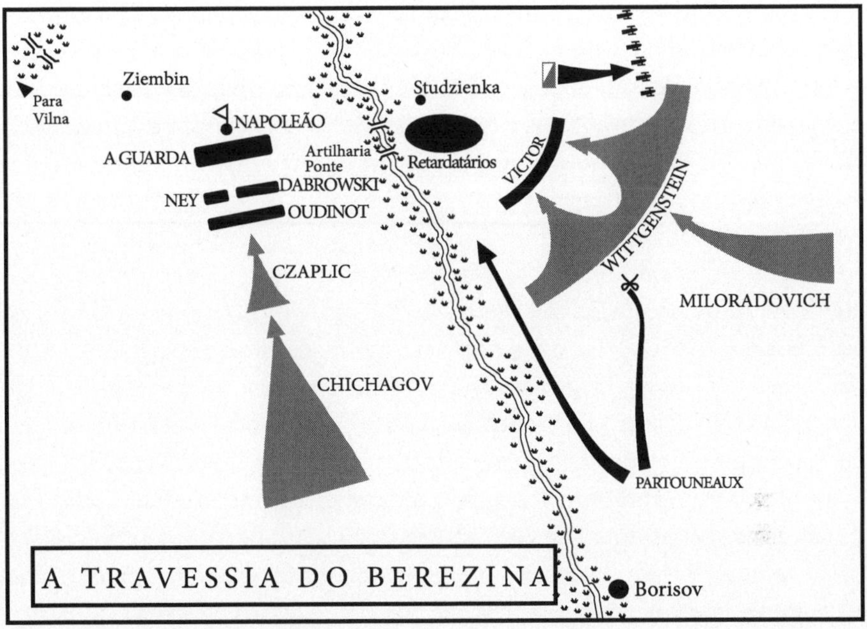

Antes da madrugada de 28 de novembro, quando Oudinot terminava de engolir a *soupe à l'oignon* que seu Estado-Maior preparara na fogueira, os primeiros tiros soaram na margem ocidental do Berezina com a aproximação de Czaplic, que, acompanhado por reforços, abria caminho em direção ao norte sob uma forte barragem de artilharia. Oudinot organizou uma defesa e saiu com seus homens sob o fogo assassino dos canhões russos, mas foi atingido por um estilhaço de bala — seu 22º ferimento. Napoleão, que estava presente, colocou Ney no comando com ordens para que ele contivesse os russos a todo custo a fim de cobrir a retirada do restante da *Grande Armée*, dos retardatários e, finalmente, dos homens de Victor.

Tratava-se de uma exigência absurda. Czaplic e Chichagov possuíam mais de 30 mil soldados descansados, que não haviam sofrido nenhuma perda militar séria. Tudo que Ney, por sua vez, podia usar para enfrentá-los eram os macilentos e quase congelados remanescentes, um total que ficava entre 12 e 14 mil: o que restara da 2ª Divisão de Oudinot, a Subdivisão de Dąbrowski, alguns sobreviventes da 5ª Divisão de Poniatowski, a Legião do Vístula e um punhado de outras unidades — a sua própria 3ª Divisão fora praticamente extinta, com um regimento reduzido a 42 homens e outro, a 11, enquanto aos seis regimentos de infantaria da 25ª Subdivisão de Württemberg, quatro de cavalaria e ao parque de artilharia divisional, restava um total de 150 homens. Três quartos deles sequer eram franceses. Quase metade era polonesa, e havia quatro regimentos de suíços, algumas centenas de croatas do 3º Regimento de Infantaria ilíria, alguns italianos, um punhado de granadeiros holandeses e o 3º Regimento português do coronel de Castro. Esse grupo feito de retalhos estava magnificamente preparado para a ocasião.[27]

Os russos sob o comando do general Czaplic, um polonês servindo na Rússia, avançaram com força total através do terreno arborizado, mas Ney enviou os poloneses de Dąbrowski, que os rechaçaram para as suas posições iniciais. Depois, duas outras subdivisões enviadas por Chichagov chegaram ao local — a de Voinov e a de Shcherbatov. Elas empreenderam um ataque em massa, com o apoio de um bombardeio de artilharia que disparava lascas de pinho e brotos de abetos mortíferos através das fileiras dos poloneses. Dąbrowski foi ferido e passou o comando para o general Zajączek, que logo foi também carregado para fora do campo de batalha com a perna retalhada, deixando o general Kniaziewicz no comando, mas este também foi colocado fora de ação. À medida que os poloneses recuavam numa luta corpo a corpo entre as árvores, Ney reforçava-os com quaisquer unidades que estivessem disponíveis.

Embora estas fossem numericamente fracas, elas demonstraram um vigor inacreditável. O 123º Regimento holandês de Infantaria Leve, que agora consistia em apenas oitenta soldados e cinco oficiais, gritava ao entrar em ação. A certa altura, uma bala de canhão atingiu o tronco de uma grande árvore, pesada com a neve que a cobria, e ela caiu e enterrou uma dúzia de homens do 5º Regimento de *Tirailleurs* franceses. Contudo, todos emergiram com dificuldade de sob a neve rindo feito crianças no meio dos tiros. Quando, alguns momentos depois, uma bala matou o cavalo de seu coronel, lançando-o ao chão, eles se apressaram para ajudá-lo, mas ele se pôs em pé de um salto e gritou:

"Eu ainda estou no meu posto, então que todos permaneçam nos seus!"[28]

A fim de aliviar a pressão sobre eles, Ney enviou o general Doumerc com seus couraceiros e três regimentos de lanceiros poloneses. Eles atacaram os russos, produzindo pânico e rechaçando-os. Czaplic foi ferido e o general Shcherbatov foi capturado juntamente com 200 outros e duas bandeiras. Um contra-ataque empreendido por hussardos e dragões russos equilibrou a situação, mas os regimentos suíços, que agora haviam assumido linha de frente francesa, apoiados pelos holandeses, croatas e portugueses, permaneceram firmes.

A batalha estendeu-se ao longo do dia, com os suíços empreendendo não menos que sete ataques a baioneta depois de terem ficado sem cartuchos.

"Foi pior que uma carnificina", observou Jean Marc Bussy. "Havia sangue sobre toda a neve, que fora tão fortemente pisoteada quanto um chão de terra batida pelos que avançavam e os que recuavam... Não se ousava olhar para a direita ou para a esquerda, temendo-se ver que um companheiro não mais se encontrava lá."

A luta foi tão intensa que eles se esqueceram das temperaturas congelantes, mantendo o ânimo com gritos de "*Vive l'Empereur!*". Enquanto a morte aproximava-se deles na floresta congelada, os suíços começaram a cantar a melodia do velho *lied* da montanha *Unser Leben Gleicht der Reise*.[29] O combate não cessou até as 11 horas daquela noite, quando os russos, não tendo conseguido fazer os defensores recuarem em sequer um passo das posições em que se encontravam pela manhã, finalmente desistiram.

Foi uma vitória magnífica, mas amarga, para os franceses. Enquanto acendiam fogueiras e carregavam seus feridos para lhes fazerem os melhores curativos possíveis, eles sabiam que teriam de deixá-los para trás no dia seguinte. Os quatro regimentos suíços haviam perdido mil homens, e possuíam juntos agora não mais que 300 homens.

"Nós mal ousávamos falar uns com os outros, temendo tomar conhecimento da morte de outro de nossos camaradas", recordar-se-ia Bussy.

Dos 87 *voltigeurs* da sua companhia, que riam em volta de suas fogueiras na noite anterior, apenas sete estavam vivos. O 123° Regimento holandês de Infantaria Leve fora extinto. Os granadeiros holandeses haviam sido reduzidos a 18 oficiais e sete outros postos.[30]

Sua conduta foi igualada com mérito pelos homens de Victor, que defendiam a travessia na outra margem. Eles totalizavam não mais que 8 mil homens — a maioria badenenses, hessianos, saxônicos e poloneses — e enfrentavam um exército quatro vezes maior. Mas ali também o estado de espírito era inexplicavelmente bom. Eles foram atacados às 9 horas da manhã e conservaram suas posições até as 9 horas da noite contra todas as adversidades.

Os primeiros ataques de Wittgenstein concentraram-se na Brigada de Baden — comandada pelo príncipe Wilhelm de Baden, de 20 anos de idade —, que defendia o flanco direito do perímetro da defesa francesa. Os homens do príncipe Wilhelm haviam sido muito aclamados quando, três dias antes, tinham se deparado com um comboio de Karlsrühe com comida e suprimentos de todos os tipos. Os homens conseguiram trocar uniformes, sobretudos e botas gastas por outros novos, e obtiveram comida e iguarias.

"Cada oficial recebera algo de casa, e todos pulavam sobre os pacotes que lhes eram destinados", escreveu o príncipe Wilhelm. "Foi então que vi o coronel Brucker, de pé sobre uma das carroças, abrir uma caixa grande que presumi estar cheia de provisões, tirar dela uma peruca e, tão rapidamente quanto um raio, remover a peruca velha que tinha na cabeça e substituí-la pela nova, tentando ajustá-la à cabeça com as mãos."

O próprio príncipe Wilhelm estava animado naquela manhã. Seus galgos haviam capturado uma lebre, que ele comera acompanhada pelo vinho que viera do comboio.[31] Embora fossem agora atacados por forças esmagadoras, ele e seus homens mantinham-se firmes, ao custo de perdas terríveis.

Esperando, sem dúvida, frustrar a determinação dos defensores, Wittgenstein posicionou uma forte bateria na margem oposta ao flanco esquerdo da linha de Victor e começou a bombardear a área por trás dela. Ocupava-a agora uma massa densa de milhares de pessoas, cavalos e veículos, com uma largura de cerca de 400 metros e estendendo-se por mais de um quilômetro ao longo da margem do rio. Pouco depois do meio-dia, as bombas russas começaram a cair sobre esse vasto acampamento, produzindo uma terrível destruição à medida que explodiam no meio da multidão, matando e mutilando pessoas e cavalos, enquanto pedaços de madeira e vidro das carruagens destruídas voavam pelos ares. Era o fim da estrada para grande parte dos civis. O capitão von Kurz assistiu horrorizado a uma bela e jovem mulher com a filha de quatro anos de idade que teve o cavalo no qual estava montada morto e a perna dilacerada por uma bomba russa; percebendo que não conseguiria continuar, ela tirou a liga ensopada de sangue da perna e, depois de beijá-la ternamente, estrangulou a criança. Ela apertou-a em seus braços e deitou-se para esperar pela morte. Tendo sua carroça ficado presa, Baśka, a *cantinière* dos *Chevau-Légers* poloneses, libertou o cavalo e, pegando seu filho pequenino nos braços, entrou no Berezina montada no animal. Ela havia atravessado mais da metade do rio quando o cavalo começou a se afogar e afundou, jogando-a e ao menino na água. Apenas ela conseguiu chegar à margem.[32]

O pânico tomou conta da multidão, e teve início uma corrida desesperada para as pontes. As pessoas atropelavam os cadáveres de homens e animais com carroças e cavalos, avançando sobre os destroços das carruagens e bagagens abandonadas. Isso fez apenas com que a massa se tornasse mais compacta, amontoando-se nas extremidades das pontes como um rebanho de ovelhas assustadas, permitindo que cada bomba russa encontrasse um alvo. O massacre continuou até Victor conseguir montar um ataque às baterias russas, o que as forçou a recuar, deixando-os fora do seu alcance.

Embora o bombardeio tivesse cessado, a confusão para atravessar as pontes continuou. Uma massa de pessoas, cavalos e veículos convergia para as pontes, com os que vinham atrás empurrando continuamente, fazendo com que os que tropeçavam e caíam fossem pisoteados.

"Qualquer um que enfraquecesse e caísse não se levantaria mais, pois seria atropelado e esmagado. Nessa densa massa, até os cavalos eram comprimidos com tanta força que também caíam e, como os homens, não conseguiam mais se levantar", relembrar-se-ia o sargento Thirion. "Com os esforços que faziam para levantar-se, eles derrubavam homens que, sendo empurrados por trás, não conseguiam desviar do obstáculo, nem homens nem cavalos levantavam-se novamente."[33]

O tenente Carl von Suckow separara-se dos seus companheiros de Württemberg e foi apanhado pela multidão.

"Eu me vi sendo arrastado com o resto, acotovelado e até carregado em alguns momentos, e não estou exagerando", escreveu ele. "Várias vezes eu me senti sendo erguido do chão pela massa de pessoas ao meu redor, que me apertavam como se eu estivesse preso num torno. O chão estava coberto por animais e homens, vivos ou mortos... A todo momento eu podia sentir que tropeçava em cadáveres; não caí, é verdade, mas porque não pude. Isso só não aconteceu porque eu era suspenso de todos os lados pela multidão que me pressionava. Nunca tive uma sensação pior do que aquela que senti enquanto andava sobre seres vivos que tentavam se segurar em minhas pernas e paralisavam meus movimentos tentando se levantar. Ainda lembro hoje o que senti naquele dia ao colocar o pé sobre uma mulher que ainda estava viva. Eu podia sentir os movimentos do seu corpo, e eu podia ouvi-la gritar e gemer: 'Oh, tenha pena de mim!' Ela estava agarrada às minhas pernas, quando, de repente, em consequência de um forte empurrão às minhas costas, eu fui erguido do chão e arrancado dos seus braços."

Quando se achava sendo empurrado de trás para a frente perto da entrada para a ponte, ele experimentou "o primeiro e único momento real de desespero que senti durante toda a campanha". Suckow finalmente agarrou o colarinho de um couraceiro alto que abria caminho para si com uma longa vara e foi arrastado para a ponte, atravessando o rio.[34]

Como os que se encontravam no meio da multidão não podiam ver o que estava à sua frente, muitos descobriam que haviam se aproximado do rio não em direção à cabeceira da ponte, mas à margem. Como os que vinham atrás continuavam empurrando-os, eles eram forçados a entrar na água, tentando chegar até a ponte e escalá-la pelo lado. A confusão sobre as pontes era tão grande quanto nas entradas, e os que estavam no meio eram pressionados de ambos os lados, já que os outros os compeliam em direção à saída e empurravam também os que estavam atrás com suas costas a fim de não serem lançados à água.

Os que não conseguiam lutar e se defender por si mesmos não tinham muitas chances, e muitos que haviam de alguma forma conseguido chegar tão longe pereceram ali. Um oficial subalterno saxônico de nome Bankenberg havia tido as duas pernas amputadas acima do joelho depois de Borodino e sido resgatado de Kolotskoie por seus camaradas. Ele fora amarrado sobre um cavalo e sobrevivera a todas as tribulações da retirada corajosamente, mas eles o perderam de vista no Berezina, e ele nunca mais foi visto.[35]

À tarde, Wittgenstein montou um segundo ataque às defesas de Victor, e a Brigada de Baden foi finalmente forçada a recuar. Entretanto, Victor enviou a Brigada de Berg, composta por alemães e belgas, e depois o que sobrara da sua cavalaria. Esta, consistindo em *chevau-légers* hessianos e hussardos badenenses, assim como *chasseurs* franceses — um total de não mais que 350 homens —, foi liderada ao ataque pelo coronel von Laroche com tanto vigor que derrotou os russos. Um contra-ataque da cavalaria russa praticamente aniquilou os alemães, mas as defesas francesas haviam sido salvas, e, ao anoitecer, os homens de Victor ainda ocupavam as mesmas posições em que se encontravam naquela manhã.

Muitos dos que ainda esperavam atravessar acabaram bloqueados pelas barreiras formadas por veículos abandonados, cavalos mortos e cadáveres humanos que obstruíam o acesso às pontes, e, quando começou a anoitecer e o combate arrefeceu, eles também começaram a se acalmar para passar a noite, na esperança de que fosse mais fácil atravessar de manhã.

Victor recebeu ordens para se retirar, mas, vendo o número de não combatentes ainda na margem oriental, decidiu guardá-la até o amanhecer, dando-lhes uma chance para atravessarem. O general Eblé e 150 de seus pontoneiros removeram os cadáveres, carcaças e veículos que haviam se acumulado nas pontes no tumulto da tarde. A fim de limpar os acessos, eles arrastaram muitos dos veículos abandonados para as pontes e depois os empurraram para a água, desatrelando e levando para a margem ocidental o maior número de cavalos abandonados que puderam. Eles tinham que puxar ou empurrar carruagens e carroças que não podiam rolar, empurrando as carcaças de cavalos e os cadáveres humanos para o lado a fim de criarem um tipo de trincheira entre as duas margens de homens e animais mortos.

Às 9 horas daquela noite, Victor iniciou a travessia de algumas das suas unidades, das carroças de suprimentos e dos feridos, e, por volta de 1h da manhã de 29 de novembro, só havia uma cobertura de guardas e duas companhias de infantaria com ele na margem ocidental. Victor e Eblé instaram os retardatários restantes a atravessar, avisando-os de que as pontes seriam queimadas à primeira luz do dia, mas a maioria estava muito cansada ou muito apática.

"Nós não sabíamos mais avaliar o perigo e sequer tínhamos energia bastante para temê-lo", escreveu o coronel Griois, que permaneceu perto da fogueira com seus camaradas da Divisão de Grouchy.

Outros aparentemente estavam absorvidos demais por outras preocupações. O cirurgião Raymond Pontier jurava ter visto dois oficiais ocupados com um duelo em vez de atravessarem.[36]

Por volta das 5 horas da manhã, Eblé ordenou que seus homens ateassem fogo às carroças e carruagens que ainda estavam espalhadas na margem oriental a fim de acordarem os não combatentes, e que gritassem em voz alta que as pontes estariam abertas apenas por duas horas. Alguns aproveitaram a oportunidade, mas, às 6 horas, quando Victor retirou-se com seus guardas e atravessou, o restante começou a perceber que sua última chance chegara. Uma massa aglomerou-se nas entradas das pontes, atropelando-se para conseguir passar. O sargento Bourgogne, que retornou para ver se podia levar alguns retardatários do seu regimento, assistiu a uma *cantinière* agarrada ao marido, que tinha o filho deles nos ombros, ser empurrada para a água congelada, arrastando a família consigo, e a uma carroça com um oficial ferido virar, com cavalo e tudo, e desaparecer instantaneamente sob a massa de gelo flutuante.

Eblé tinha ordens de Napoleão para queimar as pontes às 7 horas, assim que o último homem de Victor tivesse atravessado, mas não pôde suportar abandonar tantos compatriotas, tendo adiado a execução da ordem até as 8h30. Naquele momento, os homens de Wittgenstein já podiam ser vistos avançando em direção às pontes na outra margem, e grupos de cossacos já examinavam os despojos deixados para trás nas carroças e carruagens amontoadas nos acessos às pontes. Quando Eblé ateou fogo às pontes, alguns dos que ainda se encontravam sobre elas tentaram abrir caminho em meio às chamas, outros se jogaram na água a fim de atravessarem o resto do rio a nado, enquanto centenas foram empurrados pela pressão dos que vinham atrás e sem saber que as pontes agora não levavam a lugar nenhum.[37]

Na manhã após os franceses terem partido, Chichagov foi até o local da travessia. Ele e seu cortejo nunca esqueceriam o macabro espetáculo.

"A primeira coisa que vimos foi uma mulher que havia caído e ficado presa no gelo", segundo o capitão Martos dos engenheiros, que estava ao seu lado. "Um dos braços dela havia sido cortado e estava preso apenas por uma veia, enquanto o outro segurava um bebê que passara os braços em volta do pescoço da mãe. A mulher ainda estava viva, e seus olhos expressivos estavam fixos num homem que havia caído ao seu lado, e que já havia morrido congelado. Entre eles, sobre o gelo, estava seu filho morto."[38]

O tenente Louis de Rochechouart, um oficial francês do Estado-Maior de Chichagov, ficou profundamente abalado.

"Não podia haver nada mais triste, mais doloroso! Podíamos ver pilhas de corpos, de homens, mulheres, e até crianças mortas, de soldados de todas as formações, de todas as nações, congelados, esmagados pelos fugitivos ou atingidos pelas metralhas russas; cavalos, carruagens, canhões, *caissons*, carroças, todos abandonados. Não seria possível imaginar uma visão mais aterradora de que aquela das duas pontes derrubadas e o rio congelado."

Camponeses e cossacos revolviam os escombros e despiam os cadáveres.

"Eu vi uma pobre mulher sentada na beira da ponte, com as pernas penduradas, presas no gelo. Ela segurava junto ao peito uma criança que já havia congelado 24 horas atrás. Ela implorou que eu salvasse a criança, não percebendo que me oferecia um cadáver! Ela mesma parecia não conseguir morrer, apesar do seu sofrimento. Um cossaco prestou-lhe o serviço de disparar uma pistola em seu ouvido para pôr um fim àquela agonia, que era de cortar o coração!"

Havia sobreviventes aos seus pés em todos os lugares, implorando para serem levados como prisioneiros.

"*Monsieur*, por favor, me leve, eu posso cozinhar, ser um valete, ou um cabeleireiro; pelo amor de Deus, dê-me um pedaço de pão e um trapo com o qual eu possa me cobrir."[39]

As estimativas para o número de pessoas deixadas para trás na margem oriental do rio variam muito, indo da afirmação menosprezadora de Gourgaud de que apenas 2 mil retardatários e três canhões não puderam atravessar, passando pela estimativa de Chapelle de 4 mil a 5 mil, juntamente a 4 mil cavalos e 700 veículos, à de Labaume, de 20 mil e 200 canhões, que certamente é muito alta. De acordo com Chichagov, 9 mil foram mortos e 700, aprisionados, o que parece mais perto da realidade. A maioria atualmente concorda que, durante os três dias, os franceses perderam cerca de 25 mil — incluindo até 10 mil retardatários não combatentes — nas duas margens, dos quais entre um terço e a metade foram mortos em combate. As perdas russas, todas ocorridas na luta, ficaram em torno de 15 mil.[40]

A travessia do Berezina foi, em todos os critérios, uma proeza militar. Napoleão enfrentou a situação e provou-se digno da sua reputação, conseguindo sair do que Clausewitz denominou "uma das piores situações em que um general já se achou". Seus soldados haviam lutado como leões. No entanto, tratou-se, acima de tudo, de um triunfo da França napoleônica e sua habilidade de reunir a multidão dos exércitos de várias nações, que eram em todos os sentidos superiores aos seus oponentes, tendo lutado com inteligência e lealdade, e, naquela ocasião, como se estivessem defendendo suas próprias esposas e filhos.

"A força desse intelecto, e as virtudes militares desse exército, que nem mesmo suas calamidades puderam reduzir, destinavam-se aqui a mostrá-los mais uma vez em seu esplendor máximo", nas palavras de Clausewitz.[41]

22

Império da morte

O capitão de la Guerinais, de 22 anos de idade, era um bom nadador, de forma que, ao se ver deixado para trás na margem oriental do Berezina no dia 28 de novembro, não se deu ao trabalho de tentar abrir caminho sobre a ponte, simplesmente atravessou o rio a nado. Tendo chegado ao outro lado, encontrou alguns companheiros artilheiros que haviam conseguido acender uma boa fogueira. Ele tirou o uniforme a fim de que este secasse perto do fogo, mas teve o infortúnio de adormecer enrolado no cobertor que um deles lhe emprestou. Quando acordou, suas roupas e botas tinham sumido. Ele tentou seguir o exército, enrolado apenas no cobertor, mas este não foi o bastante para protegê-lo do frio, e ele morreu.[1]

Esse conto pode servir de parábola. Os cerca de 55 mil que haviam sobrevivido à travessia do rio e ao combate de 28 de novembro tiveram uma sensação tão grande de alívio que não puderam evitar pensar que o pior havia passado.

"Depois da travessia do Berezina, nossas faces se iluminaram", nas palavras de Caulaincourt.

O sargento Bourgogne foi saudado pela multidão de homens que pensava ter perdido e que apareceram no dia seguinte.

"Os homens se abraçavam, parabenizando-se uns aos outros como se tivéssemos atravessado o Reno, do qual ainda nos encontrávamos a 400 léguas!", escreveu ele. "Nós sentíamos que havíamos sido salvos, e, dando vazão a instintos menos egoístas, nos apiedamos e lamentamos pelos que haviam tido o azar de terem sido deixados para trás."[2]

A verdade era que o pior ainda estava por vir.

Um vento terrível intensificava a nevasca que caía na noite de 29 de novembro, e mesmo a cabana na qual Napoleão havia se estabelecido na vila de Kamen não proporcionou um abrigo eficiente o bastante.

"Um vento congelante entrava por todos os lados através das janelas mal fixadas nas quais quase todas as vidraças haviam sido quebradas", recordar-se-ia seu valete, Constant. "Nós vedamos as aberturas pelas quais o vento passava com feixes de feno. Um pouco distante, num grande espaço, os pobres prisioneiros russos que o Exército levava consigo estavam agrupados a céu aberto como gado."[3]

Os dias seguintes ficaram, de acordo com alguns, entre os piores de toda a retirada. Alguns não conseguiram mais aguentar e se mataram com um tiro, mas a maioria prosseguiu no que se tornara uma provação calada de tolerância. Em Pleshchenitse, aonde Napoleão chegou em 30 de novembro, uma temperatura de –30°C foi registrada pelo doutor Louis Lagneau. Geladuras tornaram-se ainda mais comuns. Aqueles que caminhavam descalços ficavam tão anestesiados pelo frio que não percebiam o que estava acontecendo aos seus pés.

"A pele e o músculo saíam como camadas de um boneco de cera, deixando os ossos expostos, mas a insensibilidade momentânea permitia-lhes continuar na vã esperança de chegarem em casa", escreveu Louis Lejeune.

O major ajudante de ordens Louis Gardier do 11º Regimento de Linha observou um homem marchando impassivelmente apesar de seu pé ter sido lacerado pela superfície irregular da neve sulcada e congelada.

"A pele saíra do pé dele e era arrastada como uma sola que havia se descosturado, fazendo com que cada passo seu deixasse uma marca de sangue no chão", escreveu ele.[4]

As centenas de veículos deixados para trás na margem oriental do Berezina continham suprimentos de todo tipo e os sistemas de suporte à vida de muitos soldados. Consequentemente, a luta pela sobrevivência assumiu um caráter mais violento. À medida que a temperatura caía, pessoas cujas roupas e botas não haviam resistido ao desgaste ou tinham sido roubadas perdiam qualquer escrúpulo, tomando ou roubando tudo que pudessem. O capitão von Kurz recordar-se-ia de ter visto um soldado aproximar-se de um coronel que havia se sentado à margem da estrada e começar a puxar seu casaco de pele.

"*Peste*, eu ainda não estou morto", resmungou o coronel.

"*Eh bien, mon colonel*, eu esperarei", respondeu o soldado.

Fezensac viu um homem arrancando as botas de um general que também caíra à margem da estrada. O general protestou, implorando que ele o deixasse morrer em paz, mas o soldado continuou.

"*Mon général*", disse ele, "eu ficaria feliz em fazê-lo, mas outro as levará, e eu prefiro que seja eu."

Von Kurz viu camaradas do mesmo regimento matarem-se uns aos outros por um casaco de pele.

"A necessidade transformara-nos em trapaceiros e ladrões, e, sem nem um pouco de vergonha, roubávamos uns dos outros tudo de que precisássemos", escreveu o doutor René Bourgeois.[5]

Embora viajassem agora por uma zona rural habitada onde era possível obter comida, esta só estava disponível para aqueles na linha de frente, e apenas se tivessem dinheiro. Aos que vinham mais atrás e aos retardatários restavam as carniças. No entanto, como milhares de cavalos haviam sido largados para trás no Berezina, deixando de lado a sutileza, a oferta de carne fresca diminuíra.

"Nenhuma comida era tão estragada ou repulsiva que não tivesse quem saboreá-la", escreveu o tenente Vossler dos *Chasseurs* de Württemberg. "Nenhuma cabeça de gado ou cavalo morto deixava de ser comido, nenhum cachorro, gato, nenhuma carniça, e, na verdade, nem sequer os cadáveres daqueles que morriam de frio ou fome."

Havia brigas homicidas pela carcaça de um cavalo, pela menor migalha de comida, com homens gritando uns com os outros em todas as línguas da Europa.[6]

A crueldade e o egoísmo atingiram novos patamares.

"Vi pessoas defenderem obstinadamente o acesso às suas fogueiras de homens quase congelados que queriam se aquecer por um momento... aquilo era bastante natural... o fogo naqueles momentos era vida, e ninguém compartilha vida, nem com quem implora por uma pequena chama com a qual possa acender um punhado de palha para fazer sua própria fogueira", escreveu Aleksander Fredro.[7]

Era um momento difícil aquele em que oficiais que se consideravam cavalheiros tinham que admitir o quão baixo haviam chegado, como relata Carl von Suckow. "Um dia, tive a sorte, Deus sabe como, de colocar as mãos em uma dúzia de batatas semicongeladas. Chegando ao acampamento, eu comecei a cozinhá-las nas brasas, e um dos meus camaradas sentou-se perto de mim, convidando-se para compartilhar minha refeição frugal. Havíamos nos conhecido muito bem em Stuttgart, onde havíamos servido juntos. Apesar disso, tive a crueldade de recusar seu pedido sem rodeios. Ele levantou-se e se afastou, dizendo numa voz melancólica: 'Eu nunca o perdoarei por isso.' Foi só aí que o gelo que envolvia meu coração derreteu; chamei-o de volta e avidamente compartilhei tudo com ele."

O coronel Griois, que conseguira um pequeno trenó para si, encontrou um amigo que implorou que pudesse compartilhá-lo com ele, pois estava exausto, mas o coronel ignorou-o. "Um egoísmo terrível tomara conta do meu coração, e sempre que meu pensamento volta àquela época da minha vida, tremo diante da degradação moral à qual o sofrimento pode nos levar", escreveria ele mais tarde.[8]

Uma das memórias que particularmente evocava repulsa era a dos atos de canibalismo aos quais alguns eram levados. Houvera, sem dúvida, ocorrências no início da retirada, mas estas haviam sido casos isolados. A maioria dos relatos anteriores pertence ao lado russo, o que não surpreende, visto que os russos, enquanto seguiam o encalço do Exército em retirada, viam aqueles franceses que haviam sido reduzidos à miséria extrema. Eles também viam prisioneiros que, não recebendo alimentos dos cossacos que os escoltavam, recorriam à carne de seus camaradas mortos. Nikolai Galitzine é o autor de um dos primeiros relatos daquela fase da retirada em que se afirma que soldados franceses comiam carne humana. Wilson afirmava ter visto "um grupo de homens feridos em meio às cinzas de [uma] cabana, sentados e deitados sobre o corpo de um camarada, que haviam assado e cuja carne começavam a comer". Em uma carta à esposa, datada de 22 de novembro, o general Raevsky relata que um dos seus coronéis viu dois franceses assando pedaços de um companheiro para comerem, e o general Konovnitsin também escreveu para a esposa no mesmo dia afirmando que "pessoas os haviam visto devorarem homens".[9]

O primeiro relato original convincente do lado francês provém do tenente Roman Sołtyk. Tendo alcançado Orsha sozinho por ter ficado para trás, Sołtyk não pôde obter uma distribuição de rações regular. Assim, ele caminhou até um grupo de homens que estava em volta de uma panela fumegante e ofereceu-lhes algum dinheiro em troca de poder partilhar do seu cozido.

"Contudo, eu mal engolira a primeira colherada e fui tomado por uma náusea inevitável. Perguntei-lhes, então, se haviam usado carne de cavalo para o cozido", escreveu ele. "Eles responderam friamente que era carne humana, e que o fígado, que ainda estava na panela, era a melhor parte para comer."[10]

A prática tornava-se mais comum à medida que as barreiras psicológicas eram derrubadas pelo esgotamento causado pelas condições da última etapa da retirada.

"Vi, e não posso admitir isso sem uma certa sensação de vergonha, vi alguns prisioneiros russos serem levados aos últimos extremos pela fome voraz que tomava conta deles, visto que não havia rações em quantidade suficiente para os nossos soldados, lançarem-se sobre o corpo de um bávaro que acabara de falecer, rasgá-lo em pedaços com facas e devorarem os pedaços sanguentos de sua carne", escreveu Amédée de Pastoret. "Ainda posso ver a floresta, a árvore embaixo da qual essa cena horrível teve lugar, e queria poder apagar a memória de forma tão segura quanto fugi daquela visão."[11]

No dia 1º de dezembro, o tenente Uxküll escreveu em seu diário que vira homens "mordendo a carne de seus companheiros" como "bestas selvagens". O capitão Arnoldi, da artilharia russa, viu "um pequeno grupo de [soldados franceses] perto de uma fogueira procurando as partes mais macias de um camarada moribundo a fim de comerem-nas", enquanto ele bombardeava uma coluna francesa em retirada. O general Langeron, que seguia a retirada entre o Berezina e Vilna, não testemunhou nenhum caso de canibalismo, mas viu "homens mortos que haviam tido pedaços de carne cortados de suas coxas para esse propósito".[12]

Há aqueles, tais como Daru e Marbot, que negam ter havido canibalismo, e Gourgaud é extremamente cético. Todavia, as provas os contrariam, assim como a probabilidade.

"É necessário sentir a fúria da fome para poder avaliar nossa posição", escreveu o sargento Bourgogne, que admite que poderia muito bem também ter recorrido à prática. "E se não houvesse carne humana, teríamos comido o próprio demônio, se alguém o cozinhasse para nós."

A fome voraz levava as pessoas a qualquer coisa.

"Houve, inclusive, casos em homens mordiam seus próprios corpos famintos", escreveu Vossler, e Raymond Pontier, um cirurgião vinculado ao comando geral, também observou esse fenômeno.[13]

Uma das coisas mais interessantes que emergem dos relatos escritos da retirada é que parece ter havido um limiar, sob o qual os homens trapaceavam, matavam e até comiam uns aos outros, e acima do qual eles se apegavam à dignidade humana, a um senso de dever, e aspiravam à felicidade. No mesmo momento em que milhares congelavam e alguns até se entregavam a atos de canibalismo nos arredores de Pleshchenitse na noite de 30 de novembro, um dos oficiais de plantão de Napoleão, que, por acaso, tinha uma boa voz para cantar, entretinha seus camaradas com um recital de canções enquanto eles tremiam nas ruínas da casa senhorial.

De um lado, alguns morriam praguejando enfurecidos enquanto mordiam como cachorros famintos alguma carcaça; do outro, um jovem oficial foi encontrado duro como pedra por seus companheiros, tendo congelado enquanto contemplava apaixonadamente um retrato da esposa.[14] Embora algumas circunstâncias obviamente tivessem um efeito maior, esse limiar não parece ter tido nenhuma relação com a sorte, e sim com o caráter.

A simples determinação era uma poderosa força motivadora. O capitão François, que tivera a perna ferida em Borodino, cobriu todo o trajeto caminhando com a ajuda de uma muleta, enquanto o capitão Brechtel chegou em casa com uma perna de madeira. Louis Lejeune deparou-se com um atirador que havia acabado de ser ferido no braço e, avistando dois enfermeiros, pediu-lhes que tratassem a ferida. Eles afirmaram que precisariam amputar a perna, mas como não tinha uma mesa para operá-lo, pediram a Lejeune que segurasse o atirador.

"Os enfermeiros abriram sua valise; o atirador não emitiu uma única palavra ou lamento; eu ouvia somente o som baixo da serra e, alguns minutos depois, os enfermeiros disseram-me: 'Pronto! É uma pena que não tenhamos nenhum vinho para dar a ele a fim de ajudá-lo a se refazer.' Eu ainda possuía meio frasco de Málaga, o qual estava fazendo durar tomando pequenos goles a intervalos de tempo. Eu o dei ao amputado, que estava pálido e em silêncio. A vida voltou aos seus olhos instantaneamente, e, bebendo-o de um gole só, ele me devolveu o frasco completamente vazio. 'Ainda tenho uma longa caminhada pela frente até Carcassonne', ele disse antes de partir num passo que eu teria achado difícil acompanhar."[15]

Outra motivação poderosa era o sentimento compartilhado de solidariedade dentro de uma unidade, e homens do mesmo regimento frequentemente tiravam um ao outro da beira do abismo.

"Em meio àquelas terríveis calamidades, era a destruição do meu regimento que estava me causando a dor mais atroz", escreveu o coronel de Fezensac, do 4º Regimento de Infantaria de Linha. "Aquele era o meu verdadeiro, ou melhor, meu único sofrimento, já que eu não considero tanto a fome, o frio e o cansaço como tal. Contanto que a saúde resista às dificuldades físicas, a coragem logo aprende a desprezá-las, particularmente quando é apoiada pelo conceito de Deus e a promessa de outra vida; contudo, admito que a coragem me deixava quando eu via sucumbirem debaixo dos meus olhos amigos e companheiros de guerra, que são, corretamente, chamados a família do coronel... Nada une mais as pessoas que uma comunidade de sofrimento, e, de fato, sempre encontrei neles o mesmo afeto e a mesma preocupação que me inspiravam. Nunca um oficial ou um soldado que tivesse um pedaço de pão deixou de compartilhá-lo comigo."

De acordo com ele, o mesmo acontecia a toda a 3ª Divisão, cujos homens restantes ainda marchavam ordenadamente ao som do tambor. Havia vários casos de comandantes que permaneciam com seus homens: tanto o príncipe Wilhelm de Baden quanto o príncipe Emil de Hesse são exemplos desses casos.[16]

Artilheiros lutavam para conservar seus canhões, o que implicava fazer esforços excruciantes a cada declive ou elevação na estrada; eles só os encravavam quando o último cavalo morria.

"Seria difícil expressar a tristeza que senti ao ver-me obrigado a abandonar minha última peça", escreveu o tenente Lyautey.[17]

Os soldados anônimos do comboio continuavam puxando as carroças do *Trésor*, e mesmo os que transportavam a parte dos espólios adquiridos por Napoleão em Moscou que havia sobrevivido a Krasny e à travessia do Berezina. O homem responsável pelo comboio, o barão Guillaume Peyrusse, um bisbilhoteiro que considerava toda a campanha irrelevante em relação à execução meticulosa do seu trabalho, dava um jeito de aproveitar todos os piores momentos para interceder junto a várias pessoas influentes com pedidos de que tivessem uma palavra com o imperador a respeito de sua promoção a um posto mais alto. Ele certamente era o homem certo para o serviço, e conseguiu levar todo o comboio — que incluía uns 24 *fourgons* carregados com moedas de ouro e com as joias de Napoleão — até Vilna sem que nada fosse perdido.

Um objeto mais nobre de devoção ao dever era o coronel Kobylińksi, um dos ajudantes de ordens de Davout que tivera a perna inutilizada por uma bomba enquanto reconhecia o campo de batalha no dia seguinte a Maloyaroslavets. Temendo que o coronel perecesse na multidão de feridos que eram levados nas carroças atrás do Exército, Davout confiou-o a uma companhia de granadeiros, com ordens estritas para que não o abandonassem sob quaisquer circunstâncias. Os granadeiros levaram sua missão a sério, e carregaram-no por todo o caminho.

"O coronel deitou-se numa maca construída como um ataúde, envolvido em cobertores, levado por seis soldados que se revezavam para carregá-lo", escreveu outro oficial polonês. "Eu encontrava com frequência essa caravana durante a marcha, e ficava maravilhado diante da sua devoção heroica, particularmente quando o objeto dessa devoção não era um francês, mas um compatriota nosso."

A certa altura, o coronel implorou-lhes que o deixassem e se salvassem, mas eles não desobedeceriam às ordens. O último homem que restou na companhia arrastou a maca até o quartel-general de Davout em Vilna.[18]

A observação escrupulosa da disciplina, frequentemente autoimposta, ajudava alguns a sobreviverem, mas poucos alcançaram um padrão tão alto quanto o do general Narbonne.

"Monsier de Narbonne tinha 56 anos e havia se acostumado a gozar de todos os luxos da vida, e ainda assim sua coragem e alegria em meio aos nossos desastres eram marcantes", escreveu Boniface de Castellane. "Ele usava o cabelo à antiga moda da corte, e sempre o empoava pela manhã no acampamento, geralmente sentado em um pedaço de lenha, no clima mais severo, como se estivesse no *boudoir* mais agradável."[19]

Para alguns, manter um diário parece ter sido uma forma de reafirmarem sua humanidade, assim como executar um ato de autodomínio. Isso é evidenciado no registro do diário de Maurice de Tascher — um oficial dos *Chasseurs* e primo da imperatriz Josefina — de 4 de dezembro, dia do seu 36º aniversário, quando ele poderia muito bem ter ultrapassado o limiar: "Frio terrível, marcha silenciosa. Pensamentos queridos. Aniversário do meu nascimento. Saudações da minha mãe... lágrimas... agonia... Lembranças suas. Cobri seis léguas; parei numa vila, um quarto de légua no avanço do comando geral. Febre e diarreia."[20]

O sargento Bourgogne observou que as mulheres suportavam as dificuldades com mais bravura que os homens. O doutor Larrey observou que os europeus de sangue quente do sul as enfrentavam melhor de que os alemães e os holandeses, o que também foi escrito por outros. Contudo, isso não impediu que o criado negro do general Zajączeck, adquirido durante a campanha egípcia, morresse congelado. Albert de Muralt, um cavalariano bávaro, afirmava que oficiais sobreviviam melhor que soldados por terem uma resistência moral maior e serem mais bem-educados.[21]

No entanto, o posto tinha pouca relação com o que era, talvez, o elemento mais vital para que as pessoas se mantivessem acima do limiar: a devoção a outra pessoa, que podia se tornar um verdadeiro salva-vidas. Louis Lejeune encontrou um oficial de artilharia ferido esperando à margem da estrada que seu criado o alcançasse. Duas horas depois, quando retornava de sua incumbência, ele viu o homem no mesmo lugar e tentou persuadi-lo a ir procurar algum alimento, visto que havia comida disponível por perto, alertando-o de que ele corria o risco de congelar, mas o homem recusou-se, afirmando:

"Concordo com você, mas meu criado, Georges, e eu compartilhamos a mesma ama de leite. Do momento em que me juntei ao Exército e particularmente desde que fui ferido ele tem mostrado sua devoção a mim centenas de vezes. Minha própria mãe não teria sido tão atenciosa. Ele estava se sentindo indisposto, e eu prometi esperá-lo, de forma que prefiro morrer aqui a quebrar minha promessa."[22]

Não eram apenas os oficiais que davam provas de lealdade como essa. Um oficial dos *Chasseurs* cujos pés haviam sido inutilizados pela geladura foi puxado ao longo de todo o trajeto até Vilna por um trompetista do regimento, que se ajaezou a um pequeno trenó que haviam encontrado, e há inúmeros exemplos semelhantes. O cabo Jean Bald, dos *Chevau-Légers* bávaros, deu o cavalo a um oficial superior que perdera o seu em batalha.

"É bem melhor salvar um oficial para o rei do que um mero cabo, que, de qualquer forma, provavelmente escapará sobre suas próprias pernas fortes", disse ele.[23]

O capitão barão von Widemann conseguira atravessar o Vop com nada mais que as roupas do corpo, mas, enquanto se aconchegava perto da fogueira tentando secar suas roupas naquela noite, seu criado atravessou o rio de volta ao vau, encontrou sua carruagem, colocou alguns suprimentos essenciais em uma mala e trouxe-os de volta para seu senhor. O criado de Paul de Bourgoing, um jovem parisiense, andava com dificuldade, mas bravamente, carregando nas costas o máximo que pudesse dos bens de seu mestre, e sempre estava a postos para atendê-lo quando ele se recolhia à noite. Uma noite, ele não apareceu, e Bourgoing esperou na estrada por várias horas, gritando seu nome em vão, tendo finalmente se deitado para dormir. Ele acordou no meio da noite e viu o garoto ajeitando o tapete de pele que descobrira seus pés enquanto dormia. Na noite seguinte, ele não apareceu em momento algum, e não foi visto novamente.[24]

Um baterista do 7º Regimento de Linha, casado com a *cantinière* da companhia, que adoecera, levava o cavalo com a carroça na qual ela estava deitada e, quando o cavalo morreu, passou a puxar a carroça ele mesmo. Quando não pôde mais continuar, ele deitou-se para morrer ao lado dela. Uma *cantinière* do 33º Regimento de Linha que dera à luz uma menina durante a marcha de retirada morreu quando tentava passar com dificuldade pelo Berezina, mas, num último esforço, conseguiu jogar o bebê na margem, onde ela foi apanhada e passou a ter os cuidados de um estranho que a levou da Rússia. Um menino de 15 anos de idade cujos pais haviam morrido caminhava corajosamente, com a atitude de um homem, carregando sua irmã de três anos de idade e levando pela mão o irmão de oito.[25]

O sargento Bourgogne encontrou outro sargento de seu regimento carregando o cachorro do regimento, Mouton, nas costas, visto que as quatro patas do pobre animal haviam congelado e ele não podia andar. Mouton era um poodle que eles haviam pegado na Espanha em 1808 e que seguira o regimento até a Alemanha no ano seguinte, estivera na Batalha de Essling e na de Wagram, e depois os acompanhara de volta à Espanha em 1810. Ele partira com o regimento para a Rússia na primavera de 1812, mas havia se perdido na Saxônia. Depois, ele reconhecera um escalão do regimento pelo uniforme, e seguira-o ao longo de todo o caminho até Moscou. Demonstrações de devoção como essa não eram incomuns: o general Wilson observou na última fase da retirada que "inúmeros cachorros se curvavam sobre os cadáveres de seus donos, olhando seus rostos, e uivando de fome e por sua perda".[26]

Marie-Théodore de Rumigny mimava seu cavalo favorito, Charles, ajudando-o quando ele tropeçava e caía, sempre encontrando algo para ele comer e dando-lhe a quantidade apropriada de água — mesmo quando isso implicava parar, acender uma fogueira e derreter neve numa lata. Com isso, ele conseguiu sair com Charles da Rússia e voltar para a França. Os *Chevau-Légers* poloneses faziam questão de sair à procura de forragem para seus cavalos todas as noites em pequenos *cognats* que haviam adquirido para isso. Eles até conseguiram roubar duas carroças de feno de uma cavalaria russa que estava muito ocupada cozinhando o jantar para perceber.[27]

O sargento Bourgogne conta-nos sobre seu amigo Melet, um dragão da Guarda. Melet era devotado ao seu cavalo, Cadet, com o qual passara por várias campanhas — na Espanha, na Áustria e na Prússia — e estava determinado a voltar com ele para a França. Melet sempre saía à procura de comida para Cadet antes de pensar em si mesmo, e, quando se tornou impossível encontrar forragem ao longo da linha de retirada da *Grande Armée*, passou a procurá-la entre os russos, vestindo o casaco e pondo o capacete de um dragão russo que matara a fim de passar pelos guardas. Tendo conseguido entrar no acampamento inimigo, ele pegava feno e aveia bastantes para alguns dias e depois saía despercebido. Algumas vezes ele era descoberto, mas sempre escapava, e conseguiu voltar para a França com Cadet. Um *Chevau-Léger* bávaro cuja querida égua Lisette caiu através do gelo de um pântano fora de Krasny e não conseguiu se levantar simplesmente deitou-se para morrer ao seu lado.[28]

O plano original de Napoleão havia sido derrotar Chichagov depois de atravessar o Berezina e então seguir para Minsk. Entretanto, na noite de 28 de novembro, ele percebeu que seu Exército gastara suas últimas forças na luta dos últimos dois dias. Sua única esperança agora estava em apressar-se para Vilna. A ameaça dos cossacos saqueadores interrompera os meios regulares de comunicação, e Napoleão não recebera nenhum *estafette* nas últimas quase três semanas — uma privação terrível, já que ele detestava não receber notícias do que estava acontecendo em Paris e no mundo exterior. Porém, ele mantinha contato com Maret, que estava em Vilna, por meio de alguns nobres poloneses que viajavam de um lado para outro enganando os bandos de cossacos com disfarces de camponeses.

"O Exército é numeroso, mas se encontra num estado de dissolução terrível", escreveu ele a Maret no dia 29 de novembro. "Levará duas semanas para reuni-los em seus regimentos, mas onde podemos achar duas semanas? O frio e a fome decompuseram o Exército. Logo estaremos em Vilna, mas seremos capazes de montar uma defesa lá? Sim, mas apenas se pudermos sobreviver aos primeiros oito dias. Se formos atacados durante a primeira semana, é improvável que consigamos resistir. Provisões, provisões, provisões! Sem isso não há horror ao qual essa multidão indisciplinada não sujeite a cidade. É possível que esse Exército só possa ser reorganizado perto do Niemen. Nesse caso, é provável que eu creia que minha presença seja necessária em Paris, pelo bem da França, do império e do próprio Exército."

Ele instruiu Maret a dispensar todos os diplomatas estrangeiros para que eles não vissem as condições em que o Exército se encontrava, insistiu por notícias de Paris, exigindo saber por que nenhum *estafette* havia chegado a ele durante 18 dias, e implorou por notícias da imperatriz. Em sua missiva subsequente a Maret, escrita no dia seguinte, ele retornava à questão da alimentação, dizendo-lhe que tomasse as providências para que grandes quantidades de pães fossem assados e enviasse comboios de suprimentos para receberem o Exército.

"Se você não puder providenciar 100 mil rações de pão em Vilna, eu tenho pena dessa cidade."[29]

Contudo, era a situação política mais ampla que predominava agora em sua mente. Ele sabia que seu controle sobre a Alemanha, sem mencionar outras partes do continente, seria perigosamente prejudicado se a notícia do desastre que se abatera sobre ele viesse à tona. Rumores já circulavam por toda a Europa, alimentados por relatórios otimistas de sua derrota provenientes de São Petersburgo. Entretanto, se conseguisse reorganizar suas tropas em Vilna, ele ainda seria capaz de declarar algum sucesso militar e ocultar da Europa os remanescentes debilitados de seu Exército — que eram a prova mais danosa da escala da catástrofe.

Ele instruiu Maret a divulgar a notícia de uma grande vitória sobre os russos no Berezina, e deu ordens para que Anatole de Montesquiou, um dos ajudantes de ordens de Berthier, viajasse até Paris levando um relatório completo da captura de 6 mil prisioneiros e 12 canhões, além das oito bandeiras capturadas. Ele deveria parar em Kovno, Königsberg, Berlim e outras cidades e permanecer tempo o bastante para que as informações se propagassem ao longo do caminho. Ironicamente, um dia após Napoleão ter ditado essas instruções, uma missa de ação de graças foi celebrada em São Petersburgo pela vitória russa em Studzienka.[30]

A tentativa de Napoleão de manipular as notícias só poderia funcionar se ele conseguisse manter a ocupação de Vilna e evitar que os russos entrassem na Prússia e na Polônia, e a possibilidade disso se tornava cada vez menos provável. As divisões em relativa boa forma de Victor e Oudinot, com as quais ele contava, logo foram contagiadas pelo que restara do Exército de Moscou, e dentro de um ou dois dias já se pareciam com ele no que diz respeito ao estado e à disciplina.

Ainda assim, um esqueleto do Exército de Moscou — que consistia provavelmente em menos de 10 mil homens — continuava operacional. Por mais debilitadas que estivessem, algumas unidades mantinham um grau notável de vigor. O capitão Józef Załuski, dos *Chevau-Légers* poloneses, relembrar-se-ia de uma melhora nas condições quando entraram novamente em antigas terras polonesas, e de ele e seus camaradas não darem importância ao frio: "Nós cantávamos nossas marchas como de costume, particularmente durante a marcha da tarde ou se estivesse muito frio, quando, a fim de pouparmos os cavalos ou fazermos com que os cavaleiros se aquecessem e evitarmos que adormecessem, nós os desmontávamos e guiávamos."

Ele acrescentou que muitos veteranos franceses também suportavam as condições notavelmente bem. "Eu frequentemente marchava ao lado de amigos dos *Chasseurs* que não estavam mais agasalhados do que estariam na França, que eram verdadeiramente espantosos em sua tolerância e sofriam apenas com a imagem de degradação do Exército."[31]

Em Molodechno, que alcançaram em 3 de dezembro, eles encontraram suprimentos de comida de boas-vindas, além de alguns *estafettes* e correios de Paris — o que significava cartas de casa, uma fonte de muito conforto para aqueles homens esgotados, muitos dos quais não esperavam mais retornar. No dia seguinte, em Markovo, eles encontraram outro comboio de alimentos que incluía pão, manteiga, queijo e vinho. Porém, nada disso cessou a desintegração do Exército, visto que não podiam parar e digerir a comida apropriadamente, quanto mais reorganizar as tropas. Os russos, dos quais Napoleão pensava ter se livrado no Berezina, continuavam a perseguição.

A confusão que fizeram naquela operação provocou uma onda de recriminações auto justificativas através de todo o Exército russo. Até o tenente Aleksandr Chicherin escreveu em seu diário no dia 1° de dezembro que "a atmosfera de intriga penetrou em todos os lugares". Kutuzov rapidamente culpara todos os participantes por terem deixado Napoleão escapar. Ele achava "inacreditável" e "imperdoável" que Chichagov tivesse se permitido ser enganado. Ele argumentava, com alguma razão, que, mesmo apesar de ter sido sensato mandar tropas para o sul ao longo do Berezina, ele deveria ter estabelecido seu quartel-general em Borisov e permanecido lá. Czaplic era "um covarde e um tolo", que deveria ter recuado para Ziembin e bloqueado a linha de retirada de Napoleão lá. Kutuzov instruíra Chichagov especificamente a conservar a ponte de Ziembin, mas sua ordem, datada de 25 de novembro, só chegara ao almirante depois que Napoleão já havia escapado. Kutuzov reservou as piores críticas para Wittgenstein, que havia desobedecido às ordens específicas de atravessar o Berezina e juntar-se a Chichagov na margem ocidental.[32]

Agora que Napoleão estava fora do seu alcance, Kutuzov sentia-se menos inclinado do que antes a forçar o passo da perseguição. Seu Exército estava em péssimas condições, a maioria das unidades com menos de dois terços dos seus efetivos. Sua força principal, que saíra de Tarutino com um contingente de 97.112 homens e 622 canhões, chegou a Vilna com não mais que 27.464 homens e 200 canhões, de acordo com os números fornecidos pelo próprio Kutuzov. Os granadeiros de Astracã haviam sido reduzidos a 120 homens, enquanto os guardas de Semyonovsky consistiam em apenas 50 homens por companhia.

"Não havia mais que 20 ou 30 homens em condições de lutar em cada esquadrão dos nossos regimentos de cavalaria", escreveu Woldemar von Löwenstern. "Nossos cavalos estavam em péssimas condições, quase todos sofrendo de assaduras, a tal ponto que o mau cheiro era terrível, podendo-se identificar um regimento de cavalaria pelo cheiro a uma grande distância."

A artilharia, de acordo com o tenente Radozhitsky, não estava em condições de entrar em ação.

"Nós estamos completamente desorganizados, e precisamos de permissão para descansar e compensar nossas perdas o mais cedo possível", escreveu à esposa o general Dokhturov no dia 4 de dezembro.

"Nossa infantaria decaiu para um estado considerável de desordem", escreveu Löwenstern. "O frio minava a coragem dos soldados, e depois que conseguiam encontrar um abrigo quente ou alguma cabana aquecida era impossível convencê-los a sair. Eles ficavam junto ao fogão a ponto de se queimarem.[33]

A situação não era melhor nos outros Exércitos russos.

"Nossos regimentos marchavam desordenadamente, muitos oficiais estavam separados das suas tropas e não podiam supervisioná-las", escreveu o general Langeron, acrescentando que, de um contingente de 25 mil homens que havia iniciado a marcha sob o comando de Chichagov depois da Batalha do Berezina, apenas cerca de 10 mil alcançaram o Niemen. O Exército de Wittgenstein não estava em condições muito melhores, e não poderia ter suportado um combate àquela altura. Além disso, eles ainda estavam hesitantes quanto a enfrentar qualquer unidade francesa organizada.[34] Por outro lado, o próprio fato de os russos estarem no seu encalço, ameaçando-os constantemente, dificultava uma retirada ordenada pelos franceses e levantava sérias dúvidas quanto à sua habilidade de se reorganizar em Vilna.

Como de costume, Napoleão culpava outros por seus próprios erros e pela sua imprecaução. Ele culpava Victor pela "falta vergonhosa de presteza", culpava Schwarzenberg, culpava o clima e culpava os poloneses por não terem levantado grandes quantidades de "cossacos poloneses" para substituírem a cavalaria que ele tão descuidadamente dissipara. Mas Napoleão desistiu de tentar esconder a verdade. Em Molodechno, em 3 de dezembro, ele escreveu o 29º *Boletim* da campanha, no qual contou a história da retirada. Embora não contasse toda a verdade, o relato não deixava dúvidas quanto à magnitude da derrota. Esse *Boletim*, que foi concluído pelas famosas palavras "A saúde de Sua Majestade nunca esteve melhor", não deveria ser publicado até o dia 16 de dezembro, quando ele esperava estar se aproximando de Paris."[35]

Napoleão tomara a única decisão lógica naquelas circunstâncias: decidira voltar rapidamente para Paris, onde poderia levantar um novo Exército a tempo de partir na primavera e não apenas retomar o controle sobre a Europa Central, mas também derrotar os russos. Ele hesitou na escolha de quem deveria deixar no comando do que restara da *Grande Armée* — sua primeira escolha era o príncipe Eugène, mas ele percebeu que, se o colocasse acima de Murat, o rei de Nápoles provavelmente se rebelaria, então escolheu o último. O príncipe Eugène não ficou feliz com essa resolução e pediu permissão para retornar a Turim, mas Napoleão lembrou-o do seu dever de soldado.

"Eu não tenho o desejo de servir sob o rei de Nápoles, que assumiu o comando do Exército", escreveu o vice-rei à esposa no dia seguinte. "Mas, nas atuais circunstâncias, teria sido errado recusar, e temos que permanecer em nosso posto, seja este bom ou ruim."

Berthier também implorou que o imperador o deixasse retornar a Paris com ele, mas Napoleão sequer consideraria a possibilidade.

"Sei perfeitamente que não há utilidade para você aqui", retorquiu ele, "mas outros não sabem, e o seu nome tem algum efeito sobre o Exército."[36]

Na noite de 5 de dezembro, em Smorgonie, ele reuniu seus marechais e, de acordo com alguns, desculpou-se pelo erro que cometera em permanecer em Moscou por muito tempo. Ele informou-lhes sua decisão, e, depois de ouvir suas opiniões, subiu numa carruagem com Caulaincourt e partiu noite adentro. Essa carruagem, com seu mameluco Roustam e um oficial polonês na boleia, era seguida por uma segunda, com Duroc e o general Mouton, e uma terceira, com seu secretário, barão Fain, e seu valete, Constant.

As reações à partida de Napoleão foram variadas. Houve um desânimo geral e uma sensação de desencorajamento, mas, surpreendentemente, poucas censuras. Oficiais, particularmente oficiais superiores, geralmente compreendiam seus motivos e aprovavam suas decisões. Somente nos postos mais baixos puderam-se ouvir imprecações.[37] Isso se deve, em grande parte, ao fato de que, no momento em que a notícia se espalhou, em 6 de dezembro, eles tinham questões mais vitais com que se preocupar.

Houvera outra queda brusca de temperatura. Em Miedniki, no dia 6 de dezembro, o doutor Louis Lagneau registrou uma temperatura de –37,5 °C.[38]

"Estava realmente intolerável", escreveu ele, "tínhamos que bater os pés com força enquanto caminhávamos a fim de impedir que eles congelassem."

Sua leitura do termômetro foi confirmada, com uma variação de um ou dois graus, por outros. François Dumonceau dera início pela manhã à marcha quando ainda estava escuro.

"O próprio ar parecia congelado em flocos pequenos de gelo translúcido que rodopiavam ao nosso redor", escreveu ele. "Então, vimos o horizonte adquirir gradualmente um tom de vermelho ardente, o sol nascer radiante através de uma tênue aura de vapor inflamada por seus raios, e toda a planície coberta por neve tornou-se púrpura e bruxuleante como se tivesse sido coberta por rubis. Era algo magnífico de se ver."

Mas era como caminhar no inferno.

"O próprio ar", de acordo com o coronel Griois, "era denso por causa dos sincelos, que brilhavam ao sol, mas cortavam nossos rostos quando soprados pelo vento, o que, por piedade, era bastante raro."

O fenômeno foi registrado por muitos outros.

"Podíamos ver moléculas congeladas suspensas no ar", escreveu Ségur. Ele ficou impressionado com a quietitude e o silêncio à sua volta. "Caminhávamos através desse império da morte como sombras miseráveis! O som tedioso e monótono dos nossos passos, da neve sendo esmagada e os débeis gemidos dos moribundos eram os únicos sons que perturbavam essa vasta e fúnebre taciturnidade."[39]

"Estávamos cobertos por gelo; o ar expelido por nossas bocas era denso como fumaça, e produzia sincelos em nossos cabelos, nossas sobrancelhas, nossos bigodes e nossas barbas", de acordo com as memórias de Louis Lejeune. "Esses sincelos podiam ser espessos o bastante a ponto de obstruírem nossa visão e nossa respiração."

"Acontecia frequentemente de o gelo colar minhas pálpebras", relembrar-se-ia Planat de la Faye. "Eu tinha que pressionar os cílios entre os meus dedos para fazer o gelo derreter e poder abrir os olhos novamente.

A saliva dos cavalos formava grandes massas de gelo nos cantos de suas bocas, e essas massas respingavam para o bocado do freio.

"Eu não podia mais respirar, pois havia se formado gelo no meu nariz e meus lábios estavam grudados", escreveu o sargento Bourgogne, que se sentia como se caminhasse através de "uma atmosfera de gelo". "Cansados e turvados pela neve, meus olhos lacrimejavam, as lágrimas congelavam, e eu não conseguia mais ver."[40]

"Havia algo sinistro, algo implacável na serenidade do céu", de acordo com Brandt. "Através de uma neblina translúcida de poeira brilhante de neve, que tinha o efeito de pontas de agulha em nossos olhos, o sol parecia um globo de fogo, mas de um fogo que não aquecia. Casas, árvores, campos, tudo desaparecera sob uma camada de neve brilhante e cegante."[41]

Muitos sucumbiam à cegueira causada pela neve.

"O branco do olho tornava-se vermelho e inchava, assim como as pálpebras, produzindo uma dor latejante e lágrimas abundantes", escreveu o doutor Geissler. "A vítima não conseguia mais suportar a luz e não demorava muito para que ficasse completamente cega."

À medida que a coluna em retirada se aproximava de Vilna, cada vez mais grupos podiam ser vistos segurando as mãos uns nos outros enquanto caminhavam.[42]

Os homens tinham tanta dificuldade para abotoar as calças nesse frio intenso que, por mais humilhante e anti-higiênico que isso lhes pudesse parecer, descosturavam o fundo dos calções ou calças de forma a poderem defecar sem se despir. Porém, eles também tinham que tomar cuidado para que o pênis não congelasse enquanto urinavam, o que acontecia em alguns casos.

Esse também foi o ponto em que a maioria dos que escreviam diários foram forçados a desistir. A tinta do capitão Franz Roeder congelou, quebrando o frasco. A mão direita de Boniface de Castellane foi acometida pela geladura em 7 de dezembro em Miedniki, fazendo com que ele tivesse que abandonar seu diário, ao qual só conseguiria acrescentar umas poucas anotações rabiscadas com a mão esquerda. No momento em que partia na manhã seguinte, ele encontrou um granadeiro que estivera de sentinela congelado, em pé e ainda segurando seu mosquete.[43]

"Sete de dezembro foi o dia mais terrível da minha vida", de acordo com o príncipe Wilhelm de Baden. "O frio chegou aos –37,5°C. Às 3 horas da manhã, o marechal [Victor] deu ordens para que partíssemos. Contudo, quando chegou a hora de o sinal ser dado, descobrimos que o último baterista morrera congelado. Então, eu saí andando entre os soldados, falando com cada um, encorajando-os, exortando-os a se levantar, a apresentar armas, mas todos os meus esforços foram em vão: eu só pude reunir 50 homens. Os outros, 200 ou 300 deles, permaneceram deitados no chão, mortos e rígidos de frio."[44]

"Foi durante aquela parte da jornada que vi pela primeira vez exemplos numerosos de homens que eram literalmente fulminados pelo frio enquanto caminhavam", escreveu Heinrich Brandt. "Eles retardavam o passo lentamente, começavam a cambalear como bêbados, e depois caíam, para não se levantarem novamente."

Ele não foi o único a presenciar chocado homens cambalearem como bêbados por alguns momentos. Logo antes ou logo após caírem, saía sangue de seu nariz ou de sua boca, e algumas vezes dos olhos e orelhas.[45]

Semanas de adversidades implacáveis e a sucessão de golpes às suas esperanças e expectativas — em Smolensk, Orsha, Borisov, no Berezina — inevitavelmente também afetaram os homens psicologicamente. Brandt e outros falam sobre terem alcançado um estado de agitação febril que os impedia e a seus camaradas de dormirem. O medo de morrerem onde estavam mantinha-os se movimentando por toda a noite.

"Éramos guiados pela luz das fogueiras acesas em cada vila, na extremidade de cada floresta, sempre cercados por aquela mistura horrível de vivos e mortos", escreveu ele. "Outros cadáveres marcavam a estrada. A serenidade deslumbrante do céu parecia insultar os nossos sofrimentos; o frio tornava-se cada vez mais penetrante, e nossa pequena coluna diminuía continuamente."[46]

Por outro lado, as condições induziam outros à apatia. O doutor Larrey escreveu que "nós estávamos todos em um estado de tamanho abatimento e torpor que tínhamos dificuldade de reconhecermos uns aos outros". O doutor Bourgeois observou um fenômeno semelhante: "Muitos estavam num estado de verdadeira demência, mergulhados num tipo de estupor, com os olhos perdidos, um olhar fixo e confuso, podíamos distingui-los na multidão, no meio da qual eles andavam como zumbis em um silêncio profundo. Se falávamos com eles, obtínhamos apenas respostas desconexas e incoerentes; eles haviam perdido inteiramente o uso dos seus sentidos e estavam insensíveis a tudo — os insultos e até mesmo os golpes que recebiam não eram capazes de provocá-los ou tirá-los desse estado de idiotice." Alguns ficavam tão desorientados pelo frio que andavam embriagadamente direto para uma fogueira, sobre a qual ficavam de pé com os pés descalços ou até mesmo se deitavam.[47]

O general Langeron, que comandava a vanguarda do Exército de Chichagov, seguia os franceses que iam para Vilna.

"O Exército russo marchava no meio da estrada", escreveu ele, "e a cada lado dessa estrada marchavam, ou melhor, cambaleavam, duas colunas do inimigo, sem armas."

Os russos ignoravam-nos, visto que não conseguiam arrancar nada deles.

"Eles não sabiam de nada, não se lembravam de nada, não entendiam nada", de acordo com o tenente Zotov.

A própria estrada estava coberta por cadáveres congelados, e aqui e ali grupos de soldados enlouquecidos roíam uma carcaça, humana ou animal.

"Nasci para morrer a serviço da minha pátria, e desde o início me preparei para não temer nada, nem balas nem outros perigos", escreveu o tenente Chicherin em seu diário, "mas eu não consigo me acostumar aos horrores e tormentos que se apresentam continuamente aos meus olhos ao longo do caminho."[48]

Outro que caminhava pela mesma estrada no encalço da retirada francesa era Henri Ducor, que fora feito prisioneiro às margens do Berezina, mas, tendo sido despido e roubado pelos cossacos e deixado para morrer, tirara as roupas de um cadáver e decidira continuar a retirada para Vilna.

"Cada tronco de árvore era um apoio para outra vítima; algumas vezes, três ou quatro corpos mortos estavam agrupados nas posições mais bizarras: alguns de quatro, outros agachados sobre os calcanhares, outros sentados com os braços em volta dos joelhos e o queixo descansando neles, outros sentados com os cotovelos sobre as coxas e as cabeças pendidas para frente, como se estivessem dormindo ou, talvez, comendo", ele escreveu. "Contudo, o que realmente me deixou estarrecido foi um atirador ereto atrás de seu canhão, a mão direita sobre a culatra, olhando em direção à Rússia. Ele ainda estava de uniforme. O inimigo passara marchando por ele e o deixara como estava. Em meio àquele oceano de neve, ele era como um monumento comemorando o nosso grande desastre."[49]

Os que podiam simplesmente prosseguiam se arrastando, mantendo-se vivos pela sedução de Vilna.

"Vilna agora se tornara a terra prometida, o porto seguro contra qualquer tempestade e o termo para todos os nossos sofrimentos", de acordo com Caulaincourt.[50]

Eles sabiam que Vilna não seria como Smolensk, que era uma cidade grande, habitada e amigável na qual encontrariam abrigo e comida em abundância. A verdade é que teria sido melhor para eles se encontrassem outra ruína incendiada como Smolensk.

23

Fim da estrada

Vilna estava calma. Embora Maret viesse há algum tempo recebendo cartas cada vez mais desesperadas de Napoleão, exigindo mais e mais cavalos e homens, ele não tinha ideia da escala do desastre. Ele sabia que a situação não era boa, e deveria ter suspeitado de que era muito pior do que lhe fora dito, mas havia recebido instruções firmes para agir como se tudo estivesse bem. No dia 2 de dezembro, ele celebrou diligentemente o aniversário da coroação de Napoleão com a tradicional salva de 21 tiros de canhão, um *te-déum* na catedral e, à tarde, um grandioso jantar no antigo palácio episcopal para o corpo diplomático e os nobres locais, numa atmosfera surpreendentemente alegre.

O governador de Vilna, general Dirk van Hogendorp, deu um baile, enquanto o *commissaire* geral Édouard Bignon deu uma recepção mais humilde onde estava hospedado. Foi no curso dessa recepção que o dono da casa chegou. Este, por acaso, era também um dos nobres poloneses que transportavam mensagens entre Maret e Napoleão, um senhor Abramowicz, que retornava agora de sua última missão. Ele havia deixado Napoleão no Berezina, e descreveu uma sombria imagem da situação.

Nos dois dias seguintes, estranhos rumores começaram a circular na cidade. *Commissaires* e outros funcionários administrativos começaram a partir, e alguns nobres acharam que seria prudente retirarem-se para suas propriedades no campo. Maret e Hogendorp receberam, então, instruções de Napoleão para que providenciassem pães e biscoitos e enviassem suprimentos ao encontro do Exército. Mais alarmantes ainda eram as ordens dizendo-lhes que evacuassem todos os funcionários desnecessários e colocassem a cidade num estado de prontidão militar.[1]

Enquanto Maret solicitava que os ministros da Áustria, Prússia, Dinamarca, dos Estados Unidos e outros domínios menores se transferissem para Varsóvia, Hogendorp partiu para encontrar Napoleão.

Ele encontrou-o numa pequena casa de campo nos arredores de Smorgonie em 5 de dezembro e informou-lhe que havia rações estocadas em Vilna suficientes para alimentar cem mil homens durante três meses, assim como 50 mil mosquetes, munições, uniformes, arreios e outros equipamentos. Havia até, de acordo com ele, uma pequena estação de remonta. Hogendorp relatou que havia ordenado o posicionamento de duas subdivisões recém-chegadas da Alemanha para criar um escudo em volta da cidade e de três regimentos de cavalaria ao longo da estrada entre Oshmiana e Vilna. Depois de ter aparentemente aprovado todas essas medidas, Napoleão contou-lhe sobre suas intenções de partir para Paris, e pediu que ele lhe assegurasse que haveria cavalos descansados esperando a cada estação de posta na estrada para Varsóvia.[2]

Hogendorp retornou a Vilna a fim de tomar as providências necessárias, e, mais tarde naquela noite, Napoleão partiu para a França. Ele não passou por Vilna, parando apenas durante uma hora nos arredores da cidade ao amanhecer de 6 de dezembro a fim de encontrar Maret e dar-lhe suas instruções finais. As últimas ordens de Napoleão foram que Murat deveria conservar o domínio sobre Vilna.

No papel, isso era completamente possível. A cidade estava bem estocada e havia um total de até 20 mil soldados descansados disponíveis para defendê-la de qualquer ataque russo enquanto os 10 mil bávaros que recuavam sob o comando Wrede e os 30-40 remanescentes da *Grande Armée* recuperavam o fôlego.

“Dez dias de descanso e suprimentos abundantes restabelecerão a disciplina”, garantira Napoleão a Maret.[3]

A cidade não seria isolada enquanto a 10ª Divisão de Macdonald guardasse a Prússia e Schwarzenberg e Reynier rodeassem a Polônia, onde o que restara da 5ª Divisão de Poniatowski logo seria novamente guarnecido. Além disso, as várias unidades russas que se aproximavam de Vilna não estavam em condições de oferecer um desafio a uma defesa organizada e determinada. Contudo, tal defesa nunca foi organizada, e uma série de fatores conspiraram para transformar o tão longamente ansiado paraíso de Vilna no túmulo da *Grande Armée*.

O primeiro ato da tragédia teve início quando Hogendorp posicionava as primeiras novas divisões nos arredores da cidade — a de Coutard ao norte e a de Loison a sudeste, perto de Oshmiana.[4] Em circunstâncias normais, esta teria sido uma operação simples e benéfica, que teria permitido que o Exército em retirada entrasse numa área de segurança e alcançasse a etapa

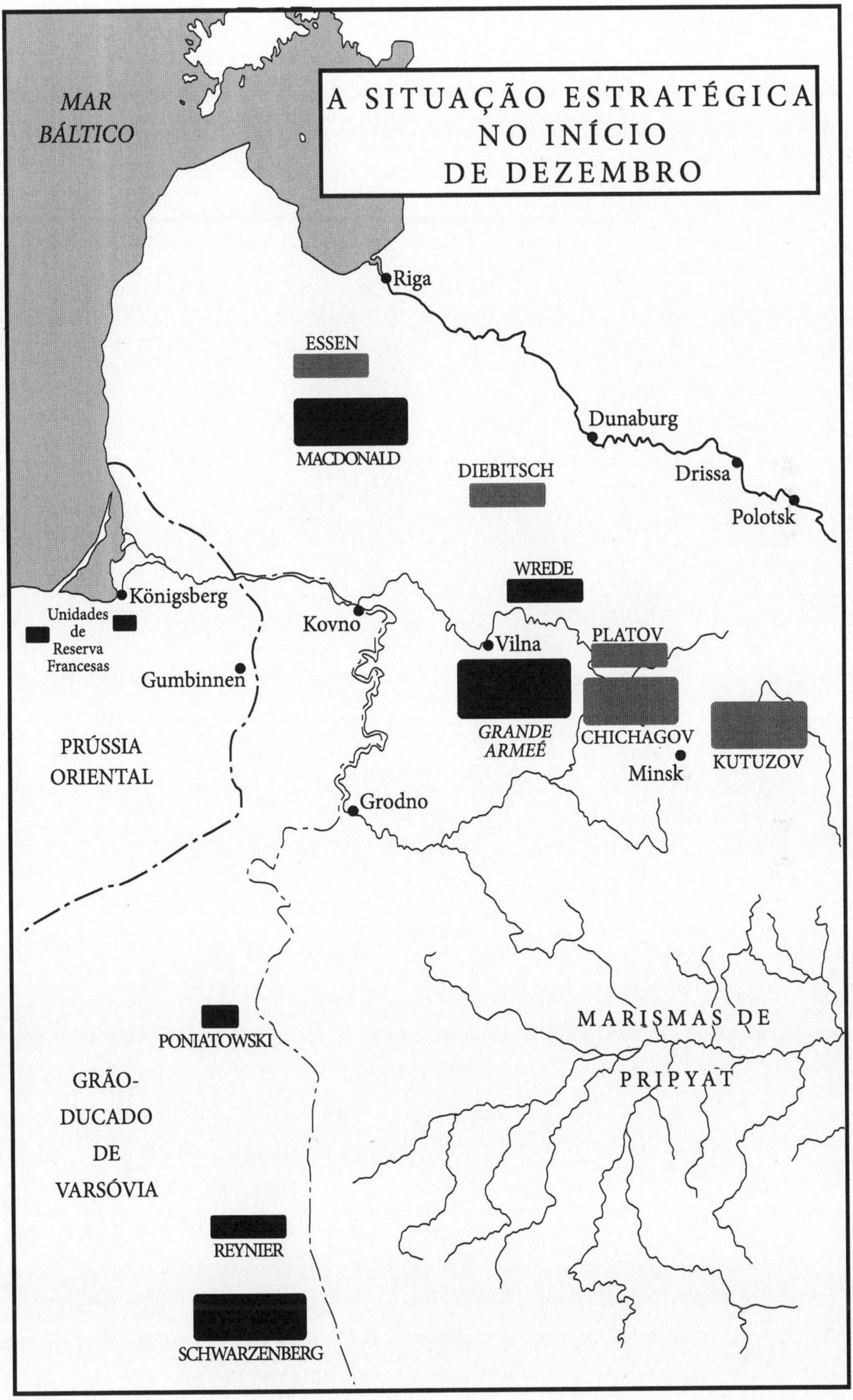
A SITUAÇÃO ESTRATÉGICA
NO INÍCIO
DE DEZEMBRO
MAR
BÁLTICO
Riga
ESSEN
MACDONALD
Dunaburg
DIEBITSCH
Drissa
Polotsk
WREDE
Königsberg
Unidades
de
Reserva
Francesas
Kovno
Vilna
PLATOV
Gumbinnen
GRANDE
ARMEÉ
CHICHAGOV
PRÚSSIA
ORIENTAL
Minsk
KUTUZOV
Grodno
MARISMAS DE
PRIPYAT
PONIATOWSKI
GRÃO-
DUCADO
DE
VARSÓVIA
REYNIER
SCHWARZENBERG

final de sua marcha sem o temor de ser atacado por cossacos. Porém, naquele momento não havia nada de normal nas circunstâncias. A rápida extirpação de todas as novas unidades enviadas para reforçar o Exército em retirada mostrara o quão rapidamente tropas não experimentadas pereciam quando precipitadas sem preparação nas terríveis condições daquela campanha. O exemplo mais recente fora o de um regimento de marcha de Württemberg, que totalizava 1.360 homens quando se juntara ao Exército em retirada em Smorgonie no dia 5 de dezembro e marchara de volta para Vilna quatro dias depois com apenas 60 homens.[5]

A Subdivisão de Loison, uma combinação de regimentos alemães e italianos que continha grandes quantidades de rapazes recém-recrutados, a maior parte dos quais sequer tinha bigode, começou a se posicionar nos arredores de Oshmiana em 5 de novembro. Eles se entrincheiravam para passar a noite nas ruínas de vilas devastadas e, desacostumados às condições, tiveram que aprender da forma mais difícil sobre geladuras e todos os outros perigos de se acampar a céu aberto no inverno do norte.

A intervalos ao longo da estrada entre Vilna e Oshmiana, Hogendorp postou um regimento polonês de lanceiros e dois regimentos napolitanos formados por voluntários comandados pelo príncipe Della Rocca Romana. Os napolitanos estavam resplandecentes em uniformes hussardos vermelhos e capas brancas do melhor algodão, extraordinariamente belos — o próprio Rocca Romana era chamado "o Apolo Belvedere" pelas damas de Vilna, com quem todos eles haviam desfrutado um rápido arroubo de sucesso antes de partirem para enfrentar o frio.[6]

Foi logo depois de a Subdivisão de Loison e a cavalaria napolitana terem ocupado suas posições, em 6 de dezembro, que a temperatura caiu para a casa dos –37,5°C. Um esquadrão de napolitanos foi destacado para complementar a escolta de Napoleão, feita por dois esquadrões de *Chevau-Légers* poloneses, em sua partida de Smorgonie na primeira etapa da jornada de volta para Paris. O Mameluco Imperial, Roustam, registrou que o vinho na carruagem de Napoleão congelou naquela noite, quebrando as garrafas. Ele também percebeu que, quando fizeram a primeira pausa, havia apenas poloneses acompanhando o comboio imperial. O Apolo Belvedere perdera os dedos e só tinha agora um punhado de seus homens.[7]

A Subdivisão de Loison encontrou a mesma morte gelada. O doutor Bourgeois, que passou por eles em sua retirada, mal pôde acreditar na rapidez com que aqueles homens despreparados sucumbiam.

"Primeiro, os víamos cambalear e caminhar por alguns momentos com passos trôpegos, como bêbados", escreveu ele. "Era como se todo o sangue em seus corpos tivesse ido para a cabeça, tão vermelhas e inchadas suas faces ficavam. Logo eles eram completamente vencidos e perdiam as forças, ficando seus membros como que paralisados. Sem conseguir levantar os braços, eles se deixavam cair sob o próprio peso, os mosquetes caíam de suas mãos, suas pernas cediam sob seu corpo e eles caíam no chão depois de se desgastarem com esforços inúteis. Enquanto sentiam-se enfraquecer, lágrimas molhavam suas pálpebras e, quando caíam, abriam os olhos várias vezes para olhar fixamente à sua volta; eles pareciam ter perdido inteiramente os sentidos e tinham uma aparência de perplexidade e abatimento, mas toda a sua face, as contorções dos músculos faciais, eram evidências inequívocas da dor cruel que sentiam. Os olhos ficavam muito vermelhos, e muitas vezes saía sangue dos poros, escoando-se em gotas para fora da membrana que cobre o interior da pálpebra (a conjuntiva). Portanto, pode-se dizer, sem usar a linguagem metafórica, que esses infelizes derramavam lágrimas de sangue."[8]

De acordo com Lejeune, a Subdivisão de Loison perdeu metade de seus homens num período de 24 horas, e à altura em que o Exército em retirada alcançara Vilna, em 9 de dezembro, não havia restado nenhum. Hogendorp estimava que seus 10 mil homens haviam sido reduzidos a menos de 2 mil no período de uma noite.[9] Acrescia-se aos sofrimentos da retirada da *Grande Armée* a visão dos milhares de soldados bem uniformizados congelados, duros como pedra, à margem da estrada que percorriam em direção a Vilna.

No dia 7 de dezembro, os primeiros soldados e grupos viajando individualmente começaram a chegar aos poucos à cidade. As lojas e cafés estavam abertos como de costume, e os maltrapilhos homens mal puderam acreditar nos próprios olhos. Todas as vilas, cidades e municípios que haviam visto ao longo dos últimos seis meses eram ruínas pilhadas, incendiadas, desertas. Em Vilna, eles encontraram o aspecto de uma cidade agitada normal, intocada pela mágica da guerra.

"Foi para nós o espetáculo mais extraordinário vermos uma cidade onde tudo estava perfeitamente calmo, e podíamos ver as damas nas janelas", escreveu o coronel Pelet.

Eles se deleitaram com o luxo de poderem entrar num café, sentarem-se e pedirem café e bolos. O coronel Griois foi para a hospedaria mais próxima e pediu uma refeição de pão com manteiga, carne e batatas, acompanhada por uma garrafa de vinho espanhol qualquer.

"Vocês rirão com desdém quando eu disser que esse momento, tal como foi precedido e seguido por tanto sofrimento e perigo, foi certamente um dos momentos na minha vida em que senti a sensação da mais verdadeira e completa felicidade", escreveu ele.[10]

Alguns, depois, saíram à procura de hospedagem, enquanto outros se abasteciam com provisões. Cada vez mais homens chegavam à cidade, e as lojas e restaurantes começaram a fechar à medida que os habitantes de Vilna percebiam que os rumores que vinham circulando ao longo da semana anterior eram verdadeiros: "A princípio, eles nos olhavam com surpresa, depois, com horror", escreveu Cesare de Laugier, um dos primeiros a chegar, com o que restara da 4ª Divisão do príncipe Eugène. "Eles corriam para casa, onde trancavam as portas e janelas."[11]

Hogendorp tomara o que havia pensado serem as providências adequadas para receber o Exército em retirada. Depois de uma breve consulta aos monges, ele designara cada um dos vários monastérios da cidade como quartel para uma das divisões, e afixara avisos em cada esquina informando aos homens que encontrariam sopa e carne lá, dando-lhes a direção. Ele destacou um oficial da artilharia para posicionar uma guarnição na entrada da cidade com o intuito de conduzir as peças de artilharia a locais onde pudessem ser estacionadas.

Na manhã de 8 de dezembro, ele mesmo saiu para saudar o Exército que chegava. Por volta das 11 horas, ele viu Murat aproximando-se, acompanhado por Berthier.

"Eles estavam a pé por causa do frio", escreveu Hogendorp. "Murat estava enrolado numa volumosa peliça magnífica; um grande chapéu de pele, muito alto, que coroava sua cabeça, aumentava sua estatura, dando-lhe o ar de um gigante, perto do qual Berthier, cujas vestes volumosas serviam apenas para oprimir seu corpo pequeno, apresentava um contraste singular."

Murat havia acabado de se instalar quando recebeu a visita de Maret, que lhe transmitiu as instruções finais de Napoleão, as quais consistiam em conservar a ocupação da cidade a qualquer custo.

"Não, eu me recuso a permitir-me ser feito de penico para ele!", relata-se ter respondido Murat.

Quando Berthier pediu ordens a ele, Murat supostamente lhe disse que as escrevesse ele mesmo, já que o que eles deveriam fazer era óbvio. É impossível confirmar esse relato, ou ter certeza em relação a qualquer outra coisa que possa ter acontecido ao longo das 48 horas seguintes.[12]

Mesmo que a partida de Napoleão não tenha voltado os homens contra ele, teve um efeito, e um efeito profundo, no curso dos eventos.

"A presença do imperador ajudara a manter os comandantes cumprindo seu dever", escreveu Eugène Labaume. "Assim que tomaram conhecimento da sua partida, a maioria dos homens que seguiam seu exemplo deixou de se sentir contida por um sentimento de vergonha, e, sem pensar duas vezes, passaram a abandonar os regimentos que lhes haviam sido confiados."

É possível que haja um certo exagero nessa afirmação, visto que há inúmeros exemplos que mostram o contrário, mas sua essência é confirmada por outros.[13]

Não foi só o Exército que sentiu esses efeitos.

"A passagem do imperador pela cidade, que logo se tornou de conhecimento geral em Vilna, foi um sinal quase universal para que as pessoas partissem", escreveu Hogendorp, que prosseguia afirmando que os administradores militares e civis "desapareceram instantaneamente, como que por encanto", e apresentando um quadro de pânico que pode ter relação com o fato de ele mesmo ser acusado por alguns de ter fugido na manhã de 9 de dezembro.[14]

"No meio dessa desordem extrema, um colosso era necessário como ponto de convergência, e ele acabara de partir", escreveu Ségur. "Na enorme coluna que ele havia deixado para trás, Murat mal era percebido. Foi então que vimos com grande clareza que um grande homem é insubstituível."

"Murat não era o homem que o momento exigia", concordou o general Berthézène.[15]

No dia 9 de dezembro, a massa principal do Exército surgiu aos portões de Vilna. Os homens postados na entrada da cidade por Hogendorp para orientar o tráfego foram engolfados pela coluna desordenada de tropas. O oficial responsável por conduzir a artilharia deparou-se com homens que se recusavam a ouvir suas ordens ou apenas queriam entrar na cidade o mais rapidamente possível.

A estrada pela qual viajavam tinha acesso à cidade por um portão medieval com uma largura de não mais que três ou quatro metros e mais que o dobro de comprimento, o que criava um tipo de túnel. A multidão inevitavelmente se aglomerou na frente dele, com as pessoas que vinham atrás empurrando as que estavam na frente.

"Não há dúvida de que poderíamos ter encontrado outras estradas à esquerda ou à direita levando à cidade, mas havíamos desenvolvido o hábito infeliz de automaticamente seguir o caminho percorrido pelos que iam à nossa frente", escreveu Griois, acrescentando: "Foi, numa escala menor, uma repetição da passagem para a travessia do Berezina."

Alguns saíram à procura de outros acessos, mas a maioria se comportava como um rebanho, que era ao que eles haviam sido reduzidos pelas experiências das semanas anteriores.[16]

Empurrados e acotovelados, homens e cavalos caíam, enquanto os que vinham atrás não suportavam a pressão feita às suas costas, pisoteando-os. Christian von Martens viu um oficial ser pressionado pela multidão com tanta força contra um canhão que seu abdômen se abriu e seus intestinos pularam para fora.

"Fui impelido para frente, sendo erguido, e finalmente derrubado entre dois cavalos que haviam caído, sobre os quais um cavaleiro caiu com um terceiro", segundo o capitão Roeder. "Eu me dei por perdido. Depois, dúzias de pessoas começaram a se empilhar sobre nós, gritando horrivelmente à medida que seus braços e pernas eram quebrados ou que eram esmagadas. Repentinamente, um dos cavalos levantou-se, e com isso me jogou num espaço vazio, onde pude me levantar e avançar através do portão."[17]

Tendo conseguido entrar, os sobreviventes ignoravam os avisos de Hogendorp e seguiam para os restaurantes, lojas e até moradias mais próximos, batendo nas portas e implorando para entrarem. Não podemos deixar de admirar os habitantes que os deixavam entrar em suas casas. Os homens estavam insanos, cobertos por feridas e ferimentos abertos, imundos e infestados por piolhos e outros insetos peçonhentos.

"Nada exala um odor mais fétido de que a carne congelada", relembrar-se-ia o sargento Thirion, e a maioria dos homens tinha ao menos alguns membros afetados.[18]

Havia marcas em suas roupas deixadas pela diarreia, que acometia a maioria, o que não melhorava sua imagem, ao passo que seu hálito, depois de semanas deglutindo carne de cavalo e restos putrefatos, era, sem dúvida, repulsivo.

Alguns cujas unidades haviam se desintegrado aproveitavam a oportunidade que tinham em Vilna para obter roupas novas e se abastecer com provisões, partindo imediatamente pela estrada que levava a Kovno. Muitos oficiais com unidades parcialmente ativas usavam seu tempo na cidade para se prepararem para a ação. Eles visitavam os depósitos, onde encontravam seus baús com uniformes e roupas brancas sobressalentes, que haviam seguido o Exército de Paris por Danzig, e depois por rio e por canal para Vilna. Heinrich Brandt conseguiu tomar um banho, enfaixar os ferimentos adequadamente e vestir um uniforme novo; sentiu-se um novo homem. O major Vionnet de Maringoné também se sentiu transformado ao se barbear e trocar de roupa — ficando, com isso, também livre dos piolhos que infestavam seu uniforme. O doutor Lagneau sentiu uma grande alegria ao encontrar seu baú, que continha não apenas roupas novas, mas também alguns instrumentos cirúrgicos e até livros. Ele pegou aquilo de que precisava e deu o restante ao filho da família com quem estava hospedado, o qual, por coincidência, estava estudando medicina.

Entretanto, a maioria dos homens e oficiais simplesmente se entregavam ao luxo de uma boa refeição e uma noite quente e tranquila. O coronel Griois tirou suas botas pela primeira vez em seis semanas. Algumas unhas saíram com elas, mas seus pés pareciam razoavelmente bem, e ele se recolheu para dormir, sentindo-se como um prisioneiro que tivera as correntes removidas — mas, quando chegou a hora, ele não conseguiu recolocá-las. Marie Henry de Lignières não resistiu à tentação de comer em grande quantidade, depois do que se deitou numa cama quente pela primeira vez em quase sete meses, mas passou uma noite terrível e molhou a cama.

À medida que relaxavam, aquecidos e bem-alimentados, eles sentiam uma segurança que não conheciam havia seis semanas. Eles ficaram mais incrédulos ainda ao ouvirem os tambores soando de manhã para que se preparassem para a ação, e poucos sequer consideraram reagir. Mesmo ao ouvirem o som de tiros de canhão, eles presumiram que outra pessoa lidaria com qualquer emergência que pudesse ter surgido.[19]

A verdade é que ninguém àquela altura cuidava de coisa alguma. Murat tentara convocar uma reunião com os generais superiores, mas a maioria estava muito ocupada suprindo suas necessidades e as de seus homens, e não consideraria uma convocação do rei de Nápoles tão urgente quanto uma de Napoleão. Ele passou o resto do dia tentando decidir-se por algum plano, mas não há evidências de que tenha chegado a alguma conclusão. A única coisa que ele fez foi transferir seu quartel-general para a extremidade ocidental da cidade, o que deu origem ao rumor de que ele partira.

Quando os remanescentes da *Grande Armée* entraram em Vilna na tarde anterior, a divisão bávara sob o comando do general Wrede, que ainda era uma força de combate de quase 10 mil homens, recebera ordens para ocupar posições defensivas e guardar a cidade. Muitos dos bávaros não resistiram e entraram na cidade para procurar comida e uma noite quente de descanso, o que desorganizou a unidade. Quando, ao amanhecer, alguns destacamentos de cossacos apareceram para ameaçar seus guardas, estes recuaram, causando pânico entre seus camaradas. O próprio Wrede parece ter se descontrolado e foi visto correndo para a cidade, gritando que os cossacos a haviam invadido.

Ney fez soar a convocação e partiu à frente de um destacamento da Velha Guarda para reagrupar os bávaros que haviam fugido. Ele conseguiu estabilizar a situação e restabelecer a ordem, mas retornou ao quartel-general desanimado.

"Mandei soar o sinal de preparar para a ação há algum tempo e mal consegui reunir 500 homens", disse ele ao general Rapp. "Todos estão congelados, cansados, desencorajados, e ninguém pode mais ser importunado."[20]

Murat chegou à conclusão de que não conseguiria manter a ocupação de Vilna e decidiu recuar para Kovno. Contudo, em vez de transmitir a decisão a Berthier para que este emitisse ordens formais às várias divisões, instruindo-as em que ordem deveriam marchar e quando partir, ele simplesmente deu uma ordem geral de retirada, depois do que partiu imediatamente. A ordem de evacuação percorreu a cidade de forma um tanto aleatória, levando alguns a desconfiar da sua procedência, enquanto outros sequer a receberam. Os que a receberam, por sua vez, simplesmente não estavam preparados para cumpri-la.

O sargento Bertrand, do 7º Regimento de Infantaria Leve da Divisão de Davout, havia ido obedientemente para o monastério a que fora designado, onde encontrara comida e abrigo. Quando ouviu a corneta soar o alarme ao amanhecer, ele começou a acordar seus homens. Muitos, inclusive veteranos das campanhas egípcia e italiana, simplesmente se recusaram a mover-se.

"Aquela noite de repouso absoluto em volta de um bom fogo havia sido o bastante para extinguir a coragem e a energia deles", escreveu ele. "Eles estavam dominados por um torpor geral, um peso na cabeça que parecia obscurecer-lhes a faculdade de pensar. Entorpecidos, e como que bêbados, eles tentavam se levantar apenas para caírem de novo pesadamente."[21]

A história foi a mesma em outras unidades.

"Em lugar de permanecer um dia inteiro em Vilna, teria sido muito melhor continuar a retirada sem parar", escreveu o príncipe Wilhelm de Baden. "Muitos oficiais, recorrendo às suas últimas reservas de força, teriam alcançado a fronteira alemã e estariam salvos."

Quando chegou a hora de partir, o príncipe Wilhelm tentou persuadi-los a ir com ele, mas, depois de uma noite de liberdade, esses homens que haviam chegado tão longe acharam que não tinham forças para continuar.

"Nós vínhamos, havia algum tempo, medindo nossas forças a fim de alcançarmos essa cidade onde acreditávamos que acharíamos aquilo de que precisávamos para satisfazer nossas necessidades mais iminentes: *o descanso*, *o pão*, e *Vilna* haviam passado a compor uma trindade que se uniu em nossas mentes como uma única esperança, e, consequentemente, estava claro em nossas mentes que não iríamos além dessa cidade", escreveu Adrian de Mailly.[22]

Em muitos casos, tanto a pressão psicológica quanto a física das últimas semanas haviam causado algo mais profundo para se romper. Planat de la Faye conta-nos sobre um oficial italiano que inspirara os camaradas com sua coragem.

"Nunca vi um homem mais bravo ou alegre do que o piemontês", escreveu ele. "Ele perdera os dedos dos dois pés por geladura perto da travessia do Berezina. Em Smorgonie, ele foi acometido por gangrena e não pôde mais calçar os sapatos. Todas as noites, quando nos recolhíamos, ele cortava com uma faca as partes gangrenadas e enrolava o resto cuidadosamente com trapos, e tudo isso com uma alegria que partia nossos corações. No dia seguinte, ele continuava a marcha, com a ajuda de uma vara, apenas para executar a mesma operação à noite, de forma que, à altura em que chegou a Vilna, ele não tinha mais de que seus dois calcanhares."

Porém, depois de um bom jantar e um sono quente e tranquilo, ele enlouqueceu. Não foi o único. Um habitante de Vilna observou que muitos haviam "sido tomados por um idiotismo absoluto".[23]

O caos tomou conta da cidade quando a evacuação teve início. Vilna fica no alto de uma encosta, e a velha cidade é uma confusão de ruas sinuosas.

"Naturalmente, nessas ruas estreitas, cobertas de gelo, as carroças, os trenós, as carretas e as carruagens batiam uns nos outros, ficavam engavetados, e viravam", escreveu Adrien de Mailly. "E, naturalmente, os cavalos derrubavam uns aos outros, homens caíam e eram pisoteados, e tanto os condutores quanto os esmagados gritavam o mais alto que podiam, com seus cavalos ou com aqueles que estavam quebrando seus membros."[24]

Eles podiam ter se poupado do transtorno se soubessem o que os esperava a dois quilômetros fora de Vilna.

Na pequena Vila de Ponary, a estrada de Kovno sobe um aclive. Geralmente, as autoridades locais salpicavam areia em lugares como esse a intervalos regulares durante o inverno. Contudo, Hogendorp não pensara nisso. Então, a neve congelada e compacta que cobria a estrada tornou-se uma longa camada de gelo, e muitos dos veículos com rodas, e mesmo cavalos e homens a pé, tiveram dificuldade de se mover.

O major Jean Noel, que vinha da direção oposta, trazendo duas baterias de oito canhões da Alemanha para complementar a artilharia da Subdivisão de Loison — cujo destino ele ainda desconhecia —, parou para aguardar ordens ao alcançar o topo do monte de Ponary, no dia 9 de dezembro. Ele ficou chocado ao ver as multidões de fugitivos aproximando-se, e durante todo o dia seus homens ganharam um bom dinheiro ajudando-os e aos seus veículos a subir o aclive. Na manhã seguinte, uma carruagem subiu o monte e parou perto de seus canhões. Murat inclinou-se e perguntou-lhe quem ele era e o que fazia ali, surpreso ao ver duas baterias com ótima aparência e com grupos bem-alimentados. Tendo se explicado, Noel pediu ordens a Murat.

"Major, nós estamos f...didos", respondeu o rei de Nápoles, "monte em seu cavalo e corra."[25]

Logo, grande número de tropas, bem como comboios de bagagem, artilharia e carruagens com oficiais feridos subiam com dificuldade o monte cada vez mais escorregadio. Se uma carroça ficasse presa ou escorregasse, fazia a que vinha atrás descer, e as duas só paravam quando uma terceira, uma quarta ou uma décima mais atrás virasse. Mesmo os que tinham cavalos apropriadamente ferrados achavam cada vez mais difícil subir o que em pouco tempo se transformou numa prova de obstáculos.

Os homens a pé arrastavam-se de quatro, usando suas baionetas para ganhar apoio na superfície gelada, ou debatiam-se na neve profunda a cada lado dela. Alguns davam a volta por uma trilha que contornava o monte. Uns até conseguiram passar pelo monte com seus trenós ou carretas dessa forma, mas a maioria dos veículos com rodas e muitos homens montados persistiram em subir o aclive pela estrada principal. A artilharia não tinha opção, já que seus canhões nunca passariam pela estreita trilha lateral. Alguns hessianos conseguiram rebocar seus canhões aclive acima, mas o artilheiro bávaro capitão Von Grawenreuth teve menos sorte, e, com lágrimas nos olhos, abandonou seu último e predileto canhão, "Marte", uma peça excepcionalmente precisa, ao pé do aclive.[26]

Boulart, que não conseguira entrar com os canhões restantes em Vilna ao chegar à entrada da cidade no dia 9 de dezembro, saíra no dia seguinte e trouxera-os por uma estrada secundária. Contudo, à altura em que chegou à base do monte em Ponary, a massa de veículos encalhados punha fora de questão a possibilidade de sequer o veículo mais bem ajaezado conseguir passar.

O mesmo se deu ao comboio que transportava o tesouro, e todos os esforços sobre-humanos que o barão Peyrusse vinha fazendo durante dois meses foram em vão. As carroças carregadas de ouro eram muito pesadas para serem rebocadas, mesmo não havendo congestionamento. Ele começou a remover os sacos de moedas das carroças e transferi-los para o lombo de cavalos. Peyrusse até conseguiu levar uma carroça, que esvaziara, arrastara aclive acima e depois tornara a encher, até Danzig. Ao passar, o marechal Bessières ordenou que Noel levasse parte do ouro em suas carroças, mas isso só fez com que as carroças desaparecessem junto com o ouro. Por outro lado, alguns oficiais alemães de Baden e Württemberg supostamente carregaram seus trenós com 400 mil francos em ouro e entregaram-nos ao tesoureiro em Königsberg duas semanas depois.[27]

Não demorou muito para que os soldados que passavam, vendo carroças abandonadas em que se lia *Trésor Imperial*, começassem a abri-las e pegar o que queriam, dando lugar a uma competição entre oficiais, oficiais práticos e civis, na qual era cada um por si, por sacos de reluzentes *Napoléons-d'or*. O chão ficou coberto por moedas prateadas e outros espólios que eram abandonados à medida que os homens enchiam seus bolsos e mochilas com ouro, ícones emoldurados com joias e outras peças dos espólios que Napoleão tomara em Moscou.

A oportunidade foi um golpe de sorte para os que haviam perdido tudo a alguma altura da estrada. Julien Combe relata que um dos *chasseurs* conseguiu pegar uma bolsa contendo 20 mil francos, o que depois permitiu que ele casasse e se estabelecesse com prosperidade em Besançon. Mas, para a maioria, a oportunidade de pilhagem acabou sendo sua ruína. Um bando de cossacos apareceu em cena pouco depois que as unidades ordenadas do Exército em retirada haviam se afastado, e não mostrou piedade ao se juntar também à pilhagem.

Os mais desafortunados foram os feridos cujas carruagens ficaram presas no congestionamento, os quais foram mortos ali mesmo ou levados de volta para Vilna. Como apontou um oficial subalterno, se Hogendorp ou algum outro oficial tivesse ao menos salpicado um pouco de areia no aclive, os franceses teriam salvado todo o tesouro, várias baterias de canhões, os papéis do comando geral, e centenas — senão milhares — de oficiais e homens feridos.[28]

"O que teve lugar em Vilna durante as poucas semanas depois de 10 de dezembro é mais fácil de contar do que de acreditar, e não tão fácil de lembrar também", de acordo com Aleksander Fredro.

Logo depois que as unidades organizadas deixaram a cidade, enxames de cossacos invadiram-na, perseguindo e capturando retardatários nas ruas e procurando soldados e, particularmente, oficiais que haviam se escondido em moradias. Eles entravam nos hospitais e monastérios onde os feridos e os incapacitados de prosseguir encontravam-se indefesos, e batiam neles e chutavam-nos, rasgando-lhes roupas e os curativos à procura de bens preciosos. Os que protestavam ou tentavam se defender eram mortos.[29]

A população da cidade que não era polonesa, talvez pelo desejo de declarar suas credenciais antifrancesas e, com isso, se resguardar de possíveis represálias da parte dos russos, juntou-se à perseguição e apreensão dos franceses e soldados aliados. Aqueles que haviam alugado quartos a oficiais ou os deixado se abrigar em suas casas não hesitaram em matar os convidados inconvenientes e, depois de tirar-lhes os bens preciosos que lhes haviam restado, jogavam seus corpos nas ruas. Há relatos sobre pessoas que atraíam oficiais famintos a suas casas a fim de matá-los e roubá-los, de mulheres que espancavam entusiasticamente sobreviventes até a morte, e de uma delas ter enfiado excremento na boca dos prisioneiros e feridos, dizendo: "*Le monsieur a du pain maintenant.*"

Os que não foram mortos vagavam pelas ruas implorando por uma crosta de pão, e mais cedo ou mais tarde morriam de frio amontoados contra as paredes de alguma construção.

As coisas não melhoraram quando as forças regulares russas sob o comando do general Czaplic ocuparam a cidade. Depois dos cossacos, foram os soldados que percorreram os hospitais, e a atitude da equipe médica que finalmente assumiu a responsabilidade não era muito melhor. Apesar da disponibilidade de provisões, os feridos eram deixados sem comida ou água por dias, e sofriam maus-tratos dos assistentes hospitalares. O tifo espalhou-se, e os mortos e moribundos eram lançados sem cerimônia pelas janelas e nas ruas, onde as pilhas de corpos congelados contorcidos cresciam.[30]

Os problemas estavam longe de acabar para aqueles que prosseguiam em direção a Kovno.

"A imagem que a retirada apresentava naquela etapa", escreveu Paul de Bourgoing da Jovem Guarda, "era a de um longo fluxo de homens, cavalos e algumas carroças, que se prolongava para além da visão como uma fita preta na planície uniforme de neve branca; cada homem caminhava sozinho, em silêncio e quase esmagado pelo peso de seus pensamentos e temores."

O clima continuava terrivelmente frio, com as temperaturas diárias em torno de –35°C, e a geladura continuava causando estragos: "Podíamos ver um número extraordinário de soldados com mãos e dedos que eram só ossos, visto que sua pele caíra", escreveu Vionnet de Maringoné.[31]

Pequenos núcleos ainda permaneciam em seus regimentos, em grupos de cerca de 50 homens: "Permaneci com, infelizmente, pouquíssimos outros, com a nossa águia, cujo mastro estava adornado com não mais que um trapo, e que, privada de uma de suas asas, a qual fora levada por uma bala em Eylau, ainda pairava sobre os desastres como o sinal sagrado do nosso elo", escreveu o sargento Bertrand do 7º Regimento de Infantaria Leve.

A implacável determinação de alguns dos soldados mais velhos era extraordinária. Quando o marechal Lefèbvre deixou escapar, no momento em que foram cercados fora de Vilna, o comentário desesperador de que eles nunca veriam seus lares novamente, um deles virou-se para ele e disse: "Cale a boca, seu velho tolo. Se tivermos que morrer, morreremos."[32]

O sargento Bourgogne assistiu quando os patéticos remanescentes de um regimento viraram-se para confrontar o inimigo, e seu desgrenhado coronel gritou: "*Allons*, filhos da França, devemos erguer-nos mais uma vez! Não deixemos que digam que apressamos o passo ao som do canhão! Meia-volta, volver!"

Ney, que comandava a retaguarda de cerca de 800 homens, deu um exemplo notável de coragem e resistência. "Ele portou-se, naquele momento, exatamente como imaginamos os heróis da antiguidade", escreveu Bourgogne, que o viu repelir um ataque da cavalaria russa à frente de suas tropas. "Pode-se dizer sem medo de errar que ele foi, nos últimos dias de nossa retirada desastrosa, o salvador do que restara do Exército."[33]

Bourgogne afirma que, durante a última parte da retirada, quando começaram a sentir que realmente estavam alcançando a segurança, a solidariedade começou a restabelecer-se e as pessoas paravam para socorrer os que caíam e ajudar uns aos outros de várias formas. Embora isso possa ser verdade, o que parece ter acontecido é que as pessoas se revelaram em extremos de bondade e maldade.

O capitão Drujon de Beaulieu, do 8º Regimento de Lanceiros, não podia mais continuar e sentou-se à margem da estrada para esperar pela morte. Porém, ao passar por ele, um cavaleiro de seu regimento que ainda tinha um cavalo parou, deu-lhe um pedaço de pão e ajudou-o a subir em sua montaria. O sargento Irriberrigoyen, um provençal do quadro de oficiais servindo no 1º Regimento polonês de lanceiros, estava só com seu tenente, tendo os dois se separado do resto de seu regimento. O tenente virou-se para ele e disse-lhe que não conseguiria mais prosseguir. "Você pode fazer o que quiser, meu amigo, mas eu estou f...dido", disse ele. "É difícil ter conseguido percorrer todo esse percurso desde Moscou, ter alcançado Vilna e morrer aqui [...]. Mas não posso dar mais sequer um passo."

O sargento tentou persuadi-lo a prosseguir, mas o tenente estava convencido. Nesse momento, eles viram um trenó vindo pela estrada. O sargento gritou com alegria, mas, quando o trenó se aproximou, o tenente reconheceu seu condutor: um soldado de sua companhia que ele havia castigado quatro vezes por insubordinação e pilhagem, tendo-o açoitado e até ameaçado com o pelotão de fuzilamento.

O trenó parou e o condutor desceu. Ele disse ao sargento que subisse, e então se aproximou do tenente. Um momento depois, ele soltou uma gargalhada, deu-lhe um soco, levantou-o e, colocando-o no trenó, cobriu-o com uma manta de pele.

"Você me puniu por ter pilhado um pouquinho", disse ele enquanto saíam, "mas você tem que admitir que, de vez em quando, isso é útil, e que neste momento você não está muito preocupado com o fato de que roubei esse trenó bem ajaezado, que nos levará lindamente para longe deste maldito país."[34]

Por outro lado, Nicholas Planat de la Faye e seu superior, o general Lariboisière, chegaram a uma pequena cabana certa noite onde decidiram parar. Eles encontraram dois recrutas holandeses aquecendo-se perto de uma fogueira dentro da cabana e os colocaram para fora, apesar das súplicas de um deles, ainda um adolescente. Eles podiam ouvi-lo chorando do lado de fora ao adormecerem, e encontraram-no congelado quando saíram de manhã.[35] Em alguns casos, era difícil para as pessoas dizer o que era certo e o que era errado.

Um soldado belga da Guarda encontrou um oficial deitado num trenó, tendo seu criado o abandonado e levado seu cavalo.

"Enrolado num grande manto de pele, suas mãos e pés estavam tomados pela geladura, e ele implorou que eu o matasse, estando convencido de que não viveria muito naquela condição", escreveu o soldado. "Eu já havia carregado meu mosquete para fazer-lhe esse favor, que ele me implorava, mas depois refleti e pensei que ele também morreria sem a minha ajuda. Eu o deixei, mas mal me afastara um pouco e não pude mais ouvi-lo implorando-me para que o matasse."[36]

Kovno estava bem estocada com suprimentos e era certamente defensável, tendo sido guarnecida com algumas fortificações. Contudo, Murat não considerou parar lá, e prosseguiu com velocidade em direção a Königsberg. As unidades organizadas receberam algumas rações, mas a multidão em fuga que entrou em Kovno em 12 de dezembro e no dia seguinte não estava em condições de defender nada. A maioria dos homens seguiu direto para os armazéns, onde devoravam tudo em que pudessem pôr as mãos, sem esperar que os pães fossem assados ou distribuídos de forma organizada. Eles se depararam com um grande estoque de álcool, e os soldados franceses e alemães bêbados começaram a brigar entre si. Muitos homens sentaram-se para afogar suas tristezas. O álcool, que aquece o espírito, mas, na verdade, diminui a temperatura do corpo, acabou sendo sua desgraça. Centenas congelavam à medida que desmaiavam, ainda com as garrafas nas mãos, ou caíam no sono, amontoados nos vãos das portas e nas varandas.

Ao chegar a Kovno com sua reduzida retaguarda, uma massa diversificada de unidades exauridas, Ney ocupou posições defensivas fora da cidade a fim de permitir que a maior quantidade possível de retardatários passasse, pegasse suprimentos e atravessasse o Niemen. Foi uma operação lenta, e, embora o rio estivesse agora completamente congelado e pudesse ser atravessado a qualquer altura da margem, todos se aglomeraram na cabeça da ponte, e o congestionamento resultante produziu as brigas e acidentes de costume.

Ney logo se viu ameaçado de ser cercado por cossacos, e foi bombardeado pela artilharia trazida pela cavalaria russa regular. Ele tinha alguns poucos canhões, incluindo alguns que o major Noel tão desnecessariamente levara até Ponary, e manteve os russos a distância durante algum tempo. Entretanto, suas tropas estavam se extinguindo. Uma companhia de alemães de Anhalt-Lippe desistiu ao ver seu capitão, que havia sido ferido, pôr uma pistola na cabeça e se suicidar. No final, Ney foi deixado apenas com um punhado de soldados franceses de infantaria, e começou a recuar, com uma retirada combatente através da cidade e pela ponte. Um mosquete de soldado na mão, ele permaneceu à frente de suas tropas, cada vez mais reduzidas, comandando-as e encorajando-as até o último momento. Ao alcançar a extremidade oriental da ponte, ele disparou uma última descarga contra os russos e depois lançou seu mosquete ao leito congelado do Niemen antes de virar-se e seguir em frente.[37]

O general intendente Mathieu Dumas atravessara o rio com dificuldade mais cedo e alcançara Gumbinnen, onde se abrigara na casa do médico local. Na manhã seguinte, ele estava sentado, ingerindo um desjejum nutritivo e um bom café quando a porta se abriu e um homem vestido com um sobretudo marrom entrou, o rosto barbado escurecido pela fumaça e os olhos vermelhos e brilhando.

"Aqui estou, finalmente!", anunciou o recém-chegado. "Você me reconhece, general Dumas?"

Dumas balançou a cabeça negativamente e perguntou-lhe quem ele era.

"Eu sou a retaguarda da *Grande Armée*", respondeu o homem. "Eu sou o marechal Ney."[38]

24

A saúde de Sua Majestade

A primeira fase da fuga de Napoleão passou-se num silêncio soturno enquanto ele e Caulaincourt tremiam de frio sob camadas de peles no cômodo coche. Porém, isso mudou quando atravessaram o Niemen em Kovno no dia 7 de dezembro.

"Assim que chegamos ao grão-ducado [de Varsóvia], ele se tornou muito alegre e ficava falando sobre o Exército e sobre Paris", recordar-se-ia Caulaincourt. "Ele não admitia a menor dúvida quanto ao sucesso do Exército em Vilna, e se recusava a enfrentar a proporção de suas perdas."[1]

Eles haviam trocado o coche por um trenó primitivo feito a partir de uma velha carruagem fixada sobre trilhos de trenó, e Napoleão continuou tagarelando enquanto viajavam apressadamente, com a neve entrando através das frestas das portas mal fixadas.

Ele repassava todos os eventos que haviam levado à guerra, a qual afirmava nunca ter desejado, e sustentava que sempre pretendera restaurar o reino da Polônia pelo interesse da paz mundial.

"Eles não compreendem: eu não sou ambicioso", reclamava ele. "A falta de sono, o esforço, a própria guerra, isso não é para alguém da minha idade. Amo minha cama e o descanso mais do que qualquer um, mas tenho de concluir o trabalho que comecei. Há apenas duas alternativas neste mundo: comandar ou obedecer. As políticas de todos os gabinetes da Europa em relação à França provaram que ela só podia contar com seu próprio poder, e, portanto, com a força."

Ele voltava constantemente ao assunto da Inglaterra, que afirmava ser o único obstáculo para a paz desejada, tentando convencer Caulaincourt de que estava lutando contra ela pelo bem de toda a Europa, a qual não percebia que estava sendo explorada pelos diabólicos ilhéus.[2]

Ele conseguira atingir um estado de bom humor quando alcançaram Varsóvia ao anoitecer de 10 de dezembro, e, a fim de esticar as pernas, desceu do trenó na entrada da cidade e caminhou até o Hôtel d'Angleterre, para onde o trenó foi mandado. Napoleão perguntou em voz alta a Caulaincourt se alguém o reconheceria enquanto andavam pelas ruas movimentadas, mas ninguém notou o homem baixinho e rechonchudo em seu sobretudo de veludo verde e barretina forrada com pele. Ele pareceu um tanto desapontado.[3]

Napoleão continuou falando com animação enquanto o jantar era preparado e uma criada tentava com dificuldade acender a lareira no quarto congelante que haviam ocupado no hotel. Ele mandara Caulaincourt sair para procurar por Pradt, que se espantou com o humor alegre do imperador ao chegar. Esse bom humor, porém, não facilitou a conversa para o arcebispo de Malines. Não admitindo sua própria falha com a frase "Há apenas um passo entre o sublime e o ridículo", Napoleão repreendeu Pradt, culpando-o por ter fracassado em galvanizar a Polônia, levantar dinheiro e fornecer homens. Ele declarou nunca ter visto nenhuma tropa polonesa durante toda a campanha, e acusou os poloneses de falta de coragem e determinação.

Seu tom mudou com a chegada dos ministros poloneses que convocara. Embora não tenha tentado esconder o fato de que havia sido forçado a fazer uma retirada desastrosa, que lhe custara milhares de homens, ele lhes disse que ainda tinha 120 mil em Vilna, e que voltaria na primavera com um novo Exército. Eles deveriam levantar dinheiro e uma grande leva de homens a fim de defender o grão-ducado. Os ministros permaneciam à sua volta, sentindo um frio cada vez maior, enquanto ele andava de um lado para outro, deixando-se levar pelas próprias fantasias em um longo monólogo.

"Derrotarei os russos sempre que necessário", vociferou ele. "Eles não se atrevem a nos enfrentar. Eles não são mais os soldados de Eylau e Friedlândia. Conservaremos Vilna, e voltarei com 300 mil homens. Seus sucessos tornarão os russos imprudentes; lutarei contra eles duas ou três vezes no Oder, e dentro de seis meses eu estarei de volta ao Niemen[...]. Tudo que aconteceu não tem consequência; foi má sorte, foi o efeito do clima; o inimigo não teve nada a ver com isso; eu os derrotarei sempre que necessário..."

Assim ele prosseguia, ocasionalmente justificando-se com a afirmação "Aquele que não arrisca nada não ganha nada", e repetindo frequentemente a frase que acabara de cunhar, e que parecia saborear: "Há apenas um passo entre o sublime e o ridículo."[4]

Tendo jantado e dado aos poloneses a impressão de que não havia sido derrotado, Napoleão voltou ao trenó e partiu com rapidez de Varsóvia às 9 horas daquela noite. Enquanto passavam pela pequena cidade de Łowicz, Napoleão percebeu que não estavam longe da casa de campo de sua amante, Maria Walewska. Ele sabia que ela estava em casa, e decidiu desviar um pouco da rota e visitá-la. Caulaincourt ficou estarrecido. Ele disse ao imperador que seria loucura fazer algo daquele tipo, o que não apenas atrasaria sua chegada a Paris, mas aumentaria o perigo de algum patriota alemão tomar conhecimento de sua passagem e decidir detê-los ou matá-los. Aquilo seria um insulto a Marie-Louise, e a opinião pública nunca o perdoaria se soubesse que ele se divertia entregue a seus *amours* enquanto o Exército congelava até a morte na Lituânia. Levou algum tempo para que Napoleão se convencesse.

Enquanto o trenó deslizava pela lúgubre paisagem coberta de neve, ele revolvia continuamente toda a situação política, como se tentasse convencer a si mesmo de que tudo não fora mais que um revés.

"Eu cometi um erro, *Monsieur le Grand Écuyer*, não no que diz respeito ao alvo ou à oportunidade política da guerra, mas na forma com que a travei", disse ele, puxando a orelha de Caulaincourt afetuosamente. "Eu deveria ter parado em Witepsk. Alexandre agora estaria aos meus pés. A maneira com que o Exército russo se dividiu depois que atravessei o Niemen me cegou[...]. Duas semanas de permanência em Moscou foram muito tempo."[5]

Isso era absolutamente verdade. Duas semanas antes de Napoleão ter deixado Moscou, Kutuzov não tinha mais que cerca de 60 mil homens no Exército, e os 20 mil cossacos com quem contava ainda estavam muito longe. Napoleão poderia ter invadido seu acampamento em Tarutino, ou simplesmente recuado através de Kaluga, Medyn ou Smolensk sem ser perturbado. Ele teria conseguido evacuar todos os feridos e o equipamento necessário e aquartelar-se para o inverno onde quer que quisesse bem antes de o clima ficar mais frio. Embora o frio possa não ter sido a causa original ou principal do desastre, foi o que, no final das contas, frustrou cada esforço de recuperação. Na época, a maioria dos russos, assim como observadores como Clausewitz e Schwarzenberg, estavam convencidos de que a derrota dos franceses não teve relação alguma com Kutuzov, devendo-se totalmente ao clima.

"Temos que admitir", escreveu Schwarzenberg, que se referia ao marechal de campo como *l'imbécile Kutuzov*, "que esse é o coice mais surpreendente de um burro a que qualquer mortal já teve que se sujeitar."[6]

Os marechais e generais de Napoleão, sem mencionar seus soldados, concordavam que os russos não tinham crédito algum pelo que acontecera. "Os russos foram derrotados em todas as ocasiões, e assim que o Exército tiver descansado um pouco, eles verão seus conquistadores novamente", escreveu Davout à esposa de Gumbinnen no dia 17 de dezembro. "A conduta das tropas é esplêndida; não há reclamações. É como se todos eles, até o último soldado, tivessem percebido que nenhuma força ou genialidade pode impedir o dano causado pelo clima."

Alguns dias depois, o general Compans escreveu à esposa, censurando-a por ter sugerido que Napoleão havia enlouquecido, embora admitisse que "os cálculos do seu cérebro não tiveram tanto sucesso nessa campanha quanto em outras e que a sorte não fora favorável". As tropas eram mais diretas em sua avaliação.

"Nós estamos f...didos, mas não importa... nós sempre os venceremos, de qualquer forma", murmurou um esfomeado *grenadier à cheval* da Velha Guarda enquanto se afastava com dificuldade de Vilna, o uniforme em trapos, a barretina pendendo esfarrapada sobre o rosto, calçando só uma bota. "Esses *russkies* insignificantes não passam de colegiais."[7]

Embora Napoleão soubesse que o golpe recebido na Rússia seria uma motivação para seus inimigos e ameaçaria sua superioridade, ele estava confiante de que seria capaz de reafirmá-la. Sua aptidão para entregar-se a pensamentos do que desejava que fosse realidade não estivera entre as perdas dessa guerra, e ele já estava preparando o terreno para a campanha da primavera seguinte enquanto viajava. Napoleão dava grande importância ao conflito que irrompera entre a Inglaterra e os Estados Unidos da América, presumindo que isso distrairia e enfraqueceria seu inimigo eterno.

"Ele não duvidava que a vantagem seria deles [dos americanos]", escreveu Caulaincourt. "Ele via aquele momento como o da emancipação política total deles e seu desenvolvimento para uma grande potência."[8]

Napoleão chegou a Dresden nas primeiras horas do dia 14 de dezembro, e parou no local de moradia do ministro francês. Enquanto ele ditava cartas para seus vários aliados, um oficial foi enviado ao palácio real, onde, depois de muita discussão, recebeu permissão para acordar o rei Frederico Augusto e informar-lhe que Napoleão estava na cidade. Quando o monarca, ainda de olhos turvos, entendeu totalmente a situação, vestiu-se apressadamente e seguiu carregado numa liteira para a residência do ministro francês. Napoleão, que conseguira tirar um cochilo de uma hora, estava sentado na cama, e foi nessa posição que ele reafirmou sua aliança com a Saxônia e recebeu garantias de que novas tropas seriam levantadas.

Napoleão prosseguiu viagem num veículo confortável emprestado pelo rei da Saxônia, parando apenas para trocar os cavalos. Em várias das paradas, ele sequer deixava a carruagem, e só entrava num *coaching inn** a fim de almoçar ou jantar. Em Weimar, onde sua carruagem parou apenas por um breve momento no meio da noite, ele ainda assim encontrou tempo para pedir a alguém que apresentasse seus respeitos ao *Monsieur Gött*. Quatro dias depois, ele entrava em Paris.

Quando a carruagem entrou nas Tulherias faltando poucos minutos para a meia-noite, no dia 18 de dezembro, e os dois homens vestidos com capas pesadas e os rostos escondidos por gorros de pele desceram, as sentinelas deixaram Napoleão e Caulaincourt passarem, tomando-os por portadores de notícias urgentes. No próprio palácio, o *concierge* precisou ser persuadido de que aqueles eram, na verdade, o imperador e o mestre da Cavalaria. Alguns minutos depois, Marie-Louise ouviu uma comoção e saiu para ver suas damas de companhia a fim de que proibissem a entrada de duas figuras estranhas. Contudo, ela não pôde esconder sua alegria ao reconhecer seu amado marido, e eles se entregaram aos braços um do outro.

Antes de permitir-se desfrutar dos prazeres maritais, entretanto, Napoleão deu uma última instrução, a qual mostra que ele não perdera nada do homem de estado que era. Ele ordenou que Caulaincourt fosse até a casa do arquichanceler, Cambacérès, a fim de informar-lhe sobre o retorno do imperador e instruí-lo a tomar providências para o *lever* habitual na manhã seguinte.

O 29º *Boletim* fora publicado três dias antes, em 16 de dezembro. Ao longo de uma década, cada *Bulletin de la Grande Armée* contivera apenas notícias de vitória e glória, e as pessoas ficaram estupefatas diante daquela admissão de fracasso. Contudo, as palavras finais sobre “a saúde de Sua Majestade” deixavam claro que o imperador não havia sido afetado pelo revés. Antes de poderem se recuperar do choque ou começarem a tirar conclusões, Napoleão estava entre eles novamente, comportando-se como se nada houvesse acontecido. Ele tomou as rédeas do poder com firmeza em suas mãos e deu início ao levantamento de um novo Exército, que deveria estar pronto em março.

---

*Espécie de hospedaria que oferecia não apenas hospedagem durante a noite, como também cavalos descansados para serem trocados pelos do viajante. [*N. da T.*]

"Estou muito satisfeito com o estado de espírito da nação", escreveu para Murat naquele mesmo dia, endereçando as cartas a Vilna.[9]

No momento em que Napoleão escrevia aquele endereço, Vilna estava em mãos russas, e naquela noite Kutuzov comparecia a uma solenidade no teatro, organizada em sua honra pelos nervosos habitantes. De acordo com Clausewitz, sua única contribuição para a vitória havia sido a recusa, proveniente do medo, em atacar Napoleão, mas ele ainda assim era o vencedor, e ninguém estava mais surpreso que ele mesmo.

"Se dois ou três anos atrás alguém me dissesse que o destino me escolheria para derrubar Napoleão, o gigante que ameaçava toda a Europa, eu teria cuspido na sua cara", confessou Kutuzov a Yermolov.[10]

Quatro dias depois, em 23 de dezembro, o próprio Alexandre entrou na cidade. Nos portões, soldados entusiasmados desarrearam os cavalos de sua carruagem e puxaram-na até o palácio arquiepiscopal, onde um Kutuzov triunfante aguardava para saudá-lo. O tsar abraçou o marechal de campo graciosamente, mas a verdade era que ele não estava nem um pouco satisfeito.

Numa reunião particular, na manhã de 26 de dezembro, Alexandre disse a Wilson que Kutuzov não fizera "nada do que deveria ter feito", e que "todo o seu sucesso lhe fora *forçado*". Ele se queixou de que não podia fazer nada sobre aquilo, já que o marechal de campo era o "queridinho" da nobreza de Moscou.

"Em meia hora, deverei, portanto", ele parou por um minuto, "condecorar esse homem com a Grande Ordem de São Jorge e, fazendo isso, violar sua instituição, visto que se trata da maior honra, e, até então, da mais pura do Império", Wilson relata ter dito o tsar.[11]

Alexandre reprovou Kutuzov por ter perdido três dias ao recuar de Maloyaroslavets, por ter falhado em interceptar Napoleão em Krasny e por tê-lo deixado atravessar o Berezina. Ele estava aborrecido pelo fato de os franceses não estarem sendo perseguidos com mais vigor. Além disso, assim como seu irmão Constantino antes dele, o tsar ficou chocado e insatisfeito diante da aparência desmazelada dos regimentos que desfilaram diante dele. Kutuzov reagiu culpando os outros por falharem na execução de suas ordens, e enfatizava seu próprio mérito, usurpando todos os pequenos sucessos para o seu próprio crédito.[12] Ele já ditava a lenda.

"Imploro-lhe com toda a humildade, dama graciosa, que as fortificações construídas perto da vila de Tarutino, fortificações que amedrontam os soldados rasos do inimigo e provaram ser um sólido bastião diante do qual a impetuosa torrente de destruidores que ameaçava inundar toda a Rússia foi represada, que essas fortificações permaneçam intocadas", escreveu ele à princesa Naryshkin, em cuja propriedade se situava o acampamento de Tarutino. "Deixe que o tempo, e não as mãos do homem, as destrua; que o cultivador, trabalhando em seus campos tranquilos, não as toque com seu arado; deixe que, em tempos futuros, elas se tornem para os russos monumentos sagrados do seu valor; deixe que nossos sucessores, olhando para elas, se sintam inflamados pelo fogo da emulação e digam arrebatados: este foi o lugar em que o orgulho dos predadores caiu diante da audácia dos filhos da pátria."[13]

No que dizia respeito a Kutuzov, a campanha havia acabado; seu Exército estava exausto e precisava de um longo descanso. No início de dezembro, ele lançou um apelo à nação alemã, convocando-a a levantar-se.

"O momento favorável chegou para que vocês se vinguem das humilhações que sofreram e se elevem ao círculo das nações livres mais uma vez", lia-se. "Suas princesas estão acorrentadas e esperam que cada um de vocês, individualmente, as liberte e vingue."

Essa apelação foi sucedida por um longo relato da campanha em alemão, por um discurso pessoal de Kutuzov instando as tropas prussianas a deixar o acampamento napoleônico e se juntar à Rússia, e por outro apelo aos povos da Alemanha.[14] No entanto, embora desejasse fomentar problemas para Napoleão na Alemanha, ele não estava disposto a marchar até lá e libertá-la. Muitos russos sentiam, como ele, que deviam ocupar todo o grão-ducado de Varsóvia, dessa forma resolvendo o problema polonês de uma vez por todas, e, possivelmente, a Prússia Oriental e Danzig também, deixando que os alemães lutassem contra Napoleão mais a oeste.

Alexandre via as coisas de forma diferente. Embora tivesse atendido ao desejo de Rostopchin de que um monumento de vitória fosse fundido com o bronze dos canhões franceses capturados, ele estava mais interessado em construir uma grande igreja para o Redentor. O fato de sua causa ter triunfado apesar de todos os erros que ele e seus camaradas haviam cometido apenas confirmava sua convicção de que era uma ferramenta nas mãos do Todo-Poderoso.

"Foi Deus quem fez tudo; foi Ele quem mudou tudo tão repentinamente a nosso favor, lançando sobre a cabeça de Napoleão todas as calamidades que este pretendia lançar sobre nós", ele escreveu para a sua irmã Catarina no dia 20 de novembro."[15]

"O incêndio de Moscou iluminou minha alma, e o julgamento do Senhor, que se manifestou em nossas planícies congeladas, encheu meu coração com uma fé ardente que eu nunca senti antes", escreveu para outra pessoa, acrescentando que percebera que deveria, a partir daquele momento, devotar-se à causa de estabelecer um reino de Deus na Terra.[16]

Ele não estava, de forma alguma, só ao ver as coisas em termos espirituais. Havia algo quase bíblico na escala dos eventos, e muitos viram o sofrimento que a Rússia suportara como a punição para seus pecados, e o incêndio de Moscou como uma expiação purificadora.

"Suas ruínas serão a garantia de nossa redenção, moral e política, e a luz das brasas de Moscou, Smolensk etc., mais cedo ou mais tarde, iluminará nosso caminho para Paris", A.I. Turgeniev escrevera ao príncipe Piotr Viazemsky em 8 de outubro. "A guerra, que se tornou uma guerra nacional, teve uma reviravolta tão grande que deve ser concluída com o triunfo do norte e uma vingança brilhante pela maldade gratuita e pelos crimes das nações do sul."[17]

Ele não era o único a pensar que a guerra não acabara em Vilna.

"Você se colocará, *Sire*, à frente das potências da Europa", Stein escrevera a Alexandre no dia 17 de novembro. "O papel exaltado de benfeitor e restaurador deve ser assumido por você."

Alexandre não precisava de muito estímulo. Ele já estava determinado a levar a guerra para a Alemanha e além. No dia 30 de novembro, ele decretou um novo alistamento de recrutas, oito em cada 500 almas, que, juntamente àqueles alistados em julho e agosto, forneceriam as tropas que ele lideraria na libertação da Europa.

Essa não seria uma libertação meramente política da tirania de Napoleão — seria uma cruzada. Entre as recepções e bailes que aconteciam em Vilna naquele Natal, Alexandre teve várias conversas íntimas com a jovem condessa Tiesenhausen, de quem ele passara a gostar tanto na primavera.

"O imperador falava como um verdadeiro sábio, que só deseja a felicidade da humanidade", escreveu ela. "Ele parecia sonhar apenas com os meios pelos quais restaurar a Era Dourada."[18]

Enquanto Alexandre sonhava em trazer o céu para a terra e Napoleão trabalhava no restabelecimento de seu poder na Europa, nenhum dos dois dispensava sequer um pensamento às vítimas dos eventos recentes ou àqueles que ainda lutavam entre a vida e a morte. Enquanto o tsar e seu cortejo dançavam, o ato final na tragédia de Vilna desdobrava-se longe das janelas do palácio.

"Não havia um monte de neve ou pilha de lixo que não tivesse um braço ou uma perna projetando-se para fora (com uniforme, já que haviam deixado de despir os mortos)", escreveu Aleksander Fredro. "Durante todo o inverno, nas ruas estreitas, podíamos ver cadáveres encolhidos com as costas contra as paredes, e eles não eram poupados da zombaria. Um recebera algumas flores para segurar, outro, uma vara no lugar de um mosquete, enquanto um terceiro tinha em sua boca um graveto que lembrava um cachimbo."[19]

Cossacos perambulavam pelas ruas vendendo seus saques, os quais incluíam crianças que haviam pegado enquanto atacavam os franceses em retirada.

"Aqueles pobres coitadinhos, que haviam sido arrancados dos peitos de suas mães por esses estranhos novos protetores, só podiam gemer, já que não conseguiam sequer dizer os nomes dos pais, os quais haviam provavelmente morrido durante a retirada", escreveu a condessa Tiesenhausen.[20]

Os feridos e doentes estavam abandonados ao frio congelante, sem cuidados nem alimentação, em "hospitais" improvisados, dos quais havia cerca de quarenta em Vilna e arredores, situados em monastérios e casas de campo. Esses hospitais geralmente possuíam dois enfermeiros auxiliados por cossacos ou milícias, os quais distribuíam doses regulares de brutalidade, mas muito pouca comida ou água, para não mencionar cuidados médicos. Muitos dos homens sofriam de tifo ou outras febres, além das feridas, mas todos sofriam, acima de tudo, com a fome e a sede. Assim, enquanto todos os armazéns médicos deixados por Napoleão ainda continham suprimentos em abundância, os homens nos hospitais recorriam ao canibalismo. Dezenas de milhares, possivelmente cerca de 30 mil, morreram no espaço de duas semanas.

Na primavera, os cadáveres eram postos em carroças — grande parte carroças francesas abandonadas — para serem levados e enterrados ou queimados. Um sobrevivente nunca se esqueceu da visão de aproximadamente 20 *fourgons* franceses, alguns dos quais entalhados com a inscrição *Equipages de S. M. Empereur et Roi*, carregados com pilhas de corpos rígidos empilhados como toras.[21]

As condições não eram melhores em outros lugares. Jean Pierre Maillard, de Vevey, um sargento do 2º Regimento suíço e veterano da campanha espanhola, foi ferido durante a batalha por Polotsk e viu-se deitado com centenas de outros num convento, sem comida nem água. Quando os russos chegaram, invadiram o prédio e começaram a roubar tudo dos homens feridos, tirando até o curativo do braço do sargento de Maillard. Uma segunda onda levou seu uniforme. Ele ficou lá durante dias sem assistência, enfaixando seu próprio ferimento da melhor forma que podia, espremendo o pus e tirando piolhos da pele com uma faca.

"Eu pensava que estava com os condenados no inferno", relembrar-se-ia Giuseppe Venturini, que também fora jogado no chão de um "hospital" em Polotsk, onde ficou sem cuidados nem comida, enquanto ouvia os gritos de seus companheiros.

Dos 200 doentes que se encontravam no hospital de Polotsk no dia 20 de outubro, havia apenas 25 em 23 de novembro, e dois no dia 12 de janeiro de 1813.[22]

O destino dos cativos franceses também não era invejado. Depois de terem sido roubados, eles eram agrupados ou mesmo amontoados a céu aberto, ou ainda arrebanhados em qualquer construção disponível. Em Smorgonie, Henri Ducor foi jogado num celeiro que já estava cheio de homens. Os cossacos traziam mais e mais, forçando-os a abrir caminho até terem amontoado 400 homens num espaço que media 6x6 metros. Quando os homens caíam ou desmaiavam por causa do aperto, eram pisoteados por outros, e Ducor logo se viu sobre uma pilha de cadáveres.

"Estávamos tão comprimidos uns contra os outros, particularmente na parte de trás do lugar, que os mortos sequer tinham espaço para cair, e, golpeados de um canto para outro, parecia, com seus braços rígidos erguidos, que eles lutavam com os outros", escreveu ele, "mas finalmente eles eram empurrados para o chão, pisoteados e esmagados, e os outros subiam sobre os cadáveres a fim de aliviarem seus pés dilacerados com um pouco de calor humano."

Em Kovno, os cossacos jogaram quarenta oficiais num porão depois de roubá-los e bater neles, e deixaram-nos lá sem comida ou água por dois dias, ao fim dos quais apenas três saíram vivos.[23]

Um médico vinculado ao Estado-Maior de Berthier, capturado em Vilna e mandado num comboio com 300 homens para Saratov, foi submetido a uma série de brutalidades. Quando se queixou ao oficial que comandava o comboio, este disse que não tinha poder para fazer nada, já que temia seus próprios homens. Os prisioneiros frequentemente tinham de passar a noite a céu aberto depois de um dia de marcha; alguns ficavam em pé a fim de não adormecerem na neve, mas congelavam quando se encostavam a uma árvore.

"O último suor que tinham congelava sobre seus corpos macilentos, e eles ficavam em pé, os olhos abertos para sempre, o corpo rígido em qualquer atitude convulsiva que a morte surpreendera e congelara", escreveu o médico. "Os corpos permaneciam ali até que alguém os removesse para queimá-los, e o tornozelo era arrancado da perna mais facilmente do que a sola do pé podia ser removida do chão."

As condições só melhoravam fora da zona de guerra, onde os habitantes se compadeciam e davam-lhes comida e eles eram escoltados por soldados veteranos, muitos dos quais haviam sido prisioneiros na França.[24]

O coronel Seruzier da artilharia leve da 2ª Divisão de Cavalaria de Montbrun teve mais sorte que a maioria. Ele foi capturado por cossacos no momento em que estava prestes a atravessar o Niemen de volta. Ele foi ferido, bem como despido e roubado, e forçado a marchar descalço e nu pela neve num frio intenso. Queixou-se do tratamento que estava recebendo quando foi levado até Platov, mas recebeu uma repreensão desdenhosa. Felizmente para Seruzier, o filho de Platov apiedou-se dele, e, depois de enfaixar seus ferimentos, deu-lhe alguns trapos para vestir. Isso teria feito pouca diferença quando ele fosse despachado sob a responsabilidade de guardas cossacos se não fosse por um golpe de extraordinária sorte que se lhe apresentou quando ele encontrou um coronel russo a quem havia aprisionado em Austerlitz sete anos antes e a quem tratara com cortesia. O coronel deu-lhe roupas e dinheiro, e recomendou-o pessoalmente, com ameaças, ao comandante do comboio. Outro golpe de sorte deu-se em Vilna, quando Seruzier encontrou o grão-duque Constantino, o qual tratara com amizade em Tilsit e Erfürt, depois do que ele passou a receber tratamento privilegiado.[25]

Outros que conseguiam evitar o destino comum dos prisioneiros eram os que tinham habilidades úteis: conhecimentos médicos eram especialmente valorizados. Logo que foi capturado, assim que ficou claro quem ele era, o doutor La Flise recebeu o pedido para assumir o posto de cirurgião regimental do Exército russo. O doutor Henrich Roos também foi mandado para trabalhar para o Exército russo logo que foi capturado. E alfaiates, sapateiros, ferreiros e outros eram, em muitas ocasiões, levados com os russos em seu avanço. Um trompetista francês conseguiu de alguma forma cativar os cossacos que o capturaram tocando para eles em seu clarinete, e eles o levaram consigo para entretê-los. Outros com alguma habilidade eram tirados das colunas de prisioneiros pelos donos das propriedades através das quais marchavam, ávidos por tirarem proveito do trabalho gratuito.[26]

Muitos dos soldados perceberam que sua nacionalidade poderia ajudá-los em algumas circunstâncias. Os alemães frequentemente tentavam aproveitar-se da sua, enquanto os holandeses fingiam ser alemães, assim como os poloneses, a fim de evitarem ser destacados para um tratamento particularmente cruel. Espanhóis e portugueses proclamavam sua nacionalidade para todos ouvirem, com algum sucesso, já que a *guerrilla* espanhola contra os invasores franceses havia se tornado uma lenda popular na Rússia.

Dom Raphael de Llanza, um oficial do Regimento de José Napoleão, gritou que ele e seus homens eram espanhóis quando se renderam no Berezina, e eles foram saudados com entusiasmo por seus captores. Os cossacos que os escoltavam gritavam "espanhóis!" quando passavam por outras unidades russas ou grupos de camponeses com olhares furiosos, os quais, por sua vez, os saudavam. Isso não impediu que a mandíbula de Llanza fosse consumida pela geladura a ponto de ele ter que fazer o implante de uma de prata especialmente confeccionada — que ele deixaria, juntamente com a espada e as esporas, para seus herdeiros.[27]

O sargento Bénard surpreendeu-se com a recepção que ele e seus camaradas feridos receberam quando suas carroças entraram em Moscou.

"Devo aqui fazer justiça aos habitantes de Moscou, que não nos deixaram ouvir um único grito de ódio, uma única ameaça; pelo contrário, recebi deles gestos inequívocos de simpatia, e minha pequena carroça foi carregada com suprimentos que mãos anônimas discretamente depositavam sobre ela", recordar-se-ia ele.

Porém, ele ficou triste quando, estando bem o bastante para andar, foi visitar a família alemã com quem ficara seis meses antes e descobriu que eles haviam sido desapropriados e exilados por terem tratado os franceses com amizade.[28]

Os prisioneiros finalmente eram entregues às autoridades civis de alguma cidade do interior, onde por fim recebiam o subsídio de subsistência a que tinham direito. Eles podiam trabalhar, os oficiais recebiam liberdade condicional, e a maioria era tratada de forma razoável. Contudo, havia exceções.

"Para o diabo, seus cães franceses", vociferou o governador de Tambov, um certo príncipe Gagarin, quando confrontado por alguns prisioneiros alemães que ousaram reclamar de suas condições. "O céu é muito alto e o tsar está muito longe."[29]

Os remanescentes do Exército em retirada que haviam atravessado o Niemen pensaram que estariam a salvo depois que tivessem cruzado a fronteira do Império Russo. Foi um choque descobrir que bandos de cossacos os haviam seguido para além das fronteiras, e muitos foram mortos ou aprisionados em solo prussiano. Entretanto, os sobreviventes conseguiram por fim chegar a Königsberg, onde Murat estabelecera seu quartel-general e pretendia reorganizar o Exército, e onde eles finalmente sentiram que podiam relaxar.

Anos depois, Bellot de Kergorre não havia esquecido o prazer que sentira ao tomar seu primeiro banho: "Eu podia sentir todo o meu corpo sendo liberto; parecia que cada parte dele voltava ao seu lugar depois de ter sido perturbada; todos os meus músculos, todos os meus nervos vibravam e relaxavam."

A felicidade de tirar e queimar as roupas infestadas de insetos peçonhentos e vestir roupas limpas está presente em inúmeros relatos. Todavia, o processo de reajuste à vida normal em muitos casos não foi fácil. Marie Henry de Lignières procurou a família com quem havia ficado em Königsberg antes de partir, e eles o receberam de braços abertos. Ele passou uma noite prazerosa com eles, mas os levou às lágrimas quando começou a tocar o piano com os dedos deteriorados pelo frio. Um oficial, que era um aristocrata alemão, envergonhou-se ao se surpreender pegando a comida com as mãos.

"Eu me acostumara a usar as mãos em vez de um garfo", escreve ele.

Alguns descobriam que não podiam suportar ficar sentados por muito tempo em locais aquecidos, e tinham que dormir com a janela totalmente aberta mesmo quando fazia um frio enregelante do lado de fora.[30]

A situação de um grande número de sobreviventes era pior do que imaginavam. Assim como alguns haviam enlouquecido em Vilna, outros agora davam vazão às suas "febres nervosas" de uma forma ou de outra. Outros eram acometidos pela epidemia de tifo que se espalhara nas últimas etapas da retirada. Entre eles, estava o inspetor-geral da artilharia, Lariboisière, e o general Eblé, cujos pontoneiros haviam salvado o Exército no Berezina.

Murat passava as tropas em revista e falava em reagrupamento, mas o abandono de Vilna, que ele fora ordenado a conservar, e depois o de Kovno, que ele mesmo prometera manter, não inspiravam confiança. Sua bravura não podia ser questionada, mas sua inteligência e força de caráter limitadas eram fatores que também tinham que ser levados em conta. Além disso, seus esforços para reunir o Exército foram frustrados pela situação política mais ampla.

Na Prússia, os franceses confrontaram-se com a força total do ressentimento popular. Em Königsberg, estudantes cantavam canções hostis e recitavam poemas convocando a Alemanha a erguer-se contra a tirania da França. Enquanto viajavam através da zona rural, os soldados, até mesmo os alemães, eram cuspidos por onde passavam, e os habitantes locais frequentemente se recusavam a lhes vender comida. Muitos dos homens isolados ou feridos eram agredidos e espancados.[31]

Algo mais alarmante desenvolvia-se no norte, onde a 10ª Divisão de Macdonald recuava para reunir-se às tropas remanescentes de Murat. Macdonald ainda tinha aproximadamente 30 mil homens em boa forma, o que era o bastante para conservar a ocupação da Prússia Oriental e desencorajar os russos a atravessar o Niemen. A metade da Divisão consistia em prussianos sob o comando do general Hans David Yorck von Wartenburg, um patriota prussiano exaltado que não morria de amores pelos franceses.

No início de novembro, Yorck recebera uma carta do general Essen, comandante russo em Riga, informando-lhe que Napoleão havia fugido e sugerindo que Yorck mudasse de lado e sequestrasse Macdonald. Yorck recusou-se a contemplar tal proposta, mas, depois de mais sondagens do lado russo, respondeu que, se o tsar desejasse se comunicar com o rei da Prússia, ele estaria preparado para passar as cartas. Macdonald observara um *refroidissement*, mas, confiante na honra militar dos oficiais prussianos sob seu comando, não temia nada mais que uma falta de entusiasmo na execução de suas ordens.[32]

À medida que Macdonald recuava no início de dezembro, Yorck e seus prussianos ficavam para trás. Macdonald fez um intervalo em sua retirada e enviou ordens a Yorck para que o alcançasse antes de ser interceptado, repetindo-as depois de não ter recebido resposta. Seu cortejo começou a murmurar sobre traição, mas ele se recusava a acreditar que um soldado com a reputação de Yorck seria capaz de algo semelhante.

No dia 20 de dezembro, a Subdivisão do general Diebitsch, outro prussiano servindo à Rússia, isolou Yorck de Macdonald, efetivamente interceptando os prussianos. Seguiu-se um impasse entre os russos e os prussianos enquanto o major Clausewitz, que agora estava no Estado-Maior de Diebitsch, conduzia as negociações. A despeito de uma certa dose de suspeita por parte dos dois lados, eles rapidamente alcançaram um acordo, que, depois do parecer do tsar, foi assinado na Convenção de Tauroggen em 30 de dezembro. Por esse ato, Yorck prometia deixar de lutar contra os russos, enquanto estes concediam neutralidade à sua Divisão.[33]

Quando a notícia da deserção prussiana alcançou-o, Murat percebeu que a linha do Niemen não podia mais ser defendida, e deu início à evacuação de Königsberg. Schwarzenberg também entendeu que o fim do jogo chegara, e retirou-se de sua posição na Polônia, seguindo para a Áustria, obrigando Reynier e seus saxônicos a recuar também a fim de não serem isolados da Saxônia. Toda a Prússia Oriental e o grão-ducado de Varsóvia estavam agora expostos aos cossacos, e milhares de outros retardatários foram capturados ou mortos.

Os franceses estabeleceram-se em Danzig e em cidadelas como Küstrin, Toruń e Glogau, e Poniatowski estava fazendo o melhor que podia para conseguir homens bastantes para a defesa de Varsóvia. A cidade apresentava um espetáculo curioso, visto que, enquanto retardatários definhados movimentavam-se com dificuldade do norte para o leste, um novo regimento de vélites italianos com ótima aparência marchava na outra direção.

"Enquanto os heróis encontravam-se em locais como hospitais, os jovens cavalheiros italianos, lindamente uniformizados e enfeitados, tornavam-se camaradas, cantando com suas vozes melodiosas, e experimentavam todos os tipos de prazer", escreveu um varsoviano.[34]

Foi apenas quando a retirada dos franceses realmente teve fim perto do início de janeiro e os remanescentes da *Grande Armée* alcançaram as cidades designadas como pontos de reunião para as várias unidades que a escala do desastre começou a ganhar forma.

É impossível estabelecer com alguma precisão o número dos que pereceram, já que as estimativas originais da *Grande Armée* são provavelmente muito altas, e foram continuamente reforçadas durante as operações na Rússia. Contudo, podemos afirmar sem dúvida que o número total de soldados franceses e aliados operando além do Niemen durante um período entre junho e dezembro de 1812 consistia em algo entre 550 e 600 mil. Apenas cerca de 120 mil desses soldados retornaram em dezembro. Possivelmente até 300 mil tenham voltado mais cedo, entre levemente feridos, doentes ou integrantes do quadro militar permanente enviados para formar novas unidades na França ou na Itália. É também provável que uma grande proporção dos cerca de 50 mil desertores tenha saído no início da campanha, enquanto as coisas iam bem. Os russos fizeram cerca de cem mil prisioneiros, mas certamente não mais que 20 mil sobreviveram, tendo sido mandados para casa em 1814. Assim, podemos presumir com segurança que até 400 mil soldados franceses e aliados morreram, menos de um quarto deles em batalha. Podemos apenas supor quantas dezenas de centenas de franceses e civis aliados a mais — entre aqueles que seguiram o Exército para a Rússia e os que escolheram segui-lo voltando de Moscou — também pereceram. Dos que retornaram, tanto militares quanto civis, um grande número morreu dentro de um mês ou dois, de tifo, tuberculose ou pelos efeitos nervosos subsequentes à campanha.

Também não é fácil determinar o número de perdas no lado russo com alguma precisão. Atualmente, acredita-se que até 400 mil soldados e milicianos pereceram, cerca de 110 mil em batalha. Aqui, igualmente, pode-se apenas supor o número de civis que foram mortos, nos cercos de Polotsk e Smolensk, no incêndio de Moscou, em milhares de ataques de saqueadores, ou simplesmente de fome e frio em consequência de terem tido que fugir de suas casas. Entretanto, é seguro afirmar que, no todo, entre a travessia do Niemen pela *Grande Armée* no fim de junho de 1812 e o fim de fevereiro de 1813, por volta de um milhão de pessoas morreram, estas divididas igualmente entre os dois lados.[35]

No que dizia respeito a Napoleão, as perdas eram mais sérias ainda do que podiam parecer nessas estimativas. Dos 120 mil que haviam saído da Rússia em dezembro, 50 mil eram austríacos e prussianos, os primeiros sendo aliados duvidosos, os últimos prestes a se tornar inimigos. Dos 70 mil remanescentes, mais de 20 mil eram poloneses. Se os sobreviventes aliados fossem tirados das estimativas, provavelmente descobrir-se-ia que não mais que cerca de 35 mil franceses haviam sobrevivido, muitos inaptos ao serviço. Acrescente-se também a isso a perda de ao menos 160 mil cavalos tirados do estoque do Império napoleônico, e mais de mil canhões.

A extensão das perdas variava muito de unidade para unidade. O contingente austríaco sobrevivera em grande parte porque, estando por si mesmos sob o comando de Schwarzenberg, só não foram capazes de evitar a batalha em uma ocasião. Os prussianos sob o comando de Macdonald só se envolveram em conflitos leves, demonstrando uma falta de entusiasmo semelhante para lutarem contra os russos — a região onde se encontravam era tão tranquila em longos trechos que os oficiais costumavam tomar banho no mar Báltico.

Dos 96 mil poloneses que participaram, um total de 24 mil saiu da Rússia, uma taxa de sobrevivência de 25%. Dos 32.700 bávaros que atravessaram o Niemen, o máximo que o general Wrede pôde reunir em 1º de janeiro de 1813 foi 4 mil, ou seja, 12% do total. Os dois regimentos ilírios, os quais totalizavam no início 3.518 homens em todos os postos, foram reduzidos a 211, cerca de 6%. Dos 52 mil homens do Exército da Itália, apenas 2.637 soldados e 207 oficiais se reuniram em Marienwerder em janeiro, representando apenas pouco mais que 5%. Finalmente, dos 27.397 italianos que atravessaram os Alpes no início do verão de 1812, apenas cerca de mil retornaram para casa, não muito mais que 3%.[36]

Como é de se esperar, regimentos da Guarda retornaram comparativamente bem. A Companhia de *Chasseurs* do tenente Marie Henry de Lignières reuniu 52 homens de 245 em Königsberg. A chamada aos lanceiros de Berg, no dia 3 de janeiro de 1813, foi respondida por 370 homens do total original de 1.109. Os *Chevau-Légers* poloneses — que ao atravessarem o Niemen consistiam em 915 integrantes e dos quais oficiais e soldados foram dispensados para compor o quadro militar permanente dos regimentos recrutados na Lituânia — ainda totalizavam 422 quando atravessaram o rio de volta para o grão-ducado de Varsóvia em dezembro.[37]

Regimentos de linha não se saíram tão bem. De acordo com o sargento Bertrand, o 7º Regimento de Infantaria Leve da Divisão de Davout abrira a campanha com 3.342 homens, e totalizava apenas 192 quando a chamada foi feita em Toruń, no dia 31 de dezembro. Dos 800 homens do 8º Regimento de *Chasseurs à Cheval* que saíram de Brescia no dia 6 de fevereiro de 1812 a caminho da guerra, apenas 75 reuniram-se em Glogau um ano depois. O 2º e o 3º Batalhões do Regimento espanhol de José-Napoleão, que lutaram em Borodino e Maloyaroslavets na Divisão do príncipe Eugène, atravessaram o Niemen de volta com apenas 14 oficiais e 50 homens de outros postos, mas o coronel Lopez conseguiu levar o estandarte de volta consigo. Da companhia de 400 pontoneiros que construíra as pontes sobre o Berezina, apenas o capitão Benthien, o sargento-maior Schroder e seis homens retornaram à Holanda. Por fim, do 8º Regimento vestfaliano de Infantaria, um sargento foi o único homem a voltar para Cassel.[38]

É difícil compreender o impacto que tamanhas perdas tiveram nos países envolvidos. Para a França, o país mais populoso da Europa, a perda de mais de 300 mil homens de uma população de 37 milhões seria comparável à perda de quase 700 mil atualmente, e esse número não inclui o grande número de civis que também morreram. Para o grão-ducado de Varsóvia,

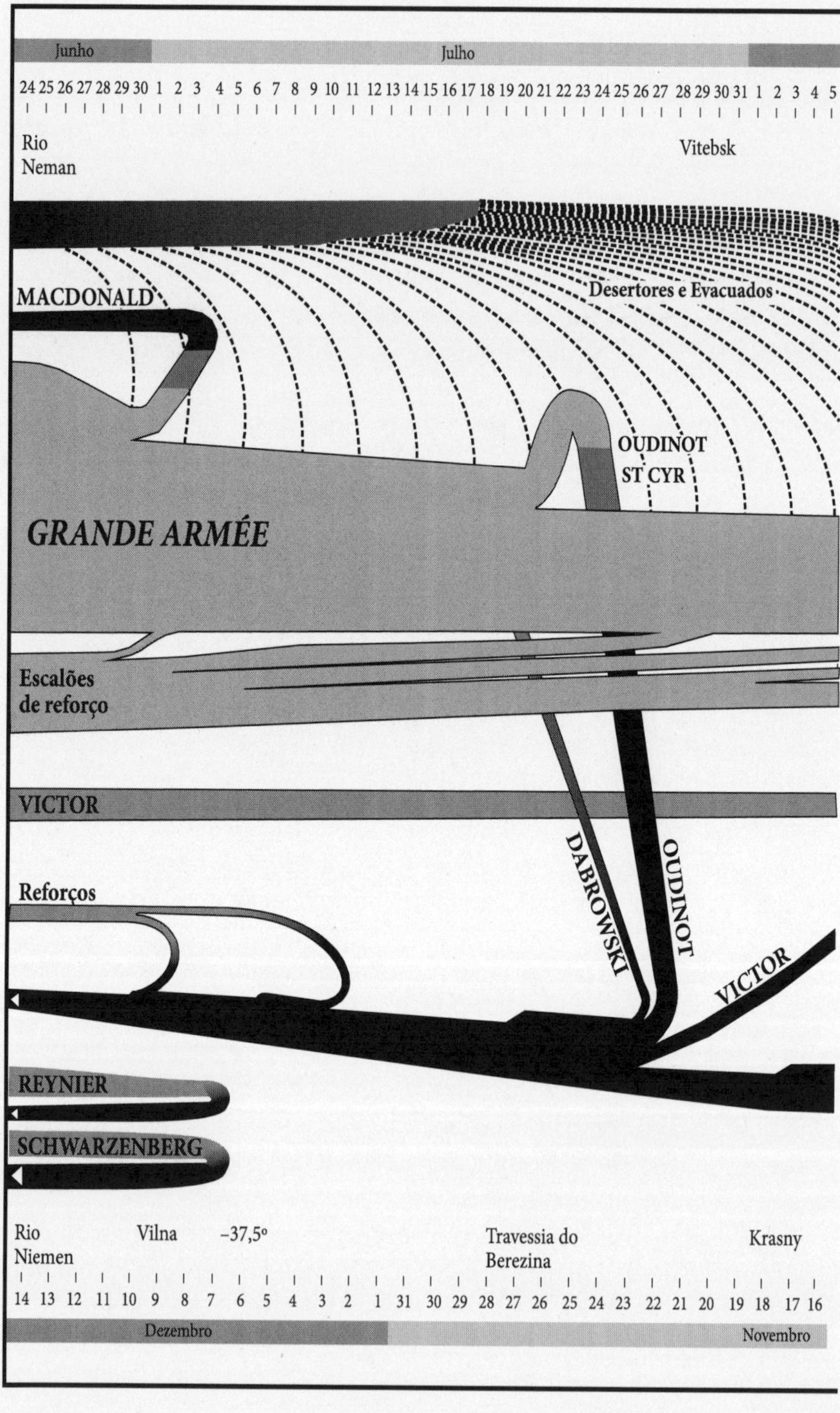
Junho
Julho
24 25 26 27 28 29 30 1 2 3 4 5 6 7 8 9 10 11 12 13 14 15 16 17 18 19 20 21 22 23 24 25 26 27 28 29 30 31 1 2 3 4 5
Rio
Neman
Vitebsk
MACDONALD
Desertores e Evacuados
OUDINOT
ST CYR
GRANDE ARMÉE
Escalões
de reforço
VICTOR
DABROWSKI
OUDINOT
Reforços
VICTOR
REYNIER
SCHWARZENBERG
Rio
Niemen
Vilna
–37,5°
Travessia do
Berezina
Krasny
14 13 12 11 10 9 8 7 6 5 4 3 2 1 31 30 29 28 27 26 25 24 23 22 21 20 19 18 17 16
Dezembro
Novembro

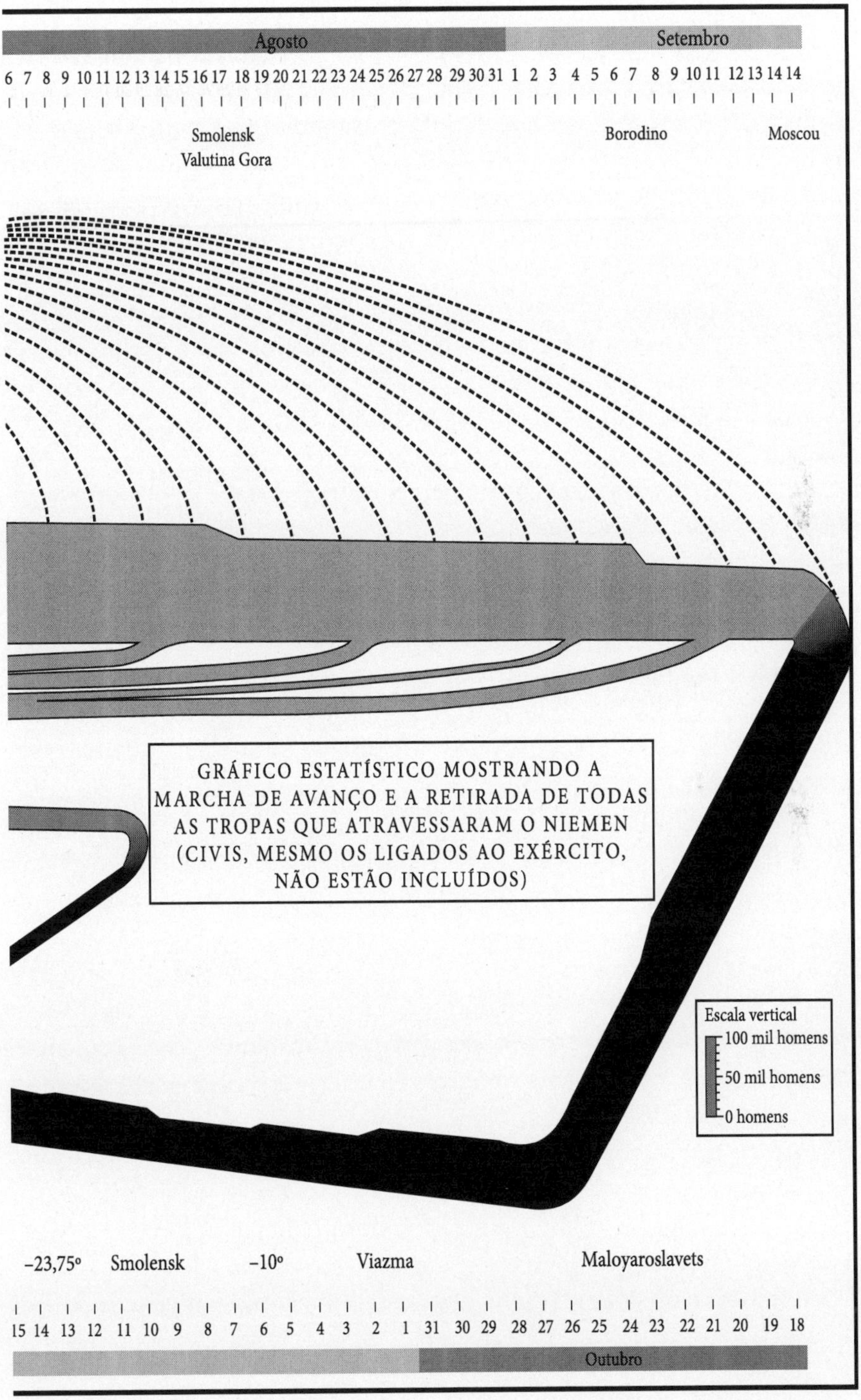
Agosto
Setembro
6 7 8 9 10 11 12 13 14 15 16 17 18 19 20 21 22 23 24 25 26 27 28 29 30 31 1 2 3 4 5 6 7 8 9 10 11 12 13 14 14
Smolensk
Valutina Gora
Borodino
Moscou
GRÁFICO ESTATÍSTICO MOSTRANDO A MARCHA DE AVANÇO E A RETIRADA DE TODAS AS TROPAS QUE ATRAVESSARAM O NIEMEN (CIVIS, MESMO OS LIGADOS AO EXÉRCITO, NÃO ESTÃO INCLUÍDOS)
Escala vertical
100 mil homens
50 mil homens
0 homens
-23,75º
Smolensk
-10º
Viazma
Maloyaroslavets
15 14 13 12 11 10 9 8 7 6 5 4 3 2 1 31 30 29 28 27 26 25 24 23 22 21 20 19 18
Outubro

perder mais de 70 mil homens, proporcionalmente, equivaleria atualmente à perda de três quartos de um milhão pela Polônia, sem levar em conta os civis cuja morte foi provocada pelos Exércitos que atravessaram seu território. As estimativas equivalentes para a Alemanha seriam de aproximadamente 400 mil; para o norte da Itália, 200 mil; e para a Bélgica e a Holanda, 80 mil. Ademais, por trás dessas estimativas, estão ocultados milhares de tragédias pessoais, muitas das quais agravadas pelo fato de que havia pouquíssimas informações disponíveis sobre o que acontecera às pessoas.

Um camponês francês escreveu para o filho no dia 22 de fevereiro de 1813, endereçando a carta ao "capitão Flamant do 129º Regimento de Linha, perdido na região de Vilna". A família não tinha notícias dele desde agosto, mas o fato de ele não ser um grande escritor de cartas lhes dava esperanças.

"Eu prefiro pensar que você foi aprisionado, essa é a única ideia capaz de nos consolar neste momento", escreveu ele. "Sua pobre mãe está muito doente de ansiedade, e uma única palavra da sua mão lhe devolveria a saúde."

Embora todos os prisioneiros tivessem sido libertos quando da assinatura da paz em 1814, muitos não foram soltos imediatamente, e sobreviventes ainda saíam da Rússia anos mais tarde. Isso permitiu aos que não recebiam notícias terem esperanças durante anos, e mesmo décadas. Uma camponesa em Mecklemburgo ainda investigava o paradeiro de seu noivo em 1849.[39]

Houve sobrevivências milagrosas, e um caso de ressurreição. Um oficial da Subdivisão de Dąbrowski, Ignacy Dąbrowski, foi ferido e sofrera uma concussão tão severa na luta nos arredores de Borisov que seus camaradas pensaram que ele havia morrido. Eles o deitaram sobre sua capa e o enterraram sob um monte de neve, visto que a terra estava muito dura para cavar, com todas as honras militares. Dąbrowski reviveu depois que eles haviam partido, e foi capturado pelos russos. Como muitos oficiais poloneses capturados, ele foi pressionado a entrar no Exército russo e enviado para lutar como soldado comum no Cáucaso. Anos depois, tendo sido liberto, ele reapareceu em Varsóvia, onde contava durante os jantares histórias sobre seu funeral em Borisov.[40]

Alguns não retornaram, pois, tendo sido aprisionados, haviam passado a trabalhar para proprietários de terras locais como mão de obra barata ou como criados para poderem sobreviver, e ou nunca tomaram conhecimento da anistia, ou não conseguiram meios para ir para casa. Outros não retornaram porque assim escolheram, tendo construído uma nova vida.

Estes conseguiram condições favoráveis para se estabelecerem em partes com baixa população da Rússia, e até esposas. De acordo com as estimativas oficiais, por volta de 31 de dezembro de 1814, 15 oficiais superiores, dois oficiais médicos e 1.968 homens de outros postos fizeram um juramento para se tornarem súditos do tsar, e outros 253 soldados austríacos esperavam para fazê-lo.[41]

Na década de 1890, um historiador russo descobriu o tenente Nicolas Savin, do 2º Regimento de hussardos e que havia sido capturado no Berezina, vivendo nos arredores de Saratov em uma pequena cabana, cercado por flores que regava todos os dias. Em seu escritório, havia uma estatueta de bronze de Napoleão e um retrato em aquarela do imperador pintado por ele mesmo de memória. Ele viveu, usando orgulhosamente sua *Légion d'Honneur*, até 1894, quando morreu, aparentemente com a idade de 127 anos. A razão pela qual não retornara para a França era que não conseguia vê-la não sendo governada por Napoleão.[42]

Guillaume Olive era mais pragmático. Ele nascera nos Estados Unidos da América, filho de um imigrante, mas começou a servir na França jovem. Olive foi aprisionado durante a retirada e decidiu permanecer na Rússia. Em 1821, ele era ajudante de ordens do grão-duque Constantino, e, uma década depois, marechal da nobreza na província onde havia adquirido uma propriedade. Seu filho chegou ao posto de general da cavalaria, casou-se com a filha de um certo Tolstoy e tornou-se membro do Conselho de Estado. Seus netos foram oficiais nos *Chevaliergardes* e cavalheiros da alcova, e suas bisnetas foram damas de honra da imperatriz. Contudo, para muitos, não foi tão fácil mudar seu objeto de fidelidade.

Os russos esperavam poder recrutar soldados entre os alemães servindo na *Grande Armée*, muitos dos quais mostravam relutância, e começaram a formar uma Legião Alemã para absorvê-los. Na ocasião, poucos prisioneiros se voluntariaram, mesmo isso implicando a libertação imediata das terríveis condições em que eram mantidos presos. Surpreendentemente, a maioria dos oficiais e soldados alemães que haviam servido sob o comando de Napoleão parecem ter continuado devotados a ele na adversidade. Prisioneiros alemães em toda a Rússia celebraram solenemente o aniversário do imperador no dia 15 de agosto de 1813.[43]

Os russos também estavam inclinados a afastar os espanhóis servindo na *Grande Armée* da causa napoleônica, e ofereciam termos generosos aos que se rendiam. Eles formaram um regimento composto por prisioneiros, sob o comando de Dom Raphael de Llanza, que havia sido capturado no

Berezina. Embora esse regimento nunca tenha lutado contra Napoleão como se pretendera, ele retornou para a Espanha, onde, na época do Imperial-Alejandro, tomou parte no levante de 1820 em Riego contra os mesmos Bourbons que haviam sido destronados por Napoleão.

Um resultado não menos curioso das inimizades despertadas em 1812 foi o fato de o filho do capitão Octave de Ségur do 8º Regimento de hussardos — que, ferido por duas lanças de cossacos e aprisionado em um conflito nos arredores de Vilna em 28 de junho, foi a primeira perda francesa notável da campanha — ter se casado em 1819 com Sophie, a filha mais nova do conde Fyodor Rostopchin, governador-incendiário de Moscou. Como condessa de Ségur, ela escreveria uma série de livros para crianças, os quais gerações de meninos e meninas francesas cresceram lendo no século XX.

25

A lenda

O catastrófico resultado da campanha russa selou o destino de Napoleão. Ela não apenas lhe custou centenas de milhares dos seus melhores soldados, mas minou a convicção geral de que ele era invencível e a aura de superioridade que cercava sua pessoa.

"Parece-me que, no que diz respeito a Napoleão, o encanto foi quebrado, e ele já não é temível como era no passado", escreveu a imperatriz regente Maria Fyodorovna com satisfação a um amigo nos primeiros dias de 1813. "Ele não é mais um *ídolo*, mas foi rebaixado ao nível dos *homens*, e sendo assim pode ser combatido pelos homens."[1]

Ela estava certa. Quando o mestre da Europa foi visto dando um passo em falso e caindo, todos que guardavam rancor dele, cada nação que se ressentia de seu domínio, cada grupo com um sonho de mudança, sentiram-se estimulados. A partir do momento em que a extensão do desastre tornou-se conhecida nos primeiros meses de 1813, ficou claro que o futuro da Europa estava aberto de tal forma que não estivera desde a década de 1790.

Poucos viram isso tão claramente quanto os patriotas alemães que vinham remoendo a humilhação proveniente do domínio francês.

"Os primeiros raios da liberdade da Alemanha surgiram no Oriente; eles eram vermelhos como sangue, mas irradiavam a luz da promessa", escreveu o pintor Wilhelm von Kügelgen.

A deserção do general Yorck fora um sinal, e jovens através de todo o norte da Alemanha prepararam-se para levantar-se e derrubar o jugo francês. Stein deu início à organização de uma milícia voluntária na Prússia. O rei Frederico Guilherme hesitou, incerto quanto ao que fazer, mas foi surpreendido pelos eventos; na mente dos jovens alemães, a guerra da libertação — a *Freiheitokrieg* — havia começado. No dia 19 de fevereiro, o filósofo Johann Gottlieb Fichte concluiu a aula que estava dando na Universidade de Berlim com as palavras: "Este curso será suspenso até o encerramento da campanha, quando daremos continuidade a ele numa pátria livre ou reconquistaremos nossa liberdade com a morte."[2]

No dia 28 de fevereiro, uma aliança foi firmada entre a Rússia e a Prússia, e, duas semanas depois, esta última declarou guerra à França.

Napoleão conseguira levantar um novo Exército num período surpreendentemente curto, e tomou o campo de batalha no final de abril de 1813, com mais de 200 mil homens. Ele foi privado da chance de acertar as contas com Kutuzov, que adoeceu enquanto marchava e morreu em Bunzlau, na Silésia, no dia 25 de março. Ele derrotou uma força mista russo-prussiana sob o comando de Blücher e Yorck em Lützen no dia 2 de maio, e outra sob o comando de Wittgenstein em Bautzen, no dia 20 de maio, mas a escassez de oficiais e homens experientes pesou, e, devido à falta de cavalaria, ele não pôde dar continuidade aos seus êxitos.

A Suécia juntou-se à coalizão com um Exército sob o comando de Bernadotte. A Inglaterra contribuiu com dinheiro, enquanto o Exército da Espanha, sob o comando de Wellington, expulsou José de Madri em maio e derrotou Napoleão em Vitória em 21 de junho. À medida que a força dos inimigos de Napoleão aumentava, seus aliados na Alemanha começaram a vacilar.

A Áustria nunca fora uma aliada entusiástica de Napoleão, mas ela não apreciava a perspectiva de uma presença russo-prussiana forte na Europa Central, e, dessa forma, sentia a necessidade de salvar a França da aniquilação. Ela se ofereceu para servir de mediadora e conseguiu arranjar um armistício, que foi assinado em 4 de junho. Napoleão teve, então, a oportunidade de firmar um acordo de paz sob a condição de que a França retornasse às suas fronteiras "naturais", sem mencionar as disposições a serem feitas no resto da Europa. Sua situação era desesperadora. No entanto, ele sentia que aceitar isso seria colocar-se e à França à mercê da coalizão, e rejeitou a proposta. Sentindo-se incapaz de ajudar mais Napoleão e temeroso quanto ao seu próprio futuro, o imperador Francisco I abandonou-o e juntou-se à coalizão. No dia 12 de agosto, a Áustria declarou guerra à França.

Napoleão derrotou os austríacos e os russos sob o comando de Schwarzenberg perto de Dresden a 26 de agosto, mas Oudinot foi derrotado por Bernadotte em Grossbeeren, e Vandamme, pelo general

Von Kleist em Külm. No dia 16 de outubro, Napoleão foi atacado por Exércitos aliados mistos em Leipzig. A "batalha das nações", como estava sendo chamada devido ao número e ao tamanho dos Exércitos envolvidos, durou três dias, no segundo dos quais o último aliado de Napoleão, o rei da Saxônia, foi obrigado a mudar de lado. A essa altura, os franceses estavam numa desvantagem de dois para um. Napoleão manteve-se firme enquanto pôde, dando a Barclay de Tolly e a Bennigsen — ambos os quais haviam sido chamados de volta ao comando — bastante trabalho. No final, porém, ele foi forçado a retirar-se. Um engenheiro nervoso explodiu prematuramente a ponte que atravessava o rio Elster, interceptando a retaguarda de 20 mil homens de Napoleão. Lauriston foi capturado com eles, e Poniatowski morreu enquanto tentava atravessar o rio a nado. Apesar de outra vitória sobre uma força de austríacos e prussianos comandada por Wrede em Hanau, a posição de Napoleão na Alemanha havia se tornado insustentável.

Ele atravessou de volta com dificuldade o Reno com não mais que cerca de 40 mil homens no início de novembro de 1813, e, embora tenha feito uma campanha brilhante contra os Exércitos invasores durante o inverno e a primavera, não podia fazer mais do que adiar o fim. Paris capitulou no dia 31 de março de 1814, e Napoleão foi forçado a abdicar em 6 de abril. Ele foi exilado na ilha de Elba, na costa italiana. Um ano depois, no dia 1º de março de 1815, ele desembarcou na França e tomou o poder mais uma vez em meio a cenas de regozijo patriótico. Mas, no dia 18 de junho, Napoleão foi derrotado em Waterloo por um Exército misto de ingleses e prussianos sob o comando de Wellington e Blücher. Ele foi exilado na ilha de Santa Helena, no oceano Atlântico, onde morreria no dia 5 de maio de 1821.

Ao entrar em Paris triunfante montado a cavalo no dia 31 de março de 1814, o tsar Alexandre foi saudado por multidões entusiasmadas. Os franceses sentiam-se aliviados com o fim da guerra. Eles também estavam encantados com sua pessoa e seus modos, que irradiavam benevolência e espiritualidade. Ele parecia desinteressado em sucesso ou retribuição, e magnanimamente perdoou todos os poloneses que haviam lutado contra ele no Exército napoleônico. Ele falava de expiação e regeneração, realizava reuniões para oração e desfiles semirreligiosos curiosos, descrevendo-se para alguns como um "segundo Abraão", que traria um novo tipo de paz para o mundo.

Ele não estava só nessa exaltação. Na Alemanha, onde poetas comparavam a derrota de Napoleão pela Rússia ao destino do Exército do faraó no mar Vermelho, muitos acreditavam que Alexandre era um instrumento da vontade de Deus. Em Londres, o tsar foi saudado por quacres e membros da Sociedade Bíblica Britânica como se fosse algum tipo de sábio ou mesmo avatar espiritual. Não é incomum, depois de uma longa guerra pela paz, sonhar com um recomeço.

Ninguém se entregava a tais sonhos com tamanho abandono como os jovens oficiais russos que haviam participado das campanhas de 1812-1814.

"Muitos séculos se passaram, e muitos se seguirão no futuro, mas nenhum deles contém ou conterá dois anos tão plenos ou tão magníficos", escreveu Nikolai Borisovich Galitzine, um oficial subalterno do Estado-Maior.

Jovens como ele sentiam que haviam vivido um épico nacional em defesa do direito de seu país ao respeito universal.

"Com a cabeça erguida orgulhosamente, pode-se dizer 'eu sou russo!'", escreveu o comandante guerrilheiro Denis Davidov.[3]

Não era apenas o orgulho pelo novo poder e prestígio de seu país que os animava.

"Depois da conclusão bem-sucedida da guerra patriótica e de nossa marcha vitoriosa das ruínas de Moscou até Paris, a Rússia deu um suspiro de liberdade, e saiu viva com o espírito de renovação e renascimento", refletiria o príncipe Piotr Viazemsky muitos anos depois.

Outro participante acreditava que os eventos haviam "despertado o povo russo para a vida" e definido-o politicamente. Fyodor Glinka via todo o episódio como um tipo de "progresso sagrado" rumo a uma existência melhor.[4] Tratava-se, em parte, de uma questão de ampliação do nível de autoconsciência: esses jovens oficiais haviam passado por muita coisa em um período muito curto, enfrentando a morte diariamente, suportando grandes sofrimentos, metendo-se nas profundezas do desespero e chegando ao topo do triunfo. Eles haviam descoberto um novo sentimento de solidariedade entre si e para com seus homens, e sonhavam com uma vida melhor e mais justa para todos enquanto conversavam em volta de suas fogueiras de acampamento.

Contudo, enquanto eles davam vazão aos seus melhores instintos, seus compatriotas mais práticos ocupavam-se reparando os danos causados pela invasão de Napoleão ao Império Russo. Assim que os franceses deixaram Moscou em outubro de 1812, Rostopchin estabeleceu uma comissão especial para investigar todos aqueles que haviam permanecido na cidade sob a ocupação francesa. Essa comissão identificou 22, a maioria estrangeira, que haviam fracassado em se manterem fiéis ao seu juramento de lealdade ao tsar. Eles foram exilados, mandados para a Sibéria ou aprisionados. Considerou-se que mais 37 foram úteis aos franceses, mas eles não foram punidos. Outros ainda foram entregues a cortes civis, e houve também os que foram açoitados. Investigações similares foram realizadas em outras províncias. Todos aqueles que haviam ficado sob a ocupação francesa foram interrogados, assim como os que haviam trabalhado para o inimigo. Poucos foram punidos, já que a anistia foi declarada em 1814, antes de as sentenças terem transitado.[5] Tamanha indulgência reflete uma sensação de alívio.

A maior causa de alívio era o fato de nenhum grupo de servos ter aproveitado a oportunidade oferecida pela invasão francesa para se rebelar contra seus senhores.

"Vejo que isso é o que mais toca os sentimentos dos russos com quem tenho conversado sobre o assunto", escreveu John Quincy Adams em seu diário no dia 1º de dezembro de 1812. "Esse era o ponto que despertava os maiores temores, e que os faz estarem mais felizes por verem que o perigo passou."[6]

No entanto, muitos temiam que o perigo estivesse longe de passar.

Enquanto exaltavam amplamente e profusamente o patriotismo dos servos, as pessoas expressavam preocupação quanto ao que esses heróis camponeses poderiam fazer em seguida, particularmente pelo fato de muitos terem adquirido mosquetes e aprendido a usá-los. As autoridades lançaram proclamações convocando os camponeses a entregarem as armas, oferecendo até mesmo cinco rublos por mosquete, mas os resultados foram desapontadores e as armas tiveram que ser confiscadas à força. Podemos ver o quão a sério a ameaça era levada pelo fato de Aleksandr Benckendorff, que comandava um destacamento "voador" sob Wintzingerode ao norte da estrada entre Moscou e Smolensk, ter recebido ordens para desarmar suas tropas auxiliares de camponeses e providenciar a execução dos que haviam demonstrado maior eficiência.[7]

"O povo acostumou-se à guerra e testemunhou a carnificina", escreveu Rostopchin para Alexandre depois de uma longa conversa sobre o assunto com Balashov no outono de 1812. "Nossos soldados pilharam-no antes de o inimigo tê-lo feito, e agora que Bonaparte parece ter escapado do nosso alcance, não seria uma má ideia, enquanto nos preparamos para batalhar contra ele, pensarmos nas medidas a serem tomadas para a luta dentro do império contra os seus inimigos e os da pátria."[8]

Esse receio não era infundado.

No dia 9 de dezembro, enquanto o que restara da *Grande Armée* entrava errante em Vilna, o recém-recrutado 3º Regimento de Milícia da província de Tula, posicionado na pequena cidade de Insar, rebelou-se. Eles prenderam seus oficiais, espancaram-nos e arrastaram-nos pela cidade antes de pô-los na cadeia. Depois, deram início à instalação de patíbulos para enforcarem-nos, mas acabaram se deixando ser levados pela sedução do saque, e partiram para a violência. Um oficial que conseguiu fugir para a zona rural descobriu que os camponeses queriam linchá-lo e aos proprietários de terras locais. A rebelião espalhou-se para outras guarnições em Tula antes de ser sufocada por tropas regulares com o apoio da artilharia. Depois de uma investigação, averiguou-se que os homens acreditavam que ganhariam a liberdade servindo na milícia, tendo reagido com fúria quando lhes disseram que isso não era verdade. Trezentos foram condenados ao corredor polonês, o que terminou com a morte de 34.[9]

A invasão francesa de fato alterara as atitudes dos camponeses afetados por ela, fosse como vítimas, participantes, milicianos ou soldados regulares. Eles todos haviam sofrido ou lutado ao lado de seus mestres pela causa da pátria, e parecia justo que recebessem algum reconhecimento por isso.

Eram os homens que haviam sido convocados em 1812 que se sentiam mais ressentidos. O manifesto sob o qual haviam se alistado afirmava claramente que eles estavam sendo convocados para defender a pátria naquele momento de necessidade, e que uma vez o inimigo tivesse sido expulso, eles estariam livres para voltar para suas famílias. Em vez disso, eles foram levados por toda a Europa, lutaram em duas campanhas, só tendo retornado à Rússia depois de três anos. Em sua marcha para Paris, eles viram que os camponeses de todos os países que atravessavam gozavam não apenas de um padrão de vida, como também de um grau de liberdade que ia além dos seus sonhos mais extravagantes. Eles sentiam que mereciam ao menos ser um pouco aliviados em seu fardo.

"Nós derramamos nosso sangue, e agora eles querem que voltemos e suemos por nossos senhores!", resmungavam eles. "Nós salvamos a pátria do tirano, e agora nossos amos querem nos tiranizar!"[10]

Quando chegou a hora de o Exército dar início à sua longa marcha para Paris, muitos dos soldados fizeram o que era sensato.

"Ao pararmos na primeira noite, doze dos nossos melhores soldados desertaram, e mais ainda na segunda, de modo que, ao fim de três dias de marcha, a companhia havia perdido cinquenta homens", escreveu o capitão A.K. Karpov.[11]

Essa experiência não foi de forma alguma excepcional. Medidas especiais tiveram que ser tomadas a fim de evitar que o Exército se dissolvesse na marcha para casa.

O jovem Pushkin, ainda cursando a escola em São Petersburgo, escreveu para Alexandre ao retornar de Paris, cheio de alegria e ânsia pelo futuro. Ele expressava o entusiasmo de uma geração que esperava que o tsar transformasse seu país. Para eles, os acontecimentos dos dois anos anteriores haviam sido um despertar espiritual, e eles acreditavam que a Rússia devia concretizar suas esperanças pondo um fim nas hierarquias que dividiam a nação. Embora geralmente rejeitassem ideias estrangeiras — e francesas, em particular —, os aspirantes a reformadores ainda assim contemplavam um processo de regeneração que transformaria a Rússia num estado liberal progressivo.

A invasão humilhante e a profanação do seu país pelos franceses produziram uma reação visceral através da sociedade russa, que recorreu à sua própria história e tradições a fim de encontrar consolo e força. Modas, estilos musicais e danças étnicas invadiram os palácios da aristocracia. O conde Ostermann-Tolstoy chegou ao ponto de remover a decoração francesa do quarto principal de seu palácio em São Petersburgo e substituí-la por toras de madeira crua numa imitação das cabanas camponesas russas. Todavia, manifestações desse tipo não necessariamente anunciavam qualquer mudança na atitude para com os camponeses.

Enquanto a imagem do soldado patriota era glorificada em pinturas e gravuras, e ao passo que ele era o herói de vários poemas e contos, e ao menos de uma peça popular — na qual um camponês se tornava um oficial —, a realidade permanecia duramente inafetada. Servos tinham que ser postos em seu lugar, e mandados de volta ao trabalho. Quando um lanceiro que ganhara a Cruz de São Jorge por bravura revelou-se um judeu, foi-lhe negado o direito de usá-la.[12]

A maior parte da sociedade russa viu os eventos de 1812-1814 não como um estímulo para a regeneração, mas como uma comprovação divina da constituição existente no Estado russo, que sozinho fora considerado pelo Todo-Poderoso digno de executar Sua vontade na luta contra a perversidade da França revolucionária e napoleônica. Abandonando o liberalismo de sua juventude, o próprio tsar aderiu a esse ponto de vista. Não haveria mais reformas, e o sistema tornou-se, em alguns sentidos, ainda mais estulto do que antes. Quando Denis Davidov tentou publicar as memórias de seus feitos heroicos, o texto foi achacado pelos censores, e passar-se-iam anos até que o livro fosse publicado. Gradualmente, tornou-se claro para os heróis de 1812 que, tendo cumprido seu dever, agora deveriam continuar como antes, como se nada houvesse acontecido.

Em sua frustração, se uniram. O general Orlov, um admirador do *Tugendbund* alemão, fundou uma "Ordem dos Cavaleiros Russos", que se desenvolveu para a "União da Salvação" e, finalmente, para a "União da Prosperidade". O objetivo declarado dessas associações era o automelhoramento e a regeneração da sociedade, sua inspiração consistindo numa combinação entre São Paulo e Rousseau, e elas aparentemente não ameaçavam o Estado russo. Dado que esse também foi um período de florescência na literatura russa, vários clubes e sociedades puramente literários espalharam-se por volta da mesma época, e houve alguma comunicação e movimento entre os dois tipos de associação.

Em 1822, o tsar Alexandre lançou um decreto banindo todos esses tipos de sociedades, ao que se seguiram expurgações nas universidades, onde a subversão supostamente estava oculta. A União da Prosperidade tornou-se secreta e mais política, e seus membros, a maioria oficiais que haviam lutado por seu país em 1812, começaram a tramar formas de salvá-lo da autocracia.

Eles aproveitaram a chance que surgiu em dezembro de 1825, quando a repentina morte de Alexandre produziu um momento de incerteza, para dar um golpe militar. Entretanto, por mais bravos que tivessem sido no campo de batalha, eles não possuíam a determinação nem a rigidez necessárias para tal empreendimento, e sua revolta foi sufocada sob uma saraivada de tiros de metralha das tropas leais ao novo tsar, o irmão mais novo de Alexandre, Nicolau I.

Entre os condenados a uma variedade de sentenças — algumas injustificadamente duras — estavam 65 oficiais que haviam lutado em Borodino e outros 50 que haviam participado da defesa da pátria em 1812. Com eles, foram-se as esperanças por qualquer reforma, mas eles se tornaram símbolos poderosos para as gerações seguintes de russos, para as quais seu heroísmo em 1812 e sua abnegação em 1825 representavam tudo pelo que era melhor e mais digno lutar.

Os resultados da "libertação" da Europa empreendida por Alexandre não foram menos decepcionantes para os que ansiavam por ela. Ao mesmo tempo que citava as Sagradas Escrituras, ele regateava territórios e influência usando as melhores delas, e tentava usar o acordo de paz como um veículo para estabelecer uma ortodoxia ideológica em todo o continente europeu. Sua Santa Aliança consagrou um sistema que tinha como função fiscalizar a vida política de cada Estado da Europa e intervir militarmente se algo que o desagradasse acontecesse em qualquer lugar — fosse em Nápoles, na Bélgica ou na Espanha. Avaliando o cenário europeu de 1819, Stendhal chegou à conclusão de que a Rússia alcançara um nível de domínio tão grande sobre o continente que apenas os Estados Unidos da América poderiam salvá-lo.[13]

Tal sistema não poderia funcionar por muito tempo, e desintegrou-se mesmo antes da morte de Alexandre em 1825. Contudo, a posição dominante que a Rússia assumira lhe dava poder para impedir qualquer mudança no *status quo* político da Europa Central que não estivesse de acordo com sua aprovação. Essa posição também fortalecia o conservadorismo nos maiores Estados da área, tais como o Império Austríaco e a Prússia.

A Prússia foi, talvez, a maior beneficiária da derrota de Napoleão na Rússia. A sua utilização por Alexandre como ferramenta para a libertação da Alemanha resultou no fato de que, em 1814, seu Exército era o melhor da Europa. Ele não pôde recompensá-la com a devolução das terras polonesas que Napoleão lhe tomara em Tilsit, já que reclamara a maior parte delas para a Rússia, mas, em compensação, ajudou-a a adquirir províncias em outras partes da Alemanha e da Renânia. Dessa forma, foi a Prússia, e não a Áustria, que por fim se tornou o Estado dominante na Alemanha.

Se os liberais russos se decepcionaram com a traição de suas esperanças por Alexandre e a sociedade russa como um todo, os sonhadores alemães, que haviam contemplado uma nova e grandiosa Alemanha assumindo uma liderança espiritual na Europa, ficaram consternados pelo modo com que suas aspirações foram frustradas. A Prússia meramente modernizou sua constituição despótica e, assim como a Rússia, recusava até mesmo a mais inofensiva indulgência aos estudantes liberais e poetas patriotas. Quando uma grandiosa Alemanha de fato se ergueu, em 1870, não foi na forma do país cavalheiresco imaginado por Stein ou pelos poetas do Romantismo que haviam lutado no *Freiheitskrieg*, mas do militarista e autocrático de Bismarck e dos cáiseres.

Longe de repelir aqueles a quem se referia como "bárbaros do norte", Napoleão os havia trazido para o coração da Europa. Sua própria derrota e o consequente crepúsculo da França como grande potência prepararam o caminho para o domínio tanto da Rússia quanto da Prússia. Elas usaram esse domínio para proteger o *status quo* que impediria a emancipação social, nacional e religiosa, e o desenvolvimento da economia e da política na Europa Central, com isso gerando nacionalismos militantes e criando tensões que levaram a revoluções e motins nas primeiras duas décadas do século XX e alimentaram as ideologias que custaram dezenas de milhões de vidas na terceira, quarta e quinta décadas.

Os franceses reagiram à sua queda do poder de várias formas. Alguns entraram em negação e sonhavam com como as coisas poderiam ter sido. Um destes, Louis Geoffroy, chegou a reescrever a história a fim de consolar-se e aos seus compatriotas, publicando sua versão dos eventos em 1841. Nessa versão, Napoleão não parou em Moscou em 1812, mas marchou para o norte. Ele confrontou um exército de russos, suecos e 25 mil ingleses sob o comando de Alexandre e Bernadotte, derrotando-os perto de Novgorod no dia 8 de outubro. Uma semana depois, fez uma entrada triunfal em São Petersburgo. Ele forçou Alexandre a submeter o Império Russo à Igreja Católica, o que lhe rendeu o perdão e o apoio sincero do papa. Napoleão tirou Bernadotte e fez Poniatowski rei de uma Polônia restaurada. Depois, foi para a Espanha, onde, em Segovia, era 13 de julho de 1813, derrotou e capturou Wellington. O papa persuadiu os espanhóis a aceitarem José Bonaparte como seu rei, e a paz desceu sobre a península Ibérica. Em abril de 1814, Napoleão invadiu a Inglaterra, aportando na Ânglia oriental e derrotando o Exército britânico sob o comando do duque de York nos arredores de Cambridge. Depois disso, ele marchou para Londres, onde invadiu a Câmara dos Comuns e informou aos chocados membros do parlamento que a Inglaterra estava abolida antes de ordenar que suas tropas limpassem a Câmara. Tendo feito isso, ele trancou as portas, pegou as chaves, e, cavalgando até a Ponte de Westminster, lançou-as ao Tâmisa. Embora George III tivesse recebido a permissão de reinar em Glasgow como um rei vassalo da Escócia e da Irlanda, a Inglaterra foi dividida em 22 *départements* e incorporada ao Império Francês. Napoleão reconstruiu Paris como uma nova Roma, onde tudo se concentrava. Até mesmo Madame de Staël retornou, tendo assumido uma cadeira na *Académie Française* e recebido de Napoleão o título de duquesa. Ele também voltou sua atenção para Roma, que embelezou, drenando as marismas e desviando o curso do Tibre, assim como reconstruindo a basílica de São Pedro para seu tio, o cardeal Fesch, que havia se tornado papa. Em 1817, a Rússia, a Prússia e a Suécia levantaram-se contra o domínio francês, mas foram aniquiladas; Napoleão varreu a Prússia do mapa e dividiu a Rússia em três Estados separados.

Posteriormente, ele conquistou Constantinopla. Em 1820, anexou o norte da África e, no ano seguinte, o Egito. Depois de uma vitória grandiosa na entrada de Jerusalém, ele marchou para leste em direção a Bagdá e enviou o príncipe Eugène a Meca, que destruiu. Depois, Napoleão aboliu o islã. O resto da Ásia, a China, o Japão e o restante da África foram facilmente conquistados nos anos seguintes, e, depois de um grande congresso no Panamá, todos os governantes das Américas, do Norte e do Sul, humildemente imploraram permissão para se submeterem ao domínio de Napoleão. Todos os judeus do mundo reuniram-se num congresso em Varsóvia e decidiram se tornar católicos. Quando morreu, em 23 de fevereiro de 1832, Napoleão governava o mundo inteiro, que falava francês e cultuava Cristo.[14]

Por mais absurda que essa fantasia pudesse ser, o fato é que nem a derrota final de Napoleão em 1815 nem sua morte impediram que ele entrasse para a História. Muitos na França recordavam com uma nostalgia compreensível os dias em que ele fez a Europa tremer, enquanto velhos soldados de outras nacionalidades nunca esqueceram o que haviam vivido quando serviam sob o seu comando. Para muitos, ele se tornou uma memória sagrada, e as pessoas reuniam-se no aniversário do seu nascimento, da sua coroação e da sua morte. De tempos em tempos, rumores de que ele havia aportado em algum lugar da Europa e estava marchando para Paris à frente de um grande exército atravessavam a França. Esses rumores continuaram surgindo depois da sua morte, em cuja notícia muitos se recusaram a acreditar.

O Movimento Romântico acrescentou uma nova dimensão ao fascínio que Napoleão exercia. Poetas como Alfred de Vigny e Alfred de Musset representavam-no como uma figura titânica, acima das leis que governam a vida dos homens, que pertencia ao céu, e não à terra, enquanto até mesmo escritores que o detestavam, tais como Châteaubriand e Victor Hugo, viam-no como "um poeta em movimento", sobre-humano e heroico. Não eram apenas os franceses que ele fascinava. Para Goethe, Napoleão era o *Daimon*, representando o elemento mais sombrio — porém mais inspirado — do dualismo da natureza humana, o realizador de façanhas. Para Heinrich Heine, ele era Prometeu, que roubara o fogo do céu. Byron discorreu longamente sobre seu destino, e Walter Savage Landor criou um mito messiânico em torno dele. Para o poeta romântico polonês Adam Mickiewicz, Napoleão era um tipo de semideus, e 1812, uma encarnação malograda cuja memória devia ser apreciada. Mesmo os russos não estavam imunes, não sendo incomum entre os heróis de 1812 possuir estatuetas ou gravuras de Napoleão em seus escritórios. Para eles, ele era um exemplo perfeito de energia, força de vontade e ação. Ele era um colosso, um ser elemental, que exercia o mesmo fascínio que um vulcão em erupção ou uma tempestade violenta.

Exilado em Santa Helena, Napoleão refletia que, se apenas tivesse sido morto na Batalha de Borodino ou em sua entrada em Moscou, teria entrado para a História como o maior conquistador e herói de todos os tempos.[15] Contudo, ele estava errado. No teatro grego clássico, um herói só pode existir no gênero da tragédia, que faz as pessoas parecerem maiores do que são, emprestando estatura a personagens que não são necessariamente virtuosos ou atraentes. Quanto mais trágico o combate, quanto mais terríveis as provas às quais ele tem de ser submetido, maior o herói parece. O mesmo valia para os românticos, que eram fascinados pelo conceito de um homem que vivia um destino trágico. Para ser interessante, um homem tinha que ser tanto um colosso quanto uma vítima.

Walter Scott apressou-se para Waterloo a fim de ver o campo no qual o gigante havia sido derrubado, e quando encontrou Stendhal pela primeira vez, numa ópera na Itália, Byron quis conversar apenas sobre a retirada de Moscou, questionando o escritor francês sobre cada detalhe do comportamento do imperador. Aos olhos deles, havia sido a catástrofe que se abatera sobre Napoleão que o transformara num herói. Não importava que ele mesmo tivesse sido o autor da catástrofe, ou que ele tivesse sido o responsável pelo sofrimento e a morte de centenas de milhares de seres humanos.

Alguns, como Dostoiévski, fascinavam-se com a própria crueldade e monstruosidade de Napoleão.

"O verdadeiro Senhor, o homem a quem tudo é permitido, que pode bombardear Toulon, promover um massacre em Paris, esquecer um Exército no Egito, *jogar fora* meio milhão de homens na expedição de Moscou, e depois escapar com uma frase inteligente em Vilna", maravilha-se Raskolnikov em *Crime e castigo*. "Ainda assim, altares são erguidos para ele depois de sua morte, para tal homem *tudo* é permitido. Não, está claro que pessoas assim não são feitas de carne, mas de bronze!"[16]

Não era necessário ser um intelectual atormentado para ver um elemento de divindade em Napoleão. Após a primeira parada depois de Kovno na fuga de Smorgonie, em dezembro de 1812, o imperador aproveitou a oportunidade para tomar um banho e trocar de roupa. Quando seu mameluco, Roustam, entregou a camisa e as meias descartadas ao estalajadeiro para que este se livrasse delas, elas foram pegas pelos habitantes locais presentes, cortadas e distribuídas para serem preservadas como relíquias sagradas. Os restos da terrível retirada, recolhidos nas margens do Berezina e em outros cenários do desastre, por sua vez, despertaram muito mais devoção do que os objetos dos campos de batalha de Marengo, Austerlitz ou Jena.[17]

O sargento Bourgogne observou que, sempre que encontrava velhos camaradas da Guarda Imperial ainda vivos na década de 1820, sua conversa invariavelmente se voltava para a campanha de Moscou, que exercia um fascínio sobre eles muito distinto do que despertavam as outras expedições das quais haviam participado.[18] Quando Balzac quis reacender a nostalgia de seus leitores pela epopeia napoleônica, em seu romance *Le Médecin de Campagne*, ele não recorreu a algum momento de triunfo glorioso, mas criou o personagem Gondrin, um velho sapador que ajudara a construir as pontes do Berezina e aclamara Napoleão da água gelada.

O próprio nome do barrento rio possui uma ressonância enorme, mesmo para pessoas que não conhecem muito a História. Ele é um poderoso símbolo do fracasso e da tragédia que jazem no coração do mito napoleônico; as imagens de heroísmo e ruína que conjura representam castigos justos para a confiança arrogante não apenas da travessia do Niemen por Napoleão cinco meses antes, mas de toda a era napoleônica.

Notas

Nota introdutória

1. Troitskii, *Otechestvennaia Voina,* 3.
2. Orlando Figes, *Natasha's Dance* [A dança de Natasha], Londres 2002, 81.
3. Pokrovskii, III/181-93; Troitskii, *Otechestvennaia Voina,* 30 -1.
4. Troistskii, *Otechestvennaia Voina,* 37-45; Tarle, *Napoleon,* 419-20; Tarle, *Nashestvie,* 3, 4, 292-3.

1. César

1. Chevalier, 144.
2. Castellane, I/83.
3. Savary, V/148.
4. Ségur, III/449.
5. Méneval, II/436; Hortense II/127. Sobre o nascimento do rei de Roma, ver também: Las Cases, I, Parte 2, 350-2; O'Meara, II/368; Savary, V/146-9; Raza, 202-6; Castellane, I/83; Kemble, 182-4; Rambuteau, 55-6.
6. Dwyer, 129-30.
7. Ségur, III/74.
8. Driault, *Grand Empire* [Grande Império], 126, 127, 231
9. Herold, 245, 243; Fouché, II/114.
10. Savary, V/149.
11. Comeau de Charry, 440; ver também Ségur, IV/78-9.
12. Rambuteau, 70; também Napoleão, *Mémoires,* VIII/150; Las Cases, IV, Parte 1, 8-14.
13. Fain, *Mémoires,* 286-7; Kemble, 165, 170. Ségur (III/476) afirma que Napoleão estava ciente disso e, portanto, tinha pressa para firmar um acordo com a Rússia enquanto podia.

2. Alexandre

1. Deutsch, 17.
2. Madariaga, *Russia in the Age of Catherine* [A Rússia na era de Catarina], 231.
3. Hosking, *Russia and the Russians* [A Rússia e os russos], 109.
4. Voenskii, *Bonapart i Russkie Plennie*; ver também Ragsdale.
5. Kartsov & Voenskii, 7.
6. Alexandre I, *Uchebnia Knigi*, 382-3
7. Hartley, *Alexander,* 1. Ver também Ratchinski, 55; Deutsch, 43
8. Ratchinski, 121; Dzhivelegov et al., I/200-1; Fonvizin, 94.
9. Hartley, *Alexander*, 74.
10. Ley, 42; Bazylow, em Senkowska-Gluck; ver também Kveta Mejdrička, *Les Paysans Tchèqes et la Révolution Française* em *Annales Historiques de la Révolution Française,* n. 154, Nancy 1958.
11. Hartley, *Alexander,* 76.
12. Para Tilsit, ver Tatistchev, 379-459, e Vandal, I/224 seg.
13. Alexandre I, *Corr. avec sa soeur,* 18-19
14. Muitos, como Grech, 260, e Davidov, 59, afirmam que Alexandre não se deixou levar, mas ele admitiu para Madame de Staël que havia sido capturado pelo feitiço; Staël 215. Ver também Palmer, *Napoleon in Russia* [Napoleão na Rússia], 135-7 & 147-9.
15. Palmer, *Alexander,* 149, 150; Ratchinski, 124; Edling, 60-2; Ley, 32.
16. Vandal, I/217.
17. Caulaincourt, I/242
18. Vandal, I/195
19. Roberts, 16; Herold, 48; Pradt, 19.
20. Sokolov, Nov-Dec, 44; Las Cases, III/165; Vandal I/224 e seg.; Talleyrand, 313, 356; Driault, *Tilsit,* 291.
21. Vandal I/242; Tatistchev, 312-13
22. Vandal I/441, 456-7
23. Golovin, 391; Shilder, *Nakanunie,* 4-20; Alexandre I, *Corr. avec sa soeur,* 20.
24. Caulaincourt, I/273
25. Ibid., 270; ver também Tatistchev, 379-459.
26. Vandal, I/421; Grunwald, *Alexander Ier,* 176.

3. O espírito da Europa

1. Senkowska-Gluck, 274; Ernouf, 105.
2. Ramm, 69.
3. Driault, *Tilsit,* 241; ver também Ramm, Servières, Cavaignac, Ernouf, etc.
4. Driault, *Grand Empire* [Grande Império], 188-9.
5. Comeau de Charry, 318-19; Bruun, 174.
6. Bruun, 174; Grunwald, *Baron Stein,* 94.
7. Driaul, *Tilsit,* 348.

8. Vandal, II/447.
9. Langsam, 32, 103, 44, 64.
10. Kraehe, I/74; Langsam, 43.
11. Palmer, *Alexander,* 195.
12. Roberts, 83.
13. Bruun, 64; Bismarck, 13.
14. Chernyshev, 205; Vandal, III/201 seg.; Herold, 182.

4. A guinada para a guerra

1. Para os planos para o casamento russo e o casamento austríaco, ver: Vandal; Driault, *Grand Empire:* Caulaincourt, I/293-316.
2. Nicholas Mikhailovich, IV/50-7
3. Napoleão, *Correspondance,* XX/149-54.
4. Ibid., 157.
5. Ibid., 159.
6. Ratchinski, 21-22, 33.
7. Volkonskii, 4.
8. Ibid., 55; Davidov, 56.
9. Dzhivelegov et al., II/205.
10. Ibid., 194-220; Ratchinski, 284.
11. Scott, 5-6.
12. Kartsov & Voenskii, 50-1.
13. Czartoryski, II/221, 227, 231; Askenazy, 218-20; Dzivelegov et al., III/138
14. Czartoryski, II/231, 323-4, 225.
15. Fain, *Manuscrito,* I/3
16. Palmer, *Alexander,* 199.
17. Czartoryski, II/248-53; Josselson, 77; *1812 god v Vospominaniakh sovremennikov,* 78; Fabry, *Campagne de Russie,* I/i e seg.; Czartoryski, II/271-8.
18. Bestuzhev-Riumin, *Zapiski,* 341; Palmer, *Alexander,* 200
19. Bignon, *Souvenirs,* 46 e seg.; Bonnal, 3, 4-12; Las Cases, II, Parte 1, 99; Conhaques, II/25.
20. Napoleão, *Correspondance,* XXI/407; XXII/29; Shuvalov, 416; Chernyshev, 21, 72.
21. Chernyshev, 84; Kukiel, *Vues,* 77.
22. Caulaincourt, I/281-96.
23. Ibid., 293.
24. Ibid., 302, 307, 316.
25. Alexandre, *Corr. avec sa soeur,* 51.
26. Savary, V/140-1.
27. Vandal, III/209-17; Tatistchev, 572-3.
28. Napoleão, *Correspondance* XXII/266.
29. Ibid., 40-1; Las Cases, II, Parte 1, 101.

5. A Grande Armée

1. Gary W. Kronk, Vol. 2, 1996, www.Cometography.com
2. Déchy, 364; Butkevicius, 898; Chamski, 61; Butenev, 58; *1812 god v Vospominaniakh sovremennikov,* 172; F. Glinka, *Pisma russkavo ofitsera,* IV/8; s.n. Glinka, *Zapiski,* 261; Palmer, *Alexander,* 206-7; Mikhailovskii-Danilevskii, III/41.
3. Metternich, II/41.
4. Napoleão, *Correspondance*, XXIII/191.
5. Thévenin, 292.
6. Nafziger, 27.
7. Ibid., 85 e seg.; Creveld, 62-3; Dedem, 210; Bonnal, 21; Napoleão, *Correspondance*, XXIII/432.
8. Chernyshev, 116-20; *La Guerre Nationale*, III/97-9.
9. Jérôme, V/247: Dedem, 194; Compans, 126; Rapp, 139; Driault, *Grand Empire*, 300-2; Napoleão, *Correspondance*, XXXIII/14-16, 44-6 etc.
10. Chambray, I/162; Funck, 99.
11. Holzhausen, 27.
12. Mikhailovskii-Danilevskii, III/141; Holzhausen, 27.
13. Kukiel, *Wonja*, II/500. Pradt (84) dá o número de 85.700, mas ele provavelmente não estava contando a Legião do Vístula.
14. Laugier, *Récits*, 15-16.
15. Combe, 58 etc.
16. Borcke, 161, 171; Jérôme, V/188.
17. Comeau de Charry, 428; Sołtyk, 207; vide também Sauzey, *Les Allemands*; Wesemann, 25 e seg.
18. Begos, 175; Boppe *La Légion Portugaise,* 215-27; Castellane, I/178; Boppe *La Croatie Militaire*, 95-120.
19. Calosso, 51; Zelle, 69.
20. Saint-Chamans, 211-12; Fredro, 82.
21. Thirion, 147; Pion des Loches, 27.
22. Lejeune, *Mémoires,* II/170.
23. Funck, 99-100; Berthézène, I/329.
24. Beyle, *Vie de Napoléon*, 227; Fain, *Manuscrit*, I/46.
25. Berthézène, I/328.
26. Funck, 103; ver também Baudus, I/336; Ségur, IV/124.
27. Girard, 169-70.
28. Voltaire, 8; Comeau de Charry, 436; Jérôme, V/165.
29. Caulaincourt, II/378.
30. Brandys, II/42; Napoleão, *Correspondance*, XXIII/95, 398; Tulard, *Le Dépôt de la Guerre*, 104-9.
31. Blaze de Bury, I/154-5.
32. Brett-James, 57-8.
33. Napoleão, *Correspondance*, XXIII/432.

34. Ibid., 143.
35. Dumonceau, II/5.
36. Blaze de Bury, I/54-5
37. Elting, 458-73.
38. Bigarré, 297-8.
39. Laugier, *Récits*, 9; Holzhausen, 30-1; Wesemann, 25.
40. Herold, 218.
41. Caulaincourt, II/77-8; Denniée, 15; Castellane, I/102. Alguns observadores achavam que Napoleão pensava em fundar colônias em terras distantes, e há relatos sobre pedreiros, carpinteiros e artesãos terem sido destacados para o Exército ou despachados em unidades separadas. Contudo, isso provavelmente consiste apenas em boatos, baseados no fato de comandantes visionários como Davout identificarem aqueles soldados que poderiam, por exemplo, construir fornalhas e fazer pães, certificando-se de que cada companhia tivesse um complemento. Ao mesmo tempo, é provavelmente verdade que o Exército era seguido por hordas de pessoas cujo propósito nem sempre era claro. Ver Begos, 171-2; Bourgeois, 1-2; Chambray, I/164; Puibusque, 9.
42. Saint-Chamans, 213; Paixhans, 33.
43. Compans, 129.
44. Berthézène, 328; Lejeune, *Mémoires*, II/169; de acordo com Bertolini, vários italianos levavam suas esposas consigo.
45. Boulart, 239; Walter, 34; Pouget, 184; Fairon & Heuse, 271; Laugier, *Récits*, 10; Pion des Loches, 273; Bourgeois, 2; Denniée, 11; Ganniers, 166; Hausmann, 141.
46. Duverger, 1; Vandal, III/454; Ricome, 47; Meerheimb, 7.
47. Nesselrode, IV/204-5.

6. Confronto

1. Napoleão, *Correspondance*, XXIII/379; Fain, *Manuscrit,* I/43.
2. Villemain, I/155, 162, 163, 167.
3. Ibid., 175.
4. Jérôme, V/169.
5. Fouché, II/114; Ségur, IV/74.
6. Kurakin, 360-1.
7. Napoleão, *Correspondance,* XXIII/388.
8. Pasquier, 525.
9. Fain, *Manuscrit*, I/61.
10. Castellane, I/93.
11. Vandal, III/413-16; Baudus, I/338; Garros, 370-1
12. Beauharnais, VII/340; Méneval, III/25; Savary, V/226; Comeau de Charry, 439; Lejeune, *Mémoires*, II/174.
13. Volkonskii, 147, 148, 149.
14. Voronovskii, 4.

15. Palmer, *Alexander*, 211; Kartsov & Voenskii, 107.
16. Palmer, *Alexander*, 213; Kartsov & Voenskii, 103-4, 107; Dzhivelegov et al., II/221-46; Bulgakov, 2.
17. Dzhivelegov et al., III/64-8; Bogdanov, 78.
18. Volkonskii, 56; *La Guerre Nationale*, VII/333-5.
19. Kharkievich, *Nastavlenie*, 239, 242, 243; Shvedov, *Komplektovanie*, 125.
20. Dzhivelegov et al., III/64-81; Bogdanov, 61, 65, 72.
21. Shvedov, *Komplektovanie*, 125; Troitskii, *O chislennosti*, 172-3 e *O dislokatsii*. Ver também: Zhilin, *Otechestvennaia voina*, 95-6; Sokolov, Ded., 36; Bogdanov, 72; Dzhivelegov et al., III/139; também Clausewitz, 12; Shishov, 235; Wolzogen, 87-8.
22. Sobre Barclay, ver: Josselson; Wolzogen, 55-6; Toll, I/268.
23. Grunwald, *Barão Stein*, 188.
24. Dubrovin, 9.
25. Ermolov, 4 de junho; Josselson, 77; Muravev, 175.
26. Josselson, 41-2; Dumas, III/416.
27. Caulaincourt, I/291-3; Bignon, *Souvenirs*, 129.
28. Fabry, *Campagne de Russie*, I/i e seg., x-xxiii, xxviii e seg.; *La Guerre Nationale*, II/131-44. IV/17-107, V/232-5, VI/264-8, VII/17-27, 37-40; Ermolov, 5 de junho; Clausewitz, 14; *1812 God v Vaspominaniakh sovremennikov*, 79-80; Burtulin, *Byl li u nas plan*, 220; Shvedov, em *Tezisy Nauchnoi Konferentsii*, 32; Marchenko (502, 504-5) era da opinião de que havia um plano para uma retirada através de certa distância, a fim de lutar na Lituânia, onde se esperava contar com a atividade de guerrilheiros, mas até mesmo ele está certo de que ninguém nunca contemplou a possibilidade de ceder território russo.
29. Sobre os vários esquemas de Alexandre, ver: Alexander I, *Corr. avec Bernadotte*, 6-7, 21; Czartoryski, II/281; Askenazy, 231; Volkonskii, 154; Ratchinski, 224; *La Guerre Nationale*, IV/38-55, 413-25, V/359-69.
30. Alexander I, *Corr. avec sa soeur*, 76.
31. *1812 god. Voennie dnievniki*, 77, 81.
32. Benckendorff, 32; Shiskov, 126; Radozhitskii, 21; Simanskii, 1912, n. 2.
33. Bakunina, 396-7.
34. Josselson, 93; *Barclay de Tolly i Otechestvennaia Voina*, agosto de 1912, 197-8.
35. Toll, I/270; ver também Vaudoncourt, *Quinze Années*, I/167.
36. Wolzogen, 63.
37. Ley, 45-6; 47, 48.
38. Nesselrode, IV/5-10.
39. Rambuteau, 86; ver também Villemain, I/187.
40. Skallon, 450; Nesselrode, IV/35; Voenskii, *Sviashchennoi Pamiati*, 19.

7. O Rubicão

1. Denniée, 12-13.
2. Hazlitt, III/398.

3. Fain, *Manuscrit*, I/68.
4. Vandal, III/479; Villemain, I/174.
5. Metternich, I/122.
6. Fain, *Manuscrit,* I/75; Pradt, 56-7; Savary, V/226.
7. Villemain, I/165-6, 163.
8. Fain, *Manuscrit*, I/50.
9. Jomini, *Précis*, I/48; Niemcewicz, I/380; Napoleão, *Correspondance*, XXIII/441.
10. Beauharnais, VII/261, 330, 374; Caulaincourt, I/342; Falkowski, IV/6-7; Lejeune, *Mémoires,* II/180; Potocka, 319-20; Krasiński, 68; Koźmian, II/302; Niemcewicz, 379; Villemain, I/167-70; Las Cases, IV/181-2; O'Meara, I/191; também Kukiel, *Vues,* 77.
11. Chevalier, 175.
12. Brandt, 228; Paixhans, 24-6.
13. Brandt, 228, 230; Dumas, III/417, 419.
14. Dumas, III/418; Castellane, I/101.
15. Everts, 117.
16. Combe, 57.
17. Ogiński, III/114; Falkowski, IV/3; Bignon, *Souvenirs,* 195.
18. Chernyshev, 72, relata que o próprio Napoleão lhe disse que o grão-ducado não podia sustentar um Exército de mais de 40 mil homens; Falkowski, IV/3.
19. Venturini, 218; Dziewanowski, 6.
20. Fredro, 35; ver também Blaze de Bury, I/44-5; Brandt, 232.
21. Roy, 130; Hausman, 94.
22. Holzhausen, 31-2; Abbeel, 96.
23. Boulart, 240-1.
24. Walter, 40-1; Le Roy, 130.
25. O'Meara, II/95; Caulaincourt, I/330, 340; Fain, *Manuscrit,* I/87.
26. Fabry, *Campagne de Russie*, IV, Annexe 14-16, 262-348; Vilatte de Prugnes, 249-74, para os números oficiais do Dépôt de la Guerre.
27. Beauharnais, VII/276.
28. Berthézène, I/323-6; Dedem, 226-7.
29. Hausman, 94; Fairon & Heuse, 274.
30. Napoleão, *Correspondance,* XXIII/499-50; Garros, 377; Napoleão, *Lettres Inédites* (1935), 41.
31. Napoleão, *Correspondance* (1925), V/435, 396.
32. Garros, 378.
33. Ibid., 378-9; Sołtyk, 9-10; Zaluski, 119; Caulaincourt, I/344.
34. Boulart, 241.
35. Napoleão, *Correspondance* (1925), V/435.
36. Dumonceau, II/48; Saint-Chamans, 213; Labuame, 25; Boulart, 242; Ganniers, 181.
37. Lejeune, *Mémoires*, II/175.
38. Planat de la Faye, 71.

39. Lejeune, *Mémoires*, II/175-6; ver também Jomini, *Précis*, I/57
40. Fantin des Odoards, 303.

8. Vilna

1. Choiseul-Gouffier, 45-8; 58-59; Nesselrode, 45; *1812 god. Voennie Dnevniki*, 76-7.
2. Ley, 49.
3. Shishkov, 127.
4. Buturlin, I/155; *Barclay de Tolly i Otechestvennaia Voina*, setembro, 1912, 327.
5. Altshuller & Tartakovskii, 21; Mitarevskii, 12; Radozhitskii, 35-6.
6. Altshuller & Tartakovskii, 23; Laugier, *Gli Italiani*, 26-7.
7. *Prikaz nashim armian*, 445.
8. Dubrovin, 13-15.
9. Bloqueville, III/155.
10. Boulart, 243.
11. Bertin, 27; Lecoq, 162.
12. Griois, II/14; Berthézène, I/343; Dumas, III/422.
13. Laugier, Récits, 18; Montesquiou-Fezensac, 208; Dumas, III/422; Labaume, 33.
14. Fain, *Manuscrit*, I/200-1; Denniée, 19-21; Napoleão, *Correspondance*, XXIV/33.
15. Castellane, I/110.
16. Caulaincourt, I/354.
17. Dubrovin, 25.
18. Dubrovin, 20-5; Caulaincourt, I/354; Napoleão, *Correspondance*, XXIV/1.
19. Tatistchev, 606; Las Cases, II, Parte 1, 103.
20. Sołtyk, 36; Dupuy, 166.
21. Brandt, 240; ver também Gajewski, 214; Bourgeois, 12; Caulaincourt, I/351.
22. Choiseul-Gouffier, 64; *Dokumenty i Materialy*, CXXVIII, 416; ver também Dziewanowski, 6.
23. Falkowski, IV/127, 129; Kukiel, Wojna, I/376-88; Zaluski, 232.
24. Brandt, 251; Gardier, 32.
25. Chamski, 67; Brandt, 245; Turno, 104; Kolaczkowski, 98; Sołtyk, 59, 65.
26. Choisel-Gouffier, 65; Płaczkowski, 171-2; ver também Faber du Faur, 10.
27. Falkowski, IV/128; Brandt, 241, 243; Fezensac, *Journal*, 13.
28. Dziewanowski, 8; Jackowski, 297.
29. Napoleão, *Correspondance*, XXIV/61; Pradt, 131.
30. *Dokumenty i Materialy*, CXXVIII, 397; Falkowski, IV/135-6; *Dokumenty i Materialy*, CXXVIII, 393.
31. Kukiel, *Wojna*, I/389-390; Falkowski, IV/146, 149-150.
32. Brandys, II/76; Choisel-Gouffier, 102.
33. Fantin des Odoards, 308.
34. Napoleão, *Lettres Inédites* (1897), II/199; *Correspondance*, XXIV/19.

35. Napoleão, *Lettres Inédites* (1897). II/200; Beauharnais, VII/382; Napoleão, *Correspondance*, XXIV/37.
36. Askenazy, 232; Fain, *Manuscrit*, I/208, Napoleão, *Correspondance*, XXIV/80-1.
37. Josselson, 99; Duborvin, 36; Voronov.
38. Muravev, 174; Josselson, 93.
39. Grabbe, 827; Ermolov, 11.
40. Shchukin, VIII/165.
41. Chambray, I/210; Kallash, 17-18; Bagration (em Shchukin, VIII/169) fornece uma estimativa de 15 mil para todas as perdas; a estimativa de Napoleão, de 20 mil desertores em *Corr. Inédite* (1925), V/492, pode ser considerada um artifício para fins de propaganda.
42. Nesselrode, I/58; Clausewitz, 43; Alexandre, *Corr. avec Bernadotte*, 19.
43. Clausewitz, 26-8, 31-4; Grech, 261.
44. Butenev, 69.
45. Shilder, *Zapiska*; Shishkov, 137-8; W.H. Löwenstern, I/209; Palmer, *Alexandre*, 232-3.

9. Guerra de cortesias

1. Espinchal, I/320; Dumonceau, II; 123.
2. Bertin, 25-6.
3. Sanguszko, 65; Caulaincourt, I/372.
4. Napoleão, *Correspondance*, XXIV/99.
5. Radozhitskii, 77-8.
6. Bertin, 50-1.
7. Grabbe, 437.
8. Rossetti, 100.
9. Ducor, I/307.
10. Barclay, *Tableau*, 20; Buturlin, *Byl li u nas plan*, 220; Josselson, 109; Kharkievich, *Barclay de Tolly v Otechestvennoi Voinnie*, 4.
11. Barclay, *Tableau*, 20; Kharkievich, *Barclay de Tolly v Otechestvennoi voinnie*, 7; Clausewitz (104) pensava ser loucura lutar em Vitebsk.
12. Kharkievich, *Barclay de Tolly v Otechestvennoi Voinnie*, 14; Clausewitz, 26-8.
13. Fezensac, *Journal*, 18; Vlijmen, 57; Gruber, 136.
14. Adam, *Aus dem Leben*, 156.
15. Lyautey, 489; Uxküll, 72.
16. Radozhitskii, 106.
17. Mailly, 12.
18. Venturini, 221.
19. Duverger, 4-5.
20. Everts, 123; François, II/765; Brett-James, 53.
21. Brett-James, 54.
22. Wlater, 41.

23. Dumonceau, II/96; Brett-James, 67.
24. Laugier, *Récits*, 45; Lagneau, 200; Labaume, 97; Venturini, 220; Brett-James, 52; Radozhitskii, 19; Lejeune, *Mémoires*, II/182-3; Walter, 41; Ducor, I/305-6; Girod de l'Ain, 253.
25. Marbot, 159-60; Suckow, 158; Saint-Cyr, 62; Hausmann (99) diz que haviam lhe restado 15 mil; Giesse, 67-8.
26. Dutheillet de la Mothe, 38.
27. Roeder, 95.
28. Holzhausen, 45.
29. Adam, *Aus dem Leben*, 156.
30. Dembiński, I/111; Suckow, 157.
31. Adam, *Aus dem Leben*, 50.
32. Fantin des Odoards, 307; Compans, 160.
33. Walter, 50.
34. Bourgoing, *Souvenirs*, 88-9; Suckow, 156; Ducor, I/310; Everts, 127; C.S. von Martens, 71.
35. Bellot de Kergorre, 57; Brandt, 244; Laugier, *Gli Italiani*, 40; Vaudoncourt, *Quinze Années*, 132.
36. Brett-James, 56.
37. Dedem, 226-7.
38. Ségur, III/205; Villemain, I/198-9; Caulaincourt, I/381.
39. Meneval, III/43; Napoleão, *Correspondance*, XXIV/128, 133; Fain, *Manuscrit*, I/289, 306; Dumas, III/429; Castellane, I/126-7; La Flise, LXXI/465; Bourgoing, *Souvernirs*, 98-100.
40. Dedem, 295.
41. Napoleão, *Correspondance*, XXIV/89.
42. Askenazy, 226; Sanguszko, 75; Jomini, *Précis*, I/85.
43. Sanguszko, 70-1; Caulaincourt, I/407.
44. Fain, *Manuscrit*, I/318-20; Sołtyk 69; Boulart, 245; Caulaincourt, I/384-5; Bourgoing, *Souvenirs*, 100; Fezensac, *Journal*, 35; Napoleão, *Correspondance*, XXIV/137; Caulaincourt, I/382; Villemain, I/203-4, 208; Fain, *Manuscrit*, I/323.

10. O coração da Rússia

1. Dallas, 23.
2. Hartley, *Russia in 1812* [A Rússia em 1812], 178, 185-6; Dubrovin, 49; *akty, Dokumenry i Materialy*, CXXXIX/135 e seg., 163, 209-68; Simianskii, 1912, n. 4, 176-7; Radozhitskii, 48-9.
3. *Atky, Dokumenty i Materialy*, CXXXIX/17, CXXXIII/173; Hartley, *Russia in 1812*, 196; Butenev, 71.
4. Hartley, *Russia in 1812; Atky, Dokumenty i Materialy*, CXXXIX/16-17; Iudin, 27; Shugurov, 253; Beckendorff, 47; Pouget, que era o governador francês de Vitebsk, estava convencido (228) de que os judeus faziam espionagem para os russos durante a campanha.

5. *Atky, Dokumenty i Materialy,* CXXXIX/269-459; Iudin; Hartley, *Russia in 1812,* 406.
6. Pushkin, 205; Vigel, 43; Golitsuin, 7; Khomutova, 313.
7. Dzhivelegov et al., V/75-81; Troitskii, *1812 Velikii God,* 217; Hosking, *Russia. People and Empire* [Rússia: o povo e o Império], 134.
8. Sverbeev, I/62-3; Hartley, *Russia in 1812,* 405; Berthézène, II/38; Dedem, 232.
9. *Prikaz Nashim Armiam,* 446-7; Palitsyn, *Manifesty.*
10. Voenskii, *Russokoe Dukhovenstvo,* 12; Dubrovin, 52.
11. Dolgov, 137.
12. Bakunina, 399, 400, 402; Ogiński, III/179; Tarle, *Nashestvie,* 68.
13. *1812 gid v Vospominaniakh, perepiske i raskazakh,* 41-2; Kallash, *Chastnia Pisma.*
14. Voronovskii, 246.
15. Khomutova, 315.
16. *Priezd Imperatora Aleksandra v Moskvu;* Waliszewski, II/72.
17. Kallash, 7-8; Naryshkina, 136; Hartley, *Alexander,* 111; para outros relatos da visita de Alexandre, ver: S. Glinka, *Zapiski;* Grunwald, *Baron Stein,* 195.
18. Viazemskii, 191-2.
19. Edling, 64; Alexandre, *Corr. avec sa soeur,* 80-1.
20. Altshuller & Tartakovskii, 32; Ermolov, 29.
21. Mitarevskii, 30; 32. Ermolov, 32.
22. F. Glinka, *Pisma Russkavo Ofitsera,* 18, 22-8.
23. Clausewitz, 111, 113.
24. Shchukin, VIII/167.
25. Simanskii, 1913, n. 1, 155, 156-7.
26. Aglaimov, 41; Altshuller & Tartakovskii, 33; Kharkievich, *Barclay de Tolly v Otechestvennoi voinie,* 14; Josselson 12; Simianskii, 1913 n. 1, 151; Radozhitskii, 98.
27. Fain, *Manuscrit,* I/359.
28. Fantin des Odoards, 317.
29. Askenazy, 235; Jackowski, 297, La Flise, LXXI/461.
30. Voronovskii, 31-33.
31. Clausewitz, 130.
32. Rossetti, 103; Ségur, IV/257.
33. Ermolov, 44; ver também Raevsky em Fabry, *Campagne de Russie,* IV/69-74.
34. Lyautey, 493.
35. Neveroskii, 79.
36. Thirion, 172-3; ver também Faber du Faur 102 & Fanneau de la Horie.
37. Faré, 263; Labaume, 106; Denniée, 49-50.
38. Sukhanin, 277.
39. *1812 god v Vospominaniakh Sovremennikov,* 113; ver também F. Glinka, *Pisma Russkavo Ofitsiera,* 35.
40. Uxküll, 74; ver também Radozhitskii, 111.

41. Bourgoing, *Souvenirs*, 101; Fantin des Odoards, 318; Boulart, 248; Caulaincourt, I/394.
42. Wilson, *Diary,* I/148-9; *Barclay de Tolly i Otechestvennaia Voina,* outubro de 1912, 125; Josselson, 119; Bennigsen, *Zapiski,* julho, 102, 114; *Barclay de Tolly i Otechestvennaia Voina,* outubro de 1912, 129, 128.
43. Chevalier, 187-8; Combe, 73-4; Faure, 34.
44. Holzhausen, 62.
45. Ségur, IV/265-6.
46. La Flise, LXXI/472-3.
47. Laugier, *Récits,* 63; Berthézène, II/23; La Flise, LXXI/474; Larrey, IV, 24, 31; Napoleão, *Lettres Inédites* (1935), 62-3.
48. Fantin des Odoards, 321; Dedem, 232.
49. Wilson, *Invasion* [Invasão], 178-9.
50. Holzhausen, 65.
51. W.H. Löwenstern, I/228-9; Grabbe, 45.
52. W.H. Löwenstern, I/226, 231.
53. Brandt, 258.
54. De acordo com Shvedov, *Komplektovannie,* o número total de perdas para os russos em Smolensk e Lubino/Valutina Gora foi de 20 mil; ver também Josselson, 127; Troitskii, *1812 Velikii God,* 117.
55. Załuski, 241.
56. Brandt, 261; Chevalier, 189; Brandt, 262.
57. Ségur, IV/291; Baudus, II/28.

11. Guerra total

1. Fain, *Manuscrit,* I/394; Chambray, I/332; sua intenção de parar em Smolensk é confirmada em várias outras fontes.
2. Napoleão, *Correspondance,* XXIV/167, 175, 180-1; Fezensac, *Journal,* 38; Kallash, 32; Caulaincourt, I/406
3. Berthézène, II/32.
4. Boulart, 250; Fain, *Manuscrit,* I/402. Há controvérsias sobre a posição adotada por Davout, visto que Rambuteau (91) afirma que ele era contra continuar avançando, enquanto Rossetti (106) e outros mantêm a versão de que ele era a favor. Rapp, 167; Deniée, 62; Lejeune, *Mémoires*, II/199.
5. Fain, *Manuscrit,* I/407-8; Brandt, 252-3; ver também Bourgoing, *Souvenirs*, 100.
6. Boulart, 248; ver também Labaume, 103; Chevalier, 193.
7. Blaze de Bury, II/324.
8. Clausewitz, 113; Griois, II/9.
9. Abbeel, 110.
10. Combe, 74-5; Brandt, 268; C.S. von Martens, 109.
11. Faré, 261.
12. Pion des Loches, 287.

13. Ségur, IV/320; Bourgeois, 40.
14. Abbeel, 111.
15. Pelleport, II/23; Laugier, *Récits*, 49, 65; Lejeune, *Mémoires*, II/199; Chevalier, 190.
16. Caulaincourt, I/411; Chambray, II/26.
17. Sołtyk, 198-9.
18. Bloqueville, III/167; Rouget, III/474.
19. Muravev, 189; Uxküll, 74.
20. Tarle, *Nashestvie*, 127; Radozhitskii, 129.
21. Koliubakhin, *1812 God. Poslednie dni komandovania...*, 470; Radozhitskii, 128; Konshin, 283; Uxküll, 75.
22. Radozhitskii, 130.
23. Ermolov, 48; Simanskii, 159; *1812 god v Vospominaniakk sovremennikov*, 113,
24. Grabbe, 440; Mitarevskii, 41; Dubrovin, 73.
25. Wolzogen, 132-3; Ermolov, 56.
26. Josselson, 115; W.H. Löwenstern, I/240, 244; E. Löwenstern, 113.
27. Clausewitz, 133; Grabbe, 454-5, 455, relembra sobre essa história ter ocorrido em Dorogobuzh, mas parece confundir a discussão entre Bagration e Toll com a que houve entre Bagration e Barclay em Dorogobuzh — ver Bennigsen, *Zapiski*, julho de 1909, 115; Koliubakhin, *1812 god. Poslednie dni komandovannia...*, 468.
28. Gosudarstvenno Istoricheskii Muzei, 176, 188; Dubrovin, 95-6; Josselson, 124.
29. Grabbe, 46; Sukhanin, 279; Mitarevskii, 42; Murarev, 180; Konshin, 283; Grabbe, 47, 455.
30. Grabbe, 47.
31. Koliubakhin, *1812 god. Poslednie dni komandovannia...*, 470; Clausewitz, 139; Gosudarstvenno Istoricheskii Muzei, 168; Radozhitskii, 128; Koliubakhin, ibid., 471; Barclay, *Tableau*, 38; Ermolov, 61; Beskrovny, *Borodino*, 44.
32. *1812 god v Vospominaniakh, Perepiske i Raskazakh*, 22, 24, 28.
33. Ibid., 77.
34. *1812 god Voennie Dnevniki*, 139; Dubrovin, 64-65.
35. Khomutova, 321; Naryshkina, 141-2.
36. Kologrivova, 340-1; *1812 god v Vospominaniakh srovemennikov*, 96.
37. Naryshkina, 151.
38. *1812 god v Vospominaniakh, perepiske i raskazakh*, 48; Kologrivova, 341; Gosudarstvenno Istoricheskii Muzei, 181; Dubrovin, 102.
39. Khomutova, 319; Beskrovny, *Narodnoe Opolchenie*, 48, 64.
40. Bestuzhev-Riumin, *Zapiski*, 353-7.

12. Kutuzov

1. Alexandre, *Corr. avec sa souer*, 82; Palmer, *Alexander*, 237; Bakunina, 409; Wilson, *Diary*, I/155; Butenev, 6.
2. Adams, II/398.
3. Kharkievich, *Barclay de Tolly v Otechestvennoi Voinie*, 49.

4. Bakunina, 403.
5. Palmer, *Alexander,* 239; Chichagov, *Mémoires,* 43; Marchenko, 502-3; Wolzogen, 131-2; Kutuzov, *Dokumenty,* 161-3; Alexandre, *Corr. avec sa soeur,* 81, 87; Kharkievich, *Barclay de Tolly v Otechestvennoi Voinie,* 50; Kutuzov, *Dokumenty,* 163-4, 357.
6. Alexandre, *Corr. avec Bernadotte,* 55-6; Scott, *Bernadotte.*
7. Wilson, *Invasion* [Invasão], 111-12.
8. Koliubakhin, *1812 god, Izbranie Kutuzova,* 8-9; Bennigsen, *Zapiski,* setembro de 1909, 492-3; Kharkievich, *Barclay de Tolly v Otechestvennoi Voinie,* 24, 26.
9. Radozhitskii, 120-2; Koliubakhin, *1812 god. Izbranie Kutuzova,* 12; Kutuzov, *Dokumenty,* 360; ver também Clausewitz, 136; F. Glinka, *Zapiski Russkavo Ofitsera,* IV/51.
10. Maevskii, 153; Dubrovin, 101; Clausewitz, 138, 139; Toll, II/5-8.
11. Clausewitz, 139; Barclay, *Tableau,* 40.
12. Barclay, *Tableau,* 42.
13. Koliubakin, *1812 god. Izbranie Kutuzova,* 12; Beskrovny, *Borodino,* 25-6, 45-6.
14. Beskrovny, *Borodino,* 45-6, 55, 59.
15. Toll, II/29, 43.
16. Beskrovny, *Borodino,* 64.
17. Bennigsen, *Zapiski,* setembro de 1909, 495; Beskrovny, *Borodino,* 86.
18. Fezensac, *Journal,* 41.
19. Barclay, *Tableau,* 44-6; Kutuzov, *Dokumenty,* 363, 367-8; Beskrovny, *Kutuzov,* IV/129; Koliubakhin, *1812 god. Izbranie Kutuzova,* 31.
20. Kemble, 188-9; Ségur, V/16-17; Constant, V/61-2; Denniée (74) afirma que Napoleão "*souffrait d'une terrible migraine*" em Borodino; Rossetti, ajudante de ordens de Murat, observou (16) que "*il avait l'air souffrant*" na manhã da batalha; Baudus (II/83), ajudante de ordens de Bessières, recordar-se-ia que o último havia lhe dito que Napoleão estava "*trés souffrant*" durante a batalha; Wincenty Płaczkowski, dos *Chevau-Légers* da Guarda, afirmou (191) que a certa altura Napoleão chegou a "deitar-se sobre um casaco no chão, passando a dar ordens assim, para depois se levantar e apoiar-se em um canhão para observar dali a batalha". Gourgaud (228) é o único a sustentar que Napoleão demonstrava uma ótima saúde e estava ativo durante a batalha.
21. Nafziger, 213; Castellane, I/146; Dumonceau, 129, Dupuy, 176; *Otechestvennaia voina 1812 goda. Istochniki, etc.*, 1998, 75.
22. Troitskii, *Den Borodina,* 195 e Shvedov, *Komplektovanie,* 134; também Beskrovny, *Borodino,* 320; Garting, 76-8; Beskrovny, *Polkovodets,* 204; Tarle, *Nashestvie,* 134; Shishov, 250; a discussão mais interessante sobre o problema pode ser encontrada em A.A. Abalikhin, *K voprosu chislennosti,* em *Tezisy Nauchnoi Konferentsii* e Troitskii, *1812 Velikii God,* 141.
23. W.H. Löwenstern, I/273.
24. Vionnet de Maringoné, 10.
25. Bausset, II/84.

26. Brandt, 272.
27. Napoleão, *Lettres Inédites* (1935), 69.
28. Combe, 79; Boulart, 252; Holzhausen, 97; Fezensac, *Journal*, 41; ver também Labaume, 151.
29. Laugier, *Récits*, 76; Vossler, 60.
30. Mitarevskii, 51, 53-4, 55-6.
31. Sukhanin, 281; ver também: Muravev, 193; Golitsuin, 14; F. Glinka, *Pisma Russkavo Ofitsera*, IV/64-5.
32. Rapp, 173.
33. Ibid., 174-5.

13. A batalha por Moscou

1. Rapp, 176. Seruzier, 198.
2. Napoleão, *Correspondênce*, XXIV, 207, Radozhitskü, 171.
3. Thirion, 180, Vossler, 60-1, Holzhausen, 105.
4. Mitarevskii, 55, *1812 God v Vospominamiakh, perepiskie i reshazahh*, 114.
5. Bourgoyne, 7.
6. Sangier, *Récits*, 81, Mitarevskii, 62; Beaulay, 56.
7. Khaskievisch, *1812 God v dnevnikakh*, 202-3.
8. Rapp, 177.
9. Muravev, 194; Josselson, 141.
10. Kutuzov, *Dokumenty*, 373, Subenkov, 49-50.
11. Sejeune, *Souvenirs*, II/345.
12. Chambray, II/77, 248; Sejeune, *Memories*, II/217; também; Baudus, II/84; Ségur (IV/382) notou que Napoleão demonstrava *un calme lourd, une doucenr molle, sans activité*; Pion des Soches, 290.
13. François, II/791.
14. Beskrovny, *Borodino*, 380, Griois, 40.
15. Toll, II/81-2, Clausevitz, 141; Württemberg, 15/16.
16. Kutuzov, *Dokumenty*, 372-3, Wolzogen, 145, Maevskie, 138.
17. François, II/792, 794.
18. Bennigsen, *Zapiski*, set. 1909, 498.
19. Rossett, ajudante de ordens de Moscou, relata (119) que quando ele se aproximou de Napoleão, pedindo reforços, Napoleão ordenou ao general Moutou que avançasse com a Jovem Guarda, mas depois deu uma contraordem; Deminiée (78-9) concorda que Napoleão já havia ordenado que a Jovem Guarda avançasse, mas depois dispensou o conselho de seus marechais; Sejeune (*Memoires*, II/213) registra que Napoleão queria usar a Guarda, mas *un conseiller timide* lembrou-o de que ele estava muito longe de Paris. Quando Murat enviou Bélliart para pedir pela Guarda, Napoleão respondeu, *Ja ne vois pas encore assez clair, s'il ya demain une seconde lutte, avec quoi la livrerai-je*? (Roguet, III/480). Napoleão explicou a Sumas (III/440) que ele não usou a Guarda porque estava preservando-a para

outra batalha antes de Moscou. Para Repp (180), Napoleão disse: *Je m'en garderai bien, je ne veux pas la faire demolir. Je suis sûr de gagner la bataille sans qu'elle y premme part.*

20. Syffly, 123. Bréaut des Marlots, 1718.
21. Thirion, 185, 190.
22. Planat de la Faye, 82-3.
23. Meerheimb, 81.
24. Griois, II/38.
25. Holzhansen, 113.
26. Josselson, 139. Grabbe 463.
27. Clausewitz, 166.
28. Dedem, 240; Dumonceau, II/142-3.
29. Brandt, 277; Laugier, *Récits*, 88.
30. Kurz, 90; Faure, 46.
31. Ségur, IV/401; Lejeune, *Mémoires*, II/219; Kolaczkowskim, I/126.
32. Bausset, II/99. Bloqueville, III/168; Fain, *Manuscrit*, II/71; Constant V/83, 64-5.
33. Ambry, 165; Borche, 187. Vionnet de Maringoné, 10.
34. La Flise, LXXII/45-6; Larrey IV/49; Roos, 68.
35. Larrey, IV/58; Bourgeois, 51; François, II/793.
36. Larrey, IV/60; Soltyk, 254.
37. Kallash, 235; Murarev, 199.
38. Murarev, 196.
39. Wolzogen, 145-6.
40. Beskrovny, Bolodino, 95; Kutuzov, *Dokumenty*, 376; 191; Beskrovny, *Bolodino*, 96.
41. Voenskii, *Sviashichennoi Pamiati*, 137.
42. Beskovny, *Borodino*, 101-7, 111-12. Do lado russo, Kutuzov, Saint-Priest (Khaskievich, *1812 god v Dnevnikakh*, 159) e muitos outros afirmaram que os franceses recuaram. Bennigsen (*Zapiski*, set. 1909, 500) declara que os russos se retiraram, e isso é mantido por Ihishov (268). Do lado francês, Bertlézène, Labaume e Venturini (Beskrovny, *Polkovodets*, 240) sugeriram que eles retornaram às suas posições da manhã, mas Lejeune (*Souvenirs*, II/352) deixa claro que as tendas de Napoleão estavam realmente afixadas aos pés do campo de batalha, enquanto Vossen (472) Castellane (I/151), Brandt (279) e muitos outros declaram que eles acamparam no campo de batalha. De qualquer modo, Clausewitz (167-8) declara bastante categoricamente que os russos foram verdadeiramente derrotados; vide também Beshrvosny, *Borodino*, 121.
43. Clausewitz, 142. Bennigsen (*Mémories* III/87) escreve: "Naquele final de tarde ainda não sabíamos das imensas perdas que sofrêramos durante o dia; portanto, consideramos, por um tempo, retomar a nossa bateria central durante a noite e continuar a batalha no dia seguinte." W.H. Löwenstern (I/278) acreditava que Kutuzov realmente queria lutar no dia seguinte, como acreditava Emolov (74).

Clausewitz (167-8) concordou com Golitsuin que Kutuzov estava simplesmente blefando.

44. Fain, *manuscrit*, II/47; Dennieé, 81.
45. Württemberg, 13.
46. Biot, 34; Holzhausen, 115.
47. Shvedov, *Kompletovanie*, 135. Vide também Buturlin, 349; Garting, 78; Josselson, 145. Shishov, 271; Duffy, 139. Troitskii, *1812 Velikii God*, 175-6. Thiry (153) dá os números oficiais do Dépôt de la Guerre.
48. Grabbe, 466. Liprandi, 7; Andreev, 192; Shchukin, VIII/110; Simanskii, 1913 nº 2, 165, escreve que toda a companhia perdeu "muito mais que a metade" dos seus homens.
49. Voenskii, *Sviashchennoi Pamiati*, 137, 138; Kutuzov, *Dokumenty*, 387, Ermolov, 77.
50. Martos, 489; Kutuzov, *Dokumenty*, 379; Kutuzov, *Pisma*, 339.
51. Beskrovny, *Borodino*, 85; Khomutova, 322.
52. Kallash, 10.
53. Rostopchin, *La Vérité*, 214-16; Naryshkina, 162-4; S. Glink, *Zapiski o 1812 g*, 54.
54. Ermolov, 78-82; Bartenev, 857; Grabbe, 470; Bennigsen, *Voenny soviet*, 235-8; Barclay, *Tableau*, 56-60; Kharkievich, *1812 god v dnevnikakh*, 173-5 (Saint-Priest); Buturlin, I/357-9. Bennigsen, *Zapiski*, set. 1909, 501-3; Bennigsen, *Mémoires*, III/89-93; Beskrovny, *Bolochino*, 1878; Dokhturov, 1098-9; Kharkievich, *1812 god v Dnevnikah*, 128 (Konovnitsin); Kutuzov, *Dokumenty*, 385 (Raevsky). Nenhum registro oficial foi feito nessa época, sem dúvida porque Kutuzov desejava proteger a própria reputação contra todas as eventualidades. Há muitas discrepâncias nos vários relatos deixados por participantes, ditados principalmente pelos interesses particulares dos escritores. Em última análise, os detalhes não são tão importantes assim, diferentemente das reputações pessoais dos envolvidos. Sobre esta questão, ver Josselson, 154.
55. Dokkturov, 1098-1.
56. Kutuzov, *Pisma*, 340; Naryshkina, 164-6.
57. Kharkievich, *1812 god v Dnevnikakh*, 23; Popov, *Dvizhenie*, 518.
58. Buturlin, I/363.
59. Lafonovich, 126-8; Kozlovskii, 106, Naryshkina, 146-7; Kutuzov, *Pisma*, 340; Naryshkina, 164-6; Aglaimov, 55; Garin, 18-20; *1812 god. Voennie Dnevniki* 143, 147; Evreinov, 103; Bennigsen, *Zapiski*, set. 1909, 504. *1812 god v Vospominaniakh sovremennikov*, 51; Voenskii, *Sviashchennoi Pamiati*, 139; Shchukin, II/212, V/165.
60. Sukhanin, 482.
61. Ibid., *1812 God. Voennie Dnevniki*, 144, 147-8.
62. Shchukin, VIII/44-76. Voenskii, *Sviashchennoi Pamiati*, 139; Rostopchin, *La Verité*, 220.
63. Garin, 24.

64. Sukhanin, 483; também Bennigsen, *Zapisri*, set. 1909, 504; Kallash, 92; *1812 god v Vospominamiakh sovremennikov*, 59; Bennigsen, *Mémoires*, III/95. Rossetti, 127-8; Kharkievich, *1812 god v Dnevnikakh, 205-12*
65. Perovskii, 1033; Roos, 88-90
66. Uxküll, 87; Chicherin, 14-16; Clausewitz, 192; Aglaimov, 56; Radozhitskii, 165, 172.

14. Vão triunfo

1. Bourgogne, 13;
2. Fantin des Odoards, 331-2; Sołtyk, 261; Shchukin, IV/229-464; Laugier, 94; Combe, 96.
3. A.H. Damas, I/118.
4. Montesquiou-Fezensac, 226-7; Sanguszko, 93; Thirion, 201.
5. É realmente difícil afirmar com alguma precisão o quão deserta Moscou realmente estava. Naryshkina (163) escreve que havia 100 mil habitantes na cidade em 13 de setembro, e que, embora tenha havido um êxodo final no dia 14, este teria ainda deixado um grande número na cidade. O príncipe Eugène, que estava aquartelado na cidade, afirma (VIII/48) que havia entre 80 mil e 100 mil. Sołtyk (270) sustenta que mais da metade dos habitantes havia permanecido na cidade, mas eram invisíveis, já que estavam escondidos em porões, nos quintais das casas e em áreas afastadas. O agente de correio Karfachevsky (Shchukin, V/165) relata que 20 mil pessoas ficaram para trás; Ysarn, 41, mantém que muitos partiram apenas por causa do incêndio, retornando depois que este se apagou. Havia também, de acordo com Ségur (V/57), ao menos 10 mil soldados russos vagando pela cidade. Ver também Bourgogne, 16.
6. Bourgogne, 16; Fantin des Odoards, 332; Lejeune, *Memoires*, II/222.
7. Sołtyk, 274.
8. Holzhausen, 128.
9. A questão de quem deu início ao incêndio tem sido estudada a fundo, principalmente porque o próprio Rostopchin (*La Verité*, 183) decidiu negar a responsabilidade pelo ato a certa altura, e também porque alguns russos queriam atribuir a autoria aos franceses. Ver também *Pravda o pozhare Moskvy*, em Rostopchin, *Sochinienia*, 201-54. Os franceses ajudaram a aumentar a confusão ao contribuírem com a conspiração: muitos afirmaram ter visto mísseis incendiários sendo disparados (Seruzier, 219; Berthézène, II/65), outros disseram ter encontrado detonadores e outras ferramentas incendiárias (Bourgoing, *Souvenirs*, 116-17; Berthézène, II/68-9; Caulaincourt, II/16; Laugier, *Récits*, 99; Lejeune, *Souvenirs*, II/365; Castellane, I/162), e outros, ainda, terem visto incendiários em ação (Caulaincourt, II/12-13; Constant, V/93-4; Laugier, *Récits*, 99; Ségur, V/45-6; Rapp, 182), enquanto a comissão estabelecida por Napoleão para investigar o incêndio (Shchukin, I/129-43) teceu uma grande conspiração, envolvendo até mesmo o famoso balão de Rostopchin. Não há espaço para grandes dúvidas quanto a Rostopchin ter iniciado o incêndio da cidade, e em várias ocasiões ele revelou quanto orgulho

tinha disso (*La Verité,* 181). Para os fatos, ver a versão resumida em S.P. Melgunov, *Kto zzheg Moskvu,* em Dzhivelegov et al., IV/162. Para uma discussão completa, ver o trabalho exaustivo de Olivier Daria. Quanto à ordem de Rostopchin para a remoção das bombas-d'água, ver Garin, 21.

10. O'Meara, I/196; Dedem, 255; Larrey, IV/73-4; ver também: Lecointe de Laveau, 114; Fantin des Odoards, 335; Boulart, 261
11. Chambray, II/124.
12. Adam, *Aus dem Leben*, 208; Holzhausen, 129; Boulart, 262.
13. Sobre os saques: Bourgogne, 20 e seg.: Duverger, 10; Brandt 288; Kallash, 37 e seg., 57, 185 e seg.; Kurz, 95; Surruges, 43; La Flise, LXXII/56; Ysarn; Timofeev; Bozhanov; Pion des Loches, 300-2; *1812 god v Vospominaniakh, perepiske i raskazakh*, 7-10; Barrau, 80, 84-5; Laugier, *Récits,* 103; Garin, 66; Chambray, II/122-4; *1812 god v Vospominaniakh sovremennikov*, 51, 61; Shchukin, I/126.
14. Labaume, 226.
15. Duverger, 9; Fantin des Odoards, 337.
15. Dolgova, em *Otechestvennaia Voina 1812. Istochniki etc. (1999),* 30-73.
16. Lecointe de Laveau, 122; Ysarn, 41; Henckens, 134.
17. O'Meara, I/193; Surrugues (39) afirma que quatro quintos da cidade foram destruídos, mas estudos mais recentes resultaram numa estimativa menor. Berthézène (II/74) diz que o fogo não privou o Exército de nada do que este precisava. Dedem (256) apoia essa afirmação. Ver também a nota 29 abaixo.
19. Caulaincourt, II/41.
20. Fain, *Manuscrit*, II/94-7; Rapp, 184.
21. Caulaincourt, II/25-9.
22. S. Glinka, *Podvigi,* 69-71; Fain, *Manuscrit*, II/99-103.
23. Stchoupak, 46; Fain, *Manuscrit,* II/104.
24. Napoleão, *Correspondance,* XXIV/221-2.
25. *K Istorii Otechestvennoi Voiny,* 59-61.
26. Ségur, V/75.
27. Caulaincourt, II/49.
28. Ibid., 22, 24, 57-8, 64-7.
29. De acordo com Dumas (III/446), havia provisões bastantes para alguns dias, mas não para um inverno inteiro; Davout (Boqueville, III/176-8) afirma que havia suprimentos para três meses; segundo Daru (Ségur, V/92), eles tinham o bastante para todo o inverno; Villemain (I/230) diz o mesmo; Bellot de Kergorre (65-6) afirma que havia escassez de provisões apenas de forragem para os cavalos; vide também Larrey, IV/77; Chambray, II/132 seg.; Napoleão, *Correspondance,* XXIV/222.
30. Hogendorp, 324.
31. Rapp, 185.
32. Pouget, 204-5.
33. Coignet, 196.

34. Ségur, IV/277, 280; Bellot de Kergorre, 64; Chambray, I/250-1; Hochberg, 69.
35. Roeder, 152; Hochberg, 68, 78; Napoleão, *Dernières Lettres Inédites* (1903), 282; Bignon, *Souvenirs,* 232, 239-40; Beyle, *Corr. Gen.*, II/362 e seg., 376; Chambray, I/249; Ségur, IV/280.
36. Bellot de Kergorre, 61-4; Napoleão, *Correspondance*, XXIV/225, 226; Napoleão, *Lettres Inédites* (1935), 86-7. Fain, *Manuscrit*, II/134.
37. Dolgov, 171, 290; Zotov, 584.
38. Alexandre, *Corr. avec sa soeur*, 83; Adams, II/404-5.
39. Voenskii, *Sviashchennoi Pamiati,* 168, 171; Kutuzov, *Dokumenty*, 199-200.
40. Voenskii, *Sviashchennoi Pamiati,* 172.
41. Alexandre, *Corr. avec sa soeur*, 83.
42. Ibid., 84, 90; Grech, 279; Adams, II/414, 404-5.
43. Edling, 75, 79-80.
44. Shishkov, 157; Alexandre, *Corr. avec Bernadotte*, 37-8.

15. Impasse

1. Kallash, 212.
2. Kutuzov, *Dokumenty*, 204-5, 209; Dokhturov, 1099; *1812 god. Voennie Dnevniki*, 144; Garin, 18; Radozhitskii, 165, 172.
3. A.N. Popov, *Dvizhenie,* setembro de 1897, 623-4; Marchenko, 503; Kharkievich, *Barclay de Tolly v Otechestvennoi voinie,* 34-5; Clausewitz, 195; Simanskii, 1913 n. 2, 168-9.
4. Maistre, I/194-5.
5. Shishkov, *Nieizvestny*, 241.
6. Ver Lazhechnikov, I/181 seg.; Beskrovny, *Narodnoe Opolchenie*, 459; Hartley, *Russia in 1812*, 401; Butenev, 1883, 6; F. Glinka, *Pisma Russkavo Ofitsera*, IV/74.
7. Dzhivelegov et al., V/43-74, esp., 50, 51, 53; Hartley, *Russia in 1812,* 400; Beskrovny, *Narodnoe Opolchenie,* 132, 345, 60, 62, 65, 132; Sverbeev, 74; *1812 god v Vospominaniakh, perepiskie i raskazakh,* 87.
8. Tarle, *Naskhestvie*, 199; Chicherin, 46; Rosselet, 166-7.
9. Kallash, 212; Bakunina, 408-9; Tarle, *Nashestvie,* 71-2; Muravev, 202; Kallash, 212; Kutuzov, *Dokumenty,* 224-5; *1812 god v Vospominaniakh, perepiske i raskazakh,* 104.
10. Bestuzhev-Riumin, *Zapiski,* 349.
11. Uxküll, 75; Compans, 157.
12. Jackowski , 298-9; Gajewski, 239; Chłapowski, 125; Seruzier, 223-4; Roos, 99-100; Berthézène, II/76-7; Vionnet de Maringoné, 21-2; Dedem, 254; Roos, 99-100.
13. Holzhausen, 135; Bertolini, 319.
14. S. Glinka, *Zapiski,* 255.
15. Shchukin, IV/347; Leontiev, 408-9.
16. Voronovskii, 248-9.

17. Benckendorff, 49-51.
18. Dzhivelegov et al., V/81.
19. Vigel, IV/49; *1812 god v Vospominaniakh, perepiske i raskazach,* 36, 102, 104.
20. Chicherin, 47.
21. *1812 god v Vospominaniakh, perepiske i raskazach*, 62.
22. Uxküll, 75.
23. Dzhivelegov et al., IV/230.
24. Ibid., Sukhanin, 483; Wilson, *Diary*, I/174, 200, 209; Uxküll, 88; Dolgov, 327; Murarev, 203.
25. Déchy, 369; Dzhivelegov et al., IV/230.
26. *1812 gov v Vospominaniakh sovremennikov,* 162.
27. Laubame, 174-5; citado por Ségur, IV/411; Shchukin, II/202; Andreev, 193.
28. F. Glinka, *Zapiski Russkavo Ofitsera*, IV/32.
29. Volkonskii, 211-12; Beskrovny, *Polkovodets,* 349; Grabbe, 472-3; Langeron, 105; Tarle, *Nashestvie,* 190-1, 247-8, 250; Garin, 94-100, 100-2, 105-6, 109; *Tezisy, Nauchnoi Konferenstsii,* 66; Tarle, *Napoleon,* 419-20.
30. Bogdanov, 88, 96; Troitskii, *1812, Velikii God,* 223-4.
31. Grunwald, *Baron Stein* [barão Stein], 195-213; Palitsyn, 479.
32. Edling, 75; Grech, 285-5; Ley, 52-4, 55-9.
33. A.N. Popov, *Divizhenie,* setembro 1897, 626.
34. *1812 god. Voennie dnevniki,* 144; A.N. Popov, *Dvizhenie,* setembro de 1897, 623, 626; Uxküll, 88; Hartley, *Russia in 1812;* Ermolov, 27.
35. Radozhitskii, 172.
36. Voenskii, *Sviashchennoi Pamiati,* 140-1.
37. Popov, *Dvizhenie,* 519, 525; Bennigsen, *Zapiski,* 507; Clausewitz, 185-6.
38. *1812 god, Voennie Dnevniki,* 95; Mitarevskii, 101.
39. Mitarevskii, 100.
40. Viazemskii, 202, 206.
41. *1812 god v Vospominaniakh sovremennikov,* 117.

16. As distrações de Moscou

1. Beauharnais, VIII/50; Beyle, *Vie de Napoléon*, 219.
2. Bausset, II/113, 183; Saint-Denis, 42; Castellane, I/161; Caulaincourt, II/23.
3. Fain, *Manuscrit,* I/129, 131, 140, 142; Napoleão, *Correspondance*, XXIV/232, 233.
4. *Lettres Interceptées*, 310.
5. Ibid., 25, 34, 84, 106, 59.
6. Barrau, 89.
7. Vionnet de Maringoné, 43.
8. Dolgova em *Otechestvennaia Voina 1812 g. Istochniki, etc.* (1999).
9. Kallash, 189; Shchukin, IX/78-82.

10. Kozlovskii, 113; Chevalier, 208; Adam, *Aus dem Leben*, 213; *1812 god v Vospominaniakh, perepiskie i raskazakh,* 18; Lecointe de Laveau, 125-6; Beyle, *Journal,* IV/209.
11. Shchukin, VII/214.
12. Larrey, IV/65; *Lettres Interveptées*, 80; Gardier, 58.
13. Chłapowski, 127.
14. *Lettres Interceptées*, 67.
15. Bourgoing, *Souvenirs,* 134.
16. Duverger, 11-22.
17. Fantin des Odoards, 339-40.
18. Griois, II/55; La Flise, LXXII/55.
19. Compans, 196-8; *Lettres Interceptées,* 97.
20. *Lettres Interceptées,* 22, 61.
21. Peyrusse, *Lettres Inédites,* 96 seg.; 103; *Lettres Interceptées,* 80; Bloqueville, III/174; Sanguzko, 107.
22. Płaczkowski, 201; Vionnet de Maringoné, 53; Lecointe de Laveau, 125-7; Sołtyk, 318-19.
23. *Lettres Interceptées,* 80; Combe, 121.
24. *Bourgone,* 49-51.
25. Surrugues, 10-11.
26. Labaume, 240; ver também Le Roy, 164.
27. Dedem, 250; Dupuy, 185; Légur, V/79; Simaunskii, 1913 nº 4, 127; Radozhitskii, 178; Kolaczhviski, 146, Dupry, 176-7.
28. Castellane, I/168-9; Thirion, 219.
29. Dembiński I/167.
30. Ibid., 169.
31. Fantin des Odoards, 340; *Lettres Interceptées*, 157-9.
32. Castellane, I/165; Thirion, 215-16, Fantin des Odoards, 321-2.
33. Chambray, II/205; Belliard, I/112.
34. Bourienne, IX/120; ver também Caulaincourt, I/315.
35. Caulaincourt, II/26, 42, 56, 65; Bloqueville, III/181.
36. Fain, *Manuscrit*, II/151-2; Napoleão, *Corr. Inédite* (1925), V/595.
37. Beyle, *Corr. Gen.* II/383; Dumas, III/447, 455, 456; Napoleão, *Correspondance,* XXIV/264; Denniée, 105; Larrey, IV/79; La Flise, LXXII/58.
38. Napoleão, *Correspondance*, XXIV/261, 235-8; Caulaincourt, II/73.
39. Napoleão, *Correspondance,* XXIV/275; Planat de la Faye, 92; Fain, *Manuscrit,* II/162; Ségur, V/90, sustenta que Napoleão temia que os russos tratassem canhões abandonados, mesmo os encravados, como troféus.
40. Castellane, I/169.
41. Marbot, III/162-3.
42. Ibid., 161-2; Chłapowski, 128.
43. Henckens, 140; *Lettres Interceptées,* 61.
44. Bro, 119.

45. Lagneau, 219; Pion des Loches, 306.
46. Grabowski, 7; Henckens, 152; Fain, *Manuscrit*, II/157.

17. Marcha inútil

1. Shishov, 288-9; Beskrovny, *Polkovodets,* 274-5; Shvedov, *Komplektovanie,* 127-9, 136.
2. *Otechestvennaia Voina 1812g. Istochniki, etc.* (1998), 20.
3. Toll, II/190-1.
4. Maevskii, 154; Ermolov, 92.
5. Toll, II; 204; A.N. Popov, *Dvizhenie*, julho de 1897, 114-18; Kharkievich, *Barclay de Tolly v Otechestvennoi Voinie,* 34; Dubrovin, 129.
6. Chicherin, 32.
7. Wilson, *Diary*, I/194; Chicherin, 28; Kutuzov, *Pisma*, 359; Wilson, *Invasion* [Invasão], 182-90; Kutuzov, *Dokumenty*, 231-2.
8. Kutuzov, *Dokumenty*, 226-7.
9. Shishov, 291; Bennigsen, *Zapiski*, 508-22; Maevskii, 156; Tarle, *Nashestvie*, 225-7; A.N. Popov, *Dvizhenie*, agosto de 1897, 366; W.H. Löwenstern, I/303-4; Mitarevskii, 122-3; Kutuzov, *Dokumenty*, 407-10.
10. Radozhitskii, 224.
11. Kutuzov, *Dokumenty*, 228-9, 230; Beskrovny, *Polkovodets,* 295; Altshuller & Tartakovskii, 52-4; Dolgov, 13.
12. Kutuzov, *Dokumenty*, 411; Ermolov, 122; *1812 god. Voiennie Dnevniki,* 98; Württemberg, 21.
13. Fezensac, *Journal,* 64; Bausset, II/126.
14. Fezensac, *Journal,* 68; vide também Paixhans, 20.
15. Laugier, *Récits*, 118-19.
16. Bourgone, 56-7.
17. Barrau, 91; Ségur, V/102-3; Mailly, 72.
18. Pios des Loches, 308; Lecointe de Laveau, 137; Mailly, 71.
19. Griois, II/82.
20. Denniée (107) afirma que o número de veículos acompanhando o Exército era de 40 mil, Bellot de Kergorre (70), 25 mil, e Castellane (I/173), 15 mil.
21. Não existem números confiáveis disponíveis. Nafziger (263) diz que havia 95 mil homens; Jomini (239) afirma que eles eram 80 mil homens e 15 mil fingindo estarem incapazes; a maioria concorda que havia quase 100 mil. Sobre a condição das tropas, ver: Baudus, II/247; Bougeois, 85; Mailly, 66.
22. Dumonceau, II/175; Beauharnais, VIII/59; Labaume, 237.
23. Rapp, 192-3.
24. Napoleão, *Correspondance,* XXIV/278, 281.
25. Ibid., 289.
26. Aubry, 167-70.
27. Kutuzov, *Dokumenty*, 415.

28. Wilson, *Invasion,* 229.
29. Berthèzène, II/132; Wilson, *Invasion*, 230; Bertolini, I/369.
30. Beauharnais, VIII/22; Labaume, 279.
31. Caulaincourt, II/98-9; Fain, *Manuscrit*, II/248, 251-2, 253, 255; Lejeune, *Mémoires*, II/240; Ségur, V/116, 123-8.
32. Griois, II/89; Fain, *Manuscrit*, II/253.
33. Kharkievich, *1812 god v Dnevnikakh*, 45; Mitarevskii, 125.
34. Toll, II/269; Bennigsen, *Zapiski*, 360; Nesselrode, IV/108; Toll, II/270; Dubrovin, 235.

18. Retirada

1. Denniée, 118; Volkonskii, 199-203.
2. Denniée, 114-5; Caulaincourt, II/104-5.
3. Dedem, 271-2.
4. Mailly, 78.
5. Labaume, 288; Roos, 115, Ségur, V/152; Dumas, III/127; Bellot de Kergorre, 72; Barrau, 94. François (II/795) afirma ter encontrado o homem quando estava a caminho de Moscou, três semanas depois da batalha. Pelet (11) refuta a história, qualificando-a como absurda.
6. Fezensac, *Journal*, 75.
7. Caulaincourt, II/109-10, 111-12.
8. Ibid., 112-14.
9. Palmer, *Alexander*, 251.
10. Dumonceau, II/120.
11. *Lettres Interceptées*, 251; Blaze de Bury, I/393.
12. Bellot de Kergorre, 73-4.
13. Paixhans, 39.
14. Chambray, II/367; Nesselrode, IV/116; Pion des Loches, 309.
15. Castellane, I/175; Bourgogne, 63; Kurz, 136; Labaume, 288.
16. Dumonceau, II/190-1.
17. Beyle, *Vie de Napoléon*, 239.
18. Laugier, *Récits*, 133; Kołaczkowski, I/156; Shishov, 298; O príncipe Eugene de Württemberg, 30, afirma que só sua Subdivisão perdeu mil, mas Shvedov, *Komplektovannie*, diz que as perdas russas não passaram de 1.200; Askenazy, 237; Castellane, I/181; Pelet, 21; Fezensac, *Journal*, 79; Voronovskii, 190.
19. Kutuzov, *Dokumenty,* 414; Bennigsen, *Zapiski,* 366; Tarle, *Nashestvie*, 260; Kutuzov, *Dokumenty*, 241, 243.
20. Mailly, 80, 83.
21. Griois, II/96; Bertin, 30; Laugier, *Récits*, 131.
22. Caulaincourt, II/117; *Lettres Interceptées*, 184.
23. Castellane, I/180; Pelet, 16; Voronovskii, 185; Pelet, 18.
24. Bourgogne, 66-7.

25. Dumonceau, II/197.
26. Laugier, *Récits*, 137.
27. Pelet, 19-21.
28. Faber du Faur, 244; Holzhausen, 187. Kerner dá uma data diferente da de Faber du Faur, mas, como o relato do último se baseia em um diário, o autor deu-lhe o benefício da dúvida; Lignières, 118-19.
29. Paixhans, 27.
30. Pelet, 11.
31. Dedem, 279; Labaume, 308.
32. Lignières, 118.
33. Caulaincourt, II/139; Walter, 68; Bellot de Kergorre, 74.
34. Załuski, 251.
35. Laugier, *Récits,* 137; Muralt, 86; Dedem, 276; Griois, II/108; Fredro, 82; Coignet, 213; Vionnet de Maringoné, 64.
36. Bourgogne, 61; Askenazy, 237.
37. Vionnet de Maringoné, 65; Le Roy 205.
38. Labaume, 281; Lignières, 137.
39. La Flise, LXXII/567, 570-1, 574.
40. Griois, II/99.
41. Boulart, 268; Pelet, 76; Muralt, 90.
42. Dedem, 280.
43. Pretet; Płaczkowski, 37.
44. Dupuy, 197; vide também Chevalier, 239.
45. Lejeune, *Mémoires*, II/250; Kurz, 144.
46. Roguet, III/508.
47. *Lettres Interceptées*, 227; Holzhausen, 178.
48. Walter, 53; François, II/827; Duverger, 14.
49. Labaume, 294-5; Fusil, *Souvenirs*, 257.
50. Clemenso, 38.
51. Davidov, 119, 134-5; W.H. Löwenstern, I/294-5; Simanskii, 1913, n. 3, 142.
52. Dubrovin, 325; Wilson, *Invasion* [Invasão], 257-8.
53. Bertolini, I/188.
54. Faure, 74.
55. Wilson, *Diary*, I/215; Kurz, 145; W.H. Löwenstern, I/128.
56. Wachsmuth, 206; Combe, 145-9.
57. Radozhitskii, 253.

19. A miragem de Smolensk

1. Beaulieu, 33; Shvedov, *Komplektovanie*, 137; ver também Zotov, 605.
2. Napoleão, *Correspondance*, XXIV/298-300, 330-2.
3. Rapp, 201; Caulaincourt, II/126.
4. Napoleão, *Correspondance*, XXIV/302.

5. Ibid., 303-6; Jomini, *Précis*, I/173.
6. Beyle, *Corr. Gen.*, II/369.
7. Clausewitz (98) diz que Napoleão perdera 61 mil; Berthézène (II/145) sustentava que Napoleão não tinha mais de que 20 mil guerreiros, mas ele sempre dá estimativas baixas; Lejeune (*Mémoires*, II/256) afirma que a Guarda consistia em não mais que entre 3 mil e 4 mil homens armados; Rossetti (157), que havia apenas 36 mil homens armados no total. Ver também Nafziger, 305.
8. Alexandre, *Corr. avec Bernadotte*, 63.
9. Griois, II/116.
10. Laugiers, *Récits*, 141. Ver também ibid., 138-47; Chambray, II/388; Labaume, 327-31; Zanoli, 202.
11. *Lettres Interceptées*, 318; Shishov, 299, afirma que o príncipe Eugène perdeu 62 canhões; Voronovskii (200) diz que foram 64.
12. Pastroret, 470-1.
13. Załuski, 252; Dedem, 277; Griois, II/124.
14. Bellot de Kergorre, 76; Caulaincourt, II/131; Griois, II/129.
15. Puibusque, *Lettres sur la guerre*, 109; François, II/815; Lignières, 121; La Flise, LXXII/579; Lecoq, 168; Kurz, 150; Laugier, *Récits*, 150, 153.
16. Pastoret, 472.
17. Labaume, 338.
18. Larrey, IV/91; Voronovskii, 209; ver também Angervo; Fezensac, *Journal*, 96; Bourgogne, 81.
19. Bertrand, 147; Bourgogne, 76-7. Não é certo que ele esteja descrevendo o mesmo incidente, mas o relato parece se encaixar em tempo e espaço com o de Bertrand.
20. Faber du Faur, 253-4.
21. Lejeune, *Mémoires*, II/253-4; *Lettres Interceptées*, 251.
22. Laugier, *Récits*, 150; Bertolini, II/10.
23. Labaume, 349-50.
24. Sauzey, III/173; La Flise, LXXII/579.
25. Pelet, 29-30.
26. Ibid., 25; Fezensac, *Journal*, 96; Henckens, 153-4; Dumonceau, II/202-3. Faber du Faur (251) escreve que "as últimas restrições de ordem e disciplina foram quebradas" em Smolensk. Peyrusse (*Mémorial*, 118) afirma que a disciplina estava se dissipando e "nossas Subdivisões lembravam gentalhas armadas".
27. Caulaincourt, II/137, 386-7.
28. Boulart, 270-1.
29. Caulaincourt, II/141; Saint-Denis, 54. Méneval (II/93-4) escreve que Napoleão só adquiriu o veneno em Orsha.
30. Griois, II/133; Labaume, 357; Laugier, *Récits*, 155.
31. Bourgogne, 116; Kutuzov, *Dokumenty*, 424-5, 427; Toll, II/321; Wilson, *Invasion* [Invasão], 272-3.
32. Boulart, 273.
33. Vlijmen, 319; Roguet, III/520.

34. Maevskii, 161; Dumonceau, II/210; Caulaincourt, II/154.
35. Chambray, II/455; ver também Fantin des Odoards, 346; Bourgogne, 132; Ramigny, 64.
36. Napoleão, *Lettres Inédites* (1897), II/202; Napoleão, *Corr. Inédite* (1925), V/611.
37. Caulaincourt, II/158, 160, 162; Rapp. 210; Bausset, II/159.
38. Breton, 112-13.
39. Wilson, *Invasion*, 279; Castellane, I/189; Buturlin, II/227-8; Breton, 114; W.H. Löwenstern, I/345-7.
40. Fezensac, *Journal*, 106.
41. Freytag, 169. Sua descrição dos eventos deve ser analisada com cuidado, visto que se confunde na sequência dos acontecimentos e aumenta o tempo da ação em muitos dias.
42. Fezensac, *Journal*, 112; Planat de la Faye, 103.
43. Pelleport, II/45, 48; Bonnet, 106; Pelet, 39, 44 (em que afirma ter sido ele quem teve a ideia de atravessar o Dnieper), 47-52; Podczaski, 110; Chuquet, *Lettres de 1812*, 185 seg.; Fezensac, *Journal*, 104-18; Chłapowski, 134. Há dúvidas sobre como eles conseguiram: Pelet (50) diz que, de 8 a 10 mil, a maioria conseguiu; Materre, que estava no Estado-Maior de Ney, afirma (77) que 6 mil atravessaram o Dnieper; Berthézène (II/157) escreve que apenas 400-500, a maioria oficiais e suboficiais, conseguiram; Fezensac (*Journal,* 118) dá uma estimativa de 800-900; Pelleport (II/52), provavelmente o mais confiável, afirma que 1.500 chegaram a Orsha.

20. O fim do Exército de Moscou

1. Kutuzov, *Dokumenty,* 256, 252.
2. Voronovskii, 228-9.
3. Marchenko, 500.
4. Maistre, I/220.
5. Ibid., 230.
6. Dubrovin, 303; Kutuzov, *Dokumenty,* 249.
7. Marchenko, 503; Palmer, *Alexander*, 254.
8. Radozhitskii, 238; Murarev-Apostol, 36-7.
9. Mitarevskii, 141, 142, 148-9, 153, 154.
10. Bennigsen, *Zapiski*, 369.
11. Uxküll, 100; Radozhitskii, 259.
12. Shvedov, *Komplektovanie*, 136; Mitarevskii, 154; Radozhitskii, 258, 272.
13. Aglaimov, 77.
14. Mitarevskii, 146,157; Württemberg, 33, 35-6; Kutuzov, *Dokumenty*, 250; Wilson, *Invasion* 234.
15. Shcherbinin (*Zapiski*), W.H. Löwenstern (I/173), Ermolov (128-9) e Maevskii (161) estão entre os que acreditavam que Kutuzov estava com medo de confrontar Napoleão. Ver também Garin (130) e Pokrovskii (III/188).
16. Ermolov, 118; Beskrovny, *Polkovodets*, 311.

17. Davidov, 142-3; W.H. Löwenstern, I/338, 343; Kutuzov, *Dokumenty*, 250.
18. Rapp, 210; Caulaincourt, II/163.
19. Denniée, 141; Napoleão, *Correspondance*, XXIV/312; Caulaincourt, II/166; Voenskii, *Sviashchennoi Pamiati,* 192.
20. Caulaincourt, II/163.
21. Fabry, *Campagne de 1812*, 191; Napoleão, *Correspondance*, XXIV/312; Caulaincourt, II/166; Fain, *Manuscrit*, II/325.
22. Planat de la Faye, 107.
23. Segundo Shishov (302), o número de prisioneiros era de 422 oficiais e 21.170 homens de outros postos, com 213 canhões capturados; Bezkrovny (*Polkovodets*, 320) lista 26 mil prisioneiros e 116 armas, repetindo os números dados por Buturlin (II/231); vide também Troitskii, *1812 Velikii god,* 279. Em carta para Maret (*Lettres Inédites* (1897), II/202), o próprio Napoleão escreve que havia perdido 30 mil homens e que fora obrigado a deixar 300 canhões para trás.
24. Griois, II/131-2.
25. Laugier, *Récits*, 154.
26. Mailly, 86-7; Duverger, 15.
27. Roos, 180.
28. Bourgoing, *Souvenirs*, 161.
29. Roguet, III/539; La Flise, LXXIII/55; ver também Thirion, 229-31.
30. Holzhausen, 209.
31. Bourgogne, 137-45.
32. Mayer, 342-3; Olenin, 1996.
33. Auvray, 82.
34. Everts, 151, 157-8; Mayer, 347; Wilson, *Invasion*, 256; Placzkowski, 225.
35. Breton, 114, 126; Chevalier, 249; Holzhausen, 347-8; Rochechouart, 198, 200; Puybusque, 324-5; Pouget, 220; Comeau de Charry, 465.
36. Le Roy, 265.
37. Beauharnais, VIII/112.
38. François, II/813.
39. Thirion, 238-9; Dembiński, I/199-200; Bonneval, 76; Sanguzko, 104; Bourgogne, 68.
40. Roos, 186; Castellane, I/192.
41. Griois, II/129.
42. Krasiński, 98.
43. Combe, 152; Chevalier, 248.
44. Griois, II/174-6.
45. Planat de la Faye, 111.
46. Boulart, 269.
47. Suckow, 206; Griois, II/173.
48. Lejeune, *Mémoires*, II/255.
49. Ricome, 48; Boulart, 267.
50. Labaume, 394; François, II/826; Lejeune, *Mémoires*, II/266-7.

51. Lejeune, *Mémoires*, II/271-2.
52. François, II/826; Lagneau, 237.
53. Constant, V/147-8, 154; Rapp, 210.
54. Caulaincourt, II/189; Bourgeois, 139; Radozhitskii, 263; Bourgogne, 213; Denniée, 143.
55. Caulaincourt, II/189; Roos, 149; Dedem, 275; Labaume, 376; Bourgeois, 139; Duverger, 16; François, II/827; Caulaincourt, II/172; Chambray (II/385) afirma que havia muita reclamação, e Pion des Loches (310), que os homens importunavam Napoleão abertamente.
56. Faber du Faur, 249.
57. Ségur, V/309; Wilson, *Invasion*, 254; Maistre, I/247.
58. Falkowski, V/85; Hochberg, 106-7; Brandt, 314; Beulay, 67; Oudinot, 214.

21. O Berezina

1. Jomini (*Précis,* I/184) escreve que Napoleão recebeu a notícia na noite de 19 de novembro, mas isso está claramente errado: ver Caulaincourt, II/168; Napoleão, *Correspondance,* XXX/311 (*"rien de noveau")*, 312, 313.
2. Kutuzov, *Pisma,* 411; Langeron, 55; Czaplic, 515; Chichagov, *Pisma,* 61; Martos, 498; Rochechouart, 182
3. Chambray, III/15, 25-6; Caulaincourt, II/168-70.
4. Rochechouart, 182; Chichagov, *Mémoires*, 59; Voenskii, *Sviashchennoi Pamiati*, 111e seg., 121e seg.; Chichagov, *Mémoires*, 53; Rochechouart, 188-9; Marbot, III; 185-6.
5. Caulaincourt, II/173. Napoleão (*Lettres Inédites* (1935), 102-3) confirma o relato.
6. Jomini, *Précis,* I/186-8, afirma ter discutido esse plano em Tolochin em 22 de novembro, mas àquela altura Napoleão ainda acreditava poder atravessar em Borisov, de forma que ele deve ter se equivocado; Caulaincourt, II/173, menciona o plano como tendo sido discutido depois de ele ter sabido sobre a tomada de Borisov. Ver também Voenskii, *Sviashchennoi Pamiati,* 191-9.
7. Cosntant, V/121; Bourgoing (*Souvenirs,* 154) apresenta uma versão um tanto diferente.
8. Brandys, II/136.
9. Jomini, *Précis*, I/188-90; Fabry, *Campagne de 1812*, 206-7, 210, 219, 220, 221, 222, 233-4; Napoleão, *Correspondance*, XXIV/316, 317, 318; vide também o (duvidoso) relato de Korkozevich, 114-17.
10. Voenskii, *Sviashchennoi Pamiati*, 191-9; Langeron, 60; Rochechuart, 192; Volkonskii, 215; Clausewitz, 208-9, 211.
11. Corbineau (48-9) afirma ter construído a primeira ponte com a ajuda de alguns soldados de artilharia de Oudinot, em 24 de novembro, e Gourgaud (434) também sustenta que havia uma ponte que fora construída pelos atiradores de Oudinot no dia 24, e que foi levada pela corrente. Porém, em seu relato oficial, o coronel A. Chapelle, chefe do Estado-Maior da companhia responsável pela construção

de pontes, e o *chef de bataillon* Chapuis, que comandava um dos batalhões de pontoneiros, explicam que os soldados de artilharia e sapadores de Oudinot haviam começado a fazer armações, mas estas foram feitas sem experiência, e provaram não ter utilidade. Ver Fabry, *Campagne de 1812*, 288.

12. Voenskii, *Sviashchennoi Pamiati*, 103-4; Czaplic, 508-9.
13. Pils, 141.
14. Rapp, 213; Constant, V/127.
15. Voenskii, *Sviashchennoi Pamiati*, 104; Czaplic, 509.
16. Vlijmen, 322; Pils, 143.
17. Baudus, II/274; Boulart, 276; Fusil, 277; Rossetti, 168; Gougard, 429; Rosselet, 178; Constant (V/122) sustenta que águias foram queimadas; Castellane (I/192) relata que as águias da maioria dos regimentos de cavalaria foram queimadas em Bobr.
18. Suckow, 250.
19. Fabry, *Campagne de 1812*, 227-9; Chapelle, 3; Vlijmen, 322; Brandt, 319.
20. Pils, 144.
21. Sobre as pontes e o primeiro dia da travessia, ver Fabry, *Campagne de 1812*, 227-31; Pils, 143-5; Vlijmen, 322-4; Chapelle, 3; Fain, *Manuscrit*, II/378-9.
22. Bertand, 152.
23. Bussy, 290; Begos, 191.
24. Napoleão, *Lettres Inédites* (1935), 103.
25. Beulay, 57, 63; Castellane, I/198.
26. Czaplic, 510-12; Rochechouart, 193-4; Chichagov, *Mémoires*, 77.
27. Pils, 146-7. A questão dos números do Berezina já foi amplamente debatida. A maioria das fontes francesas afirmam que Napoleão tinha à sua disposição de 25 a 27 mil homens, enquanto os russos inflaram esses números consideravelmente — de acordo com Clausewitz (208-9), Wittgenstein acreditava que ele tinha cerca de 100 mil homens. Os números russos também não são fáceis de se determinar. O Exército de Chichagov totalizava até 60 mil, mas a maior parte desse contingente havia sido deixada para trás a fim de guarnecer Minsk, patrulhar o sul de Borisov e vigiar possíveis ameaças de Schwarzenberg. De acordo com Chichagov (*Pisma*, 54), ele tinha apenas entre 18 e 19 mil soldados de infantaria à sua disposição na área de Borisov-Studzienka; Czaplic (514) afirma que Chichagov tinha 15 mil soldados de infantaria e mil de cavalaria, mas a análise das fontes feita pelo autor sugere que ele tinha ao menos 10 mil a mais que isso. Ver também Tarle, *Nashestvie*, 271; Berthézène, II, 160; Faber du Faur, 273.
28. Bourgoing, *Souvenirs*, 160.
29. Bussy, 291; Begos, 192; Chapuisat, 87; Braquehay, 184; Vlijmen, 325-6; Legler, 194.
30. Legler, 198; Bussy, 292; Vlijmen, 325, 326.
31. Hochberg, 113-114, 139.
32. Kurz, 184; Holzhausen, 259; Conhaques, II/141.
33. Thirion, 250.
34. Suckow, 256-7.

35. Holzhausen, 180.
36. Griois, II/156; Pontier, 15. Sobre a questão de as pontes terem sido liberadas à noite: Planat de la Faye, 105 (ele foi um dos que tentaram persuadir os retardatários a atravessar); Chambray, II/70; Bourgogne, 210, 214; Seruzier, 255; Rossetti, 175 (ele atravessou com seu *fourgon* na noite do dia 27); Turno, 114; Gourgaud, 459; Chevalier, 233; Sołtyk, 452; Marbot, III/199 (na verdade, ele retornou para procurar por uma carroça perdida); Larrey, IV/101 (ele retornou para apanhar alguns instrumentos cirúrgicos que havia deixado para trás), e muitos outros; somente Auvray, 79-80, uma testemunha não muito confiável em todos os aspectos, afirma ter havido um terrível congestionamento nas pontes na noite de 27 de novembro.
37. Bourgogne, 215. Para a travessia do dia seguinte e o incêndio das pontes: Fabry, *Campagne de 1812*, 230-2; Chapelle, 7-13; Vlijmen, 326-7; Hochberg, 141-4. *1812 god v Vospominaniakh sovremennikov*, 139-44; Kurz, 177-85; Corbineau, 43-51; Curely, 311-24; Rapp, 213-14; Castellane, I/196-8. Ségur e outros que não testemunharam os piores momentos exageraram na descrição do horror, o que levou outros — tais como Gourgaud — a menosprezar muito do que foi escrito sobre o assunto, considerando-o melodramático.
38. Martos, 502.
39. Rochechouart, 195.
40. Gourgaud, 461; Fabry, *Campagne de 1812*, 234-5; Chapelle, 9; Labaume, 405; Bennigsen, *Mémoires*, III/165; Burtulin, II/386; Langeron, 75; Shishov, 306.
41. Clausewitz, 211.

22. Império da morte

1. Griois, II/164
2. Caulaincourt, II/192; Bourgogne, 216.
3. Constant, V/133.
4. Lagneau, 234; Vionnet de Maringoné (77) afirma que o mercúrio em seu termômetro congelou; Lejeune, *Mémoires*, II/286; Gardier, 91.
5. Gardier, 91; Fezensac, *Journal*, 145; Paixhans, 43; Kurz, 194; Bourgeois, 167.
6. Holzhausen, 266; Vossler, 92.
7. Fredro, 44.
8. Suckow, 269; Griois, II/192.
9. Para relatos de canibalismo, ver: Maistre, I/246; Olenin, 1986-9; Dubrovin, 301; Neselrode, IV/120. Para testemunhos de prisioneiros comendo seus companheiros mortos: Roederer, 40; Holzhausen, 271; Cheron, 33; Roguet, III/526. Para os exemplos citados: Golitsuin, 30; Wilson, *Diary*, I/215; Gosudarsvenno-Istoricheskii Muzei, 252; Shchukin, VIII/113.
10. Sołtyk, 415.
11. Pastoret, 497.
12. Uxküll, 105; Voenskii, *Sviashchennoi Pamiati*, 107; Langeron, 93.

13. Ségur, V/448; Marbot, III/215; Gourgaud, 480. Para confirmações do lado francês, ver: Ségur, V/382; Kurz, 199 etc. Para citações: Bourgogne, 78; Vossler, 92; Pontier, 16.
14. Mailly, 101; Fezensac, *Journal*, 139.
15. Planat de la Faye, 108; Lejeune, *Mémoires*, II/272.
16. Fezensac, *Journal*, 146-7; Vionnet de Maringoné, 83.
17. Lyautey, 248.
18. Wybranowski, II/17-21; Lejeune, *Mémoires*, II/293.
19. Planat de la Faye, 107; Castellane, I/206; Ségur, V/348-9.
20. Tascher, 317.
21. Bourgogne, 208; Larrey, IV/125; Planat de la Faye, 108; Muralt, 89, 97.
22. Lejeune, *Mémoires*, II/294. Outros exemplos de oficiais cuidando de seus criados incluem: Mailly, 120-1; Chéron, 28.
23. Chevalier, 238; Laugier, *Récits*, 181; Holzhausen, 284.
24. Holzhausen, 201; Bourgoing, *Souvenirs*, 162-3.
25. Fezensac, *Journal*, 146; La Flise, LXXIII/52.
26. Bourgogne, 246; Holzhausen, 260.
27. Rumigny, 68; Chłapowski, 135.
28. Bourgogne, 123; Holzhausen, 46.
29. Napoleão, *Correspondance*, XXIV/322, 323.
30. Ibid., 324; Montesquiou-Fezensac, 247 (ele registrou incorretamente que foi de Smolensk que partiu para a missão); Maistre, I/266.
31. Załuski, 254, 255.
32. Chicherin, 54-6; Voenskii, *Sviashchennoi Pamiati*, 88 seg., 144-6; Kutuzov, *Dokumenty*, 258, 262, 263-4.
33. Chicherin, 63; Kallash, 222; A.H. Damas, I/127; Aglaimov, 78; Tarle, *Nashestvie*, 268; Dziewanowski, 10; W.H. Löwenstern, I/352; Radozhitskii, 284; Dokhturov, 1107; W.H. Löwenstern, I/356; Chicherin, 63; Aglaimov, 79; Langeron, 91-2, pinta um quadro mais otimista.
34. Langeron, 104-5; Davidov, 155.
35. Napoleão, *Correspondance*, XXIV/323, 325-7, 331-2.
36. Ibid., 338-9; Beauharnais, VIII/104; Castellane, I/202.
37. Lejeune, *Mémoires*, II/289. Griois (II/177) e Castellane (I/202) estão entre aqueles que consideraram sua partida algo positivo. Entre os que achavam que ela desencorajou os homens, que o viam como um elo (seja qual fosse sua opinião sobre ele) e agora se sentiam traídos estão: Deniée (168), Labaume (424), Lejeune (*Mémoires,* II/289), Laugier (*Récits,* 181), Bourgeois (171), Mailly (105-6), François (II/835), Dumonceau (II/231), Vionnet de Maringoné (76). Entre os que achavam que sua partida não produziu muito efeito estão: Griois (II/177), Muralt (108), Pelleport (II/58), Bourgoing (*Souvennirs*, 172), Castellane (I/202).
38. Lagneau, 235. Larrey (IV/124) e Sołtyk (454) registraram apenas menos 28 (Réamur) em Miedniki. Ver também Paixhans, 57; Dumonceau, II/231.
39. Griois, II/166; Sołtyk, 454; Ségur, V/377.

40. Lejeune, *Mémoires*, II/285; Planat de la Faye, 109-10; Bourgogne, 228.
41. Brandt, 334.
42. Roos, 178; Bourgeois, 190; Holzhausen, 213; Auvray, 80.
43. Henckens, 167; Lagneau, 238; François, II/825; Griois, II/179; Bourgogne, 252-3; Lejeune, *Mémoires*, II/286; Minod, 56-7; Roeder, 173; Castellane, I/203, 205.
44. Hochberg, 181-2.
45. Kurz, 203; Larrey, IV/128; Chevalier, 221.
46. Brandt, 234-5.
47. Larrey, IV/107; Bourgeois, 165; Sołtyk, 440; Fezensac, *Journal*, 145; Vossler, 93.
48. Langeron, 90; Chicherin, 67.
49. Ducor, II/20.
50. Caulaincourt, II/192.

23. Fim da estrada

1. Jacquemont du Donjon, 106, 107; Hogendorp, 330-1; Bignon, *Souvenirs*, 246-7; Butkevicius, 907.
2. Hogendorp, 332, 338. O governador militar de Vilna, barão Roch Godart (183), escreveu que havia o bastante para alimentar 120 mil durante 36 dias; ver também: Berthézène, II/180; Gourgaud, 484; Fain, *Manuscrit*, II/415; Ségur, V/386; Dedem, 290, Yermolov, que era o encarregado dos depósitos franceses quando os russos entraram em Vilna, confirma (131-5) que havia quantidades generosas de tudo que um exército podia desejar. Ver também Rochechouart; Czaplic, 521.
3. Napoleão, *Correspondance*, XXIV/330.
4. Hogendorp (336) afirma ter agido segundo ordens de Napoleão.
5. Suckow, 286.
6. Hogendorp, 336; von Kurz (202) ficou chocado ao ver o quão jovens eram os soldados; Hogendorp, 327; Choisel-Gouffier, 129.
7. Raza, 217-19.
8. Bourgeois, 173-4.
9. Lejeune, *Mémoires*, II/291; Hogendorp, 336.
10. Pelet, 70; Chevalier, 242-3; Fezensac, *Journal*, 147; Griois, II/183.
11. Laugier, *Récits*, 182.
12. Hogendorp, 338; Chambray, II/124-5, 126.
13. Labaume, 415; ver também Fezensac, *Journal*, 142-3.
14. Hogendorp, 335; Hochberg, 187; o próprio Hogendorp afirma não ter partido até ser instruído a fazê-lo na tarde seguinte.
15. Ségur, V/372; Berthézène, II/176.
16. Jacquemont du Donjon, 109; Griois, II/182.
17. Holzhausen, 285; Roeder, 190.
18. Thirion, 267.
19. Brandt, 336; Vionnet de Maringoné, 81; Lagneau, 240; Le Roy, 265; Griois, II/184; Lignières, 130.

20. Chłapowski, 137-8; Berthézène, II/179; Rapp, 218.
21. Bertrand, 165; ver também Laugier, *Récits*, 183.
22. Hochberg, 190; Fredro, 45; Lignières, 130; Laugier, *Récits*, 183; Mailly, 123-4.
23. Planat de la Faye, 112; Choiseul-Gouffier, 140; Paixhans, 59.
24. Mailly, 137.
25. Noel, 174-6.
26. Holzhausen, 307.
27. Boulart, 278; Peyrusse, *Lettres Inédites*, 116-18; Peyrusse, *Mémorial*, 118, 136; Duverger, 25; Chuquet, *Lettres de 1812*, 305; Noel, 177; Denniée, 172.
28. Bellot de Kergorre, 103; Jacquemont du Donjon (112) diz ter visto a grande cruz de São Ivan no chão; Planat de la Faye, 115; Combe, 168-9; Lyautey, 251.
29. Fredro, 45.
30. Bourgeois (180), François (II/837), Vaudoncourt (*Quinze Années*, 155), Kurz (216, 220), Roeder (194), algumas fontes em Holzhausen (291-2, 298, 347), Lagneau (240), Chevalier (249), Grabowski (9), Choiseul-Gouffier (138) e vários outros culpam a população (reconhecidamente considerável) de judeus da cidade. Para as condições da cidade e dos hospitais, ver: Holzhausen, 300, 302; Rochechouart, 202; Pontier, 17. Bourgeois (190) afirma que o tifo já vinha se espalhando nas últimas etapas da retirada.
31. Bourgoing, *Souvenirs*, 228; Vionnet de Maringoné, 79.
32. Bertrand, 169; Lignières, 131.
33. Bourgogne, 262, 246.
34. Beaulieu, 45; Ginisty, 113-14; Brandt (339-41) conta uma história quase idêntica sobre ele e um soldado que havia açoitado por pilhagem em Moscou.
35. Planat de la Faye, 116-17.
36. Bertin, 309.
37. Holzhausen, 319-20; Rumingy, 67; Noel, 180.
38. Dumas, III/485.

24. A saúde de Sua Majestade

1. Caulaincourt, II/212.
2. Ibid., 230 e seg.
3. Ibid., 263.
4. Pradt, 207-18; Caulaincourt, II/263-73 (afirma que Napoleão disse possuir 150 mil homens em Vilna); Potocka, 331-4; Niemcewicz, 383; Koźmian, II/311.
5. Caulaincourt, II/315.
6. Davidov, 172; Marchenko, 503; Alexandre, *Corr. avec Bernadotte*, xxxii.
7. Bloqueville, II/193; Compans, 239; Bausset, II/192.
8. Caulaincourt, II/319.
9. Napoleão, *Correspondance*, XXIV/341.
10. Clausewitz, 214; Voenskii, *Sviashchennoi Pamiati*, 146.
11. Wilson, *Invasion* [Invasão], 356.

12. Voenskii, *Sviashchennoi Pamiati*, 143; Kutuzov, *Dokumenty*, 263-4; Gosudarstvenno-Istoricheskii Muzei, 236.
13. Beskrovny, *Polkovodets*, 272-3.
14. Altshuller & Tartakovskii, 97, 98, 121, 124.
15. Vitberg, 611; Shchukin, I/120; Alexandre, *Corr. avec sa soeur*, 103.
16. Ley, 54.
17. Garin, 133-4; Kutuzov, *Dokumenty*, 268-70; Shishkov, 168.
18. Kraehe, I/152; W. H. Löwenstern, I/359; Choisel-Gouffier, 166.
19. Fredro, 46.
20. Choisel-Gouffier, 147.
21. Ermolov, 134-5; Marchenko, 498; von Kurz, 220-1, 222-3; Minod, 50-2; escavações recentes de covas coletivas em Vilnius confirmaram o canibalismo; Kurz, 223.
22. Maillard, 66-8; Venturini, 227.
23. Ducor, II/57-60; Chéron, 33.
24. Roy, 87; Holzhausen, 83-90.
25. Seruzier, 270 e seg.
26. La Flise, LXXIII/57; Roos, 197-200; Mitarevskii, 172-3; Holzhausen, 348.
27. Camp, 59.
28. Benard, 145, 146.
29. Holzhausen, 351.
30. Bellot de Kergorre, 112; Lignières, 138; Holzhausen, 323; Bréaut des Marlots, 33-4; Jackowski, I/312; Faré, 269; Noel, 180.
31. Bellot de Kergorre, 110; Bro, 126; Gardier, 96; Holzhausen, 323; Dumonceau, II/248; Bertrand, 179.
32. Seydlitz, 129, 167; *Akty Dokumenty i Materialy*, CXXXIII/329 seg.; Macdonald, 182; *Akty Dokumenty i Materialy*, CXXXIII/410.
33. Seydlitz, 197 e seg.; Macdonald, 184-8; *Akty Dokumenty i Materialy*, CXXXIII/424.
34. Koźmian, II/315.
35. As estimativas dadas pelos primeiros historiadores a estudar a campanha e mesmo as lançadas por fontes militares oficiais em ambos os lados se baseiam nos dados mais confusos. Meynier, por exemplo, revela que a maioria dos historiadores vêm exagerando muito ao falarem de milhões de mortos durante as guerras napoleônicas. A estimativa de Labaume (437), que afirma que 20 mil atravessaram o Niemen de volta em Kovno, foram repetidas por Buturlin (II/413) e prevalecem na maioria dos casos — embora Buturlin (II/446) sustente que outros 60 mil, em sua maioria austríacos e prussianos, tenham retornado; as estimativas mais completas de Gourgaud (494) exageram nos números, particularmente no caso dos 36 mil que supostamente atravessaram o rio de volta em Kovno, mas seu total de 127 mil não está muito longe das estimativas atuais. As estimativas russas originais para o número de prisioneiros capturados variavam dos 193 mil de Buturlin aos 210 mil de Chuikievich, mesmo apesar de as estimativas russas oficiais serem apenas de 136 mil. Todos os estudos recentes revelam que esta era muito alta — ver Sirotkin em *Otechestvennaia Voina 1812 goda. Istochniki, etc.* (2000), 246 e seg. Os únicos

números confiáveis para as mortes durante a campanha são os dos cadáveres enterrados pelas autoridades russas e os do censo francês (Meyner, 21). Balashov relata que 430.707 foram enterrados ao longo da estrada na primavera de 1813. Em dezembro de 1812, as autoridades russas contaram 172.566 cadáveres e 128.739 carcaças de animais na gubernia de Smolensk, 50.185 cadáveres e 17.050 carcaças de animais na gubernia de Mogilev, 2.230 cadáveres e 7.355 carcaças de animais na gubernia de Kaluga — totalizando 224.981 cadáveres e 153.144 carcaças (Hartley, *Russia in 1812* [A Rússia em 1812], 197, 413). Porém, esses números dizem muito pouco, já que não especificam se os mortos eram militares ou civis, e tampouco sua nacionalidade. Há também números detalhados para algumas unidades, mas os extrapolar seria um exercício inútil, já que variam bastante. A estimativa deste autor baseia-se nos números dados por Vilatte de Prugnes (285-7) e Meynier, estes computados por Kukiel, que parece o mais consciencioso dos historiadores da campanha, além das estimativas apresentadas por historiadores russos mais recentes, tais como Zhilin, Sirotkin, Shvedov e Sokolov.

36. Kukiel, *Wojna,* II/500; Hausman, 112; Zanoli, 205; Boppe, *Croatie Militaire,* 95, 120, 129.
37. Lignières, 139; Dumonceau, II/257-8; Chłapowski, 137.
38. Bertrand, 4-5; Combe, 178; Boppe, *Les Espagnols*, 157; Vlijmen, 327; Holzhausen, 340; ver também: Fezensac, *Journal*, 188; Dupuy, 213; Kołaczkowski, I/167; Pion des Loches, 341; Vossen, 477.
39. *Lettres Interceptées*, 377; Holzhausen, 8.
40. Krasiński, 103.
41. Minod, Roederer; *Otechestvennaia Voina 1812g. Istochniki, etc.* (2001), 20.
42. Voenskii, *Sviashchennoi Pamiati,* 3.
43. Holzhausen, 356-8.

25. A lenda

1. Maria Feodorovna, 136.
2. Kügelgen, 136; Bruun, 173.
3. Golitsuin, 5, 22, 23; Davidov, 56.
4. *1812 god v Vospominaniakh sovremennikov,* 3; Kallash, 209; F. Glinka, *Pisma Russkovo Ofitsera*, 154.
5. *1812 god v Vospominaniakh, perepiske i raskazakh,* 84, 86; *Ostechestvennaia voina 1812 goda, Istochniki, etc.* (2001), 30 seg.; Hartley, *Russia in 1812* [A Rússia em 1812], 188; Iudin, III.
6. Adams, II/426.
7. Nesselrode, IV/118; Benckendorff, 70-1.
8. *1812 god v Vospominaniakh, perepiske i raskazakh,* 84, 85.
9. Beskrovny, *Narodnoe Opolchenie*, 377-86; Shishkin, 112-51; ver também: Dzhivelegov et al., V/98-101; *1812 god v Vospominaniakh, perepiske i raskazakh,* 85; Shchukin, IV/156 e seg., IX/82-4.

10. Dzhivelegov et al., V/104.
11. Kallash, 224.
12. Davidov, 138.
13. Beyle, *Vie de Napoléon*, 233.
14. Louis Geoffroy, *Napoléon Apocryphe. Histoire de la Conquête du Monde et de la Monarchie Universelle,* Paris, 1841.
15. O'Meara, II/107, 156, etc.
16. Dostoevskii, 250.
17. Raza, 220. Tais relíquias ainda podem ser encontradas em coleções na Polônia.
18. Bourgogne, 281-2.

Fontes

Fontes primárias

1812 god Voennie Dnevniki, A.G. Tartakovskii; Moscou, 1990.

1812 god v Vospominania voinov russkoi armii; Moscou, 1991.

1812 god v Vospominaniakh, Perepiske i Raskazakh Sovremennikov, Voenizdat; Moscou, 2001.

1812 god v Vospominaniakh sovremennikov, A.G. Tartakovskii; Moscou, 1994.

Abbeel, Jef. *L'Odyssée d'un Carabinier à Cheval 1806-1815*, René H. Willems; Bruxelas, 1969.

Adam, Albrecht. *Voyage Pittoresque et Militaire de Willemberg en Prusse jusqu'à Moscou, fait en 1812*; Munique, 1828.

Adam, Albrecht. *Aus dem Leben eines Schlachtenmalers*; Stuttgart, 1886.

Adams, John Quincy. *Memoirs of John Quincy Adams* compreendendo partes de seu diário de 1795 a 1848, v. II 2; Filadélfia, 1874.

Aglaimov, S.P.. *Ostechestvennaia voina 1812 Goda. Istoricheskie Materialy Leib-Gvardii Semeonovskavo Polka*; Poltava, 1912.

Akty. *Dokumenty i Materialy dlia politicheskoi i bytovoi istorii 1812 goda,* K. Voenskii, em *Sbornik Imperatorskavo Russkavo Istoricheskavo Obshchestva,* v. CXXXIII-IX; São Petersburgo, 1909-12.

Alexandre I. *Correspondance Inédite de l'Empereur Alexandre et de Bernadotte pendant l'année 1812*; Paris, 1909.

Alexandre I. *Correspondance de l'Empereur Alexandre ler avec sa soeur la Grande-Duchesse Catherine*; São Petersburgo, 1910.

Alexandre I. *Uchebnia knigi i tetradi velikavo kniazia Aleksandra Pavlovicha,* M.I. Bogdanovich, em *Sbornik Imperatorskavo Russkavo Istoricheskavo Obshchestva,* v. I; São Petersburgo, 1867.

Altshuller. R.E., & Bogdanov, G.V. (Ed.). *Borodino. Dokumenty, Pisma, Vospominania*; Moscou, 1962.

Altshuller. R.E., & Tartakovskii, A.G. *Listovki Otechestvennoi Voiny 1812 goda*; Moscou, 1962.

Andreev. N.I. *Iz Vospominanii Nikolaia Ivanovicha Andreeva,* em *Russkii Arkhiv*; Moscou, 1879.

Arndt. Ernst Moritz. *Erinnerungen aus dem Ausseren Leben*; Leipzig, 1840.

Aubry. Thomas Joseph. *Souvenir du 12e Chasseurs*; Paris, 1889.

Augusta, duquesa de Saxe-Coburgo-Saafeld. *In Napoleonic Days* [Nos dias napoleônicos]; Londres, 1941.

Bagration, Petr Ivanovich. *General Bagration. Sbornik dokumentov i materialov*; Moscou, 1945.

Bakunina, Varvara Ivanovna. *Dvienadsaty God,* em *Russkaia Starina,* v. XLVII; São Petersburgo, 1885. p.392-410.

Bangofsky, Georges. *Les Étapes de Georges Bangofsky, Oficial Lorrain*; Paris, 1905.

Barclay de Tolly, Mikhail Bogdanovich. *Doniesenia Barclaya Aleksandru I i pisma tsaria posle ostavienia tsarem armii v 1812 godu,* em *Voenny Sbornik*; novembro de 1903 a setembro de 1904.

Barclay de Tolly, Mikhail Bogdanovich. *Tableau des Opérations militaires de la Première Armée,* em *Trudy Imperatorskavo Russkavo Voenno-Istoricheskavo Obshchestva,* v. VI; São Petersburgo, 1912.

Barrau, J.P. *Jean-Pierre Armand Barrau, Quartier-Maître au IVe Corps de la Grande Artmée, sur la Campagne de Russie,* em *Rivista Italiana di Studi Napoleonici,* n. 1, Anno XVI; Pisa, 1979.

Bartenev, P.I. *Razgovor sc A.P. Ermolovim,* em *Russkii Arkhiv*; Moscou, 1863.

Baudus, tenente-coronel K. de. *Études sur Napoléon.* 2 v.; Paris, 1841.

Bausset, L.F.J. de. *Mémoires Anecdotiques sur l'Intérieur du Palais et sur quelques évènements de l'Empire, depuis 1805 jusqu'au 1er mai 1814,* 2 v.; Bruxelas, 1827.

Bawr, Madame de. *Mes Souvenirs*; Paris, 1853.

Beauharnais, Eugène de. *Mémoires et correspondance politique et militaire du Prince Eugène, annotés et mis en ordre par A. Du Casse,* 10 v.; Paris, 1858-60.

Beaulieu, capitão Drujon de. *Souvenirs d'un militaire pendant quelques années du règne de Napoléon Bonaparte*; Verpillon, 1831.

Begos, Louis. *Souvenirs des Campagnes du Lieutenant-Colonel Louis Begos,* em *Soldats Suisses au Service Étranger*; Genebra, 1909.

Belliard, Augustin Daniel. *Mémoires du Comte Belliard, Lieutenant-Général, Pair de France,* 3 v.; Paris, 1842.

Bellot de Kergorre, A. *Un Commissaire des Guerres sous le Permier Empire. Journal de Bellot de Kergorre*; Paris, 1899.

Benard, sargento. *Souvenirs de 1812. Un Prisonnier Français en Russie,* em *La Giberne*; julho de 1906.

Benkendorf, Aleksandr. *Zapiski Benkendorfa*; Moscou, 2001.

Bennigsen, general conde Lev. *Mémoires du Général Bennigsen,* v. 3; Paris, 1908.

Bennigsen, general conde Lev. *Zapiski grafa L.L. Bennigsena o kompanii 1812 goda,* em *Russkaia Starina*; julho-setembro de 1909.

Bennigsen, general conde Lev. *Voenny soviet v Filiakh,* em *Voenny Sbornik*; 1903, n. 1.

Berthézène, barão Pierre. *Souvenirs Militaires de la République et de l'Empire,* 2 v.; Paris, 1855.

Bertin, Georges. *La Campagne de 1812 d'après les témoins oculaires*; Paris, 1895.

Bertolini, Bartolomeo. *Il Valore Vinto dagli Elementi. Storica narrazione della campagnia di Russia degli anni 1812-1813.* 2 v.; Milão, 1869.

Bertrand, Vincent. *Mémoires du Capitaine Bertrand*; Angers, 1909.

Beskrovny, L.G., *Narodnoe Olpochenie v Otechestvennoi Voinie 1812 goda*; Moscou, 1962.

Beskrovny, L.G., *Borodino, Dokumenty, Pisma, Vospominania*; Moscou, 1962.

Bestuzhev-Riumin, Aleksei Dmitrievich. *Zapiski,* em *Russkii Arkhiv*; Moscou, 1896.

Bestuzhev-Riumin, Aleksei Dmitrievich. *1812 god. Kratkie opisanie proischestviam v stolitse Moskve v 1812 godu,* em *Russkii Arkhiv*; Kniga 2; Moscou, 1910.

Beulay, Honoré. *Mémoires d'un Grenadier de la Grande Armée*; Paris, 1907.

Beyle, Henri (Stendhal). *Mémoires sur Napoléon*; Paris, 1929.

Beyle, Henri (Stendhal). *Vie de Napoléon*; Paris 1929.

Beyle, Henri (Stendhal). *Journal,* v. IV; Paris, 1934.

Beyle, Henri (Stendhal). *La Vie de Henri Brulard*; Paris, 1982.

Beyle, Henri (Stendhal). *Lettres,* em *Campagnes de Russie. Sur les traces de Henri Beyle dit Stendhal*; Paris, 1995.

Beyle, Henri (Stendhal). *Correspondance Générale,* v. II; Paris, 1998.

Bigarré, Auguste. *Mémoires du Général Bigarré, Aide de Camp du Roi Joseph,* 1775-1813; Paris, s.d.

Bignon, Édouard. *Histoire de la France depuis le 18 brumaire jusqu'à la seconde abdication*; Paris, 1830.

Bignon, Édouard. *Souvenirs d'un Diplomate*; Paris, 1864.

Biot, Hubert François. *Souvenirs Anecdotiques et Militaires du Colonel Biot*; Paris, 1901.

Bismarck, F.W. *Mémoires sur la Campagne de Russie*; Paris, 1998.

Blaze de Bury, E. *La Vie Militaire sous l'Empire*, 2 v.; Paris, 1837.

Blocqueville, Marie-Adelaide maarques de. *Le Maréchal Davout, Prince d'Eckmühl, racconté pas les siens et par lui-même,* 4 v.; Paris, 1880.

Bonnet, Guillaume. *Journal du Capitaine Bonnet du 18e de Ligne*; Paris, 1997.

Bonneval, Armand de. *Mémoires Anecdotiques du Général Marquis de Bonneval*; Paris, 1900.

Borcke Johann von. *Kriegerleben des Johann von Borcke, wieland Kgl. preuss. Oberstlieutnants 1806-1815*; Berlim, 1888.

Boulart, Jean Fraçois. *Mémoires Militaires du Général Boulart sur les guerres de la République et l'Empire*; Paris, s.d.

Bourgeois, René. *Tableau de la Campagne de Moscou en 1812*; Paris, 1814.

Bourgogne, Adrien. *Mémoires du Sergeant Bourgogne (1812-1813), publiées d'aprés le manuscrit original par Paul Cottin et Maurice Henault*; Paris, 1901.

Bourgoing, barão Paul de. *Souvenirs Militaires 1791-1815*; Paris, 1897.

Bourrienne, Louis Antoine. *Mémoires de M. de Bourienne Ministre s'État sous Napoléon*, 10 v.; Paris, 1829.

Bozhanov, I.S., *1812 god. Raskaz sviashchennika Uspenskavo Sobora I.S. Bozhanova,* em *Russkii Arkhiv*; Kniga 3; Moscou, 1899.

Brandt, Heinrich von. *Souvenirs d'un Officier Polonais. Scénes de la vie militaire en Espagne et en Russie (1808-1812)*; Paris, 1877.

Bréaut des Marlots, Jean. *1812. Lettre d'un Capitaine des Cuirassiers sur la campagne de Russie*; Poitiers, 1885.

Breton, Auguste. *Lettres de ma cativité en Russie,* em *Mémoires et Lettres de Soldats Français*; Paris, 1999.

Brett-James, Antony. *1812. Eyewitness Accounts of Napoleon's Defeat in Russia* Nova York, 1966.

Bro, Louis. *Mémoires du Général Bro 1796-1844*; Paris, 1914.

Broughton, John Cam Hobhouse, lorde. *Recollections of a Long Life* v. II; Londres, 1909.

Bulgakov, A. Ya. *Vospominania o 1812 gode i viechiernykh biesiedakh u grafa Fiodora Vasilievicha Rostopchina*; Moscou, 1904.

Bussy, Jean Marie. *Anotações,* em *Soldats Suisses au Service Étranger*; Genebra, 1913.

Butenev, A.P. *Vospominania,* em *Russkii Arkhiv/*; Kniga 3, 1881; Kniga 1, 1883.

Butkevicius. *Napoléon en Lithuanie 1812, d'aprés des documents inédits.*Tradução: René Martel, em *Revue de Paris*; agosto de 1932.

Buturlin (Boutourlin), Dmitri Petrovich. *Histoire Militaire de la Campagne de Russie en 1812,* 2 v.; Paris, 1824.

Byl li u nas plan voennykh dieistvii v 1812 godu. Pismo Buturlina k generalu Jomini in Voenny Sbornik; São Petersburgo, fevereiro de 1902.

Calosso, coronel. *Mémoires d'un vieux soldat*; Turim, 1857.

Castellane, Boniface de. *Journal du Maréchal de Castellane 1804-1862,* v. 1; Paris, 1895.

Catherine de Wurtemberg, princesa Jerôme. *Correspondance Inédite*; Paris, 1893.

Caulaincourt, Armand Augustin Louis, duque de Vicence. *Mémoires,* 3 v.; Paris, 1933.

Chambray, Georges de; *Oeuvres du Marquis de Chambray, Maréchal de Camp d'Artillerie. Histoire de l'Expédition de Russie,* 3 v.; Paris, 1839.

Chamski, Tadeusz Józef. *Opis krótki lat uplynionych*; Varsóvia, 1989.

Chapelle, coronel A. *Pereprava cherez reku Berezinu v 1812 goda po zapisan polkovnikov frantsuzkoi sluzhby Chapelle i Paulin,* em *Voenny Sbornik,* v. 241, n. 5; São Petersburgo, maio de 1898.

Chernyshev, A.I. *Doniesenia polkovnika A.I. Chernysheva imperatoru Aleksandru Pavlovichu; Doniesenia polkovnika A. I Chernysheva kantsleru grafa N.P. Rumiantsevu; Pisma A.I. Chernysheva k kantsleru grafu N.P. Rumiantsevu v 1809 godu,* em *Sbornik Imperatorskavo Russkavo Istoricheskavo Obshchestva,* v. XXI; São Petersburgo, 1877.

Chéron, Alexandre de. *Mémoires Inédites sur la Campagne de Russie*; Paris, 2001.
Chevalier, Jean-Michel. *Souvenirs des guerres napoleoniennes*; Paris, 1970.
Chichagov, P.V. *Mémoires Inédites de l'Amiral Tchitchagoff*; Berlim, 1858.
Chichagov, P.V. *Pisma Admirala Chichagova k Imperatoru Aleksandru I,* em *Sbornik Imperatorskavo Russkavo Istoricheskavo Obshchestva*, v. VI; São Petersburgo, 1871.
Chicherin, Aleksandr V. *Dnevnik*; Moscou, 1966.
Chłapowski, Dezyder. *Pamiętniki*; Poznań, 1899.
Choiseul-Gouffier, condessa de. *Reminiscences sur l'empereur Alexandre Ier et sur l'empereur Napoléon Ier*; Paris, 1862.
Chuikievich, coronel. *Reflections of the War of 1812*; Boston, 1813.
Chuquet, Arthur (Ed.). *Lettres de 1812*; Paris, 1911.
Clausewitz, Carl von. *A Campanha de 1812 na Rússia*; Londres, 1992.
Clemenso, Hyacinthe. *Souvenirs d'un Officier Valaisain au service de France*; Paris, 1999.
Coignet, Jean-Roch. *Les Cahiers du Capitaine Coignet (1799-1815)*; Paris, 1883.
Combe, Julien. *Mémoires du Colonel Combe sur les campagnes de Russie 1812, de Saxe 1813 et de France 1814 et 1815*; Paris, 1853
Comeau de Charry, Sébastien-Joseph, barão de. *Souvenirs des Guerres d'Allemagne pendant la Révolution et l'Empire*; Paris, 1900.
Confalonieri, Federico. *Carteggio del Conte Federico Confalonieri,* Giuseppe Calavresi; Milão, 1910.
Constant (Louis Constant Wairy). *Mémoires de Constant, Premier Valet de Chambre de l'Empereur, sur la vie privée de Napoléon, sa famille et sa cour,* v. V; Paris, 1830.
Corbineau, Jean-Baptiste. *Passage de la Bérésina,* em *Le Spectateur Militaire,* v. III; Paris, 1827.
Crossard, Jean-Baptiste. *Mémoires militaires et historiques,* 6 v.; Paris, 1829.
Curely, Jean-Nicholas. *Le Général Curely. Itinéraire d'un cavalier léger de la Grande Armée 1793-1815*; Paris, 1887.
Czaplic, general Evfemii (Joachim). *Otechestvennaia Voina v Raskazakh Generala Chaplitsa,* em *Russkaia Starina,* Vol. L, n. 6, 1886
Czartoryski, Adam Jerzy. *Mémoires du Prince Adam Czartoryski et Correspondance avec l'Empereur Alexandre Ier,* v. II; Paris, 1887.
Damas, Ange Hyacinthe de. *Mémoires du Baron de Damas,* 2 v.; Paris, 1922.
Damas, Roger de. *Mémoires du comte Roger de Damas,* 2 v.; Paris, 1914.
Davidov, Denis. *In the Service of the Tsar against Napoleon. The Memoirs of Denis Davidov, 1806-1814*. Tradução: Gregory Troubetskoy; Londres, 1999.
Davout, Louis Nicolas. *Correspondance du Maréchal Davout Prince d'Eckmühl,* 3 v.; Paris, 1885.
Déchy, Édouard. *Souvenirs d'un Ancien Militaire*; Paris, 1860.
Dedem van der Gelder, Bron Antoine-Baudoin Gisbert van. *Mémoires du Général Baron de Dedem de Gelder, 1774-1825*; Paris, 1900.

Dembiński, Henryk. *Pamiętniki Henryka Dembińskiego generala wojsk polskich*, 2 v.; Varsóvia, 1910.

Denniée, P.P. *Itinéraire de l'Empereur Napoléon pendant la campagne de 1812*; Paris, 1842.

Divov, N.A. *Iz Vospominanii N.A. Divova,* em *Russkii Arkhiv*; Kniga 2, n. 7, 1873.

Dokhturov, D.S. *Pisma D.S. Dokhturova k evo Supruge,* em *Russkii Arkhiv,* v. 12; Kniga 1, 1874.

Dokumenty i Materialy, otnosiashchiesia k sobytiam 1812 goda v Litve i Zapadnykh Guberniakh, sobrannie mestnimi gubernatorami, em *Sbornik Imperatorskavo Russkavo Istoricheskavo Obshchestva,* v. CXXVIII; São Petersburgo, 1909.

Dolgov, S.O. (org.). *Sto let nazad. Pisma I.P. Odentalia k A. Ia. Bulgakovu o Peterburgskich novostiach i slukhakh* em *Russkaia Starina;* julho-novembro de 1912.

Domergue, A. *La Russie pendant les guerres de l'Empire*; Paris, 1835.

Dostoievski, F.M. *Prestuplenie i Nakazanie*; São Petersburgo, 1884.

Dubrovin, N. (org.). *Otechestvennaia Voina v Pismakh Sovremennikov,* em *Zapiski Imperatorskoi Akademii Nauk,* v. XLIII; São Petersburgo, 1882.

Ducor, Henri. *Aventures d'un marin de la Garde Impériale,* 2 v.; Paris, 1833.

Dumas, Mathieu. *Souvenirs du Lieutenant-Général Comte Mathieu Dumas de 1770 à 1836,* 3 v.; Paris, 1839.

Dumonceau, François. *Mémoires du Général Comte François Dumonceau,* v. II; Bruxelas, 1960.

Dupuy, Victor. *Souvenirs Militaires*; Paris, 1892.

Durova, Nadezhda. *The Cavalry Maiden. Journal of a Russian Officer in the Napoleonic Wars.* Tradução: Mary Fleming Zirin; Bloomington, 1988.

Dutheillet de la Mothe, Aubin. *Mémoires du lieutenant-colonel Aubin Dutheillet de la Mothe, 6 october 179-16 juin 1856*; Bruxelas, 1899.

Duverger, B.T. *Mes aventures dans la campagne de Russie*; Paris, s.d.

Dziewanowski, Dominik. *Przyczyny nięszczęśliwie zakończonej kampanii 1812r,* em Janusz Staszewski, *Pamiętniki o wojnie 1812 r.*; Poznań, 1933.

Edling, condessa Roxanne. *Mémoires de la Comtesse Edling née Stourdza*; Moscou, 1888.

Ermolov, Aleksei Petrovich. *Zapiski Generala Ermolova v Otechestvennuiu Voinu 1812g,* em *Russkaia Starina*; junho-setembro de 1912.

Espinchal, Hippolyte, Marquis d'. *Souvenirs Militaires, 1792-1814,* 2 v.; Paris, 1902.

Everts, Henri Pierre. *Campagne et Captivité de Russie (1812-1813)*; Paris, 1997.

Evreinov, M.M. *Pamiat' o 1812 gode,* em *Russkii Arkhiv,* v. II; Kniga 1; Moscou, 1874.

Faber du Faur, G. de. *Blaetter aus meinem portefeuille, im Laufe des Feldzugs 1812 in Russland*; Stuttgart, 1831-43.

Faber du Faur, G. de, & Kausler, F. von. *La Campagne de Russie 1812*; Paris, 1895.

Fain, Agathon Jean François. *Mémoires du Baron Fain*; Paris, 1908.

Fain, Agathon Jean François. *Manuscrit de Mil Huit Cent Douze,* 2 v.; Paris, 1827.

Fairon, Émile, & Heuse, Henri. *Lettres de Grognards*; Liège, 1936.

Falkowski, Juliusz. *Obrazy z życia kilku ostatnich polokeń w Polsce,* 5 v.; Poznań, 1886.
Fanneau de la Horie, Michel. *Notes sur la Campagne de Russie en 1812*; Paris, 1906.
Fantin des Odoards, general Louis Florimond. *Journal du Général Fantin des Odoards. Étapes d'un Officier de la Grande Armée*; Paris, 1895.
Faré, Charles A. *Lettres d'un Jeune Officier a sa Mère 1803-1814*; Paris, 1889.
Faure, Raymond. *Souvenirs du Nord, ou la Guerre, La Russie, et les Russes ou l'Esclavage*; Paris, 1821.
Fedorov-Davidov, A.A. *Otechestvennaia Voina*; Moscou, 1919.
Fezensac, R.E.P.J., duque de. *Journal de la Campagne de Russie en 1812*; Paris, 1850 .
Fezensac, R.E.P.J., duque de. *Souvenirs Militaires de 1804 a 1814*; Paris, 1863.
Fonvizin, Mikhail. *Zapiski Fonvizina ochevidtsa smutnykh vremen tsarstvovanii Pavla I, Aleksandra I, Nikolaia I*; Leipzig, 1860.
Fouché, Joseph. *Mémoires de Joseph Fouché, duc d'Otrante,* 2 v.; Paris, 1824.
François, Charles. *Journal du Capitaine François (dit le dromadaire d'Égypte) 1792-1830,* v. II; Paris, 1904.
Frantsuzy v Rossii, 1812 god po Vospominaniam sovremennikov-inostrantsev, 3 v.; Moscou, 1912.
Fredro, Aleksander. *Trzy po Trzy. Pamiętniki*; Kraków, 1949.
Freytag, J.D. *Mémoires*; Paris, 1824.
Funck, Karl Wilhelm Ferdinand von. *In the Wake of Napoleon. Memoirs 1807-1809.* Tradução: Oakley Williams; Londres, 1931.
Fusil, Louise. *Souvenirs d'une Actrice*; Bruxelas, 1841.
Fusil, Louise. *Souvenirs d'une Femme sur la retraite de Russie*; Paris, 1910.
Gajewski, Franciszek. *Pamiętniki pułkownika wojsk polskich,* 2 v.; Poznań, s.d.
Ganniers, Arthur de. *La Campagne de Russie. De Paris à Vilna en 1812 d'aprés la correspondance inédite d'un aide-major de la Grande Armée (Socrate Blanc),* em *Revue de Questions Historiques,* v. LXII; Paris, 1897.
Gardier, Louis. *Journal de la Campagne de Russie*; Paris, 1999.
Garin, F.A. (org.). *Izgnanie Napoleona iz Mozkvy. Sbornik*; Moscou, 1938.
Garting, general. *Iz Dnevnika Generala Gartinga,* em *Trudy Imperatorskavo Russkavo Voenno-Istoricheskavo Obshchestva,* v. VI; São Petersburgo, 1912.
Geoffroy, Louis. *Napoléon Apocryphe, 1812-1832. Histoire de la Conquête du Monde et de la Monarchie Universelle*; Paris, 1841.
Giesse, Friedrich. *Kassel-Moskau-Küstrin. Tagebuch wahrend des russischen Feldzuges*; Leipzig, 1912.
Gerasimov, P.F. *Raskaz o dvenatsatom godu*; Moscou, 1882.
Ginisty, Paul (org.). *Mémoires d'Anonymes et d'Inconnus*; Paris, 1907.
Girard, Just. *L'Enfant de troupe. Souvenirs écrits sous la dictée d'un vieil invalide*; Tours, 1858.
Girod de l'Ain, general barão. *Dix ans de mes sovenirs militaires*; Paris, 1873.
Glinka, Fyodor. *Podwigi grafa Mikhaila Andreevicha Miloradovicha w Otechestvennuiu Voinu 1812 goda*; Moscou, 1814.

Glinka, Fyodor. *Pisma Russkvo Ofitsera,* 8 v.; Moscou, 1815-16.

Glinka, Fyodor. *Ocherki Borodinskovo Srazhenia*; Moscou, 1839.

Glinka, Sergei Nikolaevich. *Zapiski*; São Petersburgo, 1895.

Glinka, Sergei Nikolaevich. *Podvigi Dobrodeteli i Slavy Russkikh v Otechestvenuiu i Zagranichnuiu Voinu*; Moscou, 1816.

Glinka, Sergei Nikolaevich. *Zapiski o 1812 g*; São Petersburgo, 1836.

Glinka, Vladimir. *Maloyaroslavets v 1812 godu, gdie reshilas' sud'ba Bolshoi Armii Napoleona*; São Petersburgo, 1842.

Godart, barão Roch. *Mémoires du Général Baron Roch Godart (1792-1815)*; Paris, 1895.

Goethe, Theodor Daniel. *Ein Verwandter Goethes im Russische Feldzuge 1812*; Berlim, 1912.

Golitsuin, Nikolai Borisovich. *Oftserskia Zapiski, ili Vospominania o Pokhodakh 1812, 1813 i 1814 godov*; Moscou, 1838.

Golovin, Varvara Nikolaevna. *Souvenirs de la comtesse Golovine*; Paris, 1910.

Golubov, S.N., & Kuznetsov, F.E. *General Bagration, Sbornik Dokumentov i Materialov*; Moscou, 1945.

Gosudarstvenno Istoricheskii Muzei. *1812-1814*; Moscou, 1992.

Gourgaud, Gaspard. *Napoléon et la Grande Armée en Russie, ou Examen Critique de l'ouvrage de M. le Comte de Ségur*; Paris, 1825.

Gouvion Saint-Cyr, marechal. *Mémoires pour servir à l'histoire militaire sous le Directoire, le Consulat et l'Empire*; v. III; Paris, 1831.

Grabbe, P. Kh. *Iz Pamiatnikha i Zapisok,* em *Russkii Arkhiv,* n. 5, 1973.

Grabowski, Józef. *Pamiętniki Wojskowe Józefa Grabowskiego, oficera sztabu cesarza Napoleona I*; Varsóvia, 1905.

Grech, N.I. *Zapiski moiei zhizni*; São Petersburgo, 1886.

Griois, Lubin. *Mémoires du Général Griois, 1792-1822,* v. II; Paris, 1909.

Grouchy, Émmanuel, marquês de. *Mémoires du Maréchal de Grouchy,* v. III; Paris, 1873.

Grüber, Carl-Johann, Ritter von. *Souvenirs*; Paris, 1909.

Guitard, Joseph. *Souvenirs Militaires du Premier Empire*; Paris, 1934.

Hausmann, Franz Joseph. *A Soldier for Napoleon. The Campaigns of Lieutenant Franz Joseph Hausmann, 7th Bavarian Infantry.* Tradução: Cynthia Joy Hausmann; Londres, 1998.

Hauterie, N. *De l'être de la France à la fin de l'an VIII*; Paris, 1801.

Henckens, tenente J.L. *Mémoires se rapportant a son service militaire au 6me régiment de Chasseurs à Cheval français de février 1803 à août 1816*; Haia, 1910.

Herold, Jean Christopher. *The Mind of Napoleon. A Selection from his Written and Spoken Words* Nova York, 1961.

Hochberg, conde. *La Campagne de 1812. Mémoires du Margrave de Bade.* Tradução: Arthur Chuquet; Paris, 1912.

Hogendorp, Dirk van. *Mémoires du Général Dirk van Hogendorp, Comte de l'Empire.* Haia, 1887.

Holzhausen, Paul. *Les Allemands en Russie avec la Grande Armée, 1812*. Tradução: comandante Minart; Paris, 1914.

Hortense, rainha da Holanda. *Mémoires de la Reine Hortense*, 3 v.; Paris, 1927.

Jackowski, Michał. *Pamiętniki*, em *Pamiętniki Polskie*, Ksawery Bronikowski, v. I; Przemyśl, 1883.

Jacquemont du Donjon, Porphyre. *Carnet de route d'un Officier d'Artillerie (1812-1813)*, em *Souvenirs et Mémoires*; Paris, 1899.

Jérôme Bonaparte, rei da Vestfália. *Mémoires et Correspondance du Roi Jérôme et de la reine Catherine*; v. V e VI; Paris, 1864.

Jomini, A.H. barão de. *Vie Politique et Militaire de Napoléon, racontée par lui-même, au tribunal de César, d'Alexandre et de Frédéric*; 2 v.; Bruxelas, 1842.

Jomini, A.H., barão de. *Précis politique et militaire des campagnes de 1812 à 1814*, 2 v.; Lausane, 1886.

Jourdain, Armand. *Trente-neuf jours de réclusion dans les prisons de Vilna*, 1858.

Kallash, V.V. (Ed.). *Dvenadtsaty God v Vospominaniakh i perepiske sovremennikov*; Moscou, 1912.

Kharkievich, V.I., (Ed.). *Barclay de Tolly v Otechestvennoi Voinie: Perepiska Imperatora Aleksandra i Barclaya de Tolly*; São Petersburgo, 1904.

Kharkievich, V.I., (Ed.). *Nastavlenie gospodam pekhotnom ofitseram v den srazhenia*, em *Voennii Sbornik*, n. 7; São Petersburgo, julho de 1902.

Kharkievich, V.I., (Ed.). *1812 god v Dnevnikakh, Zapiskakh i Vospominaniakh sovremennikov. Materialy Voenno-Uchennavo Arkhiva Glavnavo Shtaba*; Vilna, 1900.

Khomutova, A.G. *Vospominania A.G. Khomutovoi o Moskve v 1812 godu*, em *Russkii Arkhiv*, n. 11, 1891.

Kicheev, P.G. *Vospominania o prebyvaniu nepriatelia v Moskve v 1812 godu*; Moscou, 1868.

Kołaczkowski, K. *Wspomnienia Generała Klemensa Kołaczkowskiego*, v. 1; Kraków, 1898.

Kologrivova, A.F. *1812 god. Iz semeinykh vospominanii*, em *Russkii Arkhiv*; Kniga 2, 1886.

Konshin, M.N. *Iz zapisok N.M. Konshina*, em *Istoricheskii Viestnik*, n. 8, v. XVII, 1884.

Korkozevich, Mikhail. *Vospominania o Nashestvii Frantsuzov na Rossiu v 1812 godu*, em *Viestnik Zapadnoi Rossii*; 1869, Kniga 12.

Kozlovsky, G.A. *Zapiski*, em *Russkaia Starina*, v. 65, 1890.

Koźmian, Kajetan. *Pamiętniki*, v. II; Wrocław, 1972.

Kraziński, Jozéf. *Pamiętniki od roku 1790-1831*; Poznań, 1877.

Kügelgen, Wilhelm von. *Jugenderinnerugen eines alten Mannes*; Berlim, 1870.

Kurakin, A.B. *Doniesenia imperatoru Aleksandru Pavlovichu kniazia A.B. Kurakina; Doniesenia i Pisma kniazia A.B. Kurakina kantsleru N.P. Rumiantsevu*, em *Sbornik Imperatorskavo Russkavo Istoricheskavo Obshchestva*; v. XXI; São Petersburgo, 1877.

Kurz, Hauptmann von. *Der Feldzug von 1812. Denkwürdigkeiten eines württembergischen Offziers*; Leipzig, 1912.

Kutuzov, M.I. *Pisma, Zapiski*; Moscou, 1989.

Kutuzov, M.I. *Dokumenty, Dnevniki, Vospominania,* A.M. Valkovich & A.P. Kapitonov; Moscou, 1995.

Labaume, Eugène. *Relation Complète de la Campagne de Russie en 1812*; Paris, 1816.

La Flise, N.D. de. *Pokhod Velikoi Armii v Rossiu v 1812g; Zapiski de la Fliza,* em *Russkaia Starina,* v. LXXI, LXXII, LXXIII; julho de 1891 – março de 1892.

Lagneau, L.V. *Journal d'un Chirurgien de la Grande Armée 1803-1815*; Paris, 1913.

La Guerre Nationale de 1812. Publication du Comité Scientifique de l'état-major russe. Traduction du capitaine de génie breveté E. Cazalas, sous la direction de la section historique de l'état-major de l'armée, 7 v.; Paris, 1905-11.

Langeron, L.A., conde de. *Mémoires de Langeron, Général d'Infanterie dans l'Armée Russe*; Paris, 1902.

Larrey, D.J., barão. *Mémoires de Chirurgie Militaire et Campagnes du Baron D.J. Larrey,* 4 v.; Paris, 1817.

Las Cases, Émmanuel Auguste Dieudonné. *Mémorial de Sainte-Hélène. Journal de la vie privée et des conversations de l'Empereur Napoléon à Sainte-Hélène.* 4 v.; Londres, 1823.

Lassus-Marcilly, François. *Notes sur ma campagne de Russie,* em *Mémoires et Lettres de Soldats Français*; Paris, 1999.

Laugier, Cesare de Bellecour de. *Récits de César de Laugier, officer de la garde du Prince Eugène.* Tradução: Henri Lionnet; Paris, 1912.

Laugier, Cesare de Bellecour de, *Gli Itabiani in Russia*, Milão, 1980.

Lazhechnikov, I.I. *Novobranets 1812 goda, Polnoe Sobranie Sochinienii,* v. I; São Petersburgo, 1901.

Lecointe de Laveau, G., *Moscou, Avant et Aprés l'Incendie, par un témoin oculaire*; Paris, 1814.

Lecoq, Adjutant. *Journal d'un Grenadier de la Garde,* em *Revue de Paris,* Tomo IV; setembro-outubro de 1911.

Legler, Thomas. *Souvenirs*; Neuchâtel, 1942.

Lejeune, Louis François. *Souvenir d'un officier de l'Empire,* 2 v.; Toulouse, 1831.

Lejeune, Louis François. *Mémoires du Général Lejeune,* v. II, *En Prison et en Guerre*; Paris, 1895.

Leontiev, K.N. *Raskaz Smolenskavo Diakona o Nashestvii 1812 goda,* em *Russkii Arkhiv,* v. XIX; Kniga 3, 1881.

Le Roy, Claude-François-Madeleine. *Souvenirs*; Dijon, 1914.

Les Bulletins de la Grande Armée, 6 v.; Paris, 1841-44.

Leslie, A.A. *Raskazy o 1812 gode,* em *Smolenskaia Starina*; Vypusk 2, 1912.

Lettres Interceptées par les Russes pendant la campagne de 1812, Leon Hennet & Emmanuel Martin (Ed.); Paris, 1913.

Lignières, Marie Henry, conde de. *Souvenirs de la Grande Armée et de la Vielle Garde Impériale*; Paris, 1933.

Liprandi, I.P., *Materialy dlia otechestvennoi voiny 1812 goda*; São Petersburgo, 1867.

Lossberg, general Friedrich Wilhelm von. *Briefe in die Heimath geschrieben wahrend des Feldzuges 1812 in Russland*; Cassel, 1884.

Löwenstern, Woldemar Hermann von. *Mit graf Pahlens reiterei gegen Napoleon*; Berlim, 1910.

Löwenstern, Woldemar Hermann von. *Mémoires du Général-Major Russe Baron de Lowenstern,* v. I; Paris, 1903.

Lubenkov, N. *Raskaz artilerista o dele Borodinskom*; São Petersburgo, 1837.

Lyautey, Hubert. *Lettres d'un Lieutenant de la Grande Armée,* Pierre Lyautey, em *Revue des Deux Mondes*; 15 de dezembro de 1962, 1 & 15 de janeiro de 1963.

Macdonald, Jacques-Étienne. *Souvenirs du Maréchal Macdonald, Duc de Tarente*; Paris, 1892.

Maevskii, S. *Moi Viekh, ili istoria generala Maevskavo,* em *Russkaia Starina,* 1873, n. 7-8.

Maillard, J.P. *Mémoires,* em *Soldats Suisses au Service Étranger*; Genebra, 1913.

Mailly, Adrien, conde de. *Mon journal pendant la campagne de Russie, écrit de mémoire après mon retour à Paris*; Paris, 1841.

Maistre, Joseph de. *Correspondance Diplomatique,* v. I; Paris, 1860.

Marbot, Antoine-Marcelin, barão de. *Mémoires du Général Baron de Marbot,* v. III; Paris, 1891.

Marchenko, Vassili Romanovich. *Avtobiograficheskaia Zapiska,* em *Russkaia Starina,* março de 1896, p. 471-505.

Maret, Hugues Bernard, duque de Bassano. *Souvenirs intimes de la Révolution et de l'Empire,* 2 v.; Bruxelas, 1843.

Maria Feodorovna, imperatriz da Rússia. *Correspondance de sa majesté l'impératrice Marie Feodorovna avec Mademoiselle de Nelidoff, sa demoiselle d'honneur*; Paris, 1896.

Martens, Carl von. *Denkwurdigkeiten aus dem Leben eines alten Offiziers. Ein Beitrag zur Geschichte des letzten vierzig Jahre*; Dresden-Leipzig, 1848.

Martens, Christian Septimus von. *Vor funfzig Jahren. Tagebuch meines Feldzugs in Russland, 1812*; Stuttgart, 1862.

Martens, F.F. (Ed.). *Recueil de traités et conventions conclus par la Russie avec les puissances etrangères,* v. XIII-XV; São Petersburgo, 1909.

Martin, Jean-Baptiste. *Lettres,* em *Mémoires et Lettres de Soldats Français*; Paris, 1999.

Martos, Inzhinernii Ofitser. *Zapiski,* em *Russkii Arkhiv,* v. VIII, 1893.

Materre, Jean-Baptiste. *Le Général Materre (1772-1843) d'aprés ses souvenirs inédits,* Georges Bertin (Ed.); Tulle, 1906.

Mayer, P.L. *Mémoires d'un Soldat Prisonnier en Russie,* em *Soldats Suisses au Service Êtranger.* Genebra, 1908.

Meerheimb, Franz Ludwig August von. *Erlebnisse eines Veteranen der grossen Armee wahrend des Feldzugs in Russland 1812*; Dresden, 1860.

Méjan, Étienne. *Lettres du Comte Méjan sur la Campagne de Russie* em *Miscellanea Napoleonica,* Série II; Roma, 1896.

Méneval, Claude-François. *Mémoires pour servir à l'Histoire de Napoléon Ier depuis 1802 jusqu'à 1815*, 3 v.; Paris, 1894.

Metternich, Klemens Lothar Wenzel, Fürst von. *Mémoires, Documents et Écrits divers laissés par le Prince de Metternich*, 2 v.; Paris, 1880.

Minod, Charles-François. *Journal des Campagnes et Blessures*, em *Mémoires et Lettres de Soldats Français*; Paris, 1999.

Mitarevskii, N.E. *Vospominania o Voinie 1812 goda*; Moscou, 1871.

Montesquiou-Fezensac, Anatole de. *Souvenirs sur la Révolution, l'Empire, la Réstauration et le règne de Louis-Philippe*; Paris, 1961.

Montigny, Albert de. *Souvenirs anecdotiques d'un Officier de la Grande Armée*; Paris, 1833.

Müffling, barão Carl von. *The Memoirs of Baron Carl von Muffling* Londres, 1997.

Muralt, Albert de. *Souvenirs de la Campagne de Russie de 1812*; Neuchâtel, 1942.

Murarev, A.N. *Avtobiograficheskie Zapiski*, em *Dekabristy, Novie Materiali*; Moscou, 1955.

Murarev, Apostol, M.I. *Vospominania i Pisma*; Moscou, 1922.

Napoleão I. *Correspondace de Napoléon Ier*, v. XXIII & XXIV; Paris, 1868.

Napoleão I. *Supplément à la Correspondance*; Paris, 1887.

Napoleão I. *Lettres Inédites de Napoléon Ier*, 2 v.; Paris, 1897.

Napoleão I. *Lettres Inédites de Napoléon Ier*; Paris, 1898.

Napoleão I. *Dernières Lettres Inédites de Napoléon Ier*; Paris, 1903.

Napoleão I. *Supplément à la Correspondance de Napoléon Ier: L'Empereur et la Pologne*; Paris, 1908.

Napoleão I. *Correspondance Inédite de Napoléon Ier conservée aux Archives de la Guerre*, v. 5; Paris, 1925.

Napoleão I. *Lettres Inédites de Napoléon Ier à Marie-Louise, écrites de 1810 à 1814*; Paris, 1935.

Napoleão I. *Mémoires pour servir à l'Histoire de France sous le règne de Napoléon, écrites à Ste-Hélène sous sa dictée*; Paris, 1830.

Narichkine, Madame, *née* condessa Rostopchine. *1812. Le Comte Rostopchine et Son Temps*; São Petersburgo, 1912.

Nazarov, Pamfil. *Zapiski soldata Pamfila Nazarova*, em *Russkaia Starina*, 1872, n. 8.

Nesselrode, A. de (Ed.). *Lettres et Papiers du Chancelier Comte de Nesselrode 1760-1850*, v. IV; Paris, s.d.

Neverovskii, Dmitri Petrovich. *Zapiski Generala Neverovskavo o sluzhbe svoiei v 1812 godu*, em *Shtenia v Obshchestvie Istorii i Drevnostiei Rossiiskikh*, n. 1, 1859.

Nicholas Mikhailovich, grão-duque. *Les Relations diplomatiques de la Russie et de la France d'aprés les rapports des ambassadeurs d'Alexandre et de Napoléon 1808-1812*, 6 v.; São Petersburgo, 1905-8.

Niemcewicz, Julian Ursyn. *Pamiętniki Czasów Moich*; Paris, 1848.

Noel, J.N.A. *Souvenirs Militaires d'un Officier du Premier Empire*; Paris, 1895.

Nordhof, A.W. *Die Geschichte der Zerstorung Moskaus im Jahre 1812*; Munique, 2000.

Norov, V.S. *Zapiski o Pokhodakh 1812 i 1813 godov*; São Petersburgo, 1834.

Ogiński, Michał. *Mémoires de Michel Oginski sur la Pologne et les Polonais depuis 1788 jusqu'à la fin de 1815*, 4 v.; Paris, 1827.

Olenin, A.N. *Sobstvenoruchnaia tetrad'*, em *Russkii Arkhiv*, v. 6 (1868), 1869.

O'Meara, Barry. *Napoleon in Exile, or A Voice from St Helena* 2 v.; Londres, 1822.

Otechestvennaia voina 1812 goda, sbornik dukumentov i materialov; Leningrado-Moscou, 1941.

Oudinot, marechal. *Le Maréchal Oudinot, Duc de Reggio, d'aprés les souvenirs inédits de la Maréchale*; Paris, 1894.

Paixhans, Henri-Joseph de. *Retraite de Moscou*; Metz, 1868.

Partouneaux, Louis. *Adresse du Lieutenant-Général Partouneaux à l'armée française et rapports sur l'affaire du 27 au 28 novembre 1812*; Paris, 1815.

Pasquier, Étienne Denis. *Mémoires du chancelier Pasquier*, v. I; Paris, 1893.

Pastoret, Amedée de. *De Vitebsk à la Bérézina*, em *La Revue de Paris*, 9e année, Tomo 2, 1902.

Pelet, general. *Carnets sur la Campagne de Russie*; Paris, 1997.

Pelleport, visconde de o *Souvenirs Militaires et Intimes du Général Vte de Pelleport*, v. II; Paris, 1857.

Perovskii, V.A. *Iz Zapisok Grafa Vasilia Aleksandrovicha Perovskavo*, em *Russkii Arkhiv*, 1865.

Peyrusse, Guillaume, barão. *Mémorial et Archives du M. le Baron Peyrusse*; Carcassonne, 1869.

Peyrusse, Guillaume, barão. *Lettres Inédites du Baron Guillaume Peyrusse écrites à son frère André pendant les campagnes de l'Empire*; Paris, 1894.

Pfuel, Ernst von. *Retreat of the French Army from Russia*; Londres, 1813.

Pils, François. *Journal de Marche du Grenadier Pils (1804-1814)*; Paris, 1895.

Pion des Loches, Antoine Augustin Flavien. *Mes Campagnes (1792-1815)*; Paris, 1889.

Płaczkowski, W. *Pamiętniki Wincentego Płaczkowskiego, porucznika dawnej gwardii cesarsko-francuskiej spisane w roku 1845*; Żytomierz, 1861.

Planat de la Faye, Nicolas Louis. *Vie de Planat de la Faye*; Paris, 1895.

Pobedonostsev, P. V. *Iz dnevnika 1812 i 1813 godov o Moskovskom razorenii*, em *Russkii Arkhiv*; Kniga, 1, 1895.

Podczaski, Władysław. *Niektóre szczegóły z życia Władysława Podczaskiego, pułkownika 20 pułku piechoty liniowej polskiej (1812)*, em *Pamiętniki Polskie*, K. Bronikowski (Ed.); Przemyśl, 1883.

Pontier, Raymond. *Souvenirs du Chirurgien Pontir, Aide-Major au Quartier Général de la Grande Armée sur la Retraite de Russie*; Paris, 1977.

Potocka, Anna. *Mémoires de la Comtesse Potocka*; Paris, 1897.

Pouget, general barão. *Souvenirs de Guerre*; Paris, 1895.

Pradt, Abbé de. *Histoire de l'Ambassade dans le Grand Duché de Varsovie en 1812*; Paris, 1815.

Pretet, Jean. *Relation de la Campagne de Russie*, em *Revue Bourguignonne*, 1893.

Prikaz nashim armiam i dva manifesta Imperatora Aleksandra I v nachale otechestvennoi voiny, em *Russkaia Starina*; junho de 1912.

Puibusque, L. V. *Lettres sur la Guerre de Russie en 1812*; Paris, 1816.

Puybusque, L. G. de. *Souvenirs d'un invalide*, 2 v.; Paris, 1841.

Pushkin, A. S. *Roslavlev*, em *Polnoe Sobranie Sochinenii*, v. VI; Moscou, 1964.

Radozhitskii, I. T. *Pokhodnia Zapiski Artillerista s 1812 goda*, v. I; Moscou, 1835.

Rambuteau, Claude Philibert, conde de. *Mémoires*; Paris, 1905.

Rapp, Jean. *Mémoires du Général Rapp, Aide de Camp de Napoléon*; Londres, 1823.

Raskaz Georgievskavo Kavalera is Divizii Neverovskavo, em *Shtenia v Obshchestvie Istorii i Drevnostiei Rossiiskikh*, n. 1, 1872.

Raskazy Krestian-ochevitsey pro frantsuskoe nashestvie, em *Vestnik Zapadnoi Rossii*; Kniga 12, 1869.

Raza, Roustam. *Souvenirs de Roustam, Mamelouk de Napoléon Ier*; Paris, 1911.

Reguinot. *Le Sergeant Isolé. Histoire d'un soldat pendant la campagne de Russie*; Paris, 1831.

Réponse de l'auteur de l'Histoire de l'Expédition de Russie, à la Brochure de M. le Comte Rostopchin, intitulée: La Verité sur l'Incendie de Moskou; Paris,1823.

Riazanov, A. *Vospominania ochevidtsa o prebyvanii frantsuzov v Moskve*; Moscou, 1862.

Ricome, Jean-Baptiste. *Journal d'un Grognard de l'Empire*; Paris, 1988.

Rigau, Antoine. *Souvenirs des guerres de l'Empire*; Paris, 1846.

Rochechouart, Louis Victor Leon, conde de. *Souvenirs sur la Révolution, l'Empire et la Réstauration*; Paris, 1889.

Roeder, Franz. *The Ordeal of Captain Roeder. From the Diary of an Officer in the First Battalion of Hessian Lifeguards during the Moscow Campaign of 1812*. Tradução: Helen Roeder; Londres, 1960.

Roguet, Christophe Michel. *Mémoires Militaires*, 4 v.; Paris, 1862-65.

Roos, Heinrich. *Souvenirs d'un Médecin de la Grande Armée*; Paris, 1913.

Rosselet, Abraham. *Souvenirs*; Neuchâtel, 1857.

Rossetti, Maire-Joseph. *Journal d'un Compagnon de Murat*; Paris, 1998.

Rossia i Shvetsia. Dokumenty i Materialy 1809-1818, Ministerstvo Inostrannykh Del SSSR, A.A. Gromyko; Moscou, 1985.

Rostopchin, conde Feodor Vasilievich. *Sochinienia*; São Petersburgo, 1853.

Rostopchin, conde Feodor Vasilievich. *La Verité sur l'Incendie de Moscou*, em *Oeuvres inédites du Comte Rostopchine*; Paris, 1894.

Rostopchin, conde Feodor Vasilievich. *Extrait de Lettres à l'Empereur Alexandre Ier écrites pendant l'année 1812*, ibid.

Rostopchin, conde Feodor Vasilievich. *Fragments des Mémoires sur l'Année 1812*, ibid.

Rostopchin, conde Feodor Vasilievich. *Letuchie Listki 1812 goda*, P.A. Kartakov; São Petersburgo.

Rotenhan. *Denkwürdigkeiten eines württembergischen Offiziers aus dem Feldzuge im Jahre 1812*; Berlim, 1892.

Roy, J.J. *Les Français en Russie. Souvenirs de la Campagne de 1812 et de deux ans de captivité en Russie*; Tours, 1856.

Rumigny, Marie Théodore Gueilly, conde de. *Souvenirs du Général Comte de Rumigny*; Paris, 1921.

Safanovich, V.I. *Vospominania Valeriana Ivanovicha Safanovicha*, em *Russkii Arkhiv*; Kniga 1, 1903.

Saint-Chamans, Alfred. *Mémoires du Général Comte de Saint-Chamans, ancien aide de camp du Maréchal Soult*; Paris, 1896.

Saint-Denis, Louis Étienne. *Souvenirs du Mameluk Ali sur l'Empereur Napoléon*; Paris, 1926.

Sanguszko, príncipe Eustachy. *Pamiętnik 1786-1815*; Cracóvia, 1876.

Savary, Anne Jean Marie, duque de Rovigo. *Mémoires du duc de Rovigo pour servir à l'histoire de l'Empereur Napoléon*, v. V; Paris, 1828.

Sayve, Auguste de. *Souvenirs de Pologne et scènes de la campagne de 1812*; Paris, 1833.

Sbornik Istoricheskikh Materialov, izvlechennykh iz arkhiva sobstv. Evo Imp. Vielichestva Kantselarii, 15 v.; São Petersburgo, 1876-1917.

Ségur, Philippe de. *Histoire et Mémoires*, v. III, IV, V, VI; Paris, 1873.

Serang, marquês de. *Les Prisonniers Français en Russie, Mémoires et Souvenirs, recueillis et publiés par M. de Puibusque*, 2 v.; Paris, 1837.

Seruzier, barão. *Mémoires Militaires du Baron Seruzier, colonel d'artillerie légère*; Paris, 1823.

Shchukin, P.I. *Bumagi otnosiashchiasia do Otechestvennoi Voiny 1812 goda*, 9 v.; Moscou, 1897-1905.

Sheremetev, S. *Borodino*, em *Russkii Arkhiv*, v. XXIX; Kniga 2, 1891.

Shilder, N. *Nakanune Erfurtskavo Svidania 1808 goda*, em *Russkaia Starina*, v. 98, 1899.

Shilder, N. *Zapiska Fligel-Adiutanta Chernysheva o Sredstviakh k Preduprezh deniu Vtorzhenia Niepriatelia v 1812 godu*, em *Voenny Sbornik*; São Petersburgo, janeiro de 1902.

Shishkin, Ivan. *Bunt Opolchenia v 1812 godu*, em *Zaria*, n. 8; São Petersburgo, 1869.

Shishkov, A.S. *Zapiski, Mnenia i Perepiska Admirala A.S. Shishkova*, 2 v.; Berlim, 1870.

Shtaingel, V.I. *Zapiski kasatelno sostavlenia i samovo pokhoda Sanktpeterburg skavo opolchenia protiv vragov otechestva v 1812 i 1813 godakh*; São Petersburgo, 1814-15.

Shugurov, M.F. (Ed.). *Doklad o Evreiakh Imperatoru Aleksandru Pavlovichu 1812*, em *Russkii Arkhiv*; Kniga 2, 1903.

Shuvalov, P.A. *Pismo general-adiutanta P.A. Shuvalova k Imperatoru Aleksandru Pavlovichu*, em *Sbornik Imperatorskavo Russkavo Istoricheskavo Obshchestva*, v. XXI; São Petersburgo, 1877.

Simanskii, Luka Aleksandrovich. *Zhurnal Uchastnika Voiny 1812 goda*, em *Voenno-Istoricheskii Sbornik*, n. 2, 3, 4, 1912; n. 1, 2, 3, 4, 1913; n. 1, 2, 1914.

Sołtyk, conde Roman, *Napoléon en 1812. Mémoires Historiques et Militaires sur la Campagne de Russie*; Paris, 1836.

Staël-Holstein, Anne Louise Germanie de. *Dix années d'éxil*; Paris, 1966.

Steininger, I. *Mémoires d'un vieux déserteur*, P. de Pardiellan (Ed.); Paris, s.d..

Suckow, C.F.E. von. *D'Iéna à Moscou. Fragments de Ma Vie*; Paris, 1901.

Sukhanin, N.N. *Iz zhurnala uchastnika voiny 1812 goda*, em *Russkaia Starina*; fevereiro, 1912.

Surrugues, Abbé. *Lettres sur l'Incendie de Moscou*; Paris, 1823.

Sverbeev, D.I. *Zapiski*, 2 v.; Moscou, 1899.

Szymanowski, Józef. *Pamiętniki*; Lwów, 1898.

Talleyrand, Charles Maurice de. *Lettres Inédites de Talleyrand à Napoleon*; Paris, 1889.

Tascher, Maurice de. *Journal de Campagne d'un cousin de l'Impératrice*; Paris, 1933.

Tatistchev (Tatishchev), Serge. *Alexandre Ier et Napoléon d'aprés leur correspondance inédite, 1801-1812*; Paris, 1891.

Ternaux-Compans, M. *Le Général Compans (1769-1845) d'aprés ses notes de campagne et sa correspondance de 1812 à 1813*; Paris, 1912.

Thévenin, Maurice. *Mémoires d'un vieux de la vieille*, em *Bulletin de la Société des Sciences Historiques et Naturelles de l'Yonne*, 98, 1959-60.

Thiebault, barão. *Mémoires du Général Baron Thiebault*, v. IV; Paris, 1895.

Thirion, Auguste. *Souvenirs Militaires*; Paris, 1892.

Timofev, S.P. (Ed.). *Opisanie, shto proiskhodilo vo vremia nashestvia niepriatelia v donskom, Monastire 1812 goda*, em *Russkii Arkhiv*, v. XXIX; Kniga 10, 1891.

Tolichev, T. (ed.). *Raskazy Ochevidtsev o Dvenadtsatom Gode*; Moscou, 1912.

Toll, Karl Friedrich von der. *Denkwürdigkeiten des russischen Generals von der Toll*, Theodor von Bernhardi; Leipzig, 1856.

Trefcon, Toussaint-Jean. *Carnet de Campagne du Colonel Trefcon*; Paris, 1914.

Turgenev, A.M. *Iz Dnievnika Nieizvestanvo litsa*, em *Russkii Arkhiv*; Kniga 3, 1903.

Turno, Karol. *Souvenirs d'un Officier Polonais*, em *Revue des Études Napoléoniennes*, Tome 33; Paris, agosto-setembro de 1931.

Uxküll, Boris von. *Arms and the Woman. The Diaries of Baron Boris von Uxküll 1812-1819* Tradução: Joel Carmichael; Londres, 1966.

Vassilchikova, A.I. *Vospominania*, em *Russkii Arkhiv*; Kniga 3, 1912.

Vaudoncourt, Frédéric Guillaume de. *Relation Impartiale du Passage de La Bérézina, par un témoin oculaire*; Paris, 1814.

Vandancourt, Frédéric Guillaume de *Quinze Annés d'un Proscrit*, 4 vol.; Paris, 1835.

Venturini, Joseph Louis Auguste. *Carnets d'un Italien au service de la France*, em *Nouvelle Revue Retrospective*; Paris, janeiro-junho de 1904.

Vermeil de Conchard, coronel. *Campagne et Déféction du corps Prussien de la Grande Armée, traduit du journal du Général de Seydlitz*; Paris, 1903.

Viazemskii, P.A. *Vospominanie o 1812 gode*, em *Polnoe Sobranie Sochinienii*, v. VII; São Petersburgo, 1882.

Villamov, G.I. *Dnevnik Stats-sekretaria Grigoria Ivanovicha Villamova*, em *Russkaia Starina*; julho de 1912.

Villemain, Abel François. *Souvenirs Contemporains d'Histoire et de Littérature*, v. I; Paris, 1854.

Vionnet de Maringoné, tenente general Louis Joseph. *Campagnes de Russie et de Saxe*; Paris, 1899.

Vlijmen, B.R.F. van. *Vers la Bérésina*; Paris, 1908.

Voenskii, K. (ed.). *Sviashchennoi Pamiati Dvenadtsaty god. Istoricheskie ocherki, raskazy, vospominania i stati, otnosiashchiasia k epokhe otechestvennoi voiny*; São Petersburgo, s.d.

Volkonskii, S.G. *Zapiski*; São Petersburgo, 1902.

Voltaire, François Marie Arouet. *Histoire de Charles XII Roi de Suède*; Paris, 1832.

Vossen, Anton. *Dnievnik Poruchika Vossena*, em *Russkii Arkhiv*; Kniga 3, 1903.

Vossler, H.A. *With Napoleon in Russia 1812. The diary of Lt. H.A. Vossler a soldier of the Grand Army*. Tradução: Walter Wallich; Londres, 1969.

Wachsmuth, I.I. *Geschichte meiner Kriegsgefandenschaft in Russland in den Jahren 1812-1813; in gedrängter Kürze dargestellt von I.I. Wachsmuth Leutenant in der König. Westphalischen Armee*; Magdeburgo, 1910.

Walter, Jakob. *The Diary of a Napoleonic Foot Soldier*; Moreton-in-Marsh, 1991.

Wesemann, J.H.C. *Kanonier des Kaisers. Kriegstagenbuch der Heinrich Wesemann, 1808-14*; Cologne, 1971.

Widemann, M. *Les Oceanocrates et leurs partisans, ou la guerre avec la Russie en 1812*; Paris, 1812.

Wilson, sir Robert. *Brief Remarks on the Character and Composition of the Russian Army*; Londres, 1810.

Wilson, sir Robert. *Narrative of Events during the Invasion of Russia*; Londres, 1860.

Wilson, sir Robert. *Private Diary of Travels, Personal Services, and Public Events during Mission and Employment with the European Armies in the Campaings of 1812, 1813 and 1814*, 2 v.; Londres, 1861.

Wolzogen, Ludwig, Freiherr von. *Memoiren des konigl. preuss. Generals Ludwig Freiherrn von Wolzogen (1807-1914 in russichen Diensten)*; Leipzig, 1851.

Württemberg, príncipe Eugene de. *Mémoires*, em *Journal des Campagnes du Prince de Wurtemberg*; Paris, 1907.

Wybranowski, Roman. *Pamiętniki Jenerala Romana Wybranowskiego*, 2 v.; Lwów, 1882.

Ysarn, cavaleiro François d'. *Mémoires d'un habitant de Moscou pendant le séjour des Français en 1812*; Bruxelas, 1871.

Zaitsev, A. *O pokhodakh 1812 goda*; Moscou, 1852.

Załuski, Józef. *Wspomnienia*; Cracóvia, 1976.

Zotov, R.M. *Sochinienia*; Moscou, 1996.

Estudos

Abalikhin, B.S. *Otechestvennaia Voina 1812 goda na Iugo-Zapade Rossii*; Volgogrado, 1987.

Abalikhin, B.S. *Kontrnastuplienie russkikh voisk v 1812 g.*, em *Istoria SSSR*, 1987, n. 4.

Anderson, M.S. *British Public Opinion and the Russian Campaign of 1812* na *Slavonic and East European Review* v. 34 (1956), p. 408-25.

Andolenko, S. *Histoire de l'Armée Russe,* Paris, 1967.

Angervo, J.M. *How Cold was 1812?,* no *Times,* 8 de fevereiro de 1961.

Askenazy, Szymon. *Książe Józef Poniatowski*; Varsóvia, 1974.

Babenko, V.N. *Otechestvennaia Voina 1812: ukazatel sovietskoi literatury 1962-1987.* Moscou, 1987.

Babkin, V.I. *Narodnoe Opolchenie v Otechestvennoi Voinie 1812 g.*; Moscou, 1962.

Barclay de Tolly i Otechestvennaia Voina 1812g, em *Russkaia Starina*; agosto, setembro, outubro e dezembro de 1912.

Barsukov, A. *Penzenskaia Starina,* em *Russkii Arkhiv,* n. 7, 1896.

Belkovich, L. *Kniaz Piotr Ivanovich Bagration,* em *Russkaia Starina*; julho de 1912.

Beskrovny, L.G. *Otechestvennaia Voina*; Moscou, 1962.

Beskrovny, L.G. *Borodinskoe Srazhenie*; Moscou, 1971.

Beskrovny, L.G. (ed.). *Polkovodets Kutuzov. Sbornik Statei*; Moscou, 1955.

Bogdanov, L.P. *Russkaia Armia v 1812 godu*; Moscou, 1979.

Bonnal, general H. *La Manoeuvre de Vilna*; Paris, 1905.

Boppe, Paul Louis. *La Légion Portuguaise*; Paris, 1897.

Boppe, Paul Louis. *Les Espagnols à la Grande Armée*; Paris, 1899.

Boppe, Paul Louis. *La Croatie Militaire*; Paris, 1900.

Bourgoing, Paul. *Itinéraire de Napoléon ler de Smorgoni à Paris*; Paris, 1862.

Brandys, M. *Kozietulski i Inni,* 2 v.; Varsóvia, 1967.

Braquehay, A. *Le Général Baron Merle, 1766-1830. Notice Biografique*; Montreuil-sur-Mer, 1892.

Bruun, Geoffrey. *Europe and the French Imperium 1799-1814;* Nova York, 1938.

Buganov, A.V. *Russkaia Istoriia v pamiati krestian i natsionalnoe samosoznanie*; Moscou, 1992.

Bulgakov, A. Ya. *Razgovor Neapolitanskavo Korolia Miurata s Generalom Grafom Miloradovichom na Avanpostakh armii 14 oktiabria 1812 g*; Moscou, 1843.

Buturlin, D.P. *Kutuzov v 1812 godu,* em *Russkaia Starina,* v. LXXXII; outubro-dezembro, 1894.

Camp, F., *Un Espagnol Témoin de la Retraite de Napoléon en Russie (Don Raphael de Llanza),* em *Revue des Études Napoléoniennes,* v. 30; Paris, 1930.

Cathcart, coronel, o honorável George. *Commentaries on the War in Russia and Germany in 1812 and 1813*; Londres, 1850.

Cavaignac, Gosefroy. *La Formation de la Prusse Contemporaine,* 2 v.; Paris, 1891.

Chapuisat, E. *Les Suisses de l'Empereur,* em *Revue des Études Napoléoniennes,* v. XXXIV; Paris, 1932.

Christian, R.F. *Tolstoy's War and Peace* Oxford, 1962.

Chuquet, Arthur. *Études d'Histoire,* 8 v.; Paris, s.d.

Creveld, Martin van. *Supplying War. Logistic from Wallenstein to Patton*; Cambridge, 1977.

Deutsch, Harold C. *The Genesis of Napoleonic Imperalism*; Harvard, 1938.

Driault, Edouard. *Tilsit. France et Russie sous le Premier Empire*; Paris, 1917.

Driault, Edouard. *Le Grand Empire (1809-1812)*; Paris, 1924.

Du Casse, A. *Le Général Vandamme et sa Correspondance,* 2 v.; Paris, 1870.

Du Casse, A. *Mémoires pous servir à l'histoire de la campagne de Russie*; Paris, 1852.

Duffy, Cristopher. *Borodino and the War of 1812*; Londres, 1972.

Dundulis, Bronius. *Napoleon et la Lithuane en 1812*; Paris, 1940.

Dwyer, Philip G. (ed.). *Napoleon and Europe*; Londres, 2001.

Dzhivelegov, A.K. *Aleksandr I i Napoleon, Istoricheskie Ocherki*; Moscou, 1915.

Dzhivelegov, A.K. Melgunov, S.P. & Pichet, V.I. *Otechestvennaia Voina i Russkoe Obshchestvo,* 7 v.; Moscou, 1912.

Elting, John R. *Swords Around a Throne. Napoleon's Grande Armée*; Londres, 1989.

Ernouf, barão. *Les Français en Prusse, d'après des documents contemporains*; Paris, 1872.

Fabry, tenente G. *Campagne de Russie (1812),* 5 v.; Paris, 1901.

Fabry, tenente G. *Campagne de 1812. Documents relatifs à l'aile gauche, 20 août-4 décembre, Ile, VIe, IXe corps*; Paris, 1912.

Feuer, Kathryn B. *Tolstoy and the Genesis of War and Peace* Cornell, 1996.

Fontana, Biancamaria. *The Napoleonic Empire and the Europe of Nations* em *The Idea of Europe from Antiquity to the European Union* Anthony Pagden; Cambridge, 2002.

Fregosi, Paul. *Dreams of Empire. Napoleon and the First World War 1792-1815* Londres, 1989.

Garros, L.P. *Quel Roman que ma Vie! Itinéraire de Napoléon Bonaparte*; Paris, 1947.

Ginsburg, S. *Otechestvennaia Voina i Russkie Evrei*; São Petersburgo, 1912.

Gotteri, Nicole. *Le Lorgne d'Ideville et le service de renseignements du Ministère des Relations Extérieures pendant la campagne de Russie,* em *Revue d'Histoire Diplomatique*; n. 1-2; Paris, 1989.

Grunwald, Constantin de. *Baron Stein, Enemy of Napoleon* Londres, 1936.

Grunwald, Constantin de. *Alexandre Ier, Le Tsar Mystique*; Paris, 1955.

Handelsman, Marceli. *Napoléon et la Pologne 1806-7*; Paris, 1955.

Hartley, Janet M. *Alexander I,* Londres, 1994.

Hartley, Janet M. *Russia in 1812,* em *Jahrbucher fur Geschichte Osteuropas*; Stuttgart.

Hazlitt, William. *The Life of Napoleon Buonaparte,* 4 v.; Londres, 1830.

Henderson, E.F. *Blucher and the Uprising of Prussia against Napoleon 1806-1815*; Londres, 1911.

Higham, Robin, & Kaplan, Frederick (ed.). *The Military History of Tsarist Russia*; Londres, 2002.

Hosking, Geoffrey. *Russia and the Russians, A History*; Londres, 2001.

Hosking, Geoffrey. *Russia. People and Empire, 1552-1917*; Londres, 1997.

Iudin, P. *Ssylnie 1812 goda v Orenburgskom Kraie,* em *Russkii Arkhiv,* v. 9, 1896.

Jenkins, Michael. *Arakcheev. Grand-Vizir of the Russian Empire*; Londres, 1969.

Josselson, Michael & Diana. *The Commander. A Life of Barclay de Tolly*; Oxford, 1980.

Karabanov, N.V. *Otechestvennaia Voina v Izobrazhenii Russkikh Pisatelei*; Moscou, 1912.

Kartsov, Yu. & Voenskii, K. *Prichiny Voiny 1812 goda*; São Petersburgo, 1911.

Keep, John. *Soldiers of the Tsar. Army and Society in Russia 1462-1874*; Oxford, 1985.

Kemble, J. *Napoleon Immortal. The Medical History and Private Life of Napoleon Bonaparte*; Londres, 1959.

Kharkievich, V. *Voina 1812 goda ot Nemana de Smolenska*; 2 v.; Vilna, 1901.

K istorii Otechestvennoi Voiny 1812 goda. Poslyednyaia popytka Napoleona nachat' mirnie peregovory s Imperatorom Aleksandrom vo vremia zanyatia Moskvy frantsuzkimi voiskami, em *Russkaia Starina*; janeiro de 1912.

Koliubakhin, B. *1812 god. Poslednie dni komandovania Barklayem 10i i 20i zapadnymi armiami*, em *Russkaia Starina*; junho de 1912.

Koliubakhin, B. *1812 god. Izbranie Kutuzova glavnokomanduiushchym nad vsemi armiami, priezd ievo v armiu i pervie dni evo deiatelnosti*, em *Russkaia Starina*; julho de 1812.

Koliubakhin, B. *1812 god. Borodinskoie srazhenie 26 avgusta*, em *Russkaia Starina*; agosto de 1912.

Kraehe, Enno. *Metternich's German Policy. The Contest against Napoleon 1799-1814*, v. 1; Princeton, 1963.

Kukiel, M. *Les Polonais à la Moskowa*, em *Revue des Études Napoléoniennes*, v. 28; Paris, 1929.

Kukiel, M. *Wojna 1812 roku*, 2 v.; Kraków, 1937.

Kukiel, M. *Vues sur le Trône de Pologne en 1812*, em *Revue des Études Napoléoniennes*, v. 34; Paris, 1932.

Langsam, W.C. *The Napoleonic Wars and German Nationalism in Austria*; Columbia, 1931.

Ley, Francis. *Alexandre Ier et sa Sainte Alliance (1811-1825)*; Paris, 1975.

Lobanov-Rostovskii, A.A. *Russia and Europe 1789-1825*; Duke, 1947.

Madariaga, Isabel de. *Russia in the Age of Catherine the Great*; Londres, 1981.

Madariaga, Isabel de. *Spain and the Decembrists*, em *European Studies Review*, v. III, n. 2, abril de 1973.

Mansuy, A. *Jérôme Napoléon et la Pologne en 1812*; Paris, 1931.

Marcel-Paon, A. *Du Niemen au Niemen*, em *Revue des Études Napoléoniennes*, v. XXXVII; Paris, 1933.

Marco de Saint-Hilaire, Émile. *Histoire de la Campagne de Russie pendant l'année 1812 et la captivité des prisonniers français en Sibére et dans les autres provinces de l'empire*, 2 v.; Paris, 1846-48.

Margueron, L.J. *Campagne de Russie*, Parte 1, 4 v.; Paris, s.d.

Markham, F.M.H. *Napoleon and the Awakening of Europe*; Londres, 1954.

Martinien, Aristide. *Tableaux par corps et par batailles des officiers tués et blessés pendant les guerres de l'Empire, 1805-1815*; Paris, 1899.

Meynier, Albert. *Les Morts de la Grande Armée*; Paris, 1930.

Mikhailovskii-Danilevskii, A.I. *Opisanie Otechestvennoi Voiny 1812 goda,* 4 v.; São Petersburgo, 1839.

Moreau, Jean. *Le Soldat Impérial 1800-1814,* 2 v.; Paris, 1904.

Morley, Charles. *Alexander I and Czartoryski. The Polish Question 1801-1813* in *Slavonic and East European Review,* v. XXV; Londres, abril de 1947.

Nafziger, George. *Napoleon's Invasion of Russia*; Novato, 1998.

Nagengast, W.E. *Moscow, the Stalingrad of 1812; the American Reaction to Napoleon's Retreat from Russia* em *Russian Review* v. VIII, n. 4 (1949), p. 302-15.

Nechkina, M.V. *1812 god. K. Stopiatidesiatiletiu Otechestvennoi Voiny. Sbornik Statei*; Moscou, 1962.

Nersisian, M.G. *Otechestvennaia Voina 1812 goda i Narodi Kavkaza*; Erevan, 1965.

Nikolai Mikhailovich, grão-duque. *L'Empereur Alexandre Ier*; São Petersburgo, 1912.

Norov, A.S. *Voina i Mir 1805-1812*; Moscou, 1914.

Okuniev, coronel N. *Considération sur les Grandes Opérations, les Batailles et les Combats de la Campagne de 1812 en Russie*; Paris, 1829.

Olivier, Daria. *L'Incendie de Moscou,* 1964.

Otechestvennaia Voina 1812 goda. Istochniki, Pamiatniki, Problemy. Materialy VI Miezhdunarodnoi Nauchnoi Konferentsii; Borodino, 1998.

Otechestvennaia Voina 1812 goda. Istochniki, Pamiatniki, Problemy. Material VII Vserossiiskoi Nauchnoi Konferentsii; Borodino, 1999.

Otechestvennaia Voina 1812 goda. Istochniki, Pamiatniki, Problemy Materialy VIII Vserossiiskoi Nauchnoi Konferentsii; Borodino, 2000.

Otechestvennaia Voina 1812 goda Istochniki, Pamiatniki, Problemy Materialy IX Vserossiiskoi Nauchnoi Konferentsii; Moscou, 2001.

Otechestvennaia Voina v Kaluzhskoi Gubernii i Rossiskoi Provintsii Materiali Nauchnoi Konferentsii 21 Oktiabria 2000g; Maloyaroslavets, 2001.

Palitsyn, N.A. *Manifesty Napisannie Shishkovym v Otechestvennuiu Voinu i patrioticheskie ich znachenie*, em *Russkaia Starina*, junho de 1812.

Palmer, Alan. *Napoleon in Russia*; Londres, 1967.

Palmer, Alan. *Alexander I. The Tsar of War and Peace*; Londres, 1974.

Parkinson, Roger. *The Fox of the North. The Life of Kutuzov, General of War and Peace*; Londres, 1976.

Pokrovskii, M.N. *Russkaia Istoria s Drevnieishykh Vremien,* 5 v; Moscou, 1910-13.

Ponzio, Luigi. *L'Italia nella campagnia di Russia: narrazione popolare a riccordo del primo centenario*; Pavia, 1912.

Popov, A.I. *Velikaia Armia v Rossii. Pagonia za Mirazhem*; Samara, 2002.

Popov, A.N. *Dvizhenie Russkikh Voisk ot Moskvy do Krasnoi Pakhry,* em *Russkaia Starina,* junho, julho, agosto e setembro de 1897.

Popov, A.N. *Moskva v 1812g,* em *Russkii Arkhiv,* 1875.

Popov, A.N. *Frantsuzy v Moskve w 1812g,* em *Russkii Arkhiv,* 1876.

Porter, sir Robert Ker. *A Narrative of the Campaign in Russia During the Year 1812*; Londres, 1814.

Priezd Imperatora Aleksandra I v Moskvu, em *Russkaia Starina,* julho de 1912.

Raeff, Marc. *Michael Speransky. Statesman of Imperial Russia, 1772-1839;* Haia, 1969.

Ragsdale, Hugh. *Détente in the Napoleonic Era. Bonaparte and the Russians*; Lawrence, Kansas, 1980.

Ramm, Agatha. *Germany 1789-1919. A Political History*; Londres, 1967.

Ratchinski, André. *Napoléon et Alexandre Ier. La Guerre des Idées*; Paris, 2002.

Riley, J.P. *Napoleon and the World War of 1813*; Londres, 2001.

Rober, A. *L'Idée nationale autrichienne et les guerres de Napoléon*; Paris, 1933.

Roberts, Andrew. *Napoleon and Wellington*; Londres, 2001.

Rose, J. Holland. *The Napoleonic Empire at its Height,* em *Cambridge Modern History* v. 9; Cambridge, 1906.

Sarrazin, M. *Histoire de la guerre de Russie*; Paris, 1815.

Sauvage, N.J. *Relation de la Campagne de Russie*; Paris, s.d.

Sauzey, Jean Camille. *Les Allemands sous les Aigles Françaises,* 6 v; Paris, 1902-12.

Schmitt, H.A. *Stein, Alexander and the Crusade against Napoleon,* em *Journal of Modern History* v. 31, dezembro de 1959.

Schmittlein, R. *Un district lithuanien sous l'occupation française (1812)*; Mainz, 1952.

Schuermans, Albert. *Itinéraire Général de Napoléon*; Paris, 1911.

Schwarzfuchs, S. *Napoleon, the Jews and the Sanhedrin*; Londres, 1979.

Scott, Franklin D. *Bernadotte and the Fall of Napoleon*; Harvard, 1935.

Senkowska-Gluck, Monika (ed.). *Europa i Świat w Epoce Napoleońskiej*; Varsóvia,1988.

Servières, G. *L'Allemagne Française sous Napoléon*; Paris, 1904.

Shanahan, W.O. *Prussian Military Reforms 1786-1813*; Columbia, 1945.

Shchegolev, P.E. *Dekabristy*; Moscou-Leningrado, 1926.

Shilder, N.K. *Imperator Aleksandr I*; 4 v.; São Petersburgo, 1904-5.

Shishov, A.V. *Nieizvestny Kutuzov. Novoe Prochtenie Biografii*; Moscou, 2001.

Shtrange, M.M. *Russkoie Obshchestvo i Frantsuzkaia Revolutsia 1789-1794*; Moscou, 1956.

Shtrange, M.M. *Demokraticheskaia Inteligentsia Rossii v XVIII viekie*; Moscou, 1965.

Shvedov, S.V. *Komplektovanie, chislennost' i poteri russkoi armii v 1812 godu,* em *Istoria SSSR,* n. 4, 1987.

Sirotkin, V.G. *Duel Dvukh Diplomatsii: Rossia i Frantsia v 1801-1812*; Moscou, 1966.

Sirotkin, V.G. *Napoleonskaia 'Voina Nerev' protiv Rossii*; Moscou, 1981.

Sirotkin, V.G. *Otechestvennaia Voina 1812g*; Moscow, 1988.

Sirotkin, V.G. *Napoleon i Rossia*; Moscou, 2000.

Sirotkin, V.G. & Kozlov, V.T. *Traditsi Borodina: Pamiat' i Pamiatniki*; Moscou, 1989.

Skallon, D.A. (ed.). *Istoria gosudarsvennoi svity,* em *Russkaia Starina*, junho de 1912.

Smith, D.G. *Borodino*; Moreton-in-Marsh, 1998.

Sokolov, Oleg. *La Campagne de Russie,* em *Nepoléon Ier*; Saint-Cloud, novembro de 2000 — outubro de 2001.

Stchoupak, N. *L'Entrevue de I. Iakovlev avec Napoléon,* em *Revue de Études Napoléoniennes,* v. XXXIII; Paris, 1931.

Strong, John W. *Russia's Plans for an Invasion of India in 1801* em *Canadian Slavonic Papers*; Toronto, v. 7, 1965.
Tarle, E.V. *Napoleon*; Moscou, 1936.
Tarle, E.V. *Nashestvie Napoleona na Rossiu 1812 god*; Moscou, 1992.
Tezisy Nauchnoi Konferentsii 'Otechestvennaia Voina 1812 goda. Rossia i Evropa'; Borodino, 1992.
Thiry, Jean. *La Campagne de Russie*; Paris, 1969.
Troitskii, N.A. *1812, Velikii god Rossii*; Moscou, 1988.
Troitskii, N.A. *Otechestvennaia Voina 1812 goda. Istoria Temy*; Saratov, 1991.
Troitskii, N.A. *Aleksandr I i Napoleon*; Moscou, 1994.
Troitskii, N.A. *Dien Borodina,* em *Znamia,* n. 8, 1987.
Troitskii, N.A. *O dislokatsii i chislennosti russkikh voisk v nachale Otechestvennoi Voiny 1812g.*, em *Voenno-Istoricheskii Zhurnal,* n. 8, 1987.
Troitskii, N.A. *O chislennosti russkikh armii v nachale Otechestvennoi Voiny 1812g,* em *Voprosy Istorii,* n. 11, 1987.
Troitskii, N.A. *Otechestvennaia Voina 1812 g i Russkaia Literatura XIX veka*; Moscou, 1998.
Tselorungo, D.G. *Ofitsery Russkoi armii-uchestniki borodinskovo srazhenia*; Moscou, 2002.
Tulard, Jean. *Bibliographie des Mémoires sur le Consulat et l'Empire, écrites ou traduites en Français*; Paris, 1971.
Tulard, Jean. *Le Grand Empire*; Paris, 1982.
Tulard, Jean. *Itinéraire de Napoléon au jour de jour 1769-1821*; Paris, 1992.
Tulard, Jean. *Le Dépôt de la Guerre et la Préparation de la Campagne de Russie,* em *Revue Historique de l'Armée,* 1939, n.3.
Turner, Wesley B. *The War of 1812*; Toronto, 2000.
Vandal, Albert. *Napoléon et Alexandre Ier. L'Alliance Russe sous le Premier Empire,* 3 v.; Paris, 1891.
Vaudoncourt, Frédéric-Guillaume de. *Mémoires pour servir à l'histoire de la guerre entre la France et la Russie en 1812*; Londres, 1815.
Vertlib, E. *1812 god u Pushkina i Zagoskina. K voprosu ob istokakh russkovo samosoznania*; Nova York, 1990.
Vigel, F.F. *Zapiski Filipa Filipovicha Vigelia,* 7 v.; Moscou, 1892.
Vilatte de Prugnes, Robert. *Les Efféctifs de la Grande Armée pour la Campagne de Russie de 1812,* em *Revue des Études Historiques*; Paris, 1913.
Vitberg, F. *O pamiatnikakh Otechestvennoi Voiny,* em *Russkaia Starina*; dezembro de 1912.
Voenskii, K.A. *Bonapart i Russkie Plennie*; São Petersburgo, 1907.
Voenskii, K.A. *Russkoe Dukhoventsvo i Otechestvennaia Voina 1812 goda*; Moscou, 1912.
Volkov, S.V. *Russkii ofitserskii korpus*; Moscou, 1993.
Volkovskoi, K. *Materialy dlia biografii kniazia M.I., Golenishcheva-Kutuzova,* em *Russkaia Starina,* setembro de 1912.

Voronov, P. *Kto upravlial russkimi voiskami v iunie 1812 goda, poslie perepravy armii Napoleona cherez Nieman*, em *Russkaia Starina*; julho de 1912.
Voronovskii, V.M. *Otechestvennaia Voina 1812 g v predelakh Smolenskoi Gubernii*; São Petersburgo, 1912.
Waliszewski, K. *Le Règne d'Alexandre 1er*, 3 v.; Paris, 1924.
Wurtschafter, Elise Kimerling. *From Serf to Russian Soldier*; Princeton, 1989.
Woolf, Stuart. *Napoleon's Integration of Europe*; Londres, 1991.
Zanoli, Alessandro. *Sulla Milizia Cisalpino-Italiana*, 2 v.; Milão, 1845.
Zhilin, P.A. *Feldmarshal Mikhail Ilarionovich Kutuzov*; Moscou, 1987.
Zhilin, P.A. *Otechestvennaia Voina 1812 goda*; Moscou, 1988.
Zhilin, P.A. *Gibel' Napoleonskoi Armii v Rossii*; Moscou, 1968.

Índice

Este livro foi composto na tipologia Sabon LT Std, em
corpo 10,5/14, e impresso em papel off-white no
Sistema Digital Instant Duplex da
Divisão Gráfica da Distribuidora Record.